Metzger & Wittig, Leipzig.

Entscheidungen

des

Reichsgerichts.

Herausgegeben

von

**den Mitgliedern des Gerichtshofes
und der Reichsanwaltschaft.**

Entscheidungen in Zivilsachen.

Neue Folge.

Zweiundzwanzigster Band.

Der ganzen Reihe zweiundsiebzigster Band.

Leipzig,
Verlag von Veit & Comp.
1910

Entscheidungen

des

Reichsgerichts

in

Zivilsachen.

Neue Folge.

Zweiundzwanzigster Band.

Der ganzen Reihe zweiundsiebzigster Band.

Leipzig,
Verlag von Veit & Comp.
1910

Druck von Metzger & Wittig in Leipzig.

Inhalt.

I. Bürgerliches Recht.

a. Reichsrecht.

III. Gerichtliches Verfahren.

1. 1. Zur Anwendung des § 313 BGB.
2. Wann ist der Empfänger einer Leistung im Sinne des § 818 Abs. 3 BGB. nicht mehr bereichert?

II. Zivilsenat. Urt. v. 11. Juni 1909 i. S. Schw. (Kl.) w. Schm. (Bekl.). Rep. II. 571/08.

I. Landgericht Wiesbaden.
II. Oberlandesgericht Frankfurt a. M.

Der Beklagte unterzeichnete am 10. Juli 1907 eine Privaturkunde, worin er erklärte, ein ihm eigentümlich zugehöriges, dem Gastwirtschaftsbetriebe dienendes Haus an den Kläger und dessen Ehefrau um 180000 ℳ unter Zugrundelegung weiterer Bedingungen verkauft und in Anrechnung auf den Kaufpreis eine Teilzahlung von 3000 ℳ erhalten zu haben. Die einzelnen Kaufbedingungen wurden in einem Vertragsentwurfe niedergelegt. Nach einer Vereinbarung der Parteien sollten von den anbezahlten 3000 ℳ 1500 ℳ zur Entrichtung eines Mäklerlohnes an den von dem Beklagten beigezogenen Vermittelungsagenten K., 1500 ℳ zu Herstellungsarbeiten an dem Hause, zu deren Vornahme der Beklagte sich dem Kläger gegenüber verpflichtet hatte, verwendet werden. Der Betrag von 1500 ℳ wurde alsbald an K. bezahlt; auch hat der Beklagte Herstellungsarbeiten an dem Hause vorgenommen. Zur gerichtlichen oder notariellen Beurkundung des Kaufvertrags kam es nicht; Auflassung und Eintragung sind nicht erfolgt. Vielmehr schrieb der Kläger dem Beklagten am 22. Oktober 1907, daß er mangels der zur Anzahlung erforderlichen Mittel und aus anderen Gründen die Sache aufgebe und um Rückerstattung der Teilzahlung von 3000 ℳ bitte.

Mit der auf den Rechtsgrund der ungerechtfertigten Bereicherung gestützten Klage beantragte der Kläger die Verurteilung des Beklagten zur Rückerstattung der Teilzahlung von 3000 ℳ.

Das Landgericht und das Oberlandesgericht erkannten nach dem Klagantrage. Der Revision wurde stattgegeben aus folgenden

Gründen:

„Das Berufungsgericht geht, wie der erste Richter, davon aus, daß die Vereinbarung, auf Grund welcher der Kläger dem Beklagten den Betrag von 3000 ℳ bezahlt hat, mangels Beobachtung der Formvorschrift des § 313 BGB. nichtig sei. Der Revisionskläger greift diese Auffassung als rechtsirrig an. Er macht geltend, das in den Vorinstanzen von ihm Vorgetragene sei dahin zu verstehen, daß die von dem Kläger bezahlten 3000 ℳ verfallen sein sollten, wenn der Kläger zurückträte, bevor es zum Abschluß eines nach § 313 gültigen Kaufvertrags gekommen sein würde; danach sei das Verfallen der 3000 ℳ ganz unabhängig von dem Rechtsbestande des Kaufvertrags — eben für den Fall, daß er nicht gültig geschlossen würde — vereinbart worden. Der Angriff konnte keinen Erfolg haben. Das in den Vorinstanzen von dem Beklagten Vorgetragene war nicht beschränkt auf das jetzt zur Begründung der Revision Hervorgehobene. Die Parteien waren vielmehr darüber einig, daß der Beklagte dem Kläger sein Haus, wenn auch unter Vorbehalt späterer Beurkundung nach § 313, verkauft und sich zur Eigentumsübertragung verpflichtet hat. Auch darüber bestand kein Streit, daß nach der getroffenen Vereinbarung die von dem Kläger bezahlten 3000 ℳ bei Durchführung des Geschäfts eine Anzahlung sein sollten auf den Kaufpreis von 180000 ℳ. Dann betraf aber das über die Zahlung der 3000 ℳ Vereinbarte unmittelbar die Eigentumsübertragungspflicht des Beklagten und die Gegenleistungen des Klägers, und zwar auch insoweit, als etwa, wie der Beklagte behauptet, eine Abrede getroffen worden ist, die dem Beklagten das Recht einräumte, den bezahlten Betrag auch dann zu behalten, wenn das Geschäft nicht durchgeführt werden sollte. Denn eine Vereinbarung solchen Inhalts hatte keine selbständige Bedeutung, sondern setzte eine der Leistungen des Klägers fest, denen die von dem Beklagten übernommene Verpflichtung, das Eigentum an dem Hause zu übertragen, als Gegenleistung gegenüberstand. Das Berufungsgericht hat deshalb mit Recht angenommen, daß die streitige Abrede als Teil des obligatorischen Veräußerungsgeschäfts nur unter Einhaltung der Formvorschrift des § 313 gültig getroffen werden konnte.

Das Berufungsgericht erwägt weiter, daß die von dem Kläger auf Grund der nichtigen Abrede gezahlten 3000 *M* nach den Vorschriften über die ungerechtfertigte Bereicherung zurückgefordert werden könnten und führt hierzu aus, der Beklagte mache in unzutreffender Weise geltend, daß es an den Voraussetzungen des § 812 BGB. fehle. Den Mäklerlohn von 1500 *M* habe zunächst der Kläger an den Beklagten, und dann dieser an den Agenten K. bezahlt. Daraus folge, daß die 1500 *M* aus dem Vermögen des Klägers in dasjenige des Beklagten gelangt seien, das Vermögen des Beklagten also in Höhe dieser Summe bereichert worden sei. Die Rechtslage sei die gleiche, wenn man die Behauptung des Beklagten als wahr unterstelle, daß jener Betrag in Gegenwart und mit Wissen des Beklagten von dem Kläger unmittelbar an K. bezahlt worden sei. Daß K. den Mäklerlohn anscheinend noch gar nicht verdient gehabt habe, sei unerheblich. Was den weiteren Betrag von 1500 *M* betreffe, den der Beklagte angeblich im Auftrage des Klägers zur Vornahme von Reparaturarbeiten an dem Hause verwendet habe, so stelle diese Verwendung unzweifelhaft eine Bereicherung des Beklagten dar. Durch die Arbeiten sei jedenfalls das Haus des Beklagten verbessert worden; daß sie unnütz gewesen seien, habe der Beklagte nicht behauptet.

In diesen Ausführungen sind, wie der Revisionskläger mit Recht rügt, die Vorschriften des § 818 BGB. nicht oder doch nicht genügend berücksichtigt. Nach Abss. 3, 4 daselbst ist im Fall eines aus § 812 folgenden Bereicherungsanspruchs, wie ihn das Berufungsgericht hier als gegeben annimmt, die Verpflichtung zur Herausgabe des Erlangten oder zum Ersatze des Wertes ausgeschlossen, soweit der Empfänger zur Zeit der Klagerhebung nicht mehr bereichert ist. Das Bürgerliche Gesetzbuch hat es abgelehnt, die Rückerstattungspflicht immer dann eintreten zu lassen, wenn das Erlangte dem Vermögen des Empfängers überhaupt zugute gekommen ist. Der Empfänger soll vielmehr befreit werden, wenn im weiteren Verlauf Umstände eingetreten sind, welche die Vermögensvermehrung nachträglich wieder aufgehoben haben. Dabei ist, wenn bares Geld ohne rechtlichen Grund erlangt worden ist, der die Erstattungspflicht ausschließende Wegfall der Bereicherung nicht davon abhängig, daß er gerade mit Bezug auf die bestimmten Geldstücke eingetreten ist. Schon dann ist der Empfänger im Sinne des Gesetzes nicht mehr bereichert, wenn er Aufwendungen aus seinem Vermögen gemacht hat, die er ohne die Bereicherung nicht gemacht hätte, und wenn diesen Aufwendungen kein durch sie erlangter entsprechender Vermögenswert gegenübersteht, vgl. Protokolle Bd. 2 S. 706. Im vorliegenden Falle hat sich zwar der Beklagte nicht ausdrücklich auf die Vorschriften des § 818 berufen; aber der Sache nach hat er Wegfall der Bereicherung geltend gemacht, indem er behauptete, daß er nicht bereichert sei, weil der ihm von dem Kläger bezahlte Betrag zur Bestreitung gewisser mit dem Kaufe zusammenhängender Aufwendungen habe dienen sollen und zu diesem Zwecke auch verwendet worden sei. Gegenüber diesem Vorbringen wäre von dem Berufungsgerichte zu prüfen gewesen, welcher auf die Leistung des Klägers zurückzuführende Vermögenswert sich zur Zeit der Klagerhebung noch in den Händen des Beklagten befand. Dafür wäre erheblich, ob durch die dem Agenten K. geleistete Zahlung eine Schuld des Beklagten getilgt worden ist. Denn anderenfalls würde die Bereicherung des Beklagten nur noch in dem gegen K. etwa begründeten, möglicherweise wertlosen Rückerstattungsanspruche bestehen. Ebenso wäre erheblich, ob und in welchem Umfange die Arbeiten, welche der Beklagte aus Anlaß der Zahlung des Klägers an dem Hause vorgenommen hat, eine Bereicherung des Beklagten darstellen, sei es durch Erhöhung des Wertes des Hauses, sei es dadurch, daß dem Beklagten Aufwendungen erspart worden sind, die er ohne die Zahlung des Klägers aus sonstigen Mitteln zu machen gehabt hätte." . . .

---

2. 1. Gehört zum Vorsatze die Erkenntnis der Rechtswidrigkeit?

2. Inwieweit sind die Vorschriften des bürgerlichen Rechtes auf das zwischen einer Molkereigenossenschaft und den Genossen in Ansehung der Milchlieferung bestehende Rechtsverhältnis anwendbar? insbesondere auf das Rechtsverhältnis zwischen Genossenschaft und ausgeschlossenem Genossen während der Schwebezeit zwischen dem Ausschließungsbeschlusse und der gerichtlichen Entscheidung über dessen Rechtsbeständigkeit?

3. Inwieweit haftet die Genossenschaft dafür, daß das Ausschließungsrecht nach Maßgabe der Satzung ausgeübt wird?

I. Zivilsenat. Urt. v. 29. September 1909 i. S. Molkereigenossenschaft K. (Bekl.) w. Sch. (Kl.). Rep. I. 310/08.

I. Landgericht Stendal.
II. Oberlandesgericht Naumburg a. S.

Die Generalversammlung der verklagten Genossenschaft beschloß am 16. Mai 1904 die Ausschließung des Klägers aus der Genossenschaft wegen Milchfälschung. Am 17. Mai wurde das Ausscheiden in die Liste der Genossen eingetragen. Gegenüber einem Schreiben des Klägers vom 9. Juni, in dem er seine Milch zum Ankaufe anbot, lehnte die Genossenschaft durch Beschluß des Vorstandes und Aufsichtsrates am 13. Juni den Ankauf ab. Der Kläger erhob Klage auf Feststellung der Ungültigkeit des Beschlusses vom 16. Mai, sowie eines zweiten Beschlusses von demselben Tage, durch den der Kläger zu einer Geldstrafe von 890 ℳ verurteilt worden war. Durch rechtskräftiges Urteil vom 8. November 1906 wurde die Ungültigkeit der Beschlüsse festgestellt. Der Kläger wurde auch in einem wegen der Milchfälschung eingeleiteten Strafverfahren wegen Mangels ausreichenden Beweises freigesprochen. Am 1. Juni 1907 wurde er wieder in die Liste der Genossen eingetragen.

Eine weitere Klage wurde vom Kläger darauf gegründet, daß ihm durch die zu Unrecht geschehene Entziehung der Genossenschaftsrechte ein erheblicher Schade entstanden sei, da er während des Zeitraums vom 17. Mai 1904 bis zum 1. Juni 1907 seine Milch nicht so vorteilhaft habe verwerten können, wie ihm dies als Genossen der Beklagten möglich gewesen wäre. Er verlangte einen Schadensbetrag von 2699,64 ℳ. Die Beklagte bestritt den Klaganspruch und behauptete unter Eideszuschiebung, daß der Kläger die Milch im März und April 1904 mehrfach durch Wasserzusatz verfälscht habe oder habe verfälschen lassen.

Das Landgericht machte die Entscheidung über den Grund des Anspruchs von einem Eide des Klägers über die Verfälschung der Milch abhängig. Die gegen dieses Urteil von der Beklagten eingelegte Berufung wurde zurückgewiesen. Auf die Revision der Beklagten wurde das Urteil des Oberlandesgerichts aufgehoben aus folgenden

Gründen:

„Im Hinblick auf den allgemeinen Zweck des Molkereiunternehmens der Beklagten und den § 10 Nr. 3 des Statuts, nach welchem „jeder Genosse das Recht hat, von allen zur Erreichung der Genossenschaftszwecke getroffenen Einrichtungen Gebrauch zu machen", gehen die Vorinstanzen davon aus, daß der Kläger in betreff der Milchlieferung nicht bloß Pflichten, sondern auch Rechte gegenüber der Genossenschaft habe. Aus dieser Rechtsstellung des Klägers zieht das Berufungsgericht die Folgerung, daß die Genossenschaft durch den Ausschließungsbeschluß der Generalversammlung vom 16. Mai 1904 und durch die damit zusammenhängende Verweigerung der Milchabnahme in die Rechtssphäre des Klägers eingegriffen habe. Dieser Eingriff sei objektiv unberechtigt gewesen, was sich unmittelbar aus dem angeführten Urteile vom 8. November 1906, durch das der Beschluß der Generalversammlung für ungültig erklärt wurde, ergebe. Gegen diese Ausführungen erheben sich keine Bedenken.

Das Berufungsgericht sucht sodann darzulegen, daß die verklagte Genossenschaft durch den Beschluß vom 16. Mai 1904 vorsätzlich in die Rechte des Klägers eingegriffen habe. Der zivilrechtliche Vorsatz erfordere nicht den Nachweis des Bewußtseins der Rechtswidrigkeit der vorgenommenen Handlung, sondern nur die Vorstellung, daß die Handlung den schädigenden Erfolg haben werde (Entsch. des R.G.'s in Zivils. Bd. 57 S. 241, Bd. 58 S. 216). In diesem Bewußtsein habe aber die Beklagte gehandelt. Der Kläger hätte nach ihrer Ansicht gegen seine Vertragspflichten verstoßen, und um ihm seine Vertragsrechte, insbesondere den Vorteil der genossenschaftlichen Milchverwertung, zu entziehen, habe sie ihn ausgeschlossen. Diese Erwägungen werden von der Revision mit Recht angegriffen. Das vorsätzliche Verschulden schließt richtiger Ansicht nach nicht nur die Erkenntnis des schädigenden Erfolges, sondern auch die Erkenntnis der Rechtswidrigkeit des Handelns in sich. Hierfür spricht — was in der Rechtslehre von verschiedenen Seiten anerkannt wird — nicht allein die Entstehungsgeschichte des Bürgerlichen Gesetzbuchs (vgl. I. Entwurf § 707 und Protok. II S. 584), sondern auch der aus § 231 BGB. zu entnehmende Beweis aus dem Gegenteil und vor allem die grundsätzliche Gleichstellung von Rechtsirrtum und tatsächlichem Irrtum im Bürgerlichen Gesetzbuche. Abwegig ist der ... Hinweis auf die

Entscheidungen des Reichsgerichts in Bd. 57 S. 241 und Bd. 58 S. 216. Allerdings ist aus diesen Entscheidungen, welche die Vorschrift des § 826 BGB. betreffen, zu entnehmen, daß zu dem in § 826 geforderten Vorsatze nicht mehr erforderlich ist als das Bewußtsein, der schädliche Erfolg werde eintreten. Allein das Berufungsgericht übersieht, daß zum Tatbestande des § 826 außer der Schadenszufügung objektiv nur ein Verstoß gegen die guten Sitten, nicht gegen das Recht, gehört, und deswegen eine Erkenntnis der Rechtswidrigkeit von vornherein ausscheidet. Eine andere Frage ist, ob nach § 826 der gegen die guten Sitten Verstoßende den Verstoß als sittenwidrigen erkennen muß; wenn das Gesetz diese Frage, wie allgemein angenommen wird, verneinen will, so können hieraus in Ansehung der Erkenntnis der Rechtswidrigkeit irgendwelche begründete Schlüsse nicht gezogen werden.

Hiernach ist der Revision darin zuzustimmen, daß eine von der Beklagten begangene vorsätzliche Schädigung des Klägers nicht dargetan ist. Damit ist aber der vom Kläger geltend gemachte Anspruch noch nicht ausgeräumt. Es bleibt die Möglichkeit einer fahrlässigen Schädigung bestehen. Und würde der Anwendung des bürgerlichen Rechtes, insbesondere der Vorschriften über Verzug bei gegenseitigen Verträgen, durch das besondere Genossenschaftsrecht keine Schranke gesetzt, so könnte sich der klägerische Anspruch wenigstens für die Zeit nach dem 9. Juni 1904 auch ohne Verschulden der Genossenschaft als begründet erweisen. Fände man nämlich in dem Ausschlusse des Klägers aus der Genossenschaft die Erklärung der Beklagten, daß sie seine Milchlieferungen in Zukunft nicht mehr annehmen werde, so würde die Beklagte durch das wörtliche Angebot der Milch in dem Schreiben des Klägers vom 9. Juni 1904 nach §§ 295, 293 BGB. in Annahmeverzug — für den ein Verschulden nicht gefordert wird — geraten sein. Kam dann weiter hinzu, daß die Lieferung der (dem Verderben ausgesetzten) Tagesmilch im Sinne des § 324 BGB. unmöglich wurde (vgl. Kisch, Die Wirkungen der nachträglich eintretenden Unmöglichkeit der Erfüllung bei gegenseitigen Verträgen, S. 80 Anm. 15), und zwar infolge der Weigerung der Beklagten, eines vom Kläger nicht zu vertretenden Umstandes, so hätte dieser den Anspruch auf die Gegenleistung behalten und könnte diesen Anspruch abzüglich des infolge der Befreiung von der Leistung „Ersparten“ geltend machen. Sofern man annehmen darf, daß der Kläger mit der Klage einen solchen Anspruch verfolgt, könnte er hiernach eine ihm günstige Entscheidung erwirken, wenngleich er ein Verschulden der Genossenschaft nicht nachzuweisen vermöchte. In anders liegenden Fällen würde der angedeutete Weg freilich nicht zum Ziele führen können, z. B. dann nicht, wenn eine Kreditgenossenschaft zwar mit Unrecht, aber ohne Verschulden einen Genossen ausgeschlossen und ihn durch die wegen des Ausschlusses erfolgende Verweigerung eines Darlehns geschädigt hätte. Allein der Ausgangspunkt jenes Weges, die uneingeschränkte Anwendung des bürgerlichen Rechtes auf das unter den Parteien in Ansehung der Milchlieferung und Milchabnahme bestehende Rechtsverhältnis, muß überhaupt als verfehlt angesehen werden.

Nach § 18 des Gesetzes, betr. die Erwerbs- und Wirtschaftsgenossenschaften, wird das Rechtsverhältnis zwischen der Genossenschaft und den Genossen durch das Statut und das Genossenschaftsgesetz geregelt (vgl. auch Entsch. des RG.'s in Zivils. Bd. 28 S. 72).

Die Milchlieferung der Mitglieder einer Molkereigenossenschaft gehört zu den genossenschaftlichen Pflichten (Entsch. des RG.'s in Zivils. Bd. 47 S. 149, 152, vgl. Bd. 21 S. 152). Hieraus darf allerdings nicht gefolgert werden, daß auf das in betreff der Milchlieferung zwischen Genossenschaft und Genossen bestehende Rechtsverhältnis die Grundsätze des Bürgerlichen Gesetzbuchs, insbesondere des Vertragsrechts, überhaupt keine Anwendung finden könnten. Es ist aber im einzelnen Falle zu prüfen, ob und mit welchen Beschränkungen eine entsprechende Anwendung dieser Grundsätze zulässig ist. Bei dieser Prüfung erheischen die besonderen Verhältnisse der Genossenschaft Berücksichtigung. Im vorliegenden Falle hatte die Generalversammlung die Ausschließung des Klägers aus der Genossenschaft beschlossen. Daß der Vorstand der Genossenschaft etwa erkannt hätte, der Beschluß verstoße gegen das Statut, und die Pflicht vernachlässigt hätte, seinerseits den Beschluß anzufechten (§§ 51 Abs. 2 GG.), ist vom Kläger nicht einmal behauptet worden. Zu Gunsten des Klägers läßt sich auch nicht geltend machen, daß sein Ausschluß aus der Genossenschaft, selbst die Gültigkeit der Ausschließung vorausgesetzt, erst mit dem Schlusse des Geschäftsjahres, d. h. am Ende des Jahres 1904, wirksam geworden sei (§§ 68, 70 GG.), und daher die mit dem Schreiben vom 13. Juni 1904 ausgesprochene Zurückweisung des Milchangebots jedenfalls für die Zeit vor dem 1. Januar 1905 ungerechtfertigt gewesen sei. Denn nach § 5 der Molkereiordnung, auf deren Rechtsbeständigkeit die Genossenschaft ihre Maßnahmen gestützt hat, konnte der Einlieferer gefälschter Milch „durch Beschluß der Generalversammlung sofort aus der Genossenschaft ausgeschlossen werden". Damit soll offenbar gesagt sein, daß die Milchlieferung sofort einzustellen sei. Daß der Beschluß der Generalversammlung in diesem Sinne zu verstehen ist, unterliegt keinem berechtigten Bedenken. Ebensowenig kann die Befugnis der Genossenschaft zur Aufstellung einer Satzungsvorschrift beanstandet werden, die mit der Ausschließung des Genossen wegen Milchfälschung zugleich die Pflicht der Genossenschaft, diesem Genossen die Milch abzunehmen, erlöschen läßt (s. Parisius-Crüger, Komm. zum GG., 6. Aufl. Bem. 7 zu § 68 S. 391). Die durch den Ausschließungsbeschluß vom 16. Mai geschaffene Lage war somit folgende: die Annahme der von dem ausgeschlossenen Kläger angebotenen Milch erschien statutenwidrig, wenn er mit der Anfechtung des Beschlusses bei den Gerichten nicht durchdringen würde; dagegen stellte sich im umgekehrten Falle die Annahmeweigerung als rechtswidrig dar. In dieser Lage blieb dem Vorstande der Genossenschaft — mochte er auch mit der Möglichkeit einer zu Gunsten des Klägers ergehenden gerichtlichen Entscheidung rechnen müssen — keine andere Wahl, als den Beschluß der Generalversammlung so lange als zu Recht bestehend zu behandeln, bis er wieder aufgehoben oder rechtskräftig für ungültig erklärt war. Dies ergibt sich aus dem Wesen der Organisation und des Betriebes einer Genossenschaft. Die Art der genossenschaftlichen Vereinigung bringt es notwendig mit sich, daß der in den Beschlüssen der Generalversammlung, des obersten Genossenschaftsorgans, kundgegebene Gesamtwille innerhalb der Genossenschaft befolgt werden muß. Das Gesamtinteresse der Genossenschaft ist dem Interesse des einzelnen Mitgliedes übergeordnet. Der Vorstand der Genossenschaft muß den — als ungültig nicht erkannten — Gesamtwillen zur Richtschnur seiner Anordnungen nehmen, solange nicht endgültiger Richterspruch diesen Willen außer Kraft setzt, oder etwa eine einstweilige Verfügung des Richters dazwischen tritt. Ausnahmen können auch für die Schwebezeit zwischen dem Erlasse des Ausschließungsbeschlusses und der gerichtlichen Entscheidung über seine

Rechtsbeständigkeit nicht anerkannt werden (vgl. auch Urt. des RG.'s vom 27. Oktober 1896, Jur. Woch. 1896 S. 662 Nr. 22). Die besonderen Vorschriften des § 90 letzt. Satz und des § 142 Abs. 2 GG., nach denen in den dort geregelten Fällen die Ersatzpflicht von Genossenschaftsorganen den Gläubigern gegenüber dadurch nicht aufgehoben wird, daß die Zuwiderhandlung gegen die angeführten Gesetzesbestimmungen auf einem Beschlusse der Generalversammlung beruht, stehen diesen Erwägungen offensichtlich nicht entgegen. Eine Zwiespältigkeit des Handelns und Wollens zwischen Vorstand und Generalversammlung innerhalb eines Genossenschaftsbetriebes würde mit der Ordnung dieses Betriebes unverträglich sein. Wer einer Genossenschaft beitritt weiß, daß er die mit dem Wesen der Genossenschaft verknüpften Folgen auf sich nehmen muß.

Die vorstehenden Erwägungen bewegen sich mit einer besonderen Vorschrift des Genossenschaftsgesetzes in gleicher Richtung. § 68 Abs. 4 bestimmt, daß der ausgeschlossene Genosse vom Zeitpunkte der Absendung des die Ausschließung mitteilenden Briefes an „nicht mehr an der Generalversammlung teilnehmen, auch nicht Mitglied des Vorstandes oder des Aufsichtsrats sein kann". Mag also auch der Ausgeschlossene den Beschluß gerichtlich angefochten haben, und sich dessen rechtliche Geltung in einem Schwebezustande befinden, so wird der Beschluß doch vom Gesetze einstweilen als wirksam behandelt. In Rechtslehre und Rechtsprechung wird dabei mit Recht die Ansicht vertreten, daß der späteren Aufhebung der Ausschließung durch Richterspruch nicht die Bedeutung beizumessen sei, daß der Genosse während der Zwischenzeit rückwärts wieder in jeder Beziehung als vollberechtigtes Genossenschaftsmitglied angesehen werden müßte. Der in dem Anfechtungsstreite siegende Genosse ist wieder in seine Rechte einzusetzen (im vorliegenden Falle ist der Kläger bereits als Mitglied wieder aufgenommen worden). Aber die während der Dauer des Ausschlusses von der Generalversammlung gefaßten Beschlüsse sind nicht ungültig, und die etwa von dem ausgeschlossenen Genossen rechtzeitig gemäß § 51 auf Grund seiner Nichtzulassung zu den Generalversammlungen erhobenen Anfechtungsklagen können nicht durchdringen (vgl. Parisius-Crüger, a. a. O. Bem. 7 zu § 68, sowie Urteil des Landgerichts Hamburg vom 10. April 1908 in den Blättern für Genossenschaftswesen 1908 S. 288). Ähnlich verhält es sich mit den hier streitigen Ansprüchen des Klägers, soweit er sie für die Dauer seines Ausschlusses unter Berufung auf seine damals in dem bezeichneten Schwebezustande befindlichen, erst später als zu Recht bestehend wieder anerkannten Mitgliedsbefugnisse zu begründen sucht. Während der Dauer jenes Schwebezustandes war die rechtliche Stellung des Klägers als Genossen gegenüber der Genossenschaft nicht der Stellung eines Milchlieferanten gegenüber seinem vertragsmäßig, z. B. durch einen Kaufvertrag, verpflichteten Abnehmer gleich zu erachten, sodaß auch für die entsprechende Anwendung des § 324 Abs. 2 BGB. die rechtliche Grundlage fehlt. Gleiche Bedenken würden der Anwendung der §§ 433 Abs. 2, 286 Abs. 1 BGB. entgegenstehen.

Aus den bisherigen Ausführungen ergibt sich, daß sich die verklagte Genossenschaft durch die Handlungen ihres Vorstandes oder Aufsichtsrats während der Zeit nach dem Ausschlusse des Klägers diesem nicht verantwortlich gemacht hat. Insbesondere kann von einem Annahmeverzuge auf seiten der Genossenschaft nicht die Rede sein. Eine Verpflichtung der Genossenschaft, während des oben erörterten Schwebezustandes die Milch des ausgeschlossenen Genossen abzunehmen, hätte selbstverständlich durch das Statut aufgestellt werden können; dies ist aber nicht geschehen. Übrig bleibt aber die Frage, ob eine Haftung der Genossenschaft innerhalb der Grenzen des § 276 BGB. dafür angenommen werden muß, daß sie das Ausschließungsrecht nur nach Maßgabe des Statuts ausübe. Diese vom Statut nicht beantwortete Frage ist zu bejahen. Die bezeichnete Haftung findet eine ausreichende Grundlage in dem vertragsähnlichen Verhältnisse, das durch die Gründung der Genossenschaft oder den späteren Eintritt in die Genossenschaft zwischen dieser und den Genossen hervorgerufen wird. Hiernach hat eine Genossenschaft dem Genossen den durch einen schuldhaft veranlaßten, ungerechtfertigten Ausschließungsbeschluß entstandenen Schaden zu ersetzen. Der Ausschließungsbeschluß ist im vorliegenden Falle die eigentliche Ursache aller Nachteile, die dem Kläger erwachsen sein sollen. In dieser Richtung hat das Berufungsgericht bisher keine genügenden Feststellungen getroffen. Das Gericht spricht vielmehr ausdrücklich aus, es „bedürfe keiner Erörterung der von der Beklagten zu ihren Gunsten angeführten Momente, daß sie sich in einem entschuldbaren tatsächlichen oder rechtlichen Irrtume bei Ausschließung des Klägers befunden hätte". Mag auch ein Verschulden, das der Generalversammlung selbst in Ansehung des Ausschließungsbeschlusses zur Last fiele, nach Lage der Sache ohne weiteres ausscheiden, so kann es doch vom Revisionsgerichte nicht von vornherein für ausgeschlossen erklärt werden, daß dem Vorstande oder dem Aufsichtsrate ein Verschulden in betreff jenes Beschlusses zur Last fiele. Und wenn das Berufungsgericht annimmt, „der Kläger hätte nach Ansicht der Beklagten gegen seine Vertragspflichten verstoßen" und sei aus diesem Grunde ausgeschlossen worden, so bleibt doch noch die Frage unerledigt, ob etwa die genannten Organe der Beklagten zu der Feststellung eines Ausschließungsgrundes infolge von Fahrlässigkeit gelangt sind. Die Beantwortung dieser Frage liegt wesentlich auf dem Gebiete der dem Revisionsgericht entzogenen tatsächlichen Würdigung. Diese ist vom Berufungsgerichte nach erneuter Verhandlung vorzunehmen." ...

---

3. Ist der Ehemann bei allgemeiner Gütergemeinschaft verpflichtet, der Frau über den Stand der Verwaltung des Gesamtgutes auf Verlangen Auskunft zu erteilen?

BGB. §§ 1437 flg.

IV. Zivilsenat. Urt. v. 30. September 1909 i. S. Ehefrau H. (Kl.) w. H. (Bekl.). Rep. IV. 621/08.

I. Landgericht Karlsruhe.
II. Oberlandesgericht daselbst.

Die Frage wurde verneint aus folgenden

Gründen:

„Das Berufungsgericht hat ausgeführt, eine Verpflichtung des Ehemannes, seiner mit ihm in allgemeiner Gütergemeinschaft (§§ 1437 flg. BGB.) stehenden Ehefrau Auskunft über die Verwaltung des Gesamtgutes zu geben, sei im Gesetze nicht ausdrücklich ausgesprochen. Es könne sich nur darum handeln, ob eine derartige Verpflichtung aus anderweiten Bestimmungen oder aus dem ehelichen Verhältnisse sich ableiten lasse. Hinsichtlich der güterrechtlichen Verhältnisse ständen die Ehegatten in einem Vertragsverhältnisse. Kein Vertragskontrahent sei allgemein verpflichtet, seinem Gegner mit Auskünften an die Hand zu gehen. Beispielsweise müsse auch der Käufer die Grundlagen für seine Entschließung, ob Wandelung, Minderung oder Schadensersatz wegen Nichterfüllung zu verlangen sei, sich selbst zu verschaffen suchen, ohne eine Verpflichtung des Verkäufers zur Auskunfterteilung in Anspruch nehmen zu können. Wenn aufgestellt werde, die Auskunfterteilung entspreche der rechten ehelichen Gesinnung, sei daher als eine persönliche Verpflichtung des Mannes auch bei allgemeiner Gütergemeinschaft anzusehen, so werde allerdings unter normalen ehelichen Verhältnissen der Mann einem Auskunftsbegehren seiner Frau sich nicht wohl entziehen; aber zur Annahme einer urteilsmäßig erzwingbaren Verpflichtung des Ehemannes fehle es an der gesetzlichen Grundlage. In § 1374 BGB. sei hinsichtlich des eingebrachten Gutes der Frau eine solche Verpflichtung des Ehemannes ausdrücklich bestimmt; dagegen gehe bei der Verwaltung des Gesamtgutes die Unverantwortlichkeit des Mannes so weit, daß er nur für arglistige, oder ohne Zustimmung der Frau herbeigeführte Verminderung des Gesamtgutes hafte (§ 1456 BGB.). Daher sei der Anspruch der Klägerin unbegründet.

Im Ergebnisse ist dem Berufungsgerichte beizutreten.

Aus der Vorschrift des § 1456, wonach der Mann für die Verwaltung des Gesamtgutes nicht verantwortlich ist, ergibt sich, daß der Mann nicht verpflichtet ist, während der Gütergemeinschaft auf Verlangen der Frau Auskunft über den Stand der Verwaltung zu erteilen. Allerdings hat der Mann nach § 1456 Satz 2 für eine Verminderung des Gesamtgutes zu dem Gesamtgut Ersatz zu leisten, wenn er die Verminderung in der Absicht, die Frau zu benachteiligen, oder durch ein Rechtsgeschäft herbeiführt, das er ohne die erforderliche Zustimmung der Fran vornimmt; allein die Ersatzleistung hat nach § 1467 BGB. erst nach Beendigung der Gütergemeinschaft zu erfolgen. Der rechten ehelichen Gesinnung wird es regelmäßig entsprechen, daß der Mann auf Wunsch seiner Frau über die Verwaltung des gemeinschaftlichen Vermögens Aufschluß gibt; es hängt aber von den Umständen des einzelnen Falles ab, ob die Ablehnung des Verlangens einer Auskunft als eine Verletzung der durch die Ehe begründeten Pflichten, als eine Kränkung der Frau, aufzufassen ist. Jedenfalls steht der Frau während der Gütergemeinschaft weder nach den güterrechtlichen Vorschriften noch auf Grund der §§ 1353 flg. BGB. ein durch gerichtliche Klage erzwingbares Recht auf Auskunfterteilung zu.

Die Revision meint, gegenüber der Vorschrift des § 1374 BGB. könne die Auskunftpflicht bei der allgemeinen Gütergemeinschaft von dem Gesetzgeber für selbstverständlich erachtet worden sein. Dieser Ansicht läßt sich nicht beitreten. In dem Falle des § 1374 handelt es sich um fremdes Gut, das der Mann zu verwalten hat; bei der allgemeinen Gütergemeinschaft dagegen steht am gemeinschaftlichen Vermögen die Verwaltung dem Mann als dem Haupt der Ehe zu. Durch § 1374 wird ferner dem Manne die Pflicht auferlegt, das eingebrachte Gut der Frau ordnungsmäßig zu verwalten; nach § 1421 BGB. hat der Mann nach der Beendigung der Verwaltung und Nutznießung über die Verwaltung Rechenschaft abzulegen. Anders lauten die Vorschriften über die Verwaltung des Gesamtgutes: § 1443 BGB. unterwirft das Gesamtgut der Verwaltung des Mannes; § 1456 schreibt vor, daß der Mann für die Verwaltung des Gesamtgutes nicht verantwortlich ist. Wenn bei dieser Verschiedenheit der Vorschriften der Gesetzgeber für erforderlich gehalten hat, in § 1374 anzuordnen, daß der Mann über den Stand der Verwaltung des eingebrachten Gutes auf Verlangen Auskunft zu erteilen habe, eine solche Anordnung aber für die Verwaltung des Gesamtgutes nicht getroffen wurde, so ist anzunehmen, daß für die Verwaltung des Gesamtgutes dem Mann keine Auskunftpflicht obliegt, nicht aber, daß die Auskunftpflicht selbstverständlich sei. Dabei kann die Frage auf sich beruhen, ob der Anspruch auf Erteilung einer Auskunft über den Stand der Verwaltung des eingebrachten Gutes trotz der Vorschrift des § 1394 BGB. vor Beendigung der Verwaltung und Nutznießung gerichtlich geltend gemacht werden kann, ohne daß die Voraussetzungen des § 1391 BGB. vorliegen.

Die Revision beruft sich ferner auf die §§ 1450, 1468 BGB. Aus diesen Vorschriften kann jedoch eine allgemeine Verpflichtung des Mannes, über den Stand der Verwaltung Auskunft zu erteilen, nicht entnommen werden. Die Revision behauptet nicht, daß eine der Voraussetzungen gegeben sei, unter denen gemäß § 1468 auf Aufhebung der Gütergemeinschaft geklagt werden könne. Es kann deshalb dahingestellt bleiben, ob in einem solchen Falle von dem Mann Auskunft über den Stand des gemeinschaftlichen Vermögens verlangt werden könnte. Wie die Revision anführt, hat die Klägerin Interesse daran, über den Stand des Gesamtgutes Auskunft zu erhalten, weil Unterhandlungen über Einführung der Gütertrennung zwischen den Parteien eingeleitet seien, und die Klägerin Anspruch auf Gewährung einer Unterhaltsrente erheben wolle. Damit läßt sich, wie der Berufungsrichter mit Recht angenommen hat, der Klaganspruch nicht begründen.

Die Entscheidung des Berufungsgerichts ist hiernach zu billigen. Nicht zutreffend erscheint, wenn der Berufungsrichter in der Begründung auf Vertragsverhältnisse, insbesondere auf das zwischen dem Verkäufer und dem Käufer bestehende Rechtsverhältnis, hinweist. Zwar beruht die allgemeine Gütergemeinschaft nach den Vorschriften des Bürgerlichen Gesetzbuchs auf Vertrag; aber die zwischen den Parteien bestehende Gütergemeinschaft beruht, wie in dem landgerichtlichen Urteile dargelegt ist, nicht auf einem Vertrage, sondern auf den Vorschriften des Gesetzes vom 16. April 1860, betreffend das eheliche Güterrecht in der Provinz Westfalen und den Kreisen Rees, Essen und Duisburg. Aber auch ein Güterstand, für den ausschließlich die §§ 1437 flg. BGB. maßgebend sind, läßt sich nicht mit dem auf einem Kaufgeschäft beruhenden Rechtsverhältnis auf gleiche Linie stellen. Näher läge der Vergleich mit einer Gesellschaft. Danach könnte man zu der Annahme gelangen, der Ehemann habe in gleicher Weise wie der geschäftsführende Gesellschafter auf Verlangen über den Stand der Verwaltung Auskunft zu geben (§ 713 mit § 666 BGB.). Allein ein solcher Schluß wäre unzutreffend; denn nach den Vorschriften der §§ 1443 flg. BGB. ist dem Ehemann für die Verwaltung des Gesamtgutes eine andere Stellung zugewiesen, als sie den geschäftsführenden Gesellschaftern dem Gesellschaftsvermögen gegenüber zukommt." . . .

---

4. 1. Verschmelzung zweier Lebensversicherungs-Aktiengesellschaften unter Ausschluß der Liquidation. Ist der Anspruch der Gläubiger der übertragenden Gesellschaft, insbesondere ihrer Versicherten, auf

Sicherheitsleistung bei Vereinigung beider Vermögen durch das Gesetz über die privaten Versicherungsunternehmungen beseitigt oder durch dessen Bestimmungen über die Prämienreserve ersetzt?

2. Wie ist dieser Anspruch gegebenenfalls der aufnehmenden Gesellschaft gegenüber zu verwirklichen?

HGB. §§ 306. 301.

Gesetz über die privaten Versicherungsunternehmungen vom 12. Mai 1890 (RGBl. S. 139) §§ 14, 56 flg.

VII. Zivilsenat. Urt. v. 8. Oktober 1909 i. S. Lebensvers.A.G. Nordstern (Bekl.) w. G. (Kl.). Rep. VII. 602/08.

I. Landgericht Elberfeld.
II. Oberlandesgericht Düsseldorf.

Der Kläger hatte laut Versicherungsschein vom 13. Mai 1898 sein Leben bei der Vaterländischen Lebensversicherungs-Aktiengesellschaft zu Elberfeld mit einem am 1. April 1924 oder bei seinem früheren Tode zahlbaren Kapitale von 10 000 ℳ versichert. Im Jahre 1906 übertrug die Vaterländische Versicherungsgesellschaft ihr Vermögen als Ganzes unter Ausschluß der Liquidation auf den Beklagten. Die Verschmelzung war vom Kaiserlichen Aufsichtsamte für Privatversicherung genehmigt, und die erforderlichen Eintragungen im Handelsregister waren erfolgt, nicht aber auch die Vereinigung der beiden Vermögen. Der Kläger war der Meinung, daß diese nur geschehen dürfe, wenn ihm für seinen Anspruch aus der Versicherung Sicherheit geleistet worden sei. Der Beklagte hielt sich zur Sicherheitsbestellung nicht für verpflichtet.

Der Kläger klagte mit dem Antrage, dem Beklagten die Vermögensvereinigung ohne vorherige Sicherheitsleistung in Höhe von 10 000 ℳ oder in einer vom Gerichte festzusetzenden Höhe zu untersagen, und ihn für den Fall dieser Vereinigung zur Leistung der Sicherheit zu verurteilen. Das Landgericht erkannte auf Abweisung der Klage. Das Oberlandesgericht dagegen gab der Klage unter Festsetzung des zu sichernden Betrages auf 3500 ℳ nach beiden Richtungen statt. Die von der Beklagten eingelegte Revision wurde zurückgewiesen.

Gründe:

. . . „1. Der Anspruch des Klägers auf Sicherheitsleistung gemäß § 301 HGB. wäre nicht gerechtfertigt, wenn dem Beklagten darin beigetreten werden könnte, daß die Schutzvorschrift des Handelsgesetzbuchs durch § 14 PrivVersGes. ersetzt und also beseitigt worden sei. Der Berufungsrichter vertritt im Einklange mit der überwiegenden Mehrzahl der Schriftsteller die entgegengesetzte Meinung, und dies ist vom Standpunkte des geltenden Rechtes aus zu billigen. In der Regelung der Frage der Vereinigung (Fusion) zweier Aktiengesellschaften bestehen keine grundsätzlichen Unterschiede zwischen dem alten und dem neuen Handelsgesetzbuche. Beide Gesetze lassen die Auflösung einer Aktiengesellschaft durch Verschmelzung mit einer anderen dergestalt zu, daß eine Umwandlung des Vermögens der sich auflösenden Gesellschaft in Geld, mithin eine Liquidation, nicht stattfindet, vielmehr dieses Vermögen als Ganzes, wie im Falle der Beerbung einer Person, auf die übernehmende Gesellschaft übergeht. Der Zustimmung der Gläubiger der sich auflösenden Gesellschaft oder ihres Aufgebots bedarf es nicht. Mit der Vollziehung der erforderlichen Eintragungen im Handelsregister erlischt die Rechtspersönlichkeit der übertragenden Gesellschaft; an deren Stelle tritt die aufnehmende Gesellschaft. Indem man auf diese Weise die Umbildung eines Aktienunternehmens im Wege der Fusion begünstigte und von der Notwendigkeit der Liquidation absah, erachtete man doch nicht minder die Interessen der Gläubiger der sich auflösenden Gesellschaft für berücksichtigenswert und traf zu ihrem Schutze Bestimmungen, die ihnen die materielle Grundlage des bisherigen Schuldverhältnisses trotz Wegfalls des ursprünglichen Schuldners tunlichst sichern und erhalten sollten. Den Organen der aufnehmenden Gesellschaft ist die Pflicht auferlegt, das Vermögen der andern Gesellschaft bis zur Befriedigung oder Sicherstellung ihrer Gläubiger getrennt zu verwalten, und damit die tatsächliche Vereinigung beider Vermögen trotz ihrer rechtlichen Zusammenfassung in der Hand der aufnehmenden Gesellschaft bis zu diesem Zeitpunkte zu unterlassen. Hierdurch ist den Gläubigern der Zugriff in das Vermögen, das ihnen bisher verhaftet gewesen war, offen gehalten; sie können auch die neue Schuldnerin im Gerichtsstande der bisherigen belangen; das übernommene Vermögen gilt noch, auch im Verhältnis zu den übrigen

Gläubigern der übernehmenden Gesellschaft, als Vermögen der aufgelösten Gesellschaft (vgl. über dies alles Artt. 247, 245, 215 ADHGB., §§ 306, 301 HGB. und Entsch. des RG.'s in Zivils. Bd. 9 S. 13). Soll die rechtliche Verschmelzung auch tatsächlich erfolgen, und die getrennte Verwaltung beider Vermögen aufhören, so darf dies nur unter Beachtung der für die Verteilung des Vermögens unter die Aktionäre geltenden Vorschriften geschehen, d. h. die Gläubiger müssen befriedigt oder, soweit dies nicht ausführbar ist, sichergestellt werden. Für die Versicherungsgesellschaften war keine Ausnahme gemacht. Bei den Beratungen der Nürnberger Kommission war das Bedenken erhoben worden, daß eine Aktiengesellschaft durch das Verlangen der Deposition der schwebenden Verbindlichkeiten — und dieser steht in diesem Punkte die Sicherstellung gleich — ruiniert werden könne, weil diese Forderungen zusammen, namentlich bei Assekuranzgeschäften, oft sehr große Summen ausmachen würden; man beseitigte es durch die Bemerkung, daß die Deposition durch Unterlassung der Verteilung vermieden werden könne (Lutz, Protok. Bd. 1 S. 366). Danach erachtete die Kommission die Schwierigkeiten einer getrennten Vermögensverwaltung nicht für so erheblich, um zu Gunsten der Versicherungsunternehmungen eine abweichende Behandlung der Gläubiger im Falle der Fusion eintreten zu lassen. Auch für sie galt das gleiche Recht, wie für andere Aktiengesellschaften.

Dafür daß dieses Recht durch den § 14 PrivVersGes. hat geändert werden sollen, fehlt es zunächst an einer ausdrücklichen Bestimmung. Es ist zuzugeben, daß sie fehlen könnte, wenn der Wille des Gesetzgebers, die Gläubiger fortan in anderer Weise, nämlich durch die Prüfung und Genehmigung der Fusion von seiten der Aufsichtsbehörde, zu schützen, sonstwie erkennbar wäre. Dies ist aber nicht der Fall. Wenn auch das Gesetz Vorschriften privatrechtlichen Inhalts enthält (s. darüber Zehnter im Arch. für bürg. R. 20 S. 1 flg.), so regelt es doch grundsätzlich nur die öffentlichrechtliche Seite des privaten Versicherungswesens, indem es die privaten Unternehmungen der Staatsaufsicht unterstellt und eine Reihe polizeilicher Kontrollmaßregeln anordnet, die auf den Schutz der Versicherten abzielen, aber nicht in deren privatrechtliche Beziehungen zu den Gesellschaften eingreifen. Eine solche Schutzvorschrift ist der § 14. Er fordert für die Fusion die Genehmigung der zuständigen Aufsichtsbehörden, die insbesondere dann zu versagen ist, wenn die Interessen der Versicherten nicht hinreichend gewahrt sind (§ 7 Nr. 2). Aber er fordert sie nicht für die privatrechtliche Gültigkeit der Fusion, die durch den Mangel der aufsichtsamtlichen Genehmigung nicht berührt wird (vgl. Rehm, Komm. 2. Aufl. Bem. 5, 7 zu § 14). Man kann daher nicht sagen, daß die polizeiliche, freilich auch im Interesse der Versicherten als Gläubiger der sich auflösenden Gesellschaft, erforderte Genehmigung die dem Gebiete des Privatrechts angehörenden Schutzvorschriften des HGB. allgemein oder wenigstens rücksichtlich jener Gläubiger ersetze, und daß, wenn die Aufsichtsbehörde die Fusion gebilligt habe, die Gläubiger sich dabei zu bescheiden und die Vereinigung der beiderseitigen Vermögen ohne Sicherstellung zu dulden hätten.

Für die gegenteilige Meinung ist in den Materialien des Gesetzes nichts zu finden. Will man ihnen für die zu entscheidende Frage Bedeutung beimessen, so bestätigen sie, daß ein Eingriff in die das Fusionsrecht behandelnden §§ 301, 306 HGB. nicht beabsichtigt war. Der Bericht der Reichstagskommission (S. 40) bemerkt ausdrücklich zu § 14 des Entwurfs, der unverändert Gesetz geworden ist:

„Hierzu wurde auf Anregung aus der Kommission in Übereinstimmung mit den Regierungsvertretern festgestellt, daß die Genehmigung der Geschäftsübertragung durch die Aufsichtsbehörde privatrechtliche Bedeutung nicht hat für das Verhältnis zwischen der bisherigen Unternehmung und dem Versicherten, vielmehr die privatrechtlichen Bestimmungen in Geltung bleiben, wonach niemand ohne seine Zustimmung einen andern Schuldner anzunehmen braucht."

Ist nun auch eine solche privatrechtliche Bestimmung gerade für den Fall der Fusion nicht als geltend anzuerkennen, und müssen die Versicherten diese dulden, ohne daß ihnen ein Rücktrittsrecht einzuräumen wäre (Urteil des erkennenden Senats vom 6. November 1908 bei Gruchot, Bd. 53 S. 702), so läßt doch jene Feststellung über die Tragweite des § 14 keinen Zweifel; er verstärkt den Schutz der Gläubiger dadurch, daß er der privatrechtlichen noch eine öffentlichrechtliche Sicherung hinzufügt, aber er beseitigt jene nicht.

Man kann auch nicht sagen, daß beide Sicherungen gleichwertig seien, und daß aus diesem Grunde die frühere der späteren zu weichen habe. Der Schutz, den § 14 gewährt, liegt auf einem andern Gebiete, als die gleichfalls den Interessen der Versicherten dienenden Vorschriften des HGB.'s. Eine staatliche Behörde soll prüfen, ob bei der geplanten Verschmelzung die aufnehmende Gesellschaft die Gewähr für die Erfüllung der Verbindlichkeiten der übertragenden Gesellschaft bietet. So sehr eine solche Prüfung geeignet ist, die Gläubiger vor Schaden zu bewahren, so gibt sie doch keine reale Sicherheit, wie sie das HGB. den Gläubigern mit seinen Schutzbestimmungen zur Verfügung stellt. Diese fordern eine Sicherstellung gemäß den §§ 232 flg. BGB., also durch Hinterlegung von Geld oder Wertpapieren, oder durch Bestellung eines Pfandrechts oder einer Hypothek, aushilfsweise durch Stellung eines tauglichen Bürgen, begnügen sich also nicht mit einem Schutze, der, so wirksam er auch in der großen Mehrzahl der Fälle sein wird, doch unter Umständen versagt, da auch bei einer mit der äußersten Sorgsamkeit arbeitenden Behörde Täuschungen und Irrtümer nicht völlig ausgeschlossen sind.

Nach Lage der gegenwärtigen Gesetzgebung besteht sonach neben dem § 14 PrivVersGes. der § 301 HGB. im Rahmen des § 306 daselbst auch für Versicherungsaktiengesellschaften unverändert fort. Wenn in dem Aufsatze von Emminghaus in der Leipz. Ztschr. für VersichRecht usw. Bd. 2 S. 34 auf ein Urteil des Reichsgerichts vom 13. März 1906 Bezug genommen ist, in dem auf § 14 als die gesetzliche Bestimmung hingewiesen worden sei, die dem Gläubiger die ihm nach § 301 Abs. 3 HGB. zugesagte Sicherheit gewährleiste, so ist ein solches Urteil nicht zu ermitteln; das Urteil des II. Senats vom 30. März 1906 in der Ztschr. für Aktienges. Bd. 14 S. 94 und Elsaß-Lothr. Ztschr. 1906 S. 549 betrifft einen anderen Fall. Übrigens handelte es sich damals nach dem kurzen Berichte um eine Klage der aufnehmenden Gesellschaft auf Zahlung der Prämie; jenem Hinweise würde daher nur die Bedeutung einer gelegentlichen Bemerkung beizumessen sein, die zu Herbeiführung eines Plenarbeschlusses nicht nötigt.

2. Es ist bereits erörtert, daß die vom Gesetze geforderte Sicherstellung gemäß §§ 232 flg. BGB., die beim Mangel abweichender Sonderbestimmungen allgemein für alle Fälle der Verpflichtung zur Sicherheitsleistung gelten, zu erfolgen habe. Daraus ergibt sich, daß die Prämienreserve nicht, wie die Revision meint, als eine dem Ge-

setze entsprechende Sicherheit angesehen werden kann. Zwar enthalten die §§ 56—60 PrivVersGes. eingehende verwaltungsrechtliche Bestimmungen über die Bildung, Verwaltung und Verwahrung der Prämienreserve; aber erst mit der Eröffnung des Konkurses über das Vermögen der Versicherungsgesellschaft entsteht ein Recht der Versicherten auf vorzugsweise Befriedigung aus den Beständen der Prämienreserve (§§ 60, 61). Bis dahin sind sie auf die nicht unter allen Verhältnissen gesicherte Befolgung der vom Gesetze aufgestellten Grundsätze durch die Gesellschaft und auf die Überwachung durch die Aufsichtsbehörde angewiesen. Damit ist gewiß ein erheblicher Schutz für die Versicherten geschaffen; aber er ist keine Sicherheit, wie das Gesetz sie verlangt. Die Frage nach der Höhe der zu leistenden Sicherheit ist vom Berufungsrichter zu Gunsten des Beklagten dahin beantwortet, daß sie im wesentlichen nach dem Anteile des Klägers an der Prämienreserve zu bemessen sei. Dadurch ist der Beklagte keinesfalls beschwert, und es braucht nicht untersucht zu werden, ob an sich ein Anspruch auf Sicherstellung der vollen Versicherungssumme besteht.

3. Auch darin ist dem Berufungsrichter zuzustimmen, daß die Gläubiger nicht auf den durch § 306 Abs. 6 HGB. gegebenen Schadensersatzanspruch gegen Vorstand und Aufsichtsrat wegen pflichtwidriger Vereinigung der beiden Vermögen beschränkt sind. Das ROHG. hat bereis für das ältere Recht ausgesprochen, daß eine solche Beschränkung auf — dem Erfolge nach unsichere — Ersatzansprüche gegen die Gesellschaftsorgane nicht anzuerkennen sei, daß vielmehr, wenn die Gefahr der Verletzung des Gebotes der getrennten Verwaltung bestehe, die Gläubiger diese Verletzung nicht ruhig mit anzusehen brauchten, sondern Sicherungsmaßregeln ergreifen könnten (Entsch. des ROHG. Bd. 23 S. 152, Bd. 24 S. 251). Dem ist auch für das neue Recht unbedenklich beizutreten. Im vorliegenden Falle hält sich der Beklagte zu der tatsächlichen Vereinigung seines Vermögens mit dem der Elberfelder Gesellschaft ohne Sicherstellung der Gläubiger der letzteren, zu denen auch der Kläger als Versicherter gehört, für befugt. Es ist also zu besorgen, daß er von seinem behaupteten Rechte Gebrauch macht und damit den Versicherten das ihnen vom Gesetze vorbehaltene Zugriffsobjekt entzieht. Dadurch rechtfertigt sich der Antrag des Klägers, daß das Gericht dem Be-

klagten die beabsichtigte Vereinigung ohne vorherige Sicherheitsleistung verbiete; es ist dies die den Beklagten am wenigsten beschwerende Sicherungsmaßregel, die für die Falle der einstweiligen Verfügung ausdrücklich vom Gesetze als zulässig anerkannt ist (§ 938 Abs. 2 ZPO.). Schließlich ist auch die für den Fall der Zuwiderhandlung gegen das Verbot ausgesprochene Verurteilung zur Sicherheitsleistung als Verurteilung zu einer künftigen Leistung gemäß § 259 ZPO. nicht zu beanstanden. Der erkennende Senat hat diese Vorschrift auch auf bedingte Ansprüche für anwendbar erklärt (Entsch. in Zivils. Bd. 51 S. 243)." ...

---

5. Dürfen bei Erteilung einer vollstreckbaren Ausfertigung von Urkunden der in § 794 Nr. 5 ZPO. bezeichneten Art im Falle des § 726 Abs. 1 ZPO. auch solche die Leistungspflicht des Schuldners bedingende Tatsachen berücksichtigt werden, bezüglich deren die Urkunde nicht ergibt, daß von ihrem Eintritt die Leistungspflicht abhängig gemacht ist?

V. Zivilsenat. Urt. v. 9. Oktober 1909 i. S. Grundkreditbank (Bekl.) w. S. (Kl.). Rep. V. 60/09.

I. Landgericht III Berlin.
II. Kammergericht daselbst.

Der Kläger hatte sich in einer notariellen Urkunde vom 27. April 1906 der sofortigen Zwangsvollstreckung wegen einer der Beklagten zustehenden Darlehnshypothek von 380000 ℳ unterworfen, die unter gewissen, in 7 Nummern aufgezählten, Voraussetzungen sofort zahlbar, sonst erst im Jahre 1916 kündbar sein sollte. Auf Grund der Behauptung, es sei im September 1907 abändernd die Fälligkeit der Hypothek schon zum 30. desselben Monats vereinbart worden, erlangte die Beklagte Ende Oktober 1907 eine vollstreckbare Ausfertigung der Urkunde vom 27. April 1906, auf Grund deren sie gegen den Kläger dinglich und persönlich vorging. Dieser klagte darauf, indem er geltend machte, nach der Vereinbarung vom September 1907 sei er zur vorzeitigen Rückzahlung des Darlehns nur berechtigt, nicht verpflichtet, mit dem Antrage, die Zwangsvollstreckung für unzulässig zu erklären. Er erlangte in erster Instanz ein teilweise, in zweiter Instanz ein ganz seinem Antrage stattgebendes Urteil. Die Revision der Beklagten wurde zurückgewiesen aus folgenden

Gründen:

... „Auf die Zwangsvollstreckung aus Urkunden der im § 794 Nr. 5 ZPO. bezeichneten Art finden nach § 795 die Bestimmungen der §§ 724—793 entsprechende Anwendung, soweit nicht in den §§ 796—800 abweichende Vorschriften enthalten sind. Nach § 724 erfolgt die Zwangsvollstreckung auf Grund einer vollstreckbaren Ausfertigung, die bei notariellen Urkunden aber nicht entsprechend dem § 724 Abs. 2 vom Gerichtsschreiber, sondern nach § 797 von dem Notar oder der Behörde erteilt wird, der oder die die Urkunde verwahrt. Über die Voraussetzungen der Erteilung der vollstreckbaren Ausfertigung enthalten die §§ 796—800 keine von den Bestimmungen der §§ 724—793 abweichenden Vorschriften. Diese Paragraphen beziehen sich auf die Zwangsvollstreckung aus Urteilen. Die Erteilung der vollstreckbaren Ausfertigung eines Urteils setzt der Regel nach voraus, daß es seinem Inhalt nach sofort vollstreckt werden kann. Ausnahmen sind nur in §§ 726, 751 für die Fälle gemacht, in denen die Vollstreckung des Urteils von einer dem Gläubiger obliegenden Sicherheitsleistung, oder von einer Zug um Zug zu bewirkenden Leistung des Gläubigers an den Schuldner, oder von dem Eintritt eines Kalendertages abhängig ist. Von Urteilen aber, deren Vollstreckung „nach ihrem Inhalte von dem durch den Gläubiger zu beweisenden Eintritt einer anderen Tatsache" abhängt, darf nach § 726 Abs. 1 eine vollstreckbare Ausfertigung nur erteilt werden, wenn der Beweis des Eintritts der Tatsache durch öffentliche oder öffentlich beglaubigte Urkunden geführt wird. Auch in jenen Fällen, in denen das Gesetz die Feststellung des Eintritts der die Vollstreckbarkeit bedingenden Tatsache den Vollstreckungsorganen überläßt (vgl. §§ 751, 756, 765), kann diese Bedingtheit nur dem Urteil selbst, und zwar der die Entscheidung enthaltenden Urteilsformel, entnommen werden. Die Vollstreckbarkeit eines Urteils kann sich eben nur nach seinem Inhalt bestimmen. Daß insbesondere die Abhängigkeit der Vollstreckbarkeit vom Eintritt einer Tatsache durch das Urteil selbst festgestellt sein muß, und daß nur die Feststellung des Eintritts der Tatsache dem Verfahren nach Erlaß des Urteils vorbehalten ist, erhellt auch aus der Begründung des Entwurfs zur ZPO., in der es zu dem dem § 726 Abs. 1 des Gesetzes entsprechenden § 614 heißt: „die Feststellung, daß eine solche Tatsache eingetreten ist, braucht zweckmäßig nicht erst wieder im Wege der Klage zu erfolgen; die im Urteile gegebene Entscheidung rechtfertigt es, den Nachweis (nämlich des Eintritts der Tatsache) durch öffentliche Urkunden für genügend anzunehmen, um daraufhin die vollstreckbare Ausfertigung zu erteilen." Der Fall, daß die Vollstreckbarkeit des Urteils, abgesehen von seinem Inhalt, vom Eintritt einer Tatsache abhängig sein könnte, ist denn auch in den §§ 724—793 nicht erwähnt, und doch hätte es, wenn ein solcher Fall als möglich unterstellt wäre, für ihn einer Bestimmung über die Feststellung der Vollstreckbarkeit nicht minder bedurft, als für die erwähnten Fälle.

Die entsprechende Anwendung des Gesagten auf Urkunden der in § 794 Nr. 5 bezeichneten Art ergibt ohne weiteres, daß ihre Vollstreckbarkeit sich in gleicher Weise allein nach ihrem Inhalt bestimmt, daß deshalb bei Feststellung ihrer Vollstreckbarkeit nur solche die Leistungspflicht des Schuldners bedingende Tatsachen berücksichtigt werden dürfen, von deren Eintritt sie selbst die Leistungspflicht und damit ihre Vollstreckbarkeit abhängig machen, und daß die Feststellung ihrer Vollstreckbarkeit jedenfalls ausgeschlossen ist, wenn ihr Inhalt dieser Feststellung widerspricht. Für die Annahme, daß der Prüfung der Vollstreckbarkeit dieser Urkunden ein weiterer Rahmen gezogen sei, daß dabei namentlich solche die Leistungspflicht des Schuldners bedingende Umstände berücksichtigt werden könnten, die in der Urkunde gar nicht berührt sind, fehlt jeder Grund. Aus der Eigentümlichkeit der Urkunden läßt sich ein solcher keinesfalls hernehmen. Die Vollstreckungsfähigkeit findet hier ihre Rechtfertigung allein in der freiwilligen Unterwerfung des Schuldners und der Feststellung dieser Unterwerfung durch die öffentliche Urkunde. Dies weist aber um so mehr darauf hin, daß die Voraussetzungen der Vollstreckbarkeit nur dem das Maß und die Bedingungen der Unterwerfung des Schuldners ergebenden Inhalt der Urkunde entnommen werden können. Nichts anderes ergeben die Gesetzesmaterialien. In der Begründung des Entwurfs zur ZPO. ist bei dem dem § 795 des Gesetzes entsprechenden § 652 hinsichtlich der Vollstreckbarkeit der Urkunden für den Fall, daß „die beurkundete Verpflichtung von dem

Eintritte einer Tatsache abhängig ist", lediglich auf den dem § 726 Abs. 1 des Gesetzes entsprechenden § 614 hingewiesen. Gegenüber dem Standpunkt anderer Gesetze, die die Zwangsvollstreckung nur auf Grund von Urkunden zulassen, aus deren Inhalt „unbedingt Existenz und Fälligkeit der Forderung" oder doch „die Zeit der Leistung" zu ersehen ist, ist dabei auf die Brauchbarkeit der Einrichtung „für die sehr zu beachtenden Fälle kündbarer Forderungen" hingewiesen. Bei der Beratung in der Reichstagskommission beabsichtigte ein Antrag des Abgeordneten Dr. Bähr die Vollstreckungsfähigkeit auf solche Urkunden zu beschränken, in denen sich der Schuldner zur Zahlung einer bestimmten Geldsumme zu bestimmter Zeit verpflichtet. Der Antrag fiel, nachdem der Regierungsvertreter bemerkt hatte: der Vorschlag beschränke die exekutorischen Urkunden zu sehr, indem er alle diejenigen ausschließe, in welchen etwas auf Kündigung versprochen sei; werde die Vollstreckungsklausel für eine auf Kündigung lautende Urkunde verlangt, so müsse die geschehene Kündigung durch eine öffentliche Urkunde bewiesen werden. Davon, daß die Vollstreckbarkeit einer solchen Urkunde durch den Eintritt einer in ihr gar nicht bezeichneten Tatsache, daß sie insbesondere durch eine in ihr gar nicht vorgesehene oder nach ihrem Inhalt sogar ausgeschlossene Kündigung herbeigeführt werden könnte, hat niemand gedacht.

Im vorliegenden Falle ist die Leistungspflicht des Beklagten und damit die Vollstreckbarkeit hinsichtlich des streitigen Kapitalbetrages nach Inhalt der Urkunde vom 27. April 1906 abhängig von einer dreimonatigen, bis zum 30. Juni 1916 aber für beide Teile ausgeschlossenen Kündigung, oder vom Eintritt einer der unter den Nr. 1 bis 7 bezeichneten Tatsachen. Der Notar aber hat die vollstreckbare Ausfertigung erteilt, obgleich nach dem in den Vorinstanzen festgestellten Sachverhalt keiner der unter diesen 7 Nummern bezeichneten Fälle eingetreten ist, und eine Kündigung nach dem 30. Juni 1916 nicht in Frage kommen konnte; er hat sie erteilt mit Rücksicht auf das seinem Inhalt nach streitige Abkommen vom September 1907. Dies aber, mag es immerhin den von der Beklagten behaupteten Inhalt und Sinn haben, kann die Erteilung der vollstreckbaren Ausfertigung nach dem Gesagten nicht rechtfertigen. Die Ausführungen der Revision über die Auslegung der Urkunde vom 27. April 1906 und über die rechtliche Natur des Abkommens vom September 1907 können daran nichts ändern, daß dieses Abkommen, durch das die Fälligkeit der Kapitalforderung herbeigeführt sein soll, keine Tatsache ist, durch deren Eintritt die Leistungspflicht des Schuldners und damit die Vollstreckung nach dem Inhalt der Urkunde begründet ist. In diesem Sinne bezeichnet das Berufungsgericht dasselbe mit Recht als eine „von der Urkunde losgelöste Vereinbarung".

Übrigens hat sich der Kläger nach dem Wortlaut der Urkunde auch der Zwangsvollstreckung nur unterworfen „wegen aller auf Grund der Schuldurkunde zu leistenden Zahlungen", und es ist nicht abzusehen, inwiefern das Berufungsgericht die §§ 133, 157 BGB. dadurch verletzt haben könnte, daß es darunter nur Zahlungen versteht, die nach Maßgabe des Inhalts der Urkunde unter den in ihr bezeichneten Voraussetzungen zu leisten sind. Die Vorschriften des von der Revision weiter herangezogenen § 609 BGB. über die Fälligkeit eines Darlehns kommen neben den hierüber in der Urkunde getroffenen Bestimmungen gar nicht in Betracht; eine Kündigung insbesondere bleibt hiernach vor dem 30. Juni 1916 ganz ausgeschlossen. Es kann zugegeben werden, daß dieser Ausschluß nur bedeutet, daß die Fälligkeit des Darlehns vor dem erwähnten Zeitpunkt von dem einen Teile nicht wider den Willen des anderen herbeigeführt werden kann. Aber eine Willenseinigung über eine frühere Fälligkeit kann diese nur begründen, wenn sie irgendwie erklärt ist, und eine erklärte Willenseinigung ist ein Vertrag. Zugegeben sei ferner, daß die „Entgegennahme" einer vorzeitigen Kündigung des Klägers durch die Beklagte keine „Änderung des ursprünglichen Vertrages" darstellt. Nichtsdestoweniger ist eine daraufhin beanspruchte Zahlung keine „auf Grund der Urkunde zu leistende Zahlung". Hiergegen kann sich die Revision auch nicht auf den Satz der Urkunde berufen, nach dem die Vollstreckungsklausel der Gläubigerin auf ihre unbescheinigte Behauptung „derjenigen Tatsache" erteilt werden soll, „von deren Eintritt die Fälligkeit abhängt", da hierunter nach dem Zusammenhange nur eine solche Tatsache zu verstehen ist und jedenfalls nur verstanden zu werden braucht, von deren Eintritt die Fälligkeit nach dem Inhalt der Urkunde abhängt. Ob dieser Satz der Urkunde sich gegenüber der Bestimmung des § 726 Abs. 1 aufrecht halten läßt, wonach eine vollstreckbare Ausfertigung nur erteilt werden kann, wenn der Beweis des Eintritts der Tatsache durch öffentliche oder öffentlich beglaubigte Urkunden geführt wird, kann hier unentschieden bleiben. Die im vorstehenden begründete Annahme, daß der Beklagten eine vollstreckbare Ausfertigung der Urkunde vom 27. April 1906 nicht auf Grund des Abkommens vom September 1907 erteilt werden durfte, weil dieses keine die Vollstreckbarkeit der Urkunde nach ihrem Inhalte begründende Tatsache ist, wird dadurch nicht berührt.

Hinfällig sind endlich die Bedenken, die die Revision gegen jene Annahme aus der damit zusammenhängenden Beschränkung der Verwendbarkeit vollstreckbarer Urkunden hernimmt. Diese Beschränkung folgt lediglich dem Inhalt der einzelnen Urkunde und dem durch sie festgestellten Unterwerfungswillen des Schuldners. Und unrichtig ist die Bemerkung, daß die Beklagte nach dem hier vertretenen Standpunkte „bei Eintritt vorzeitiger Fälligkeit gemäß einer der 7 Nummern der Schuldurkunde unter allen Umständen die darin vorgesehene sofortige Rückzahlung verlangen" müßte, insofern damit gesagt sein soll, daß in einem solchen Falle die Erteilung der vollstreckbaren Ausfertigung auch davon abhängig sein würde, daß die Rückzahlung sofort nach der eingetretenen Fälligkeit verlangt wird." ...

6. Ist in dem Falle, daß der Arrestkläger aus Anlaß der Anordnung eines Arrestes Sicherheit geleistet hat, die Veranlassung für die Sicherheitsleistung schon dann weggefallen, wenn der Arrest rechtskräftig bestätigt ist, oder erst dann, wenn auch die Hauptsache zu Gunsten des Arrestklägers rechtskräftig entschieden ist?

ZPO. §§ 109 und 945.

II. Zivilsenat. Beschl. v. 12. Oktober 1909 i. S. H. & Z. (Antragst.) w. St. (Antragsg.). Beschw.-Rep. II. 77/09.

I. Kammergericht Berlin.

Die Frage wurde in letzterem Sinne entschieden aus folgenden Gründen:

„Behufs Erwirkung eines dinglichen Arrestes gegen den Kaufmann St. hat die Firma H. & Z. auf Anordnung des Kammergerichts zu Berlin eine Sicherheit von 500 *M* bei der Ministerial-, Militär- und Baukommission zu Berlin hinterlegt. Der daraufhin von dem Kammergerichte durch Beschluß vom 23. März 1909 angeordnete Arrest, gegen den St. Widerspruch erhoben hat, ist in der Berufungsinstanz durch Urteil des Kammergerichts vom 26. Mai 1909 bestätigt worden. Nach Rechtskraft dieses Urteils beantragte die Firma H. & Z. mit der Begründung, daß nunmehr die Veranlassung für die Sicherheitsleistung weggefallen sei, beim Kammergerichte, bei dem die Hauptsache anhängig ist, gemäß § 109 ZPO. die Bestimmung einer Frist, binnen welcher St. die Einwilligung in die Rückgabe der Sicherheit zu erklären, oder die Erhebung der Klage wegen seiner Ansprüche nachzuweisen habe. Das Kammergericht wies den Antrag durch Beschluß vom 27. August 1909 zurück, weil die Veranlassung für die Sicherheitsleistung insofern noch nicht weggefallen sei, als das Urteil im Hauptprozesse noch nicht rechtskräftig sei.

Gegen diesen Beschluß hat die Antragstellerin sofortige Beschwerde eingelegt, mit der sie den gestellten Antrag wiederholt und unter Berufung auf Gaupp-Stein, ZPO. § 943 Bem. III, ausgeführt hat, der Umstand, daß das Urteil in der Hauptsache noch nicht rechtskräftig sei, sei kein Grund, die Fristsetzung zu versagen; der Anspruch sei jedenfalls durch das Urteil erster Instanz in der Hauptsache glaubhaft gemacht. Dieser auch sonst in der Rechtslehre mehrfach vertretenen Meinung kann jedoch nicht beigepflichtet werden. Ob die Veranlassung für die Sicherheitsleistung weggefallen ist, bestimmt sich nach dem Zwecke, dem die geleistete Sicherheit zu dienen bestimmt ist. Die Sicherheit, die der Arrestkläger aus Anlaß der Anordnung eines Arrestes zu leisten hat, dient zur Sicherheit des Arrestbeklagten, nämlich als Deckung für seinen Anspruch auf Ersatz des Schadens, der ihm durch die Vollziehung des Arrestes entsteht, wenn sich diese im Widerspruchsverfahren oder in der Rechtsmittelinstanz als von Anfang an ungerechtfertigt, oder der Anspruch selbst im nachfolgenden ordentlichen Verfahren als schon zur Zeit der Arrestanordnung nicht begründet herausstellen sollte, oder der Arrest auf Grund des § 926 Abs. 2 ZPO. aufgehoben wird. Der — selbst rechtskräftigen — Bestätigung des Arrestes kommt jedenfalls in betreff der Entscheidung über das Bestehen des materiellen Anspruches nur eine provisorische Bedeutung zu; durch sie wird nichts weiter festgestellt, als daß Forderung und Arrestgrund glaubhaft gemacht sind. Daß nun aber die Glaubhaftmachung der Forderung und des Arrestgrundes nicht hinreicht, um den angeführten Zweck der Sicherheitsleistung zu erfüllen und eine geleistete Sicherheit fernerhin als überflüssig erscheinen zu lassen, erhellt aus der Vorschrift des § 921 ZPO., wonach das Gericht die Anordnung eines Arrestes von einer Sicherheitsleistung abhängig machen kann, selbst wenn der Anspruch und der Arrestgrund glaubhaft gemacht sind. Dieselbe freie Stellung räumt der § 925 ZPO. dem Gerichte bei der Entscheidung über die Rechtmäßigkeit des Arrestes ein, indem es auch die Bestätigung, Abänderung oder Aufhebung von einer nach freiem Ermessen zu bestimmenden Sicherheitsleistung abhängig machen kann. Die rechtskräftige Bestätigung des Arrestes kann somit nicht als hinreichender Grund dafür angesehen werden, daß die Veranlassung für die Sicherheitsleistung weggefallen ist.

Ein weiterer Beweis für die Richtigkeit der hier vertretenen Auffassung läßt sich aus der Entstehungsgeschichte des § 945 ZPO. herleiten. Der Paragraph ist, wie in dem Urteile des erkennenden Senats, Entsch. in Zivils. Bd. 67 S. 365 flg., näher dargelegt ist, aus den Beratungen der Kommission für die 2. Lesung des Bürgerlichen Gesetzbuchs entstanden und aus der Erweiterung eines Antrages hervorgegangen, der lautete: „Wird ein vollzogener Arrest wegen zur Zeit der Anordnung ermangelnder Rechtmäßigkeit oder auf Grund der Bestimmung in § 806 Abs. 2 ganz oder teilweise aufgehoben, oder fällt er weg, weil der Hauptanspruch als unbegründet anerkannt wird, so“ ꝛc. Gemäß § 945 tritt somit die Schadensersatzpflicht des Arrestklägers unbedenklich auch dann ein, wenn der Hauptanspruch als unbegründet anerkannt wird. Denn stand dem Arrestkläger zur Zeit der Erwirkung des Arrestes eine Forderung überhaupt nicht zu, so war auch der Arrest von Anfang an ungerechtfertigt. Der Streit darüber, ob der Hauptanspruch zur Zeit der Anordnung des Arrestes begründet war oder nicht, kann nun aber endgültig nur durch die rechtskräftige Entscheidung im ordentlichen Verfahren zum Austrage gebracht werden. Bis dahin besteht die Veranlassung für die Sicherheitsleistung fort, weil die Möglichkeit nicht ausgeschlossen erscheint, daß der Arrestkläger wegen Unbegründetheit seiner Forderung zum Ersatze des durch die Vollziehung des Arrestes entstandenen Schadens verpflichtet ist, und der Arrest gemäß § 927 ZPO. aufgehoben wird."

---

7. Ist das Verbot des § 215 HGB. allein dann anwendbar, wenn bei dem Zinsversprechen die Aktiengesellschaft dem Aktionär als solchem gegenübersteht, insbesondere wenn dem Aktionär bei der Zeichnung oder Übernahme von Aktien bei der Gründung oder einer Kapitalserhöhung von der Aktiengesellschaft Zinsen versprochen werden, oder auch in anderen Fällen?

VI. Zivilsenat. Urt. v. 14. Oktober 1909 i. S. Fr. Wwe. Test.-Vollstr. (Kl.) w. Vermögensverwaltungsstelle für Offiziere u. Beamte, Kommanditges. auf Aktien (Bekl.). Rep. VI. 310/08.

I. Landgericht I Berlin.
II. Kammergericht daselbst.

Aus den Gründen:

... „Der Schwiegersohn der Witwe Fr., S., wünschte die Stellung eines persönlich haftenden Gesellschafters und geschäftsführenden Direktors bei der Beklagten zu erlangen. Diese war auch bereit, ihm diese Stellung einzuräumen, stellte aber dafür gewisse Bedingungen, darunter die, daß S. von dem bisherigen Geschäftsführer dessen 90000 ℳ Aktien der Beklagten übernehme und weitere 70000 ℳ Aktien, die sich im Besitze der P.-H.-Aktienbank befanden, von dieser erwerbe. S. hatte die Mittel dazu nicht selbst. Aber Frau Fr. war bereit, solche herzugeben, die 70000 ℳ jedoch nur unter einschränkenden Bedingungen. Die Verhandlungen zwischen ihr, S. und der Beklagten haben über diesen Punkt zu dem Abkommen geführt, daß Frau Fr. an die Beklagte 70000 ℳ zahlte, für welche diese die 70000 ℳ Aktien von der genannten Bank für Rechnung der Auftraggeberin kaufte. Diese Aktien hat die Beklagte für die Witwe Fr. in Verwahrung genommen und ihr darüber einen Depotschein ausgestellt. Zugleich war abgemacht, daß das Stimmrecht für diese Aktien von der Erwerberin nicht ausgeübt werden, und daß andererseits die Beklagte ihr gegenüber verpflichtet sein solle, nach

6 Jahren die Aktien zum Parikurse anderweit unterzubringen und ihr bis dahin die 70000 ℳ mit jährlich 4 % zu verzinsen, wogegen die Dividendenscheine Eigentum der Beklagten werden sollten. . . .

Das Versprechen der Beklagten, der Frau Fr. die für den Ankauf der Aktien verwendeten 70000 ℳ für die Dauer ihres Aktienbesitzes fest zu verzinsen, wogegen sie die Dividendenscheine erhalten sollte, ist unstreitig. Dieses Versprechen ist aber vom Berufungsgericht als ungültig angesehen, weil es gegen das Verbot des § 215 HGB. verstoße, das nach § 320 Abs. 3 HGB. auch für die Beklagte gelte. Die Revision bestreitet, daß dieses Verbot auf den vorliegenden Fall anwendbar sei. Unter Berufung auf die Ausführung von Rehm (Zeitschr. für d. ges. Handelsrecht Bd. 55 S. 460 flg.), dem sich die Herausgeber der achten Auflage von Staub's Kommentar zum HGB. und Hachenburg (im „Recht", Jahrg. 1907 S. 225) angeschlossen hätten, vertritt sie die Auffassung, daß das Verbot nur für die Fälle gelte, in denen der Aktionär bei der Zeichnung oder Übernahme von Aktien bei der Gründung oder Kapitalserhöhung einer Aktiengesellschaft sich von dieser Zinsen versprechen lasse. Aus Geschäften aber, bei denen er der Aktiengesellschaft nicht als Aktionär, sondern als Dritter gegenüberstehe, könne er Gläubiger der Gesellschaft werden und gegen sie auch einen Anspruch auf Verzinsung des Betrages erwerben, den er für den Ankauf der Aktien aufgewendet habe. Der § 215 stehe daher der Gültigkeit des von der Beklagten erteilten Versprechens nicht entgegen. Diese Rechtsausführung ist als richtig nicht anzuerkennen.

Die bisherigen Erörterungen der von Rehm angeregten Frage nach der Tragweite des Verbotes des § 215 befassen sich wesentlich nur mit dem Falle, wo die Aktiengesellschaft eigene Aktien mit der Zusage fester Verzinsung verkauft hat. Dieser Fall liegt hier nicht vor. Die Beklagte ist vielmehr Einkaufskommissionär der Witwe Fr. gewesen; aber sie hatte daran, daß sie den Auftrag zum Kaufe erhielt, ein eigenes Interesse, weil dadurch ihr Verhältnis zu der Hypothekenbank gelöst wurde, und um diese Lösung zu erreichen, hat sie gegenüber ihrer Auftraggeberin die Zinsverbindlichkeit übernommen, die für die Erwerberin der Aktien die damit verbundene wirtschaftliche Gefahr mindern sollte. Wegen dieser Verschiedenheit des Falles kann ein Teil der Streitfragen, die an den Verkauf eigener Aktien angeknüpft sind, auf sich beruhen. Es braucht namentlich nicht erörtert zu werden, ob der von der Frau Fr. an die Hypothekenbank gezahlte Kaufpreis, weil er für sie das Äquivalent für den Erwerb der Stellung als Aktionärin war, als ihre Einlage bei der Beklagten zu gelten hat. Das Gesetz sagt in dem die Rechtsverhältnisse zwischen Gesellschaft und Gesellschafter regelnden Titel allgemein, für Aktionäre dürfen Zinsen von bestimmter Höhe statt des Gewinnanteils weder bedungen noch ausbezahlt werden, und Frau Fr. hat sich gerade ausbedungen, daß ihr statt der Dividende, die sie der Beklagten überließ, feste Zinsen ausbezahlt würden. Es fragt sich daher, ob Anlaß ist, daß Gesetz entgegen seinem klaren Wortlaut einschränkend auszulegen. Der erkennende Senat hat diese Frage verneint.

Vgl. Entsch. des ROHG.'s Bd. 17 Nr. 87, dem Bolze, Leipziger Zeitschrift für HR. Bd. 1 S. 1, zustimmt, und Sievers, Recht Jahrg. 1906 S. 974 (977).

Das Verbot bezweckt nicht allein, eine unzulässige Zurückgewährung der Einlagen an einen Einzelaktionär zu verhindern; es will vielmehr allgemein die Möglichkeit ausschließen, daß durch einen Vertrag, der nicht Teil des Gesellschaftsvertrages ist, die Anrechte eines Einzelaktionärs an dem zu verteilenden Gewinne in der vom Gesetz verbotenen Weise abgeändert werden, daß also die Stellung dieses Aktionärs innerhalb der Aktiengesellschaft in diesem die Rechte der anderen Aktionäre erheblich berührenden Punkte wesentlich abgeändert werde. Darum wird jeder Vertrag eines Einzelaktionärs mit der Aktiengesellschaft von dem Verbote getroffen. Es kommt nicht darauf an, ob der, dem das Zinsversprechen gegeben wird, beim Vertragsschluß der Aktiengesellschaft als Aktionär oder als Dritter gegenübersteht, sondern auf den Inhalt des Vertrages. Verträge mit dem im vorliegenden Falle ausbedungenen Inhalte darf eine Aktiengesellschaft nicht abschließen. Anderenfalls wäre ja auch die Umgehung des Verbots des § 215 in der einfachsten Weise möglich, und der vom Gesetz gewollte Erfolg würde unvollkommen erreicht. Eine dahin führende Auslegung muß abgelehnt werden." ...

8. Unter welchen Voraussetzungen kann ein Aktionär die von der Generalversammlung genehmigte Bilanz mit Erfolg aus dem Grunde anfechten, weil an Anlagen und Betriebsgegenständen zu niedrige Abschreibungen vorgenommen worden sind?

HGB. §§ 260, 261 Nr. 3, 271.

II. Zivilsenat. Urt. v. 15. Oktober 1909 i. S. Gemeinde N. (Kl.) w. Gas- u. Elektrizitätswerke N. (Bekl.). Rep. II. 717/08.

I. Landgericht Bremen, Kammer für Handelssachen.
II. Oberlandesgericht Hamburg.

Die Klägerin hat als Aktionärin der Beklagten gemäß § 271 HGB. den Beschluß der Generalversammlung vom 7. Juni 1906, wodurch gegen ihren Widerspruch die Bilanz sowie die Gewinn- und Verlustrechnung für das Geschäftsjahr 1904/5 genehmigt wurden, mittels Klage angefochten. Sie meint, der angefochtene Generalversammlungsbeschluß, wonach ein Reingewinn von 9000 ℳ zu einer Dividende von $4^1/_2$ % verwendet werden soll, verstoße gegen § 261 Nr. 3 HGB. Denn an den Anlagen und den zum Geschäftsbetriebe dauernd bestimmten Gegenständen müßten als Abnutzung mindestens weitere 9000 ℳ abgeschrieben werden, so daß kein Reingewinn übrig bleibe. Die Klägerin behauptete, die Beklagte habe willkürlich und böswillig 9000 ℳ zu wenig abgeschrieben, um eine Dividende verteilen zu können. Der Klagantrag ging auf Nichtigerklärung des Generalversammlungsbeschlusses vom 7. Juni 1906. Die Beklagte wollte gehörig abgeschrieben haben. Klage, Berufung und Revision wurden zurückgewiesen, die Revision aus folgenden

Gründen:

„Das Oberlandesgericht beanstandet die Berechnung des Gewinns von 9000 ℳ nicht, weil die von der Generalversammlung genehmigte Bilanz durch die Anfechtung eines Aktionärs nur dann zu Fall gebracht werden könne, wenn der Aktiengesellschaft ein willkürliches oder nach kaufmännischen Grundsätzen offenbar irrtümliches Verhalten zur Last falle. Ein solches Verhalten fällt der Beklagten nach der Feststellung des Berufungsrichters nicht zur Last. Der

Berufungsrichter erwägt, daß die von der Beklagten an den Anlagen und Betriebsgegenständen des § 261 Nr. 3 HGB. vorgenommenen Abschreibungen nach kaufmännischen Anschauungen in manchen Punkten vielleicht zu niedrig sein möchten; allein diese Zweifel seien nicht entscheidend, weil, selbst wenn diese Abschreibungen zu niedrig gegriffen sein sollten, sich doch weder Willkür noch offenbarer Irrtum nachweisen lasse. Der Berufungsrichter hat von diesem Gesichtspunkt aus das Gutachten des Sachverständigen im einzelnen geprüft.

Die Klage ist die Anfechtungsklage des Aktionärs aus § 271 HGB. mit der Begründung, daß die Generalversammlung der Beklagten das Gesetz, nämlich die Bilanzvorschrift des § 261 Nr. 3, verletzt habe. In dieser Instanz wird von der Klägerin geltend gemacht, es sei von den Vorinstanzen übersehen, daß es sich hier um eine von Amts wegen zu beachtende Nichtigkeit wegen Verstoßes gegen zwingende Gesetzesvorschriften handle, bei der es keineswegs auf Willkür oder offenbaren Irrtum, sondern nur darauf ankomme, ob eine materiell unrichtige Abschreibung nach § 261 Nr. 3 vorliege; der Berufungsrichter hätte in eine solche von ihm zu Unrecht abgelehnte objektive Prüfung eintreten müssen; das angegriffene Urteil sei daher aufzuheben, weil es nur nach der subjektiven Seite hin geprüft habe, auf die es hier gerade nicht ankomme.

Dieser Angriff ist des Näheren dahin begründet worden, eine Anfechtung eines Generalversammlungsbeschlusses wegen Verletzung von Bilanzvorschriften nach § 271 HBG. sei in doppelter Richtung möglich: einmal könne der Aktionär bei zu s t a r k e n A b s c h r e i b u n g e n seinen Anspruch auf Dividende durch Zurückführung der übertriebenen Abschreibungen auf das gesetzliche Maß gegen den Generalversammlungsbeschluß, der die zu starken Abschreibungen der Verwaltuugsorgane billige, nach § 271 geltend machen. Stelle sich der Aktionär auf diesen Standpunkt, so mache er einen rein privatrechtlichen Anspruch geltend. Nur für diesen Fall übertriebener Abschreibungen sei bisher in den Entsch. des RG.'s in Zivils. Bd. 32 S. 52, Bd. 40 S. 33, Bd. 43 S. 127 entschieden, daß dem Aktionär ein Anfechtungsrecht nach § 271 nur zustehe, wenn er nachweisen könne, daß ein arglistiges Verhalten vorliege, oder daß die Bilanz als eine willkürliche, nach kaufmännischen Grundsätzen offenbar irrige erscheine.

Sodann könne der Aktionär den Bilanzgenehmigungsbeschluß gemäß § 271 aber auch, wie dies hier geschieht, deshalb angreifen, weil zu geringe Abschreibungen vorgenommen worden, und deshalb zu Unrecht Dividenden verteilt werden sollten. Auf diesen Fall könnten die Grundsätze nicht angewendet werden, die für den umgekehrten Fall, nämlich wenn zu starke Abschreibungen vorgenommen werden sollen, Geltung haben. Wenn zu wenig abgeschrieben werden solle, so werde ein imaginärer Gewinn ausgerechnet, der in der Folge zur Ausschüttung des Aktienkapitals führe. Für diesen Fall zu geringer Abschreibung habe das Reichsgericht sich keineswegs zu dem Satze bekannt, daß eine Anfechtung nur bei Arglist oder offenbarem Irrtum zuzulassen sei; zu einem solchen Grundsatz, den der Berufungsrichter, ohne sich des Unterschieds der beiden Fälle bewußt zu werden, auch auf die hier zu entscheidende Frage anwende, dürfe man sich angesichts des § 261 auch nicht bekennen; der Gesetzgeber stelle nämlich in § 261 HGB. Mindestvorschriften und Höchstvorschriften auf; die Mindestvorschriften seien dispositiver Natur; zu ihnen zähle die Vorschrift des § 261 Nr. 3, sofern sie bestimme, daß zu starke Abschreibungen an Anlagen und Betriebsgegenständen untersagt seien. Die Höchstvorschriften des § 261 dagegen wendeten sich gegen zu hohe Bewertung der Aktiven; diese Vorschriften seien im öffentlichen Interesse gegeben und daher zwingender Natur, so daß ein dagegen verstoßender Generalversammlungsbeschluß unbedingt ungültig sei. Zu diesen zwingenden Vorschriften gehöre das Verbot des § 261 Nr. 3, zu wenig an Anlagen und Betriebsgegenständen abzuschreiben. Für diese Ausführungen beruft sich die Klägerin auf Staub (8. Aufl.) § 261 Anm. 3.

Die Klägerin folgert aus diesen Ausführungen, daß es nach rein objektivem Maßstab zu beurteilen sei, ob zu wenig abgeschrieben worden sei. Nur der hier nicht vorliegende Fall zu starker Abschreibungen lasse eine subjektive Beurteilung, also eine Berücksichtigung von Arglist und Irrtum, zu. Gegen diesen Grundsatz habe der Berufungsrichter gefehlt, indem er von den nur für den Fall zu starker Abschreibung geltenden Grundsätzen ausgegangen sei. Eine Stütze für ihre Ansicht glaubt die Klägerin in der Vorschrift des § 271 Abs. 3 Satz 2 HGB. zu finden, wonach den Aktionären bei zu starken Abschreibungen ein beschränktes Anfechtungsrecht gegeben ist.

Dieser Angriff ist nicht berechtigt.

Die Klägerin hat ein Interesse an ihrem hier erhobenen Anspruch, weil sie unter gewissen Voraussetzungen die Werke der Beklagten käuflich übernehmen darf, und der Reingewinn für die Berechnung des Übernahmepreises von Bedeutung ist. Rechtlich kommt dieser Umstand nicht in Betracht; denn jeder Aktionär hat ein Interesse und einen Rechtsanspruch, daß die Abschreibungen nach den richtigen Grundsätzen erfolgen. Dieses Recht hat der Aktionär sowohl gegenüber zu starken Abschreibungen, weil sein Anspruch auf Dividende durch übermäßige Abschreibungen geschädigt wird, als auch bei zu niederen Abschreibungen, weil dadurch der Bestand der Aktiengesellschaft gefährdet, und das Aktienkapital zu ungerechtfertigten Dividendenzahlungen aufgebraucht wird.

Diesen Anspruch auf dem Gesetze entsprechende Abschreibungen kann der Aktionär nach § 271 durchsetzen, indem er den eine unrichtige Bilanz genehmigenden Generalversammlungsbeschluß nach den dort aufgestellten Vorschriften angreift. Wenn § 271 Abs. 3 Satz 2 ausdrücklich die Anfechtung wegen zu starker Abschreibungen an bestimmte Voraussetzungen knüpft, so ging der Gesetzgeber davon aus, daß übergroße Abschreibungen die Aktiengesellschaft stärken und, allerdings durch Schmälerung der Dividende, stille Reserven schaffen. Dieses Verfahren liegt im Interesse der Gesellschaft. Deshalb soll die Anfechtung hier erschwert werden, indem zur Erhebung der Anfechtungsklage wegen über das statthafte Maß hinausgehender Abschreibungen nur der Besitz eines Zwanzigstels des Grundkapitals berechtigt (vgl. Kom.Ber. zu § 263 des Entwurfs). Zu schwache Abschreibungen verdienen diesen Schutz nicht, weil sie gefahrbringend sind. Deshalb fällt bei der Anfechtung eines Generalversammlungsbeschlusses wegen zu geringer Abschreibungen diese Beschränkung weg.

Aus dem Inhalt des § 271 kann daher die Klägerin nichts für ihre Auffassung herleiten. Die Entscheidung hängt vielmehr allein von Beantwortung der Frage nach dem Verhältnis des § 271 zu § 261 Nr. 3 ab. Das Gesetz will durch die in § 261 Nr. 1—3 gegebenen Vorschriften verhindern, daß die Bilanz durch Einsetzung höherer als der wahren Werte Gläubiger und Aktionäre schädige und zur Täuschung Dritter diene. Deshalb stellen die §§ 261 Nr. 1—3 und 40 HGB. bestimmte Grundsätze über die höchste Bewertung der in die Bilanz aufzunehmenden Aktiva auf. Es dürfen so nach Nr. 1 des § 261 Wertpapiere und Waren nur zu dem dort angegebenen Höchstbetrag in die Bilanz eingesetzt werden; nach Nr. 2 darf bei anderen Vermögensgegenständen der Anschaffungs- oder Herstellungspreis nicht überschritten werden; bei Anlagen und Betriebsgegenständen jedoch darf nach Nr. 3 der Anschaffungs- oder Herstellungspreis nur dann angesetzt werden, wenn ein der Abnutzung gleichkommender Betrag in Abzug gebracht, oder ein entsprechender Erneuerungsfonds in Ansatz gebracht wird; dies sind die Höchstgrenzen, zu denen Aktiva in die Bilanz eingesetzt werden dürfen. Diese Vorschriften über die Höchstgrenzen enthalten ein gesetzliches Verbot, das im öffentlichen Interesse gegeben ist, und über welches sich weder der Gesellschaftsvertrag noch der Generalversammlungsbeschluß hinwegsetzen können (§ 134 BGB.). Zuwiderhandlungen sind nichtig, ohne daß es einer Anfechtung nach § 271 bedürfte. Es ist also zwingendes Recht, daß der Bewertungsgrundsatz der Nr. 3 des § 261 nicht mißachtet wird; es dürfen danach die Anschaffungs- oder Herstellungspreise von Anlagen und Betriebsgegenständen nicht ohne Berücksichtigung der Abnutzung in der Bilanz erscheinen.

Weiter geht das öffentliche Interesse, welches diesen Bewertungsgrundsätzen zwingenden Charakter aufprägt, nicht. Etwas anderes will auch die angezogene Stelle aus Staub, mit welcher übrigens auch die anderen Kommentare übereinstimmen, wohl nicht sagen.

Über den infolge der Abnutzung abzuschreibenden Betrag, also über das Verhältnis der durch die Abnutzung bewirkten Wertsminderung zum Anschaffungs- oder Herstellungspreis der in § 261 Nr. 3 hervorgehobenen Gegenstände, entscheidet die Generalversammlung, welche gemäß § 260 HGB. eine Abschätzung nach dem Ermessen der Mehrheit vornimmt, oder der Gesellschaftsvertrag, der das Maß der Abschreibung etwa bestimmt. Ein Vergreifen in dieser Schätzung ist somit keine Verletzung der mit Zwangscharakter ausgestatteten Bewertungsgrundsätze des § 261 Nr. 3, sondern eine in Anerkennung dieser Grundsätze vorgenommene tatsächlich zu hohe Bewertung. Denn die Berechnung der Abnutzung hängt von kaufmännischer Erfahrung und von den tatsächlichen Umständen ab.

Hat die Generalversammlung eine Bilanz mit zu geringen Abschreibungen genehmigt, so verfährt sie wirtschaftlich unrichtig; sie verletzt aber keine Rechtsgrundsätze und kein Gesetz, wenn sie das Verhältnis der Abnutzung zum Anschaffungs- oder Herstellungspreis unrichtig beurteilt. Der Aktionär kann nicht, nachdem die Generalversammlung die Abschreibung durch Mehrheitsbeschluß gemäß § 260 in geordnetem Verfahren innerhalb der Höchstvorschriften des § 261 festgesetzt hat, mit der Behauptung gehört werden, die Bewertung der Generalversammlung sei materiell unrichtig. Würde einem solchen Angriff Folge gegeben, so würde der Grundsatz des § 260 aufgehoben, wonach die Schätzung der Mehrheit der Aktionäre allein maßgebend sein soll. Für den andern Fall, wenn nämlich durch übermäßige Abschreibungen der Anspruch des Aktionärs auf Dividende geschädigt wurde, hat die Rechtsprechung

Entsch. des RG.'s in Zivils. Bd. 32 S. 52, Bd. 40 S. 33, Bd. 43 S. 127; vgl. auch Bd. 64 S. 258 und Bd. 68 S. 263

sich immer zu dem Satze bekannt, daß eine Anfechtung gemäß § 271 nur zuzulassen sei, wenn eine Arglist nachzuweisen ist, oder wenn die Bilanz als eine willkürliche, nach kaufmännischen Grundsätzen offenbar irrtümliche erscheint.

Dieser Satz muß nach dem oben Ausgeführten auch für den umgekehrten, hier vorliegenden Fall Geltung haben, in dem unter Beachtung des in § 261 Nr. 3 aufgestellten Grundsatzes zu geringe Abschreibungen vorgenommen worden sein sollen.

Hiernach ist das Berufungsurteil aufrecht zu erhalten; denn der Berufungsrichter erklärt es ausdrücklich für ausgeschlossen, daß von dem Unternehmer F., der eine Dividentengarantie von 6 Prozent übernommen hatte, auf die Beklagte ein Einfluß zur Vornahme zu geringer Abschreibungen ausgeübt worden sei."

9. Kann im Königreich Sachsen eine Hypothek auf den Namen der Firma eines Einzelkaufmanns eingetragen werden?

BGB. § 1115.

Königl. Sächs. Verordn. vom 26. Juli 1899 § 64.

V. Zivilsenat. Beschl. v. 16. Oktober 1909 in der Grundbuchsache M. Beschw.-Rep. V. 152/09.

I. Amtsgericht Dresden.
II. Landgericht daselbst.

Die Frage wurde bejaht aus folgenden

Gründen:

„Der Rittergutsbesitzer M. hat durch notariell beglaubigte Urkunde vom 28. April 1909 für die Firma Oskar R., deren alleiniger Inhaber der Kaufmann Benno R. ist, die Eintragung einer Sicherungshypothek bis zum Höchstbetrage von 10000 ℳ bewilligt. Das Amtsgericht Dresden hat den Antrag mit der Begründung abgelehnt, daß die Eintragung einer Hypothek für die Firma eines Einzelkaufmanns nicht zulässig sei. Das Landgericht hat unter Billigung dieser Rechtsansicht die Beschwerde der Gläubigerin zurückgewiesen. Das Oberlandesgericht Dresden würde auch die eingelegte weitere Beschwerde zurückweisen, sieht sich hieran aber durch den Beschluß des Oberlandesgerichts Colmar vom 10. Juli 1902, abgedruckt in der Rspr. der OLG. Bd. 5 S. 254, verhindert und hat deshalb gemäß § 79 Abs. 2 GrBO. unter Begründung seiner Rechtsauffassung die weitere Beschwerde dem Reichsgericht vorgelegt. Das Oberlandesgericht führt aus, daß § 1115 Abs. 1 BGB. bei Eintragung einer Hypothek die Bezeichnung des Gläubigers nach seinem Namen nicht unbedingt erfordere; eine Ausnahme sei zulässig, wenn im Einzelfall die Bezeichnung des Gläubigers mit seinem Namen unmöglich oder doch untunlich sei. Daß die Eintragung einer Hypothek für einen Einzelkaufmann auf den Namen der Firma und nicht auf den Namen des Inhabers erfolge, sei nicht einmal zweckmäßig, da ein solches Verfahren zu einer Ungewißheit über die Person des Gläubigers und damit zu einer Gefährdung der Sicherheit des Hypothekenverkehrs führen könne. Rechtlich unerheblich sei es, daß die zur Ausführung der Grundbuchordnung erlassene Sächsische Verordnung vom 26. Juli 1899 in § 64 Abs. 2 die Eintragung von Hypotheken auf den Namen der Firma eines Einzelkaufmanns gestatte. Eine nach den Vorschriften des BGB. unzulässige Eintragung könne durch die Ausführungsvorschriften eines Bundesstaats nicht zu einer zulässigen gemacht werden.

Dieser Ansicht kann nicht beigepflichtet werden. Nach § 23 preuß. EigErwGes. vom 5. Mai 1872 mußte bei der Hypothek die Eintragungsbewilligung „auf den Namen eines bestimmten Gläubigers“

lauten. Trotz des Wortlauts dieser Vorschrift ließ die preußische Praxis — Turnau, GrBO. Bd. 2 § 102 — die Eintragung von Hypotheken für die unbekannten Erben oder für die künftigen Nachkommen einer bestimmten Person zu. Daß für Fälle solcher Art auch ferner die Eintragung möglich bleiben müsse, wurde bei der Beratung des Bürgerlichen Gesetzbuchs — Motive Bd. 3 S. 641 — ausdrücklich betont. Man verkannte nicht, daß in der Regel der Name des Gläubigers mit einzutragen sei; aber man sah davon ab, dies „als unbedingt wesentlichen Bestandteil der Eintragung hinzustellen", und erklärte, daß sich „aus dem Grundbuchrechte für die Hypothek nur das Erfordernis der Bestimmtheit des Gläubigers ableiten lasse".

Dieser Auffassung des Gesetzgebers entspricht genau der Wortlaut des § 1115 BGB., indem hier nur vorgeschrieben ist, daß bei der Eintragung „der Gläubiger angegeben werden muß". Daß, wie das Oberlandesgericht annimmt, die Bezeichnung des Gläubigers so genau zu erfolgen hat, wie es im Einzelfall möglich und tunlich ist, bestimmt das Gesetz nicht. Erfordernis des Gesetzes ist, aber ist auch nur, daß aus der Eintragung die Person des Gläubigers sich mit Sicherheit bestimmen läßt. Dies ist da, wo eine Hypothek für die Firma eines Einzelkaufmanns eingetragen wird, unbedenklich der Fall. Eine solche Eintragung mag, da sie im Fall eines Wechsels des Firmeninhabers bei der Verfügung über die Hypothek leicht zu Weiterungen führen kann, wenig zweckmäßig sein; allein sie reicht zur sicheren Feststellung das gegenwärtigen Gläubigers jedenfalls aus. Damit ist dem einzigen materiellrechtlichen Erfordernisse, das in Ansehung der Bezeichnung des Gläubigers § 1115 aufstellt, genügt. Die Art, wie bei der Eintragung die Bezeichnung zu erfolgen hat, ist im Bürgerlichen Gesetzbuch nicht geregelt, und nach dieser Richtung etwa erforderliche Anordnungen zu treffen, ist — KGJ. 26 A S. 139, Oberneck, GrBO. Bd. 1 S. 102 und die dort verzeichnete Literatur — gemäß § 1 Abs. 2 GrBO. die Landesjustizverwaltung des einzelnen Bundesstaates zuständig. Für das Königreich Sachsen ist die Verordnung vom 26. Juli 1899 ergangen, und diese erklärt im § 64 Abs. 2 — im Gegensatz zu § 4 der für Preußen erlassenen Allgem. Verf. vom 20. November 1899 — die Eintragung von Hypotheken auf den Namen der Firma eines Einzelkaufmanns für zulässig. Diese Vorschrift ist, da sie mit einer reichsrechtlichen Vorschrift nicht im Widerspruch steht, von den Grundbuchämtern in Sachsen zu beachten, und deshalb ist die Ablehnung des Eintragungsantrags zu Unrecht erfolgt."

---

10. Ist für eine Klage aus einer unerlaubten Handlung, die sich aus mehreren in verschiedenen Gerichtsbezirken verübten Handlungen zusammensetzt, die Zuständigkeit des Gerichts, in dessen Bezirk eine oder einige der Einzelhandlungen begangen sind, nur in dem Umfange begründet, in welchem Ansprüche gerade aus den Einzelhandlungen abgeleitet werden, die in dem Bezirke des angerufenen Gerichts begangen sind?

Vereinigte Zivilsenate. Beschl. v. 18. Oktober 1909 i. S. Kakao-Comp. Th. R. (Kl.) w. F. S. (Bekl.). Rep. II. 96/08.

I. Landgericht Halle.
II. Oberlandesgericht Naumburg a. S.

Die Frage wurde von den vereinigten Zivilsenaten verneint.

Aus den Gründen:

Der VI. Zivilsenat des Reichsgerichts hat in seinem Urteil vom 10. April 1905 VI 316/04 (Entsch. Bd. 60 S. 363 flg., Jur. Wochenschr. 1905 S. 342 Nr. 15) ausgesprochen, daß zwar die in dem dort entschiedenen Falle durch Verbreitung eines Preßerzeugnisses unter Verletzung der §§ 823, 824, 826 BGB. verübte unerlaubte Handlung überall da begangen sei, wo die Verbreitung stattgefunden habe, daß aber dennoch das von dem Kläger auf Grund des § 32 ZPO. angerufene Landgericht I in Berlin — bei welchem Klage auf Ersatz des ganzen dem Kläger entstandenen (oder noch entstehenden) Schadens erhoben war — nur insoweit zuständig sei, als der Klaganspruch auf Ersatz des dem Kläger durch die Verbreitung jenes Preßerzeugnisses im Bezirk des Landgerichts I in Berlin entstandenen (oder noch entstehenden) Schadens gerichtet sei. Dem II. Zivilsenat des Reichsgerichts lag ein Fall zur Entscheidung vor, in dem der Kläger auf Grund des § 32 ZPO. aus einer, an mehreren

Orten verschiedener Gerichtsbezirke begangenen unerlaubten Handlung, verübt gegen § 15 des Ges. zum Schutz der Warenbezeichnungen vom 12. Mai 1894 (§ 823 BGB.), bei dem Landgericht Halle Klage auf Ersatz des ganzen ihm durch jene Handlung entstandenen und noch entstehenden Schadens (sowie auf Untersagung weiterer Störung) erhoben hatte. Der II. Zivilsenat erachtete die Zuständigkeit des angegangenen Gerichts in vollem Umfange, also auch insoweit für begründet, als die einzelnen Handlungen des Beklagten, aus denen sich die den Gegenstand der Klage bildende unerlaubte Handlung zusammensetzte, außerhalb des Gerichtsbezirks Halle verübt sein sollten. Der II. Zivilsenat wollte daher in der Rechtsfrage über die Tragweite des § 32 ZPO., insbesondere über den Umfang, in welchem Klagen aus unerlaubten Handlungen in dem durch § 32 gegebenen Gerichtsstand geltend gemacht werden können, von der Entscheidung des VI. Zivilsenats abweichen und holte deswegen gemäß § 137 GVG. die Entscheidung der vereinigten Zivilsenate ein. Diese sind der Auffassung des II. Zivilsenats beigetreten und haben die oben angegebene Frage mit folgenden Erwägungen verneint.

Der Gerichtsstand der unerlaubten Handlung ist nach § 32 bei dem Gerichte gegeben, in dessen Bezirke die unerlaubte Handlung begangen ist, aus der geklagt wird. In den zahlreichen Fällen, in denen sich die unerlaubte Handlung aus einer Reihe von Tatbestandsmerkmalen oder von einzelnen Handlungen zusammensetzt, die an verschiedenen Orten in die Erscheinung getreten oder begangen sind, fragt es sich, wo eine solche unerlaubte Handlung begangen ist. Das Reichsgericht hat für den Zivil- wie für den Strafprozeß in feststehender Rechtsprechung angenommen: wenn mehrere Tatsachen, fortgesetzte Handlungen, die Voraussetzung einer unerlaubten Handlung, die Merkmale und Bestandteile ihres Tatbestandes, bilden, so gilt dieselbe an jedem Orte als begangen, an welchem eine der Handlungen verübt, ein wesentliches Merkmal des Tatbestandes hervorgetreten ist.

Vgl. Entsch. des RG.'s in Zivils. Bd. 24 S. 419/420, sowie die dort angeführten Entscheidungen Bd. 23 S. 306, Bd. 54 S. 205; Jur. Wochenschr. 1896 S. 685 Nr. 4, 1898 S. 459 Nr. 2, 1902 S. 358 Nr. 3, 1903 S. 63 Nr. 1; Entsch. des RG.'s in Straff. Bd. 13 S. 338, Bd. 23 S. 156flg., Bd. 30 S. 100, Bd. 37 S. 20.

Der vorstehend bezeichnete Standpunkt des Reichsgerichts wird in der Literatur, und zwar ebenfalls gleichmäßig für Zivil- und Strafprozeß, jedenfalls grundsätzlich geteilt.[1]

Was dabei die Gleichstellung für Zivil- und für Strafsachen anlangt, so ergibt sich diese aus § 7 StPO. einerseits und § 32 ZPO. andererseits. Freilich ist der Begriff der „unerlaubten Handlung" des § 32 aus dem materiellen Zivilrecht und derjenige der „strafbaren Handlung" des § 7 aus dem Strafrechte zu entnehmen. Aber der Begriff der „Handlung" und des örtlichen „Begangenseins" einer Handlung (der „Begangenschaft") ist an sich derselbe, und in dieser Beziehung begründen § 32 ZPO. wie § 7 StPO. einen Gerichtsstand bei dem Gericht, „in dessen Bezirk die (strafbare oder unerlaubte) Handlung begangen ist". Setzt sich nun eine Handlung aus einer Reihe von Tatbestandsmerkmalen oder aus einer Reihe von einzelnen Handlungen in der Art zusammen, daß erst diese Reihe von Merkmalen oder Handlungen dasjenige Tun bilden, aus dem jemand — sei es auf dem Wege des Strafprozesses, sei es im Zivilprozesse — haftbar gemacht wird, so kommt jedem dieser einzelnen Momente und jedem der einzelnen Bestandteile der (Gesamt-)Handlung grundsätzlich die gleiche Bedeutung zu; keines der einzelnen Momente und keiner der einzelnen Bestandteile kann einen Vorrang vor den übrigen gleich wesentlichen Momenten und Bestandteilen beanspruchen.

Vgl. v. Lilienthal a. a. O. S. 274; Gaupp-Stein a. a. O.

[1] Vgl. die Kommentare der Zivilprozeßordnung zu § 32: v. Wilmowski u. Levy; Struckmann u. Koch, 8. Aufl. 1901 Bem. 4; Petersen-Remelé-Anger, 5. Aufl. Bem. 12—14; Gaupp-Stein, 8./9. Aufl. 1906 unter VI; Skonietzki-Gelpke, 1905 Bem. 2; Seuffert, 10. Aufl. 1907 Bem. 4 zu § 32. — Ferner Korn, Der Gerichtsstand der unerlaubten Handlung im Reichszivilprozeß (Diss. Berlin 1885) S. 38/39; Kleinfeller, Lehrbuch des deutschen Prozeßrechts, Berlin 1905 S. 103 § 30 unter IV, 4; Hellwig, Lehrbuch des deutschen Zivilprozeßrechts, Leipzig 1907 Bd. 2 S. 262 § 103 unter II; Wach, Handbuch des deutschen Zivilprozeßrechts, Leipzig 1885, Bd. 1 § 38 unter VIII S. 462 flg. — Bezüglich des Strafrechts: v. Lilienthal, Der Ort der begangenen Handlungen im Strafrecht, in der Festgabe für Wetzell, Marburg 1890 S. 270 flg., insbesondere S. 274, 279, 284; John, Strafprozeßordnung, Erlangen 1884 Bd. 1 S. 205, 209, 212, 214 unter a.; Binding, Handbuch des Strafrechts, Leipzig 1885 Bd. 1 § 85 S. 414 flg.

Die Tat ist überall begangen, wo ein wesentlicher Teil von ihr begangen ist; Tatort ist jeder Ort, wo „sich der rechtserhebliche Tatbestand entweder in seiner Totalität oder bei Fortsetzung über mehrere Gerichtsbezirke in einem wesentlichem Stücke zugetragen hat" (Wach, Handbuch usw. S. 465).

Geht man hiervon aus, so ergibt sich bei dem Vorliegen von Fällen der bezeichneten Art mit notwendiger Folgerung, daß der Gerichtsstand des § 32 für die ganze in Betracht kommende Tat begründet ist. Nur die gesamte Tätigkeit, die im Einzelfalle die Handlung bildet, ist die in Frage kommende unerlaubte Handlung; trotz der verschiedenen Ausführungsakte und der an verschiedenen Orten vorgenommenen Betätigungen ist erst diese gesamte Tätigkeit diejenige Handlung, aus der der Handelnde in Anspruch genommen wird. Die einzelnen Handlungen (und deren einzelne Wirkungen) sind nur Bestandteile, nur einzelne Ausführungs- oder Betätigungsakte der Handlung selbst. Eine quantitative (oder qualitative) Teilung der Handlung und ihrer Wirkungen würde nicht mehr die zum Gegenstande der Klage gemachte Handlung sein. Daß die „Begangenschaft" der Handlung — gerade zufolge der Einheitlichkeit der Handlung — überall da vorliegt, wo sich ein wesentlicher Teil des Tatbestandes zugetragen hat, vermag die einzelnen (wesentlichen) Teile nicht zu der Handlung selbst zu machen, die erst aus der Summe der Teile besteht. In dem vom VI. Zivilsenate entschiedenen Falle war Klage auf Schadensersatz um deswillen erhoben, weil der in Hamburg wohnhafte Verleger einer Zeitung von seinem Wohnsitz aus ein Schriftstück an einer Reihe von Orten, darunter auch in Berlin, verbreitet und den Kläger durch diese Verbreitung zu Schaden gebracht habe. In dem dem II. Zivilsenate zur Entscheidung vorliegenden Falle soll der in Ratibor wohnhafte Beklagte eine unerlaubte Handlung durch rechtswidriges Inverkehrbringen von Waren an einer Reihe von Orten, darunter auch in Halle, begangen haben. In dem einen wie in dem anderen Falle ist das Verbreiten der Zeitung in Berlin, das Inverkehrbringen der Waren in Halle nur ein Teil, nur ein ebenfalls wesentliches Element des gesamten, dem Beklagten zur Last gelegten Tuns; es ist in dem einen wie in dem andern Falle nicht wegen einer Reihe einzelner Ansprüche geklagt, auf Grund solcher, die aus der einen, in dem einen Ort vorgenommenen oder in

Wirksamkeit getretenen Handlung erwachsen sind, und auf Grund solcher, die aus den an mehreren anderen Orten vorgenommenen oder zur Wirksamkeit gelangten anderen Handlungen entstanden sind; vielmehr hat der Kläger einen Anspruch aus der von ihm behaupteten Handlung geltend gemacht. Diese dem Beklagten von dem Kläger zur Last gelegte Handlung kann nicht in der Weise zerlegt und zerrissen werden, daß an die Stelle des Tuns, das zum Gegenstande der Klage gemacht ist, eine Reihe einzelner, verschiedener Handlungen gesetzt wird. Damit würde man nicht dem Vorbringen des Klägers gerecht werden; man würde für den Regelfall aber auch andererseits dem Verhalten des in Anspruch genommenen Täters Gewalt antun, wenn man alle seine Einzelhandlungen — das Verbreiten einer Druckschrift, das Inverkehrbringen von Waren an den verschiedensten Orten — jede für sich allein als die strafbare oder unerlaubte Handlung in Betracht ziehen wollte.

Vgl. Entsch. des RG.'s in Straff. Bd. 35 S. 91; Seligsohn, Warenbezeichnungsgesetz Bem. 22, 23 zu § 14; Finger, Warenbezeichnungsgesetz S. 335 in Bem. 13 zu § 14 und S. 376/7 in Bem. 8 zu § 15; Allfeld, Gewerbliches Urheberrecht Bem. 16 zu § 14 des Warenbezeichnungsgesetzes.

Ferner würde auch eine Teilung der Handlung und ihrer Wirkungen, je nachdem die verschiedenen Tatbestandselemente in den verschiedenen Orten vorgenommen oder zur Wirksamkeit gelangt sind, praktisch zu den erheblichsten Mißständen führen. Wenn die Ausführungsakte der betreffenden unerlaubten Handlung sich über eine große Reihe von Gerichtsbezirken erstrecken, so wird sich der dadurch dem Verletzten verursachte Schaden regelmäßig unter Anwendung des § 287 ZPO. ermitteln lassen. Es wird sich aber auch trotz § 287 kaum abmessen lassen, ob und in welchem Umfange der Schaden durch die Ausführung der Handlung gerade in dem einen, und ob und in welchem Umfang er durch die Ausführungsakte je in den anderen (vielen) Gerichtsbezirken (z. B. Berlin I, II, III, Potsdam, München I, II usw.) entstanden ist. Außerdem würde eine derartige Teilung der Handlung auch zu einer außerordentlichen Belästigung sowohl des Klägers wie des Beklagten führen oder doch führen können. Der Beklagte müßte sich bei einer vielleicht sehr großen Zahl von Gerichten verklagen lassen; der Kläger müßte, falls er zu seinem Rechte kommen will, und sein Schuldner im Inlande keinen allgemeinen Gerichtsstand hat, aber vielleicht in zahlreichen Gerichtsbezirken einen Zeitungsartikel verbreitet oder Waren in Verkehr gebracht hat, den Schuldner bei allen diesen Gerichten verklagen und bei jedem dieser Gerichte nachweisen, in welchem Umfang er gerade durch die innerhalb des Bezirkes dieses Gerichts liegende Tätigkeit geschädigt ist. Es kann gewiß in dem Geltendmachen eines Anspruchs in dem Gerichtsstande der unerlaubten Handlung statt in demjenigen des allgemeinen Gerichtsstandes (wo ein solcher gegeben ist) für den Beklagten in manchen Fällen eine gewisse Härte liegen. Das hat dann eben darin seinen Grund, daß das Gesetz den Gerichtsstand der unerlaubten Handlung gegeben hat und unter mehreren zuständigen Gerichten dem Kläger die Wahl läßt (§ 35 ZPO.)."

11. Enthält § 181 Satz 3 KO. ein gesetzliches Verbot im Sinne von § 817 Satz 1 BGB.? Setzt dieser Paragraph einen Verstoß gegen ein gesetzliches Verbot in dem Sinne voraus, daß ein subjektives Verschulden, eine verwerfliche Gesinnung des Übertreters des Gesetzes verlangt wird?

I. Zivilsenat. Urt. v. 4. Oktober 1909 i. S. Karl D. Konkurs (Bekl.) w. M. Bank (Kl.). Rep. I. 389/08.

I. Landgericht Bochum.
II. Oberlandesgericht Hamm.

Der Kaufmann Gerhard D. stand mit der Klägerin in Geschäftsverbindung. Nachdem über sein Vermögen das Konkursverfahren eröffnet worden war, und die Klägerin ihre etwa 44 000 ℳ betragende Forderung angemeldet hatte, schloß sie am 17. September 1903 mit Gerhard D. und dessen Sohn Karl D. einen Vertrag, wonach sich dieser für die Verpflichtungen seines Vaters selbstschuldnerisch verbürgte und versprach, der Klägerin für einen Teil ihrer Forderung Wechsel auszustellen, die sein Vater akzeptieren solle. An demselben Tage fand nach Abschluß dieses Vertrages eine Gläubigerversammlung statt, in der ein Zwangsvergleich mit $52\frac{1}{2}$ % Dividende angenommen und vom Konkursgerichte bestätigt wurde. Die Klägerin beteiligte sich nicht an der Abstimmung und erhielt keine Dividende.

Auf die im Vertrage vom 17. September 1903 eingegangene Wechselschuld hatte Karl D. 5346 *M* gezahlt; es liefen aber noch drei Wechsel über 10000, 5500 und 750 *M*, als auch über das Vermögen Karl D.'s das Konkursverfahren eröffnet wurde. Der Konkursverwalter bestritt diese von der Klägerin angemeldeten Wechselforderungen. Darauf erhob diese Klage auf Feststellung derselben. Der Beklagte beantragte Abweisung, weil der Vertrag vom 17. September 1903 gegen § 181 KO. verstoße, und forderte im Wege der Widerklage die Erstattung der von Karl D. an die Klägerin gezahlten 5346 *M* nebst Zinsen.

Das Landgericht gab der Klage statt und wies die Widerklage ab. Auf die Berufung des Beklagten wies das Oberlandesgericht die Klage ab und beließ es bei der Abweisung der Widerklage. Die Revision des Beklagten hatte keinen Erfolg.

Aus den Gründen:

1. „Das Oberlandesgericht hat die Klage abgewiesen, weil es den Vertrag vom 17. September 1903 wegen Verstoßes gegen § 181 KO. für nichtig erachtet. Seine Annahme, der Vertrag verletze diesen Paragraphen, weil er nicht bloß objektiv eine Bevorzugung der Klägerin vor den übrigen Konkursgläubigern enthalte, sondern auch die sämtlichen Vertragsgenossen sich dieser Bevorzugung bewußt gewesen seien, entspricht der in der Rechtsprechung des Reichsgerichts anerkannten Auslegung des § 181 KO. (vgl. Entsch. in Zivils. Bd. 41 S. 42), an der festzuhalten ist. Das Gesetz setzt ein Abkommen des Gemeinschuldners oder anderer Personen mit einzelnen Gläubigern voraus, „durch welches diese bevorzugt werden sollen". Hierdurch ist klar zum Ausdrucke gebracht, daß eine bloß objektive Bevorzugung nicht genügt. (Es folgt die Darlegung, daß beide Voraussetzungen zur Anwendung des § 181 KO. festgestellt seien.) . . .

Hiernach ist die Klage wegen Nichtigkeit des Vertrages vom 17. September 1903 mit Recht abgewiesen worden. . . .

2. Das Oberlandesgericht hat die Widerklage abgewiesen, weil die Rückforderung des von Karl D. infolge der Nichtigkeit jenes Vertrages ohne Rechtsgrund Gezahlten durch die Vorschrift des § 817 Satz 2 BGB. ausgeschlossen sei, da die Voraussetzungen des Satzes 1 dieses Paragraphen bei einem nach § 181 Satz 3 KO. verbotenen Abkommen immer gegeben seien.

Hiergegen wendet sich die Revision mit der Rüge, zur Anwendung des § 817 BGB. genüge es nicht, wenn objektiv ein Verstoß gegen ein gesetzliches Verbot vorliege, sondern dieses Gesetz treffe nur den, dem ein subjektives Verschulden, eine verwerfliche Gesinnung vorgeworfen werden könne; das sei bezüglich der Person des Karl D. nicht festgestellt. Die Rüge versagt. Der § 181 Satz 3 KO. bezeichnet sich zwar nicht ausdrücklich als Verbotsgesetz; er enthält aber seiner Bedeutung nach ein Verbot jedes (ohne ausdrückliche Einwilligung der zurückgesetzten Gläubiger erfolgten) Abkommens des Gemeinschuldners oder anderer Personen mit einzelnen Gläubigern, wodurch diese bevorzugt werden sollen, bei Strafe der Nichtigkeit. Die Konkursordnung duldet ein solches Abkommen nicht, weil sie dessen Zweck — die Bevorzugung der einzelnen Gläubiger — verwirft. Das Verbot richtet sich gegen alle Beteiligten und wird daher sowohl durch die Annahme, wie durch die Hingabe der Leistung, die die Bevorzugung darstellt, verletzt. Insofern trifft die Voraussetzung zur Anwendung des § 817 BGB. — Verstoß gegen ein gesetzliches Verbot auf seiten des Empfängers durch die Annahme, auf seiten des Leistenden durch die Gewährung der Leistung — auf jedes unter den § 181 Satz 3 KO. fallende Sonderabkommen zu.

Streitig ist, ob es zur Anwendung des § 817 BGB. genügt, daß die Vertragsparteien den Zweck der Leistung gekannt haben, ohne daß ihnen der Verstoß gegen das gesetzliche Verbot oder die guten Sitten zum Bewußtsein gekommen zu sein brauche, oder ob sie auch dieses Bewußtsein gehabt haben müssen. In dem . . . Urteile vom 14. Oktober 1903 (Jur. Woch. 1904 S. 38 Nr. 5) hat der erkennende Senat in einem Falle, in dem der Kläger das aus verbotenen Börsentermingeschäften Geleistete zurückforderte, ausgesprochen, daß die Vorschriften des § 817 BGB. einen Verstoß gegen ein gesetzliches Verbot oder die guten Sitten in dem Sinne voraussetzen, daß ein subjektives Verschulden, eine verwerfliche Gesinnung verlangt werde. Es ist daher angenommen, daß der § 817 Satz 2 die Rückforderung nicht ausschließe, weil feststehe, daß dem Kläger die Verbotswidrigkeit der zugrunde liegenden Geschäfte nicht bekannt gewesen sei. An dieser Auslegung des § 817 kann jedoch, soweit der Verstoß gegen ein gesetzliches Verbot in Betracht kommt, nicht festgehalten werden. Zwar findet sich in den Motiven zu § 747 Entw. I BGB., der dem § 817 entspricht, die Bemerkung, daß die in der Annahme der Leistung sich kundgebende verwerfliche Gesinnung des Empfängers getroffen werden solle § 747 setzt aber einen Verstoß gegen die guten Sitten oder die öffentliche Ordnung voraus. Seine Begründung darf die Auslegung des geltenden Gesetzes, das im Laufe der Beratungen der II. Kommission eine von dem Entwurf I. abweichende Fassung erhalten hat, um so weniger binden, als nicht jeder Verstoß gegen ein gesetzliches Verbot den Rückschluß auf eine verwerfliche Gesinnung zuläßt, und der Wortlaut des § 817 BGB. in keiner Weise zum Ausdrucke bringt, daß diese Gesinnung oder auch nur ein subjektives Verschulden überhaupt bei dem Verstoße gegen ein gesetzliches Verbot vorausgesetzt sei. Sein Wortlaut zwingt auch nicht zu der Auslegung, daß der Übertreter des Verbots dieses als solches gekannt haben müsse. § 817 ist daher schon dann auf ein unter § 181 Satz 3 KO. fallendes Sonderabkommen anzuwenden, wenn die Vertragspartei den Zweck des Abkommens kannte, obwohl sie nicht wußte, daß sie durch die Teilnahme am Vertrage gegen § 181 KO. verstoße.

Diese Voraussetzung trifft auf den vorliegenden Fall zu, da das Oberlandesgericht festgestellt hat, daß alle Teilnehmer am Vertrage vom 17. September 1903 (also auch Karl D.) das Bewußtsein gehabt hätten, daß der Klägerin eine Bevorzugung vor den übrigen Konkursgläubigern gewährt werde. Obwohl der Vertrag und damit auch die darin von Karl D. eingegangene Verbindlichkeit zur Ausstellung von Wechseln nichtig war, so konnte Karl D. doch gemäß § 817 Satz 2 Halbsatz 2 das zur Erfüllung dieser Verbindlichkeit Geleistete nicht zurückfordern. Dieselbe Gesetzesvorschrift steht der Widerklage des Beklagten entgegen." ...

---

12. Unter welchen Voraussetzungen ist gegenüber einer aus § 115 ZwVG. (§ 878 ZPO.) erhobenen Widerspruchsklage die Einrede der Rechtshängigkeit zulässig?

V. Zivilsenat. Urt. v. 13. Oktober 1909 i. S. S. u. Gen. (Kl.) w. L. u. Gen. (Bekl.). Rep. V. 101/09.

I. Landgericht I Berlin.
II. Kammergericht daselbst.

In Verfolg eines zwischen den Klägern und den sechs Beklagten in der Zwangsversteigerungssache Sch. entstandenen Verteilungsstreits klagten die Kläger mit dem Antrage, die Auszahlung der zu verschiedenen Streitmassen hinterlegten Beträge an sie anzuordnen. Demgegenüber erhob die Beklagte zu 3, die vorher gegen die Kläger einen Rechtsstreit anhängig gemacht hatte, die Einrede der Rechtshängigkeit auf Grund der Behauptung, daß dieser Rechtsstreit denselben Gegenstand betreffe. Der erste Richter verwarf die Einrede, wies jedoch die ganze Klage aus sachlichen Gründen ab. Der zweite Richter erachtete die Einrede für begründet und erließ demzufolge ein die klägerische Berufung gegenüber der Beklagten zu 3 zurückweisendes Teilurteil. Der Revision der Kläger wurde stattgegeben aus folgenden

Gründen:

... „Das Landgericht hat die Einrede der Rechtshängigkeit als hinfällig angesehen, indem es verneint, daß der Rechtsstreitgegenstand in dem auf die Klage der Beklagten zu 3 anhängig gewordenen Prozesse der nämliche sei wie der Streitgegenstand des gegenwärtigen Prozesses. Maßgebend ist für das Landgericht, daß in der ersteren Sache „festzustellen sei, ob der Beklagten zu 3 der hinterlegte Betrag zugesprochen werden müsse", vorliegend dagegen „Streitgegenstand sei der Widerspruch der Kläger gegenüber einer zwischen zwei Beklagten untereinander wiederum streitigen Forderung". Das Oberlandesgericht hat diesen Entscheidungsgrund mißbilligt, indem es von der Erwägung ausgeht, daß das Prozeßgericht, da es sich um eine Verteilungsstreitigkeit auf erhobenen Widerspruch im Zwangsversteigerungsverfahren handele, gemäß § 880 ZPO. in beiden Fällen auch darüber entscheiden müsse, „an welchen Gläubiger der streitige Teil der Masse auszuzahlen sei", und daß daher auch bereits auf die zuerst anhängig gewordene Klage über den vorliegend klageweise geltend gemachten Anspruch erkannt werden müsse.

Selbst wenn dem Oberlandesgerichte soweit gefolgt werden könnte, so scheitert seine Entscheidung doch an anderen Bedenken. Die Revision vertritt den Standpunkt, daß die beiden Kläger durch die vorausgegangene Klage der Beklagten zu 3 unter keinen Umständen gehindert sein könnten, demnächst auch ihrerseits eine Klage gemäß § 878 ZPO. zu erheben, weil sie unbedingt das Recht haben müßten, die Gefahr abzuwenden, daß nach fruchtlosem Ablaufe der Ausschlußfrist von einem Monate der im Zwangsversteigerungsverfahren aufgestellte Plan zu ihrem Nachteile ausgeführt werde. Nach den Feststellungen des Berufungsurteils ist es auch tatsächlich zutreffend, daß der klagende Ehemann eventuell mit nichts, und die mitklagende Ehefrau nur mit 101,49 ℳ zur Hebung käme, mit ihrer erheblich größeren Mehrforderung dagegen ausfiele. Im Sinne der Revision wäre für die Einrede der Rechtshängigkeit im Verhältnisse zwischen zwei Gläubigern, die ihren Liquidaten gegenseitig widersprochen haben, im Rahmen des § 878 ZPO. schon grundsätzlich überhaupt kein Raum. Diese Ansicht hat viel für sich. Denn soviel ist unfraglich, daß im Sinne der angezogenen Bestimmung jeder einzelne Gläubiger das gleiche gewährleistete Recht hat, den Verteilungsplan anzufechten, um eine andere Verteilung herbeizuführen,

vgl. Entsch. des RG.'s in Zivils. Bd. 37 S. 392,

und zu berücksichtigen ist andererseits, daß eine Klage des einzelnen Gläubigers, die durchgeführt wird, die Gefahr, daß der Verteilungsplan zur Ausführung gelangt, an sich zwar zu Gunsten auch jedes anderen beteiligten Gläubigers beseitigt (§ 880 ZPO.), daß jedoch die Erhebung der Klage seitens eines Gläubigers allein den mitbeteiligten Gläubigern nicht unter allen Umständen die Gewißheit gibt, die Klage werde bis zum Urteile weiter betrieben werden. Findet der erste Verhandlungstermin noch innerhalb der einmonatigen Ausschlußfrist statt, und hat die Verhandlung bereits begonnen, dann kann der verklagte Gläubiger freilich die Zurücknahme der Klage hindern (§ 271 ZPO.); auch ist er in der Lage, eine Widerklage zu erheben (§§ 278, 281 ZPO.). Ist aber der erste Verhandlungstermin auf einen Tag jenseits der Ausschlußfrist anberaumt, wie das im Falle des § 878 regelmäßig der Fall sein wird, dann besteht für den verklagten Gläubiger zweifellos die Gefahr, daß der Gläubiger, der die Klage erhoben hatte, diese vor der Verhandlung zurücknimmt, und daß auf diesem Wege der Verteilungsplan ungehindert zur Ausführung kommt. Dieses Ergebnis zu hindern, hätte der vormals verklagte Gläubiger gegenüber der unbedingten Bestimmung des § 878

Abs. 1 Satz 2 keine Möglichkeit mehr. Angesichts dieses Sachverhalts liegt es in der Tat nahe, dem Standpunkte der Revision bis in die äußerste Konsequenz zuzustimmen.

Indessen der vorliegende Fall zwingt nicht dazu. Er liegt so, daß sich hier die Einrede der Rechtshängigkeit schon aus besonderen Gründen als hinfällig darstellt. Es erhellt nämlich nicht, daß die von der Beklagten zu 3 erhobene Klage überhaupt geeignet ist, die Ausführung des Planes zu hindern. Dazu gehörte, daß die Beklagte zu 3 die Erhebung der Klage dem Vollstreckungsgerichte innerhalb der einmonatigen Ausschlußfrist nachgewiesen hätte; daß das geschehen sei, hat die Beklagte nicht behauptet, während es zur Substantiierung ihrer Einrede gehört hätte. Weiter kommt in Betracht, daß die Beklagte zu 3 den Klägern gegenüber, worauf schon das landgerichtliche Urteil hinweist, nicht zu den „widersprechenden Gläubigern" gehört, und daß ihrer Klage somit, soweit es die gegenwärtigen Kläger angeht, auch aus diesem Grunde eine Voraussetzung für eine Widerspruchsklage im Sinne des § 878 ZPO. fehlt. Zur Erhebung einer derartigen Klage ist eben ausschließlich der widersprechende Gläubiger in der Lage. Nach den Feststellungen des landgerichtlichen Urteils, die vom Berufungsurteile in keiner Weise bemängelt sind, hat die Beklagte zu 3 allein gegen das Liquidat des Beklagten zu 1 im Betrage von 5036,67 *M* Widerspruch erhoben, während die gegenwärtigen Kläger den sämtlichen Liquidaten der Beklagten zu 1—6 widersprachen. Bei dieser Sachlage hatten wohl die Kläger Anlaß zur Widerspruchsklage auch der Beklagten zu 3 gegenüber, dagegen nicht auch diese zur Klage gegen die Kläger. Nach dem allem ergibt sich, daß die prozeßhindernde Einrede der Beklagten zu 3 schon aus diesen beiden Gründen nicht hat durchgreifen können." . . .

---

13. Haftet der preußische Staat, der auf einem öffentlichen Flusse eine Fähre betreibt, für das Verschulden des Fährmanns?

BGB. § 278.

ALR. II. 14 §§ 21, 24, 76, II. 15 §§ 51. 138—140.

III. Zivilsenat. Urt. v. 15. Oktober 1909 i. S. preuß. Staatsfiskus (Bekl.) w. B. (Kl.). Rep. III. 569/08.

I. Landgericht Danzig.
II. Oberlandesgericht Marienwerder.

Die Frage wurde bejaht.

Aus den Gründen:

„Der preußische Staat unterhält auf der Weichsel zwischen Piekel und Groß-Falkenau den Betrieb einer Fähre, auf der Personen und Fuhrwerke gegen Entrichtung von Fährgeld über den Fluß befördert werden. Am 23. Mai 1907 sollte ein vierspänniges Arbeitsfuhrwerk des Klägers übergesetzt werden, nachdem die begleitenden Leute das tarifmäßige Fährgeld entrichtet hatten. Der Wagen und die Gespanne sind bei der Überfahrt in den Fluß gestürzt, die Pferde ertrunken. Das Unglück wurde nach der Feststellung des Berufungsgerichts dadurch herbeigeführt, daß der Fährmann H. in grob fahrlässiger Weise unterlassen hatte, die Ketten der Schwebebäume, durch die die hintere Klappe der Fähre festgehalten wird, vor Antritt der Fahrt festzuhaken. Dadurch kam es, daß die Klappe, die vor dem Abfahren auf dem Ufer auflag, nach der Abfahrt den Halt verlor und nach unten sank, sodaß der mit den Hinterrädern auf ihr stehende Wagen in die Tiefe rollte und die Pferde mit sich zog.

Für den entstandenen Schaden macht der Kläger den Fiskus verantwortlich. Er gründet seinen Anspruch sowohl auf die Grundsätze des Vertragsrechts als auch auf die über unerlaubte Handlungen. Die Vorinstanzen haben den auf 2523 *M* nebst Zinsen bezifferten Anspruch dem Grunde nach für gerechtfertigt erklärt. Beide nehmen an, daß der Beklagte durch die Übernahme der Beförderung des Fuhrwerks gegen Entgelt zu dem Kläger in ein privatrechtliches Vertragsverhältnis getreten sei und deshalb für die Versehen des Fährmanns H., dessen er sich zur Erfüllung seiner Verbindlichkeiten aus dem Vertrage bediente, zu haften habe (§ 278 BGB.).

Die Revision bekämpft diese Auffassung als rechtsirrtümlich. Die Fähren seien öffentliche Anstalten und rechtlich ebenso zu beurteilen, wie Kanäle, Chausseen und Brücken, für deren Benutzung Geldbeträge zu entrichten seien. Diese Geldbeträge hätten die Eigenschaft öffentlicher Verkehrsabgaben. Es könne die Freiheit von Fährgeld ersessen werden. Bei Benutzung einer staatlichen Fähre gegen Entgelt handle es sich also nicht um einen privatrechtlichen Beförderungsvertrag, sondern um Benutzung einer öffentlichen Anstalt gegen Zahlung einer Verkehrsabgabe.

Die Revision kann keinen Erfolg haben.

Selbst wenn man ihrer Auffassung beitreten und annehmen wollte, daß die Benutzung einer staatlichen Fähre nach den Regeln über die Benutzung einer öffentlichen Anstalt zu beurteilen sei, würde die Haftung des Beklagten für das Verschulden des Fährmanns H. nicht wegfallen. Sie würde nur nicht auf § 278 BGB. gegründet werden können, wohl aber auf die Vorschriften des preußischen ALR.'s, die dann hier maßgebend sein müßten. Nach den §§ 21, 24 II. 14 und § 51 II. 15 gehört das Recht, Fähren und Prahmen zur Übersetzung für Geld zu halten, zu den niederen Regalien des Staates. Nach § 76 II. 14 kommen dem Staate bei dem Gebrauche, der Benutzung und Verwaltung der Regalien der Regel nach nur eben die Rechte zu wie einem jeden Privateigentümer. Es hat also der Staat, wenn er das Regal in eigenem Betriebe nutzt, ganz die gleiche Rechtsstellung wie ein Privatinhaber der fraglichen Gerechtigkeit. Für den Fährbetrieb sind Ausnahmevorschriften nicht getroffen, wie es zum Beispiel hinsichtlich der Pflicht des Staates zur Unterhaltung der Sicherheit und Bequemlichkeit der Landstraßen und Schiffahrtsanstalten in den §§ 12, 79 II. 15 geschehen ist. Daher hat die Rechtsprechung mit Recht auf den staatlichen Fährbetrieb die §§ 138—140 II. 15 angewendet, nach denen der Privatinhaber einer Fährgerechtigkeit verbunden ist, die Fähre in sicherem und tauglichem Zustande zu erhalten, und dem Reisenden für allen aus der Unterlassung dieser Pflicht entstehenden Schaden haftet, mit der alleinigen Ausnahme, daß ein Schade durch bloßen Zufall oder durch eigene Schuld und Unvorsichtigkeit des Reisenden entstanden ist (Entsch. des R.G.'s in der Jur. Woch. 1893 S. 438). Diese Haftung bezieht sich auch auf solche Fehler, die durch mangelhafte Bedienung des Fährprahms entstehen, und es ist gleichgültig, ob die mangelnde Betriebssicherheit der Fähre durch eigene Nachlässigkeit des Inhabers, oder durch Versehen eines Dritten veranlaßt ist (vgl. Entsch. des Obertrib. Bd. 14 S. 92).

Hiernach würde auch die von der Revision verteidigte Auffassung des Rechtsverhältnisses zwischen den Parteien nicht zur Abänderung des Berufungsurteils führen. Es ist aber auch der Annahme der Vorinstanz beizutreten, daß zwischen dem Kläger und dem Beklagten ein privatrechtlicher Beförderungsvertrag geschlossen wurde, und daß § 278 BGB. auf den vorliegenden Fall anzuwenden ist. Die vorhin angeführten, durch Art. 73 EG. z. BGB. aufrecht erhaltenen Vorschriften in § 51 II. 15 und in den §§ 21, 24, 76 II. 14 ALR. weisen dem Staate, der eine Regalfährgerechtigkeit selbst betreibt, im Verkehr genau die gleiche Stellung an, die einem Privatinhaber einer Fährgerechtigkeit zukommt. Es liegt ein monopolisierter Gewerbebetrieb vor. Der Staat befördert Güter und Personen auf Grund privatrechtlicher Beförderungsverträge. Für diese sind die jeweils geltenden Privatrechtsnormen maßgebend, jetzt also auch § 278 BGB. über die Haftung für das Verschulden der Erfüllungsgehilfen. Diese Auffassung des Rechtsverhältnisses entspricht auch der vom Berufungsgerichte zutreffend dargelegten Natur der niederen Regalien, bei denen es sich um Vermögensrechte des Staates handelt, deren Verwaltung in das Gebiet der Privatwirtschaft fällt. Die von der Revision angeführten §§ 55, 56 des Gesetzes über die Zuständigkeit der Verwaltungs- und Verwaltungsgerichtsbehörden vom 1. August 1883 enthalten keinen für die streitige Frage zu verwertenden Gesichtspunkt. Sie handeln von den Wegepolizeibehörden, deren Maßnahmen gegenüber den Wegeunterhaltungspflichtigen und über das Verfahren dabei. Auch die in der Rechtsprechung des Obertrib. (Entsch. Bd. 34 S. 1 flg.) anerkannte Möglichkeit, daß die Freiheit von Fährgeld ersessen werden kann, steht der Annahme eines privatrechtlichen Beförderungsvertrags zwischen dem eine Fähre betreibenden Staate und dem zu Befördernden nicht entgegen. Die Möglichkeit der Ersitzung der Fährgeldfreiheit beruht nicht auf der Voraussetzung, daß das Fährgeld eine öffentliche Abgabe sei (vgl. die angeführte Entscheidung S. 18 und 19). Und im übrigen liegt hier ein solcher Fall nicht vor." . . .

14. 1. Gerät der Kommissionär nach fruchtlosem Ablaufe der in § 3 Abs. 1 des Bankdepotgesetzes bestimmten Frist ohne weiteres in Verzug?

2. Gilt die Vorschrift des § 3 Abs. 2 des Bankdepotgesetzes auch dann, wenn nur auf Zeit auf die Übersendung des Stückeverzeichnisses verzichtet wird?

3. Begründet die in § 4 Abs. 1 des Bankdepotgesetzes vorgeschriebene Aufforderung zugleich die Inverzugsetzung des Kommissionärs im Sinne dieses Paragraphen, sofern diese bis zur Aufforderung noch nicht erfolgt ist?

Gesetz, betr. die Pflichten der Kaufleute bei Aufbewahrung fremder Wertpapiere, vom 5. Juli 1896 §§ 3, 4.

I. Zivilsenat. Urt. v. 16. Oktober 1909 i. S. Kr. (Bekl.) w. v. W. (Kl.). Rep. I. 476/08.

I. Landgericht Stettin, Kammer für Handelssachen.
II. Oberlandesgericht daselbst.

Der Kläger, ein Kaufmann, der keine Bank- oder Geldwechslergeschäfte betrieb, hatte die Beklagte, eine Bank in Stettin, beauftragt, für ihn Albu-Shares zu kaufen. Die Beklagte übersandte ihm am 27. Juni und am 15. Juli 1904 Abrechnungen über die nach Londoner Usance gekauften und abgenommenenen General Mining Albu shares mit dem Bemerken, daß sie die Stücke für ihn in London verwahren lasse. Der Kläger erklärte sich mit den Abrechnungen einverstanden und erhob bis zum Jahre 1907 gegen die ihm von der Beklagten regelmäßig mitgeteilten Kontoauszüge keinen Widerspruch.

Nachdem ihn die Beklagte am 27. Juli 1907 mit Rücksicht auf den Kursrückgang der Shares zu einem entsprechenden Einschusse aufgefordert hatte, erklärte ihr der Kläger mit Schreiben vom 3. September 1907, er lasse den Kauf, weil ihm unrichtige Zusicherungen gemacht seien, nicht gelten und behalte sich die Rückforderung aller gezahlten Beträge vor. Er hielt hieran, als die Beklagte die Anfechtung als unbegründet zurückwies, fest, ersuchte aber mit Schreiben vom 25. Oktober 1907 unbeschadet dieses Standpunktes die Beklagte um Übersendung eines Stückeverzeichnisses. Die Beklagte erhielt dieses Schreiben am selben Tage. Am 29. Oktober 1907 zeigte ihr der Kläger an, er weise nunmehr, da sie die bisher unterlassene Übersendung des Stückeverzeichnisses auf die Aufforderung vom 25. Oktober nicht binnen der Frist von drei Tagen nachgeholt habe, das Geschäft als nicht für seine Rechnung abgeschlossen zurück, behalte sich seine Ansprüche auf Schadensersatz vor, ersuche aber, da er trotzdem ein Interesse daran habe, nochmals um Übersendung des Verzeichnisses. Diese erfolgte am 30. Oktober 1907.

Demnächst übersandte der Kläger der Beklagten eine Abrechnung, worin er sein Guthaben auf 15663,20 ℳ berechnete, und klagte darauf einen Teilbetrag von 2700 ℳ ein. Das Landgericht verurteilte die Beklagte gemäß dem Klagantrage. Ihre Berufung wurde zurückgewiesen. Auch die Revision hatte keinen Erfolg.

Gründe:

„Das Oberlandesgericht hat in Übereinstimmung mit dem Landgerichte auf Grund der §§ 3 und 4 BDepG. der Klage stattgegeben. ... Rechtlich einwandfrei geht es davon aus, daß die in § 3 für die Übersendung des Stückeverzeichnisses vorgesehene Frist von drei Tagen, da von der Beklagten bei der Anzeige über die Ausführung des Auftrags ein Dritter als Verkäufer nicht namhaft gemacht worden sei, mit dem Ablaufe des Zeitraums begonnen habe, innerhalb dessen sie nach der Erstattung der Ausführungsanzeige die Stücke bei ordnungsmäßigem Geschäftsgange ohne schuldhafte Verzögerung hätte beziehen können. Da die Geschäfte ... am 27. Juni und 15. Juli 1904 ausgeführt, und die Stücke damals für den Kläger in London in Verwahrung genommen gewesen seien, so habe die Beklagte sie bei ordnungsmäßigem Geschäftsgange unmittelbar nach der Erstattung der Ausführungsanzeige beziehen können und dem Kläger die Stückeverzeichnisse alsbald und jedenfalls schon im Laufe des Juli 1904 übersenden müssen.

Dagegen kann der nachfolgenden Erwägung des Oberlandesgerichts nicht beigetreten werden: „Mit der Erfüllung der ihr obliegenden Verpflichtung kam die Beklagte durch Nichtübersendung des Stückeverzeichnisses innerhalb der dreitägigen Frist ohne weiteres in Verzug, und der Kläger hatte es nicht nötig, sie wegen der Übersendung des Stückeverzeichnisses erst zu mahnen." Zwar entspringt diese Erwägung aus derselben Ansicht, die im Urteile des erkennenden Senats vom 28. November 1900 (Entsch. in Zivils. Bd. 48 S. 9) Ausdruck gefunden hat. Die hier vertretene Auslegung des § 4 kann aber nicht festgehalten werden.

Die Eingangsworte dieses Paragraphen: „Ist der Kommissionär

mit Erfüllung der ihm nach den Bestimmungen des § 3 obliegenden Verpflichtungen im Verzuge" . . . setzen den Verzug des Kommissionärs voraus. Da das BDepG. nicht die Lehre vom Verzuge regelt, so werden die rechtlichen Erfordernisse des Verzugs des Kommissionärs in betreff seiner Verpflichtungen aus § 3 seit dem Inkrafttreten des Bürgerlichen Gesetzbuchs gemäß Art. 4 EG. zum BGB. und Art. 2 EG. zum HGB. durch die Vorschriften des § 284 BGB. bestimmt. Diese aus dem klaren Wortlaute des Gesetzes sich ergebende Auslegung des § 4 wird durch die Begründung des Entwurfs (S. 81) bestätigt. Danach ist seine Bestimmung in Anlehnung an die Art. 354 bis 356 ADHGB. entworfen, die die Folgen des Verzuges beim Kaufe regeln. Wie die Artt. 354 und 355 den Eintritt des Verzuges voraussetzen und über das Vorliegen von dessen Erfordernissen beim Schweigen des ADHGB.'s das bürgerliche Recht zu entscheiden hatte, so hält auch das Depot-Gesetz den Eintritt des Verzuges des Kommissionärs in Erfüllung seiner Verpflichtungen aus § 3 als Voraussetzung seines Rechts aus § 4 fest. Über die Erfordernisse des Verzuges aber entscheidet beim Schweigen des Depot-Gesetzes jetzt das Bürgerliche Gesetzbuch.

Hiernach ist der Kommissionär, der gemäß § 3 dem Komittenten binnen drei Tagen nach dem tatsächlichen oder möglichen Erwerbe der Stücke deren Verzeichnis zu übersenden hat, nach fruchtlosem Ablaufe dieser Frist nicht ohne weiteres im Verzuge. Diese Fristsetzung ist keine Zeitbestimmung nach dem Kalender im Sinne des § 284 Abs. 2 BGB., weil sie einen bestimmten, an sich nach dem Kalender zu berechnenden Tag nicht ergibt (vgl. Entsch. des RG.'s in Zivils. Bd. 60 S. 84, Bd. 68 S. 22). Es bedarf daher gemäß § 284 Abs. 1 nach Ablauf der Frist, um den Kommissionär in Verzug zu setzen, der Mahnung.

Erscheint insoweit der Angriff der Revision, . . . begründet, so wird ihm gleichwohl der Erfolg durch die Tatsache genommen, daß die Beklagte durch das Schreiben des Klägers vom 25. Oktober 1907, worin er sie um Übersendung eines Stückeverzeichnisses ersuchte, in Verzug gesetzt wurde. Zwar soll das Schreiben die in § 4 vorgeschriebene Aufforderung an den Kommissionär zur Nachholung des Versäumten enthalten, die nach dem Wortlaute des Gesetzes: „Ist der Kommissionär . . . im Verzuge, und holt er das Versäumte auf eine danach an ihn ergangene Aufforderung des Kommittenten nicht binnen drei Tagen nach", zeitlich hinter die Inverzugsetzung des Kommissionärs fällt. Da sich die Aufforderung aber ebenfalls als Mahnung an die Übersendung des Stückeverzeichnisses darstellt mit der nebenher gehenden Wirkung, daß die vom Gesetze bestimmte Frist zu laufen beginnt, so würde sie durch die Forderung einer in jedem Falle erforderlichen besonderen, vorausgehenden Inverzugsetzung des Kommissionärs zu einer zwecklosen Wiederholung der Mahnung herabsinken, und damit die Erreichung eines wichtigen Zweckes des Depot-Gesetzes, das Eigentum an den Stücken möglichst bald auf den Kommittenten zu übertragen, unnötig verzögert werden. Dies zwingt zu der Annahme, daß die in § 4 vorgeschriebene Aufforderung zugleich die Inverzugsetzung des Kommissionärs im Sinne dieses Paragraphen begründet, sofern diese bis zur Aufforderung noch nicht erfolgt ist. . . .

Das Oberlandesgericht hat nicht verkannt, daß in dem gesamten Verhalten des Klägers, der sich mit der Aufbewahrung der Shares in London begnügt, ein Stückeverzeichnis mehrere Jahre lang nicht verlangt und die ihm zugesandten Kontokorrentauszüge nicht bemängelt hatte, ein stillschweigender Verzicht auf die Übersendung des Stückeverzeichnisses zu finden sei. Es erachtet einen solchen Verzicht aber wegen der Vorschrift des § 3 Abs. 2 BDepG. für unwirksam. Dies entspricht den vom Reichsgerichte (Entsch. in Zivils. Bd. 65 S. 177) ausgesprochenen Rechtsgrundsätzen, an denen festgehalten wird. Danach muß der Verzicht schriftlich und ausdrücklich erklärt werden, d. h. in der schriftlichen Willenserklärung selbst den vollen, unzweideutigen Ausdruck gefunden haben. Nun meint zwar die Revisionsklägerin, der Kläger habe sich durch sein Verhalten mit der Verzögerung der Übersendung des Stückeverzeichnisses einverstanden erklärt, und dieses Einverständnis brauche nicht ausdrücklich erklärt zu werden. Allein auch hierin liegt nur ein Verzicht auf die Beobachtung der für die Übersendung in § 3 Abs. 1 bestimmten Frist. Der § 3 Abs. 2 aber unterscheidet nicht zwischen dem Verzicht auf die Übersendung des Stückeverzeichnisses überhaupt oder dem auf Zeit. Seine Formvorschrift gilt für beide Fälle." . . .

15. 1. Soweit in der Gewerbeordnung das in den §§ 20, 21 das. geregelte Rekursverfahren vorgesehen ist, ist der Rechtsweg ausgeschlossen.

2. Die Gewerbeordnung schreibt in § 54 das Rekursverfahren freilich für den Fall der Zurücknahme einer Genehmigung zum Betriebe des Schauspielgewerbes vor, aber nirgends für den Fall des Verbotes der Aufführung eines bestimmten einzelnen Theaterstückes; sie schließt also den Rechtsweg hiergegen nicht aus.

VI. Zivilsenat. Urt. v. 18. Oktober 1909 i. S. hamburg. Polizeibehörde (Bekl.) w. Frh. v. B. (Kl.). Rep. VI. 348/08.

I. Landgericht Hamburg.
II. Oberlandesgericht daselbst.

Durch eine Verfügung vom 25. Mai 1907 hatte die hamburgische Polizeibehörde dem Theaterleiter Frh. v. B. die öffentliche Aufführung der Komödie „Mandragola" untersagt. Auf die Klage des letzteren wurde in beiden unteren Instanzen dieses Verbot für unberechtigt erklärt, und die verklagte Behörde zu dessen Wiederaufhebung verurteilt. In erster Reihe hatte die Beklagte die Einrede der Unzulässigkeit des Rechtsweges vorgeschützt, u. a. auch auf Grund der Reichs-Gewerbeordnung. In dieser Beziehung heißt es im Revisionsurteil, das den betreffenden Angriff zurückwies, in den

Gründen:

. . . „Die Beklagte meint, daß dadurch, daß die Reichs-Gewerbeordnung für solche Fälle das in den §§ 20 und 21 geregelte Rekursverfahren vorgeschrieben habe, die Ausschließung des Rechtsweges bewirkt sei. Allerdings ist der Beklagten zuzugeben, daß der Gegengrund des Berufungsgerichtes, nämlich daß § 40 Abs. 2 GewO. das erwähnte Rekursverfahren nur für den Fall der Versagung der Genehmigung zum Betriebe des Schauspielgewerbes, nicht auch für den Fall der Untersagung eines solchen Betriebes vorsehe, fehlgeht. Denn dabei ist übersehen, daß in § 54 GewO. für den Fall der Zurücknahme einer Genehmigung dasselbe Verfahren angeordnet ist. Aber hierdurch wird die Beschwerde der Beklagten im Ergebnisse nicht gerechtfertigt. Die Beklagte meint sie freilich darauf stützen zu können, daß nach der jetzigen Fassung des § 32 Abs. 1 Gew.O.

die Genehmigung zu einem Schauspielunternehmen auch unter der Beschränkung auf bestimmte Arten von Vorstellungen erteilt, daß daher die erteilte Genehmigung nach § 53 Abs. 2 in dem entsprechenden Sinne auch teilweise zurückgenommen werden könne, und daß in dem Verbote der öffentlichen Aufführung eines bestimmten Theaterstückes eine solche partielle Zurücknahme liege. Dieses letzte ist nun aber unrichtig. Die aus Gründen des öffentlichen Interesses getroffene Verfügung, die Aufführung eines bestimmten einzelnen Stückes zu unterlassen, ist von einer partiellen Zurücknahme der Genehmigung des Gewerbebetriebes als solchen durchaus verschieden und läßt diese erteilte Genehmigung unangetastet. Es kann somit dahingestellt bleiben, ob jene partielle Zurücknahme, d. h. eine nachträgliche Einschränkung der erteilten Genehmigung auf gewisse Kategorien von theatralischen Darstellungen, nach der GewO. überhaupt zulässig ist." ...

---

16. 1. Nichtigkeit des Erfüllungsgeschäfts wegen Geschäftsunfähigkeit des Verkäufers.

2. Findet die Einrede des Zurückbehaltungsrechts auch auf die Verhältnisse Anwendung, welche sich aus einem wegen Geschäftsunfähigkeit des Verkäufers nichtigen Vertrag ergeben?

3. Wird das aus konnexen Gegenansprüchen herzuleitende Zurückbehaltungsrecht des § 273 Abs. 1 BGB. durch den Einwand beseitigt, daß der Zurückhaltende den herauszugebenden Gegenstand durch eine vorsätzlich begangene unerlaubte Handlung erlangt hat?

4. Ausbeutung eines Geistesschwachen als unerlaubte Handlung.

BGB. §§ 105, 138 Abs. 1, 273, 812, 823, 826.

II. Zivilsenat. Urt. v. 19. Oktober 1909 i. S. Eheleute P. (Bekl.) w. R. (Kl.). Rep. II. 662/08.

I. Landgericht Cleve.
II. Oberlandesgericht Düsseldorf.

Der Kläger verkaufte seine in O. gelegenen Grundstücke Flur 10 Parzellen Nr. 615/47, 60, 356/51 und 55, deren Zwangsversteigerung angeordnet war, durch notariellen Vertrag vom 25. Juli 1906 um 4850 ℳ an die Beklagten. Die Grundstücke wurden auf den Namen der Beklagten als zur Errungenschaft rheinischen Rechts gehörig im Grundbuche Bd. 7 Art. 431 eingetragen. Dem Kläger wurde durch Beschluß des Amtsgerichts K. seine Ehefrau als Pfleger bestellt. Vertreten durch diese erhob er beim Landgericht Klage mit dem Antrag, den Kaufvertrag für nichtig und unwirksam und die Beklagten für verpflichtet zu erklären, in der vorgeschriebenen Weise darein zu willigen, daß der frühere Grundbucheintrag wiederhergestellt werde.

Dieser Antrag wurde mit der Behauptung begründet, der Kläger habe zur Zeit des Vertragsschlusses an einer vorübergehenden Störung der Geistestätigkeit im Sinne des § 105 Abs. 2 BGB. gelitten, sodaß der Kaufvertrag schon danach nichtig sei. Außerdem wurde aber auch Nichtigkeit wegen Wuchers nach § 138 Abs. 2 BGB. geltend gemacht; denn der Kläger sei angesichts der drohenden Zwangsvollstreckung und seiner Mittellosigkeit in einer Notlage gewesen und auch wegen seiner Geistesverfassung als unerfahren anzusehen; beide Umstände hätten die Beklagten gekannt und zur Erlangung übermäßiger Vorteile ausgebeutet. Die Ausbeutung zu dem angegebenen Zweck soll darin liegen, daß die Grundstücke, welche die Beklagten um 4850 ℳ durch den Kauf an sich brachten, einen Wert von etwa 10000 ℳ gehabt hätten. Die Beklagten bestritten das ganze Vorbringen mit dem Hinzufügen, die Grundstücke seien hoch geschätzt 5500 ℳ wert gewesen.

Das Landgericht hat die Klage abgewiesen. Der Kläger hat Berufung mit dem Antrag eingelegt, das erste Urteil aufzuheben und die Beklagten zur Einwilligung in die Berichtigung des Grundbuchs dahin zu verurteilen, daß der Kläger wieder als Eigentümer der Grundstücke eingetragen werde. In dieser Instanz machten die Beklagten unter Anrufung des § 273 BGB. ein Zurückbehaltungsrecht geltend; sie behaupteten nämlich, sie hätten von den auf den Kaufpreis übernommenen Hypotheken 313 ℳ getilgt, von sonstigen auf den Kaufpreis übernommenen Schulden des Klägers etwa 400 ℳ bezahlt und auf die Grundstücke 430 ℳ verwendet. Der Kläger bestritt diese Behauptung. Das Oberlandesgericht gab der Berufung statt. Auf Revision der Beklagten wurde das Urteil aufgehoben aus folgenden

Gründen:

„1. Den Klagegrund des Wuchers (§ 138 Abs. 2 BGB.) läßt der Berufungsrichter dahingestellt, weil er die beiderseits angebotenen Beweise über den Wert der verkauften Grundstücke nicht erhoben hat. Der Berufungsrichter erklärt sich daher außerstande, zu einer Überzeugung darüber zu gelangen, ob die Behauptung des Klägers, daß die Grundstücke etwa 10000 ℳ wert waren, richtig ist, oder ob die Beklagten, wie sie behaupten, die Grundstücke für 4850 ℳ zum wahren Wert gekauft haben, und ob ein auffälliges Mißverhältnis zwischen Leistung und Gegenleistung besteht.

2. Der Berufungsrichter stellt auf Grund des von ihm erhobenen Gutachtens und der weiteren von ihm aufgenommenen Beweise fest, daß der Kläger im Augenblicke des Kaufabschlusses vom 25. Juli 1906 sich in einem Zustande vorübergehender Störung der Geistestätigkeit im Sinne des § 105 Abs. 2 BGB. befunden hat. Deshalb erachtet er den Kauf- und Übertragungsakt für nichtig.

Der Berufungsrichter unterscheidet hier nicht weiter zwischen dem Grundgeschäft (dem Kaufabschluß) und dem Erfüllungsgeschäft (der Auflassung; § 925 BGB.); er erachtet beide Geschäfte ohne weiteres als nichtig. Daß das Grundgeschäft gemäß § 105 Abs. 1 BGB. als Willenserklärung eines Geschäftsunfähigen nichtig ist, unterliegt nach der Feststellung des Berufungsrichters über den Geisteszustand des Klägers keinem Zweifel. Mit dieser Feststellung wird jedoch nicht ohne weiteres das dingliche Erfüllungsgeschäft getroffen. Die Rechtsprechung des Reichsgerichts hat sich schon mehrfach mit der Frage befaßt, ob die Nichtigkeit des obligatorischen Kausalgeschäfts auch die Nichtigkeit des zur Erfüllung des Kausalgeschäfts vorgenommenen dinglichen Rechtsgeschäfts nach sich zieht. Auf Grund der Eigenart des Wuchers wurde in Entsch. des RG.'s in Zivils. Bd. 57 S. 96 (vgl. auch Bd. 63 S. 184) ausgesprochen, daß das wucherliche Kausalgeschäft und das zu seiner Erfüllung vorgenommene dingliche Geschäft in ihrem Zusammenhange den in § 138 Abs. 2 BGB. vorgesehenen Sachverhalt erfüllen, und daß daher beide Geschäfte von der Nichtigkeit ergriffen werden. Dagegen wurde in Entsch. des RG.'s in Zivils. Bd. 68 S. 100 betont, daß die Unsittlichkeit des Grundgeschäfts (§ 138 Abs. 1 BGB.) nicht auch das dingliche Erfüllungsgeschäft zu einem unsittlichen und daher nichtigen Rechtsgeschäft mache. Diese Unterscheidung zwischen dem obligatorischen Grundgeschäft und dem dinglichen Erfüllungsgeschäft ist namentlich in dem hier zu entscheidenden Falle zu machen. Denn damit eine Willenserklärung wegen vorübergehender Störung der Geistestätigkeit des Erklärenden nichtig sei, muß der Erklärende im Augenblick der Abgabe seiner Willenserklärung in dem Zustande vorübergehender Störung der Geistestätigkeit gewesen sein. Es können beim Kauf der Kaufvertrag und das dingliche Erfüllungsgeschäft zu verschiedenen Zeitpunkten vorgenommen werden. Deshalb bedarf es, wenn Vertragsschluß und Erfüllungsgeschäft zeitlich auseinander fallen, der Prüfung, ob der Erklärende sowohl beim Vertragsschluß als auch bei Vornahme des Erfüllungsgeschäfts sich in einem Zustande vorübergehender Störung der Geistestätigkeit befunden hat, wenn beide Geschäfte nach § 105 für nichtig erklärt werden sollen.

Nun scheint in dem vorliegenden Falle der Abschluß des Kaufvertrags und die Auflassungserklärung gleichzeitig vorgenommen worden zu sein, wenn auch der Berufungsrichter darüber sich nicht ausdrücklich ausspricht. Von der Annahme der Gleichzeitigkeit darf daher, da kein Angriff erhoben ist, ausgegangen werden. Danach hat der Berufungsrichter tatsächlich feststellen wollen und festgestellt, daß der Kläger sowohl zur Zeit des Kaufabschlusses als auch im Augenblick der Auflassung sich in einem Zustand vorübergehender Geistesstörung im Sinne des § 105 Abs. 2 befunden hat.

Nur gegen diese Feststellung richten sich die Angriffe der Beklagten, die lediglich prozessualer Natur sind und keinen Erfolg haben können. Die Beklagten meinen, es hätte der Sekretär des Notars darüber gehört werden müssen, daß der Kläger auf ihn beim Vertragsschluß einen vernünftigen Eindruck gemacht habe, daß der Kläger in der Zeit vom 26.—29. Juli ständig betrunken gewesen sei, daß sie sich dem Kläger und seiner Frau vergeblich einmal zur Rückgängigmachung des Kaufs erboten hätten, und daß der Wert der Grundstücke 5500 ℳ höchstens betragen habe; auch hätte noch ein anderer Sachverständiger gehört werden sollen. Es ist nicht einzusehen, weshalb noch ein weiterer Sachverständiger erforderlich sein sollte; es liegt nicht allein das Gutachten eines bewährten Sachverständigen, sondern es liegen auch die Wahrnehmungen des leitenden Arztes der Irrenanstalt vor, in welcher der Kläger einmal untergebracht war; ferner sind Zeugen gehört, die den Kläger genau kennen, und von denen ihn einer am Tag des Vertragsschlusses gesehen hat. Diesen Umständen gegenüber durfte der Berufungsrichter die anderen Beweisanträge als unerheblich ablehnen. Sollte der Sekretär des Notars den Kläger als geistig gesund erachtet haben, so würde lediglich die Ansicht des Notars bestätigt, der den Kläger nicht weiter kannte. Die Aussage des Notars hat der Berufungsrichter aber geprüft.

Ist somit die vom Berufungsrichter getroffene Feststellung nicht anfechtbar, so ist Kaufvertrag und Auflassung nichtig, und kann der Kläger nach § 894 BGB. die Berichtigung des Grundbuchs dahin, daß er wieder als Eigentümer der Grundstücke eingetragen werde, verlangen, wenn die von den Beklagten vorgeschützte Einrede des Zurückbehaltungsrechts vom Berufungsrichter mit Recht zurückgewiesen worden ist.

3. Die Einrede des Zurückbehaltungsrechts, die auf § 273 BGB. gestützt worden ist, weist der Berufungsrichter zurück, weil der Übertragungsakt durch eine vorsätzlich begangene unerlaubte Handlung der Beklagten erwirkt worden sei. In den Instanzen wurde nicht untersucht, ob die Voraussetzungen eines Zurückhaltungsrechts überhaupt gegeben sind. Diese Frage ist zu bejahen.

Der erkennende Senat hat bereits ausgesprochen (Entsch. Bd. 57 S. 7, vgl. Bd. 68 S. 34), daß es für die Ausübung des Zurückbehaltungsrechts nach § 273 BGB. darauf ankommt, ob Leistung und Gegenleistung einem innerlich zusammengehörigen, einheitlichen Lebensverhältnis entspringen und sich darauf beziehen, sodaß der natürliche Zusammenhang der beiderseitigen Ansprüche die gleichzeitige Erledigung als angemessen erscheinen läßt. Dieser Ausspruch bezog sich zunächst auf das Gebiet der Rechtsgeschäfte; derselbe wurde sodann in Übereinstimmung mit den gesetzgeberischen Vorarbeiten auch über das Gebiet des eigentlichen Obligationenrechts hinaus ausgedehnt (Entsch. des RG.'s in Zivils. Bd. 59 S. 202). Es bestehen daher keine Bedenken, diesem Ausspruch auch Anwendung auf die Verhältnisse zu gewähren, welche sich aus einem nach § 105 nichtigen

Vertrage ergeben, wenn es sich um die Rückgabe des von beiden Seiten auf Grund des nichtigen Vertrages Geleisteten handelt. Die Literatur teilt im allgemeinen diese Auffassung.

Nun unterscheidet § 273 BGB. zwei verschiedene Fälle:

a) In Absatz 1 wird das Zurückbehaltungsrecht dem Schuldner dann gewährt, wenn er aus demselben rechtlichen Verhältnis, auf dem seine Verpflichtung beruht, einen fälligen Anspruch gegen den Gläubiger hat. Das Gesetz fordert also hier einen inneren Zusammenhang zwischen Anspruch und Gegenanspruch. Diese Bestimmung rufen die Beklagten an, indem sie der Klage nicht stattgeben wollen, bis der Kläger auch zur Herausgabe dessen bereit sei, was die Beklagten ihm infolge des Kaufvertrags unmittelbar durch Anzahlung von 400 *M* und mittelbar durch Tilgung auf den Kaufpreis übernommener Hypotheken in Höhe von 313 *M* geleistet haben. Gemäß § 812 BGB. muß der Kläger die Zahlungen zurückerstatten. Diese Rückgabepflicht beruht auf demselben rechtlichen Verhältnis, wie der Anspruch des Klägers auf (Herausgabe der Grundstücke und) Berichtigung des Grundbuchs. Die Beklagten würden diese Ausgaben nicht gemacht haben, wenn sie nicht die Grundstücke erhalten hätten. Dieser ursächliche Zusammenhang genügt zur Annahme desselben rechtlichen Verhältnisses im Sinne des Abs. 1 des § 273. Dieses Zurückbehaltungsrecht — und das übersieht der Berufungsrichter — fällt nur weg, wenn sich aus dem Schuldverhältnis ein solcher Wegfall ergibt.

Es ist nicht richtig, wie der Berufungsrichter meint, daß auch dieses auf der Konnexität von Anspruch und Gegenanspruch beruhende Zurückbehaltungsrecht ohne weiteres ausgeschlossen sei, wenn der zur Herausgabe Verpflichtete den Gegenstand durch eine vorsätzlich begangene unerlaubte Handlung erlangt habe. Nur dann trifft nach der ausdrücklichen Vorschrift des Abs. 2 des § 273 diese Ausnahme zu, wenn die Herausgabe vom Schuldner wegen Verwendungen auf den Gegenstand oder wegen eines ihm durch den Gegenstand verursachten Schadens abgelehnt wird. Wird wegen konnexer Ansprüche, wie dies hier der Fall ist, zurückbehalten, so muß geprüft werden, ob sich aus dem Schuldverhältnis ein anderes ergibt, d. h. ob eine Zurückbehaltung ausdrücklich oder nach der Natur des Schuldverhältnisses ausgeschlossen ist.

Die §§ 233, 235 des Entwurfs eines Bürgerlichen Gesetzbuchs erster Lesung hielten die beiden jetzt in Abs. 1 und 2 des § 273 untergebrachten Fälle noch nicht getrennt (Motive Bd. II S. 44). Die Trennung erfolgte erst in der zweiten Lesung der Kommission (Prot. Bd. 2 S. 310flg.). Aus der Entstehungsgeschichte des § 273 ergibt sich nun nicht, daß bei konnexen gegenseitigen Ansprüchen der Erlangung der zurückbehaltenen Leistung durch eine vorsätzlich begangene unerlaubte Handlung keine Bedeutung zukäme. Aus der Entstehungsgeschichte ergibt sich vielmehr nur, daß dieser Umstand das Zurückbehaltungsrecht nicht unbedingt beseitigt; er muß unter dem Gesichtspunkt gewürdigt werden, ob sich aus der besonderen Natur der vorsätzlich begangenen unerlaubten Handlung der Ausschluß des Zurückbehaltungsrechts etwa deshalb ergibt, weil der Zurückhaltende vor allem seinerseits zurückzugeben, also vorzuleisten hat. Und deswegen kommt es sowohl auf die tatsächliche als auf die rechtliche Lage der Verhältnisse an. Von diesem Gesichtspunkt aus hat der Berufungsrichter die Sachlage noch nicht betrachtet. Es erweisen sich daher die Gründe, aus denen der Berufungsrichter den Beklagten das Zurückbehaltungsrecht wegen ihrer konnexen Gegenansprüche versagt hat, selbst dann als unhaltbar, wenn man mit dem Berufungsrichter unterstellen könnte, daß beiden Beklagten eine vorsätzlich begangene unerlaubte Handlung vorzuwerfen sei. Aber auch dieser Unterstellung des Berufungsrichters fehlt es an der rechtlichen Grundlage.

b) Die Beklagten haben auch wegen Verwendungen auf die Kaufsache ein Zurückbehaltungsrecht in Anspruch genommen. Dieses Zurückbehaltungsrecht würde nach Abs. 2 des § 273 unbedingt ausgeschlossen sein, wenn beiden Beklagten zur Last fiele, daß sie die Grundstücke durch eine vorsätzlich begangene unerlaubte Handlung erlangt hätten.

Dem verklagten Ehemann will der Berufungsrichter eine solche Handlung nachweisen, weil er unter Ausnutzung der ihm bekannten geistigen Minderwertigkeit des Klägers den Kauf geschlossen habe, um sich immerhin erhebliche Vermögensvorteile zu verschaffen. Damit habe der verklagte Ehemann gegen die guten Sitten nach § 138 Abs. 1 BGB. verstoßen und den Tatbestand einer vorsätzlich begangenen unerlaubten Handlung im Sinne des § 273 Abs. 2 erfüllt. Die verklagte Ehefrau wird für dieses Handeln ihres Ehemannes lediglich deshalb für verantwortlich erachtet, weil er als Vertreter der Errungenschaft abgeschlossen habe. Möglicherweise will der Berufungsrichter hiermit sagen, es sei der Ehemann Bevollmächtigter seiner Frau gewesen, die übrigens den Vertrag mit abgeschlossen hat. Will der Berufungsrichter aber lediglich darauf abstellen, daß der Ehemann für die Errungenschaft erworben habe, so ist nicht einzusehen, wie sich daraus die Haftung der Frau für eine unerlaubte Handlung ihres Ehemanns ableiten ließe. Die Ausführung des Berufungsrichters ist zwar nicht angegriffen; sie bedarf aber der Klarstellung, worin eigentlich eine Beteiligung der Ehefrau erblickt werden soll (vgl. § 830 BGB.), bei der erneuten Verhandlung, da das angegriffene Urteil schon aus einem anderen Grunde, nämlich wegen Verletzung des § 273 Abs. 2, aufzuheben ist.

Der Begriff der unerlaubten Handlung im Sinne des Abs. 2 des § 273 ist kein anderer als der dem Bürgerlichen Gesetzbuch geläufige. Die unerlaubten Handlungen sind unter dieser Überschrift im 25. Titel des Bürgerlichen Gesetzbuchs §§ 823 flg. zusammengefaßt. Darüber, was man unter einer unerlaubten Handlung im Sinne dieses Titels zu verstehen hat, wurden schon mehrere Entscheidungen gegeben (vgl. Entsch. des RG.'s in Zivils. Bd. 50 S. 408, Bd. 60 S. 304). Eines näheren Eingehens hierauf bedarf es nicht, weil nur § 826 BGB. in Betracht kommen kann, nicht aber § 823 Abs. 1, der nur die Verletzung eines bestimmten Rechtsgutes oder Rechts im Auge hat, auch nicht § 823 Abs. 2, welcher den Verstoß gegen ein besonderes Schutzgesetz trifft, endlich nicht eine andere der im Titel 25 enthaltenen Bestimmungen.

Vom Standpunkt des § 138 Abs. 1 aus ist es nach der Entsch. des RG.'s in Zivils. Bd. 67 S. 393 als ein Verstoß gegen die guten Sitten zu erachten, wenn die geistige Beschränktheit des Vertragsgegners zur Erlangung außergewöhnlichen Vorteils ausgebeutet wird. Damit ist zugleich ausgesprochen, daß ein Vertrag, der einem geistig Geschwächten zu großem Nachteile gereicht, nicht schon aus diesem Grunde gegen die guten Sitten verstößt, sondern daß zur Erfüllung des Tatbestandes des § 138 Abs. 1 noch ein Weiteres, nämlich das Ausbeuten der erkannten Geistesschwäche, hinzukommen muß. Fehlt es an einer solchen Ausbeutung, so bedarf es des Schutzes des § 138

Abs. 1 BGB. nicht. Wer sich mit einem geistig Geschwächten in Geschäfte einläßt, hat die Nichtigkeit der Geschäfte wegen Geschäftsunfähigkeit nach §§ 104, 105 zu gewärtigen; der Nichtigkeit wegen Verstoßes gegen die guten Sitten nach § 138 Abs. 1 hat er aber nur dann entgegenzusehen, wenn er die Schwäche des Vertragsgegners zu dessen Schädigung und zur Erreichung außergewöhnlicher Vorteile so mißbraucht hat, daß der Tatbestand des Wuchers, der auf auffälliges Mißverhältnis des erlangten Vorteils zu der Leistung entscheidendes Gewicht legt, erfüllt wird. Ist nämlich der Tatbestand des Wuchers erfüllt, so kommt die Sonderbestimmung des Abs. 2 des § 138 über Wucher ausschließlich zur Anwendung, sodaß der auch dem Wucher anhaftende unsittliche Charakter nicht in Betracht kommt. Wucher ist nach dem ausdrücklichen Willen des Gesetzgebers nach § 138 Abs. 2 ein selbständiger Nichtigkeitsgrund, der durch den Abs. 1 des § 138 nicht beeinflußt wird. Auf diese Weise ist Abs. 1 des § 138 von dem Abs. 2 desselben Paragraphen abzugrenzen. Ist nun zur Annahme eines Verstoßes gegen die guten Sitten nach § 138 Abs. 1, der nur die Nichtigkeit androht bei Ausbeutung eines geistig Geschwächten, als Erfordernis die Erlangung eines außergewöhnlichen Vorteils und eine entsprechende Schadenszufügung zu verlangen, so muß dasselbe Erfordernis aufgestellt werden, wenn dem Verstoß gegen die guten Sitten, verübt durch Ausbeutung eines geistig Geschwächten, der Charakter einer vorsätzlich begangenen unerlaubten Handlung aufgeprägt werden soll, welche nach § 826 BGB. Schadensersatzansprüche nach sich zieht. Besondere Umstände können wohl schon die Ausbeutung zur Erlangung irgend eines Vorteils und zur Zufügung irgend eines Schadens unter § 826 stellen. Allein von solcher ausnahmsweisen Lage der Sache erwähnt der Berufungsrichter nichts. Danach ist hier zum Tatbestand des § 826 zu fordern, daß die Beklagten in Kenntnis der die Willensfreiheit des Klägers aufhebenden Umstände und des den Kaufpreis übersteigenden Wertes die geistige Verfassung des Klägers zur Erlangung außergewöhnlicher Vorteile ausnutzten.

Von den soeben erwähnten Erfordernissen des § 826 stellt der Berufungsrichter keines fest, wenn man von der Darlegung absieht, daß der verklagte Ehemann die Geistesverfassung des Klägers kannte. Gestützt auf diese Darlegung führt nämlich der Berufungsrichter aus, es hätten sich die Beklagten durch den Abschluß mit dem Kläger unter Ausnutzung seines geistigen Defekts immerhin erhebliche Vermögensvorteile verschaffen wollen; denn das Geschäft „sollte" für die Beklagten recht vorteilhaft sein, fügt der Berufungsrichter hinzu. Damit haben die Beklagten nach Ansicht des Berufungsrichters gegen die guten Sitten verstoßen. Allein der bloße Vorsatz einer Schadenszufügung, der sich in dem „sollte" ausdrückt, genügt weder dem § 138 Abs. 1 noch dem § 826. Es bedarf einer wirklichen Schadenszufügung. Eine solche Schadenszufügung vermag der Berufungsrichter sowenig festzustellen als eine Ausbeutung des geistigen Defekts des Klägers. Der Berufungsrichter hat sich zu einer solchen Feststellung, als es sich um den Klagegrund des Wuchers handelt, ausdrücklich außerstand erklärt, weil er den Wert der vom Kläger verkauften Grundstücke nicht ermittelt hat.

Trotzdem bemerkt der Berufungsrichter, es habe der Kläger „wohl" eine um 2000 ℳ zu niedrige Gegenleistung empfangen. Zu diesem Schluß gelangt der Berufungsrichter dadurch, daß er verschiedene Angaben beider Teile miteinander verbindet. Hierbei übersieht der Berufungsrichter, daß die Beklagten nicht allein alles, was ihnen ungünstig sein könnte, bestritten, sondern auch Beweis angeboten haben, daß der Wert der Grundstücke durchaus dem vereinbarten Preis entsprochen habe. Diese Beweisantretung durfte nicht abgelehnt werden. Aus diesen Gründen folgt die Aufhebung des Urteils und die Zurückverweisung."

17. Steht einem preußischen Staatsbeamten, der in einem reichsgesetzlich der Unfallversicherung unterliegenden Betriebe beschäftigt war und infolge eines im Dienste erlittenen Betriebsunfalls ganz oder teilweise erwerbsunfähig geworden ist, ein Recht auf Unfallpension nach Maßgabe des Gesetzes, betr. die Fürsorge für Beamte infolge von Betriebsunfällen, auch dann zu, wenn er nach dem Unfalle — bezüglich dessen ihm Vorsatz oder Verschulden im Sinne des § 7 des Beamtenfürsorgegesetzes nicht zur Last fällt — wegen anderweitiger Verletzung seiner Dienstpflicht oder wegen unwürdigen Verhaltens durch rechtskräftiges Urteil der Disziplinarbehörde aus

dem Dienste entlassen, oder durch das Urteil eines Strafgerichts, weil er zu einer Strafe verurteilt worden ist, die den Verlust des Amtes von Rechts wegen zur Folge hat, seines Amtes verlustig gegangen ist?

Preuß. Gesetz, betr. die Fürsorge für Beamte infolge von Betriebsunfällen, in der Fassung des Gesetzes vom 2. Juni 1902 §§ 1, 7, 9.

III. Zivilsenat. Urt. v. 19. Oktober 1909 i. S. Sch. (Kl.) w. preuß. Eisenbahnfiskus (Bekl.). Rep. III. 512/08.

I. Landgericht Beuthen O/S.
II. Oberlandesgericht Breslau.

Der Kläger stand früher im Dienste der preußischen Eisenbahnverwaltung als Lokomotivführer. Am 26. Dezember 1899 fiel er bei Ausübung seines Dienstes auf dem Bahnhofe P. auf den Hinterkopf, blieb kurze Zeit besinnungslos liegen und trug eine leichte Gehirnerschütterung davon. Am 5. Januar 1900 trat er wieder in Dienst, und setzte diesen, ohne sich krank zu melden, fort. Am 3. März 1904 wurde er wegen eines Sittlichkeitsvergehens zu zwei Jahren Gefängnis und fünf Jahren Ehrverlust verurteilt, eine Strafe, die von selbst den Verlust des Amtes nach sich zog. Das Urteil wurde rechtskräftig, und demgemäß der Kläger am 31. März 1904 aus dem Dienste entlassen. Er will seit jenem Unfalle an Kopfschmerzen gelitten haben; diese hätten sich im Gefängnisse so gesteigert, daß er nur zu einem Drittel erwerbsfähig geblieben sei; seit Ende 1906 sei er völlig erwerbsunfähig, und dieser Zustand sei lediglich die Folge jenes Betriebsunfalles. Im Jahre 1904 habe er zunächst durch seine Frau, später selbst Rentenansprüche gegen den Beklagten erhoben, auch nach ihrer Abweisung durch die Eisenbahndirektion in K. die Entscheidung des Ministers für öffentliche Arbeiten und des Finanzministers herbeigeführt, die unter dem 24. Juli 1907 abschlägig ausgefallen sei.

Er beantragte, den Beklagten zu verurteilen, an ihn 1635 *M* nebst 4 v. H. Zinsen seit dem 1. Januar 1907, sowie ferner vom 1. Januar 1907 ab eine Jahresrente von 1784,65 *M* in Vierteljahresraten im voraus zu zahlen.

Der Beklagte bestritt den ursächlichen Zusammenhang zwischen dem Unfalle und dem später aufgetretenen Leiden des Klägers, behauptete auch, daß dieser seiner etwaigen Ansprüche verlustig gegangen sei, weil er sie nicht rechtzeitig geltend gemacht habe.

Das Landgericht wies die Klage ab, weil der Kläger seine Ansprüche nicht innerhalb der gesetzlichen zweijährigen Frist seit dem Eintritte des Unfalls angemeldet habe. Im Rechtszuge der Berufung behauptete dieser, mit seinen Ansprüchen deshalb nicht ausgeschlossen zu sein, weil er erst nach Ablauf der zweijährigen Frist des § 8 des Gesetzes vom 2. Juni 1902 davon Kenntnis erhalten habe, daß der Unfall eine den Anspruch begründende Folge gehabt habe.

Der Beklagte machte dagegen weiter geltend, daß der Kläger auch deshalb überhaupt keinen Anspruch aus dem Fürsorgegesetze erheben könne, weil er wegen seiner Verurteilung zu einer zweijährigen Gefängnisstrafe auf Grund des § 7 des Gesetzes vom 21. Juli 1852 aus dem Dienste entlassen worden sei.

Das Berufungsgericht wies die Berufung des Klägers zurück. Auf seine Revision wurde das Berufungsurteil aufgehoben, und die Sache zur anderweiten Verhandlung und Entscheidung an das Berufungsgericht zurückverwiesen, aus folgenden

Gründen:

„Das Berufungsgericht hat ausgeführt: die rechtskräftige strafgerichtliche Verurteilung des Klägers zu zwei Jahren Gefängnis habe wie die im Disziplinarverfahren ausgesprochene Dienstentlassung nach § 7 des Gesetzes vom 21. Juli 1852 von selbst den Verlust des Amtes mit Titel und Anspruch auf Ruhegehalt nach sich gezogen. Der Kläger habe demnach mit Eintritt der Rechtskraft des Strafurteils vom 3. März 1904 aufgehört, Beamter zu sein. Er habe nunmehr weder Anspruch auf Gehalt noch auf Ruhegehalt gehabt, und da das Gesetz, betreffend die Fürsorge für Beamte infolge von Betriebsunfällen, vom 2. Juni 1902 nur Fürsorge für Beamte gewähre, so finde es auf den Kläger keine Anwendung. Ebensowenig wie einem im Disziplinarwege entlassenen Beamten, wenn er nach seiner Entlassung erwerbsunfähig werde, Ansprüche auf Ruhegehalt zuständen, sei dies bei dem strafrechtlich verurteilten Kläger der Fall. Auch das Fürsorgegesetz gewähre eben Pensionsansprüche, die es nur für den Fall, daß die Dienst- oder Erwerbsunfähigkeit durch Betriebsunfall herbeigeführt sei, besonders regele. Das Gericht nimmt hierfür auf die §§ 1 und 9 des Gesetzes Bezug. Der Kläger habe aber auch, so führt das Gericht weiter aus, nicht etwa, wie er zu meinen scheine, schon mit dem Tage des Unfalls ein Recht aus dem Fürsorgegesetze erworben; ein solches hätte er erst erlangt, sobald ihn die Folgen des Unfalls ganz oder teilweise erwerbsunfähig gemacht hätten. Dies sei aber, solange er Beamter gewesen sei, niemals der Fall gewesen. Er sei vielmehr bis zu seiner Entlassung aus dem Dienste voll dienstfähig gewesen. Es könne deshalb dahingestellt bleiben, ob er nach der Entlassung, insbesondere im Gefängnisse, als Folgen des Unfalls vom Jahre 1899 Beschwerden bemerkt habe, die ihn zuerst teilweise, später ganz erwerbsunfähig gemacht haben sollten, und ob er sie rechtzeitig angemeldet und geltend gemacht habe, ebenso, ob sie sich schon vor seiner Dienstentlassung als Folgen des Unfalls bemerkbar gemacht hätten. Denn sie seien unstreitig so unerheblich gewesen, daß der Kläger nicht dienstunfähig gewesen sei, und daß sie demnach seinen Anspruch aus dem Fürsorgegesetz zu begründen nicht geeignet gewesen seien.

Diese Begründung des Berufungsurteils ist, wie die Revision mit Recht geltend macht, nicht frei von Rechtsirrtum. Der § 1 des Gesetzes, betreffend die Fürsorge für Beamte infolge von Betriebsunfällen, in der Fassung des Gesetzes vom 2. Juni 1902 bestimmt in seinem Abs. 1: „Unmittelbare Staatsbeamte, welche in reichsgesetzlich der Unfallversicherung unterliegenden Betrieben beschäftigt sind, erhalten, wenn sie infolge eines im Dienste erlittenen Betriebsunfalls dauernd dienstunfähig werden, als Pension sechsundsechzigzweidrittel Prozent ihres jährlichen Diensteinkommens." Vergleicht man zunächst diese Vorschrift mit der grundlegenden Bestimmung der §§ 1 und 2 des allgemeinen Pensionsgesetzes für die unmittelbaren Staatsbeamten vom 27. März 1872, so ergibt sich, daß der Kreis derjenigen Personen, denen die Unfallfürsorge des Gesetzes vom 2. Juni 1902 (18. Juni 1887) unter der Voraussetzung zuteil werden soll, daß es sich eben um die tunlichste Ausgleichung der Folgen eines Betriebsunfalls handelt, beträchtlich weiter gezogen ist, als der Kreis derjenigen Personen, denen ein Recht auf Ruhegehalt deshalb gewährt wird, weil sie außerhalb eines solchen Falles infolge eines körperlichen Gebrechens, oder wegen Schwäche ihrer körperlichen oder geistigen Kräfte zur Erfüllung ihrer Amtspflichten dauernd unfähig und deshalb in den Ruhestand versetzt sind. Das Fürsorgegesetz erfordert nicht die Zurücklegung einer bestimmten Mindestdienstzeit von zehn Jahren, wie für die Regelfälle das Pensionsgesetz; und wenn auch schon in diesem — Abs. 2 des § 1 — von dem Erfordernisse der Mindestdienstzeit für den Fall, daß die Dienstunfähigkeit die Folge einer Krankheit, Verwundung oder sonstigen Beschädigung ist, die der Beamte bei Ausübung des Dienstes oder aus dessen Veranlassung ohne eigene Verschuldung sich zugezogen hat, Abstand genommen ist, so versagt doch jedenfalls der § 2 grundsätzlich zahlreichen Klassen von Beamten, nämlich allen, die unter dem Vorbehalte des Widerrufs oder der Kündigung angestellt sind und keine in den Besoldungsetats aufgeführte Stelle bekleiden, das Recht auf Ruhegehalt und verweist sie wegen Bewilligung eines solchen lediglich auf das Ermessen der Behörde. Von allen diesen Erfordernissen sieht der § 1 Abs. 1 des Fürsorgegesetzes ab; es sollen die dort bestimmte Pension erhalten alle unmittelbaren Staatsbeamten ohne Unterschied, ob sie eine mindestens zehnjährige, oder eine kürzere Dienstzeit zurückgelegt haben, ob sie lebenslänglich oder auf Widerruf oder Kündigung angestellt sind, und in letzterem Falle, ob sie eine in dem Besoldungsetat aufgeführte Stelle bekleiden oder nicht (vgl. die Erklärung des Staatssekretärs des Innern v. Bötticher in der ersten Beratung der Bundesratsvorlage vom 21. November 1885, Stenographische Berichte über die Verhandlungen des Reichstags 1885/86 S. 20). Schon dies weist mit einiger Sicherheit darauf hin, daß das Gesetz das entscheidende Gewicht für die Zuerkennung der Unfallpension darauf legt, daß der Beschädigte zur Zeit des Unfalls unmittelbarer Staatsbeamter war, und daß ihm die Beschädigung durch einen wirklichen Betriebsunfall im Sinne des § 1 zugefügt worden ist.

Deutlicher ergibt sich dies aber aus Abs. 2 des § 1: „Personen der vorbezeichneten Art erhalten, wenn sie infolge eines im Dienste erlittenen Betriebsunfalls nicht dauernd dienstunfähig geworden, aber in ihrer Erwerbsfähigkeit beeinträchtigt worden sind, bei ihrer Entlassung aus dem Dienste als Pension: 1. im Falle völliger Erwerbsunfähigkeit für die Dauer derselben den im ersten Absatz bezeichneten Betrag; 2. im Falle teilweiser Erwerbsunfähigkeit für die Dauer derselben denjenigen Teil der vorstehend bezeichneten Pension, welcher dem Maße der durch den Unfall herbeigeführten Einbuße an Erwerbsfähigkeit entspricht." Hier wird der Fall behandelt, daß ein unmittelbarer Staatsbeamter durch einen im Dienste erlittenen Betriebsunfall nicht dauernd dienstunfähig geworden, gleichwohl aber aus dem Dienste entlassen worden, und daß er entweder völlig, oder teilweise dauernd oder zeitweilig erwerbsunfähig ist. Nun bildet nach § 1 des allgemeinen Pensionsgesetzes die dauernde Unfähigkeit des Beamten zur Erfüllung seiner Amtspflichten die Voraussetzung für die Versetzung in den Ruhestand mit Pension. Andererseits können nach den §§ 1, 2 und 22 des Disziplinargesetzes für die nicht richterlichen Beamten vom 21. Juli 1852 lebenslänglich angestellte Beamte wider ihren Willen nur im Wege des förmlichen Disziplinarverfahrens aus dem Amte entlassen werden. Es liegt deshalb die Annahme nahe, daß der Abs. 2 des § 1 des Fürsorgegesetzes sich nur auf solche Beamte beziehe, die nicht lebenslänglich, vielmehr auf Widerruf oder Kündigung angestellt sind, und deren Dienstverhältnis deshalb nach § 83 des Disziplinargesetzes ohne weiteres durch Widerruf oder auf Grund ausgesprochener Kündigung durch Ablauf der Kündigungsfrist beendet werden konnte. Indessen kann das hier dahingestellt bleiben. Denn jedenfalls bezieht sich der Abs. 2 auch auf solche Beamte. Diese verlieren aber mit dem Widerrufe oder dem Ablaufe der Kündigungsfrist ohne weiteres nicht bloß die Eigenschaft eines Beamten, sondern auch das Recht auf Führung des Amtstitels sowie den Anspruch auf Diensteinkommen und Ruhegehalt.

Vgl. Entsch. des RG.'s in Zivils. Bd. 3 S. 93; Laband, Das Staatsrecht des Deutschen Reiches 3. Aufl. Bd. 1 S. 461.

Fänden daher auf die Gewährung der Fürsorgepension die Vorschriften des allgemeinen Pensionsgesetzes über die Voraussetzungen des Rechts auf Ruhegehalt Anwendung, so könnte es nicht zweifelhaft sein, daß einem auf Widerruf oder Kündigung angestellt gewesenen Beamten, der durch einen im Dienste erlittenen Betriebsunfall zwar nicht dauernd dienstunfähig geworden, aber in seiner Erwerbsfähigkeit beeinträchtigt, und dessen Dienstverhältnis demnächst durch Widerruf oder Kündigung gelöst worden ist, kein Anspruch auf Gewährung von Pension zustände, da dann entscheidend lediglich die Tatsache der Beendigung des Dienstverhältnisses durch Widerruf oder Kündigung wäre, die nach § 83 des Disziplinargesetzes und § 2 des allgemeinen Pensionsgesetzes die Folge des Ausschlusses jedes Anspruches auf Diensteinkommen oder Ruhegehalt nach sich ziehen. Trotzdem legt der Abs. 2 des § 1 des Beamtenfürsorgegesetzes dem bisherigen Beamten auch in solchen Fällen ein Recht auf Unfallpension in dem von ihm bestimmten Umfange schlechthin bei. Dies leuchtet zuvörderst ein in dem Falle, daß der durch den Betriebsunfall nicht dauernd dienstunfähig gewordene und deshalb zunächst im Dienste behaltene Beamte demnächst wegen mangelnden Bedürfnisses durch Widerruf oder auf Grund ausgesprochener Kündigung aus dem Dienste entlassen ist. Dann gebührt ihm nach Wortlaut und Sinn des Abs. 2 unbedenklich im Falle völliger Erwerbsunfähigkeit die in Nr. 1 bezeichnete größere, im Falle teilweiser Erwerbsunfähigkeit die in Nr. 2 bestimmte geringere Pension. Daraus ergibt sich, daß das Gesetz hier gegenüber den allgemeinen Anstellungsverhältnissen des Beamten, welche die Gewährung eines Ruhegehalts an ihn schlechthin ausschließen würden, der Tatsache, daß er durch einen im Dienste erlittenen Betriebsunfall in seiner Erwerbsfähigkeit entweder völlig oder teilweise beeinträchtigt worden ist, das entscheidende Gewicht beilegt.

Nicht anders aber verhält es sich dann, wenn der durch einen Betriebsunfall nicht dauernd dienstunfähig gewordene, auf Widerruf oder Kündigung angestellte Beamte, dessen Erwerbsfähigkeit durch den Unfall völlig oder teilweise beeinträchtigt ist, demnächst wegen Verletzung seiner Amtspflichten oder wegen unwürdigen Verhaltens (§ 2 des Disziplinargesetzes) nach § 83 des Disziplinargesetzes ohne ein förmliches Disziplinarverfahren aus dem Amte durch Widerruf oder auf Grund ausgesprochener Kündigung entlassen wird. Denn von Rechts wegen tritt die Beendigung des Dienstverhältnisses hier ebenso wie in dem vorher erörterten Falle lediglich durch den Widerruf oder auf Grund der erklärten Kündigung ein, denen eben schon nach Maßgabe der Anstellungsbedingungen des Beamten die Kraft zukommt, die Lösung des Dienstverhältnisses zu bewirken, ohne daß hierfür der Grund, der die Behörde zum Widerrufe oder zur Kündigung bewogen, in Betracht käme. Jedenfalls soll es nach der ausdrücklichen Bestimmung des § 83 des Disziplinargesetzes zur Entlassung eines auf Widerruf oder auf Kündigung angestellten Beamten eines förmlichen Disziplinarverfahrens nicht bedürfen; vielmehr soll der Widerruf oder die Kündigung an und für sich zur Herbeiführung der Beendigung des Dienstverhältnisses genügen, und es liegt auch in der deutlich erkennbaren Absicht des Gesetzes, daß von der damit den Behörden gegebenen Befugnis regelmäßig Gebrauch gemacht werde. Wird aber so verfahren, so wird auch in rechtswirksamer Weise die Verletzung der Dienstpflicht oder das unwürdige Verhalten, das den Grund für die Kündigung oder den Widerruf abgegeben hat, gar nicht festgestellt, wenn auch die Entlassung nicht willkürlich, sondern nur nach verantwortlicher Vernehmung des Beamten und auf Grund der angestellten Ermittelungen ausgesprochen wird.

Vgl. v. Rheinbaben, Die preußischen Disziplinargesetze Anm. zu § 83 des Gesetzes vom 21. Juli 1852.

Dann aber unterscheidet sich die Entlassung des Beamten in diesem Falle in den rechtlich in Betracht kommenden Beziehungen nicht von dem vorher erörterten; die Beendigung des Dienstverhältnisses erfolgt auch hier durch den Widerruf oder auf Grund der Kündigung. Eben deshalb sind dann auch die Voraussetzungen für die Anwendung des Abs. 2 des § 1 des Beamtenfürsorgegesetzes gegeben, und es steht auch dem Beamten, zu dessen Entlassung aus dem Dienste eine Verletzung der Amtspflicht oder unwürdiges Verhalten Anlaß gegeben hat, beim Vorliegen der sonstigen Voraussetzungen des § 1 Abs. 2 der dort bestimmte Anspruch auf die Unfallpension zu. Der Gesetzgeber hat eben die Rücksicht darauf, die Beamten im voraus wegen ihres Schicksals bei Betriebsunfällen sicher zu stellen, über die Rücksicht auf die regelmäßigen Anforderungen der Durchführung der Dienstzucht gestellt.

Bildet aber hiernach bei Beamten, die auf Kündigung oder Widerruf angestellt sind, der Umstand, daß ihre Entlassung aus dem Dienste wegen eines Dienstvergehens erfolgt ist, keinen Grund, der die Gewährung der Unfallpension ausschlösse, wenn deren positive Voraussetzungen, wie sie der § 1 Abs. 2 des Beamtenfürsorgegesetzes aufstellt, erfüllt sind, so muß das gleiche auch von den lebenslänglich angestellten Beamten gelten, da kein Moment ersichtlich ist, das eine verschiedenartige Behandlung beider Beamtenklassen rechtfertigen könnte. Ein solches kann insbesondere auch darin nicht liegen, daß bei lebenslänglich angestellten Beamten die Entlassung aus dem Dienste wider ihren Willen nur auf Grund eines förmlichen Disziplinarverfahrens durch Urteil der Disziplinarbehörde ausgesprochen werden kann. Denn wenn, wie oben dargelegt, der Grund für die Nichtberücksichtigung einer mangelhaften Dienstführung bei der Zuerkennung der Unfallpension des § 1 Abs. 2 des Gesetzes darin zu finden ist, daß die Notwendigkeit, dem Beamten die tunlichste Sicherheit gegen die Folgen von Betriebsunfällen, die ihn im Dienste treffen können, zu gewähren, eine überwiegende Berücksichtigung verlangt, so schlägt dieser Grund auch durch gegenüber der Feststellung der Verletzung der Dienstpflicht oder des unwürdigen Verhaltens des Beamten, die in dem Disziplinarurteile enthalten ist, und die nur eine Bestrafung erheischt, wie eine solche ja auch die Dienstentlassung enthält. Dagegen rechtfertigt er nicht die nachträgliche Wiederentziehung der dem Beamten bei seinem Eintritt in den Dienst gewährleisteten Sicherheit gegen die Folgen etwaiger im Dienste zu erleidenden Betriebsunfälle. Von diesem Gesichtspunkte aus kann es aber schließlich auch keinen Unterschied begründen, ob ein von einem Betriebsunfalle betroffener Beamter später durch Disziplinarurteil, oder durch das Urteil eines Strafgerichts, weil er zu einer Strafe verurteilt ist, die nach den §§ 31—33, 36 StGB. oder nach § 7 des Disziplinargesetzes den Verlust des Amtes von Rechts wegen zur Folge hat, seines Amtes verlustig gegangen ist. Denn auch dann bleibt jener entscheidende Grund für die Gewährung der Unfallpension bestehen.

Wenn nun nach diesen grundlegenden Bestimmungen des § 1 und der ihnen folgenden der §§ 2—6 des Beamtenfürsorgegesetzes über die Hinterbliebenenversorgung, die Berechnung und den Beginn der Bezüge sowie deren Dauer der § 7 vorschreibt: „Ein Anspruch auf die in den §§ 1—3 bezeichneten Bezüge besteht nicht, wenn der Verletzte den Unfall vorsätzlich oder durch ein Verschulden herbeigeführt hat, wegen dessen auf Dienstentlassung oder auf Verlust des Titels und Pensionsanspruchs gegen ihn erkannt, oder wegen dessen ihm die Fähigkeit zur Beschäftigung in einem öffentlichen Dienstzweig aberkannt worden ist“, so erhellt aus dem dargelegten Zusammenhange, insbesondere aus der Vergleichung des § 7 mit den verschiedenen Absätzen des § 1, daß der hier bezeichnete Tatbestand, der den sonst begründeten Fürsorgeanspruch ausschließen soll, den einzigen Fall darstellt, in welchem das Gesetz eine Ausnahme von der Gewährung der in den §§ 1—3 bestimmten Bezüge gemacht wissen will.

Es sollen also insbesondere dem von einem Betriebsunfalle betroffenen Beamten, auch wenn er später wegen Verletzung seiner Amtspflichten, die nicht mit dem Eintritte des Unfalls in ursächlichem Zusammenhange steht, oder wegen unwürdigen Verhaltens aus dem Dienste entlassen wird, sei es im Wege des förmlichen Disziplinarverfahrens oder, als auf Widerruf oder auf Kündigung angestellter Beamter, durch Widerruf oder auf Grund ausgesprochener Kündigung, oder wenn er infolge strafgerichtlicher Verurteilung ohne weiteres seines Amtes verlustig wird, die Rechte aus dem im Dienste erlittenen Betriebsunfalle gewahrt bleiben. Derselbe gesetzgeberische Grund, der dazu geführt hat, die weitgehende Fürsorge für die Beamten bei Betriebsunfällen, die sie im Dienste erleiden, gemäß §§ 1—3 des Fürsorgegesetzes einzuführen, das Bestreben, ihre Dienstfreudigkeit und ihr Pflichtbewußtsein durch den Gedanken zu stärken, gegen die Folgen von Betriebsunfällen nach Möglichkeit sichergestellt zu sein, hat ersichtlich auch zur Aufstellung jener einzigen Ausnahme von den Grundsätzen der §§ 1—3 geführt; denn ein reges Pflichtbewußtsein muß andererseits die Beamten auch davon abhalten, durch eigenes Verschulden einen Betriebsunfall selbst erst herbeizuführen.

Die zutreffende Bedeutung des § 9 des Gesetzes endlich, auf den das Berufungsgericht wesentliches Gewicht deshalb legt, weil hier der Charakter des Anspruchs aus dem Fürsorgegesetze als eines Pensionsanspruchs ausdrücklich anerkannt sei, erhellt nach dem Dargelegten aus seiner Verbindung mit den vorangestellten Vorschriften ohne weiteres. Indem er in seinem hier allein interessierenden ersten Satze verordnet: „Soweit vorstehend nichts anderes bestimmt ist, finden auf die nach §§ 1—3 zu gewährenden Bezüge die für die Beteiligten geltenden Bestimmungen über die Pension und über die Fürsorge für die Witwen und Waisen Anwendung", hat er selbst deutlich ausgesprochen, daß diejenigen Vorschriften der allgemeinen Gesetze über die Pensionierung der unmittelbaren Staatsbeamten und über die Fürsorge für deren Witwen und Waisen von der Anwendung auf die dem Gesetze vom 2. Juni 1902 unterliegenden Fälle ausgeschlossen sind, von denen in den vorhergehenden §§ 1—8 Abweichungen aufgestellt sind. Ergeben nun aber der § 1 Abs. 1 und 2 und der § 7, wie ausgeführt, daß die Bestimmungen des allgemeinen Beamtenpensionsgesetzes, wonach der Beamte, der zum Bezuge von Ruhegehalt berechtigt sein soll, bis zum Beginne des Pensionsbezugs Beamter geblieben sein muß, insbesondere nicht durch Disziplinarurteil oder Urteil des Strafgerichts seines Amtes vorher verlustig gegangen sein darf (§ 1 des Pensionsgesetzes in Verbindung mit § 7 und 16 des Disziplinargesetzes), für die dem Beamtenfürsorgegesetze unterliegenden Fälle keine Geltung haben sollen, so ist eben damit der Anwendung des § 9 insoweit der Boden entzogen.

Dieses Ergebnis der Auslegung des Gesetzes aus seinem Wortlaute, dem Zusammenhange seiner einzelnen Bestimmungen und aus seinem erkennbaren Zwecke wird auch durch seine Entstehungsgeschichte außer Zweifel gestellt. Die verschiedenen Unfallfürsorgegesetze für die Reichsbeamten und die Beamten der einzelnen Bundesstaaten bezwecken und bezweckten auch schon in ihrer ursprünglichen Fassung ausgesprochenermaßen, die verschiedenartige Behandlung in der Fürsorge, die zwischen den unter die Unfallversicherung fallenden Personen und den in unfallversicherungspflichtigen Betrieben beschäftigten, von der Unfallversicherung jedoch ausgeschlossenen Reichs-, Staats- und Kommunalbeamten zu Ungunsten der letzteren besteht, nach Möglichkeit zu beseitigen (vgl. die Begründung zu dem Entwurfe des Reichsgesetzes, betreffend die Fürsorge für Beamte und Personen des Soldatenstandes infolge von Betriebsunfällen, aus dem nachher das ursprüngliche Gesetz vom 15. März 1886 hervorgegangen ist, Nr. 5 der Drucksachen des Reichstages 1885/86 S. 8). Es ist deshalb davon auszugehen, daß die Beamtenfürsorgegesetze, insbesondere das für Reichsbeamte und das preußische Gesetz für die unmittelbaren Staatsbeamten in ihren Bestimmungen die tunlichste Übereinstimmung mit dem Inhalte des Unfallversicherungsgesetzes vom 6. Juli 1884, an dessen Stelle später das Gewerbe-Unfallversicherungsgesetz in der Fassung der Bekanntmachung vom 5. Juli 1900 getreten ist, in sachlicher Hinsicht herbeizuführen bezweckten, soweit dies mit den Rücksichten auf die aus der Stellung der Beamten sich ergebenden Bedürfnisse und Anforderungen vereinbar erschien. Nun enthielt der § 5 des ursprünglichen Unfallversicherungsgesetzes vom 6. Juli 1884 in Abs. 6 die Bestimmung: „Dem Verletzten und seinen Hinterbliebenen steht ein Anspruch nicht zu, wenn er den Betriebsunfall vorsätzlich herbeigeführt hat.“ Ihre Fassung und ihre Stellung innerhalb der Vorschriften über den Gegenstand der Versicherung, den Umfang der

Entschädigung und die Art ihrer Leistung ergeben mit Sicherheit, daß dies der einzige Fall sein soll, in welchem, wenn sonst die Voraussetzungen für die Entstehung des Entschädigungsanspruchs gegeben sind, dieser gleichwohl ausgeschlossen sein soll. Insbesondere kann davon keine Rede sein, daß, wenn die Folgen des Unfalls erst später bemerkbar geworden sind, und der Entschädigungsanspruch deshalb erst kürzere oder längere Zeit nach dem Unfalle hat angemeldet werden können (§ 59 Abs. 2 UnfVG.), das Recht auf die Entschädigung dann nicht zur Entstehung gelange, wenn der Verletzte inzwischen aus dem besonderen Dienstverhältnisse, worin er den Unfall erlitten, oder gar aus der Beschäftigung in dem nämlichen Zweige der Industrie, sei es auch wegen mangelhafter Leistungen oder mangelhafter Führung oder wegen Verübung einer strafbaren Handlung, entlassen worden wäre. Nach dem dargelegten Zusammenhange zwischen den Beamtenfürsorgegesetzen und dem Unfallversicherungsgesetze ist deshalb, sofern sich nicht aus dem Inhalte der ersteren mit Deutlichkeit etwas anderes ergeben sollte, anzunehmen, daß auch jene Gesetze weitere Fälle der Ausschließung des Fürsorgeanspruchs, als sie dem § 5 UnfVG. entsprechen, nicht haben zulassen wollen.

Diese Willensmeinung des Gesetzgebers erhellt weiter noch aus folgenden Umständen: Die Begründung des Entwurfs S. 8 zu dem ursprünglichen Gesetze betreffend die Fürsorge für Beamte und Personen des Soldatenstandes infolge von Betriebsunfällen, das demnächst unter dem 15. März 1886 ergangen und als Reichsgesetz das Muster für die Beamtenfürsorgegesetze der einzelnen Bundesstaaten, insbesondere Preußens, geworden ist, enthielt im Anschlusse an die bereits oben erwähnte Ausführung, daß es sich aus sozialpolitischen und Billigkeitsrücksichten empfehle, die verschiedenartige Behandlung der Fürsorge, die zwischen den unter die Unfallversicherung fallenden Personen und den in unfallversicherungspflichtigen Betrieben beschäftigten, von der Unfallversicherung aber ausgeschlossenen Reichs-, Staats- und Kommunalbeamten sowie den Personen des Soldatenstandes zu Ungunsten der letzteren Gruppen bestehe, tunlichst zu beseitigen, folgende Bemerkung:

„Hierdurch würde man auch dem bei Erlaß des Unfallversicherungsgesetzes angestrebten Ziel, die Anwendbarkeit des Haftpflichtgesetzes tunlichst auszuschließen, erheblich näher kommen.“

In der Tat hatte ja auch schon das Unfallversicherungsgesetz in seiner Fassung vom 6. Juli 1884 in § 95 bestimmt, daß die nach Maßgabe dieses Gesetzes versicherten Personen und deren Hinterbliebene einen Anspruch auf Ersatz des infolge eines Unfalls erlittenen Schadens nur gegen diejenigen Betriebsunternehmer, Bevollmächtigten oder Repräsentanten, Betriebs- oder Arbeitsaufseher geltend machen könnten, gegen die durch strafgerichtliches Urteil festgestellt worden sei, daß sie den Unfall vorsätzlich herbeigeführt hätten. Die Anwendung des Haftpflichtgesetzes sollte eben für die Regelfälle durch das umfassendere Unfallversicherungsgesetz unnötig gemacht werden. Nun gewährte aber das Haftpflichtgesetz vom 7. Juni 1871 auf dem für die Betriebsunfälle von Reichs- oder Staatsbeamten hauptsächlich in Betracht kommenden Gebiete des Eisenbahnbetriebes gemäß seiner §§ 1 und 3 einen Schadensersatzanspruch gegen den Betriebsunternehmer, bei Staatsbahnen also gegen den Staat, unterschiedslos, sobald bei dem Betriebe der Eisenbahn „ein Mensch getötet oder körperlich verletzt war", dem Verletzten oder dessen Erben, also auch einem Reichs- oder Staatsbeamten, der im Dienste der vom Reiche oder vom Staate betriebenen Eisenbahn stand, ohne Unterschied, ob dieses Dienstverhältnis etwa später und vor dem Auftreten der Unfallfolgen aufgehoben, insbesondere der Beamte wegen Verletzung seiner Amtspflichten oder wegen unwürdigen Verhaltens durch Urteil der Disziplinarbehörde oder, als auf Kündigung oder Widerruf angestellter Beamter, auf ausgesprochene Kündigung oder durch Widerruf aus seinem Amte entlassen, oder ob er gar durch strafgerichtliches Urteil seines Amtes verlustig gegangen war oder nicht. Nur dann sollte nach § 1 des Haftpflichtgesetzes die Haftung des Unternehmers des Eisenbahnbetriebes ausgeschlossen sein, wenn der Unfall durch höhere Gewalt oder durch eigenes Verschulden des Getöteten oder Verletzten verursacht worden sei. Sollte daher die Anwendung des Haftpflichtgesetzes auch bei Unfällen, von denen Reichs- oder Staatsbeamte im Betriebe von Reichs- oder Staatseisenbahnen betroffen würden, durch das Beamtenfürsorgegesetz wirklich erübrigt werden, so mußte auch die durch dieses ihnen gewährte Fürsorge den Anspruch auf Schadensersatz grundsätzlich mindestens in denjenigen Fällen und in dem Umfange umfassen, in denen und in dem dies das Haftpflichtgesetz getan hatte. Daraus folgt, daß auch nach dem

Beamtenfürsorgegesetze der Anspruch nicht davon abhängig sein konnte, daß der Beamte etwa später, vor dem Hervortreten der Folgen des Unfalls, durch Disziplinarurteil oder eine dem gleichstehende Maßregel oder durch strafgerichtliches Urteil seines Amtes verlustig gegangen war, sofern dies nicht etwa nur deswegen geschehen war, weil er den Unfall selbst vorsätzlich oder fahrlässig herbeigeführt hatte.

Sodann aber kommt noch folgendes in Betracht, worauf teilweise auch schon die Revision hingewiesen hat. Schon der Entwurf des Fürsorgegesetzes für die Reichsbeamten vom 15. März 1886 hatte, abweichend von der schon erwähnten Vorschrift des § 5 Abs. 6 UnfVG., die Ausnahme, bei deren Vorliegen der Anspruch des Verletzten oder der Hinterbliebenen auf Schadensersatz ausgeschlossen sein sollte, dahin gefaßt, daß der Anspruch nicht bestehe, wenn der Verletzte den Unfall vorsätzlich oder durch ein Verschulden herbeigeführt habe, wegen dessen auf Dienstentlassung oder Verlust des Titels und Pensionsanspruchs gegen ihn erkannt, oder wegen dessen ihm die Fähigkeit zur Beschäftigung in einem öffentlichen Dienstzweige aberkannt worden sei (vgl. a. a. O. S. 4). Die Begründung rechtfertigte diese vorgeschlagene Abweichung mit der Erwägung, daß es in solchen Fällen mit der Aufrechterhaltung der Dienstzucht unverträglich sein würde, wenn dem Beamten, der durch ein so schweres Verschulden den Unfall selbst herbeigeführt hätte, eine noch dazu erhöhte Pension gewährt werden würde (vgl. a. a. O. S. 12). Bei der Beratung des Entwurfs in der Kommission des Reichstages wurde von einer Seite zur Begründung eines gestellten Antrages geltend gemacht: im Disziplinarverfahren erfolge die Verurteilung zur Dienstentlassung „mit besonderer Rücksicht auf die gesamte Führung des Angeschuldigten"; es könne mithin vorkommen, daß, wenn jemand durch ein leichtes Verschulden einen Unfall herbeigeführt, seine Führung aber sonst zu erheblichen Einwendungen Veranlassung gegeben habe, die Dienstentlassung auch in solchem Falle ausgesprochen werde; daß der Betreffende alsdann auch seinen Anspruch auf Unfallfürsorge verliere, würde nicht gerechtfertigt sein; es müsse deshalb zum Ausdrucke gebracht werden, daß das den Unfall verursachende Verschulden allein so erheblich sei, daß aus diesem Grunde auf Dienstentlassung oder auf Verlust des Titels und Pensionsanspruchs erkannt werde. Darauf wurde von den Vertretern des Bundesrats erklärt, „daß, wenn der

Beamte der Wohltat des Gesetzes verlustig gehen solle, ein solches Verschulden vorliegen müsse, daß wegen desselben auf Dienstentlassung erkannt werde; es genüge deshalb nicht, wenn der Beamte zwar auch schuldhaft gehandelt habe, aber nur wegen anderer Dienstverfehlungen, z. B. schlechten Lebenswandels u. dergl., aus Anlaß des Verschuldens entlassen werde. Es werde dies in dem Urteile der erkennenden Behörde auszusprechen sein. Darauf wurden sämtliche Anträge abgelehnt, und die Regierungsvorlage mit einer Änderung, die sich aus einem zu einem andern Paragraphen gefaßten Beschlusse ergab, angenommen.

Bei der zweiten Beratung in der Vollversammlung des Reichstages nahm der Abgeordnete Eysoldt auf diesen Vorgang in der Kommission Bezug und bemerkte dazu unter anderem: „Nach § 76 des Reichsbeamtengesetzes, welches ja vielfach hier bei Beurteilung des ganzen Gesetzes in der Praxis einschlagen wird, tritt der Verlust der Pension von Rechts wegen dann ein, wenn auf Dienstentlassung erkannt ist. Von diesem Grundsatze des Reichsbeamtengesetzes macht also der § 5 jetzt insofern eine Ausnahme, als die Unfallentschädigung, soweit sie als Pension aufgefaßt wird, nicht mit der Dienstentlassung allein ipso jure wegfällt, sondern dann, wenn die Dienstentlassung allein und an sich schon wegen der Fahrlässigkeit bei dem Unfall herbeigeführt worden ist oder erfolgen mußte." Gegen diese Bemerkung wurde von keiner Seite Widerspruch erhoben, und darauf der § 5 in zweiter und dritter Lesung angenommen (vgl. Stenographische Berichte über die Verhandlungen des Reichstages 1885/6 S. 885). Es kann hiernach keinem Zweifel unterliegen, daß alle Faktoren der Gesetzgebung über die erörterte Bedeutung des § 5 sowohl nach ihrer positiven wie nach ihrer negativen Seite einverstanden gewesen sind.

Was aber hiernach von den Bestimmungen des Fürsorgegesetzes für die Reichsbeamten in ihrer ursprünglichen Fassung gilt, beansprucht auch für die Vorschriften des preußischen Fürsorgegesetzes wegen des oben erörterten zwischen beiden bestehenden engen Zusammenhanges Geltung. Und ebenso ist der Stoff für die Auslegung der älteren Fassung des preußischen Beamtenfürsorgegesetzes auch für die Erklärung des jetzt geltenden Gesetzes vom 2. Juni 1902, da beide in den entsprechenden, hier in Betracht kommenden Vorschriften im wesentlichen übereinstimmen, und der § 7 der neuen Fassung nur einen der neuen Fassung des Gewerbe-Unfallversicherungsgesetzes vom 5. Juli 1900 entsprechenden, hier nicht interessierenden Zusatz erhalten hat, ohne weiteres zu verwenden.

Demgemäß verletzt das Berufungsurteil den § 1 des Gesetzes vom 2. Juni 1902 durch Nichtanwendung, den § 9 aber durch unrichtige Anwendung. Dasselbe ist deshalb aufzuheben. Da das Berufungsgericht über das Vorliegen der sonstigen Erfordernisse für die Entstehung und die Erhaltung des vom Kläger erhobenen Anspruchs keine Entscheidung getroffen hat, so ist die Sache zur anderweiten Verhandlung und Entscheidung an das Berufungsgericht zurückzuverweisen."

18. 1. Verpflichtet bei einer durch einen Dritten veranlaßten polizeilichen Maßregel der Umstand allein, daß der Dritte hierbei der Behörde irreführende Angaben gemacht hat, den Dritten zum Schadensersatz gegenüber dem durch die Maßregel Benachteiligten?

2. Liegt ein zur Entschädigung verpflichtender Eingriff in wohlerworbene Rechte vor, wenn einem Kali-Abbauberechtigten durch Polizeiverordnung oder Polizeiverfügung untersagt wird, den Abbau der Kalisalze durch planmäßiges Auslaugen (Aussolen) der Lagerstätte zu betreiben?

3. Gilt die preußische Kabinetsorder vom 4. Dezember 1831 (GS. S. 255) auch in den neuen Provinzen?

V. Zivilsenat. Urt. v. 20. Oktober 1909 i. S. Kaliwerke B. (Kl.) w. Alkaliwerke R. (Bekl.). Rep. V. 563/08.

I. Landgericht Hannover.
II. Oberlandesgericht Celle.

Die Klägerin besitzt in der Gemarkung von B. bei Hannover ein Kaliwerk mit einem ihr eigentümlich gehörigen Grundbesitz und ausgedehnten, im Grundbuch eingetragenen Kaliberechtigungen auf den benachbarten Grundstücken. Nachdem ein Versuch, das Kalisalz vermittelst des gewöhnlichen Schachtbaues zu gewinnen, mißlungen war, weil in den niedergebrachten Schacht wiederholt große Wassermengen einbrachen, ging die Klägerin im Jahre 1905 dazu über, das Kalisalz auf nassem Wege, durch planmäßiges Aussolen der Lagerstätte, auszubeuten. Der Betrieb kam aber nach einigen Monaten zum Stillstand, da die Pumpe brach. Die von der Klägerin nach Beseitigung des Hindernisses beabsichtigte Wiederaufnahme des Betriebes wurde durch eine auf Veranlassung des Handelsministers durch das Oberbergamt in Cl. auf Grund der §§ 196, 198 ABG. erlassene polizeiliche Anordnung vom 7. Juli 1906 verhindert, in der zur Rechtfertigung dieser Maßregel auf die Gemeinschädlichkeit des Aussolens von Kalisalzen hingewiesen wurde. Am 24. August 1906 erließ dann das Oberbergamt auf Grund der §§ 196, 197 preuß. Allg. Berggef. für seinen ganzen Verwaltungsbezirk eine Polizeiverordnung, worin das planmäßige Auslaugen der Lagerstätten von Kalisalzen bei Strafe (§ 208 ABG.) verboten, und nur beim Vorhandensein besonderer Umstände die Bewilligung von Ausnahmen vorbehalten wurde. Ein von der Klägerin gegen die polizeiliche Anordnung vom 7. Juli 1906 eingelegter Rekurs wurde vom Handelsminister zurückgewiesen.

Die Klägerin, die durch diese polizeilichen Maßnahmen einen großen Schaden erlitten haben will, machte hierfür die beiden benachbarten Kaliwerke, die Beklagte und die Gewerkschaft H.-S. verantwortlich, weil die polizeilichen Maßnahmen, durch die in das Eigentum und wohlerworbene Gerechtsame der Klägerin eingegriffen worden sei, lediglich auf Betreiben der Genannten und in deren Interesse ergangen seien. Außerdem behauptete sie, daß der Beklagten auch eine unerlaubte Handlung zur Last falle. Denn diese habe gewußt oder doch festzustellen unterlassen, daß zwischen den benachbarten Salzlagern und denen der Klägerin ein salzfreier Erdsattel sich befinde, der das Hinübertreten der Wassermengen ausschließe, und habe der Behörde gegenüber das Gegenteil behauptet. Den angeblich erlittenen Schaden klagte die Klägerin in Höhe eines Teilbetrages von 20 000 ℳ ein. Sie wurde indessen mit der Klage abgewiesen, und ihre Berufung blieb ohne Erfolg. Auch die Revision der Klägerin wurde zurückgewiesen aus folgenden

Gründen:

... „Unanfechtbar sind zunächst die von der Revision zur Nachprüfung verstellten Ausführungen, mit denen der Berufungsrichter das Vorhandensein einer zum Schadensersatze verpflichtenden unerlaubten Handlung der Beklagten (§§ 823, 826 BGB.) verneint hat. Er unterstellt zwar, daß die Beklagte den Anstoß zu den polizeilichen Maßnahmen des Oberbergamts gegeben hat, und daß ohne deren Betreiben die fraglichen Anordnungen nicht getroffen worden wären; er führt aber aus, daß, wenn man auch die sonstigen Voraussetzungen der fraglichen Gesetzesvorschriften als vorhanden annehme, es doch an dem ursächlichen Zusammenhange zwischen der Handlungsweise der Beklagten und dem eingetretenen Schaden fehle. Denn der der Klägerin nach ihrer Behauptung erwachsene Schaden habe seinen Grund allein in den nach eigenem Ermessen getroffenen Maßnahmen der Behörde; die Angaben der Beklagten, mögen sie nun richtig oder unrichtig gewesen sein, seien für das Oberbergamt nicht maßgebend gewesen. Dies ist nicht zu beanstanden. (Letzteres wird näher ausgeführt und alsdann fortgefahren:)

Was sodann den Entschädigungsanspruch anlangt, den die Klägerin gegen die Beklagte um deswillen erhebt, weil zu ihren Gunsten in Privatrechte der Klägerin von der Staatsgewalt eingegriffen worden sei, so ist es zunächst gleichgültig, ob man die dem Grenzgebiet des öffentlichen und des Privatrechts angehörigen Rechtsnormen, aus denen dieser Anspruch abgeleitet wird, als privatrechtliche oder als öffentlichrechtliche Normen bezeichnen will. Auch im ersteren Falle würde Art. 55 EinfGes. zum BGB., wie die Revision mit Recht hervorhebt, der Weitergeltung etwaiger landesrechtlicher Normen nicht entgegenstehen, weil Art. 109 ebenda sie aufrecht erhalten hätte. Fraglich ist nur, ob der Anspruch überhaupt auf eine Rechtsnorm gestützt werden kann.

Die Akte der Staatsgewalt, wodurch die Klägerin geschädigt sein will, bestehen in einer Polizeiverfügung, die für die Zeit vom 7. Juli bis zum 24. August 1906 allein in Betracht kommt, und in einer am 24. August 1906 erlassenen allgemeinen Polizeiverordnung. Solche Polizeiverordnungen stehen, weil sie allgemein verbindliche Rechtsnormen enthalten, nach der ständigen Rechtsprechung des Reichsgerichts, insbesondere auch hinsichtlich der hier in Rede stehenden Frage der Entschädigungspflicht für verletzte Privatrechte, den Gesetzen gleich.

Vgl. Entsch. des RG.'s in Zivils. Bd. 26 S. 337, Bd. 45 S. 251,

Bd. 60 S. 326; Gruchot's Beitr. Bd. 34 S. 880 (auch im preuß. JustMinBl. 1891 S. 4); Urteil vom 13. Mai 1908 Rep. V. 341/07; für das gem. R. Rep. III. 412/01 in der Jur. Woch. 1902 S. 175 Nr. 46.

In den alten Provinzen Preußens ist es allgemein anerkannt, daß für Eingriffe der Gesetzgebung, auch wenn sie wohlerworbene Privatrechte verletzen, gleichviel ob zu Gunsten des Staates oder anderer Personen, Entschädigung nur dann zu leisten ist, wenn das Gesetz dies besonders vorschreibt.

Vgl. Dernburg, Preuß. PrivatR. Bd. 1 § 33; Förster-Eccius, Theorie und Praxis Bd. 1 § 14 Anm. 7, § 18 Anm. 14, 16, § 90 Anm. 3, sowie die dort angeführte Rechtsprechung des preuß. Obertribunals und die oben erwähnte des Reichsgerichts.

Es beruht dies auf der für das damalige Staatsgebiet erlassenen Kabinetsorder vom 4. Dezember 1831 (GS. S. 255), die zur Beseitigung von Mißverständnissen, wie sie namentlich die Vorschriften der §§ 70, 75 der Einl., §§ 29flg. I. 8 ALR. veranlaßt hatten, die Grenzen zwischen landeshoheitlichen und fiskalischen (privatrechtlichen) Rechtsverhältnissen näher bestimmte und Entschädigungsansprüche für die Ausübung von Hoheitsrechten der Gerichtsbarkeit entzog.

In den neuen Provinzen Preußens war, soweit dort gemeines Recht galt, wie überhaupt im Gebiet des gemeinen Rechts, die Frage streitig.

Vgl. . . . aus der Rechtsprechung einerseits die Urteile des RG.'s, Entsch. in Zivils. Bd. 12 S. 3; Jur. Woch. 1902 S. 175 Nr. 46, andererseits Entsch. in Zivils. Bd. 61 S. 11 und das im Namen des Lübecker Ober-Appellationsgerichts abgegebene Urteil der Juristen-Fakultät von Jena in Seuff. Arch. Bd. 37 S. 312.

In den neuen preußischen Provinzen ist aber, wie Nordmann, Zusammenstellung der Gesetze Bd. 1 S. 206 Anm. 1, 219, und Förster-Eccius Bd. 1 § 18 Anm. 16 annehmen (teilweise abweichend und zweifelhaft Anschütz im Verwaltungs-Archiv Bd. 5 S. 84), durch die Verordnung, betr. die Zulässigkeit des Rechtswegs vom 16. September 1867 (GS. S. 1515) die Kabinetsorder vom 4. Dezember 1831 gleichfalls eingeführt. Damit wären dann Entschädigungsansprüche, die aus gemeinrechtlichen Rechtsnormen für

Akte der Gesetzgebung abgeleitet werden, der Gerichtsbarkeit ebenfalls entzogen.

Doch kann diese Frage dahingestellt bleiben, da mit dem Berufungsrichter aus andern, auch für die Polizeiverfügung maßgebenden Gründen der klägerische Anspruch zu verneinen ist. Die Klägerin behauptet, daß sie ohne die polizeiliche Verfügung vom 7. Juli schon vor dem 24. August nach Wiederherstellung der Pumpe durch Aussolung von Kalisalz Gewinn gezogen hätte. Der Umstand, daß nachträglich eine allgemeine das Aussolungsverfahren verbietende Polizeiverordnung erlassen wurde, würde die durch die Polizeiverfügung etwa begründete Entschädigungspflicht nicht beseitigen.

Vgl. Entsch. des RG.'s in Zivils. Bd. 45 S. 275, Bd. 26 S. 267.

Gegenüber Polizeiverfügungen aber besteht nach der weit überwiegenden Meinung, insbesondere auch nach der ständigen Rechtsprechung des Reichsgerichts, im gemeinrechtlichen Rechtsgebiet die Entschädigungspflicht für Eingriffe in wohlerworbene Privatrechte dergestalt, daß entweder der Staat oder Dritte, in deren Interesse die Polizeiverfügung erlassen ist, die Entschädigung zu leisten haben.

Vgl. Entsch. des RG.'s in Zivils. Bd. 16 S. 159, Bd. 17 S. 103, Bd. 41 S. 142, 191, Bd. 49 S. 252; Gruchot's Beitr. Bd. 46 S. 415; Jur. Woch. 1902 S. 175 Nr. 46; Urteil vom 28. April 1909 Rep. V. 367/08.

Der Berufungsrichter will diese Entschädigungspflicht zunächst durch Erwägungen, die er dem früheren hannöverschen Verfassungsrecht entnimmt, beseitigen. Das Staatsgrundgesetz vom 26. September 1833 und das Landesverfassungsgesetz vom 6. August 1840 hätten einen Entschädigungsanspruch nur für unbefugte Eingriffe der Verwaltungsbehörden zugelassen; die fraglichen Vorschriften seien zwar mit der Einführung der preußischen Verfassung außer Kraft getreten; die des gemeinen Rechts aber hätten, auch wenn man die subsidiäre Bedeutung dieses Rechts auf solchen Gebieten anerkennen wolle, auf denen in Hannover eine besondere Rechtsbildung Platz gegriffen habe, dort keine neue ausreichende Anerkennung gefunden. Der Berufungsrichter nimmt danach anscheinend in erster Reihe an, daß die hannöverschen Verfassungsgesetze die gemeinrechtlichen Vorschriften endgültig beseitigt hätten, sodaß auch nach deren Aufhebung das gemeine Recht nicht mehr in Frage komme. Dann würden aber dieselben Erwägungen maßgebend werden, die den V. und VII. Zivilsenat des Reichsgerichts (vgl. Entsch. in Zivils. Bd. 58 S. 130, Bd. 64 S. 184) dazu geführt haben, im rheinpreußischen Rechtsgebiet auch nach Aufhebung der Vorschriften des Code civil die Entschädigungspflicht anzuerkennen. Hat aber das gemeine Recht neben den hannöverischen Verfassungsbestimmungen seine subsidiäre Geltung behalten, so bedurfte es nach der Aufhebung der fraglichen Bestimmungen keiner Anerkennung. Überdies ist aber, wie der Berufungsrichter zugeben muß, diese Anerkennung in nicht weniger als drei Urteilen des Reichsgerichts erfolgt (vgl. Entsch. in Zivils. Bd. 16 S. 159, Bd. 17 S. 103, Bd. 41 S. 142).

Dagegen war den weiteren Ausführungen des Berufungsrichters, mit denen er im vorliegenden Falle den Entschädigungsanspruch verneint hat, beizutreten. Es besteht kaum eine Meinungsverschiedenheit darüber, daß ein Entschädigungsanspruch nur besteht, wenn wirkliche „wohlerworbene Rechte eines einzelnen“ durch die Polizeiverfügung aufgehoben oder beschränkt werden. Zweifelhaft ist nur, ob in Fällen, wie der vorliegende, eine solche der Enteignung analoge Aufhebung oder Einschränkung vorliegt. Dies ist aber mit dem Berufungsrichter zu verneinen. Denn das Eigentum und die ihm gleichstehenden dinglichen Rechte sind ihrer Natur nach keineswegs unbeschränkt; sie sind vielmehr vom Staate nur mit den Beschränkungen anerkannt, die sich aus dem Rechte der Nachbarn und aus Gründen des allgemeinen Wohls ergeben. Macht die Polizeiverfügung im einzelnen Falle nur solche aus allgemeinen Grundsätzen folgende Beschränkungen geltend, trifft sie insbesondere nur Bestimmungen über die Art und Weise, wie das Eigentum im Interesse der Nachbarn und des gemeinen Wohls zu benutzen ist, so ist nach der in Theorie und Rechtsprechung weit überwiegenden Meinung ein Entschädigungsanspruch nicht gegeben.

Vgl. Stölzel, Rechtsweg und Kompetenzkonflikt in Preußen S. 220; Oppenhoff, Ressortverhältnisse 2. Aufl. S. 54 Anm. 128; v. Rönne-Zorn, Preuß. Staatsrecht 5. Aufl. Bd. 2 S. 217; Biermann, Privatrecht und Polizei in Preußen § 24 S. 183, 184; Mayer, Deutsches Verwaltungsrecht Bd. 2 S. 353 Anm. 10; Meyer-Anschütz, Deutsches Staatsrecht 6. Aufl. § 222 S. 815;

Anschütz im Verwaltungsarchiv Bd. 5 S. 117 flg.; Gierke, Deutsches Privatrecht Bd. 1 § 23 Anm. 50; Obertribunal Entsch. Bd. 17 S. 374; Ober-Verwaltungsgericht Bd. 8 S. 329; Entsch. des RG.'s in Zivils. Bd. 19 S. 355, Bd. 26 S. 337, Bd. 60 S. 326, Bd. 70 S. 389/90; Gruchot's Beitr. Bd. 34 S. 880, Bd. 43 S. 950, Bd. 46 S. 415, und die die Gefährdung der Homburger Heilquellen betreffende Entscheidung, Rep. III. 412/01, in der Jur. Woch. 1902 S. 175 Nr. 46. Auch die von der Klägerin besonders ins Feld geführten Lehrmeinungen von Dernburg, Bürgerl. Recht 3. Aufl. Bd 1 § 45; Regelsberger, Pandekten Bd. 1 § 113 S. 423; Zachariä, Deutsches Staats- und Bundesrecht 3. Aufl. Bd. 2 §§ 150, 151; Rosin, Polizeiverordnungsrecht 2. Aufl. S. 151 Anm. 11, 12, enthalten nichts dem Entgegenstehendes.

Im vorliegenden Falle sind der Klägerin durch die Polizeiverfügung (und die demnächstige Polizeiverordnung) ihre Gerechtsame (Eigentum und Abbaurecht) keineswegs entzogen oder auch nur gekürzt worden; sie darf nur nicht auf nassem Wege ausbeuten, weil das von ihr eingeführte Wasser die Nachbarwerke bedroht, und weil es dort Leben und Gesundheit der Bergleute gefährdet, was nach allgemeinen gesetzlichen Vorschriften (§ 196 ABG.) verboten ist. Wenn die Klägerin nach Einstellung der Wasserzuführung ihre Kaligerechtsame, wie sie behauptet, überhaupt nicht mehr sollte ausbeuten können, so wäre dies nicht sowohl eine Folge der Polizeiverfügung, als vielmehr eine Folge der mangelhaften Beschaffenheit ihrer Kalilager. Dieser Mangel kann die Gefährdung der Nachbarn und des Gemeinwohls keineswegs rechtfertigen. Die Sache liegt hier wesentlich anders, als in den mannigfachen von der Klägerin herangezogenen Rechtsfällen, in denen in der Tat eine Aufhebung oder Verkürzung der Gerechtsame vorlag, so namentlich in den Fällen, in denen das Stehenlassen eines Sicherheitspfeilers, also für die räumliche Einschränkung des Bergwerksbetriebes, von den Oberflächenberechtigten Entschädigung zu leisten war,

vgl. Daubenspeck, bergrechtliche Entscheidungen Bd. 2 S. 267 Nr. 76; Gruchot's Beitr. Bd. 42 S. 935; Entsch. des RG.'s in Zivils. Bd. 70 S. 387; Westhoff in Brassert's Zeitschr. für Bergrecht 1902 S. 450.

Endlich ist auch daraus, daß der Betrieb der Klägerin vor Erlaß der Polizeiverfügung bereits eingerichtet und der gegen den Betriebsplan von der Bergbehörde erhobene Einspruch wieder zurückgenommen war, nichts zu folgern; insbesondere kann daraus ein wohlerworbenes Recht nicht abgeleitet werden,

vgl. Entsch. des RG.'s in Zivils. Bd. 19 S. 353, Bd. 26 S. 338, 340, Bd. 60 S. 326, 330." . . .

---

19. Ist die gemäß § 8 des Schutztruppengesetzes vom 7. Juli 1896 nach den Bestimmungen des Reichsbeamtengesetzes bemessene Pension eine „zuerkannte Militärpension" im Sinne des § 45 Nr. 4 des Mannschaftsversorgungsgesetzes vom 31. Mai 1906?

III. Zivilsenat. Urt. v. 22. Oktober 1909 i. S. Landesfiskus von Deutsch-Ostafrika (Bekl.) w. W. (Kl.). Rep. III. 532/08.

I. Landgericht I Berlin.
II. Kammergericht daselbst.

Die Frage wurde bejaht aus folgenden, den Sachverhalt ergebenden Gründen:

„Der im Dezember 1896 aus dem Reichsheer in die Kaiserliche Schutztruppe als Zahlmeisteraspirant übernommene Kläger wurde am 31. Oktober 1899 pensioniert. Seine Pension wurde gemäß §§ 7, 8 des Gesetzes, betreffend die Kaiserlichen Schutztruppen in den afrikanischen Schutzgebieten und die Wehrpflicht daselbst, vom 7. Juli 1896 (RGBl. S. 653) nach den Bestimmungen des Reichsbeamtengesetzes aus dem pensionsfähigen Diensteinkommen eines Sergeanten (1600 *M*) auf 402 *M* bemessen. Diese Pension ist ihm gemäß § 57 Nr. 2 des Reichsbeamtengesetzes vom 1. Juni 1901 ab einbehalten, da er als württembergischer Staatsbeamter ein Zivildiensteinkommen von 2280 *M* (anfänglich 1950 *M*) bezieht. Auf Grund der §§ 45 Nr. 4, 36 Nr. 3a des Gesetzes vom 31. Mai 1906 über die Versorgung der Personen der Unterklassen des Reichsheeres, der Kaiserlichen Marine und der Kaiserlichen Schutztruppen (RGBl. S. 593) fordert der Kläger, daß ihm vom 1. Juli 1906, dem Tage des Inkrafttretens dieses Mannschaftsversorgungsgesetzes, ab nur 20 Hundertteile der nach § 9 dieses Gesetzes auf 720 ℳ anzusetzenden Vollrente eines Sergeanten, also nur 144 ℳ, einbehalten, und 258 ℳ als Rest der ihm zuerkannten Pension ausbezahlt werden. Die Klage wurde zugesprochen, und die Berufung des Beklagten zurückgewiesen. Die auf Verletzung der §§ 45, 36 des Mannschaftsversorgungsgesetzes gestützte Revision kann keinen Erfolg haben.

Der Beklagte hat die Auffassung, daß sowohl im Falle des § 91 des Militärpensionsgesetzes vom 27. Juni 1871, als im Falle des diesem § 91 nachgebildeten § 8 des Schutztruppengesetzes vom 7. Juli 1896, wenn tatsächlich die Pensionierung bzw. die Pensionsbemessung nach dem als günstiger gewählten Reichsbeamtengesetz erfolgt ist, die Pensionszahlung bei demnächstiger Anstellung oder Beschäftigung im Zivildienste sich nur nach den §§ 57/60 des Reichsbeamtengesetzes regelt. Ob diese Auffassung für die Zeit bis zum Inkrafttreten des Mannschaftsversorgungsgesetzes zutreffend war, und ob eine entsprechende Praxis bestand, kann dahin stehen. Denn jedenfalls sind nach dem Mannschaftsversorgungsgesetz und dessen Übergangsvorschriften auch die vor dem 1. April 1905 aus dem aktiven Militärdienst entlassenen Personen ausschließlich seinen Bestimmungen über Erlöschen und Ruhen des Rechts auf den Bezug der Versorgungsgebührnisse unterworfen. Das Mannschaftsversorgungsgesetz hat für die Zukunft (für die Zeit nach dem 1. April 1905) die speziellen, eine Wahl des Reichsbeamtengesetzes für die Pensionierung bzw. für die Bemessung der Pension offen lassenden Normen des § 91 des Militärpensionsgesetzes und des § 8 des Schutztruppengesetzes aufgehoben. § 91 des Militärpensionsgesetzes ist ersetzt durch § 10 Abs. 2 des Mannschaftsversorgungsgesetzes. Dessen Motive bezeichnen das durch § 91 betroffene Zeug- und Festungsbaupersonal ausdrücklich als „Gehaltsempfänger" (vgl. die Anlage 4 zum Entwurf des Mannschaftsversorgungsgesetzes S. 57) und führen aus: „die bisherige wahlweise Versorgung nach dem Militärpensionsgesetz oder nach dem Reichsbeamtengesetze, je nachdem die eine oder die andere sich im Einzelfalle günstiger gestaltete, ist aufgegeben, weil sie vielfache Übelstände und Unsicherheiten im Gefolge hat. Dagegen konnte nunmehr bei der vorgesehenen vorteilhafteren Versorgung der Kapitulanten die gleichmäßige Versorgung dieser Personen nach den für die Kapitulanten maßgebenden Grundsätzen festgesetzt werden." Und § 8 des Schutztruppengesetzes ist beseitigt durch §§ 76, 63 des Mannschaftsversorgungsgesetzes (vgl. die Anlage 2 zum Entwurf desselben S. 49 und 51).

Daß das Mannschaftsversorgungsgesetz diese zwei von ihm für die Zukunft aufgehobenen besonderen Ausnahmevorschriften für die vor dem 1. April 1905 pensionierten Personen, nämlich für die Kürzung ihrer Pension wegen eines Zivildiensteinkommens oder einer Zivilpension, fortwirken lassen wollte, kann von vornherein nicht angenommen werden. Die Motive zu den Übergangsvorschriften §§ 45/47 bemerken denn auch zum Eingange: „die Neugestaltung der Militärpensionsgesetze hat neben der Erhöhung der Versorgungsgebührnisse auch den Zweck, Klarheit und Übereinstimmung auf diesem Gebiete der Gesetzgebung zu schaffen" und speziell zu § 46 Nr. 2 des Entwurfs (§ 45 Nr. 4 des Gesetzes): „die Vorschriften des neuen Gesetzes über das Verfahren, die Zahlung, das Erlöschen und Ruhen des Rechts auf den Bezug der Versorgungsgebührnisse werden auch auf die bereits aus dem aktiven Dienste entlassenen Personen Anwendung finden müssen, wenn nicht die jetzt schon bestehenden erheblichen Schwierigkeiten in der Ausführung der Gesetzesvorschriften bei den Militär- und Zivilbehörden noch weiter vermehrt werden sollen. . . . Die Kürzungsvorschriften werden auf sämtliche bereits entlassenen Personen während ihrer Anstellung oder Beschäftigung im Zivildienst Anwendung finden müssen, um die als große Härte empfundene bisherige ungleichmäßige Behandlung der Invaliden, je nachdem ihre Anstellung im Staats- oder Kommunaldienst erfolgt ist, soweit als möglich zu beseitigen." In den Motiven ist also als Wille des Gesetzgebers unzweideutig ausgesprochen, daß sämtliche vor dem 1. April 1905 entlassenen Personen bei Anstellung oder Beschäftigung im Zivildienst nach den Kürzungsvorschriften des Mannschaftsversorgungsgesetzes zu behandeln sind, außer wenn (§ 47 des Entwurfs und des Gesetzes) die nach den bisherigen Gesetzesbestimmungen zustehende Versorgung günstiger ist.

Dieser Wille hat aber auch im Gesetz selbst klaren Ausdruck gefunden. Die im Mannschaftsversorgungsgesetz nur zweimal, § 45 Nr. 4 Abs. 2 und Nr. 6, vorkommenden Worte „zuerkannte Militärpension" bedeuten die von einer Militärperson durch Militärdienst erdiente Pension im Gegensatz zum „Zivildiensteinkommen" (§ 36 Nr. 3 c) und zu der „im Zivildienst erdienten Pension" („Zivilpension", „Beamtenpension aus Zivildienst", §§ 36 Nr. 4, 45 Nr. 6 und gleichzeitiges Gesetz über die Pensionierung der Offiziere § 26). Unter diesen Begriff der Militärpension fällt notwendig die in Anwendung des § 91 des Militärpensionsgesetzes und des § 8 des Schutztruppengesetzes nach dem Reichsbeamtengesetz festgestellte bzw. bemessene Pension. Daß das Gesetz in diesen Fällen die zuerkannte Pension als eine zuerkannte Zivilpension ansieht, ist ausgeschlossen. Und ebenso ist ausgeschlossen, daß es in diesen Fällen eine Fortwirkung der Kürzungsvorschriften des Reichsbeamtengesetzes stillschweigend zulassen will. Hat doch das gleichzeitige Offizierspensionsgesetz sogar für Beamte der Zivilverwaltung, die infolge einer Dienstbeschädigung als während eines Krieges verwendete Heeresbeamte aus ihrem Zivildienst ausscheiden müssen und darum eine an die Stelle der Zivilpension tretende, nach dem Reichsbeamtengesetz zu bemessende und zu zahlende Pension vom Militärfiskus aus Militärfonds anzusprechen haben, die Anwendung der §§ 57 Nr. 2, 58/60 des Reichsbeamtengesetzes noch ausdrücklich vorgeschrieben, obschon dies selbstverständlich erscheinen könnte (§§ 34, 36 des Offizierpensionsgesetzes vom 31. Mai 1906). Die vom Beklagten gewollte Fortwirkung der Kürzungsvorschriften des Reichsbeamtengesetzes würde auch zu dem unannehmbaren Ergebnis führen, daß die gemäß § 91 des Militärpensionsgesetzes und § 8 des Schutztruppengesetzes unter Anwendung des Reichsbeamtengesetzes vor dem 1. April 1905 pensionierten Personen zwar, da nach § 45 Nr. 4 Abs. 1 Satz 1 die §§ 33, 35, 36 Nr. 1 und 2 des Mannschaftsversorgungsgesetzes auf alle aus dem aktiven Militärdienst bereits entlassenen Personen entsprechende Anwendung finden, diesen im Reichsbeamtengesetz fehlenden Kürzungsvorschriften unterständen, der Wohltat des § 45 Nr. 4 Abs. 2 aber entbehren müßten.

Der Beklagte macht innere Gründe geltend, aus denen die Anwendung der §§ 45 Nr. 4 Abs. 2, 36 Nr. 3 auf den streitigen Fall in den ganzen Aufbau des Mannschaftsversorgungsgesetzes nicht hineinpasse. Es handelt sich bei Anwendung der Übergangsvorschriften des Mannschaftsversorgungsgesetzes jedoch nicht um eine innere Vergleichung dieses wegen Erwerbsunfähigkeit und wegen mindestens 18jähriger Dienstzeit eine Militärrente gewährenden Gesetzes mit dem Reichsbeamtengesetz. Eine innere Vergleichung versagt auch mit dem Militärpensionsgesetz, welches die Pension aus einer Reihe teilweise anders gearteter Momente entstehen ließ. Es handelt sich vielmehr, wie die Worte in § 45 Nr. 4 Abs. 2 „soweit zu gewähren, als ihr Betrag nach der Vorschrift des § 36 Nr. 3 zu zahlen ist" ergeben, um Vergleichung lediglich der Zahlen. Die früher zuerkannten Militärpensionen sind die zuerkannten Renten, bzw. Rententeile im Sinne des § 36 Nr. 3; Vollrente ist die nach §§ 9, 11, 56 anzusetzende Vollrente; der Betrag der früher zuerkannten Pension, welcher den 20 unteren und bzw. den 40 oberen Hundertteilen dieser Vollrente entspricht, ist als ruhend zu streichen. Der Beklagte meint, die Worte in § 45 Nr. 4 Abs. 2 „die zuerkannte Militärpension nebst Dienstzulage" ergäben jene Unanwendbarkeit, da das Reichsbeamtengesetz eine Dienstzulage nicht kenne. „Nebst Dienstzulage" bedeutet jedoch nur „wenn eine Dienstzulage zuerkannt ist". Auch bei der Pensionierung nach dem Militärpensionsgesetz kann die nach § 74 dieses Gesetzes erst nach zurückgelegten 18 Dienstjahren zu gewährende Dienstzulage fehlen.

Der Beklagte meint weiter, die bei Anwendung des Reichsbeamtengesetzes nur nach der Dienstzeit berechnete Pension würde immer, auch bei einer Dienstzeit unter 18 Jahren, nach § 36 Nr. 3c zu ruhen haben, also den Angehörigen der Schutztruppen ein ebenso hohes Einkommen gesichert sein wie allen Kapitulanten mit 18jähriger oder längerer Dienstzeit. Jede frühere Zuerkennung einer Militärpension, sei sie nach dem Militärpensionsgesetz oder unter Anwendung des Reichsbeamtengesetzes erfolgt, muß jedoch notwendig erkennen lassen, ob die Zuerkennung „lediglich" auf Grund 18jähriger oder längerer Dienstzeit geschah. Dies konnte insbesondere auch nach dem Militärpensionsgesetz der Fall sein (vgl. § 66 lit. A u. § 69 lit. A und Anlage 4 zum Entwurf des Mannschaftsversorgungsgesetzes). Die frühere Anwendung des Reichsbeamtengesetzes vermag an dem Tatbestandserfordernis des § 36 Nr. 3c nichts zu ändern. Der Beklagte machte endlich ein Rechnungsbeispiel auf dafür, daß der Invalide A als Vizefeldwebel bei der Pensionsregelung sich ungünstiger stehe, als wenn er nur Sergeant oder Unteroffizier gewesen wäre. Dieses Beispiel geht jedoch fehl. Denn es setzt die nach § 36 Nr. 3a zu kürzende Vollrente eines Feldwebels ein, während es die Pension nur eines Sergeanten annimmt. Vizefeldwebel gehörten jedoch (vergl. Anlage 16 in der vom preußischen Kriegsministerium herausgegebenen Zusammenstellung der Militärpensionsgesetze) zu den Feldwebeln nur, wenn sie die im Etat für diese Charge vorgesehenen Gebührnisse bezogen, andernfalls zu den Sergeanten. Es muß demnach sowohl Pension als Vollrente entweder eines Feldwebels oder eines Sergeanten angesetzt werden, welchen Falles die angebliche Unstimmigkeit nicht vorliegt." ...

---

20. Können die Gerichtskosten, zu deren Tragung der Zessionar in dem Rechtsstreite gegen den Schuldner der abgetretenen Forderung verurteilt worden ist, im Wege des Verwaltungszwangsverfahrens unmittelbar von dem Zedenten beigetrieben werden, weil die Abtretung nur zum Schein oder nur zum Zweck der Einziehung der Forderung erfolgt ist?

VII. Zivilsenat. Urt. v. 22. Oktober 1909 i. S. preuß. Fiskus (Bekl.) w. L. (Kl.). Rep. VII. 4/09.

I. Landgericht I Berlin.
II. Kammergericht daselbst.

Der Kaufmann W. hatte Ansprüche, welche die Klägerin ihm abgetreten hatte, im Wege der Klage gegen den Schuldner oder den Rechtsanwalt M. in B. geltend gemacht, war aber mit dieser Klage abgewiesen und dadurch dem Fiskus einen größeren Betrag an Gerichtskosten schuldig geworden. Wegen dieser Summe ordnete der Vorsteher des Einziehungsamts der Gerichtskasse das Verwaltungszwangsverfahren gegen die Klägerin mit der Begründung an, daß die an den Kaufmann W. erfolgte Abtretung der Ansprüche der Klägerin nur zum Schein vorgenommen sei, daß dieser in Wirklichkeit nur Inkassomandatar der Klägerin gewesen und als vermögenslose Person vorgeschoben sei, um bei ungünstigem Ausgange des Rechtsstreits die Klägerin vor der Haftung für die Gerichtskosten zu bewahren. Die Klägerin erhob darauf Klage gegen den Fiskus mit dem Antrage, das gegen sie angeordnete Verwaltungszwangsverfahren für unzulässig zu erklären und festzustellen, daß dem Beklagten ein Recht, die dem Kaufmann W. in seiner Prozeßsache gegen den Schuldner zur Last fallenden Gerichtskosten von der Klägerin auf Grund der Verordnung vom 15. November 1899 zwangsweise beizutreiben, nicht zustehe. Der Beklagte beantragte Abweisung der Klage. Sämtliche Instanzen entsprachen indessen dem Klageantrage.

Gründe des Revisionsurteils:

„Der Gedanke, daß die Klägerin anstatt des Kaufmanns W. Schuldnerin des Fiskus hinsichtlich der in dem Rechtsstreit des W. gegen den Rechtsanwalt M. erwachsenen Gerichtskosten geworden sein könne, ist ausgeschlossen, da das Urteil den Kaufmann W. mit den Kosten belastet, niemand anders, und jede Gesetzesbestimmung und überhaupt jede rechtliche Möglichkeit fehlt, an die Stelle des Kaufmanns W. in Abänderung des die Kostenschuld desselben begründenden Urteils eine andere Person zu setzen. In Frage kann rechtlich überhaupt nur kommen, ob neben und außer dem Kaufmann W. noch eine andere Person dem Fiskus in der Weise unmittelbar für die in dem Rechtsstreit des W. gegen den Rechtsanwalt M. erwachsenen Gerichtskosten haftet, daß er die Zwangsvollstreckung unmittelbar, d. h. ohne dazwischen liegendes, gegen die Klägerin gerichtetes Urteil, allein auf Grund des gegen W. erlassenen Urteils und entsprechender Vorschriften gegen die Klägerin wegen jener Kosten ausführen kann. Diese Frage ist zu verneinen. Vorschriften der vorbezeichneten Art sind nicht vorhanden. Es könnte als solche Vorschrift allein die Bestimmung in § 3 der preuß. Verordnung vom 15. November 1899 betreffend das Verwaltungszwangsverfahren wegen Beitreibung von Geldbeträgen in Betracht kommen, und auf diese beruft sich denn auch der Beklagte. Indessen hat der Berufungsrichter bereits zutreffend dargelegt, daß von einer Anwendung dieser Vorschrift auf den vorliegenden Fall keine Rede sein kann. § 3 Abs. 1 a. a. O. lautet: „soweit nach den Vorschriften des bürgerlichen Rechts Dritte, insbesondere Erben, Ehegatten, Eltern oder Nießbraucher, kraft Gesetzes zu der Leistung oder zur Duldung der Zwangsvollstreckung verpflichtet sind, kann das Zwangsverfahren auch gegen diese Personen angeordnet werden. Die Vorschriften der

§§ 735—749, 778, 779, 781—784, 786 ZPO. finden mit der Maßgabe entsprechende Anwendung, daß die Anordnung des Zwangsverfahrens an die Stelle des nach den §§ 735—749 zur Zulässigkeit der gerichtlichen Zwangsvollstreckung erforderlichen oder genügenden vollstreckbaren Titels tritt." Mit Recht hat der Berufungsrichter angenommen, daß diese Bestimmung nur solche Fälle im Auge hat, in denen das Gesetz selbst ausdrücklich ausspricht, daß jemand zur Leistung für einen anderen oder zur Duldung der Zwangsvollstreckung aus Urteilen, die gegen andere Personen erlassen sind, den dritten Berechtigten gegenüber verpflichtet sein soll. Das beweisen die angeführten Beispiele, die nicht etwa eine eingeschränkte Unterart eines allgemeinen Begriffs darstellen, sondern vielmehr grade den Sinn klar legen sollen, den die Vorschrift mit den Worten verbindet: „Dritte, die nach den Vorschriften des bürgerlichen Rechts kraft Gesetzes zu der Leistung oder Duldung der Zwangsvollstreckung verpflichtet sind." Zur weiteren Bekräftigung dessen dient auch die Verweisung auf die Vorschriften der Zivilprozeßordnung, die nur Fälle der im vorstehenden gekennzeichneten Art zum Gegenstande haben. Danach scheiden hier die Bestimmungen über die Haftung des Auftraggebers gegenüber dem Beauftragten, insbesondere die §§ 257 und 670 BGB., auf die der Beklagte sich berufen hat, und die nach seiner Meinung von dem Berufungsrichter durch Nichtanwendung verletzt sein sollen, völlig aus. Denn diese Gesetzesbestimmungen begründen nur Verpflichtungen des Auftraggebers gegenüber dem Beauftragten, nicht Dritten gegenüber. Deshalb ist es auch gleichgültig, daß der Beklagte die Ersatzansprüche des W. gegen die Klägerin hat pfänden und sich überweisen lassen, da diese Ansprüche dadurch ihren Charakter als Vertragsansprüche zwischen Auftraggeber und Beauftragten nicht verlieren. Was der § 164 BGB., den der Beklagte ebenfalls in Bezug genommen hat, in diesem Zusammenhange bedeuten soll, ist nicht zu erkennen, da W. weder dem Rechtsanwalt M. gegenüber noch dem Fiskus gegenüber als Vertreter der Klägerin aufgetreten ist. Ebensowenig ist die behauptete Scheinnatur der Abtretung fähig, das Verfahren des Beklagten zu stützen; denn die Schuld, um die es sich hier handelt, ist die durch den von W. geführten Prozeß entstandene Kostenschuld. W. ist nicht etwa Scheinschuldner und die Klägerin die wirkliche Schuldnerin dieser Kostenforderung des Beklagten, sondern der einzige wirkliche Schuldner dieser Forderung ist W. Die angebliche Scheinnatur der Abtretung macht den von W. geführten Rechtsstreit nicht zu einem Scheinprozeß für ihn und zu einem solchen Prozeß, in welchem in Wirklichkeit die Klägerin Prozeßpartei war. In dieser Beziehung kann auf das verwiesen werden, was oben über das Urteil gesagt ist. Die Inkassoabtretung ist übrigens eine an sich zulässige und erlaubte Rechtshandlung und hat mit Schein nichts zu tun. Sollte sie oder eine wirkliche Scheinabtretung unter besonderen Umständen in Verbindung mit § 826 BGB. einen Anspruch gegen den Zedenten begründen, so würde dies nur ein Schadensersatzanspruch sein können, dessen Natur, auch bei Heranziehung des § 249 BGB. von der Haftung Dritter, die § 3 a. a. O. im Sinne hat, durchaus verschieden ist. Ein solcher Anspruch kann stets nur durch Urteil gegen den Zedenten festgestellt, und nur auf diesem Wege ein Schuldtitel hieraus gegen diesen erlangt werden.

Die Revision hat schließlich noch geglaubt, den Art. 3 der zur Verordnung vom 15. November 1899 erlassenen Anweisung vom 20. November 1899 für sich verwerten zu können; allein auch insoweit geht sie fehl. Jener § 3 bestätigt nämlich die oben in Übereinstimmung mit dem Berufungsrichter vertretene Auffassung von dem Inhalt des Art. 3 der Verordnung vom 15. November 1899. Nachdem im Art. 2 der Anweisung von der Haftung Dritter aus öffentlichem Recht gehandelt ist, sagt Art. 3: die Haftung anderer Personen als des ersten Schuldners kann aber auch beruhen auf den Vorschriften des bürgerlichen Rechts. Soweit diese Haftung kraft Gesetzes eintritt, findet das Verwaltungszwangsverfahren auch gegen die Dritten statt; dagegen ist es ausgeschlossen, soweit die Haftung durch Rechtsgeschäft, z. B. Bürgschaft, begründet ist. Anschließend hieran werden sodann in den Artt. 4 und 5 die kraft Gesetzes haftenden oder zur Duldung der Zwangsvollstreckung verpflichteten Personen aufgeführt. Zu einer Erweiterung der Bestimmungen der Königlichen Verordnung vom 15. November 1899 konnte die Anweisung nicht dienen, sondern lediglich zu deren Erläuterung. Ihr Inhalt beschränkt sich auch hierauf und geht über den bereits oben festgestellten Rahmen der Verordnung vom 15. November 1899 nicht hinaus; denn die Personen, die in den Artt. 4 und 5 aufgeführt sind, sind lediglich solche, bezüglich deren das Gesetz selbst unmittelbar und ausdrücklich die Haftung Dritten gegenüber ausgesprochen hat."

---

21. 1. Besteht eine Verpflichtung des Nießbrauchers zur Tragung der auf der Sache ruhenden Lasten auch insoweit, als diese Lasten den Wert der ihm gebührenden Nutzungen übersteigen?

2. Ist der Nießbraucher auf Grund der ihm obliegenden Lastentragung zur unmittelbaren Bewirkung der Leistungen an den empfangsberechtigten Dritten nur befugt oder auch verpflichtet?

3. Zur Bestimmung der Voraussetzungen des Zurückbehaltungsrechts.

BGB. §§ 1047, 273 Abs. 1.

V. Zivilsenat. Urt. v. 23. Oktober 1909 i. S. M. (Bekl.) w. M. (K.). Rep. V. 569/08.

I. Landgericht II Berlin.
II. Kammergericht daselbst.

Die Kläger verlangten als Eigentümer eines Grundstücks, an dem ihr Erblasser der Beklagten im Jahre 1901 einen am 1. Oktober 1907 erloschenen Nießbrauch bestellt hatte, die Befreiung von den seitens der Beklagten unberichtigt gelassenen Hypothekenzinsen des dritten Vierteljahres 1907 im Betrage von 2840 ℳ. Die Beklagte wandte ein, sie habe aus dem Nießbrauch keinen Überschuß gehabt; vielmehr hätten die Ausgaben des Nießbrauchs die Einnahmen um 5641 ℳ überstiegen. Der erste Richter verwarf jedoch den Einwand und verurteilte die Beklagte nach dem Klagantrage. In zweiter Instanz machte die Beklagte noch ein Zurückbehaltungsrecht geltend, das sie auf folgende Anführungen gründete: der Erblasser der Kläger habe ihr im Jahre 1900 einen Neubau auf seinem Grundstück übertragen. Zur Sicherung ihrer Bauforderung habe er ihr zunächst eine Hypothek von 38000 ℳ und erst später den Nießbrauch daran bestellt. In der Zwischenzeit habe er für die Forderungen der Bauhandwerker und Lieferanten, die er nicht habe bezahlen können, ebenfalls Hypotheken eintragen lassen, und für diese Forderungen habe sie, die Beklagte, dann auch noch Bürgschaft übernehmen müssen, da die Gläubiger sonst nicht weiter gearbeitet hätten, und dadurch ihre Hypothek gefährdet gewesen wäre. Auf Grund dieser Bürgschaft habe sie im ganzen 4600 ℳ bezahlt, zu deren Erstattung die Kläger verpflichtet seien.

Der zweite Richter wies die Berufung der Beklagten zurück. Auf ihre Revision wurde das Berufungsurteil aufgehoben aus folgenden

Gründen:

... „Zu Unrecht beanstandet die Revision die Annahme des Berufungsgerichts, daß die Verpflichtung des Nießbrauchers zur Lastentragung nicht davon abhängig sei, daß die Lasten nicht die vermöge des Nießbrauchs gezogenen Nutzungen übersteigen. Daß der § 1047 BGB. keine derartige Einschränkung macht, verkennt die Revision selbst nicht. Ebensowenig ist eine solche an einer anderen den Nießbrauch berührenden Stelle des Bürgerlichen Gesetzbuchs vorgesehen. Sie folgt aber auch nicht aus dem Begriff des Nießbrauchs, wie ihn der § 1030 BGB. bestimmt, namentlich nicht, wie die Revision meint, aus seinem Wesen als Recht. Es ist nicht richtig, daß es mit dem Wesen eines Rechts unvereinbar ist, daß sein wirtschaftlicher Wert durch die mit ihm verbundenen Lasten und Verpflichtungen nicht nur erschöpft, sondern überwogen wird. Auch das Wesen des Eigentums als eines Rechts wird nicht dadurch berührt, daß die darauf ruhenden Lasten und Verpflichtungen seinen Wert überwiegen. Wie der Eigentümer nach § 928 BGB., so kann sich aber auch der Nießbraucher nach den §§ 1064, 1072 BGB. seines überlasteten Rechts dadurch entledigen, daß er es aufgibt. Von den während des Bestehens des Rechts bereits erwachsenen persönlichen Verpflichtungen wird er dadurch allerdings nicht frei.

Ohne Grund findet die Revision in dem zuerkannten Anspruch eine Zuvielforderung, insofern dem Beklagten nach § 1047 BGB. die Möglichkeit offen bleiben müsse, den betreffenden Zinsenbetrag an die Kläger selbst zu zahlen. Indem § 1047 den Nießbraucher verpflichtet, auf der Sache ruhende privatrechtliche Lasten, insbesondere Hypothekenzinsen zu tragen, legt er ihm diese Lasten in der Gestalt und mit dem Inhalt auf, die sie schon bis dahin gehabt haben. Besteht die Last in der Verbindlichkeit zu Leistungen an einen Dritten, so hat der Nießbraucher eben diese Verbindlichkeit anstatt des Eigentümers zu erfüllen. Eine abweichende Auffassung wird auch nicht dadurch begründet, daß § 1047 den Nießbraucher zu solcher Lastentragung nur dem Eigentümer gegenüber verpflichtet. Hieraus ergibt sich nur, daß allein der Eigentümer, nicht aber der hinsichtlich der Last Berechtigte vom Nießbraucher die Erfüllung der den Inhalt der Last darstellenden Verbindlichkeit verlangen kann, daß demnach, wenn die Last in der Verbindlichkeit zur Zahlung von Hypothekenzinsen besteht, solche Zahlung an den Hypothekengläubiger nicht von diesem, sondern nur vom Eigentümer gegen den Nießbraucher durchgesetzt werden kann. In den Motiven zu dem, dem § 1047 entsprechenden und, wie dieser, lediglich eine Verpflichtung des Nießbrauchers dem Eigentümer gegenüber vorsehenden, § 1003 des I. Entw. ist denn auch an verschiedenen Stellen von der „Berichtigung" der Lasten und der Zinsen durch den Nießbraucher die Rede, und ebenso spricht das preußische Allg. Landrecht, dem der § 1047 in diesem Punkte folgt, im § 70 I. 21 von der Verpflichtung des Nießbrauchers, „die Zinsen der auf der Sache haftenden Schulden" zu „berichtigen". Die Berichtigung der Zinsen kann aber immer nur an den Zinsberechtigten erfolgen. Dem Eigentümer gegenüber wird der Verpflichtung zur Zahlung oder Berichtigung der Zinsen vom Nießbraucher selbstverständlich auch dadurch genügt, daß er die betreffenden Gläubiger in anderer Weise wegen der Zinsen befriedigt. Jener hat nur ein Interesse daran, daß er von der Zinspflicht frei wird. Dem entspricht der zuerkannte Anspruch auf Befreiung. . . .

Mit Recht dagegen rügt die Revision Verletzung des § 273 BGB. durch Verwerfung der Zurückbehaltungseinrede. Der § 273 setzt seinem Wortlaute nach allerdings voraus, daß Anspruch und Gegenanspruch auf „demselben rechtlichen Verhältnis" beruhen. Dies ist aber, wie sich aus den Gesetzesmaterialien ergibt und in einer ständigen Rechtsprechung des Reichsgerichts anerkannt ist, in einem weiteren, nicht am Worte haftenden Sinne zu verstehen. Es ist nicht erforderlich, daß die beiderseitigen Ansprüche aus einem einheitlichen Rechtsgeschäfte entspringen; es genügt vielmehr, daß sie aus Rechtsgeschäften hervorgegangen sind, die in einem natürlichen, wirtschaftlichen Zusammenhange stehen, der es gegen Treu und

Glauben verstoßend erscheinen läßt, wenn der eine Anspruch ohne Rücksicht auf den anderen geltend gemacht wird,

vgl. Entsch. des RG.'s in Zivils. Bd. 57 S. 5, Bd. 68 Nr. 8 S. 33; Gruchot, Beitr. Bd. 51 S. 168 und S. 921.

Ein solcher Zusammenhang wird, wenn man von dem von der Revision herangezogenen § 1049 BGB. ganz absieht und den hier als richtig zu unterstellenden Angaben der Beklagten über die Entstehung ihres Gegenanspruches folgt, schon dadurch hergestellt, daß die Nießbrauchsbestellung und die Übernahme der Bürgschaft, auf Grund deren die Beklagte die fällig gewordenen Hypothekenkapitalien bezahlt haben will, in den rechtlichen Beziehungen ihren Grund haben, in die die Beklagte zum Erblasser der Kläger durch den behaupteten Werkvertrag gekommen war. Ist letzterer der ersteren aus dem Werkvertrage 38000 *M* schuldig geworden, hat er ihr zur Sicherung dieser Forderung nicht nur eine Hypothek, sondern auch den Nießbrauch an dem von ihr bebauten Grundstücke bestellt, und ist sie, um sich diese Sicherung und damit die Aussicht auf Befriedigung jener Forderung zu erhalten, genötigt gewesen, für die später von ihr bezahlten Hypothekenforderungen anderer drängender Gläubiger Bürgschaft zu übernehmen, dann müßte es in der Tat in hohem Maße unbillig erscheinen, wenn der eingeklagte Anspruch ohne Rücksicht auf den in Rede stehenden Gegenanspruch der Beklagten zur Geltung gelangen würde. Der Umstand, daß dieser Anspruch nach § 774 BGB. auf dem Übergange der Forderungen der befriedigten Gläubiger beruht, kann daran nichts ändern. Der betonte natürliche Zusammenhang wird dadurch nicht berührt." ...

22. Nach welchen Grundsätzen haftet der Verfrachter und der Frachtführer für den Verlust des Frachtgutes, insbesondere wenn der Verlust durch einen Schiffsbrand herbeigeführt ist?

HGB. §§ 429, 606.

II. Zivilsenat. Urt. v. 26. Oktober 1909 i. S. Firma A. H. Sch. (Kl.) w. Hamburg-Amerikanische Paketfahrt-A.-G. (Bekl.). Rep. II. 722/08.

I. Landgericht Hamburg, Kammer für Handelssachen.
II. Oberlandesgericht daselbst.

Die Beklagte hatte sich der Klägerin gegenüber verpflichtet, unter anderem vier Kisten „Original Cuksman Dreh- und Bohrfutter" mit dem am 18. Mai 1907 von New-York abgehenden Schiffe „Graf Waldersee" nach Hamburg zu befördern. Am Nachmittag des 17. Mai 1907 sind diese vier Kisten bei der Übernahme in das Schiff dadurch verloren gegangen, daß die in der Schlinge befindlichen Kisten gegen die Bordwand des Schiffes schlugen und ins Wasser fielen. Die Leute der Beklagten, welche die Winde bedienten, ließen nämlich wegen eines an Bord ausgebrochenen Feuers die Winde in Stich.

Die Klägerin hat die Beklagte auf den angeblichen Wert dieser vier Kisten mit 2854 ℳ nebst 5 % Zinsen seit 17. Mai 1907 verklagt. Die Beklagte ist Eigentümerin des Schiffes. Die Klägerin machte deshalb die Beklagte als Reeder nach § 485 HGB. verantwortlich, weil ihre Leute ohne triftigen Grund die Winde verlassen, also durch ihr Verschulden in Ausführung ihrer Dienstverrichtung den Verlust der Kisten verursacht hätten. Außerdem machte die Klägerin die Beklagte als Verfrachter nach § 606 HGB. haftbar. Die Beklagte wendete höhere Gewalt ein; das Feuer sei so plötzlich und mit solcher Gewalt ausgebrochen, daß ihre mit Aufwinden der Kisten beschäftigten Leute sich schleunigst hätten flüchten müssen. Endlich schützte die Beklagte vor, daß sie sich in den Konnossementen freigezeichnet, jedenfalls aber ihre Haftung auf 100 $ für jedes Kollo beschränkt habe.

Das Landgericht wies die Klage durch Urteil vom 29. März 1908 ab. Die Klägerin legte Berufung mit dem Antrage ein, das erste Urteil aufzuheben und der Klage stattzugeben. In dieser Instanz schob die Klägerin die Behauptung nach, der Ausbruch des Feuers sei darauf zurückzuführen, daß infolge der Bedienung einer Winde durch einen unkundigen Mann ein mit flüssigem Lack gefülltes Faß zertrümmert worden sei, und ein Mann der Besatzung seine brennende Zigarette in den ausgelaufenen Lack geworfen habe. Das Oberlandesgericht wies die Berufung zurück. Auf die Revision der Klägerin wurde das Urteil aufgehoben aus folgenden

Gründen:

„Der Berufungsrichter weist die Klage im wesentlichen ab, weil der Klägerin der Nachweis eines Verschuldens der Schiffsbesatzung an dem Verlust der vier Kisten nicht gelungen sei. Der Berufungsrichter stellt in dieser Hinsicht tatsächlich fest: die mit dem Aufwinden an Bord beschäftigten Leute seien wegen eines an Bord ausgebrochenen Feuers zu schleuniger Flucht genötigt gewesen; sie seien daher entschuldigt, wenn sie die Winde verließen und deshalb die Kisten ins Wasser fielen; die Ursache des Brandes sei nicht zu ermitteln gewesen; es stehe nur fest, daß ein einzuladendes Faß mit flüssigem Lack durch Fall auf das Deck zerbrochen, der Lack ausgelaufen und alsbald in nicht aufzuklärender Weise in Brand geraten sei.

Gegen diese Feststellung sind prozessuale Rügen erhoben, denen zufolge hätte festgestellt werden müssen und hätte festgestellt werden können, daß das Faß durch Ungeschicklichkeit der Schiffsbesatzung zerbrochen, und der Lack von einem Manne der Besatzung fahrlässig in Brand gesetzt worden sei. Auf diese prozessualen Rügen kommt es nicht an, weil die Beklagte gerade dann haftet, wenn die Entstehung des Brandes im Schiff nicht aufzuklären ist.

Nach §§ 429, 606 HGB. haftet der Frachtführer oder Verfrachter für den durch Verlust oder Beschädigung von der Annahme bis zur Ablieferung entstehenden Schaden, sofern er nicht beweist, daß der Verlust oder die Beschädigung auf Umständen beruht, welche durch die Sorgfalt eines ordentlichen Frachtführers oder Verfrachters nicht abgewendet werden konnten. Nach der Rechtsprechung (Entsch. des RG.'s in Zivils. Bd. 66 S. 39), der sich nun auch Staub 8. Aufl. § 429 Anm. 13 angeschlossen hat, welcher in der soeben angezogenen Entscheidung noch als dissentierend aufgeführt wird, ist davon auszugehen, daß der Frachtführer oder Verfrachter, sobald das Frachtgut in seinen Händen Schaden leidet, für eine unaufgeklärte Schadensursache einzustehen hat. Nur ausnahmsweise kann er sich von dieser Haftung durch den Nachweis befreien, daß ihn hinsichtlich aller möglicherweise in Betracht kommenden Ursachen offenbar kein Verschulden trifft.

Der auf Deck ausgebrochene Brand war die Ursache des Verlustes nach der Feststellung des Berufungsrichters. Danach wäre es Sache der Beklagten gewesen, ihre Haftung durch den Beweis zu beseitigen, daß ihrer Schiffsmannschaft ein Vorwurf wegen Entstehung des Brandes nicht zu machen sei. Ein solcher Nachweis ist von der Beklagten nicht versucht; folglich würde die Beklagte nach den Feststellungen des Berufungsrichters für den Verlust der vier Kisten haften. Die Beklagte meint zwar, auf die Aufklärung der Ursache des Brandes komme es nicht an, weil der Brand nur die mittelbare und nicht voraussehbare Ursache des Verlusts der Kisten gewesen sei. Dieser Meinung ist jedoch nicht beizutreten. Die Beklagte beachtet nicht, daß der Brand auf dem Schiff, also innerhalb ihres ausschließlichen Machtbereichs, ausgebrochen ist, und daß zwischen dem Brand und dem Verlust der Kisten ein unmittelbarer ursächlicher Zusammenhang besteht. Das ist aber alles, was § 606 HGB. zur Haftung fordert, wenn das Frachtgut, wie hier, vom Verfrachter in Empfang genommen worden ist.

Aus dem Erörterten folgt die Aufhebung des angefochtenen Urteils. Die Zurückverweisung war auszusprechen, weil die Beklagte auch einwendete, sie habe sich freigezeichnet, jedenfalls aber ihre Haftung dem Betrage nach durch Vertrag beschränkt, und weil der Berufungsrichter diesen Einwand dahingestellt läßt. Auf das Ansinnen der Beklagten, diesen Streit von wesentlich tatsächlicher Natur in dieser Instanz zu entscheiden, konnte nach §§ 549, 550 ZPO. nicht eingegangeu werden."

---

23. Kann ein Arbeiter von der Berufsgenossenschaft, von der er eine Unfallrente empfängt, weitere Entschädigung mit der Begründung fordern, daß der Unfall durch schuldhaftes Verhalten derselben bei der Erlassung und der Handhabung von Unfallverhütungsvorschriften veranlaßt worden sei?

UnfVersGes. vom 6. Juli 1884 §§ 78, 80.
GewUnfVersGes. vom 30. Juni 1900 §§ 112, 116, 119.
GewO. §§ 120a, 120d, 120e.

VI. Zivilsenat. Urt. v. 30. September 1909 i. S. L. (Kl.) w. Brauerei- u. Mälzerei-Berufsgenossenschaft (Bekl.). Rep. VI. 278/08.

I. Landgericht Frankfurt a. M.
II. Oberlandesgericht daselbst.

Der Kläger war am 10. Februar 1905 im Dienst des Brauereibesitzers St. in E. dadurch schwer verletzt worden, daß beim Andrehen des Schwungrades eines Gasmotors das Rad nebst der zu dessen Bewegung benutzten Kurbel infolge einer Fehlzündung des Gasgemenges zurückschlug, und die Kurbel den Kläger traf. Er erhielt von der verklagten Berufsgenossenschaft eine Unfallrente, bei deren Bemessung eine Minderung seiner Erwerbsfähigkeit um 60% angenommen war. Er forderte von ihr neben der Rente weitere Entschädigung, weil der Unfall durch ein Verschulden der Beklagten verursacht sei.

Die Klage wurde in zweiter Instanz abgewiesen. Die Revision ist zurückgewiesen worden aus nachstehenden

Gründen:

„Von der Beklagten sind für die ihr angehörendeu Betriebe, zu denen die St.'sche Brauerei gehört, eine Reihe von Unfallverhütungsvorschriften erlassen worden; sie sind am 20. Juni 1899 beschlossen, am 8. Mai 1900 vom Reichsversicherungsamte genehmigt worden. In diesen ist unter Nr. 97 bestimmt: „an Explosionsmaschinen sind bei Neuanlagen unbedingt stets mechanische Antriebsvorrichtungen zu verwenden." Diese Vorschrift ist nach der unbestrittenen Angabe der Beklagten getroffen worden, weil bei Explosionsmaschinen, um sie in Gang zu setzen, das Schwungrad in Bewegung gebracht werden muß, und erfahrungsgemäß eine Andrehung durch Eingreifen in die Speichen für den damit befaßten Arbeiter mit erheblichen Gefahren verbunden ist.

Auf Grund dieser am 1. Juli 1900 in Kraft getretenen Vorschrift ist dem St. von der Beklagten aufgegeben worden, für den in Rede stehenden Gasmotor eine Vorrichtung zum Andrehen des Schwungrades zu beschaffen; der Unfall vom 10. Februar 1905 ist bei der Benutzung der infolge dieser Weisung angeschafften Kurbelvorrichtung eingetreten.

Zur Begründung seiner Behauptung, daß der Unfall vom 10. Februar 1905 durch ein schuldhaftes Verhalten der Beklagten veranlaßt worden sei, und des auf sie nach § 823 BGB. gestützten Schadensersatzanspruchs ist vom Kläger geltend gemacht worden: es enthalte einen Verstoß gegen die im Verkehr gebotene Sorgfalt, daß die Beklagte ihren Mitgliedern die Anbringung von Andrehkurbeln an allen Explosionsmaschinen zur Pflicht gemacht habe, ohne zugleich vorzuschreiben, diese Kurbeln müßten so eingerichtet werden, daß ein Rückschlagen bei einer etwaigen Fehlzündung des Gasgemenges ausgeschlossen sei; solche Fehlzündungen träten erfahrungsgemäß nicht selten ein; das Ingangsetzen eines Gasmotors durch Benutzung einer nicht gegen Rückschlag gesicherten Andrehvorrichtung sei gefährlicher, als beim Vorwärtsdrehen des Schwungrades durch Eingreifen in dessen Speichen. Die Beklagte habe also durch die von ihr erlassene Anordnung die den Arbeitern bei der Bedienung von Explosionsmaschinen drohenden Gefahren erhöht.

Es treffe sie aber auch noch ein weiterer Vorwurf. Wenn eine mechanische Antriebsvorrichtung vorgeschrieben worden sei, so habe auch im Wege der Aufsicht dafür gesorgt werden müssen, daß diese Vorrichtungen fehlerfrei seien. Nun seien, wenn nicht schon zur Zeit der Erlassung der in Rede stehenden Vorschrift, so doch jedenfalls schon längere Zeit vor dem Unfall Einrichtungen erfunden und vielfach in Gebrauch gewesen, durch welche das Rückschlagen der Andrehvorrichtung bei Fehlzündungen mit zureichender Sicherheit verhindert werde. Es sei Pflicht der Beklagten gewesen, die Fortschritte der Technik zu verfolgen und dafür zu sorgen, daß die vorhandenen Vorrichtungen, soweit davon die Sicherung der Arbeiter gegen Unfälle abhing, dem jeweiligen Stande der Technik entsprechend gestaltet würden; dazu habe es keiner Änderung der erlassenen Anordnungen, sondern nur einer sachgemäßen Handhabung bedurft.

Die Beklagte hat bestritten, daß der Unfall durch das Fehlen einer Rückschlagssicherung an der Kurbel veranlaßt worden sei und beim Vorhandensein einer solchen nicht eingetreten sein würde; sie behauptet, die Gefahren, welche bei der Ingangsetzung eines Gasmotors durch unmittelbares Vorwärtsdrehen des Schwungrades den damit Beschäftigten drohten, seien viel schwerer als diejenigen, denen er beim Andrehen des Rades mittels einer gegen Rückschlag nicht gesicherten Kurbelvorrichtung ausgesetzt sei; die von ihr erlassene Anordnung sei also sachgemäß gewesen; zuverlässige Rückschlagssicherungen seien weder bei der Erlassung jener Vorschrift noch in der Zeit bis zu dem Unfall bekannt geworden. Sie ist endlich der Meinung, daß, auch wenn dies der Fall gewesen wäre, der Kläger rechtlich nicht in der Lage sein würde, einen Schadensersatzanspruch gegen sie darauf zu stützen, daß sie die Anbringung von Rückschlagssicherungen nicht vorgeschrieben habe.

Das Landgericht erachtete für erwiesen, daß schon lange vor dem Jahre 1905 Rückschlagssicherungen allgemein in Gebrauch gewesen seien und sich bewährt hätten, und daß das Fehlen einer solchen an der Kurbelvorrichtung des St.'schen Gasmotors für den vom Kläger erlittenen Unfall kausal geworden sei; es nahm eine die Beklagte nach § 823 BGB. zum Schadensersatz verpflichtende Fahrlässigkeit an, weil sie einerseits die Verwendung mechanischer Antriebsvorrichtungen ohne Rückschlagssicherung vorgeschrieben, andrerseits diese Vorschrift unverändert habe fortbestehen lassen, nachdem brauchbare Rückschlagssicherungen bekannt geworden seien; sie hätte dem Fortschreiten der Technik folgend ihre Unfallverhütungsvorschriften abändern und bei Überwachung der ihr angehörenden Betriebe auf Einführung der Rückschlagssicherungen dringen müssen.

Das Oberlandesgericht hat tatsächliche Feststellungen nicht getroffen, weil es der Meinung ist, daß dem Kläger keinesfalls ein Schadensersatzanspruch gegen die Beklagte zustehe. Die dafür geltend gemachten Gründe gehen im wesentlichen dahin: nach dem Gewerbe-Unfallversicherungsgesetze erfolge die Versicherung der Arbeiter gegen Betriebsunfälle durch die Unternehmer der versicherungspflichtigen Betriebe in der Weise, daß die Unternehmer gleichartiger Betriebe zu Genossenschaften vereinigt würden, und diesen die Erfüllung der den Arbeitern aus der Versicherung erwachsenden Ansprüche auferlegt worden sei. Das Versicherungsverhältnis sei in der Weise geregelt, daß dem Versicherten ein Entschädigungsanspruch selbst dann zustehe, wenn er den Unfall infolge eigenen groben Verschuldens erlitten habe; auf der andern Seite sei ein solcher Anspruch des Versicherten gegenüber dem Betriebsunternehmer der Regel nach ganz ausgeschlossen, und seine Rechte gegenüber der Genossenschaft seien nach Inhalt und Umfang im Gesetz genau bestimmt. Bei dieser Regelung der durch das Gewerbe-Unfallversicherungsgesetz begründeten Rechtsverhältnisse und nach der Begründung des Entwurfs zu dem Gesetze vom 6. Juli 1884 erscheine die Annahme ausgeschlossen, daß nach der Absicht des Gesetzgebers der Versicherte einen über die im Gesetz bestimmten Leistungen hinausgehenden Anspruch gegen die Genossenschaft dann zu erheben berechtigt sein solle, wenn der Unfall durch eine der Genossenschaft zur Last fallende schuldhafte Handlung oder Unterlassung, welche in den Rahmen ihrer durch das Gewerbe-Unfallversicherungsgesetz geregelten Einwirkung auf die ihr angehörenden Betriebe falle, verursacht worden sei. Ein solcher Anspruch sei dem Versicherten auch nicht durch die Bestimmung in § 140 vorbehalten; denn die Genossenschaft, die gesetzliches Organ der Unternehmer und Trägerin der durch die Versicherung begründeten Pflichten sei und in dieser Eigenschaft bei der erwähnten Einwirkung auf die Betriebsführung der einzelnen Unternehmer tätig werde, sei dem Versicherten gegenüber kein Dritter im Sinne des Gesetzes. Die von dem Kläger und der ersten Instanz vertretene Rechtsauffassung würde zu dem mit den Grundgedanken und Zwecken des Gesetzes unvereinbaren Ergebnis führen, daß in Fällen der bezeichneten Art der Versicherte über das vom Gesetz bestimmte Maß hinaus zwar nicht von dem einzelnen Unternehmer, in dessen Betrieb sich der Unfall ereignet habe, wohl aber von der Gesamtheit der zu der Genossenschaft vereinigten Unternehmer entschädigt werden müßte.

Von der Revision ist hiergegen geltend gemacht worden: mit Unrecht nehme das Berufungsgericht an, durch das Gewerbe-Unfallversicherungsgesetz sei die Haftung der Genossenschaften, die nach allgemeinen Rechtsgrundsätzen begründet erscheine, auf die in den §§ 8 flg. bestimmten Leistungen beschränkt, im übrigen also ausgeschlossen worden. Das Gesetz regele im Verhältnis zwischen den Versicherten und den Genossenschaften ausschließlich den Versicherungsanspruch und schließe in gewissen Grenzen die Haftung der Unternehmer für die Folgen der in ihren Betrieben vorgekommenen Unfälle aus. Nur damit beschäftige sich das Gesetz nach der hier in Betracht kommenden Richtung; es lasse also jede Haftung, die sich aus anderen gesetzlichen Bestimmungen ergebe, unberührt. Ob die Vorschrift in § 140 GewUVG. geeignet sei, den Klaganspruch besonders zu begründen, sei unerheblich; übrigens stehe die Ausführung des Berufungsgerichts hierüber in Widerspruch mit dem klaren Wortlaut des § 140, nach welchem die Bestimmung im ersten Satze sich auf die Haftung aller Personen beziehe, die nicht zu den in den §§ 135—137 bezeichneten gehörten.

Diese Angriffe können nicht als begründet anerkannt werden.

Die Beklagte hat, indem sie die hier in Frage stehende Unfallverhütungsvorschrift erließ, in Erfüllung einer Aufgabe gehandelt, die ihr durch die Unfallversicherungsgesetzgebung gestellt ist (Gesetz vom 8. Juli 1884 § 78, Gesetz vom 30. Juni 1900 § 112), und auch bei den ihr zum Vorwurf gemachten Unterlassungen stehen Handlungen in Frage, die sie nur vermöge der ihr durch diese Gesetze verliehenen Befugnisse hätte vornehmen können. Die ihr beigemessene schuldhafte Handlungsweise soll also überall in der Verletzung von Pflichten bestehen, die ihr nach den Unfallversicherungsgesetzen obgelegen haben sollen. Bei der Art, in der nach diesen Gesetzen das angestrebte Ziel, die gewerblichen Arbeiter gegen die wirtschaftlichen Folgen von Berufsunfällen zu sichern, erreicht werden soll, können aber die Bestimmungen, durch die den Berufsgenossenschaften ein Einfluß auf die Gestaltung der Betriebseinrichtungen ihrer Mitglieder eingeräumt worden ist, nicht dahin aufgefaßt werden, es hätten damit den Genossenschaften Pflichten gegenüber den versicherten Arbeitern in dem Sinne auferlegt werden sollen, daß sie ihnen für deren ordnungsmäßige Erfüllung zivilrechtlich einzustehen hätten. Die gegenteilige Auffassung würde, wie die Vorinstanz mit Recht hervorgehoben hat, zu dem Ergebnis führen, daß der Arbeiter, der infolge eines den Vorschriften in § 120a GewO. nicht entsprechenden Zustandes der Betriebseinrichtungen seiner Arbeitsstätte einen Unfall erleidet, unter Umständen den Schadensersatzanspruch, der ihm gegenüber seinem Arbeitgeber versagt ist, gegen die Gemeinschaft der Arbeitgeber, der er angehört, geltend machen könnte. Es muß aber nach dem Zweck und Inhalt des Gewerbe-Unfallversicherungsgesetzes als Wille des Gesetzgebers angesehen werden, daß in solchen Fällen der zivilrechtliche Anspruch, den der Arbeiter nach den allgemeinen Bestimmungen des Zivilrechts und den Vorschriften in § 2 des Haftpflichtgesetzes vom 7. Juni 1871 etwa haben würde, ersetzt werden soll durch einen dem öffentlichen Rechte angehörenden Versicherungsanspruch gegen die Genossenschaft, der sein Arbeitgeber angehört, und zwar dergestalt, daß durch die von der Genossenschaft aus den Mitteln der Arbeitgeber zu gewährende Entschädigung der Schadensersatzanspruch des Verletzten nicht bloß gegenüber dem Arbeitgeber, sondern auch gegenüber der Genossenschaft, die eben nur eine Zusammenfassung einer Mehrheit von Arbeitgebern ist, abgegolten sein soll. Insoweit es sich um Schadensersatz aus Vorgängen handelt, aus denen dem Verletzten auf Grund des Gewerbe-Unfallversicherungsgesetzes von der Genossenschaft Entschädigung zu gewähren ist, ist danach in der Tat deren Verpflichtung durch dieses Gesetz erschöpfend geregelt, also auf die dort bestimmten Leistungen begrenzt.

Übrigens würde, selbst wenn man Bedenken tragen wollte, dies in solcher Allgemeinheit anzunehmen, die Entscheidung der Vorinstanz doch gebilligt werden müssen.

Die Beklagte hat in den von ihr im Jahre 1900 erlassenen Unfallverhütungsvorschriften nur angeordnet, daß in den Betrieben ihrer Mitglieder beim Gebrauch von Explosionsmaschinen mechanische Antriebsvorrichtungen zu verwenden seien. Wie diese einzurichten seien, hat sie nicht bestimmt. Dies blieb sonach dem pflichtmäßigen Ermessen ihrer Mitglieder überlassen; diese waren nach § 120a GewO. verpflichtet, Antriebsvorrichtungen zu beschaffen, bei deren Anwendung Gefahren für die Arbeiter möglichst ausgeschlossen waren, und, wenn nach Beschaffung der von ihnen zunächst gewählten Vorrichtungen Verbesserungen bekannt wurden, von diesen zum Schutze ihrer Arbeiter Gebrauch zu machen. Dagegen kann eine Rechtspflicht der Beklagten, die Einführung von solchen verbesserten Antriebsvorrichtungen ihren Mitgliedern vorzuschreiben, aus den Bestimmungen in § 78 Abs. 1 des Gesetzes vom 6. Juli 1884 und § 112 des Gesetzes vom 30. Juni 1900 nicht hergeleitet werden. Denn danach ist den Genossenschaften nur die Befugnis eingeräumt, Unfallverhütungsvorschriften zu geben, nicht aber die Pflicht dazu auferlegt, sofern nicht im einzelnen Fall die Erlassung einer Vorschrift der Genossenschaft im Aufsichtswege aufgegeben worden ist. Die in der Literatur vereinzelt vertretene gegenteilige Meinung steht mit dem Wortlaute des Gesetzes in Widerspruch; ihre Haltlosigkeit ergibt sich zudem aus der Entstehungsgeschichte des Gesetzes, da bei den Beratungen über den Entwurf zu dem Gewerbe-Unfallversicherungsgesetz von 1900 der Antrag, den Genossenschaften die Verpflichtung zur Erlassung von Unfallverhütungsvorschriften schlechthin aufzuerlegen, abgelehnt worden ist (vgl. den Bericht der Reichstagskommission S. 113 flg.)

Die Bestimmung in § 119 Abs. 1 Satz 1 des Gesetzes vom 30. Juni 1900 kann ebenfalls keine Unterlage für den vom Kläger erhobenen Schadensersatzanspruch bieten. Sie macht der Genossenschaft nur zur Pflicht, für die Durchführung der von ihr erlassenen Vorschriften zu sorgen. Die Beklagte hat aber, wie erwähnt, nur angeordnet, daß bei Explosionsmaschinen mechanische Antriebsvorrichtungen zu verwenden seien, aber keine Bestimmungen über ihre Konstruktion getroffen, insbesondere nicht vorgeschrieben, daß sie mit Rückstoßsicherung zu versehen seien.

In Betracht kann daher nur kommen, ob ein Verschulden der Beklagten darin zu finden ist, daß sie die in Rede stehende Unfallverhütungsvorschrift überhaupt erlassen und deren Befolgung dem Brauereibesitzer St. aufgegeben hat.

Bei der Verwendung von mechanischen Antriebsvorrichtungen für Explosionsmaschinen besteht, wie die Beklagte nicht bestreitet, die Gefahr, daß infolge von Fehlzündungen des als Triebkraft verwendeten Gases oder Gasgemenges die Antriebsvorrichtung einen Rückstoß erleiden, und dadurch der sie bedienende Mann verletzt werden kann. Sie behauptet ferner selbst, daß zur Zeit der Erlassung jener Vorschrift keine Einrichtungen bekannt gewesen seien, durch welche diese Gefahr ausgeschlossen oder wesentlich gemindert werden konnte. Die von ihr befohlene Betriebseinrichtung war also für die Arbeiter mit einiger Gefahr verbunden; sie hat auch nicht geltend gemacht, daß dies zu der angegebenen Zeit nicht bekannt gewesen sei, die Erlassung der Vorschrift vielmehr damit gerechtfertigt, daß die erwähnte Gefahr viel geringer gewesen sei, als diejenige, die bei der Ingangsetzung von Explosionsmaschinen durch unmittelbare Bewegung des Schwungrades für die damit befaßten Personen bestehe. Der Kläger behauptet das Gegenteil und will das Verschulden der Beklagten gerade darin erblicken, daß sie eine Anordnung erlassen habe, durch welche die an Explosionsmaschinen beschäftigten Personen in erhöhtem Maße gefährdet worden seien. Eine Feststellung nach dieser Richtung liegt nicht vor; es muß also zunächst die Behauptung des Klägers als wahr unterstellt werden.

Aber auch von diesem Standpunkt aus kann eine Schadensersatzpflicht der Beklagten aus unerlaubter Handlung nicht für begründet angesehen werden. Die Anordnung derjenigen Maßnahmen, welche sich zur Durchführung der in § 120a GewO. enthaltenen, den Schutz der gewerblichen Arbeiter gegen Berufsgefahren bezweckenden Bestimmungen als erforderlich erweisen, ist an sich durch die §§ 120d und 120e dieses Gesetzes dem Bundesrat, den Landeszentralbehörden und den zur Erlassung von Verordnungen in Gewerbesachen berechtigten Polizeibehörden übertragen. Aus Zweckmäßigkeitsgründen und wegen des Interesses, das die Berufsgenossenschaften daran haben, daß in den ihnen angehörenden Betrieben möglichst wenig Unfälle vorkommen, (vgl. die Begründung zu den §§ 78—81 des Entwurfs zu dem Gesetze vom 6. Juli 1884) hat aber der Gesetzgeber auch diesen Genossenschaften das Recht verliehen, Vorschriften zur Verhütung von Betriebsunfällen mit der Maßgabe zu erlassen, daß diese Vorschriften, solange nicht etwa von den zuständigen Behörden gegenteilige Verfügungen getroffen werden, (§ 120d Abs. 4 GewO.) für die Mitglieder bindend sind, und daß diese zur Befolgung der Anordnungen durch Zwangsmaßregeln angehalten und wegen deren Übertretung von den Genossenschaften mit Strafe belegt werden können (Gesetz vom 6. Juli 1884 § 80, Gesetz vom 30. Juni 1900 § 116). Die Genossenschaften, die in dieser Weise vom Gesetz dazu berufen sind, neben den erwähnten Behörden zur Durchführung der Vorschriften in § 120a GewO. mitzuwirken, handeln, indem sie in Erfüllung der ihnen damit gestellten Aufgabe Unfallverhütungsvorschriften erlassen, in Ausübung einer ihnen in gewissen Grenzen übertragenen öffentlichen, ihrem innern Wesen nach obrigkeitlichen Gewalt. Die Gewähr dafür, daß durch solche Vorschriften nicht die Betriebsunternehmer in unbilliger, dem Gewerbsleben nachteiliger Weise beschwert werden, andererseits nicht etwa das Wohl der Arbeiter, statt gefördert, geschädigt werde, hat der Gesetzgeber durch die Bestimmungen über die Art, wie bei der Beratung und Beschlußfassung über solche Vorschriften zu verfahren ist, sowie dadurch zu schaffen gesucht, daß die beschlossenen Vorschriften zu ihrer Gültigkeit der Genehmigung des Reichsversicherungsamtes oder des unter Umständen an dessen Stelle tretenden Landesversicherungsamtes bedürfen. Die Erlassung einer in legaler Weise zustande gekommenen Unfallverhütungsvorschrift einer Berufsgenossenschaft ist ein rechtmäßiger öffentlichrechtlicher Akt, der keineswegs zu einem zivilrechtlichen Unrecht im Sinne von § 823 BGB. dadurch wird, daß sich die Anordnung als ein Fehlgriff erweist, und ihre Befolgung zu der Verletzung eines geschützten Rechtsgutes eines Menschen führt. Insoweit verhält es sich mit solchen Anordnungen nicht anders, als mit entsprechenden Vorschriften, die im Wege des Gesetzes oder durch eine von einer Behörde innerhalb ihrer Zuständigkeit erlassene Verordnung ergangen sind." . . .

---

24. Bedarf ein Vertrag zwischen einem Schuldner und seinen Gläubigern, durch den sich der erstere verpflichtet, bis zur Befriedigung der Gläubiger über sein Vermögen, insbesondere über die dazu gehörigen Grundstücke, nicht zu verfügen, und dem von den Gläubigern eingesetzten Ausschusse die Verwaltung und den Nießbrauch an seinem ganzen Vermögen einräumt, der in § 311 BGB. bestimmten Form?

VI. Zivilsenat. Urt. v. 21. Oktober 1909 i. S. W. (Kl.) w. Schr. u. Gen. (Bekl.). Rep. VI. 486/08.

I. Landgericht Essen.
II. Oberlandesgericht Hamm.

Im Herbst 1901 geriet der Gasthofsbesitzer G. in E. in Zahlungsschwierigkeiten und trat, um den drohenden Konkurs abzuwenden, mit seinen Gläubigern wegen einer längeren Stundung ihrer Forderungen in Verhandlung. Sein Vorschlag ging hauptsächlich dahin, daß er die Verwaltung seines Vermögens und insbesondere auch den Betrieb seines Gasthofs einem von den Gläubigern einzusetzenden Ausschusse übertragen wolle, der allmählich aus den Einkünften des Vermögens die Gläubiger befriedigen solle. Im Verlauf der hierüber gepflogenen Verhandlungen wurde am 25. Februar 1902 zwischen dem eingesetzten Gläubigerausschusse und G. ein Vertrag geschlossen, in dem G. sich verpflichtete, während einer bestimmten Zeit über die ihm gehörigen Grundstücke nicht zu verfügen, und dem Gläubigerausschusse die Verwaltung und den Nießbrauch an seinem ganzen Vermögen einräumte.

Der Ausschuß übernahm auch die Verwaltung des Vermögens, namentlich die Oberleitung über den Gasthofsbetrieb. Es kam indes bald zu Streitigkeiten zwischen ihm und G., und der Ausschuß stellte gegen G. einen Prozeß an, durch den die Durchführung des Vertrages vom 25. Februar 1902 erzwungen werden sollte. Die Klage wurde aber vom Landgericht Essen abgewiesen, weil der Vertrag, bei dessen Eingehung die in § 311 BGB. bestimmte Form nicht gewahrt war, der rechtlichen Wirksamkeit entbehre. Das Urteil wurde rechtskräftig. Bei den Verhandlungen, die über die geplante Maßnahme zwischen den Gläubigern stattgefunden hatten, war von einzelnen derselben, die nach der Meinung der Beteiligten im Falle des Konkurses Aussonderungs- oder Absonderungsrechte gehabt haben würden, dem Verlangen der übrigen Gläubiger entsprechend, auf die diese bevorzugte Stellung begründenden Rechte Verzicht geleistet worden; dafür hatten ihnen andere Gläubiger Bürgschaft dafür geleistet, daß sie wegen der ihnen an G. zustehenden Forderungen bei der Verwaltung des G.'schen Vermögens durch den Gläubigerausschuß bis zu einer bestimmten Zeit volle Befriedigung erlangen würden.

Zu diesen Gläubigern gehörte auch der Kläger. Der von ihm gegen die Bürgen erhobenen Klage wurde der Einwand entgegengesetzt, die Bürgschaft sei davon abhängig gemacht worden, daß die Vermögensverwaltung, aus deren Erträgnissen er befriedigt werden sollte, auch zur Durchführung gebracht, insbesondere gegenüber G. auf Grund des Vertrages vom 25. Februar 1902 erzwungen werden könne; diese Bedingung sei zufolge der Nichtigkeit dieses Vertrages nicht eingetreten.

Der Einwand wurde von dem Berufungsgericht für begründet erachtet, und die Klage abgewiesen. Diese Entscheidung ist vom Reichsgericht aufgehoben worden; dabei ist in dem Urteil die Frage, ob der Vertrag vom 25. Februar 1902 der in § 311 BGB. vorgeschriebenen Form bedurft habe, verneint worden, aus den nachstehenden

Gründen:

... „Der Grund, aus dem früher das Landgericht und jetzt das Berufungsgericht den Vertrag vom 25. Februar 1902 als nichtig angesehen haben, erscheint nicht zutreffend. Allerdings hat G. in diesem Vertrage erklärt, er übertrage die Verwaltung und den Nießbrauch an seinem ganzen Vermögen dem Gläubigerausschusse. In Wahrheit war aber, wie zwischen den Parteien unstreitig ist, der Wille der Vertragschließenden gar nicht darauf gerichtet, daß die

Nutzungen des Vermögens wirtschaftlich dem G. entzogen werden und statt ihm, den Mitgliedern des Gläubigerausschusses zufließen sollten. Die Erträgnisse seines Vermögens sollten vielmehr fortgesetzt ihm zugute kommen, nur mit der Maßgabe, daß sie zur Bezahlung seiner Schulden verwendet werden sollten. Seine Gläubiger sollten nur so viel erhalten, als sie nach den ihnen zustehenden Forderungen schon ohnedem von ihm zu beanspruchen hatten; und die Rechte der Mitglieder des Gläubigerausschusses sollten sich darauf beschränken, an seiner Stelle die Nutzungen zu vereinnahmen und davon seine Gläubiger zu befriedigen. Es handelte sich daher in Wirklichkeit nur um die Verwaltung seines Vermögens; die Mitglieder des Ausschusses waren als Treuhänder bestellt zu dem Zwecke, eine Sicherheit dafür zu gewinnen, daß die Erträgnisse seines Vermögens nicht zum Nachteil seiner Gläubiger zu anderen Ausgaben als zur Erfüllung seiner Zahlungsverpflichtungen verwendet würden, und daß die Verwaltung in einer den Interessen der Gläubiger dienlichen Weise erfolge.

Eine solche den Gläubigern eingeräumte Verwaltungs- und Verfügungsgewalt ist kein Nießbrauchsrecht im Sinne von § 1030 BGB., und die Vorschrift in § 311 ist auf einen Vertrag, durch den sie begründet werden soll, nicht anwendbar. Diese Bestimmung ist zur Befestigung der Rechtssicherheit und insbesondere auch deshalb getroffen worden, weil ein Vertrag, durch den sich ein Teil verpflichtet, sein ganzes gegenwärtiges Vermögen oder einen Bruchteil davon einem anderen zu übertragen oder den Nießbrauch daran zu bestellen, ein besonders „inhaltsschweres" Rechtsgeschäft ist, bei dem es geboten erscheint, die Beteiligten vor Übereilung zu schützen (vgl. die Begründung zu § 350 Abs. 2 des I. Entw. z. BGB., Motive Bd. 2 S. 188). Der Bestellung des Nießbrauchs, durch die sich der Eigentümer auch des zu den wirtschaftlich bedeutsamsten Ausflüssen des Eigentums gehörenden Rechtes auf die Nutzungen seines Vermögens entäußert, kann aber ein Vertrag der hier vorliegenden Art, bei dem er sich nur, um seinen vollständigen wirtschaftlichen Zusammenbruch abzuwenden, zeitweilig der freien Bestimmung über die Art der Verwendung dieser Nutzungen zu Gunsten von Personen begibt, die ein Recht auf Befriedigung aus der Substanz und den Nutzungen seines Vermögens haben, nicht gleichgestellt werden. An dieser Beurteilung kann auch der Umstand nichts ändern, daß nach der Absicht der Beteiligten die dem Gläubigerausschusse eingeräumte Verwaltungs- und Verfügungsgewalt den Charakter eines dinglichen Rechtes hat erlangen sollen." ...

---

25. 1. In welcher Weise haften die Erben des einzigen persönlich haftenden Gesellschafters einer Kommanditgesellschaft, durch dessen Tod dieselbe aufgelöst wurde, für die Verbindlichkeiten der nunmehr in Liquidation befindlichen Gesellschaft als deren Teilhaber?

2. Haftet ein Erbe eines Gesellschafters einer offenen Handelsgesellschaft oder eines Komplementars einer Kommanditgesellschaft, wenn er, obgleich die Fortsetzung der Gesellschaft mit den Erben im Gesellschaftsvertrage verabredet war, doch schließlich nicht Gesellschafter wird, für neu entstehende Verbindlichkeiten der Liquidationsgesellschaft als Gesamtschuldner persönlich?

3. Gilt die Vorschrift des § 128 HGB. über die solidarische Haftung der Gesellschafter auch noch für das Liquidationsstadium und auch in Ansehung der neu entstandenen Verbindlichkeiten?

4. Kann eine in Liquidation befindliche offene Handelsgesellschaft oder Kommanditgesellschaft Prokuristen oder Handlungsbevollmächtigte haben?

VI. Zivilsenat. Urt. v. 21. Oktober 1909 i. S. Qu. (Bekl.) u. Gen. (Nebeninterv.) w. Sch. (Kl.). Rep. VI. 477/08.

I. Landgericht Dresden.
II. Oberlandesgericht daselbst.

Das Reichsgericht hat, unter Aufhebung des Berufungsurteils und unter Abänderung des kondemnatorischen Urteils erster Instanz, die Klage abgewiesen, aus folgenden

Gründen:

„Nachdem am 30. Juli 1906 der Bankier E. Qu. in Dr., einziger Komplementar der damals dort unter der Firma „Sächsische Bankgesellschaft Qu. & Co." bestehenden Kommanditgesellschaft, gestorben war, hat am 2. August 1906 der Kläger bei der L.'er Filiale dieser Kommanditgesellschaft 7300 *M* zur bankmäßigen Verzinsung, auf einen Monat fest und von da an auf eintägige Kündigung, bar eingezahlt. Diese 7300 *M* nebst Zinsen verlangt er im gegenwärtigen Prozesse vom Beklagten, einem Sohn und Erben des verstorbenen Qu., zurück. Die Begründung, die das Berufungsgericht für die Zuerkennung dieses Anspruches gegeben hat, ist aber unhaltbar. Das Oberlandesgericht, das davon ausgeht, daß die Kommanditgesellschaft Qu. & Co. durch den Tod des E. Qu., als ihres einzigen Komplementars, aufgelöst worden und in Liquidation getreten sei, und das die 7300 *M* als eine Schuld der Liquidationsgesellschaft ansieht, nimmt an, daß mit jenem Todesfalle jeder einzelne Erbe des Komplementars ohne weiteres persönlich haftender Gesellschafter der Liquidationsgesellschaft geworden sei und als solcher für ihre Verbindlichkeiten nach § 128 in Verbindung mit § 161 HGB. als Gesamtschuldner hafte. Das ist rechtsirrtümlich. Zwar gilt dies nicht von der Annahme, daß die Solidarhaftung nach § 128 HGB. auch noch für das Liquidationsstadium zur Anwendung komme. Der Beklagte hat sich gegen diese Ansicht freilich auf die Entsch. des ROHG. Bd. 21 S. 47 flg. berufen können, wo ausgesprochen ist, aus dem Wesen der Liquidation und der daraus folgenden veränderten Vertretung und dem beschränkteren Zwecke der Liquidation ergebe sich, daß Art. 112 (jetzt § 128) HGB. keine Anwendung finden könne. Dies ist jedoch eine grundlose, ganz willkürliche Meinung, der auch, soweit bekannt, außer Goldmann (HGB. Bd. 2, Bem. 14 zu § 156 S. 684) niemand beigestimmt hat. Nach § 156 HGB. (Art. 144 Abs. 1 des ADHGB.) kommen eben bis zur Beendigung der Liquidation die Vorschriften des zweiten und dritten Titels zur Anwendung, soweit sich nicht aus Tit. 5 oder aus dem Zwecke (im ADHGB.: „aus dem Wesen") der Liquidation ein anderes ergibt. Daß letzteres hier der Fall sei, ist nun in jener Entscheidung des Reichsoberhandelsgerichts zwar behauptet, aber in keiner Weise näher dargelegt; denn was die „veränderte Vertretung" in dieser Hinsicht für eine Bedeutung haben könnte, ist nicht abzusehen. Daher haben auch fast alle Schriftsteller sich gegen diese Ansicht des Reichsoberhandelsgerichts erklärt.

Vgl. z. B. Behrend, Handelsrecht, § 82 S. 575, insbes. Anm. 13; Staub, Kommentar zum HGB., Bd. 1 6./7. Aufl., Anm. 32 zu § 149 S. 484 (8. Aufl. Anm. 34 S. 556), Anm. 20 zu § 156

S. 496 (8. Aufl. S. 569), und Exkurs zu § 177 Anm. 25, S. 539 (8. Aufl. S. 614); Lehmann u. Ring, HGB. Bd. 1, Nr. 3 zu § 156; Lehmann, Handelsrecht § 62 S. 327 flg. Anm. 6.

Aber mit Recht haben die Revisionskläger als rechtsirrig die Annahme bezeichnet, daß diese Solidarhaftung für die Verbindlichkeiten der Liquidationsgesellschaft in Ansehung der einzelnen Erben des verstorbenen Komplementars Qu. eingetreten sei. Denn diese sind in Wirklichkeit nicht Gesellschafter geworden, da im Gesellschaftsvertrag unzweifelhaft für den Fall des Todes des Komplementars die Fortsetzung der Gesellschaft mit seinen Erben nicht vorgesehen war; vgl. § 131 Nr. 4 in Verbindung mit § 161 Abs. 2 HGB. Daher versagt die Berufung des Oberlandesgerichtes auf die Entsch. des RG.'s in Zivils. Bd. 16 S. 43 flg.; denn dort ist nur ausgesprochen, daß die Erben eines verstorbenen Gesellschafters, wenn sie auf Grund einer Bestimmung des Gesellschaftsvertrages die Handelsgesellschaft mit den übrigen Gesellschaftern fortsetzen, sie dann sämtlich einzeln Gesellschafter sind und somit für alle Gesellschaftsschulden solidarisch haften. Wenn die Erben des verstorbenen Qu. übrigens persönlich haftende Gesellschafter geworden wären, so würde die Kommanditgesellschaft durch jenen Todesfall auch nicht aufgelöst worden sein, was doch das Berufungsgericht selbst als geschehen annimmt. In Wirklichkeit sind die Erben des Bankiers Qu. nicht einzeln persönlich, sondern eben nur in ihrer Gesamtheit als Erben Teilhaber der Liquidationsgesellschaft Qu. & Co. neben den Kommanditisten geworden. Wenn Staub (a. a. O., 8. Aufl., Anm. 21 zu § 139 S. 523 flg., übrigens in Übereinstimmung mit Anm. 28 zu § 27 S. 171 flg.) für den Fall, daß nach dem Gesellschaftsvertrage die Handelsgesellschaft mit den Erben des Verstorbenen fortgesetzt werden sollte, es nun aber doch nicht endgültig zu dieser Fortsetzung kommt, die Erben für die dann bei der Liquidation entstehenden neuen Verbindlichkeiten mit ihrem ganzen Vermögen haften läßt, so ist dies selbst für jenen Fall unrichtig und nicht damit zu vereinen, daß der Erbe sogar für die vorher inzwischen entstandenen Verbindlichkeiten nach § 139 Abs. 4 HGB. nur als Erbe haftet. Um so mehr muß letzteres gelten, wenn die Gesellschaft von vornherein durch den Tod des Erblassers aufgelöst worden ist. Dann sind also anzuwenden § 1967 BGB., wonach der Erbe für die Nachlaßverbindlichkeiten haftet, und § 1975 das., wonach diese Haftung sich auf den Nachlaß beschränkt, wenn eine Nachlaßverwaltung angeordnet, oder der Nachlaßkonkurs eröffnet ist. So sagt auch Behrend in der oben angeführten Anm. 13 zu § 82 seines Buches, daß mehrere Rechsnachfolger eines verstorbenen Gesellschafters für die von den Liquidatoren eingegangenen Verpflichtungen in derselben Weise haften, wie für die während des Bestehens der Gesellschaft begründeten Gesellschaftsschulden, und ferner in Anm. 14 das., daß diese Haftung sich nach erbrechtlichen Grundsätzen bestimme. Im vorliegenden Falle ist, wie feststeht, über den Qu.'schen Nachlaß der Konkurs eröffnet. Daraus folgt, daß der Beklagte höchstens mit der Beschränkung, daß er den Kläger aus dem Nachlasse zu befriedigen habe, verurteilt werden könnte; er kann aber jetzt mindestens einstweilen überhaupt nicht verurteilt werden, da er, solange der Konkurs dauert, die Nachlaßgläubiger aus dem Nachlasse gar nicht befriedigen kann, weil er keine Verfügung darüber hat, sondern die Gläubiger auf konkursmäßigem Wege ihre Befriedigung suchen müssen. Hieraus ergibt sich die Notwendigkeit der Aufhebung des angefochtenen Urteils, insofern nicht andere Gründe zu seiner Aufrechterhaltung führen sollten.

In dieser Beziehung ist . . . allerdings nicht zu bezweifeln, daß durch den fraglichen Vorgang eine Verbindlichkeit der Liquidationsgesellschaft Qu. & Co. zur Rückzahlung von 7300 ℳ entstanden ist. Der darüber von dieser mit dem Kläger abgeschlossene Vertrag würde nach § 700 Abs. 1 BGB. wohl eher, wie es das Landgericht getan hat, als ein irregulärer Verwahrungsvertrag, als, mit dem Oberlandesgericht, als ein Darlehnsvertrag anzusehen sein; indessen ist dies in Ansehung der Rechtsfolgen gleichgültig. Es würde sich aber fragen, ob dieser Vertrag für die in Liquidation befindliche Kommanditgesellschaft verbindlich zustande gekommen ist. Dies ist sehr zweifelhaft; denn nach § 149 HGB. können während der Liquidation neue Geschäfte nur zur Beendigung schwebender Geschäfte eingegangen werden (vgl. Entsch. des ROHG.'s Bd. 13 S. 226 und Bd. 21 S. 308); und daraus folgt auch, daß die Person, die dieses Geschäft abschloß, nämlich der Prokurist D., die frühere Vertretungsmacht nicht mehr hatte, sondern nur noch innerhalb der

Grenzen des § 149 HGB. die Gesellschaft vertreten konnte. Eine Liquidationsgesellschaft kann nicht nur keinen Prokuristen mehr bestellen (vgl. Entsch. des ROHG.'s Bd. 13 S. 224 flg.), sondern auch keinen mehr haben, vielmehr nur noch Handlungsbevollmächtigte mit der sich aus dem § 149 ergebenden Abgrenzung der Befugnisse. Daher verwandelt sich auch der früher bestellte Prokurist einer Handelsgesellschaft mit dem Eintritte der Liquidation in einen Handlungsbevollmächtigten solcher Art; so auch die Herausgeber der 8. Auflage von Staub's Kommentar zum Handelsgesetzbuch, Bd 1, Anm. 29 zu § 149 S. 556; vgl. auch Anm. 13 zu § 52 S. 238. (Zu weit geht Behrend, wenn er [Handelsrecht § 81 Anm. 17, S. 567, und § 82 Anm. 2 S. 571], wie die Bestellung von Prokuristen, so auch die von Handlungsbevollmächtigten durch die Liquidatoren schlechtweg für ausgeschlossen erklärt.) Ob nun aber der fragliche Verwahrungs- oder Darlehnsvertrag für die Liquidationsgesellschaft verbindlich zustande gekommen ist oder nicht, kann unentschieden bleiben; denn im letzteren Falle würde die Gesellschaft, da die 7300 *M* in ihre Kasse geflossen sind, und dies dann ohne Rechtsgrund geschehen sein würde, nach § 812 BGB. wegen ungerechtfertigter Bereicherung zur Rückzahlung verpflichtet gewesen sein.

Der Kläger hat nun geltend gemacht, die geschäftliche Todesanzeige vom 31. Juli 1906, in der es am Schlusse heißt: „Die Geschäfte der Firma werden vorläufig für Rechnung der Erben in der bisherigen Weise fortgeführt", sei mit Zustimmung des Beklagten an die Kundschaft der Gesellschaft Qu. & Co. (u. a. auch an ihn, den Kläger) versandt worden, und damit habe der Beklagte dem Publikum und auch ihm gegenüber die Haftung für die künftig entstehenden Verbindlichkeiten der Gesellschaft übernommen. Mindestens würde hier noch eine tatsächliche Feststellung erforderlich sein. Mit Recht hat jedoch das Berufungsgericht diese Begründung des Klaganspruches gleichfalls für unzutreffend erklärt. Man hat keinen Grund, die Worte „vorläufig für Rechnung der Erben" anders zu verstehen, als von der gesetzlichen Sachlage, welche die war, daß das Geschäft zum Zwecke der Liquidation mit für Rechnung der Erben des Komplementars als solcher einstweilen fortzuführen war. Wären diese Worte aber auch anders gemeint gewesen, so würde das unerheblich sein, da das Geschäft der aufgelösten Kommanditgesellschaft rechtlich in gar keiner anderen Weise fortgeführt werden konnte. Vollends darin eine Erklärung zu finden, daß das Geschäft der Gesellschaft von den Erben des Komplementars als ein eignes übernommen werde, dazu würden jene Worte bei weitem nicht ausreichen."...

26. Inwieweit hat der inländische Richter gegenüber der Klage auf Erlassung eines Vollstreckungsurteils zu einem rechtskräftigen Versäumnisurteil eines ausländischen Gerichtes zu prüfen, ob die Anerkennung dieses Urteils gegen die guten Sitten verstoßen würde?

ZPO. §§ 328 Abs. 1 Nr. 4, 722, 723 Abs. 2 Satz 2.

VI. Zivilsenat. Urt. v. 25. Oktober 1909 i. S. J. Ehefr. (Bekl. u. Widerkl.) w. K. (Kl. u. Widerbekl.). Rep. VI. 119/09.

I. Landgericht Aachen.
II. Oberlandesgericht Cöln.

Der Kläger, der als Rechtsanwalt während der Jahre 1902 bis 1907 fortgesetzt die Beklagte in verschiedenen Rechtsangelegenheiten beraten und vertreten, ihr außerdem bare Vorlagen gemacht hatte, erwirkte am 26. September 1905 bei dem Landesgericht zu Wien in Zivilrechtssachen ein Versäumnisurteil gegen die damals in Wien wohnhafte Beklagte, eine Deutsche, wodurch sie verurteilt wurde, an den Kläger 3973,70 Kronen nebst Zinsen zu bezahlen. Nachdem die Beklagte ihren Wohnsitz nach Aachen verlegt hatte, erhob er dort gegen sie Klage mit dem Begehren, die Zwangsvollstreckung aus dem erwähnten, rechtskräftig gewordenen Urteile gegen die Beklagte für zulässig zu erklären. Die Beklagte brachte gegen die Klage eine Reihe von Einwendungen vor und erhob Widerklage dahin, daß die Vollstreckung aus jenem Urteile für unzulässig erklärt werde. Sie machte insbesondere geltend, daß das Urteil vom Kläger arglistig erschlichen sei, und daß ihm darin betrügliche und wucherische Ansätze zugesprochen seien. Sämtliche Einwände wurden von den vorderen Instanzen verworfen. Die Revision der Beklagten ist zurückgewiesen worden.

Aus den Gründen:

... „Anlangend ... die Vorschrift des § 328 Abs. 1 Nr. 4 ZPO. so geht der Berufungsrichter davon aus, es sei zu prüfen, ob die im Urteile ausgesprochene Rechtsfolge nach deutschen Rechtsbegriffen in sich unsittlich sei, oder ob ein deutsches Gericht, wenn ihm die Entscheidung obgelegen hätte, diese Rechtsfolge nicht hätte aussprechen dürfen, sondern § 138 BGB. hätte anwenden müssen, oder ob ein deutsches Gesetz, z. B. ein Verbotsgesetz, welches der Aufrechthaltung unserer Rechts- und Staatsordnung dient, durch die Anerkennung mittelbar verletzt würde. Nach diesen drei Richtungen komme aber ein dem deutschen Rechte widerstreitendes österreichisches Recht in seiner Anwendung auf den dem österreichischen Gerichte vorgelegten Fall schon aus dem Grunde nicht in Frage, weil ein deutsches Gericht, das unter denselben tatsächlichen und prozessualen Voraussetzungen angerufen worden wäre, nach deutschem Rechte ebenso erkannt haben würde. Die Klage sei nämlich auf die Behauptung gestützt gewesen, daß der Kläger die Beklagte als Rechtsbeistand vertreten habe, daß die Beklagte ihm darum den eingeklagten Betrag verschulde, hierüber eine Abrechnung erhalten, diese anerkannt und Zahlung versprochen, aber nicht geleistet habe. Auf dieses Vorbringen würde auch ein deutsches Gericht, sofern die prozessualen Vorschriften gewahrt waren, ein Versäumnisurteil erlassen haben, da weder ein Verstoß gegen die guten Sitten, noch ein Verstoß gegen den Zweck eines deutschen Gesetzes hierbei habe in Frage kommen können. Es sei hierbei nur auf das vorgetragene, nicht aber auf das wirkliche Sachverhältnis angekommen, möchte auch in dem — nicht zur Kenntnis des Gerichts gebrachten — wirklichen Sachverhältnis ein Verstoß gegen die guten Sitten oder den Zweck eines deutschen Gesetzes gelegen haben. Eventuell wird dann aber bei Erörterung des Einwandes der arglistigen Herbeiführung eines unrichtigen Urteils, soweit er auf den Charakter der Klageforderung als einer betrügerischen und wucherischen gestützt ist, auf diesen Einwand, bzw. eine etwa der Beklagten deswegen zu verstattende exceptio doli noch sachlich eingegangen und aus tatsächlichen Gründen diese Einrede zurückgewiesen, da weder eine Arglist des Klägers bei Aufstellung seiner Rechnung, noch eine wucherische Handlungsweise desselben erwiesen seien.

Die Revision findet in der erstangeführten Urteilsbegründung eine Verletzung des § 328 Abs. 1 Nr. 4 ZPO. Ein ausländisches Urteil sei in Deutschland nicht als vollstreckbar zuzulassen, wenn der ausländische Richter einen Anspruch aus einem Rechtsgeschäfte herleite, das nach deutschem Rechte wegen Verstoßes gegen die guten Sitten, z. B. wegen Bewucherung oder Betruges, nichtig sei. Dieser Einwand könne nicht bloß gegen ein kontradiktorisches, sondern auch gegen ein formell rechtskräftiges Versäumnisurteil eines ausländischen Gerichts erhoben werden. Durch die Termins- oder Fristversäumung sei der fragliche Einwand nur für das ausländische Gericht ausgeschlossen gewesen. Bei der Verhandlung über die Vollstreckungsfähigkeit des ausländischen Urteils aber habe das deutsche Gericht die Frage, ob die Anerkennung des Urteils nicht gegen die guten Sitten verstoße, selbständig zu prüfen. Das Versäumnisurteil könne in dieser Beziehung keine stärkere Wirkung haben, als ein kontradiktorisches Urteil, das unter Anwendung des ausländischen Rechtes den fraglichen Einwand als unbegründet verwerfe.

Dieser Auffassung der Revision ist nicht beizutreten; vielmehr muß der Standpunkt des Berufungsgerichts als richtig anerkannt werden. Die Vorschrift des § 328 Abs. 1 Nr. 4 ZPO., die im Zusammenhange mit dem Art. 30 Einf.-G. zum BGB. steht, enthält in erheblich weiterem Umfange als der frühere § 661 Nr. 2 eine Einschränkung gegenüber dem für die Regel Platz greifenden Verbote der Nachprüfung des Inhaltes der ausländischen Entscheidung (vgl. § 723 Abs. 1 ZPO.). Dem ausländischen Urteil muß die Anerkennung vom deutschen Richter versagt werden, wenn sie gegen die guten Sitten (oder gegen den Zweck eines deutschen Gesetzes) verstoßen würde. Das mag allerdings dahin auszulegen sein, daß die Anerkennung des Urteils abzulehnen ist nicht nur, wenn die in ihm ausgesprochene Rechtsfolge an sich unsittlich ist, sondern auch dann, wenn die an sich erlaubte Rechtsfolge einem unsittlichen Grunde entstammt, so daß ein deutsches Gericht, falls es Prozeßgericht gewesen wäre, den § 138 BGB. hätte anwenden müssen.

Vgl. Gaupp-Stein, ZPO. zu § 328, Bem. VI, 8./9. Aufl., S. 796; Petersen-Remelé-Anger, ZPO. zu § 328, V, Bem. 11;

Seuffert, ZPO. zu § 328 Bem. 6; Schmidt, Lehrbuch des Zivilprozeßrechts 2. Aufl., § 45 S. 290.

Allein das Gesetz hat, wenn es insofern der Nachprüfung des deutschen Richters einen weit gehenden freien Spielraum gewährt, doch nur den Fall im Auge, daß der Inhalt des ausländischen Urteils nach dem diesem zugrunde gelegten Tatbestande einen Verstoß gegen die guten Sitten oder den Zweck eines deutschen Gesetzes aufweist, und deshalb die Anerkennung des Urteils einen solchen Verstoß zum Erfolg haben würde. Gegen die guten Sitten verstößt ein Urteil, das von der Anschauung ausgeht, daß eine Leistung, die inhaltlich nicht zu beanstanden ist, auf Grund eines wucherischen oder betrügerischen oder sonst in unsittlicher Weise zustande gekommenen Geschäftes geschuldet werde, und einem auf einer solchen Anschauung beruhenden Urteile ist die Anerkennung zu versagen, wenngleich nach dem betreffenden ausländischen Rechte das Rechtsverhältnis nicht zu beanstanden wäre. So Hellwig, Lehrbuch des D. Zivilprozeßrechts Bd. 1 § 20 Nr. 4 S. 134. Dagegen sind die tatsächlichen Voraussetzungen, auf denen die Feststellung bezüglich des streitigen materiellen Rechtsverhältnisses in dem ausländischen Urteile beruht, der Nachprüfung entzogen (vgl. Hellwig, a. a. O. S. 136 bei Anm. 30). Bei einem Versäumnisurteile nun ist durch den dem ausländischen Richter vorgetragenen und von ihm bei dem Nichterscheinen der Gegenpartei nach gesetzlicher Vorschrift für wahr angenommenen Sachverhalt die tatsächliche Grundlage gegeben, die nach eingetretener formeller Rechtskraft des Urteils auch für den deutschen Richter maßgebend bleibt. Es kann dem aus § 722 ZPO. belangten Schuldner nicht gestattet werden, gegenüber dem in durchaus legaler Weise erlassenen Versäumnisurteile, das er über sich hat ergehen und rechtskräftig werden lassen, nunmehr die im Hauptprozesse unterlassene Verteidigung gleichsam wie in einem Einspruchsverfahren nachzuholen und durch Aufrollung des ganzen Streitstoffes, durch nachträgliches tatsächliches Vorbringen und durch Beweisführung darzutun, daß der dem Gegner zuerkannte Anspruch auf einem nach deutscher Rechtsauffassung unsittlichen Grunde beruhe. Auf der in dem österreichischen Versäumnisurteile vorliegenden tatsächlichen Grundlage sind von der Beklagten beachtenswerte Einwendungen nicht erhoben. Mit dem sachlichen Eingehen auf ihre

Einwände ist das Berufungsgericht, soweit es sich um § 328 Abs. 1 Nr. 4 ZPO. handelt, der Beklagten schon zu weit entgegengekommen." . . .

---

27. Kann der Ehemann, der die Scheidung wegen Ehebruchs der Frau erwirkt hat, von dem Ehebrecher Ersatz der Vermögensnachteile fordern, die ihm dadurch erwachsen sind, daß die Frau das Hauswesen nicht mehr leitet und insbesondere die Kinder nicht mehr beaufsichtigt?

BGB. § 823.
StGB. § 172.

VII. Zivilsenat. Urt. v. 26. Oktober 1909 i. S. P. (Bekl.) w. D. (Kl.). Rep. VII. 580/08.

I. Landgericht III Berlin.
II. Kammergericht daselbst.

Die Ehe des Klägers wurde durch Urteil vom 21. Dezember 1906 wegen Ehebruchs der Frau mit dem jetzigen Beklagten rechtskräftig geschieden; die Ehefrau und der Beklagte wurden auch beide auf Grund des § 172 StrGB. bestraft. Der Kläger forderte vom Beklagten Ersatz des Mehrbetrages, den er nach seiner Angabe für die Erziehung seiner der geschiedenen Ehe entstammenden beiden Söhne deshalb aufwenden müsse, weil seine frühere Ehefrau diese nicht weiter beaufsichtigen und erziehen könne, und er daher zu ihrer Unterbringung außer dem Hause gezwungen sei. Der Beklagte bestritt seine Ersatzpflicht. Das Landgericht erklärte den Klaganspruch dem Grunde nach für gerechtfertigt, und das Kammergericht wies die Berufung des Beklagten gegen dieses Urteil zurück. Auf die Revision des Beklagten wurde die Klage abgewiesen.

Gründe:

„Der Berufungsrichter bejaht die Frage, ob der Ehemann, der die Scheidung wegen Ehebruchs der Ehefrau erwirkt hat, von dem Ehebrecher Ersatz der Vermögensnachteile fordern kann, die ihm dadurch erwachsen sind, daß nach Auflösung der Ehe die mitschuldige

Frau das bis dahin gemeinschaftliche Hauswesen nicht mehr leitet, und daß ihr die Sorge für die Person der Kinder, insbesondere deren Beaufsichtigung, nicht weiter zusteht. Er nimmt an, daß der Ehebrecher gegen den § 172 StrGB. als ein den Schutz des Ehegatten bezweckendes Gesetz verstoßen habe und darum nach § 823 Abs. 2 BGB. hafte. Nun läßt sich nicht in Abrede stellen, daß die Strafdrohung des § 172 StrGB. sich gegen die Verletzung der Pflicht zur ehelichen Lebensgemeinschaft, in der auch die Pflicht zur ehelichen Treue einbegriffen ist (§ 1353 BGB.), richtet, und daß sie sich nicht bloß gegen den schuldigen Ehegatten, sondern auch gegen den Mitschuldigen richtet, ohne dessen Mitwirkung der Eingriff in die Rechte des anderen Gatten nicht denkbar ist, daß sie also den Schutz dieses Gatten vor solchem Eingriffe bezweckt. Das staatliche Interesse an der Aufrechterhaltung der sittlichen und rechtlichen Grundlagen der Ehe tritt hinter das Interesse des verletzten Gatten zurück, wie sich daraus ergibt, daß die Bestrafung des Ehebruchs an die doppelte Voraussetzung geknüpft ist, daß die Ehe wegen des Ehebruchs, um dessen strafrechtliche Sühne es sich handelt, rechtskräftig geschieden ist, und daß der unschuldige Gatte den Strafantrag gestellt hat. Aber mit der Erkenntnis, daß der § 172 StrGB. ein Schutzgesetz sei, ist nicht ohne weiteres, wie auch der Berufungsrichter zutreffend annimmt, die Frage der Ersatzpflicht für die aus der Auflösung der Ehe erwachsenen Vermögensnachteile entschieden. Es kommt vielmehr darauf an, ob das Strafgesetz auch die durch den Ehebruch bedrohten *wirtschaftlichen* Interessen des verletzten Ehegatten zu schützen beabsichtigt hat. Denn über den Schutzzweck hinaus ist die Haftpflicht aus § 823 Abs. 2 BGB. nicht auszudehnen. Für eine so weitgehende Absicht des Gesetzes liegt indessen nichts vor. Die Verfehlung, der die Strafbestimmung gilt, berührt nach ihrer Art nicht die vermögensrechtliche Seite der Ehe, sondern das persönliche Verhältnis der zur Lebens- und Geschlechtsgemeinschaft sittlich und rechtlich verbundenen Ehegatten. Sie trifft mit zerstörender Wirkung dieses Verhältnis, und wenn sich daran auch Folgen knüpfen können, die dem wirtschaftlichen Gebiete angehören, so wird doch der Ehebruch nicht dieser Folgen halber, sondern lediglich als Eingriff in jene Gemeinschaft der Gatten bestraft. Der Gedanke liegt durchaus fern und ist darum, da er im Gesetz einen erkennbaren

Ausdruck nicht gefunden hat, abzuweisen, daß das Strafgesetz zum Schutze gefährdeter materieller Güter gegeben sei. Darum kann aber auch der beleidigte Gatte, sofern er von dem Rechte, die Scheidung zu verlangen, Gebrauch macht, eine Ersatzforderung wegen Vermögensschadens auf den § 823 Abs. 2 BGB. nicht stützen, und es erweist sich der Grund des Berufungsrichters, auf dem seine Entscheidung beruht, als nicht haltbar.

Zu erörtern ist jedoch, ob nicht die Ersatzpflicht des Beklagten aus einer anderen Gesetzesvorschrift herzuleiten ist. Die unerlaubte Handlung, die ihm zur Last fällt, ist der Ehebruch mit der früheren Frau des Klägers. Dafür bietet die Sachlage keinen Anhalt, daß er auch nur in dem Bewußtsein des schädlichen Erfolges in der Richtung auf die dem Kläger entstehenden Mehrkosten für die Erziehung der Kinder begangen worden sei. Der § 826 BGB. scheidet also aus. In Betracht kommt nur der § 823 Abs. 1 BGB., der die Verbindlichkeit zum Schadensersatz an die schuldhafte widerrechtliche Verletzung gewisser Rechtsgüter und Rechte knüpft.

Von einer Verletzung der dort bezeichneten Rechtsgüter, namentlich der Gesundheit, wie in dem vom VI. Zivilsenate entschiedenen Falle (Rep. VI. 328/06, Urteil vom 21. März 1907 in Sachen E. wider E.), ist keine Rede. Fraglich kann daher nur sein, ob ein „sonstiges Recht" des Klägers vom Beklagten verletzt worden ist, und ob er aus diesem Grunde für den eingetretenen Vermögensschaden haftet. Man wird zugeben dürfen, daß Familienrechte, also auch das Recht der Gatten auf den Fortbestand der ehelichen Lebensgemeinschaft, zu den absoluten, an sich durch den Abs. 1 des § 823 betroffenen Rechten gehören. Dennoch ist zu leugnen, daß nach dem Rechte des Bürgerlichen Gesetzbuchs dem Ehebrecher eine Ersatzpflicht, wie sie der Kläger und mit ihm die Vorinstanzen behaupten, aufzuerlegen sei. Es erheben sich zunächst schon Zweifel, ob der Ehebruch, der die Ehe, als die persönlichste Verbindung der Gatten, antastet und einen nicht dem Gebiete des Vermögensrechts angehörenden, seiner Natur nach nicht wieder zu beseitigenden Schaden stiftet, ohne weiteres auch einen Eingriff in dasjenige Recht darstellt und darstellen kann, aus dessen Verletzung der jetzt geltend gemachte, an sich ersetzbare Schaden entsprungen sein soll, nämlich in das Recht des Ehemannes gegen die Frau auf ihre Mitarbeit bei der Erziehung der Kinder, die sich auch pekuniär wertvoll erweist. Ist dies zu verneinen, und Gegenstand der Verletzung durch den Ehebruch die Ehe als familienrechtliches, sittliches Verhältnis, so kann von einem zu ersetzenden Vermögensschaden nicht wohl die Rede sein. Unmittelbar greift der Ehebruch gewiß nicht in das vermögensrechtliche Gebiet ein, und wenn man von einer mittelbaren Verletzung der aus der häuslichen Gemeinschaft erwachsenden Rechte sprechen mag, so hat doch das Bürgerliche Gesetzbuch, wie die Regelung des Eherechts mit Sicherheit erkennen läßt, den Ehebrecher mit dem Ausgleiche der aus solcher Verletzung hervorgehenden Nachteile nicht belasten wollen und auch nicht belastet. Der IV. Zivilsenat hat bereits in dem Urteile vom 5. Juni 1905 (Seuffert Arch. 61 Nr. 38; Gruchot Beitr. 50, 664) ausgesprochen, daß eine Frau, die sich den gesetzlichen Vorschriften zuwider der ehelichen Lebensgemeinschaft, der Leitung des Hauswesens und der Mitarbeit im Hauswesen und im Geschäfte des Mannes entzieht, dadurch allein dem Manne gegenüber nicht schadensersatzpflichtig werde, daß vielmehr eine Ersatzpflicht nur aus sonstigen gesetzlichen Vorschriften, z. B. aus § 826 BGB., zu begründen sei. Hier handelt es sich nicht um die Frau, sondern um den Dritten als notwendigen Teilnehmer an dem Ehevergehen der Frau. Ihn trifft, von besonderen Umständen abgesehen, lediglich wegen dieser Teilnahme noch weniger eine Ersatzpflicht für die aus der Scheidung infolge des Ehevergehens sich entwickelnde ungünstige Verschiebung der Vermögenslage des unschuldigen Gatten.

Das römische Recht und ihm folgend andere Rechte gewährten dem schuldlosen Teil als Entschädigung für die ihm durch die Scheidung entzogenen wirtschaftlichen Vorteile der Ehe, einen Anspruch auf Ehescheidungsstrafe. Das Bürgerliche Gesetzbuch hat den Gedanken eines privatrechtlichen Ersatzanspruchs des unschuldigen Gatten abgelehnt. Die Motive zum ersten Entwurf (Bd. 4 S. 615 flg.) führen aus, daß er sich aus allgemeinen Grundsätzen nicht herleiten lasse — wobei auf die Entsch. d. RG.'s in Zivils. Bd. 8 S. 188 verwiesen wird —, und daß es dem Wesen der Ehe widerstrebe, sie einem vermögensrechtlichen, auf Erlangung vermögensrechtlicher Vorteile gerichteten Rechtsgeschäfte gleichzustellen und als eine Quelle solcher Vorteile rechtlich zu behandeln. Darum ist die Scheidungsstrafe früherer Rechte, die dem verletzten Gatten einen Ausgleich für den Verlust der durch die Ehe begründeten, in Geld schätzbaren Vorteile bieten sollte, in das Gesetzbuch nicht aufgenommen. Gewisse Eheverfehlungen, in erster Reihe der Ehebruch, gewähren dem schuldlosen Gatten das Recht auf Scheidung. Diese hat auch die Lösung der durch den ehelichen Güterstand bedingten vermögensrechtlichen Beziehungen zur Folge. Der unschuldige Gatte behält in gewissem Umfange noch einen Unterhaltsanspruch gegen den schuldigen (§§ 1578 flg. BGB.); er kann die diesem gemachten Schenkungen widerrufen (§ 1584). Aus dieser gesetzlichen Regelung der Folgen ehewidrigen, zur Scheidung berechtigenden Verhaltens ergibt sich zwingend der Schluß, daß der Ehegatte, der von dem ihm eingeräumten Rechte, die Scheidung zu betreiben, Gebrauch macht und dadurch die Beendigung der ehelichen Gemeinschaft herbeiführt, die aus dieser entsprungenen wirtschaftlichen Vorteile ersatzlos verliert. Neben der vom Gesetz ausgesprochenen Rückwirkung der Scheidung auf die vermögensrechtlichen Verhältnisse der Gatten zueinander, die sich im wesentlichen auf einen Unterhaltsanspruch des schuldlosen Teils beschränkt, ist kein Raum für Entschädigungsansprüche, die einen Ersatz für das Aufhören der aus der Ehe fließenden geldwerten Vorteile bezwecken und ihrer Bedeutung nach nichts anderes sind als Ansprüche auf eine vom Gesetz mißbilligte Ehescheidungsstrafe. Will der verletzte Gatte die günstigere Vermögenslage, die ihm die Ehe gewährt, nicht aufgeben, und stellt er sie höher, als seine durch das Ehevergehen angegriffenen Rechte, so muß er von der Scheidung absehen. Tut er es nicht, so hat er die durch die Scheidung geschaffene Rechtslage so, wie sie vom Gesetz ausgestaltet ist, hinzunehmen. Sie beruht auf seinem Entschlusse, der freilich auf das ehewidrige Verhalten des anderen Gatten und seines Mitschuldigen zurückzuführen ist, der aber doch nach dem Willen des Gesetzes allein als die Ursache jener Rechtslage angesehen werden muß. Wenn, wie der Vertreter des Revisionsklägers anführt, die französische Praxis auf einem anderen Standpunkt steht und eine Schadensersatzklage (aus Art. 1382 Code civil) gegen den Ehebrecher zuläßt, so ist dies für die nach deutschem Rechte zu treffende Entscheidung nicht von Erheblichkeit." . . .

28. Findet § 166 Abs. 1 BGB. in den Fällen des § 30 Nr. 2 KO. entsprechende Anwendung?

VII. Zivilsenat. Urt. v. 26. Oktober 1909 i. S. M. (Bekl.) w. E. Konkursverw. (Kl.). Rep. VII. 16/09.

I. Landgericht Kiel.
II. Oberlandesgericht daselbst.

Aus den Gründen:

... „Was die Frage der Vertretung anlangt, so kann dahingestellt bleiben, ob § 166 Abs. 2 BGB. Anwendung zu finden hat; denn jedenfalls muß gemäß § 166 Abs. 1 BGB. die Bestimmung des § 30 Nr. 2 KO. entsprechend auf den Vertreter angewendet werden. Wenn der Vertreter an der Stelle des Vertretenen steht, so hat auch für ihn in Ansehung der Kenntnis der Begünstigungsabsicht dasselbe zu gelten, was für den Vertretenen gilt; mit anderen Worten, es ist in den Fällen des § 30 Nr. 2 KO., wenn durch einen Vertreter gehandelt ist, der Gegenbeweis zu führen, daß der Vertreter keine Kenntnis von der Begünstigungsabsicht des Gemeinschuldners gehabt hat." ...

29. Ist eine arglistige Täuschung durch einen „Dritten" verübt, wenn der Täuschende einen Grundstückskauf in Vertretung des Verkäufers mündlich vereinbart hat, und im Anschlusse daran der Vertrag von einem anderen Vertreter des Verkäufers mit dem Käufer formgerecht abgeschlossen worden ist?

BGB. § 123 Abss. 1, 2 Satz 1.

V. Zivilsenat. Urt. v. 27. Oktober 1909 i. S. Landbank in B. (Bekl.) w. B. (Kl.). Rep. V. 591/08.

I. Landgericht Königsberg.
II. Oberlandesgericht daselbst.

Der Kläger schloß am 14. November 1904 mit dem Kaufmann L. als Beauftragten der Beklagten einen notariellen Vertrag, durch den er von dem der Beklagten gehörigen Gute das Vorwerk J. mit einer Fläche von etwa 200 ha für den Preis von 861 ℳ für den Hektar (215 ℳ für den Morgen) kaufte. Nachdem er durch Schreiben vom 18. Januar 1905 diesen Vertrag wegen arglistiger Täuschung angefochten hatte, klagte er auf Anerkennung der Richtigkeit des Vertrages. Er behauptete: am Tage des Vertragsschlusses, bevor der Vertrag zu notariellem Protokoll erklärt worden sei, habe nach Besichtigung des Vorwerkes bei den Vertragsverhandlungen im Gasthause in K. auf sein Befragen der Kaufmann S. M. aus P. erklärt, Sp., der als früherer Beamter der Beklagten das Gut längere Zeit bewirtschaftet und dann ebenfalls einen Teil davon bereits vorher gekauft hatte, habe pro Morgen 220 ℳ gezahlt. Die Richtigkeit dieser Mitteilung habe S. M., als er, Kläger, Zweifel geäußert, auf Ehrenwort versichert. In Wirklichkeit habe aber Sp. nur einen Kaufpreis von 180 ℳ für den Morgen gezahlt. Da S. M. von der Beklagten damit beauftragt gewesen sei, Käufer für die einzelnen zum Verkaufe gestellten Parzellen des Gutes zu ermitteln, mit ihnen zu verhandeln und die Verträge mit ihnen zum Abschlusse zu bringen, so sei er, Kläger, wegen der arglistigen Täuschung durch S. M. zur Anfechtung des Vertrages gegenüber der Beklagten berechtigt; er würde, wenn er gewußt hätte, daß Sp. nur einen Kaufpreis von 180 ℳ für den Morgen gezahlt habe, den Vertrag nicht mit L. abgeschlossen haben. Der erste Richter verurteilte die Beklagte nach dem Klagantrage. Der zweite Richter wies zunächst die Klage ab. Nachdem sein Urteil in der Revisionsinstanz aufgehoben worden war, machte er auf Grund der anderweiten Berufungsverhandlung die Entscheidung von einem dem Kläger über die falsche Versicherung auferlegten richterlichen Eide abhängig. Die Revision der Beklagten wurde zurückgewiesen aus folgenden

Gründen:

... „Von der Revision wird ... geltend gemacht, S. M. sei nicht Vertreter der Beklagten gewesen, sondern Dritter; daher wäre der Vertrag nur unter den Voraussetzungen des § 123 Abs. 2 BGB. anfechtbar. Der Berufungsrichter führt in dieser Hinsicht aus: nach der eigenen Darstellung der Beklagten sei auch S. M. von ihr beauftragt gewesen, den Verkauf von J. zu vermitteln und die Verkaufsbedingungen unter dem Vorbehalt der Genehmigung der Beklagten zu vereinbaren; daraus folge, daß dem S. M. von der Beklagten für die Herbeiführung des Verkaufs von J. eine zwar beschränkte, aber immerhin in gewissem Rahmen erhebliche Vertretungsmacht erteilt worden sei, und nach den Bekundungen des S. M. selbst und des L. sei ersterer innerhalb dieses Rahmens auch wirklich gemeinschaftlich mit L. in der Eigenschaft als Vertreter der Beklagten beim Verkaufe tätig geworden, indem er und L., und zwar er vornehmlich, mit dem Kläger namens der Beklagten über den Verkauf verhandelt und die Hauptbedingungen des dann notariell verlautbarten Vertrages vereinbart hätten. Die Revision rügt, die Darstellung der Beklagten enthalte nicht ein Zugeständnis der Behauptung des Klägers, daß S. M. beauftragt gewesen sei, Verträge mit den von ihm ermittelten Käufern zum Abschlusse zu bringen; deshalb hätte der Berufungsrichter berücksichtigen müssen einmal Nr. 27 der allgemeinen Vertragsbedingungen der Beklagten, wonach mündliche Abmachungen, Zusicherungen und Versprechungen neben dem schriftlichen Vertrage keine verbindliche Kraft haben sollten, und sodann vor allem die eidliche Aussage des S. M., nach der er in dieser Sache lediglich Substitut seines Bruders J. M. gewesen sei und letzterer auch nur den Auftrag, Käufer heranzubringen, also lediglich einen Maklerauftrag, gehabt habe." (Dieser Angriff wird zurückgewiesen und sodann fortgefahren.)

„Aus den erwähnten Tatsachen . . . und den weiteren, daß S. M. auch gemäß dem Auftrage namens der Beklagten die Kaufverhandlungen mit dem Kläger geführt und die hauptsächlichen Vertragsbedingungen vereinbart hat, folgert der Berufungsrichter mit Recht, daß der Kläger wegen der von S. M. verübten arglistigen Täuschung den Vertrag gemäß § 123 Abs. 1 BGB. in gleicher Weise anfechten kann, wie wenn er von der Beklagten selbst, also von deren gesetzlichen Vertretern, arglistig getäuscht worden wäre. Ob die Beklagte dem Kläger für einen durch die Täuschung zugefügten Schaden haften müßte, kann auf sich beruhen.

Vgl. Entsch. des RG.'s in Zivils. Bd. 61 S. 207, Bd. 63 S. 150.

Darum handelt es sich vorliegend nicht. Vielmehr fragt es sich, ob der den Kläger als den Vertragsgegner der Beklagten zum Vertragschlusse durch arglistige Täuschung veranlassende S. M. als ein Dritter im Sinne des § 123 Abs. 2 BGB. zu erachten ist. Dies ist zu verneinen. Nach § 123 Abs. 1 BGB. kann der zur Abgabe einer

Willenserklärung durch arglistige Täuschung oder widerrechtlich durch Drohung Bestimmte seine Erklärung anfechten, gleichviel von wem die arglistige Täuschung oder die widerrechtliche Drohung verübt worden ist. Von diesem Grundsatze enthält § 123 Abs. 2 Satz 1 BGB. für die arglistige Täuschung, nicht auch für die widerrechtliche Drohung, eine Ausnahmebestimmung hinsichtlich der Person des Verübenden. Im Falle einer einem anderen gegenüber abzugebenden, also einer empfangsbedürftigen Willenserklärung (§ 130 BGB.) soll diese, wenn der Erklärende zu ihrer Abgabe durch die arglistige Täuschung eines Dritten bestimmt worden ist, nur dann anfechtbar sein, wenn der Empfänger der Erklärung die Täuschung kannte oder kennen mußte. Nach der Begründung des sachlich mit § 123 Abs. 2 Satz 1 BGB. übereinstimmenden (Prot. Bd. 1 S. 118, 119) § 103 Abs. 2 Entw. I sollte es an sich keinen Unterschied machen, ob die rechtswidrige Beeinflussung von einem bei dem Rechtsgeschäfte Beteiligten oder einem Unbeteiligten ausgeübt worden sei; jedoch sollte, weil die strenge Durchführung dieses Grundsatzes zu Härten führen würde, wenn bei einer Willenserklärung, die gegenüber einer anderen Person abgegeben werden mußte und abgegeben worden sei, die Beeinflussung von einem Dritten ausginge, während der Empfänger der Willenserklärung bei der Beeinflussung nicht beteiligt gewesen sei, auch diese weder gekannt habe noch habe kennen müssen, für diesen Fall hinsichtlich der arglistigen Täuschung die bezeichnete Ausnahme gelten.

Vgl. Mot. z. BGB. Bd. 1 S. 206.

Danach sowie nach dem Wortlaute des Gesetzes ist ein Dritter im Sinne des § 123 Abs. 2 Satz 1 BGB. ein anderer als der Empfänger der Willenserklärung, zu deren Abgabe der Getäuschte bestimmt worden ist, also ein bei dieser Erklärung Unbeteiligter.

Ein solcher Dritter ist im vorliegenden Falle zunächst nicht L. gewesen. Denn er gerade hat den fraglichen Kaufvertrag mit dem Kläger vor dem Notar abgeschlossen, und er hat die Vertragserklärungen, die vom Kläger angefochten werden, entgegengenommen. Zwar ist er nicht selbst der Verkäufer gewesen, sondern er hat in Vertretung der verkaufenden Beklagten den Vertrag geschlossen. Dies macht aber hinsichtlich der Frage, ob L. ein Dritter war, keinen Unterschied. Denn L. war, wiewohl er nur in Vertretung der Beklagten handelte, doch zufolge des Vertragsschlusses mit dem Kläger ein bei dessen Vertragserklärung Beteiligter. Durch die gegenseitigen Vertragserklärungen des L. und des Klägers wurde ein Vertragschluß derart bewirkt, daß der Kläger daran gebunden war, und nur noch die Bindung der von L. vertretenen Beklagten im Sinne der §§ 182 Abs. 1, 184 BGB. von der Genehmigung der Beklagten abhing. Hätte daher L. die behauptete arglistige Täuschung verübt, so würde die Vertragserklärung des Klägers, weil nicht ein Dritter die Täuschung verübt hätte, unbedenklich nach § 123 Abs. 1 BGB. anfechtbar sein. S. M. aber ist nach den Feststellungen des Berufungsrichters, ebenso wie L., von der Beklagten nicht nur beauftragt gewesen, Käufer zu ermitteln und das Zustandekommen eines Kaufgeschäftes bezüglich des in Rede stehenden Grundstückes zwischen den Parteien zu vermitteln, sondern auch, in Vertretung der Beklagten vorbehaltlich der Genehmigung dieser die Verkaufsbedingungen zu vereinbaren, also einen Kaufvertrag zwischen der Beklagten und dem Käufer in der Weise abzuschließen, daß nur noch die Bindung der Beklagten von deren Genehmigung abhing. Demgemäß hat er nach den weiteren Feststellungen des Berufungsrichters gemeinsam mit L. die Kaufverhandlungen mit dem Kläger geführt, und er ist dabei sogar als der vornehmliche Leiter der Verhandlungen aufgetreten. Nachdem sodann durch ihn unter Mitwirkung des L. die Einigung über den Kauf mit dem Kläger erzielt, und also der Kaufvertrag mündlich zum Abschlusse gebracht worden war, ist sogleich im Anschlusse daran der so geschlossene Vertrag durch L. und den Kläger vor dem Notar beurkundet worden. Bei dieser Sachlage stellt sich der mündliche Vertrag und die sich anschließende Beurkundung als ein einheitliches Ganze dar. Deshalb ist S. M., ebenso wie L., als ein bei dem auf diese Weise zunächst mündlich erfolgten und dann durch die Beurkundung vollendeten Vertragsschlusse Beteiligter anzusehen, der gemeinschaftlich mit L. als dem anderen Vertreter der Beklagten die Vertragserklärung des Klägers entgegengenommen hat. Kann danach aber S. M. nicht als ein Dritter im Sinne des § 123 Abs. 2 Satz 1 BGB. gelten, so ist der Kläger auf Grund der von S. M. verübten arglistigen Täuschung zur Anfechtung des Kaufvertrages nach § 123 Abs. 1 BGB. für berechtigt zu erachten.

Die Revision beruft sich auf ein Urteil des II. Zivilsenats vom 26. Januar 1909, Rep. II. 337/08, und meint, der dort der Entscheidung zugrunde liegende Fall stehe dem vorliegenden gleich; in jenem Urteile sei aber ausgesprochen, daß der bei dem Vertragsschlusse so wie vorliegend Mitwirkende als ein Dritter anzusehen sei. Tatsächlich betrifft jedoch dieses Urteil einen wesentlich anderen Fall als den hier gegebenen. Dort war vom Berufungsrichter angenommen worden, der die Täuschung Verübende sei deshalb nicht als ein Dritter anzusehen, weil er vom Beklagten Vollmacht gehabt habe, die Vertragsverhandlungen mit den Klägern bis zur Unterzeichnung der Vertragsurkunde zu führen. Der II. Zivilsenat hob das Urteil auf und wies die Sache behufs Prüfung, ob nicht anderweite Feststellungen zu treffen seien, an das Berufungsgericht zurück, weil aus den bisherigen Feststellungen sich nur ergebe, daß der Täuschende lediglich vorbereitende Verhandlungen geführt habe, und der Vertrag von dem Beklagten selbst geschlossen worden sei. Danach hat auch der II. Zivilsenat der Rechtsauffassung Ausdruck gegeben, daß, wenn der Täuschende in Vertretung des Beklagten den Vertrag mit den Klägern geschlossen hätte, er nicht als ein Dritter anzusehen wäre. Vorliegend aber hat S. M. gemeinsam mit L. in Vertretung der Beklagten mit dem Kläger den Kaufvertrag geschlossen. Er war daher auch im Sinne des Urteils des II. Zivilsenats nicht ein Dritter, da er nicht ein bei dem Vertragsschlusse Unbeteiligter war." ...

30. 1. Kann die Gewährleistung des Zedenten für die Einbringlichkeit der Forderung zugleich als Bürgschaft und als ein Nebenrecht im Sinne des § 401 BGB. aufgefaßt werden?
2. Ist § 776 Satz 2 BGB. auf ein Garantieversprechen für den Eingang einer abgetretenen Forderung analog anwendbar, wenn der Zessionar auf eine erst nach der Forderungsabtretung entstandene Bürgschaft verzichtet hat?

II. Zivilsenat. Urt. v. 29. Oktober 1909 i. S. H. (Kl.) w. R. (Bekl.). Rep. II. 661/08.

I. Landgericht Elberfeld.
II. Oberlandesgericht Düsseldorf.

Der Beklagte trat gemäß Urkunde vom 13. Juni 1901 von einer ihm gegen E. zustehenden hypothekarisch eingetragenen Forderung von 25000 *M* einen Teilbetrag von 10000 *M* unter Einräumung des Vorranges vor der Resthypothek an Witwe F. ab und zwar unter Garantie „für den richtigen Eingang und die jetzige und zukünftige Zahlungsfähigkeit des Schuldners.“ Am 1. Juli 1902 übernahm die Witwe H., die damals Gesellschafterin der klagenden Gesellschaft war und noch ist, gegenüber der Witwe F. die gesamtschuldnerische Bürgschaft für die Schuld des E. Im November 1907 wurde das Zwangsversteigerungsverfahren in die zur Hypothek gestellten Liegenschaften eingeleitet. Im Laufe dieses Verfahrens — am 25. Januar 1908 — trat die Witwe F. ihre Forderung von 10000 *M* an die Klägerin ab; wie die Klägerin behauptete, der Beklagte aber bestritt, wurde die Abtretung ausdrücklich mit allen Nebenrechten, insbesondere auch mit dem Anspruche gegen den Beklagten erfolgt. In der notariellen Urkunde über die Abtretung ist von Nebenrechten nicht die Rede. Am nämlichen Tage entließ die Witwe F. die Witwe H. von ihrer Mithaftung als Bürgin, wie die Klägerin behauptet, Beklagte aber gleichfalls bestritt, vor der Forderungsabtretung. Die Klägerin ist mit der ihr abgetretenen Forderung in Höhe von 9914,34 *M* ausgefallen. Der verstorbene Schuldner E. war vermögenslos. Die Klägerin klagte nun auf Verurteilung des Beklagten zur Zahlung von 9914,34 *M* nebst Zinsen zu 4% seit dem 27. März 1908. Dem Antrage des Beklagten entsprechend hat das Landgericht die Klage abgewiesen. Das Oberlandesgericht hat dagegen, unter teilweiser Abänderung des erstinstanzlichen Urteils und unter Abweisung der Mehrforderung im übrigen, den Beklagten zur Zahlung von 4957,17 *M* nebst 4% Zinsen verurteilt. Gegen dieses Urteil haben beide Parteien Revision eingelegt. Die Revision des Beklagten wurde zurückgewiesen, dagegen der der Klägerin stattgegeben, aus folgenden

Gründen:

„Das Berufungsgericht ist von der Ansicht ausgegangen, die dem Juristen geläufige Unterscheidung zwischen Garantievertrag und Bürgschaft sei dem Laien in der Regel fremd. Deshalb sei im Zweifel und so auch im vorliegenden Falle in der Erklärung der Garantieübernahme für den richtigen Eingang der Forderung und für jetzige und zukünftige Zahlungsfähigkeit des Schuldners nicht nur der Ausdruck der Übernahme der Gewährleistung eines bestimmten

Erfolges — nämlich der Befriedigung des Gläubigers — sondern auch der Ausdruck des Verpflichtungswillens zu finden, dem Zessionar für die Verbindlichkeit des Schuldners einzustehen und sie nötigenfalls als Bürge anstatt des Schuldners zu erfüllen. Von diesem Standpunkte aus ist ausgeführt, die Abtretung der Forderung gegen den im Vermögensverfall verstorbenen Schuldner E. habe ohne weiteres den Übergang der Forderung gegen den Beklagten aus der formgerechten Bürgschaft auf die Klägerin zur Folge gehabt; der Beklagte hafte jedoch, nachdem die Witwe F. die Mitbürgin Witwe H. von ihrer Bürgschaft befreit habe, gemäß §§ 776, 774, 426 BGB. nur für die Hälfte der eingeklagten Forderung.

Mit Recht wird der Ausgangspunkt dieser Entscheidung von beiden Parteien als rechtsirrtümlich bekämpft. In der Rechtsprechung des Reichsgerichts steht fest, daß eine Bürgschaft und die Übernahme der Garantie für die Güte der Forderung in einem Zessionsvertrage, ungeachtet ihres gemeinsamen wirtschaftlichen Zweckes, die Befriedigung des Gläubigers zu sichern, zwei ihrer rechtlichen Natur nach verschiedene Vertragsarten darstellen. Die Bürgschaft besteht in der Übernahme einer Haftung für eine fremde Schuld; sie setzt eine Forderung voraus, ist daher wesentlich akzessorischer Natur, ein Nebenrecht. Dagegen begründet die vertragsmäßige Gewährleistung für die Sicherheit einer abgetretenen Forderung (§§ 438, 365 BGB.) eine eigene, aus dem Veräußerungsgeschäfte sich ergebende Verbindlichkeit, die ihre Wirkung namentlich auch für den Fall äußert, daß die abgetretene Forderung gar nicht existiert. Ob nun die bei Abtretung einer Forderung übernommene Haftung für ihren Eingang niemals die Natur einer Bürgschaft annehmen kann, wie die Revisionsklägerin aufstellt, bedarf nach Lage des Falles der Entscheidung nicht. Nur beiläufig sei die in den Motiven zum Bürgerlichen Gesetzbuch (Bd. 2 S. 127), sowie auch in der Rechtslehre mehrfach vertretene Meinung erwähnt, es handele sich um die Ermittelung des Parteiwillens, ob in solcher Vereinbarung eine Erweiterung der gesetzlichen Haftpflicht, eine Verpflichtung zur Gewährleistung, oder eine Bürgschaftsübernahme zu erblicken sei. Keinenfalls ist es aber bei der angegebenen wesentlichen Verschiedenheit beider Vertragsarten rechtlich möglich, daß in der Übernahme der Gewährleistung für die Sicherheit der abgetretenen Forderung zugleich, wie das Berufungsgericht annimmt, eine Bürgschaftsübernahme gefunden werden könne. Denn die Verpflichtung zur Gewährleistung mit ihrer selbständigen Natur und ihrer weiter reichenden Wirkung läßt für eine Bürgschaft zur Sicherung derselben Forderung keinen Raum. Dem Berufungsgerichte kann aber auch darin nicht beigetreten werden, daß nach der Verkehrsauffassung in der Übernahme einer Garantie für den Eingang der abgetretenen Forderung im Zweifel eine Bürgschaft zu erblicken sei. Für eine Spaltung des Vertrages in einen Kauf und in ein Geschäft besonderer Art — Bürgschaft — besteht weder ein Verkehrsbedürfnis, noch entspricht sie der Natur des Vertragsverhältnisses, das vielmehr eine einheitliche Beurteilung im Sinne einer Erweiterung der gesetzlichen Haftpflicht im Rahmen des Kaufgeschäfts jedenfalls für die Regel und abgesehen von besonderen Umständen des Falles natürlicher erscheinen läßt. Besondere den konkreten Verhältnissen entnommene Gründe dafür, daß die von dem Beklagten gegenüber der Witwe F. übernommene Garantie für den Eingang der Forderung von den Vertragsparteien ausnahmsweise als eine Bürgschaft gedacht und gewollt gewesen sei, sind aber vom Berufungsgerichte nicht angeführt und auch nicht erkennbar. Vielmehr haben die Parteien selbst einer derartigen Auffassung des Vertragsverhältnisses widersprochen.

Handelt es sich hiernach speziell bei der Forderung gegen den Beklagten aus der übernommenen Garantie nicht um eine Bürgschaft, sondern um einen selbständigen Gewährleistungsanspruch, so ist dieser Anspruch zufolge der Urkunde vom 25. Januar 1908, wodurch die Witwe F. die Forderung gegen E. ohne besondere Erwähnung des Gewährleistungsanspruches gegen den Beklagten der Klägerin abgetreten hat, auf diese nicht schon ohne weiteres gemäß § 401 BGB. übergegangen (vgl. Entsch. des RG.'s in Zivils. Bd. 60 S. 369). Vielmehr hätte es hierzu einer dahingehenden Vereinbarung bedurft. Mit Rücksicht auf die selbständige Natur des Anspruchs aus einem Gewährleistungsversprechen war indessen noch die nachträgliche Abtretung desselben zulässig, solange die Forderung gegen E. noch nicht getilgt war (vgl. Urteil des V. Zivilsenats des Reichsgerichts, Rep. V. 74/05). Eine solche Abtretung des Gewährleistungsanspruches an die Klägerin ist nun jedenfalls, wenn nicht schon gleichzeitig mit der Abtretung der Forderung gegen E., wie Klägerin unter

Beweis gestellt, unstreitig in der notariellen Urkunde vom 5. Juni 1908 seitens der Witwe F. erfolgt. Damit ist die Klägerin zur Geltendmachung der Rechte aus dem Garantieversprechen gegen den Beklagten berechtigt, wenn auch mit anderer Begründung (§ 563 ZPO.). Die Einrede unzulässiger Klageänderung kommt nicht in Betracht, da diese Einrede in den Vorinstanzen nicht erhoben war.

Der weitere Einwand des Beklagten, daß er von seiner Verpflichtung infolge des wider Treu und Glauben verstoßenden Verzichts der Witwe F. auf die Bürgschaft der Witwe H. befreit worden sei, ist mit Recht von dem Berufungsgerichte als unbegründet zurückgewiesen worden. Denn der Verzicht der Witwe F. auf die erst nach der Forderungsabtretung des Beklagten erworbene Bürgschaft der Witwe H. stand im freien Ermessen der Gläubigerin; uud wenn auch dieser Verzicht auf die Bürgschaft den Zweck verfolgt hat, „auf Kosten des Beklagten ohne Schaden für die Witwe H. deren Bürgschaftsverpflichtung los zu werden", so kann hierin doch, wie das Berufungsgericht ohne Rechtsirrtum angenommen hat, kein Verstoß gegen Treu und Glauben gefunden werden. Nun bestimmt zwar § 776 Satz 2 BGB., daß der Bürge von seiner Bürgschaft frei wird, soweit zu seinem Nachteile der Gläubiger ein zur Sicherheit der Forderung dienendes Nebenrecht aufgibt, und zwar ohne Unterschied, ob das aufgegebene Recht vor, oder erst nach der Übernahme der Bürgschaft entstanden ist. Allein eine analoge Anwendung dieser für die Bürgschaft gegebenen Bestimmung auf das Gewährleistungsversprechen erscheint bei der hervorgehobenen rechtlichen Verschiedenheit beider Vertragsarten bezüglich einer erst nach der Forderungsabtretung entstandenen Bürgschaft ausgeschlossen. Dieser Entscheidung steht auch das Urteil des V. Zivilsenats, Rep. V. 621/06, nicht entgegen, da es sich in dem dort entschiedenen Falle um bereits zur Zeit der Forderungsabtretung bestehende Rechte handelte.

Aus den vorstehenden Ausführungen folgt, daß der Beklagte zum Ersatze des ganzen Ausfalles der Forderung der Klägerin in Höhe von 9914,43 ℳ nebst 4 % Zinsen seit dem 27. März 1908 verpflichtet ist. Zu diesem Betrage war daher der Beklagte unter Zurückweisung seiner Revision und entsprechender Aufhebung des angefochtenen Urteils zu verurteilen."

31. Liegt bei der negativen Feststellungsklage unzulässige Klageänderung vor, wenn die Klage darauf gestützt war, daß der abzuwehrende Anspruch des Beklagten, weil ihm ein Scheingeschäft zugrunde liege, überhaupt nicht entstanden sei, später dagegen behauptet wird, der Anspruch sei zwar wirksam entstanden, jedoch durch Erfüllung erloschen?

V. Zivilsenat. Urt. v. 30. Oktober 1909 i. S. Bö. (Kl.) w. Be. (Bekl). Rep. V. 597/08.

I. Landgericht Dessau.
II. Oberlandesgericht Naumburg a. S.

Gegenüber einer Klage auf Rückzahlung eines Darlehns von 50 *M* und auf Zahlung des Preises für gelieferte Waren wandte der Beklagte ein, er habe das Geld und die Waren als Abschlagszahlung auf die Zinsen einer auf dem Grundstücke der Klägerin für ihn haftenden Hypothek von 6500 *M* erhalten. Die Klägerin verlangte darauf im Wege der Inzidentfeststellungsklage die Feststellung, daß dem Beklagten gegen sie eine Forderung von 6500 *M*, insbesondere aus der für ihn auf dem klägerischen Grundstück eingetragenen Hypothek gleicher Höhe, nicht zustehe. Gestützt war die Feststellungsklage auf die vom Beklagten bestrittene Behauptung, daß die Hypothek nur zum Scheine, um das Grundstück dem Zugriffe der Gläubiger des klägerischen Ehemannes zu entziehen, bestellt worden und deshalb nichtig sei. Der erste Richter wies die Klage ab, indem er auf Grund der Beweisaufnahme für erwiesen erachtete, daß die Hypothek von 6500 *M* zu Recht bestehe, und die Zahlung von 50 *M* sowie die Lieferung der Waren zur Tilgung der Zinsforderung erfolgt sei. In zweiter Instanz behauptete die Klägerin unter Aufrechterhaltung ihrer erstinstanzlichen Anführungen auch noch, die streitige Hypothek bestehe deshalb nicht mehr, weil sie jedenfalls durch zwei Zahlungen, die ihr Ehemann an den Beklagten in Höhe von 7000 *M* und 200 *M* geleistet habe, getilgt worden sei. Diese neue Behauptung verwarf der Berufungsrichter auf Widerspruch des Beklagten als unzulässige Klageänderung. Im übrigen machte er die Entscheidung von einem dem Beklagten auferlegten richterlichen

Eide abhängig. Auf Revision der Klägerin wurde das Berufungsurteil aufgehoben, aus folgenden

Gründen:

„Die Revision beschwert sich allein darüber, daß der Berufungsrichter in der der Klage nachträglich gegebenen anderweiten Begründung eine unzulässige Klageänderung gefunden hat, und dieser Beschwerde konnte der Erfolg nicht versagt werden.

Zur Rechtfertigung der Annahme einer unzulässigen Klageänderung wird in dem Berufungsurteil ausgeführt: während die ursprüngliche Klage auf Nichtigkeit der Hypothekenbestellung gestützt gewesen sei, werde mit der abgeänderten Klage geltend gemacht, daß die Forderung, wegen deren die Hypothek bestellt worden war, getilgt sei. Danach begehre die Klägerin jetzt, obwohl die Worte ihres Klageantrags unverändert geblieben seien, auch einen anderen Klagegegenstand. Der Charakter der Klage als einer negativen Inzident-Feststellungsklage sei für die zu entscheidende Frage bedeutungslos. Vielmehr komme es auf die mit der Klageabweisung verbundene Rechtskraftwirkung an. Diese aber sei, je nachdem die ursprüngliche oder die abgeänderte Klage von der Abweisung betroffen werde, eine verschiedene. Im ersteren Falle werde durch die Abweisung nur festgestellt, daß die Hypothekenbestellung wirksam (nicht zum Scheine) erfolgt sei. Die Rechtskraft des Urteils würde daher einer neuen Klage, die auf das Erloschensein der der Hypothek zugrunde liegenden Forderung gestützt wäre, nicht entgegenstehen. Unbeschränkte Rechtskraftwirkung würde nur bei einem Urteil Platz greifen, das die Klage wegen erfolgter Tilgung der Hypothek abwiese.

Diese Ausführungen sind rechtsirrig. Ihnen könnte im Endergebnis beigepflichtet werden, wenn die ursprüngliche Klage lediglich die Scheinnatur des dinglichen Hypothekenrechts zum Gegenstande gehabt hätte. Alsdann würde mit der nachträglichen Berufung auf Hypothekentilgung allerdings etwas wesentlich anderes geltend gemacht sein, nämlich nicht mehr die Nichtigkeit der Hypothek, die, abgesehen von dem Eingreifen der Gutgläubigkeitsvorschriften, jedermann gegenüber wirkt, bei der also die Hypothekenbestellung als nicht geschehen angesehen wird, sondern die Umwandlung der wirksam bestellten Hypothek in eine den Grundstückseigentümern angefallene Grundschuld. So ist aber die Klage nicht erhoben. Vielmehr ging der nach Fassung und Inhalt klare Klagantrag dahin, festzustellen, daß dem Beklagten gegen die Klägerin eine Forderung von 6500 *M*, insbesondere aus der auf dem klägerischen Grundstück ..... eingetragenen Hypothek von 6500 *M* nicht zustehe. Handelt es sich danach in erster Linie um die durch die Hypothek gesicherte persönliche Forderung, so kommt für die Frage der Klagänderung die von dem Wesen der Leistungsklage und der positiven Feststellungsklage abweichende besondere Natur der negativen Feststellungsklage in Betracht. Sie empfängt die bei jeder Klage mit Rücksicht auf die Vorschriften über Rechtshängigkeit und Rechtskraftwirkung erforderliche Individualisierung nicht aus sich selbst, sondern durch die vom Beklagten erhobenen Ansprüche, die den Kläger, weil er sie bestreitet, zu seinem Feststellungsbegehren veranlassen.

Vgl. Entsch. des RG.'s in Zivils. Bd. 12 S. 361.

Demzufolge ist es zwar unzulässige Klagänderung, wenn an die Stelle des konkreten Anspruchs oder Rechtsverhältnisses, dessen Nichtbestehen nach der ursprünglichen Klagebitte festgestellt werden sollte, im Laufe des Rechtsstreits ein anderer Anspruch oder ein anderes Rechtsverhältnis mit dem Verlangen, nunmehr hierauf das negative Feststellungsurteil zu richten, gesetzt wird. Dagegen behält die negative Feststellungsklage ihre Individualität, wenn der streitige Anspruch oder das streitige Rechtsverhältnis unverändert gelassen werden, und nur hinsichtlich der tatsächlichen Behauptungen, aus denen sich das Nichtbestehen des Anspruchs oder Rechtsverhältnisses ergeben soll, gewechselt wird. In solchem Falle hat das neue Vorbringen den Charakter der Geltendmachung eines neuen Verteidigungsmittels gegenüber dem abzuwehrenden Anspruch, und wie der Kläger zum Wechsel in der Art seiner Verteidigung befugt gewesen wäre, wenn der Beklagte ihm in der Anhängigmachung des Rechtsstreits zuvorgekommen wäre, und er dadurch seinerseits die Beklagtenrolle erhalten hätte, so muß dasselbe für den Fall gelten, daß der Anspruchsprätendent nicht aus eigner Entschließung, sondern durch die negative Feststellungsklage des Gegners genötigt seinen Anspruch vor Gericht verfolgt.

Die Grundsätze über Rechtskraftwirkung stehen nicht, wie der Berufungsrichter meint, dieser Annahme entgegen, sondern im Gegenteil sie unterstützen sie. Wird das Bestehen eines Anspruchs durch

Abweisung der erhobenen negativen Feststellungsklage rechtskräftig festgestellt, so ist der Anspruch dem Beklagten endgültig zuerkannt. Die Gründe, auf denen die Zuerkennung beruht, sind bloße der Rechtskraft nicht fähige Entscheidungsgründe. Selbst wenn daher die Entscheidung nur darauf gestützt war, daß das Rechtsgeschäft, aus dem der Anspruch hergeleitet wurde, kein Scheingeschäft sei, sondern volle Wirksamkeit habe, darf dennoch der unterlegene Kläger das Bestehen des Anspruchs nicht nochmals durch die neue Behauptung in Frage stellen, der Anspruch sei durch einen vor Erlaß des Urteils eingetretenen Tilgungsakt zum Erlöschen gebracht worden. Es greift vielmehr in dieser Hinsicht der sich aus dem begrifflichen Wesen der Rechtskraft ergebende allgemeine Grundsatz durch, daß die Parteien mit neuem Vorbringen in bezug auf den Anspruch, über den das rechtskräftige Urteil erkannt hat, ein für allemal ausgeschlossen sind, es müßten denn die Voraussetzungen des Wiederaufnahmeverfahrens oder der durch die §§ 323, 324 ZPO. zugelassenen Klage vorliegen, oder ein Fall des § 471 ZPO. gegeben sein." . . .

32. Was ist unter „gleichartigen" Waren im Sinne des Gesetzes zum Schutze der Warenbezeichnungen vom 12. Mai 1894, insbesondere des § 9 Abs. 1 Nr. 1, zu verstehen?

II. Zivilsenat. Urt. v. 2. November 1909 i. S. C. (Kl.) w. B. (Bekl.). Rep. II. 20/09.

I. Landgericht Stuttgart, Kammer für Handelssachen.
II. Oberlandesgericht daselbst.

Für die Klägerin ist als Warenzeichen das Wort „Maizena" für die Fabrikation und den Vertrieb von präpariertem Maismehl in der Zeichenrolle des Kaiserlichen Patentamts (in Klasse 26e) eingetragen. Auf Grund einer späteren Anmeldung ist für den Beklagten (in Klasse 26d) als Warenzeichen das Wort „Malzena" eingetragen mit dem Vermerk: Geschäftsbetrieb, in welchem das Zeichen verwendet werden soll: Fabrikation und Vertrieb von Backhilfsmitteln; Waren, für welche das Zeichen bestimmt ist: Ferment für Backwaren. Mit der Behauptung, das Zeichen „Malzena" stehe für gleichartige Waren eingetragen wie das Zeichen „Maizena" und sei diesem so ähnlich, daß die Gefahr einer Verwechselung vorliege, klagte die Klägerin auf Grund der §§ 9 Abs. 1 Nr. 1 und 20 des Warenzeichengesetzes gegen den Beklagten auf Löschung seines Zeichens „Malzena". Gemäß dem Antrage des Beklagten, der insbesondere die Gleichartigkeit der Waren bestritt, wies das Landgericht die Klage ab. Die von der Klägerin eingelegte Berufung wurde zurückgewiesen. Auf die Revision der Klägerin wurde das Berufungsurteil aufgehoben, und unter Abänderung des landgerichtlichen Urteils der Klage auf Löschung des Warenzeichens der Beklagten stattgegeben, aus folgenden

Gründen:

„Der Berufungsrichter, der einen Zweifel daran nicht hat, daß die Zeichen der Parteien „Maizena" und „Malzena" an sich im Verkehr verwechselungsfähig sind, hat die von der Klägerin, als der älteren Zeichenberechtigten, auf Grund des § 9 Abs. 1 Nr. 1 des Warenzeichengesetzes erhobene Löschungsklage abgewiesen, indem er verneint, daß die Zeichen für dieselben oder für gleichartige Waren in der Zeichenrolle eingetragen stehen. Der Berufungsrichter führt dabei, dem (in einem Vorprozesse) erstatteten Gutachten des Chemikers Professor Dr. Ph. folgend, aus: Maizena-Mehl sei ein Back- oder Rohmaterial (wie etwa Weizenmehl), ein Stoff, aus dem Backwaren oder Küchengerichte hergestellt würden, ein Nahrungs- oder Genußmittel; Malzena-Mehl dagegen sei ein Backhilfsmittel, ähnlich der Hefe oder einem Backpulver, das (in geringen Mengen) dem zum Backen bestimmten Material zur Hervorbringung gewisser Veränderungen beigesetzt werde. Der Natur der Sache und der Auffassung des Verkehrs nach werde ein fermentativ wirkendes, hefeartiges Backhilfsmittel (wie Malzena) nicht mit einem mehlartigen Stoffe, aus dem Backwaren hergestellt werden (wie Maizena) verwechselt; die beiden Waren seien gänzlich, d. h. ihrem Wesen nach verschieden. Die Namen mögen verwechselt werden, aber nicht die Waren; die Gefahr, daß jemand, der eine Art Hefe, ein Backpulver kaufen wolle, ein Backmaterial (wie Maizena) erwerbe und verwende oder umgekehrt, bestehe nicht. Daraus, daß die beiden Waren zum Backen verwendet würden, folge ihre Gleichartigkeit nicht.

Mit Recht werden diese Ausführungen von der Revision als auf Rechtsirrtum und Verkennung des Begriffs der Gleichartigkeit von Waren im Sinne des Warenzeichengesetzes beruhend angefochten. Für diesen Begriff kommt es nicht darauf an, worauf der Berufungsrichter das entscheidende Gewicht legt, ob Waren ihrem Wesen, insbesondere ihrem Stoffe nach verschieden sind, und ob die Waren verwechselt werden können; die Möglichkeit der Verwechselung der Waren ist keine Voraussetzung der „Gleichartigkeit" der Waren im Sinne des Warenzeichengesetzes. Nach § 20 dieses Gesetzes ist die Anwendung seiner Bestimmungen nicht durch Abweichungen ausgeschlossen, mit denen „fremde Namen, Firmen, Zeichen, Wappen und sonstige Kennzeichnungen von Waren wiedergegeben werden", sofern (ungeachtet dieser Abweichungen) die Gefahr einer Verwechselung im Verkehr vorliegt. Demgemäß kommt die Gefahr der Verwechselung bei der Vergleichung der Zeichen als solcher (der Kennzeichnungen von Waren usw.) in Betracht, aber nicht bei der Frage, ob die Waren, für die die Zeichen bestimmt sind, als gleichartige, als Waren der angemeldeten Art (§ 4 Abs. 2, § 5 Abs. 1, § 9 Abs. 1 Nr. 1, § 12 des Gesetzes) zu erachten sind. Schnupftabak, Zigarren, Zigaretten und selbst Zigarettenpapier (Entsch. des RG.'s in Zivils. Bd. 60 S. 325/6) sind gleichartige Waren im Sinne des Warenzeichengesetzes; dasselbe gilt von Toilettenseife und flüssigem Parfüm und wird z. B. von Tinte und Papier gelten können; gleichwohl wird niemand Schnupftabak mit Zigarren oder Zigarettenpapier, feste Seife mit flüssigem Parfüm, Tinte mit Papier verwechseln. Entscheidend für die Gleichartigkeit von Waren im zeichenrechtlichen Sinne ist vielmehr, ob die Waren vermöge ihrer wirtschaftlichen Bedeutung und ihrer Verwendung einander nahe stehen; ob — zufolge der für sie geführten Zeichen — die Möglichkeit einer Verwechselung oder Täuschung im Verkehr besteht. Dabei ist zu beachten, daß, entsprechend dem Zweck des Gesetzes, einem eingetragenen Warenzeichen und dem Geschäftsbetriebe, für den das Zeichen geführt wird, wirksamen Schutz zu gewähren, grundsätzlich der Begriff der Gleichartigkeit der Waren nicht zu enge aufzufassen ist. Es kann unbedenklich für Eisenwaren einerseits und Tabakfabrikate andererseits, für Weine und für Schuhwaren dasselbe Zeichen bestehen; eine Verwechselung kann bei dem Mangel jeder Beziehung zwischen diesen

Waren überhaupt nicht vorkommen, die Gefahr einer Verwechselung in keiner Weise bestehen, insbesondere auch nicht nach der Richtung hin, daß zufolge der Verwendung des gleichen — oder nach § 20 des Gesetzes für gleich zu erachtenden — Zeichens für die Waren im Verkehre ein Hinweis auf die gleiche Herkunftsstelle gefunden werden könnte.

Entsch. des RG.'s in Zivils. Bd. 60 S. 325/6, Bd. 67 S. 36 flg.; Entsch. des Patentamts im Blatt für Patent-, Muster- und Zeichenwesen 1905 S. 129; Entsch. des III. Strafsenats des RG.'s in demselben Blatt 1906 S. 208.

Das Entgegengesetzte liegt hier vor. Nach den Feststellungen des Berufungsrichters handelt es sich bei der Ware der Klägerin wie bei der Ware des Beklagten um ein Mehl; das Mehl der Klägerin (Maizena-Mehl) wird aus Mais hergestellt, das Malzena-Mehl des Beklagten aus Gerste gewonnen. Beide Waren finden beim Backen Verwendung. Dabei wird „Maizena", wie der Sachverständige, dem der Berufungsrichter in allen Beziehungen folgt, ausdrücklich erklärt hat, beim Backen nicht nur anstatt anderen Mehles, sondern auch in Mischung mit anderem Mehl und als Zusatz zu solchem, in gewisser Weise zur Verfeinerung des herzustellenden Gebäcks, verwendet. Malzena findet ebenfalls (freilich in geringen Mengen) als Zusatz beim Backen Verwendung. Und wenn darum auch, wie der Sachverständige sagt, Maizena nicht als „Backhilfsmittel" in demselben Sinne wie etwa Malzena zu bezeichnen ist, so kann nach dem vorstehend Bemerkten doch an der Verwandtschaft der beiden Waren, an ihrer Gleichartigkeit im Sinne des Warenzeichengesetzes nicht gezweifelt werden." . . .

---

33. Hat § 53 Abs. 1 des Kunstschutzgesetzes vom 9. Januar 1907 Rückwirkung auf Werke, die zu der Zeit, als das Gesetz in Kraft trat, bereits vorhanden waren? Erfordert seine Anwendung, daß diese Werke einen Kunstschutz genossen? Fällt unter die ausschließlichen Befugnisse des Urhebers im Sinne des § 53 Abs. 1 auch das Recht aus § 37 auf Vernichtung der widerrechtlich hergestellten Exemplare?

Gesetz, betr. das Urheberrecht an Werken der bildenden Künste und der Photographie, vom 9. Januar 1907 §§ 37, 53.

I. Zivilsenat. Urt. v. 2. Oktober 1909 i. S. E. & St. u. Gen. (Bekl.). w. Sch. (Kl.). Rep. I. 408/08.

I. Landgericht Stuttgart.
II. Oberlandesgericht daselbst.

Unter dem 27. November 1902 wurde für die Klägerin im Musterregister des Amtsgerichts O. ein Plakat eingetragen, welches ein nach einer Mundharmonika tanzendes Paar in Schwarzwälder Volkstracht darstellte und nach einem von dem Kunstmaler R. in Aquarell gefertigten Entwurfe von der Klägerin hergestellt war. Die ursprünglich dreijährige Schutzfrist wurde am 2. November 1905 um fünf Jahre verlängert. Das Plakat, das bestimmt war, der Mundharmonikafabrik M. H. in Tr. zu Reklamezwecken zu dienen, wurde für diese auch als Warenzeichen am 14. März 1903 in die Zeichenrolle des Patentamts eingetragen.

Die Klägerin, die das Urheberrecht beanspruchte, behauptete, daß die Beklagten das Plakat in der Absicht, die Nachbildungen zu verbreiten, vorsätzlich, jedenfalls aber fahrlässig nachgebildet hätten. Neben anderen, hier nicht interessierenden, Ansprüchen beantragte sie, daß die bei den Beklagten vorrätigen Nachbildungen des Geschmacksmusters und die zu dessen Vervielfältigung bestimmten Vorrichtungen, insbesondere die Platten und Steine, zu vernichten seien.

Das Oberlandesgericht, das im übrigen nach den Anträgen der Klägerin erkannte, hatte diesen Antrag zurückgewiesen; das Reichsgericht aber hat auch ihm stattgegeben, aus folgenden

Gründen:

... „Das Oberlandesgericht hat den in der Berufungsinstanz von der Klägerin auf Grund der §§ 37, 53 des Kunstschutzgesetzes von 1907 gestellten Antrag ... zwar zugelassen, weil er eine Klagänderung nicht enthalte, aber aus der Erwägung zurückgewiesen, daß das Kunstschutzgesetz nicht zur Anwendung komme, weil das Werk, um dessen Schutz es sich handele, zur Zeit des Inkrafttretens dieses Gesetzes, als Werk der bildenden Künste, im Bereiche der Industrie nicht geschützt gewesen sei, sondern gegen weitere Nachbildung von

Erzeugnissen der Industrie nur den Musterschutz genossen habe. Der Umstand, daß es auf dem Gebiete der hohen Kunst auch nach dem Gesetze, betr. das Urheberrecht an Werken der bildenden Künste, vom 9. Januar 1876 geschützt gewesen sei, sei unerheblich.

Mit Recht rügt die Klägerin die Verletzung des § 53 des Kunstschutzgesetzes von 1907, dessen Abs. 1 Satz 1 lautet:

> „Die ausschließlichen Befugnisse des Urhebers eines Werkes, das zur Zeit des Inkrafttretens dieses Gesetzes geschützt ist, bestimmen sich nach dessen Vorschriften."

Hierdurch ist grundsätzlich die Rückwirkung des Kunstschutzgesetzes auf die vorhandenen Werke anerkannt. Die Streitfrage, ob die Rückwirkung nur die am 1. Juli 1907, dem Tage, an dem das Kunstschutzgesetz in Kraft trat, geschützten, oder auch die bis dahin nicht geschützten Werke ergreift, braucht nicht entschieden zu werden. Denn das Werk, wofür die Klägerin den Schutz dieses Gesetzes fordert, ist nicht das vom Maler R. hergestellte Bild, sondern das danach angefertigte, bei dem Amtsgerichte O. als Muster niedergelegte Plakat, das am 1. Juli 1907 durch das Musterschutzgesetz geschützt war. Dies genügt zur Anwendung des § 53 des Kunstschutzgesetzes, der die Rückwirkung auf die vorhandenen geschützten Werke, ohne zwischen den Arten des Schutzes zu unterscheiden, verordnet, also nicht das Erfordernis aufstellt, daß sie einen Kunstschutz bereits genossen. Dagegen setzt die Bestimmung voraus, daß es Werke sind, die auch den Anforderungen des Kunstschutzgesetzes genügen. Diese Voraussetzung trifft auf das Plakat der Klägerin zu, weil es sich als Erzeugnis des Kunstgewerbes im Sinne des § 2 des Kunstschutzgesetzes darstellt. Obwohl sich § 53 Abs. 1 Satz 1 des Gesetzes seinem Wortlaute nach nur auf die ausschließlichen Befugnisse des Urhebers bezieht, so fällt darunter auch das an sich nicht zu ihnen gehörige Recht aus § 37 auf Vernichtung der widerrechtlich hergestellten Exemplare (usw.), da es die ausschließlichen Befugnisse gegen die Fortsetzung oder Wiederholung der Rechtsverletzung sichern soll und zu ihrer notwendigen Ergänzung dient." . .

34. Von wann ab hat der Fiskus zurückzuzahlende Stempelbeträge zu verzinsen?

Reichsstempelgesetz vom 3. Juni 1906 § 70 und Tarifnummer 9.
BGB. §§ 284, 291, 818, 819, 823.

VII. Zivilsenat. Urt. v. 29. Oktober 1909 i. S. Akt.-Ges. F. (Kl.) w. preuß. Fiskus (Bekl.). Rep. VII. 572/08.

I. Landgericht Kassel.
II. Oberlandesgericht daselbst.

Auf Verlangen des Beklagten zahlte am 29. Mai 1907 die Klägerin von dem Betrage der von ihr für das Jahr 1906 an die Aufsichtsratsmitglieder gezahlten Tantiemen die in der Tarifnummer 9 des Reichsstempelgesetzes vom 3. Juni 1906 bestimmte Stempelabgabe von 8% mit 31200 *M*. Der Beklagte erstattete nach Zustellung der auf Rückzahlung der Hälfte der Abgabe mit 15600 *M* nebst 4% Zinsen seit dem 29. Mai 1907 gerichteten Klage diese Hälfte nebst 4% Zinsen seit der am 26. November 1907 erfolgten Klagezustellung zurück. Die Klägerin schränkte nunmehr den Klagantrag auf die Forderung von 4% Zinsen von 15600 *M* für die Zeit vom 29. Mai 1907 bis zum 25. November 1907 ein. Die Vorinstanzen wiesen diesen Anspruch ab; die Revision gegen das Berufungsurteil wurde zurückgewiesen.

Gründe:

„Schon in dem Urteil vom 17. Februar 1903 (Entsch. Bd. 54 S. 25) hat der erkennende Senat entschieden, daß der Fiskus zurückzuzahlende Stempelbeträge regelmäßig nicht vom Tage der Zahlung, sondern erst vom Tage der Klagezustellung ab zu verzinsen hat. Diesen Grundsatz hält der Senat nach nochmaliger Prüfung auch für den vorliegenden Fall aufrecht. Nach § 291 BGB. hat der Schuldner eine Geldschuld von dem Eintritte der Rechtshängigkeit, also von der Zustellung der auf Rückzahlung gerichteten Klage (§ 263 ZPO.) an zu verzinsen, soweit nicht aus einem besonderen Rechtsgrunde die Verzinsung schon früher zu beginnen hat. Solche Gründe hat die Klägerin ohne Erfolg aus den Vorschriften der §§ 823 und 284 BGB. herzuleiten versucht. Der § 823 findet keine Anwendung, da der Beklagte ein einzelnes bestimmtes Recht oder Rechtsgut der Klägerin nicht verletzt und auch nicht gegen ein den Schutz eines anderen bezweckendes Gesetz verstoßen hat. Übrigens würde ein Verstoß gegen § 823 auch dann nicht gegeben sein, wenn der Beklagte von dem ihm gesetzlich zustehenden Recht Gebrauch gemacht hätte, die Abgabe von der Klägerin im Zwangswege beizutreiben. Ein Verzug im Sinne des § 284 kann dem Beklagten schon deshalb nicht zur Last gelegt werden, weil nach der Feststellung des Berufungsrichters eine Mahnung nicht erfolgt ist, eine solche insbesondere nach seiner nicht zu beanstandenden Auslegung in dem Schreiben der Klägerin vom 29. Mai 1907 nicht enthalten ist; es kann hiernach dahingestellt bleiben, inwieweit eine Verzinsungspflicht des Beklagten hätte begründet werden können, wenn eine Mahnung an ihn erfolgt wäre.

Nach diesen Richtungen hin ist das Berufungsurteil von der Revision auch nicht angefochten. Sie stützt ihre Angriffe vielmehr auf die Vorschriften in den §§ 818 und 819 BGB. über ungerechtfertigte Bereicherung. Diese Angriffe gehen fehl. Nach § 818 Abs. 1 erstreckt sich die Pflicht zur Herausgabe des ohne rechtlichen Grund Erlangten auf die gezogenen Nutzungen. Die Klägerin hat aber nicht dargetan, daß der Beklagte aus dem zu Unrecht erhobenen Stempelbetrage von 15600 ℳ Zinsen oder sonstige Nutzungen gezogen hat; dabei ist es ohne rechtliche Bedeutung, ob er solche Nutzungen hätte ziehen können. Bei öffentlichen Abgaben und anderen Staatseinnahmen, die zur allgemeinen Staatskasse fließen, wird es in den meisten Fällen nicht möglich sein, das Schicksal der von dem einzelnen gezahlten Geldbeträge dahin zu verfolgen, wie sie vom Staate verwendet, und ob sie insbesondere von ihm zinsbar angelegt worden sind. Sollten, wie der Berufungsrichter als möglich unterstellt, die vom Beklagten später zurückgezahlten 15600 ℳ sich unter den zur Bestreitung von Staatsausgaben bereit gehaltenen Geldern befunden haben, so wäre es doch nicht geboten, hieraus mit der Revision zu folgern, daß auf diese Weise zum mindesten Anleihezinsen für den Beklagten erspart worden sind. Denn bei dem im Verhältnis zu den Gesamtbedürfnissen des Staates immerhin geringfügigen Betrage von 15600 ℳ ist keineswegs anzunehmen, daß schon sein Fehlen den Staat veranlaßt haben würde, Anleihen in höherem Betrage aufzunehmen, als er sie wirklich aufgenommen hat. Es ist auch nicht ausgeschlossen, daß der Staat die von der Klägerin gezahlten 15600 *M* zunächst nicht für die Verwendung zu Staatszwecken, also zur Abführung an die allgemeine Staatskasse in Aussicht genommen, sondern zurückbehalten hat, um ihre Zurückzahlung, sobald sie erforderlich wurde, zu ermöglichen. Denn um die hier in Betracht kommende Zeit schwebte schon der Rechtsstreit über die nicht unzweifelhafte Rechtsfrage, betreffend die Rückwirkung des die Tantiemensteuer neu einführenden Gesetzes, der dann durch das Urteil des erkennenden Senats vom 19. November 1907 zu Ungunsten des Fiskus entschieden worden ist. Hat der Beklagte infolge der Ungewißheit des Ausgangs jenes Rechtsstreits den eingezogenen Betrag zum Zweck der etwa nötig werdenden Rückzahlung zinslos liegen lassen, so hat er Nutzungen davon nicht gezogen.

Die Revision erhebt bei diesem Punkt noch die prozessuale Rüge, der Berufungsrichter habe den Beweisantritt der Klägerin unberücksichtigt gelassen, der dahin ging, daß allgemeine staatliche Verfügungen vorhanden seien, wonach alle eingehenden Gelder von der Steuerbehörde sofort zinsbar anzulegen oder doch an Zentralstellen abzuführen seien, die ihrerseits wieder für die zinsbare Anlegung sorgten. Solche Anordnungen können aber der Natur der Sache nach nur mit der Maßgabe erfolgt sein, daß die zur Deckung der in der nächsten Zukunft erforderlich werdenden Ausgaben nötigen Geldbeträge von der zinsbaren Anlegung zurückzuhalten seien. Durch die Erhebung des beantragten Beweises wäre also die Möglichkeit nicht beseitigt, daß auch die hier fraglichen 15600 *M* von jeder Verzinsung ausgeschlossen worden sind.

Die erst in der Revisionsinstanz aufgestellte tatsächliche Behauptung, der Beklagte habe mindestens die üblichen Depotzinsen aus dem eingezogenen Betrage gezogen, war schon deshalb, weil sie verspätet ist, nicht zu berücksichtigen.

Auch der Hinweis der Klägerin darauf, daß nach den §§ 81, 82 des Reichsstempelgesetzes vom 3. Juni 1906 die eingezogenen Stempelbeträge nach gewissen Abzügen zur Reichskasse fließen, läßt sich zu Gunsten der Revision nicht verwerten. War im vorliegenden Falle der erhobene Stempel schon zur Reichskasse abgeführt, so kann von diesem Zeitpunkt ab nur das Reich, nicht der verklagte Landesfiskus durch Nutzung der Abgabe bereichert sein. Für die Zeit bis zur bevorstehenden Abführung aber ist anzunehmen, daß der Beklagte von einer zinsbaren Anlegung des bei ihm nur durchlaufenden Geldes abgesehen haben wird.

Es kann der Revision auch nicht zugegeben werden, daß eine den Steuerzahler schwer belastende Unbilligkeit darin liege, daß der Fiskus, wie jede andere Person, zu Unrecht erlangte Gelder erst von der Rechtshängigkeit an zu verzinsen brauche. Denn der Steuerzahler hat es in der Hand, sofort nach Entrichtung der Abgabe durch Anstellung der Klage die Rechtshängigkeit seines Rückzahlungsanspruchs herbeizuführen und damit einem nennenswerten Zinsverlust vorzubeugen.

Endlich steht auch der § 819 BGB. der Revision nicht zur Seite. Nach dieser Vorschrift ist der Empfänger, wenn er den Mangel des rechtlichen Grundes beim Empfange kennt oder ihn später erfährt, vom Empfange oder der Erlangung der Kenntnis an zur Verzinsung verpflichtet. Die Klägerin hat aber nicht nachgewiesen, und es ist auch nicht anzunehmen, daß hier eine zur Vertretung des Fiskus befugte Person (§ 166 BGB.) den Mangel des rechtlichen Grundes gekannt hat, bevor die oben bezeichnete Entscheidung des Reichsgerichts vom 19. November 1907 bekannt geworden ist. Daß ein zuständiger Vertreter des Fiskus von dieser Entscheidung schon länger als unmittelbar vor der bereits am 26. November 1907 erfolgten Rückzahlung Kenntnis erlangt hatte, ist nicht ersichtlich. Die anscheinend von der Revision vertretene Meinung, daß beim Fiskus für die Anwendung des § 819 das Kennenmüssen dem Kennen in gewisser Beziehung gleichzustellen sei, und daß auch die Kenntnis des Prozeßgerichts als Kenntnis des Staatsfiskus anzusehen sei, findet im Gesetz keine Stütze."

---

35. 1. Kann der preußische Fiskus eine Feststellungsklage dahin erheben, daß ihm ein bestimmter Stempelanspruch gegen den Beklagten zustehe?

2. Ist die Anwendung der Tarifst. 25d Abs. 2 des preußischen Stempelsteuergesetzes vom 31. Juli 1895 auf die Auseinandersetzung der Mitglieder einer zweigliedrigen offenen Handelsgesellschaft, wonach der eine gegen Abfindung des anderen die sämt-

lichen Aktiven und Passiven der Gesellschaft übernimmt, durch die Bestimmungen des Handelsgesetzbuchs n. F. über die offene Handelsgesellschaft und diejenige des Bürgerlichen Gesetzbuchs über die Gesellschaft ausgeschlossen worden?

VII. Zivilsenat. Urt. v. 5. November 1909 i. S. preuß. Fiskus (Bekl.) w. L. (Kl.). Rep. VII. 15/09.

I. Landgericht Graudenz.
II. Oberlandesgericht Marienwerder.

Der Kläger Georg L. und der Kaufmann Jakob L. errichteten im Jahre 1903 zum Betriebe einer Schokoladenfabrik eine offene Handelsgesellschaft. Im Jahre 1904 verstarb Jakob L.; er wurde von seinen vier Töchtern Hulda, verehelicht mit dem Kläger L., Martha, Minna und Käte L. beerbt. Im Januar 1905 verstarb auch Käte L.; sie wurde von ihren drei vorgenannten Schwestern beerbt. Zwischen den vorbezeichneten Erben des Jakob und der Käte L. einerseits und dem überlebenden Gesellschafter Georg L. anderseits, der bis dahin mit ihnen die Gesellschaft fortgesetzt hatte, wurde im Jahre 1905 ein Vertrag wegen Übernahme des Geschäfts durch diesen geschlossen, und zwar in der Weise, daß dieser Vertrag am 2. Februar 1905 zwischen Georg L. und seiner Ehefrau Hulda geb. L. geschlossen und zu notariellem Protokoll erklärt wurde, und daß diesem Vertrage später der Vormund der noch minderjährigen beiden anderen Erbinnen, der Martha und Minna L., unter Genehmigung des Vormundschaftsgerichts beitrat. In diesem Vertrage, dem die mit 294681,55 *M* abschließende Bilanz des Geschäftes vom 1. Januar 1905 in Abschrift beigefügt war, wurde an erster Stelle erklärt, daß nach dem Gesellschaftsvertrage vom Jahre 1903 der Erblasser Jakob L. sein gesamtes Geschäftsvermögen, insbesondere auch seine Grundstücke, in die Gesellschaft eingebracht habe; es gehörten deshalb die Grundstücke Mausegasse Nr. 6, Heiligengeistgasse Nr. 130 und Kohlengasse Nr. 3 und 4 in Danzig tatsächlich zum Gesellschaftsvermögen, obgleich sie nach wie vor auf den Namen des Erblassers eingetragen ständen. Sodann erklärte der Gesellschafter Georg L., daß er von dem ihm im Gesellschaftsvertrage für den Fall des Todes des Gesellschafters L. gewährten

Wahlrecht dahin Gebrauch mache, daß er das Geschäft mit der Firma übernehmen wolle. Weiter heißt es im Vertrage, die Erschienenen seien darüber einig, daß in der beigefügten Bilanz vom 1. Januar 1905 der Wert zweier Grundstücke erheblich zu hoch angenommen sei, daß bei der Einziehung der Geschäftsforderungen erheblichere Ausfälle, als angenommen, eintreten würden, und daß die Unrentabilität mehrerer Filialen durch die erfolgte Abschreibung bei weitem ausgeglichen sei. Danach wurde dann dem Georg L. das gesamte, in dem überreichten Inventar aufgeführte Vermögen der offenen Handelsgesellschaft gegen eine Abfindungssumme von 180000 *M* überlassen, mit Ausnahme einer Forderung von 30322,82 *M*, die den L.'schen Erben außer jenen 180000 *M* zufallen sollte. Die Schlußerklärung lautete dahin: Georg L. setzt sich mit den drei Geschwistern L. dahin auseinander, daß a) diesen eine bestimmte Restkaufgeldforderung von 100000 *M* überwiesen werde, b) daß das gesamte weitere Gesellschaftsvermögen, wie es in dem beigefügten Vermögensverzeichnis nachgewiesen sei, mit Einschluß der Grundstücke dem Georg L. zum Alleineigentum übereignet werde, c) daß dieser sich verpflichte, die in dem Inventar aufgeführten Verbindlichkeiten zu berichtigen und das Restguthaben von 113322,82 *M* in sieben Jahresraten an die Geschwister L. zu zahlen.

Zu diesem Vertrage wurde ein Stempel von im ganzen 3006 *M* vom Gericht gefordert und von den Klägern bezahlt. Mit gegenwärtiger Klage verlangten sie einen Betrag von 1760,50 *M* nebst Zinsen als zu Unrecht gefordert zurück. Der Beklagte widersprach der Klage und erhob Widerklage dahin, die Kläger zu verurteilen, anzuerkennen, daß zu dem Vertrage noch ein weiterer Stempel von 588 *M* erforderlich sei. Der erste Richter verurteilte den Beklagten zur Zahlung von 302 *M* nebst Zinsen; die Mehrforderung der Kläger und die Widerklage wurden abgewiesen. Der Berufungsrichter wies ebenfalls die Widerklage ab und erhöhte den Betrag der vom Beklagten zurückzuzahlenden Summe auf 1261 *M* nebst Zinsen. Mit der Mehrforderung wurden die Kläger abgewiesen. Der Revision, mit der der Beklagte beantragte, das Berufungsurteil insoweit aufzuheben und die Klage gänzlich abzuweisen, sowie die Kläger nach dem Widerklagantrage zu verurteilen, wurde stattgegeben, aus folgenden

Gründen:

„I. Die Annahme des Berufungsrichters, daß die von dem Fiskus erhobene Widerklage unzulässig sei, kann nicht geteilt werden. Zweifellos steht dem Fiskus eine Leistungsklage gegen den Stempelsteuerpflichtigen nicht zu; denn es ist ihm zur Beitreibung der ihm nach seiner Meinung geschuldeten Stempelsteuerbeträge das Verwaltungszwangsverfahren gegeben, und es muß für ausgeschlossen erachtet werden, daß der Fiskus solche Steuerbeträge nach seiner Wahl in zweifacher Weise sollte einziehen können, einmal im Wege des Verwaltungszwangsverfahrens und das andere Mal im Wege der Leistungsklage und der Zwangsvollstreckung durch den Gerichtsvollzieher. Dagegen kann dasselbe nicht auch von einer die Stempelsteuer betreffenden Feststellungsklage des Fiskus gelten.

Allerdings wird man sich hierfür auf den ersten Satz des § 26 des Stempelsteuergesetzes trotz seines allgemeinen Wortlauts („In Beziehung auf die Verpflichtung zur Entrichtung einer Stempelabgabe ist der Rechtsweg zulässig") kaum berufen können; denn der zweite Satz des § 26 ergibt, in welchem Sinne der allgemeine Ausspruch des ersten Satzes gemeint ist. Es heißt dort „die Klage" ohne weitere Beifügung, woraus zu entnehmen ist, daß das Gesetz eine andere Klage nicht vor Augen hat; diese alleinige Klage, von der der zweite Satz spricht, ist aber die Leistungsklage des Steuerpflichtigen (dieser Ausdruck hier, wie weiterhin, nicht im Sinne eines endgültig Pflichtigen, sondern einer als stempelpflichtig in Anspruch genommenen Person verstanden). Da nun dem Fiskus eine Leistungsklage nicht zusteht, und von andern Klagen in § 26 nicht die Rede ist, so wird man bei dem engen Zusammenhange, in welchem der erste und der zweite Satz des § 26 zueinander stehen, nicht annehmen können, daß der Gesetzgeber mit diesen beiden Sätzen hat sagen wollen: „Es steht beiden Teilen die Beschreitung des Rechtsweges offen, dem Fiskus in Gestalt einer Feststellungsklage, dem andern Teile in Gestalt einer Feststellungs- oder Leistungsklage, letztere muß aber binnen sechs Monaten nach der Zahlung oder Beitreibung erhoben werden", sondern daß gesagt werden sollte: „in Beziehung auf die Verpflichtung zur Entrichtung einer Stempelabgabe steht demjenigen, von dem eine solche Abgabe erfordert worden ist, die Beschreitung des Rechtweges offen. Seine Klage usw." Allein wenn auch hiernach nicht unmittelbar der Sinn des § 26 einer Feststellungsklage des Fiskus zur Seite stehen möchte, so führen gleichwohl allgemeine Erwägungen zur Annahme ihrer Zulässigkeit.

Es steht in der Übung der Gerichte, insbesondere auch derjenigen des Reichsgerichts, fest, daß gegen den Fiskus nicht nur eine Leistungsklage auf Erstattung eines entrichteten Stempels, sondern auch eine auf das Nichtbestehen des Stempelanspruchs gerichtete Feststellungsklage erhoben werden kann, wenn der Stempel zwar noch nicht eingegangen, wohl aber schon gefordert worden ist. Ob die Statthaftigkeit einer solchen Feststellungsklage des Steuerpflichtigen sich unmittelbar aus dem Inhalt des ersten Satzes des § 26 herleiten läßt, mag nach dem oben Ausgeführten als fraglich erscheinen. Es ist hierbei auch hervorzuheben daß es im zweiten Satze des § 26 schlechtweg heißt: „die“ Klage, nicht etwa „die Klage auf Rückzahlung eines entrichteten Stempels“, so daß man den Eindruck gewinnt, es habe der Gesetzgeber bei § 26 überhaupt nur an die Leistungsklage des Steuerpflichtigen gedacht. Sei dem aber, wie ihm wolle, auch wenn angenommen wird, daß hiernach der Wille des Gesetzgebers bei Erlaß der Bestimmungen des § 26 nicht unmittelbar und bewußt darauf gerichtet war, dem Steuerpflichtigen die rechtliche Möglichkeit der Erhebung einer Feststellungsklage zu gewähren, so ist jene Übung trotzdem gerechtfertigt. Eröffnet das Gesetz den Rechtsweg darüber, ob eine Verpflichtung zur Entrichtung einer Stempelsteuer besteht, überhaupt, wenn auch nur im Wege einer Leistungsklage, so ist irgend ein Grund dafür nicht zu ersehen, weshalb, wenn die Voraussetzungen des § 256 ZPO. vorliegen, dieselbe Frage nicht auch im Wege einer Feststellungsklage vom Steuerpflichtigen zur Entscheidung des Richters sollte gebracht werden können. Ist dies in Anwendung des Gesetzes über seinen nächstliegenden Sinn hinaus anzuerkennen, so muß ein weiterer Schritt auch zu der Auffassung hinleiten, daß ein Grund dafür nicht erkennbar ist, weshalb die Initiative zur Eröffnung des Feststellungsrechtsstreits ausschließlich dem Steuerpflichtigen solltezu stehen müssen.

Sind für den Fiskus die Voraussetzungen des § 256 gegeben, so liegt es sicherlich in der über den nächsten Sinn des Gesetzes allerdings hinausgreifenden allgemeinen Richtung und Tragweite des § 26, daß auch ihm die Anstellung einer Feststellungsklage verstattet werde. Dem kann nicht entgegengehalten werden, daß der Fiskus ein Interesse an solchen Feststellungsklagen nicht haben könne, weil ihm das Verwaltungszwangsverfahren zur Durchführung seines Stempelanspruchs zu Gebote stehe. Dieser Einwand, dessen Berechtigung hinsichtlich der Leistungsklage des Fiskus oben anerkannt ist, trifft nicht die grundsätzliche Zulässigkeit der Feststellungsklage, sondern lediglich die Frage nach dem Vorhandensein ihrer tatsächlichen Voraussetzungen im einzelnen Falle.

Was diese Frage angeht, so mag zuzugeben sein, daß allerdings in der Regel der vorstehend angegebene Grund gegen die Annahme sprechen wird, daß die Voraussetzungen für eine Feststellungsklage des Fiskus vorhanden seien. Denn soll ein Prozeßverfahren überhaupt erst eröffnet werden, so wird regelmäßig für den Fiskus ein Interesse daran nicht bestehen, daß dieses Prozeßverfahren in Gestalt einer von ihm anzustellenden Feststellungsklage, und nicht in der gewöhnlichen Weise in die Wege geleitet werde, nämlich in der Weise, daß er den beanspruchten Stempelbetrag im Verwaltungszwangsverfahren einzieht, und der Steuerpflichtige dadurch in die Rolle des die Leistung zurückfordernden Klägers gedrängt wird. Allein das Leben ist so reich und vielgestaltig, daß nicht mit Bestimmtheit behauptet werden kann, es sei unmöglich, daß der Fiskus nicht auch einmal im Falle eines erst anzustrengenden Prozesses ein Interesse daran nachweisen könne, seinerseits die Initiative zur Eröffnung des Rechtsstreits durch Anstellung einer Feststellungsklage zu ergreifen.

Jedenfalls liegt ein solches Interesse des Fiskus im Falle einer Widerklage der vorliegenden Art vor. Ob § 280 ZPO. sich in dieser Beziehung verwerten läßt, kann dahingestellt bleiben; denn auch ohne diese Bestimmung erscheint eine Feststellungswiderklage des Fiskus als statthaft. Es handelt sich hier darum, daß der Fiskus nicht nur den ganzen erhobenen Stempelbetrag für rechtmäßig erfordert geachtet, sondern, daß er der Ansicht ist, daß hierüber hinaus auf Grund derselben Rechtserwägungern, die nach seiner Meinung die Erhebung des entrichteten Stempels begründen, oder aus ähnlichen und verwandten Gründen ihm noch ein weiterer Stempel in Höhe von 588 *M* gebühre. Das berechtigte Interesse des Fiskus an der Feststellung dieses Anspruchs liegt darin, daß der Rechtsstreit über dieselben konkreten Rechtsfragen nicht in zwei Teile zerrissen und in einem zweiten neuen Prozesse noch einmal, eventuell vielleicht sogar vor anderen Richtern, wieder aufgerollt werde, sondern daß dieser ganze Rechtsstreit uno actu auf einmal seine Erledigung finde. Ein gleiches Interesse müssen übrigens auch die Kläger haben; denn es ist nicht einzusehen, weshalb ihnen daran gelegen sein könnte, einen zweiten Prozeß über wesentlich dieselben Fragen zu führen. Endlich fällt auch das allgemeine Interesse an der Vermeidung einer unnötigen Vermehrung der Prozesse ins Gewicht. Auf Grund dieser Erwägungen war die Widerklage des Fiskus für zulässig zu erachten.

II. Dem Berufungsrichter kann ferner nicht beigepflichtet werden, wenn er die Ansicht aufstellt, daß infolge der Anschauungen, die von dem I. und dem V. Zivilsenat des Reichsgerichts (Entsch. Bd. 65 S. 237, Bd. 68 S. 417) bezüglich des Anwachsungsrechts für den Fall vertreten werden, daß bei Auflösung einer zweigliedrigen offenen Handelsgesellschaft auf Grund einer Vereinbarung der eine Gesellschafter gegen Abfindung des andern alle Aktiven und Passiven übernimmt, auf solchen Fall nicht mehr die Tarifstelle 25d Abs. 2 des Stempelsteuergesetzes, sondern nur die Tarifstelle 71 Nr. 2 Anwendung finden könne. Jene Rechtsanschauungen des Reichsgerichts vermögen einen derartigen Einfluß auf die bezeichnete Tarifstelle des preußischen Stempelsteuergesetzes nicht zu üben. Was diese will und bezweckt, lehrt ihre Entstehungsgeschichte zur Genüge und steht außer allem Zweifel. Sie will in den vorbezeichneten Fällen den wirtschaftlichen Vorgang, vermöge dessen derjenige Gesellschafter, der bisher Miteigentümer, d. h. Gesamthandsmiteigentümer, der Grundstücke, beweglichen Sachen und Forderungen der Gesellschaft war und jetzt durch die getroffenen rechtsgeschäftlichen Maßnahmen deren Alleineigentümer geworden ist, dem Umsatzstempel unterwerfen. Wie dieser Vorgang sich abstrakt juristisch vollzieht, ist für die Anwendung der Tarifstelle 25d Abs. 2 gleichgültig. Sie ist gerade zu dem Zweck gegeben, um dem Einfluß juristischer Konstruktionen, welche eine Stempelerhebung der gewollten Art verhindert hatten, entgegenzutreten und die Spitze abzubrechen. Selbst wenn die Fassung des Gesetzes gegenüber neueren Theorien sich als zu eng erweisen sollte, würde dies demnach ohne Bedeutung sein. Sinn und Wille des

Gesetzes würden dem gegenüber stets siegreich bleiben müssen. Es kann nun aber dem Berufungsgericht nicht einmal zugestanden werden, daß der Wortlaut der Bestimmung auch angesichts der vom Reichsgericht über das Anwachsungsrecht vertretenen Anschauungen nicht mehr passe. Nach diesen Anschauungen soll das Gesamthandseigentum die Tendenz zur Ausdehnung der einzelnen Anteile in sich tragen (Entsch. in Zivils. Bd. 65 S. 235), d. h. anders ausgedrückt, das Recht jedes einzelnen Gesamthandseigentümers soll das Streben in sich tragen, zum Alleineigentum zu werden. Das Anteilsrecht eines jeden Gesamthandseigentümers befindet sich also in einem Spannungszustande. Diese Spannung wird bei der zweigliedrigen offenen Handelsgesellschaft dadurch gelöst, daß der eine Gesellschafter (gegen Abfindung) ausscheidet. Die bisher in der Mitberechtigung des ausscheidenden Gesellschafters bestehende Beschränkung des Eigentums des anderen Gesellschafters fällt fort. Infolgedessen dehnt sich dieses Eigentum aus und füllt den gleichsam leer gewordenen Raum des andern Teiles aus. Für diese Gestaltung der Dinge ist der Ausdruck „Überlassen" nicht nur wirtschaftlich, sondern auch juristisch nicht unangebracht; denn darunter läßt sich nicht nur ein aktives Übertragen begreifen, sondern auch das Aufgeben eines Rechts zu dem Zweck, daß dadurch einem anderen die rechtliche Möglichkeit gewährt werde, sich auszudehnen und den Platz des sein Recht Aufgebenden einzunehmen. Es stimmt dies mit der Sprache des täglichen Lebens, in der für solchen Fall ebenfalls von einem „Überlassen" geredet wird, überein. In obigem Sinne hat der erkennende Senat sich bereits zweimal (Urteile vom 26. Februar und 5. März 1909 Rep. VII 166/08 und 165/08) ausgesprochen und er hält hieran fest."

36. Ist eine bildliche Darstellung aus dem Grunde des Schutzes als Geschmacksmuster oder des Schutzes als Erzeugnis des Kunstgewerbes unfähig, weil sie die Nachbildung eines Naturgegenstandes enthält?

Gesetz, betr. das Urheberrecht an Mustern und Modellen, vom 11. Januar 1876 § 1.

Gesetz, betr. das Urheberrecht an Werken der bildenden Künste und der Photographie, vom 9. Januar 1907 § 2.

I. Zivilsenat. Urt. v. 10. November 1909 i. S. H. Z. & K. (Bekl.) w. P. (Kl.). Rep. I. 502/08.

I. Landgericht Nürnberg, Kammer für Handelssachen.
II. Oberlandesgericht daselbst.

Die Klägerin hatte zum Zwecke der Herstellung von Abziehbildern, die auf Porzellan und anderen keramischen Gebrauchsgegenständen eingebrannt wurden, 5 Muster, Kirschen in verschiedener Anordnung darstellend, nach den durch die Malerin K. in Berlin für sie hergestellten Originalen anfertigen lassen, diese Muster am 21. Oktober 1904 bei dem zuständigen Amtsgerichte unter gleichzeitiger Hinterlegung der Abbildungen zur Eintragung in das Musterregister als Flächenmuster gemäß § 7 des Gesetzes vom 11. Januar 1876 angemeldet und die Eintragung unter Nr. 2894 erwirkt. Die Musterschutzfrist lief am 21. Oktober 1907 ab. Von der Beklagten waren nach der Eintragung dieser Muster ebenfalls 5 Kirschenmuster, die dem gleichen Zwecke dienten, hergestellt und in Verkehr gebracht worden. Die Klägerin sah in den Darstellungen der Beklagten widerrechtliche Nachbildungen ihrer Muster, für die sie den Schutz des Geschmacksmustergesetzes und vom 1. Juli 1907 ab auch den Schutz des Gesetzes vom 9. Januar 1907 in Anspruch nahm. Sie verlangte deshalb mit der Klage die Verurteilung der Beklagten zu der Anerkennung, daß ihr das Recht der Nachahmung nicht zustehe, zur Unterlassung der Nachahmung und zum Ersatze des Schadens.

Das Landgericht wies die Klage ab mit der Begründung, daß die Muster der Klägerin als bloße Nachahmungen eines Naturproduktes nicht schutzfähig seien. Das Oberlandesgericht gab der Klage statt. Die Ansicht der II. Instanz, daß die Muster der Klägerin sowohl nach dem Geschmacksmustergesetz als nach dem Kunstschutzgesetze schutzfähig seien, wurde vom Reichsgerichte gebilligt, aus folgenden

Gründen:

„Das Berufungsgericht nimmt die Schutzfähigkeit der klägerischen Kirschenmuster sowohl als Geschmacksmuster nach dem Gesetze vom 11. Januar 1876, wie als Erzeugnis des Kunstgewerbes nach § 2 des Kunstschutzgesetzes vom 9. Januar 1907 an. Hiergegen richtet sich der erste Revisionsangriff, der die Instanzverteidigung wieder aufnimmt, daß es sich bei diesen Kirschenmustern nicht um ein neues und eigentümliches Erzeugnis handele, vielmehr nur die Kopierung einfacher Naturprodukte vorliege. Der Angriff geht fehl.

In bezug auf den Geschmacksmusterschutz wird die Entscheidung durch die tatsächliche Feststellung getragen, daß die Tätigkeit der Malerin K. bei Herstellung der Originalbilder, wenn diese auch „getreue Nachbildungen der Natur" seien — was offenbar im Sinne einer realistischen Darstellung gemeint ist —, doch nicht zu „bloßer" Nachbildung der Natur geführt habe, sondern Ausfluß „einer schöpferischen Phantasie in der Wahl der Gegenstände, in der inneren Anschauung und in der Art der Wiedergabe" gewesen sei, was dann im einzelnen dargelegt wird. Das Berufungsgericht sieht also in den Mustern der Klägerin ein Etwas, das über die bloße Kopie der Natur hinausreicht, einen auf die künstlerische Phantasie der Malerin K. zurückzuführenden individuellen schöpferischen Überschuß. Und diese Beurteilung findet darin ihre Bestätigung, daß bei der Vergleichung mit den Kirschenbildern der Beklagten das Berufungsgericht zu der Überzeugung gelangt ist, diese hätten nur nach den klägerischen Mustern, unmittelbar oder mittelbar, hergestellt werden können, unmöglich aber ohne deren Benutzung als Vorbilder durch bloßen Zufall. Ein Muster aber, das in dieser Weise seine Ausbildung einer individuellen Schöpfung verdankt, und dessen selbständige Herstellung durch einen anderen ausgeschlossen ist, besitzt unzweifelhaft Neuheit und Eigentümlichkeit im Sinne des § 1 Abs. 2 des Musterschutzgesetzes. Unbedenklich durfte daher die Vorinstanz die 5 Kirschenmuster der Klägerin für gewerbliche Muster mit der Eigenschaft neuer, eigentümlicher Erzeugnisse und der Bestimmung und Befähigung zur Anregung des Geschmacks erklären.

Aber auch die Bejahung der Frage, ob diese Kirschenbilder nach § 2 des Gesetzes vom 9. Januar 1907 als schutzfähige Erzeugnisse des Kunstgewerbes anzusehen seien — was von Bedeutung ist, weil der Musterschutz am 21. Oktober 1907 ablief —, läßt einen Rechtsirrtum nicht erkennen und beruht im übrigen auf eingehend begründeter tatsächlicher Feststellung. Das Berufungsgericht geht davon aus, daß das Erfordernis einer individuellen schöpferischen Tätigkeit bei den Erzeugnissen des Kunstgewerbes als Werken der bildenden Künste noch strenger zu beurteilen sei, als bei den Geschmacksmustern, gelangt dann aber, auch von diesem Gesichtspunkte aus, zu der Beurteilung, daß „die K.'schen Entwürfe und die ihnen entsprechenden Kirschenbilder der Klägerin das durch selbständige Formgestaltung im Raume sich äußernde Ergebnis einer besonders eigenartigen, schöpferischen Tätigkeit" seien, „dazu bestimmt, schon durch seinen bloßen Gesichtswert auf den Beschauer einzuwirken". Damit ist die Annahme der Kunstschutzwürdigkeit gerechtfertigt.

Allen diesen Erwägungen und Feststellungen des Berufungsgerichts, sei es zur Frage des Geschmacksmusterschutzes, sei es zur Frage des Kunstschutzes, steht der Umstand nicht entgegen, daß es sich bei den Kirschenbildern um die Darstellung von Naturgegenständen handelt. Ein Rechtssatz, daß Nachbildungen nach der Natur des Kunst- oder Musterschutzes unfähig seien, besteht selbstverständlich nicht. Aber auch ein Rechtssatz dahin, daß Nachbildungen einfacher Naturgegenstände von diesem Schutze ausgeschlossen seien, ist nicht vorhanden. Es ist nur eine Frage tatsächlicher Würdigung, ob sich im einzelnen Falle die Nachbildung noch als eine Betätigung individueller Schöpferkraft erweise. Mehr ist auch aus den von Allfeld, Gewerbliches Urheberrecht, S. 312 Note 4b unter bb für seine gegenteilige Ansicht angerufenen Entscheidungen des Reichsgerichts (Bolze, Bd. 16 S. 115 und Blatt für P.-M.- u. Z.-Wesen VI 186, Entsch. in Zivils. Bd. 45 S. 59) nicht zu entnehmen. Das Berufungsgericht hat aber, wie bemerkt, in den klägerischen Kirschenbildern ein individuell charakteristisches schöpferisches Erzeugnis gefunden. Daß das Landgericht und die Sachverständigen M. und R. anderer Ansicht gewesen sind, worauf die Revision hinweist, genügt selbstverständlich nicht, um den Vorwurf eines Rechtsirrtums zu begründen" . . .

---

37. 1. Unter welchen Voraussetzungen gehört der Anspruch einer gewerbetreibenden Ehefrau aus einer Unfallversicherung zum Vorbehaltsgut?

2. Bleibt die Ehefrau an den obligatorischen Vertrag gebunden, wenn die von ihr zur Erfüllung ihrer Verbindlichkeit getroffene Verfügung über eingebrachtes Vermögen wegen Versagung der Genehmigung des Ehemannes rechtsunwirksam ist?

BGB. §§ 1367, 1370 u. 1399.

VII. Zivilsenat. Urt. v. 12. November 1909 i. S. M. (Kl.) w. W.'sche Versich.-Gesellschaft (Bekl.). Rep. VII. 25/09.

I. Landgericht Breslau.
II. Oberlandesgericht daselbst.

Die Klägerin, die am 18. Oktober 1902 durch Sturz von einer Treppe einen Schädelbruch erlitten hatte, war zu dieser Zeit bei der Beklagten gegen Unfall versichert. Im Mai 1903 schloß sie mit der Beklagten einen Vergleich, durch den sie sich gegen Zahlung von 2000 *M* für alle Ansprüche aus dem Unfall für befriedigt erklärte. Gleichwohl erhob sie Klage gegen die Beklagte mit dem Antrage, diese zur Zahlung von 1750 *M*, berechnet aus der täglichen Entschädigung von 10 *M* für die Zeit vom Unfall bis zum 27. Oktober 1903, unter Abzug der bereits bezahlten 2000 *M*, ferner einer jährlichen Rente von 1860 *M* vom 27. Oktober 1903 an zu verurteilen. Den Vergleich, den der Ehemann der Klägerin bereits im Oktober 1903 angefochten hatte, wollte die Klägerin aus dem Grunde der mangelnden Zustimmung ihres damals noch lebenden Ehemannes nicht gegen sich gelten lassen. In den Vorinstanzen wurden die Klagen abgewiesen. Auch der Revision wurde der Erfolg versagt, aus folgenden

Gründen:

„Das Berufungsurteil beruht auf der Annahme, daß die Klägerin deshalb befugt gewesen sei, auch ohne Genehmigung ihres Ehemannes über den Anspruch aus dem Versicherungsvertrage zu verfügen, weil der Anspruch durch ein sich auf das Vorbehaltsgut beziehendes Rechtsgeschäft erworben und somit nach § 1370 BGB. Vorbehaltsgut gewesen sei. Die Revision greift diese Annahme der Eigenschaft des aus dem Versicherungsvertrag erwachsenen Anspruchs als Vorbehaltsgut zu Unrecht an. Der Berufungsrichter geht in tatsächlicher Hinsicht davon aus, daß die Klägerin den Versicherungsvertrage in ihrer Eigenschaft als selbständige Pächterin einer Gastwirtschaft und somit im Rahmen ihres Erwerbsgeschäftes abgeschlossen hat, um im Fall einer durch einen Unfall eintretenden Erwerbsbeschränkung in den Versicherungsbeträgen einen Ersatz für den ihrem Erwerbe drohenden Verlust zu erlangen. Daß der Berufungsrichter hierin einen die Anwendung des § 1370 rechtfertigenden Zusammenhang des Versicherungsvertrages mit dem Vorbehaltsgut der Klägerin erblickt hat, läßt einen Rechtsirrtum, insbesondere eine Verletzung der angezogenen gesetzlichen Bestimmung, nicht erkennen. Durch diese Vorschrift wollte der Gesetzgeber nicht nur, wie die Revision meint, das Vorbehaltsgut in seinem Bestand ungeschmälert erhalten, sondern es sollte durch die Bestimmung, daß alles das Vorbehaltsgut sein soll, was die Ehefrau durch ein Rechtsgeschäft erwirbt, das sich auf das Vorbehaltsgut bezieht, vor allem der Ehefrau die Sicherheit gewährleistet werden, unabhängig vom Willen des Ehemanns nach eigener Entschließung für eine ordnungsmäßige Verwaltung und Erhaltung der Vorbehaltsmasse sorgen zu können (vgl. Motive Bd. 4 S. 178). Wie der Berufungsrichter unter Bezugnahme auf die Motive zutreffend ausführt, muß es zur Anwendung der Vorschrift des § 1370 genügen, wenn das Rechtsgeschäft subjektiv mit Beziehung auf das Vorbehaltsgut abgeschlossen ist und objektiv mit demselben in Zusammenhang gebracht werden kann. Die Ausführungen des Berufungsrichters müssen aber dahin verstanden werden, daß die Klägerin, die sich als Pächterin einer von ihr selbständig betriebenen Gastwirtschaft zu den für eine solche maßgebenden Sätzen versicherte, diesen Vertrag in ihrer Eigenschaft als Gewerbtreibende im Interesse ihres Geschäftes und damit ihres Vorbehaltsgutes getätigt hat. Sie wollte nach der nicht zu beanstandenden Auffassung des Berufungsrichters für den Fall, daß ihre in ihrem Geschäft zum Erwerb von Vorbehaltsgut verwendete Arbeitskraft durch einen Unfall geschädigt würde, in den von der Beklagten zu zahlenden Beträgen einen Ersatz für den ihr etwa infolge der Minderung ihrer Erwerbsfähigkeit entgehenden Geschäftsgewinn oder Deckung für die etwa durch Beschaffung einer Hilfskraft entstehenden Auslagen finden. Damit ist in subjektiver wie objektiver Hinsicht die erforderliche Beziehung des Versicherungsvertrages zunächst zu dem von der Klägerin selbständig betriebenen Erwerbsgeschäft, weiter aber auch zu ihrem Vorbehaltsgut gegeben, denn alles, was sie durch diesen Betrieb erworben hatte und noch erwarb, war nach § 1367 BGB. ihr Vorbehaltsgut. Es ist nach dem Gesetz keineswegs erforderlich, wie die Revision ausführt, daß das fragliche Rechtsgeschäft mit einem bestimmten substantiellen Teil des Vorbehaltsgutes in einer unmittelbaren Beziehung steht, „gewissermaßen aus ihm herauswächst". Eine derartig beschränkte Auffassung der in § 1370 BGB. vorausgesetzten Beziehung des Geschäftes zum Vorbehaltsgut würde der Ehefrau die vom Gesetzgeber gewollte Unabhängigkeit in der Verwaltung ihres Vorbehaltsgutes in keiner Weise gewähren; sie würde vielmehr in Fällen der vorliegenden Art zu dem unannehmbaren Ergebnis führen, daß alle sog. gewerblichen Hilfsgeschäfte, wie z. B. der Abschluß von Dienstverträgen, nicht als mit Beziehung auf das Vorbehaltsgut abgeschlossen angesehen werden könnten.

Daß vorliegend der Unfall gerade im Betrieb der Gastwirtschaft sich ereignet hat, ist unerheblich, denn der Versicherungsvertrag ist, wie die Revision insoweit zutreffend geltend macht, ohne Beschränkung auf die Betriebsgefahr abgeschlossen; die Versicherung sollte, gleichviel bei welcher Gelegenheit der Unfall eintrat, Ersatz bieten für den Erwerbsausfall durch Minderung der zum Erwerb von Vorbehaltsgut verwendeten Arbeitsfähigkeit der Ehefrau. . . .

Die Zurückweisung der Klage beschwert aber die Klägerin auch aus der weiteren Erwägung nicht, daß, selbst wenn eine Genehmigung des Ehemannes zur Rechtswirksamkeit der über den Versicherungsanspruch getroffenen Verfügung erforderlich gewesen wäre, jedenfalls die Klägerin für ihre Person an den dem Verzicht auf weitere Ansprüche aus dem Versicherungsvertrag zugrunde liegenden obligatorischen Vertrag gebunden sein würde. Soweit die Klägerin in der Vereinbarung vom 26. Mai 1903 die Verpflichtung übernommen hat, gegen Zahlung der 2000 *M* keine weiteren Ansprüche auf Grund des Unfalls zu erheben, bedurfte diese Vereinbarung zu ihrer Wirksamkeit der Klägerin gegenüber nach § 1399 BGB. einer Genehmigung des Ehemannes nicht. Diese rechtsverbindlich von der Klägerin übernommene persönliche Verpflichtung steht der mit der vorliegenden Klage versuchten Geltendmachung weiterer Ansprüche entgegen."

38. 1. Ist ein Vorbehalt der Vertragsstrafe bei Annahme der Erfüllung auch dann erforderlich, wenn eine besondere Vereinbarung über die bereits verfallene Strafe getroffen war?

2. Ist auf dem Gebiete des Rechtes der Schuldverhältnisse ein Verzicht nur als Vertrag wirksam?

BGB §§ 341 Abs. 3, 397.

VII. Zivilsenat. Urt. v. 12. November 1909 i. S. B. (Bekl.) w. J. (Kl.). Rep. VII. 29/09.

I. Landgericht I Berlin.
II. Kammergericht daselbst.

Der Architekt F. hatte in den Jahren 1904/05 für den ursprünglichen Beklagten ein Haus in K. gebaut. Von seinem angeblichen Anspruch auf einen Restwerklohn von 8653,45 *M* trat er an den Kläger 4000 *M* ab, die dieser im Klagewege forderte. Der Beklagte bezog sich u. a. auf eine Urkunde vom 6. April 1905, in welcher der Unternehmer F. wegen verspäteter Fertigstellung des Baues die Zahlung einer Entschädigung von 3500 *M* versprach, die sich unter gewissen Umständen auf 3000 *M* ermäßigen sollte. Der Beklagte rechnete mit einem Betrage von 3000 *M* auf. Das Landgericht verurteilte den Beklagten zur Zahlung von 659,80 *M* nebst Zinsen und wies im übrigen die Klage ab, indem es insbesondere die Gegenforderung von 3000 *M* für begründet erachtete und den vom Kläger dagegen erhobenen Einwand des Verzichts verwarf. Auf die Berufung des Klägers und die Anschlußberufung des Beklagten verurteilte das Kammergericht die für den inzwischen verstorbenen Beklagten in den Prozeß eingetretene Erbin, Witwe W., zur Zahlung weiterer 2604,10 *M* nebst Zinsen. Es erklärte die Bemängelungen der Beklagten mit 395,90 *M* für begründet, nahm andrerseits aber an, daß der Anspruch auf die Vertragsstrafe durch Verzicht beseitigt sei. Die Revision der Beklagten wurde zurückgewiesen.

Gründe:

„Es handelt sich für die Revisionsinstanz nur um die Frage, ob die Beklagte berechtigt ist, die Vertragsstrafe, über die sich der Revers vom 6. April 1905 verhält, in Höhe von 3000 *M* von der Bausumme in Abzug zu bringen. Der Bau ist nach der Feststellung des Berufungsrichters am 20. Mai 1905 dem mit den Abnahmeverhandlungen vom Unternehmer F. betrauten Geschäftsführer M. gegenüber vom Erblasser der Beklagten abgenommen. Daß er bei dieser Abnahme sich das Recht auf die Strafe vorbehalten habe, erhellt nicht, wird auch von der Beklagten nicht behauptet. Es kann daher zweifelhaft sein, ob nicht der § 341 Abs. 3 BGB. Platz greift, und aus diesem Grunde die Strafe nicht gefordert werden darf. Allein im vorliegenden Falle war der Abnahme die durch den Revers vom 6. April 1905 beurkundete Vereinbarung vorangegangen, laut deren sich der Unternehmer F. als Schuldner der bereits verfallenen Strafe von 3500 *M* bekannte und eine Ermäßigung auf 3000 *M* unter der Voraussetzung der Vermietbarkeit gewisser Räume bis zum 1. Oktober 1905 zugestanden wurde. Es war also im Anschluß an den Bauvertrag ein besonderer Vertrag über die bis dahin verwirkte Strafe unter anderweiter Bestimmung des Termins für die Fertigstellung des Baues geschlossen, und damit dem Strafanspruch eine neue rechtliche Grundlage gegeben. Für einen solchen Fall paßt der § 341 Abs. 3 BGB. nicht. Das Gesetz fordert, daß sich der Gläubiger beim Empfange der Hauptleistung äußere, ob er die Vertragsstrafe noch ferner in Anspruch nehmen wolle (Prot. 1, 778). Das Strafversprechen gilt als erledigt, wenn der Gläubiger bei der Annahme nicht darauf zurückkommt; der Schuldner soll davor sicher sein, daß er nicht hinterher bis zum Ablaufe der Verjährungszeit mit Ansprüchen aus jenem Versprechen verfolgt werde. Dadurch sind aber Vereinbarungen nicht ausgeschlossen, die sich auf die bereits verfallene Strafe beziehen und nähere Bestimmungen über sie treffen. Daß das Gesetz auch für die auf solche Weise festgelegten und zum Gegenstande neuer Abreden gemachten Ansprüche einen Vorbehalt verlange, kann nicht angenommen werden; diese Ansprüche sind nun nicht mehr als Nebenforderungen anzusehen, die nur durch eine entsprechende Erklärung bei dem Empfange der Hauptleistung erhalten werden können; sie sind dieser gegenüber selbständig gemacht und darum auch dann verfolgbar, wenn der Gläubiger demnächst die Hauptleistung angenommen hat, ohne ihrer zu gedenken. Die Beklagte war sonach, wie der Berufungsrichter zutreffend ausführt, durch die vorbehaltlose Abnahme des Baues nicht gehindert, die ihrem Erblasser im Reverse vom 6. April 1905 versprochene Entschädigung dem Kläger in Rechnung zu stellen.

Der Berufungsrichter nimmt gleichfalls mit Recht an, daß der Strafanspruch durch den ausdrücklichen Verzicht des Bestellers B. ausgeschlossen werde. Gegen die Feststellung, daß ein solcher Verzicht dem Geschäftsführer M. bei der Abnahme des Baues erklärt worden sei, war nur ein prozessualer Angriff erhoben, der in der Verhandlung vor dem Revisionsgericht fallen gelassen worden ist. Dieselbe ist mithin für dieses bindend, und es kann sich nur fragen, ob die von der Revision erhobenen materiellrechtlichen Angriffe begründet sind. Darin ist ihr zuzustimmen, daß der Verzicht innerhalb des Rechtes der Schuldverhältnisse, auch wenn man im gegebenen Falle ihn nicht als Erlaßvertrag nach § 397 BGB. mit unmittelbarer (dinglicher) Wirkung auf den Bestand des Schuldverhältnisses kennzeichnen will, nur als Vertrag zustande kommt, daß es also der Annahme der Verzichtserklärung durch den Schuldner bedarf. Dies folgt aus dem § 305 BGB. in Verbindung mit § 397, welche Vorschriften erkennen lassen, daß auf dem Gebiete des Schuldrechts einseitige Erklärungen nur ausnahmsweise Geltung haben sollen. Das bloße Zugehen der Verzichtserklärung genügt sonach nicht. Im vorliegenden Falle kann aber an dem Abschluß eines Vertrages zwischen dem Erblasser der Beklagten und dem Geschäftsführer M. nicht gezweifelt werden." ... (Dies und daß der Vertrag mit Wirksamkeit gegen den Beklagten zustande gekommen sei, wird ausgeführt und kommt nicht weiter in Betracht.)

39. Versicherung eines Schiffes gegen die Gefahren der Binnenschiffahrt. Ersatz eines Schadens, den der Versicherungsnehmer durch eine fehlerhafte Führung des Schiffes verursacht hat. Unterschied zwischen Handlungen des Schiffers, die zur Führung des Schiffes, und solchen, die zur geschäftlichen Vertretung des Schiffseigners gehören.

I. Zivilsenat. Urt. v. 15. November 1909 i. S. Nordd. Versicher.-Gesellsch. (Bekl.) w. P. & A. (Kl.). Rep. I. 485/08.

I. Landgericht Hamburg, Kammer für Handelssachen.
II. Oberlandesgericht daselbst.

Der Kläger war Eigentümer des eisernen Kahnes „Friederike" und hatte diesen laut „Versicherungspolice auf Casco" vom 5. Mai 1905 für Beschäftigung und Aufenthalt auf der Ober-Elbe und deren Nebenflüssen und Kanälen mit Einschluß der Oder für ein Jahr zu

25000 ℳ versichert. Unter eigener Führung des Klägers traf der Kahn, mit einer Zuckerladung von Genthin kommend, am 29. März 1906 in Hamburg ein. Nachdem hier Teile der Ladung an den Schuppen 17 und 2 gelöscht worden waren, ließ der Kläger den Kahn am 5. April über die Elbe schleppen, um den Rest der Ladung im Kuhwerderhafen abzugeben. Auf dieser Fahrt brach der Kahn durch, indem die Platten an beiden Seiten rissen. Der Kläger nahm die Beklagte aus dem Versicherungsvertrage auf Entschädigung in Anspruch. Die Beklagte machte u. a. geltend, die Ursache des Unfalles liege in einer ungehörigen Stauung der Restladung, da nach der Teilentlöschung in der Mitte des Schiffes ein Laderaum leer geblieben sei. Aus diesem Grunde bestritt sie ihre Ersatzpflicht — gestützt auf § 3 Nr. 2 der „Allgemeinen Bedingungen" des Versicherungsscheins —, weil der Schade durch ein Verschulden des Versicherten entstanden sei.

Beide Instanzen verwarfen den Einwand der Beklagten. Auch die Revision blieb ohne Erfolg.

Gründe:

... „Gestützt wird das Rechtsmittel ausschließlich auf die Beurteilung des ... Einwandes der Beklagten, der sich auf § 3 Nr. 2 der Bedingungen gründet. Hier wird gesagt, daß dem Versicherer Schäden nicht zur Last fielen, die „durch Verschulden des Versicherten" entstanden seien. Hinzugefügt aber wird:

„Dem Versicherten, welcher sein Schiff selbst führt, soll jedoch die fehlerhafte Führung desselben unpräjudizierlich sein (es sei denn, daß ihm eine bösliche Handlungsweise zur Last fällt), sofern er für die betreffende Fahrt ein Patent besitzt, oder ihm die Schiffsführung behördlich gestattet ist."

Das Landgericht hat es zurückgewiesen, wenn sich der Kläger auf diesen Nachsatz berufen wolle, und in Übereinstimmung mit den Darlegungen der Beklagten auch angenommen, daß die ungleichmäßige Beladung, wie sie nach der Löschung eines Teiles der Ladung bestand, die Widerstandskraft des Kahnes in den Längsverbänden zu sehr in Anspruch nahm, also objektiv fehlerhaft war. Dagegen führt es auf Grund eines von ihm eingezogenen Gutachtens aus, daß dieser Fehler dem Kläger subjektiv nicht als Verschulden angerechnet werden könne, und gelangt so zur Zurückweisung dieser Einwendung der

Beklagten. Das Oberlandesgericht dagegen läßt sowohl die objektive Fehlerhaftigkeit der Beladung, wie die subjektive Schuld des Klägers dahingestellt und stützt die Bestätigung der Entscheidung nur darauf, daß dem Kläger auf alle Fälle der angeführte Nachsatz der Bedingungen zur Seite stehe.

Dem ist trotz der Beanstandung der Revision beizutreten.

Daß der Kläger zur Zeit des Unfalls sein Schiff selbst führte, und daß ihm eine bösliche Handlungsweise nicht zur Last fällt, ist außer Streit. Auch hat das Oberlandesgericht bedenkenfrei und unangefochten festgestellt, daß er ein Patent „für die betreffende Fahrt", d. h. für Kahnfahrten auf der Ober-Elbe und deren Nebenflüssen usw. hatte. In Frage steht demnach lediglich, ob sich der zu unterstellende Fehler des Klägers, wie das Oberlandesgericht annimmt, als eine „fehlerhafte Führung des Schiffes" im Sinne der Versicherungsbedingungen darstellt.

Der angezogene Nachsatz hat, wie auch das Oberlandesgericht erwähnt, den Zweck, daß der Kleinschiffer, der sein Schiff selbst führt, nicht gegenüber dem Großunternehmer, der nur mit angestellten Schiffern fahren läßt, benachteiligt werden soll. Unfälle, die durch ein Verschulden der Schiffsbesatzung herbeigeführt sind, gehen bei der Transportversicherung grundsätzlich zu Lasten des Versicherers (HGB. § 820 Nr. 6). Das Verschulden der Besatzung kann dem Versicherten nicht als eigenes Verschulden angerechnet werden. Dieser Grundsatz soll auch beim Kleinschiffer zur Anwendung gelangen. Insoweit er als Schiffsführer gehandelt hat, ist davon abzusehen, daß er zugleich selbst der Versicherte ist. Der Grundsatz hat Verwandtschaft mit der Bestimmung in § 4 Abs. 2 Satz 2 des Binn.Schiff.G. und hat auch in § 130 des Reichsgesetzes über den Versicherungsvertrag vom 30. Mai 1908 (RGBl. S. 263) Aufnahme gefunden. Seine Anwendung erfordert eine Unterscheidung zwischen solchen Handlungen, die der Schiffer „bei der Führung des Schiffes", d. h. als nautischer Dirigent der Fahrt, vornimmt, und solchen, die er als geschäftlicher Vertreter des Schiffseigners vornimmt. So wenig der Großunternehmer es ablehnen kann, auf diesem zweiten Gebiete die Handlungen seines Schiffers auch dem Versicherer gegenüber zu vertreten, so wenig bedarf hier auch der Kleinschiffer eines Schutzes.

Die Abgrenzung zwischen Handlungen des Schiffers, die dem Gebiete der nautischen Leitung, und solchen, die dem Gebiete der geschäftlichen Vertretung des Schiffseigentümers angehören, hat auf dem Boden des Seeversicherungsrechtes die Gerichte wiederholt beschäftigt. Bei Voigt, S.Vers.R. S. 406 flg. findet sich die einschlagende Rechtsprechung zusammengestellt. Die dort entwickelten Regeln sind auch hier zur Anwendung zu bringen. Danach bestimmt sich die Entscheidung nach Ort, Zeit und sonstigen Umständen der Tätigkeit, nicht aber danach, ob der Schiffer nur allgemeinen Zweckmäßigkeitserwägungen zu folgen, oder technische Kenntnisse anzuwenden hat. Was er bei oder während der Fahrt zu deren Beendigung an nautischen Maßregeln zu beschließen und selbst oder durch andere Schiffsangestellte auszuführen hat, gehört zu den Pflichten des nautischen Leiters. Dagegen wird zu den Administrationshandlungen alles gerechnet, was außer der eigentlichen Fahrt für den Zweck der Transportunternehmung zu leisten ist. Hierzu gehört der Regel nach auch die Ausrüstung des Schiffes und die Verstauung der Ladung im Abgangshafen. Dennoch würde es rechtsirrtümlich sein, wenn das Oberlandesgericht der Meinung gewesen sein sollte, alles was die Verstauung der Ladung angehe falle in den Bereich der nautischen Leitung. Insbesondere wäre es verfehlt, sämtliche Obliegenheiten des Schiffers, die § 8 Binn.Schiff.G. aufzählt, ohne weiteres diesem Gebiete zuzuschreiben, wie dies anscheinend die Meinung des Oberlandesgerichtes ist.

Gleichwohl können diese Bedenken nicht zur Aufhebung des Urteils führen. Denn im vorliegenden Falle bezieht sich der dem Kläger vorgeworfene Mißgriff nicht auf Maßnahmen, die sich auf die Vorbereitung der Transportunternehmung bezogen. Die Verstauung der Ladung im Abgangshafen wird nicht beanstandet. Es handelt sich nur darum, ob der Kläger beim Anlaufen der verschiedenen Liegeplätze im Hamburger Hafen, wo die Entlöschung vorgenommen werden sollte, nautisch richtig gehandelt hat, ob er insbesondere ohne Umstauung der Restladung weiter fahren durfte, nachdem er an den ersten beiden Liegestellen 1850 Sack abgegeben und dabei einen der mittleren Laderäume völlig geleert hatte. Es muß mit dem Oberlandesgerichte angenommen werden, daß die Entscheidung hierüber lediglich dem Gebiete der nautischen Leitung im

Sinne der angezogenen vertraglichen und gesetzlichen Bestimmungen angehört, und nicht dem Gebiete der geschäftlichen Vertretung. War es, wie hier unterstellt werden muß, nautisch verkehrt, den Kahn, ohne vorher zu trimmen, über die Elbe schleppen zu lassen, so lag darin eine „fehlerhafte Führung des Schiffes", die nach den Versicherungsbedingungen als „unpräjudizierlich" zu gelten hat."

40. Kann in besonders gearteten Fällen auch die Außerachtlassung der im Verkehr erforderlichen Sorgfalt einen Verstoß gegen die guten Sitten enthalten? Zu § 826 BGB.

VI. Zivilsenat. Urt. v. 15. November 1909 i. S. Ö. (Kl.) w. M. (Bekl.). Rep. VI. 382/08.

I. Landgericht Düsseldorf.
II. Oberlandesgericht daselbst.

Der Kläger forderte Ersatz des Schadens, der ihm durch den Versuch seiner Frau, deren Verwandten und des Beklagten, eines Arztes, ihn als geisteskrank entmündigen zu lassen, entstanden sei. Der Beklagte habe sich jenen gegenüber wissentlich oder doch grob fahrlässig wider die Wahrheit dahin geäußert, der Kläger sei geisteskrank und müsse entmündigt werden. Die vorderen Instanzen wiesen die Klage ab. Das Reichsgericht hat das Berufungsurteil aufgehoben und die Sache an das Berufungsgericht zurückverwiesen, aus folgenden

Gründen:

... „Die Revision rügt ... die Verletzung des § 826 BGB. mit Recht auch deswegen, weil das Berufungsgericht seine Anwendbarkeit für den Fall verneint, daß der Beklagte nicht wissentlich, sondern — wie es unterstellt — grob fahrlässig wider die Wahrheit sich dahin geäußert haben sollte, der Kläger sei geisteskrank und bedürfe der Entmündigung. Die Auffassung des Berufungsgerichts, bei einem grob fahrlässigen Verhalten könne nach den Umständen des vorliegenden Falles von einer absichtlichen Schadenszufügung und von einem Verstoße gegen die guten Sitten nicht die Rede sein, ist rechtsirrig. Jene Gesetzesbestimmung erfordert vorsätzliche Schadenszufügung in einer gegen die guten Sitten verstoßenden Weise. Was die guten Sitten erheischen, ist aus dem herrschenden Volksbewußtsein, aus dem Anstandsgefühl aller billig und gerecht Denkenden unter Berücksichtigung der Eigenart des Einzelfalles zu entnehmen. Es kann daher ein Verstoß gegen die guten Sitten nicht schon deswegen verneint werden, weil die Handlung selbst keine arglistige, der Handelnde der Sittenwidrigkeit seiner Handlungsweise sich nicht bewußt ist. Ein doloses, arglistiges Handeln wird zur Annahme eines Verstoßes wider die guten Sitten nicht erfordert; auch die Außerachtlassung der im Verkehr erforderlichen Sorgfalt kann in besonders gearteten Fällen einen solchen Verstoß enthalten, und auch hierbei kann sich der Handelnde ebensogut der Möglichkeit des Eintritts einer Vermögensbeschädigung bewußt sein, wie in dem Falle arglistigen Handelns. Damit würden die Voraussetzungen zur Anwendung des § 826 gegeben sein.

Das Berufungsgericht scheint dies im allgemeinen auch nicht zu verkennen, indem es mit Recht auf die Umstände des vorliegenden Falles Gewicht legt. Allein gerade diese Umstände, wie sie vom Kläger behauptet worden, lassen jedenfalls eine Äußerung des Inhaltes, daß der Kläger geisteskrank sei und der Entmündigung bedürfe, als einen Verstoß gegen die guten Sitten erscheinen. Ein Arzt, der über den Geisteszustand eines anderen befragt wird, muß sich der schweren Verantwortung bewußt sein, die er übernimmt, wenn er ihn für geisteskrank und seine Entmündigung für erforderlich erklärt; er muß sich insbesondere die schweren Eingriffe in die persönlichen und vermögensrechtlichen Verhältnisse des anderen vergegenwärtigen, die seine gutachtliche Äußerung zur Folge haben kann. Gibt er sein Gutachten ohne genügende Unterlage ab, die ihn zu einer solchen Auffassung berechtigen könnte, dann liegt in diesem fahrlässigen Verhalten zugleich ein Verstoß wider die guten Sitten. Nach der Behauptung des Klägers hat ihn der Beklagte niemals auf seinen Geisteszustand untersucht; er sei auch jetzt nicht imstande, selbst nur die nach seiner Behauptung geäußerte Ansicht zu begründen; Professor Dr. P. . . . habe . . . bei einer Unterredung mit dem Kläger sofort die Unhaltbarkeit der Diagnose einer Geisteskrankheit erkannt. Schon dieses Vorbringen des Klägers läßt die Annahme begründet erscheinen, daß der Beklagte nicht bloß grob fahrlässig gehandelt, sondern zugleich wider die guten Sitten verstoßen haben würde, wenn er den Kläger für geisteskrank und der Entmündigung bedürftig erklärt haben sollte. Es tritt aber die weitere Behauptung des Klägers hinzu, daß dem Beklagten, der als sein Hausarzt die zwischen dem Kläger einerseits und seiner Frau und deren Verwandten andererseits schwebenden Familien- und Erbstreitigkeiten gekannt habe, auch bekannt gewesen sei, daß es seiner Frau und deren Verwandten darum zu tun gewesen sei, auf jeden Fall seine Entmündigung herbeizuführen. Dieser Umstand würde dem Beklagten ganz besonders die Verpflichtung auferlegt haben, mit peinlichster Gewissenhaftigkeit sein Gutachten abzugeben, da er sich sagen mußte, wie schwer sein Urteil ins Gewicht fallen und wie sehr es, wenn es auf Geisteskrankheit lautete, von der Frau des Klägers und ihren Verwandten ausgenutzt werden würde." ...

---

41. Hat beim Werkvertrage — Bauvertrag — der Besteller gegen den Unternehmer einen klagbaren Anspruch auf Erteilung einer Abrechnung über die geleisteten Arbeiten?

VII. Zivilsenat. Urt. v. 16. November 1909 i. S. L. (Bekl.) w. H. (Kl.). Rep. VII. 537/08.

I. Landgericht Düsseldorf.
II. Oberlandesgericht Köln.

Der Beklagte übertrug dem Kläger einen Hausbau; es wurden Einheitssätze für die zu leistenden Arbeiten vereinbart. Nach Ausführung des Baues forderte der Kläger Bezahlung. Der Beklagte erhob Widerklage auf Erteilung einer revisionsfähigen Rechnung über die ausgeführten Bauarbeiten. Die Vorinstanzen wiesen die Widerklage ab. Die hiergegen gerichtete Revision wurde zurückgewiesen aus folgenden

Gründen:

... „Die Revision führt aus, die Annahme des Berufungsgerichts, dem Kläger stehe weder ein vertragsmäßiges noch ein gesetzliches Recht auf Erteilung einer solchen Abrechnung zu, sei nicht zutreffend. Nicht nach dem vom Berufungsrichter in Bezug genommenen § 259 BGB., sondern nach § 242 sei der mit der Widerklage erhobene Anspruch zu beurteilen. Ergebe sich, daß die vom Beklagten geforderte Aufstellung zu den Vertragspflichten eines Bauleiters gehöre, der nicht für eine Pauschalsumme, sondern nach Einheitssätzen zu liefern habe, so sei das eine dem Kläger obliegende Vorleistung, und Beklagter könne bis zu ihrer Erledigung seine Leistung verweigern. Dieser Angriff ist nicht begründet; die Abweisung der Widerklage ist gerechtfertigt.

Wenn der Revision auch zuzugeben ist, daß für die Entscheidung, ob der Beklagte als Besteller zur Erhebung einer Klage wie der hier in Frage stehenden aus dem Werkvertrage berechtigt ist, nicht bloß die Bestimmung des § 259, sondern § 242 BGB. mit in Betracht kommt, so bleibt das Ergebnis doch dasselbe. Der Werkvertrag wird vom Unternehmer durch Herstellung des versprochenen Werkes, vom Besteller durch Entrichtung der vereinbarten Vergütung erfüllt (§ 631 BGB). Steht die Höhe der Vergütung, weil, wie dies hier der Fall ist, keine Pauschalsumme, sondern Einheitssätze für die tatsächlich geleisteten Arbeiten vereinbart sind, nicht von vornherein fest, so hat der Unternehmer nachzuweisen, was er geleistet und demgemäß zu fordern hat. Das ist aber keine aus dem Werkvertrage sich für ihn ergebende Vertragspflicht, sondern lediglich die substantiierte Berechnung der ihm zustehenden Vergütung. Unterläßt der Unternehmer es, seine Werkforderung in der angegebenen Weise zu begründen, so ergibt sich hieraus für den Besteller die Berechtigung, sich der Forderung gegenüber ablehnend zu verhalten, Bezahlung für die ihm als geleistet nicht nachgewiesenen Arbeiten zunächst zu verweigern. Damit erschöpft sich aber auch das Interesse des Bestellers an einer spezifizierten Aufstellung. Die Befugnis, seinerseits die Leistungsklage auf Erteilung einer solchen Aufstellung anzustellen, steht ihm nicht zu. Es fehlt für diese Klage an der Voraussetzung einer für den Unternehmer aus den gesetzlichen Bestimmungen über den Werkvertrag auch in Verbindung mit § 242 BGB. herzuleitenden Verpflichtung, dem Besteller mehr als das Werk selbst zu leisten. Vertraglich ist, wie das Berufungsgericht unangefochten festgestellt hat, dem Beklagten das Recht, mit der Ablieferung des Werkes eine besondere Abrechnung fordern zu können, nicht eingeräumt.

Beklagter hat sich im Prozesse bestreitend verhalten, und Aufgabe der Beweisaufnahme ist es gewesen, zu ermitteln, was Kläger für den Neubau, wie er diesen tatsächlich ausgeführt hat, unter Zugrundelegung der Einheitssätze des Kostenanschlages zu fordern hat. Damit ist der durch den Vertrag geschaffenen Rechtslage genügt; die prozessuale Stellung des Beklagten ist durch die Nichtzulassung der Widerklage nicht erschwert." ...

42. 1. Zur Frage, ob Werkvertrag, Dienstvertrag oder Besorgung fremder Geschäfte vorliegt.

2. Bezieht sich die kurze Verjährung des § 196 Abs. 1 Nr. 7 BGB. nicht auf einzelne seltene, wirtschaftlich bedeutsame, sondern nur auf alltägliche, kleine gewerbsmäßige Geschäftsbesorgungen und Dienstleistungen?

VII. Zivilsenat. Urt. v. 16. November 1909 i. S. Z. (Kl.) w. W. (Bekl.). Rep. VII. 577/08.

I. Landgericht Dresden.
II. Oberlandesgericht daselbst.

Der Kläger klagte gegen die Beklagte auf Zahlung einer ihm von dem Schriftsteller v. P. abgetretenen Forderung von 5000 *M*. Dieser Anspruch wurde darauf gestützt, daß der frühere Fabrikbesitzer R. diese Summe dem Schriftsteller v. P. für die Umwandlung seines in Konkurs geratenen Fabrikunternehmens in eine Aktiengesellschaft zugesagt, und die Beklagte sich zu deren Zahlung verpflichtet habe. Alle Instanzen erkannten auf Abweisung der Klage.

Gründe des Revisionsurteils:

„Der Berufungsrichter hat die Klage abgewiesen, weil er die von der Beklagten auf Grund der §§ 196 Abs. 1 Nr. 7 und 768 BGB. erhobene Verjährungseinrede für begründet erachtet. Der Berufungsrichter stellt zunächst fest, daß der Schriftsteller v. P. die Sanierung, Finanzierung, Gründung und Umwandlung von

Geschäften und Gesellschaften gewerbsmäßig betrieben habe, als er es unternommen habe, das in Konkurs geratene Geschäft des Fabrikbesitzers R. in eine Aktiengesellschaft umzuwandeln. Diese Feststellung ist von der Revision nicht angegriffen worden. Der Berufungsrichter führt weiter aus, die von P. durchgeführte Gründung des R.'schen Fabrikunternehmens als Aktiengesellschaft habe zu diesem Gewerbebetriebe gehört. Dieser Punkt ist ebenfalls von der Revision nicht angegriffen worden. Endlich legt der Berufungsrichter dar, daß jene Gründung nicht als eine Werkleistung, sondern als Besorgung fremder Geschäfte oder auch als Leistung von Diensten aufzufassen sei, da v. P. sich nicht irgendwie dafür haftbar gemacht habe, daß der Erfolg eintrete, sondern es nur übernommen habe, sich zu bemühen, eine Aktiengesellschaft ins Leben zu rufen, die die R.'sche Fabrik fortführte. Die Revision wendet sich nicht gegen die in dieser Ausführung enthaltene tatsächliche Feststellung bezüglich dessen, wozu v. P. sich verpflichtet hat, sondern macht nur geltend, trotzdem sei seine Forderung als Werklohnforderung anzusehen, auf welche die Verjährungsvorschrift des § 196 Abs. 1 Nr. 7 keine Anwendung finde; sollte die Tätigkeit des v. P. sich aber in Wirklichkeit als Besorgung fremder Geschäfte darstellen, so könne gleichwohl die Bestimmung des § 196 Abs. 1 Nr. 7 nicht Platz greifen, weil diese sich nur auf die alltäglichen, kleinen gewerbsmäßigen Besorgungen beziehe, nicht aber auf einzelne seltene, wirtschaftlich höchst bedeutsame und einschneidende Geschäfte, wie das hier vorliegende. Beide Angriffe sind nicht begründet.

Das Charakteristische des Werkvertrages besteht, wenn es sich um ein immaterielles Werk handelt, darin, daß der Unternehmer sich zur Herbeiführung des Erfolges (durch Arbeit oder Dienstleistung) verpflichtet. Der herbeizuführende Erfolg ist, wie § 631 Abs. 2 BGB. es ausdrückt, in solchem Falle der „Gegenstand" des Werkvertrages. An diesem Erfordernis des Werkvertrages fehlt es nach der unangefochtenen Feststellung des Berufungsrichters hier; daher kann die Tätigkeit des v. P. in der Tat nur so beurteilt werden, wie der Berufungsrichter es getan hat. Die Bestimmung des § 675 BGB. vermag an dieser Auffassung nichts zu ändern.

Was aber den Inhalt des § 196 Abs. 1 Nr. 7 angeht, so fehlt jeder Anhalt für die Unterscheidung, welche die Revision in diese

Bestimmung hineintragen will. Der Wortlaut enthält nichts davon; schon das muß ausschlaggebend sein. Außerdem läßt sich aber auch aus Grund und Zweck der Bestimmung die Ansicht der Revision nicht rechtfertigen. Es braucht in dieser Beziehung nur darauf verwiesen zu werden, daß unzweifelhaft die Forderungen der Mäkler unter jene Bestimmung fallen, und daß hierbei in vielen Fällen von kleinen Besorgungen nicht die Rede ist, sondern daß es sich auch hierbei um wirtschaftlich höchst bedeutende Geschäfte handeln kann. Die behauptete Seltenheit des Geschäftes kann ebensowenig in Betracht kommen. Die Gewerbsmäßigkeit der betreffenden Tätigkeit wird dadurch nicht ausgeschlossen, und wenn nach der Natur der betreffenden Geschäfte diese nicht alltäglich, sondern nur hin und wieder vorkommen, so ist nicht einzusehen, weshalb dies ein Grund sein sollte, die daraus entstandenen Forderungen in Ansehung der Verjährung anders zu behandeln als Forderungen aus Geschäften, die häufiger vorkommen. Die Verjährungseinrede war daher begründet."

---

43. Können Sachen, die nach § 811 Nr. 1 ZPO. der Pfändung nicht unterworfen sind, mit Zustimmung des Schuldners wirksam gepfändet werden?

III. Zivilsenat. Urt. v. 19. November 1909 i. S. F. (Bekl.) w. N. (Kl.). Rep. III. 566/08.

I. Landgericht Osnabrück.
II. Oberlandesgericht Celle.

Aus den Gründen:

„Der für die Revisionsinstanz allein in Betracht kommende Teil des Klaganspruchs beruht auf folgendem Sachverhalte. Der Beklagte hat als Gerichtsvollzieher im Auftrage der Klägerin bei dem Bäckermeister F. in L. wegen verschiedener Forderungen im April und Mai 1906 Mobiliarpfändungen vorgenommen. Von den hierbei gepfändeten Sachen sind auf Erinnerung und Beschwerde des Schuldners durch Beschluß des Landgerichts vom 8. Oktober 1906 eine Anzahl vom Pfandschlage befreit worden, weil sie nach § 811 Nr. 1 ZPO. dem Schuldner unentbehrlich seien. Inzwischen war der Schuldner in Konkurs geraten, und die Klägerin fiel mit ihren Forderungen zum größten Teile aus. Indem sie behauptet, daß der Beklagte schuldhaft die gesetzlich unpfändbaren Sachen statt der in genügender Menge beim Schuldner noch vorhandenen pfändbaren Gegenstände gepfändet habe, hat sie ihn für den Ausfall an ihren Forderungen und für die Kosten des Beschwerdeverfahrens verantwortlich gemacht.

Während das Landgericht die Klage abgewiesen hat, hat das Berufungsgericht den Beklagten zur Zahlung von 403,94 ℳ nebst Zinsen verurteilt. Es nimmt an, daß der Beklagte durch die Pfändung der gesetzlich unpfändbaren Sachen gegen seine Pflicht verstoßen und dadurch verschuldet habe, daß pfändbare Sachen, die damals noch beim Schuldner vorhanden waren, nicht gepfändet wurden. Aus ihrem Erlöse habe die Klägerin zu einem Betrage von 372,20 ℳ Befriedigung erlangen können, und außerdem wären ihr bei pflichtgemäßem Verfahren die Beschwerdekosten in Höhe von 31,74 ℳ nicht erwachsen.

Gegen diese Entscheidung erhebt die Revision in erster Linie den Vorwurf, das Berufungsgericht habe zu Unrecht die vom Beklagten behauptete Tatsache nicht für erheblich erachtet, daß der Schuldner F. die vom Beklagten gepfändeten Sachen zur Pfändung bereit gestellt habe. Nach richtiger Rechtsansicht bewirke ein solcher Verzicht des Schuldners auf die Unpfändbarkeit, daß die Pfändung ein für allemal gültig werde. Die Klägerin habe daher, wenn die Behauptung des Beklagten zuträfe, ein gültiges Pfandrecht erlangt. Zum mindesten sei die Frage, ob die Bereitstellung zur Pfändung rechtswirksam sei, so streitig, daß man es dem Beklagten nicht zum Verschulden anrechnen könne, wenn er sie unrichtig beantwortet habe. Das Berufungsgericht habe demnach den § 811 ZPO. und die §§ 276 Abs. 1 und 839 Abs. 1 BGB. verletzt.

Dieser Angriff der Revision ist nicht begründet. Die Frage, ob mit Zustimmung des Schuldners solche Sachen, die nach § 811 ZPO. der Pfändung nicht unterworfen sind, rechtswirksam gepfändet werden können, ist in Rechtslehre und Rechtsprechung streitig.[1] Das Reichsgericht hat sie in der Entscheidung vom 9. Mai 1887 (Entsch. in Zivils. Bd. 18 S. 389 flg.) unentschieden gelassen und in der Entscheidung vom 19. April 1895 (Jur. Wochenschr. 1895 S. 239 Nr. 9) ausgesprochen, daß der Verzicht des Schuldners auf die Wohltat des § 715 Nr. 4 ZPO. a. F. (§ 811 Nr. 5 n. F.) nicht für unzulässig erachtet werden könne. Da in dem jetzt zur Entscheidung stehenden Falle nur die Unpfändbarkeitsbestimmung in § 811 Nr. 1 zu beurteilen ist, bedarf es nicht der Erörterung, ob man der Auffassung, die das zuletzt erwähnte Urteil über den anders gearteten Tatbestand der Nr. 4 des § 715 a. F. geäußert hat, beitreten könnte oder nicht. Für die in § 811 Nr. 1 aufgeführten Sachen erachtet der Senat einen Verzicht des Schuldners auf die Unpfändbarkeit für rechtsunwirksam. Denn es handelt sich nicht um eine Rechtsnorm, die nur dem Schuldner eine Wohltat erweisen will, sondern um eine Regelung der Zwangsvollstreckung, die in einem wesentlich öffentlichen Interesse, in den Bedürfnissen des Allgemeinwohls ihren Grund hat. Sie beruht auf dem sozialpolitischen Gedanken, daß die Zwangsvollstreckung nicht zur Vernichtung der wirtschaftlichen Existenz des Schuldners und seiner Familie führen darf. Der Staat hat ein wesentliches Interesse daran, daß der einzelne nicht durch völlige Kahlpfändung auf einen Grad der wirtschaftlichen Mittellosigkeit herabgedrückt wird, der ihm die Grundlagen geordneter Beschaffung seines Unterhalts zerstört. Hat aber die Allgemeinheit ein dringendes Interesse daran, dies zu verhindern, so kann die Entscheidung darüber, ob dieses Ergebnis eintreten soll, nicht in die Hand des Schuldners gelegt werden. Sein Wille muß hier ohne jede Wirkung sein. Wenn eingewendet wird, daß der Schuldner ja freiwillig jederzeit die Gegenstände, die der Pfändung entzogen sind, veräußern und verpfänden könne, und es daher keinen Sinn habe, ihm diese Verfügungsbefugnis dem Gerichtsvollzieher gegenüber zu versagen, so ist das nicht stichhaltig. Allerdings hindert das Gesetz den Schuldner nicht, sich durch Privatrechtsgeschäfte seiner letzten Habe zu berauben. Eine dem § 400 BGB. entsprechende Be-

[1] S. die Ausführungen bei Gaupp-Stein, ZPO. 8./9. Aufl. § 811 Note 10. D. E.

stimmung besteht für bewegliche Sachen nicht. Es ist aber etwas anderes, wenn ein solcher Zustand durch staatliche Zwangsakte herbeigeführt werden soll. Es würde im höchsten Maße anstößig und mit den sozialpolitischen Anschauungen der Gegenwart unverträglich sein, wenn dem Schuldner die in § 811 Nr. 1 ZPO. aufgeführten unentbehrlichen Sachen durch die staatlichen Vollstreckungsorgane genommen würden. Auch mit Zustimmung des Schuldners darf dies nicht geschehen. Dazu kommt, daß die Lage des Schuldners in den Zeiten, wo ihm Pfändungen drohen, auch mißbräuchliche Einwirkungen auf seinen Willen besonders begünstigt.

Gegenüber diesen Gründen, die aus dem Zwecke des Gesetzes abgeleitet sind, kann es keine ausschlaggebende Bedeutung beanspruchen, daß in den Verhandlungen der Justizkommission des Reichstags bei der Beratung des Entwurfs zur Zivilprozeßordnung vom Regierungsvertreter und auch von Abgeordneten die Meinung ausgesprochen worden ist, daß die Pfändungsbeschränkungen — genannt wurden die Nr. 1—5 des betreffenden Paragraphen — dann nicht gelten, wenn der Schuldner der Pfändung zustimme (Hahn, Materialien zur ZPO. Bd. 2 S. 1119). Solche Meinungskundgebungen einzelner Mitarbeiter an dem Gesetze über die Tragweite von Entwurfsbestimmungen können nicht dazu führen, das Gesetz, in dem sie durch die Fassung nicht Ausdruck gefunden haben, und das überdies inzwischen auch geändert worden ist, anders als nach den Anschauungen zu beurteilen, die in der Gegenwart über Zweck und Ziel der Rechtsnorm als die zutreffenden gelten müssen.

Ist hiernach davon auszugehen, daß der Beklagte die Sachen, auch wenn der Schuldner F., wie er behauptet, sie zur Pfändung bereit stellte, objektiv wirksam nicht pfänden konnte, so wird auch durch die Zweifelhaftigkeit der Rechtsfrage sein Verschulden nicht ausgeschlossen. Denn diese Zweifel bezogen sich nicht auf die Unsicherheit der Beurteilung, ob wirklich Unentbehrlichkeit im Sinne von § 811 Nr. 1 ZPO. vorlag, sondern auf die Frage der Wirksamkeit des Schuldnerverzichts. Diese Zweifel durften den Beklagten in seinem Verhalten nicht beeinflussen. Denn für ihn waren die klaren und zweifelsfreien Vorschriften der Geschäftsanweisung vom 1. Dezember 1899 maßgebend, von denen § 58 Nr. 1 bestimmt: „Gegenstände der vorbezeichneten Art" — darunter sind auch die in

§ 811 aufgeführten begriffen — „darf der Gerichtsvollzieher niemals, auch nicht mit Zustimmung des Schuldners, pfänden." Und in Nr. 3 des § 58 ist ihm zur Pflicht gemacht, selbständig zu prüfen, welche Sachen von der Pfändung auszuschließen sind, und in erster Linie die unzweifelhaft pfändbaren zu pfänden. Gegen diese Vorschriften hat der Beklagte verstoßen, und deshalb haftet er dem Gläubiger für den daraus erwachsenen Schaden." ...

---

44. 1. Ist der Kläger im Wechselprozesse durch höhere Gewalt an der Rechtsverfolgung verhindert, wenn der Wechsel von der Staatsanwaltschaft beschlagnahmt wird?

2. Welchen Einfluß hat die Unterbrechung oder Aussetzung des Verfahrens auf die mit der Klagerhebung verbundene Unterbrechung der Verjährung?

BGB. §§ 203 Abs. 2, 211 Abs. 2.

I. Zivilsenat. Urt. v. 20. November 1909 i. S. Th. (Kl.) w. Str. (Bekl.). Rep. I. 506/09.

I. Landgericht Königsberg.
II. Oberlandesgericht daselbst.

Die am 17. Juli 1908 im Wechselprozesse erhobene Klage stützte sich auf einen vom 20. Juni 1896 datierten, am 3. Juli 1908 fälligen und rechtzeitig protestierten Wechsel über 2600 ℳ, auf dem der Name des Beklagten als Blankoindossament stand. Der Beklagte, der seine Unterschrift als gefälscht bezeichnete, wandte in erster Linie Verjährung ein, indem er sich auf folgenden unstreitigen Sachverhalt berief.

Am 13. Juli 1908 war der Klagwechsel auf Veranlassung der Staatsanwaltschaft zu K. im Bureau des Prozeßbevollmächtigten des Klägers wegen Verdachts der Fälschung beschlagnahmt. Einen Antrag des Rechtsanwalts, ihm den Wechsel behufs Vorlegung im Termin zur Verfügung zu stellen, hatte die Staatsanwaltschaft abgelehnt, dagegen anheimgegeben, die Akten durch das Gericht einfordern zu lassen. Da der Anwalt sich mit Rücksicht auf die Vorschrift des

§ 595 Abs. 3 ZPO. für behindert ansah, den Rat zu befolgen, fiel der auf den 24. Juli anberaumte Verhandlungstermin aus. Am 5. Dezember hatte die Staatsanwaltschaft den Wechsel nach Einstellung des Strafverfahrens dem Kläger wieder ausgehändigt. Dieser hatte alsbald laden lassen, worauf am 18. Dezember 1908 die erste kontradiktorische Verhandlung stattgefunden hatte.

Beide Instanzen wiesen die Klage als verjährt ab. Die Revision wurde zurückgewiesen aus folgenden

Gründen:

„Die Parteien streiten darüber, ob die vom 24. Juli 1908 an gerechnete dreimonatige Verjährung (Art. 78 Nr. 1 WO., § 211 Abs. 2 BGB.) im Sinne des § 203 Abs. 2 BGB. durch höhere Gewalt gehemmt war. Das Oberlandesgericht hat die Verneinung der Frage wie folgt begründet. Die Vorschrift, wonach im Wechselprozesse der Wechsel vorzulegen sei, könne dem Kläger nicht zur Entschuldigung dienen. Allerdings treffe der Hinweis des Beklagten darauf, daß nach § 149 ZPO. die Aussetzung des Verfahrens habe erwirkt werden können, nicht zu, weil auch im Falle der Aussetzung die Verjährung gelaufen sein würde. Auch sei es unerheblich, daß der Kläger bei Benutzung des ordentlichen Prozesses die beweisrechtlichen Sondervorschriften des Wechselprozesses nicht hätte beobachten müssen, denn es sei sein Recht gewesen, im Wechselprozesse zu klagen. Aber der Kläger habe es in der Hand gehabt, an die Staatsanwaltschaft einen Antrag zu richten, daß sie ihre Akten mitsamt dem Wechsel dem Prozeßgerichte übersende. Einem solchen Antrage würde entsprochen worden sein, da Bedenken nicht entgegengestanden hätten.

Der Entscheidungsgrund des Oberlandesgerichts ist von der Revision als unrichtig bekämpft. Es ist ausgeführt, die Staatsanwaltschaft sei befugt gewesen, nach eigenem Gutdünken zu handeln. Bei Erhebung der Klage habe sie dem Prozeßbevollmächtigten des Klägers anheimgestellt, die Akten durch das Gericht einfordern zu lassen. Daher habe nicht angenommen werden können, daß sie einem persönlichen Antrage des Klägers Gehör schenken werde.

Der Angriff der Revision erscheint nicht unbegründet. Es braucht aber nicht darauf eingegangen zu werden, da sich das Ergebnis des Oberlandesgerichts aus andern Erwägungen rechtfertigt.

Nach § 211 Abs. 2 BGB. endet die mit der Klagerhebung verbundene Unterbrechung der Verjährung, wenn der Prozeß „infolge einer Vereinbarung oder dadurch, daß er nicht betrieben wird", in Stillstand gerät. Anders verhält es sich, wenn der Stillstand infolge eines der in §§ 239—245 ZPO. aufgezählten Ereignisse eintritt (Unterbrechung des Verfahrens), oder wenn er durch einen Gerichtsbeschluß angeordnet wird (Aussetzung des Verfahrens). Die Ansicht des Oberlandesgerichts, auch dann beginne die Verjährung sofort von neuem zu laufen, widerspricht sowohl dem Wortlaute wie dem Zwecke des Gesetzes, das ersichtlich nur einen Kläger treffen will, dem aus dem Nichtbetreiben des Prozesses ein Vorwurf gemacht werden kann. In den Fällen der Unterbrechung und Aussetzung des Verfahrens ist der Stillstand fürs erste entschuldigt. Auch wenn die Aussetzung auf Antrag des Klägers angeordnet wird, ist stets das Ermessen des Gerichts maßgebend; der Parteiantrag kommt nur als Anregung des gerichtlichen Ermessens in Betracht. Daher darf eine Änderung erst als erfolgt angesehen werden, wenn der Grund zur Unterbrechung oder Aussetzung des Verfahrens weggefallen ist. Läßt der Kläger den Prozeß auch dann noch liegen, so ist nunmehr der Zeitpunkt gekommen, mit dem, weil von jetzt an der Stillstand auf der Untätigkeit des Klägers beruht, die neue Verjährung ihren Anfang nimmt. Daß dies der Wille des Gesetzes ist, erkennen die Motive Bd. 1 S. 333 an, wenn sie hervorheben, ein Stillstand des § 174 Abs. 2 des Entwurfs (§ 211 Abs. 2 BGB.) sei in den Fällen der Unterbrechung oder Aussetzung des Verfahrens an sich und zunächst nicht gegeben. Soviel zu ersehen, sind abweichende Auffassungen auch in der Literatur nicht hervorgetreten...

Hiernach hätte der Kläger durch Herbeiführung der Aussetzung des Verfahrens dem Beginn einer neuen Verjährung entgegengewirkt. Daß ein Gesuch um Aussetzung abschlägig beschieden wäre, ist weder behauptet noch anzunehmen. Schon deshalb kann der Kläger nicht geltend machen, daß er durch höhere Gewalt an der Rechtsverfolgung verhindert gewesen sei. Eine Verhinderung durch höhere Gewalt liegt aber vor allem um deswillen nicht vor, weil nach § 596 ZPO. der Übergang zum ordentlichen Verfahren offen stand. In diesem Verfahren hätte die Vorlegung des Wechsels, sofern sie erforderlich wurde, auf dem durch § 432 ZPO. gewiesenen Wege beschafft werden können. Der Einwurf des Oberlandesgerichts, der Kläger habe eine Recht auf den Wechselprozeß gehabt, greift demgegenüber nicht durch. Gewiß kann aus einem Wechsel im Wechselprozesse geklagt werden; aber wer das tut, ohne die Möglichkeit zu haben, die für dieses Verfahren bestehenden Vorschriften zu erfüllen, handelt auf eigene Gefahr. Es ist kein Grund erfindlich, der berechtigen könnte, die Gefahr auf den Beklagten abzuwälzen. Die Benutzbarkeit des Wechselprozesses darf überhaupt nicht als Inhalt eines materiellen, gegen den Wechselschuldner gerichteten Rechtes betrachtet werden, und nur von solcher Anschauung aus ließe sich zu dem Gedanken gelangen, daß die Verjährung gehemmt sein müsse, damit der Kläger in der Lage sei, die Vorteile der Prozeßart zu genießen." ...

45. Liegt eine zu ihrer Gültigkeit die Schriftform erfordernde Schenkung vor, wenn jemand einem anderen für Dienste, die ihm dieser um persönlicher Beziehungen willen zunächst unentgeltlich geleistet hat, hinterher eine Vergütung in bestimmtem, nunmehr vereinbartem Betrage verspricht? Behauptungspflicht in dieser Beziehung.

BGB. §§ 516 Abs. 1, 518 Abs. 1.

VI. Zivilsenat. Urt. v. 22. November 1909 i. S. H. Wwe. (Bekl.) w. S. (Kl.). Rep. VI. 437/08.

I. Landgericht Frankfurt a. M.
II. Oberlandesgericht daselbst.

Der Kläger hatte der Beklagten nach dem im Jahre 1902 erfolgten Tode ihres Mannes verschiedene Dienste, namentlich in Rechtsangelegenheiten, geleistet. Er behauptete, daß diese Dienste von ihm zwar ursprünglich mit Rücksicht auf die persönlichen Beziehungen der Parteien als unentgeltliche erwiesen worden seien, daß aber später die Beklagte ihm wiederholt eine Vergütung für seine Bemühungen, und zwar in den von ihm hierfür einzeln liquidierten Beträgen, versprochen, und er dieses Versprechen angenommen habe. Demgemäß erhob er Klage gegen die Beklagte auf Zahlung der angeblich vereinbarten Summe. Die Beklagte erhob eine Reihe von Einwendungen; eine von diesen (aus § 138 Abs. 1 BGB.) erklärte der erste

Richter für durchgreifend und wies deshalb die Klage ab. Das Berufungsgericht machte die Entscheidung von mehreren Eiden abhängig, die der Beklagten über die angeblichen Zahlungsversprechen auferlegt wurden. Die Revision der Beklagten wurde zurückgewiesen.

Aus den Gründen:

... „Das Berufungsgericht geht davon aus, daß der Kläger seinen Anspruch allerdings nicht auf angebliche ihm von der Beklagten vor oder während der Leistung der Dienste gemachte Zusagen stützen könne, da nach dem beiderseitigen Parteivorbringen die Dienste zunächst unentgeltlich geleistet wurden. Dagegen sei erheblich die Behauptung des Klägers, daß ihm die Beklagte, nachdem die Dienste bereits geleistet waren, bei drei verschiedenen Gelegenheiten die betreffenden Beträge für die einzelnen Dienste versprochen, und der Kläger das Versprechen angenommen habe. Denn es sei an sich sehr wohl denkbar, daß die Beklagte, nachdem sie zunächst die Dienste als Freundschaftsdienste unentgeltlich entgegengenommen hatte, später aus gewissen Gründen es unangenehm empfunden habe, daß der Kläger ihr diese Dienste umsonst geleistet habe, und sie deshalb nachträglich ihn dafür zu entlohnen beabsichtigt habe. Würde also jene Behauptung des Klägers erwiesen, so würde durch das Versprechen der Beklagten und dessen Annahme von seiten des Klägers ein Vertrag zustande gekommen sein, durch welchen die Beklagte sich verpflichtete, die einzelnen ihr vom Kläger geleisteten Dienste nicht als unentgeltlich geleistet mehr anzusehen, sondern als entgeltlich geleistete dem Kläger zu bezahlen, und der Kläger sich mit dieser Behandlung in der bestimmten Höhe einverstanden erklärt haben. Eine solche Vereinbarung würde auch nicht als Schuldversprechen im Sinne des § 780 BGB. der Formvorschrift der schriftlichen Erteilung des Versprechens unterliegen, da die Beklagte durch diese Vereinbarung nicht unter allen Umständen die Zahlung der einzelnen Summen übernommen haben würde, sondern nur unter der Voraussetzung, daß die Dienste tatsächlich geleistet seien ...

Die Revision macht geltend, das Berufungsgericht habe zu Unrecht angenommen, daß die von dem Kläger zum Eide verstellten Tatsachen geeignet seien, den Klaganspruch ... zu rechtfertigen. Die von der Beklagten abzuschwörenden Versprechungen würden, wenn sie erfolgt wären, schenkweise Versprechungen im Sinne von § 516 Abs. 1

und § 518 Abs. 1 BGB. darstellen, mithin mangels gerichtlicher oder notarieller Beurkundung nichtig sein. Es herrsche ja nach dem Tatbestande des Berufungsurteils unter den Parteien Einverständnis darüber, daß vor diesen Versprechungen eine Rechtspflicht der Beklagten, den Kläger für seine angeblichen Dienste zu belohnen, nicht bestanden habe. Nach den eigenen Einräumungen und Behauptungen des Klägers hätte somit die Beklagte mit den Zusagen im Sommer 1905 und Nachsommer 1906 dem Kläger unentgeltliche Zuwendungen versprochen. Ihr etwaiges Motiv, die angeblichen Dienste des Klägers zu belohnen, wonach es sich um eine remuneratorische Schenkung im Sinne des gemeinen Rechtes gehandelt hätte, schließe die Anwendung jener Gesetzesvorschriften nicht aus. Dieser Einwand kann nicht als berechtigt anerkannt werden.

Es würde sich zunächst fragen, ob der rechtliche Gesichtspunkt eines Schenkungsversprechens und des Mangels der in § 518 BGB. hierfür vorgeschriebenen Form, obschon er von der Beklagten in den Vorinstanzen nicht geltend gemacht worden war, gleichwohl vom Berufungsgericht hätte beachtet werden müssen. Das wäre zu verneinen, sofern die Rechtsnatur des fraglichen Geschäftes als einer Schenkung nicht schon ohne weiteres aus dem unstreitigen oder vom Kläger behaupteten Sachverhalte zutage trat, und andererseits von der Beklagten bestimmte Behauptungen in dieser Richtung nicht aufgestellt waren. Insoweit würde die in dem Urteile des Reichsgerichts vom 26. Januar 1884 (Entsch. in Zivils. Bd. 14 S. 193) für einen gemeinrechtlichen Fall vertretene Auffassung von der Behauptungs- und Beweislast auch hier zutreffen.

Der Revision kann aber auch nicht zugegeben werden, daß aus den unstreitigen Tatsachen sich der Schenkungscharakter der zum Eide verstellten Versprechungen von selbst ergebe. Der Kläger ist infolge eines (generellen) Ersuchens der Beklagten für diese tätig geworden und hat die Geschäftsbesorgung zunächst unentgeltlich geleistet. Danach war das Rechtsverhältnis an sich als Auftrag im Sinne von § 662 BGB. zu beurteilen. Nachträglich sind aber die Parteien dahin übereingekommen, daß die geleisteten Dienste dem Kläger von der Beklagten vergütet werden sollen. Die nachträgliche Gewährung eines Honorars an den Beauftragten kann sich als belohnende Schenkung, für die als solche vom BGB. keine Sondervorschriften getroffen sind, darstellen.

Darüber, ob eine remuneratorische Schenkung diesfalls regelmäßig anzunehmen ist, gehen die Meinungen auseinander.

Vgl. v. Staudinger, Kommentar zu § 662 Bem. 2c S. 1032; Oertmann, Recht der Schuldverh. 2. Aufl. Vorbem. zu Titel X Nr. 2b S. 692; Protokolle der II. Kommission Bd. 2 S. 352 (Mugdan, Mater. Bd. 2 S. 943).

Im vorliegenden Falle handelt es sich indes bei der nachträglichen Abmachung der Parteien, so wie diese tatsächlich vom Berufungsgericht aufgefaßt wird, überhaupt nicht um eine Schenkung. Zwar mag zweifelhaft erscheinen, ob die Macht der Parteiwillkür so weit reichen könnte, um einer zunächst in unbedingter Weise als unentgeltlichen übernommenen und ausgeführten Geschäftsbesorgung hinterher, solange die beiderseitigen Beziehungen noch nicht endgültig abgewickelt sind, die Natur einer entgeltlichen Geschäftsbesorgung zu verleihen, insofern also auch nach rückwärts das Mandat in einen Dienst- oder Werkvertrag umzuwandeln. Aber immerhin ist für den Charakter des Rechtsgeschäftes nicht bloß die objektive Sachlage, sondern auch der erklärte Wille der Parteien von maßgebender Bedeutung. Zum Begriffe der Schenkung gehört nach jetzigem Recht allerdings nicht die Absicht der Liberalität, nicht die Absicht der durch die Zuwendung eintretenden Bereicherung; wohl aber müssen beide Teile einig sein über die Unentgeltlichkeit der Zuwendung.

Vgl. Dernburg, Bürgerl. Recht Bd. 2 Abt. 2 § 206 Nr. I S. 145 flg.; Planck, BGB. zu § 516 Bem. 3, 3. Aufl. S. 424; v. Staudinger, a. a. O. zu § 516 Bem. 2d S. 624; Oertmann, a. a. O. zu § 516 Bem. 5 S. 444; Burkhard, zum Begriff der Schenkung S. 126 flg. S. 24; Entsch. d. RG.'s in Zivils. Bd. 60 S. 238 flg., Bd. 68 S. 328 flg., Bd. 70 S. 15 flg.[1]

Eine Einigung in diesem Sinne lag nach den Feststellungen des Berufungsurteils im gegenwärtigen Falle auf seiten der Parteien nicht vor. Im Gegenteile hätte danach die Beklagte nicht etwa dem Kläger einen Dank erweisen, sondern seine Dienste mit den versprochenen Beträgen „bezahlen" wollen, und hätte im gleichen Sinne der Kläger die Versprechungen angenommen.

[1] Zu vgl. hierüber auch Haymann, in Jhering's Jahrb. für Dogmatik Bd. 56 S. 102 flg. D. E.

Gegen die Annahme eines Schenkungsversprechens kommt hier noch besonders folgendes in Betracht. Die Beklagte hatte dem Kläger nach dessen Behauptung schon zu Anfang ein Entgelt für seine Dienste in Aussicht gestellt. Er hatte damals dieses Anerbieten nicht angenommen, sondern, wie er sagt, „seine Tätigkeit zunächst lediglich aus Freundschaft ausgeübt und auf eine Vergütung für diese nicht gerechnet". Insbesondere habe er, nachdem die Beklagte (was diese freilich bestreitet) für den Kläger wärmere Gefühle gezeigt und ihm schließlich die Heirat in Aussicht gestellt habe, die gesamten Dienste ohne materielle Entgeltung geleistet. Später jedoch, als das freundschaftliche Verhältnis der Parteien eine Störung erlitten hatte, habe die Beklagte eingesehen, daß sie dem Kläger für seine Tätigkeit eine Entschädigung schulde und ihn aufgefordert, seine Rechnung zu stellen, da es ihr peinlich sei, daß sie seine Schuldnerin wäre. Legt man diese Darstellung des Klägers, die bisher nicht widerlegt und vom Berufungsgericht zu einem wesentlichen Teile für nicht unwahrscheinlich angesehen wird, zugrunde, dann lag die Sache so, daß der Kläger seine Dienste der Beklagten lediglich um der persönlichen Beziehungen willen und unter bestimmten Voraussetzungen unentgeltlich geleistet hat, diese Voraussetzungen aber, bei denen der Kläger, wenngleich nur gegen immaterielle ihm gewährte Vorteile oder Aussichten, auf Entgelt für seine Dienste verzichten wollte, nachher weggefallen oder nicht erfüllt worden sind. Eine derartige Voraussetzung würde, auch wenn sie nicht rechtsgeschäftlich als Bedingung gesetzt ist, und auch nicht etwa einen Bereicherungsanspruch nach § 812 BGB. zu begründen vermöchte, doch genügen, um bei dem nachträglichen Versprechen einer Vergütung wenigstens auf seiten des Versprechensempfängers eine gewollte Unentgeltlichkeit auszuschließen." . .

---

46. Welche Rechtsstellung hat der Gläubiger, der vor der Konkurseröffnung den ihm vom Gemeinschuldner geschuldeten Gegenstand in seinen Besitz bekommen hat, gegenüber der Konkursmasse? Einfluß der Fehlerhaftigkeit des Besitzerwerbes.

IV. Zivilsenat. Urt. v. 8. November 1909 i. S. Sch. Konkursm. (Bekl.) w. S. (Kl.). Rep. IV. 18/09.

I. Landgericht Schweidnitz.
II. Oberlandesgericht Breslau.

Der Zahntechniker Gustav Sch. wohnte in Freiburg i. Schl. bei der Klägerin zur Miete. Die Klägerin bediente sich seiner zur Ausführung von Börsenspekulationen und zwar, in der Weise, daß Sch. in ihrem Auftrage und mit ihren Geldmitteln für ihre Rechnung, aber auf seinen eigenen Namen bei den Bankhäusern Sch. & B. in Freiburg und Siegmund F. in Berlin Wertpapiere einkaufte und wieder verkaufte. Im Juni 1905 erteilte die Klägerin dem Sch. den Auftrag, bei beiden Bankhäusern sämtliche vorhandene Wertpapiere verkaufen zu lassen. Sch. kam dem Auftrage nach. Er erhob darauf zunächst den Erlös bei Sch. & B. im Betrage von 1412,65 ℳ und 4328,85 ℳ am 24. und 27. Juni 1905. Mit dem erhobenen Gelde und mitgenommenen Mündelgeldern im Betrage von mehr als 3000 ℳ entfloh er nach der Schweiz. Hier verbrauchte er das Geld, wurde ergriffen, nach Deutschland zurückgebracht und wegen Unterschlagung des Mündelgeldes zu drei Jahren Gefängnis verurteilt.

Die beabsichtigte Abhebung des Erlöses, der durch den Umsatz der Wertpapiere bei Siegmund F. erzielt war, gelang dagegen dem Gustav Sch. nicht. Am 29. Juni 1905 reiste er zu diesem Zwecke nach Berlin. F. hatte jedoch die aus dem Verkauf erzielten 4420 ℳ bereits vorher unter Sch.'s Adresse in einem Geldbriefe nach Freiburg abgesandt. Den Geldbrief nahm dort die Ehefrau des Sch. für ihn in Empfang. Seiner telegraphischen Aufforderung, ihm das Geld nach Berlin nachzusenden, kam Frau Sch. nicht nach. Sie reiste vielmehr selbst dorthin, traf ihn aber nicht mehr an. Bei ihrer Rückkehr nach Freiburg händigte sie am 1. Juli 1905 den Geldbrief uneröffnet mit seinem Inhalte der Klägerin aus.

Am 12. Juli 1905 wurde über das Vermögen des Gustav Sch. der Konkurs eröffnet. Mit Schreiben vom 15. Juli 1905 richtete der Konkursverwalter unter Androhung der Klage an die Klägerin die Aufforderung, entweder den Wertbrief, da sie ihn widerrechtlich in Besitz genommen habe, oder die in ihm enthaltene Summe an ihn herauszugeben. Die Klägerin lehnte zwar zunächst dieses Ansinnen ab. Späterhin, am 21. Juli 1905, ist sie jedoch dem Verlangen des Konkursverwalters nachgekommen. Sie hat 420 ℳ bar an ihn herausgezahlt und hat ihm über 4000 ℳ ein

Wechselakzept ausgestellt, das sie am Verfalltage, dem 1. Oktober 1905, einlöste. Außerdem vergütete sie ihm den Zinsausfall mit 20 *M*. Nach einiger Zeit erhob indessen die Klägerin gegen den Konkursverwalter Klage auf Erstattung der gezahlten Beträge. Sie begründete ihren Anspruch damit, daß die Konkursmasse durch die Zahlung ungerechtfertigt bereichert, die Zahlung aber auch widerrechtlich durch Drohung von ihr erzwungen worden sei. Das Landgericht hat den Konkursverwalter verurteilt, die gezahlten 4440 *M* nebst Zinsen aus der Konkursmasse zurückzuzahlen. Die Berufung und die Revision des Konkursverwalters blieben ohne Erfolg.

Aus den Gründen:

„Der Berufungsrichter hat zwar die von der Klägerin auf §§ 123, 826 BGB. gestützte und weiterhin auch die auf § 823 BGB. gestützte Klagebegründung abgelehnt, den Klaganspruch jedoch unter dem rechtlichen Gesichtspunkte der ungerechtfertigten Bereicherung für begründet erachtet.

Er führt zum Klagegrunde der ungerechtfertigten Bereicherung folgendes aus. Die Geldsendung von Siegmund F. an Gustav Sch. sei, da Sch. nicht in unmittelbarer, sondern nur in mittelbarer Stellvertretung für die Klägerin gehandelt habe, in das Eigentum des Sch. übergegangen, als dessen Ehefrau den Geldbrief für ihn in Empfang nahm. Frau Sch. habe dabei zu Gustav Sch. in dem durch § 855 BGB. vorgesehenen Verhältnisse der Besitzdienerschaft gestanden. Dadurch, daß Frau Sch. den Geldbrief der Klägerin aushändigte, sei das Eigentum auf die Klägerin nicht übergegangen. Denn in dieser Beziehung habe der Frau Sch. die Befugnis, ihren Mann zu vertreten, gefehlt. Genehmigt habe Gustav Sch. die Aushändigung an die Klägerin nicht; vielmehr sei es ihm darum zu tun gewesen, gerade seinerseits in den Besitz des Geldes zu gelangen.

Weiter aber verneint der Berufungsrichter, daß sich aus der Aushändigung des Geldbriefes an die Klägerin für Gustav Sch. oder für die Konkursmasse irgend ein Anspruch auf Rückgewähr ergeben habe. Er stellt dabei fest, daß zu der Zeit, als der Konkursverwalter der Klägerin gegenüber die Rückgewähr des empfangenen Geldes durchsetzte, die Klägerin 4000 *M* durch Bezahlung ihr obliegender Schuldverbindlichkeiten bereits verbraucht hatte, daß sie dagegen 420 *M* in denselben Stücken, die sie in dem Geldbriefe vorgefunden hatte, an den Verwalter abgab. Zunächst habe nun für einen Anspruch aus §§ 858, 861, 992 BGB. die Voraussetzung gefehlt, daß Klägerin den Besitz des Geldbriefs durch verbotene Eigenmacht erlangt habe. Dem dinglichen Anspruch auf Herausgabe der in unveränderter Beschaffenheit noch vorhandenen 420 ℳ habe entgegengestanden, daß die Klägerin an dem Erlöse der Wertpapiere mindestens bis zur Höhe von 420 ℳ materiell beteiligt gewesen sei. Zwar habe die Klägerin nicht bestritten, daß die in den Geldbrief eingelegten 4420 ℳ zugleich der Erlös solcher Wertpapiere gewesen seien, die der Gemeinschuldner durch F. für eigene Rechnung angeschafft gehabt habe. Allein auf Grund eines obligatorischen Anspruchs würde die Klägerin zum Besitz der vorhandenen Stücke selbst dann berechtigt gewesen sein, wenn der Anteil der Klägerin an dem Erlöse etwa weniger als 420 ℳ betragen hätte. Ebensowenig habe dem Konkursverwalter wegen der von der Klägerin verbrauchten 4000 ℳ ein Bereicherungsanspruch zugestanden, weil der Klägerin wegen des vom Gemeinschuldner bei Sch. & B. abgehobenen Betrages ein gleichartiger Anspruch von mehr als 5700 ℳ zugestanden habe....

Daß Klägerin, als sie dem Rückgewährverlangen des Verwalters nachkam, um das Nichtbestehen dieses Anspruchs gewußt habe, sei nicht anzunehmen; sie habe sich vielmehr darüber nur in einem Zweifel befunden. Der vom Beklagten aus § 814 BGB. hergeleitete Einwand stehe ihr daher nicht entgegen. Ebensowenig ergebe sich aus ihrem Verhalten ein Verzicht auf den jetzt geltend gemachten Anspruch. . . .

Der Revision mußte der Erfolg versagt werden.

Die Entscheidung hängt davon ab, ob die Klägerin, als sie dem Verlangen des Konkursverwalters nachkommend das empfangene Geld zurückgab und für den verausgabten Betrag Ersatz leistete, entweder eine Nichtschuld erfüllte (§ 812 Abs. 1 Satz 1 BGB.), oder ob ihr damals eine Einrede zur Seite stand, durch welche die Geltendmachung des von dem Konkursverwalter gegen sie erhobenen Rückgabe- und Erstattungsanspruchs dauernd ausgeschlossen wurde (§ 813 Abs. 1 Satz 1 BGB.). Nach den vom Berufungsrichter getroffenen tatsächlichen Feststellungen liegt zwar nicht der erste, wohl aber der zweite Fall vor, und damit erweist sich der im gegenwärtigen Prozesse erhobene Anspruch, mit dem die Klägerin ihre zur Konkursmasse geflossenen Leistungen wiederum von ihrer Seite zurückverlangt, als begründet. Zutreffend ist nämlich zunächst der Ausgangspunkt des Berufungsrichters, daß durch die Aushändigung des Geldbriefes an die Ehefrau des Gustav Sch. (vgl. Jur. Wochenschr. 1909 S. 473 Nr. 45) das Eigentum an dem darin enthaltenen Gelde nicht auf die Klägerin, sondern auf Gustav Sch. überging, und es ist ebenso zutreffend, daß durch die Weitergebung des Geldbriefs an die Klägerin diese das Eigentum an dem Gelde nicht erlangte. Denn selbst wenn die bei dieser Weitergebung anstatt des Gustav Sch. handelnde Ehefrau mit der Klägerin darüber einig geworden sein sollte, das Eigentum auf die Klägerin zu übertragen (§ 929 BGB.), so handelte sie dabei doch im Namen ihres Mannes ohne Vertretungsmacht (§ 177 BGB.), und an einer Genehmigung ihrer Erklärung durch den von ihr vertretenen Ehemann, nämlich an einer ausdrücklich oder auch nur durch schlüssiges Verhalten abgegebenen Genehmigungserklärung des Ehemannes, hat es nach der rechtlich bedenkenfreien Annahme des Berufungsrichters gefehlt. An und für sich läßt es sich daher nicht in Abrede stellen, daß Gustav Sch. und nach der Eröffnung des Konkurses der bestellte Konkursverwalter berechtigt waren, das Empfangene von der Klägerin zurück- und für das Fehlende Ersatz zu verlangen.

Allein diesem Anspruche gegenüber wäre die Klägerin dauernd in der Rechtslage gewesen, sich mit der durchgreifenden Einrede zu verteidigen, daß sie von Gustav Sch. als ihrem Beauftragten gemäß § 667 BGB. die Belassung des Empfangenen verlangen durfte. Vorausgesetzt nämlich, daß sie den Besitz des Geldbriefes ohne verbotene Eigenmacht (§ 858 BGB.) erlangt hatte, durfte sie geltend machen, daß der ganze Erlös der bei Siegmund F. verkauften Wertpapiere ihr gebührte, nachdem Sch. sich wegen dessen, was von diesem Erlöse unter anderen Umständen ihm selbst zugestanden hätte, durch die Vereinnahmung und Veruntreuung des bei Sch. & B. erzielten Erlöses eine mehr wie ausreichende Deckung verschafft hatte. Es handelte sich nämlich, wie hierbei ausschlaggebend in Betracht kommt, nicht um zwei verschiedene, dem Gustav Sch. erteilte Aufträge; Sch. hatte vielmehr von der Klägerin den einheitlichen Auftrag erhalten und angenommen, alle durch seine Vermittelung für ihre Rechnung bei den beiden Bankhäusern angekauften Wertpapiere verkaufen zu lassen. Der Ausführung dieses einheitlichen Auftrages entsprach nach § 667 die Verpflichtung, den an beiden Stellen erzielten baren Gelderlös an die Klägerin abzuführen und nur soviel davon für sich zurückzubehalten, als durch den Verkauf bei Siegmund F. auf seine eigenen, d. h. für seine eigene Rechnung verkauften, Papiere entfallen war, falls er nämlich, wie feststeht, bei diesem Bankhause mit der Ausführung des Auftrages ein für eigene Rechnung unternommenes Verkaufsgeschäft verband. Es ist ausgeschlossen, daß es im Sinne des zwischen Sch. und der Klägerin bestehenden Vertrages gelegen haben könnte, wenn Sch., nachdem er schon den ganzen größeren Erlös von Sch. & B. für sich behalten hatte, es hätte ablehnen wollen, nunmehr wenigstens den geringeren Erlös von Siegmund F. in seinem ganzen Betrage der Klägerin herauszugeben. Die von der Revision erhobenen Bedenken gegen die vom Berufungsrichter als unstreitig hingestellte Tatsache, wonach der ganze Erlös bei Sch. & B. der Klägerin gebührte, d. h. daß die Wertpapiere, aus deren Verkauf dieser Erlös herrührte, ihr allein zustanden, sind hinfällig. Denn der Versuch des Beklagten, in dieser Beziehung eine Berichtigung des Tatbestandes bei dem Berufungsgerichte durchzusetzen, ist fehlgeschlagen.

Die Klägerin brauchte hiernach einem etwaigen Herausgabe- und Erstattungsanspruche des Gustav Sch. nicht nachzukommen. Sie konnte ihm vielmehr mit der Einrede der Arglist unter der näheren Begründung begegnen, daß, soweit von ihr das in dem Geldbriefe enthaltene Geld zurückverlangt wurde, sie die Übereignung dieses nämlichen Geldes von Sch. zu fordern hatte, und soweit sie das verbrauchte Geld ersetzen sollte, Sch. als ihr Beauftragter verpflichtet war, ihr jede beliebige Verwendung des Geldes für ihre eigenen Zwecke zu gestatten. Die Herausgabepflicht des Sch. (§ 667 BGB.) schloß sowohl die Übereignungspflicht wie auch diese Gestattungspflicht in sich.

In der gleichen Rechtslage befand sich die Klägerin dem Herausgabe- und Erstattungsanspruche des Konkursverwalters gegenüber; denn dieser und die Konkursgläubiger erlangten durch die Eröffnung des Konkurses keine weiteren und keine besseren Rechte, wie die, welche dem Sch. selbst gegen die Klägerin zugestanden hatten. Der Klägerin blieben ihre Einreden gegen den Anspruch nach der

Konkurseröffnung mit gleicher Wirksamkeit erhalten wie vorher. Sie war übrigens jetzt auch nicht auf die Konkursdividende beschränkt, da sie ihren Anspruch aus einer rechtlosen Bereicherung der Masse ableitet und deshalb auf volle Befriedigung Anspruch hat (§ 59 Nr. 3 KO.).

Dieses Ergebnis ist indessen, wie schon von vornherein bemerkt wurde, nur dann richtig, wenn die Klägerin ohne verbotene Eigenmacht in den Besitz des Geldbriefes gelangt ist. Läge ein Fall der verbotenen Eigenmacht vor, so würde die Klägerin sich dem Konkursverwalter auf die gemäß § 858 BGB. widerrechtliche Erlangung des Besitzes überhaupt nicht berufen dürfen; vielmehr würde sie gemäß §§ 861, 992 BGB. ohne weiteres zur Rückgabe und zur Ersatzleistung verpflichtet gewesen sein. Unter der Voraussetzung aber, daß sie diese Verpflichtung erfüllte, fehlte ihr die Möglichkeit, ein Aussonderungsrecht geltend zu machen. Sie konnte darum auch nicht von vornherein dem Konkursverwalter mit einer unter dem Gesichtspunkte des Aussonderungsrechts (§ 43 KO.) geführten Verteidigung entgegentreten; insbesondere befand sie sich alsdann der Konkursmasse gegenüber nicht mehr in der Lage, die Übereignung des in dem Geldbriefe enthaltenen, zur Konkursmasse gehörigen Geldes durchzusetzen. Sie hätte vielmehr wegen aller ihrer noch unerfüllten Ansprüche aus dem Auftragsverhältnisse nur konkursmäßige Befriedigung verlangen dürfen (vgl. § 69 KO.). Mit Unrecht bekämpft jedoch die Revision den Entscheidungsgrund des Berufungsrichters, wonach die Klägerin den Besitz an dem Geldbriefe fehlerfrei erlangt hat. Denn wenn auch vom Berufungsrichter in Abrede gestellt wird, daß Gustav Sch. in irgend einer Art die Aushändigung des Geldbriefes an die Klägerin genehmigt habe, so laufen doch die weiteren tatsächlichen Erwägungen des Berufungsrichters darauf hinaus, daß, nachdem es dem ungetreuen Beauftragten einmal mißlungen war, den in die Hände seiner Ehefrau gelangten Geldbrief an sich zu bringen, es ihm gleichgültig war, was die Ehefrau damit anfing, daß aber diese innere Willensbeschaffenheit auch in dem äußeren Verhalten des Sch., nämlich in der Flucht ins Ausland und der Zurücklassung der Ehefrau inmitten der Abwickelung eines unerledigten Geschäfts, in das sie durch den Empfang des Geldbriefes hineingezogen worden war, ihren für die Beachtbarkeit des Willens im Rechtsverkehr erforderlichen Ausdruck fand. Erklärte Gustav Sch. auch nicht eine Genehmigung, so geschah es darum doch nicht gegen seinen Willen, und ebensowenig ohne seinen Willen, wenn die Ehefrau den Brief der rechtmäßigen Empfängerin des Geldes übergab. Unter diesen Umständen liegt auf seiten dieser Empfängerin keiner der beiden im § 858 vorgesehenen Fälle einer verbotenen Eigenmacht vor. Die Klägerin hat den Gustav Sch. weder in seinem Besitze gestört noch auch ihm den Besitz an dem ihr allein gebührenden Gelde ohne seinen Willen entzogen.

Der Berufungsrichter hat schließlich mit Recht verneint, daß der von der Klägerin erhobenen condictio indebiti ein aus § 814 BGB. herzuleitender Einwand entgegenstehe. Denn wenn die Klägerin, als sie den Konkursverwalter wegen des erhobenen Anspruchs befriedigte, nur von Zweifeln darüber erfüllt war, ob das an sie gestellte Verlangen des Konkursverwalters berechtigt war, so ist damit die im § 814 vorgesehene Voraussetzung einer ihren Rückforderungsanspruch ausschließenden Kenntnis von dem Nichtbestehen der Verpflichtung noch nicht erfüllt. Daß die Klägerin mit der Erfüllung des vom Konkursverwalter gestellten Verlangens gleichzeitig die Möglichkeit der Rückforderung in Betracht gezogen und daraufhin ihren Rückforderungsanspruch durch Verzicht aufgegeben, also durch Vertrag mit dem Verwalter der Konkursmasse die geschuldete Rückzahlung auf jeden Fall erlassen hätte (§ 397 BGB.), hat der Berufungsrichter gleichfalls verneint. Was hiergegen von der Revision vorgebracht wird, liegt nicht auf dem Gebiete der Rechtsfrage." ...

47. Sind freiwillige Zuwendungen auf den gesetzlich zu gewährenden Unterhalt anzurechnen? Wann ist der in § 1579 Abs. 1 Satz 2 BGB. vorgesehene Fall gegeben?

IV. Zivilsenat. Urt. v. 15. November 1909 i. S. B. (Bekl.) w. B. (Kl.). Rep. IV. 647/08.

I. Landgericht Beuthen O/S.
II. Oberlandesgericht Breslau.

Die Klägerin verlangte, nachdem durch rechtskräftig gewordenes Urteil des Landgerichts Beuthen vom 8. Mai 1907 ihre Ehe mit dem Beklagten geschieden und dieser für den allein schuldigen Teil erklärt war, die Zahlung einer seit dem 1. Oktober 1907 in vierteljährlichen Vorauszahlungen zu entrichtenden Unterhaltsrente von jährlich 1800 *M*. Der Beklagte hielt sich nach seinen Vermögensverhältnissen und denen der Klägerin, namentlich mit Rücksicht darauf, daß Klägerin eine von ihrem Vater vor und bei der Eheschließung ihr zugesicherte Rente von jährlich 600 *M* beziehe, zur Zahlung einer Rente nicht für verpflichtet und berief sich im zweiten Rechtszuge, außer anderen Einwendungen, auch darauf, daß ihm die Verpflichtung zum Unterhalt seines bei der Klägerin befindlichen Kindes obliege. In erster Instanz wurde der Beklagte, unter Abweisung der Klägerin mit der Mehrforderung, zur Zahlung einer Rente von jährlich 1200 *M* verurteilt. Das Oberlandesgericht wies die von beiden Teilen eingelegte Berufung zurück. Das Reichsgericht hat das Berufungsurteil aufgehoben und die Sache an das Oberlandesgericht zurückverwiesen.

Aus den Gründen:

... „Auch wenn mit der Revision angenommen wird, daß die der Klägerin von ihrem Vater zugesagte Rente als eine dauernde, bis an ihr Lebensende zu entrichtende Leibrente versprochen ist, greift zugunsten der Klägerin der Gesichtspunkt durch, daß das Versprechen einer solchen Leibrente nach § 761 BGB. zu seiner Gültigkeit der Schriftform bedurft hätte (vgl. Entsch. des RG.'s in Zivils. Bd. 67 S. 207 flg.). Ist aber der Vater der Klägerin an das Versprechen nicht gebunden, so braucht sich die Klägerin die 600 *M* auf den von dem Beklagten ihr zu gewährenden Unterhalt nicht anrechnen zu lassen. Hat die Klägerin keinen Rechtsanspruch gegen ihren Vater auf Zahlung dieser Rente, so muß mangels Darlegung besonderer Umstände, welche auf eine gegenteilige Willensmeinung schließen lassen, davon ausgegangen werden, daß ihr Vater, wenn er überhaupt die Rente weiter gezahlt hat, diese Zuwendung nur aus Mildtätigkeit gegen die Tochter, um diese nicht Not leiden zu lassen, nicht zur Erleichterung der Unterhaltspflicht des Beklagten gemacht hat. Die Klägerin ist deshalb nicht gehindert, den vollen Unterhalt vom Beklagten zu verlangen, den als geschiedenen Ehegatten gemäß

§ 1608 BGB. die Unterhaltungspflicht in erster Linie vor den Verwandten der Klägerin trifft. Würde in derartigen Fällen, wo der Unterstützungsbedürftige von seinen Verwandten oder Freunden freiwillige Zuwendungen erhält, auf die er keinen Rechtsanspruch hat und die ihm deshalb jederzeit wieder entzogen werden können, die Zuwendung auf den von dem Verpflichteten zu gewährenden Unterhalt angerechnet werden müssen, so würde die wohltätige Absicht des Zuwenders, der den Unterstützungsbedürftigen besser stellen will, nicht erreicht werden. Es würde dann der Dritte regelmäßig gar kein Interesse haben, solche Zuwendungen zu machen, die im Grunde nicht dem Bedürftigen, sondern dem Unterhaltspflichtigen zugute kommen würden. Dem Unterstützten selbst würde durch eine solche Zuwendung insofern ein schlechter Dienst erwiesen, als er in der Höhe der Zuwendung den gesetzlichen Unterhaltsanspruch nicht geltend machen könnte und somit, sobald die Zuwendung aufhört, sofort wieder in Not geraten würde. Das Reichsgericht hat denn auch bereits in dem Urteil vom 26. März 1908, Rep. IV. 11/07, grundsätzlich ausgesprochen, der Einwand, daß der Kläger von einem Dritten unterstützt werde, werde damit beseitigt, daß er gegen diesen keinen Rechtsanspruch habe und nicht verpflichtet sei, von dessen Almosen zu leben (vgl. auch das Urteil des IV. Zivilsenats vom 8. Februar 1896, abgedruckt in Gruchot's Beiträgen Bd. 41, S. 941 und das Urteil des VI. Zivilsenats vom 6. Februar 1905 in der Jurist. Wochenschr. S. 212 Nr. 21). Ob anders zu entscheiden sein würde, wenn der Unterstützungsbedürftige trotz Unverbindlichkeit des Versprechens ausnahmsweise in einer tatsächlich gesicherten Stellung hinsichtlich des Fortbezugs der Unterstützung sich befindet, ob insbesondere im vorliegenden Falle die Anrechnungsfähigkeit der Rente anzunehmen wäre, wenn der Vater der Klägerin trotz Mangels der Schriftform sein Versprechen als verbindlich gelten lassen wollte, braucht nicht untersucht zu werden, da nach dieser Richtung Behauptungen vom Beklagten nicht aufgestellt sind. . . .

Dagegen fällt dem Berufungsrichter darin ein Verstoß zur Last, daß er für die Regelung des vom Beklagten zu gewährenden Unterhalts ohne zureichenden Grund die Bestimmung des § 1579 Abs. 1 Satz 2 nicht zur Anwendung gebracht hat. Diese Bestimmung lautet:

„Hat er (nämlich der allein für schuldig erklärte Ehegatte) einem minderjährigen unverheirateten Kinde oder infolge seiner Wiederverheiratung dem neuen Ehegatten Unterhalt zu gewähren, so beschränkt sich seine Verpflichtung dem geschiedenen Ehegatten gegenüber auf dasjenige, was mit Rücksicht auf die Bedürfnisse sowie auf die Vermögens- und Erwerbsverhältnisse der Beteiligten der Billigkeit entspricht.“

Es fragt sich, wann der hier vorgesehene Fall gegeben ist, daß der Ehegatte einem minderjährigen unverheirateten Kinde Unterhalt zu gewähren hat. Es sind in dieser Beziehung drei verschiedene Auffassungen möglich: daß es genügt, wenn nach den allgemeinen gesetzlichen Bestimmungen eine Unterhaltspflicht besteht, daß ferner tatsächlich der Ehegatte den Unterhalt gewähren oder wenigstens auf Unterhaltsgewährung in Anspruch genommen sein muß, und eine dritte mittlere Ansicht, daß zwar die Unterhaltsgewährung oder Inanspruchnahme nicht zu erfordern ist, daß aber die Verhältnisse so liegen müssen, daß mit Sicherheit die Inanspruchnahme in nächster Zeit erwartet werden darf. Die erste Ansicht ist unbedingt zu verwerfen. Die bloße theoretische Möglichkeit, daß Unterhaltsansprüche von dem Kinde erhoben werden können, kann eine sichere Grundlage für die in § 1579 Satz 2 bestimmte Regelung der Unterhaltspflicht nicht abgeben. Als Vertreter dieser Ansicht kann wohl auch Engelmann (in v. Staudinger's Kommentar Bem. 1b und 1b α zu § 1579) kaum bezeichnet werden, der davon spricht, daß der geschiedene Ehegatte seinem minderjährigen unverheirateten Kinde gegenüber „unterhaltspflichtig“ sein müsse, andererseits aber hervorhebt, daß der geschiedene Ehegatte außerstande sein müsse, sämtliche (an ihn herangetretene?) Unterhaltsansprüche zu befriedigen. Richtiger und dem Wortlaut des Gesetzes entsprechender ist die zweite Ansicht, wonach es auf die tatsächliche Unterhaltsgewährung oder Inanspruchnahme ankommt. Aber auch diese Ansicht bedarf in gewisser Beziehung einer Ergänzung, wie denn auch der Ausdruck „Unterhaltsgewährung“ nicht buchstäblich genommen werden darf, und von Unterhaltsgewährung auch bei vorübergehender Leistungsunfähigkeit oder Leistungsweigerung gesprochen werden kann. Für die vom Prozeßrichter vorbehaltlich späterer Änderung zunächst festzusetzende Regelung der Unterhaltspflicht zwischen geschiedenen Ehegatten muß es der Unterhaltsgewährung als gleichwertig angesehen werden, wenn der unterhaltspflichtige Ehegatte aller Voraussicht nach in nächster Zeit auf Unterhaltsgewährung an das Kind in Anspruch genommen wird. Es würde ein sehr unbefriedigendes Ergebnis sein, wenn der Prozeßrichter die Unterhaltspflicht nach § 1579 Satz 1 regelte, obschon im nächsten Augenblicke diese Regelung, weil der Ehegatte zur Unterhaltsgewährung an das Kind herangezogen wird, hinfällig wird. Der Richter, welcher bei der nach § 1579 ihm obliegenden Regulierung den praktischen Zweck dieser Regulierungstätigkeit nicht außer acht lassen darf, hat deshalb, wenn nach Lage der Sache das Kind darauf angewiesen ist, den Unterhalt vom Vater zu fordern, und deshalb mit größter Wahrscheinlichkeit eine alsbaldige Inanspruchnahme des Vaters zu erwarten ist, von vornherein den Unterhalt nach § 1579 Abs. 1 Satz 2 (auf Grundlage der Billigkeit), nicht nach § 1579 Abs. 1 Satz 1 festzusetzen. Es bleibt dabei, wenn gleichwohl wider Erwarten der Vater nicht auf Unterhalt in Anspruch genommen werden sollte, dem klagenden Ehegatten unbenommen, eine Änderung des Urteils auf dem Wege des § 323 ZPO. herbeizuführen. Diesen Standpunkt hat der Berufungsrichter nicht eingenommen. Er hat, obschon der Beklagte sich darauf berufen hat, daß ihm eine Verpflichtung zur Unterhaltung seines bei der Klägerin befindlichen Kindes obliege, den Fall des § 1579 Abs. 1 Satz 2 nur deshalb als nicht gegeben erachtet, weil zurzeit noch nicht feststehe, ob der Beklagter für das Kind werde zahlen müssen. Damit hat der Berufungsrichter, wie die Revision zutreffend rügt, das Gesetz verletzt. Es kann davon abgesehen werden, daß der Beklagte inzwischen nach dem Vortrag seines Prozeßvertreters — der auf die am 7. Juni und 24. Juni 1909 ergangenen Anerkenntnisurteile des Landgerichts Beuthen O/S. hingewiesen hat — bereits zur Zahlung von Unterhalt an seine Tochter Erna verurteilt ist, und dadurch eine anderweite Regelung des Unterhalts notwendig geworden ist. Auch ohnedies war der Berufungsrichter verpflichtet, in eine Prüfung der tatsächlichen Verhältnisse (nötigenfalls unter Ausübung des Fragerechts) daraufhin einzutreten, ob eine alsbaldige Inanspruchnahme des Beklagten mit Sicherheit zu erwarten war." ...

48. Können Eheleute ein gemeinschaftliches Testament in der Weise errichten, daß jeder Ehegatte die Verfügungen unter Angabe des Ortes und Tages eigenhändig schreibt und unterschreibt?
BGB. §§ 2265 flg.

IV. Zivilsenat. Urt. v. 18. November 1909 i. S. F. (Bekl.) w. Jüdische Gemeinde B. und Stadtgemeinde B. (Kl.). Rep. IV. 265/08.

I. Landgericht II Berlin.
II. Kammergericht daselbst.

Die Eheleute Eduard und Eleonore M. hatten sich in einem Ehe- und Erbvertrage vom 2. Mai 1856 gegenseitig zu Erben eingesetzt. Unterm 3. Juni 1902 ordneten sie Vermächtnisse zugunsten der Klägerinnen an. Die letztwilligen Verfügungen vom 3. Juni 1902 sind in zwei, nahezu wörtlich gleichlautenden Exemplaren niedergelegt. Das eine Exemplar ist vom Ehemann geschrieben, datiert und unterschrieben, sowie von der Frau mitunterschrieben; das andere Exemplar ist von der Frau geschrieben, datiert und unterschrieben, vom Ehemann mitunterschrieben. Im Februar 1903 starb der Ehemann, beerbt von der Ehefrau. Am 10. April 1904 errichtete die Witwe vor einem Notar ein Testament, worin sie ihre Verfügungen vom 3. Juni 1902 widerrief und die Beklagten als Erben einsetzte. Nach ihrem Tod beantragten die Klägerinnen Feststellung, daß die zu ihren Gunsten getroffenen Verfügungen rechtsgültig seien. Das Landgericht erkannte nach diesem Antrage. Das Kammergericht wies die Berufung der Beklagten zurück.

Auf Revision der Beklagten wurde das Berufungsurteil aufgehoben.

Aus den Gründen:

„Das Kammergericht hat die Berufung der Beklagten zurückgewiesen, weil nach § 2271 in Verbindung mit § 2270 Abs. 1 BGB. der Widerruf der letztwilligen Verfügungen vom 3. Juni 1902 nicht statthaft gewesen sei. Die Annahme, daß ein gemeinschaftliches Testament vorliege, ist folgendermaßen begründet worden: die Form des § 2267 BGB. sei die einzige Form, in der ein gemeinschaftliches eigenhändiges Testament errichtet werden könne. Die letztwilligen Verfügungen vom 3. Juni 1902 genügten aber dieser Form. Eine vollständige Wiederholung des Testaments schließe die vorgeschriebene Beitrittserklärung in sich. Eine Beifügung im Sinne des § 2267 sei auch dann anzunehmen, wenn zwei sich inhaltlich aufeinander beziehende, auf verschiedenen Papierbogen niedergeschriebene Erklärungen, deren Zusammengehörigkeit noch dadurch manifestiert sei, daß jeder Ehegatte die Erklärung des andern mit seinem Namen unterschrieben habe, von beiden Ehegatten, wie das hier unstreitig geschehen sei, in der gemeinschaftlichen Ehewohnung aufbewahrt würden. Daß auch die Absicht der Erblasser darauf gerichtet gewesen sei, die beiden Erklärungen so zueinander in Beziehung zu setzen, daß sie in ihrer Verbundenheit sich als ein gemeinschaftliches Testament darstellten, unterliege keinem Zweifel. Durch die gleichzeitige und gemeinschaftliche Herstellung der beiden Exemplare und ihre gemeinschaftliche Verwahrung hätten die Erblasser ein gemeinschaftliches Dokument dieses letzten Willens errichten wollen und errichtet.

Der Angriff, den die Revision gegen diese Ausführungen des Berufungsgerichts richtet, ist begründet.

Es kann dahingestellt bleiben, ob die Form des § 2267 die einzige Form ist, in der ein gemeinschaftliches eigenhändiges Testament errichtet werden kann. Daß durch die Beifügung der Unterschrift des Ehemannes M. oder der Ehefrau zu dem von dem anderen Ehegatten eigenhändig geschriebenen und unterschriebenen Testament der Formvorschrift des § 2267 nicht genügt worden ist, verkennt der Berufungsrichter selbst nicht. Er sieht das von dem Ehemann M. und das von der Ehefrau M. hergestellte Testament als Bestandteile eines aus diesen beiden Testamentsexemplaren sich zusammensetzenden gemeinschaftlichen Testaments an. Diese Auffassung des Berufungsgerichts kann nicht gebilligt werden.

Das Wesen des gemeinschaftlichen Testaments besteht darin, daß die letztwilligen Verfügungen mehrerer Personen in einer einzigen Urkunde errichtet werden (vgl. Entsch. des RG.'s in Zivils. Bd. 50 S. 309). Nicht darauf kommt es an, ob die Verfügungen auf einem Blatt, oder ob sie auf mehreren Bogen oder Blättern stehen. Es können mehrere Personen ihre letztwilligen Verfügungen nacheinander auf dasselbe Blatt Papier schreiben, ohne daß ein gemeinschaftliches Testament hergestellt wird; andererseits kann ein gemeinschaftliches

Testament aus mehreren Bogen oder Blättern bestehen. Es kommt auch nicht wesentlich auf den Inhalt der Verfügungen, auf die Einheitlichkeit oder Gemeinschaftlichkeit des Errichtungsaktes oder auf die Absicht der Verfügenden an. In Einzeltestamenten können Verfügungen enthalten sein, die im Verhältnisse gegenseitiger Abhängigkeit zueinander stehen; ein gemeinschaftliches Testament kann auf Verfügungen beschränkt werden, die in keinem innern Zusammenhange stehen. Einzeltestamente mehrerer Testatoren können sich im Wortlaute decken; auch kann in einem Einzeltestamente Bezug genommen werden auf das Einzeltestament einer anderen Person. Die Errichtungsakte können — abgesehen von dem Erfordernisse der einheitlichen Urkunde für das gemeinschaftliche Testament — bei Einzeltestamenten mehrerer Personen die gleichen sein wie bei einem gemeinschaftlichen Testament. Von der Absicht der Verfügenden oder gar von der Art der Aufbewahrung der Testamente hängt es nicht ab, ob letztwillige Verfügungen als gemeinschaftliches Testament aufzufassen sind, oder als Einzeltestamente. Haben die Verfügenden die Form des gemeinschaftlichen Testaments gewählt, so kommt nichts darauf an, ob sie Einzeltestamente errichten wollten. Haben sie die Form der Einzeltestamente gewählt, so ist es bedeutungslos, ob sie ein gemeinschaftliches Testament im Sinne der §§ 2265 flg. herzustellen beabsichtigten. Gemeinschaftliche Testamente, die von Nicht-Eheleuten errichtet werden, sind unwirksam. Testamente von Eheleuten fallen nur dann unter die Vorschriften der §§ 2266 flg., wenn sie die Form des gemeinschaftlichen Testaments haben. Aus der Niederschrift der Verfügungen muß sich ergeben, ob ein gemeinschaftliches Testament in Frage steht, oder ob Einzeltestamente vorliegen. Sind die Verfügungen mehrerer Testatoren in einer Urkunde enthalten, so ist das Testament ein gemeinschaftliches. Bei dem eigenhändigen Testament kann gemäß § 2267 die einheitliche Urkunde dadurch hergestellt werden, daß einer der Ehegatten das Testament in der in § 2231 Nr. 2 bezeichneten Weise niederschreibt und unterschreibt und der andere Ehegatte beifügt, das Testament solle auch als sein Testament gelten. In einem solchen Falle sind die letztwilligen Verfügungen in der Niederschrift des ersten Ehegatten enthalten. Diese bildet kraft der Beitrittserklärung des zweiten Gatten die Testamentsurkunde für beide Ehegatten. Die letztwilligen Verfügungen der Eheleute M. sind nach den Feststellungen des Berufungsgerichts sowohl in einem von dem Ehemann als auch in einem von der Ehefrau nach der Vorschrift des § 2231 Nr. 2 hergestellten Testamentsexemplar niedergelegt. Jedes Exemplar stellt sich als selbständiges Testament, keine der Erklärungen als Beitrittserklärung dar. Demnach liegt kein gemeinschaftliches Testament, sondern es liegen Einzeltestamente vor, auf welche die Vorschriften der §§ 2265 flg. nicht anwendbar sind, und deren Rechtswirksamkeit — von den Mitunterschriften abgesehen — auch dann nicht zu beanstanden wäre, wenn Eduard M. und Eleonore M. keine Ehegatten gewesen wären." . . .

49. Hat die fälschliche Anfertigung eines Testaments die Erbunwürdigkeit auch dann zur Folge, wenn der Fälscher damit den wahren letzten Willen des Erblassers zu verwirklichen bestrebt war?

BGB. §§ 2339 Abs. 1 Nr. 4, 2343.

IV. Zivilsenat. Urt. v. 18. November 1909 i. S. W. u. Gen. (Kl.) w. Wwe. D. (Bekl.). Rep. IV. 666/08.

I. Landgericht Hamburg.
II. Oberlandesgericht daselbst.

Die Beklagte war die Witwe des am 8. Mai 1906 zu Hamburg verstorbenen Händlers Wilhelm D. Auf seinen Nachlaß waren neben der Witwe die Kläger als Erben der Eltern des Erblassers, die erst nach ihm verstorben sind, gesetzlich erbberechtigt. In einem wegen Formmangels nichtigen Testamente vom 7. März 1905 hatte Wilhelm D. seine Frau, die Beklagte, als alleinige Erbin eingesetzt. Die Beklagte legte, nachdem sie von der Ungültigkeit dieses Testamentes in Kenntnis gesetzt war, dem Nachlaßgericht zwei fälschlich von ihr angefertigte, sie gleichfalls zur alleinigen Erbin berufende angebliche Testamente ihres Mannes vor. Auf Grund des zweiten dieser Schriftstücke wurde ihr der Erbschein erteilt. Die Kläger beantragten deshalb, die Beklagte hinsichtlich des ehemännlichen Nachlasses für erbunwürdig zu erklären. Das

Landgericht gab diesem Klagantrage statt. Dagegen erkannte auf Berufung der Beklagten das Oberlandesgericht auf Klagabweisung. Die Revision der Kläger wurde zurückgewiesen aus folgenden

Gründen:

„Der Berufungsrichter sieht an und für sich den Tatbestand des § 2339 Nr. 4 BGB. als von der Beklagten erfüllt an, erachtet auch die Voraussetzungen des zweiten Absatzes dieser Gesetzesstelle nicht als gegeben, kommt aber zur Klagabweisung, weil sich die Beklagte mit der fälschlichen Anfertigung der beiden angeblich vom Erblasser errichteten Testamente und deren Vorlegung vor dem Nachlaßgerichte nach der besonderen Lage des Falles keiner Verfehlung gegen den Erblasser schuldig gemacht habe. Denn ihr Bestreben sei lediglich dahin gegangen, den letzten Willen des Erblassers, wie er in der wegen Formmangels nichtigen Verfügung vom 9. März 1905 seinen Ausdruck gefunden habe, zur Geltung zu bringen. Zugleich stellt er tatsächlich fest, daß der Erblasser die Berufung der Beklagten zu seiner alleinigen Erbin bei voller Geistesklarheit ernstlich gewollt und diesen Willen auch nachmals nicht aufgegeben oder geändert habe.

Mit Unrecht macht die Revision dem Berufungsrichter eine Verletzung des § 2339 Nr. 4 BGB. zum Vorwurf. Denn die Vergleichung der unter den Nummern 1—4 dieser Gesetzesstelle zusammengestellten Erbunwürdigkeitsfälle ergibt, daß ihnen sämtlich der Gesichtspunkt einer Verfehlung des Erben gegen den Erblasser gemeinsam ist, gleichviel ob sich die vom Gesetze mißbilligte Handlungsweise, wie die Tötung und der Tötungsversuch (Nr. 1), unmittelbar gegen die Person des Erblassers kehrt, oder ob sie darauf ausgeht, den Erblasser im vollen Gebrauche seiner Testierfreiheit zu beeinträchtigen oder seinen letzten Willen ins Ungewisse zu stellen. Damit steht im Einklange, daß das Gesetz in § 2343, und zwar für alle Fälle der Erbunwürdigkeit, auch den Fall des § 2339 Nr. 4 nicht ausgeschlossen, die Möglichkeit einer Verzeihung durch den Erblasser vorsieht und, wenn sie erfolgt ist, die Anfechtung als ausgeschlossen bezeichnet. Mag deshalb der subjektive Glaube des Fälschers, durch fälschliche Anfertigung eines Testaments dem wahren Willen des Erblassers zur formellen Geltung zu verhelfen, auch nicht genügen, um ihn von der strafrechtlichen Verantwortung aus §§ 267, 268 StrGB. zu befreien, so erhellt doch nicht, daß auch der bürgerliche Gesetzgeber der subjektiven Seite hätte kein Gewicht beilegen, vielmehr in jedem Falle den Testamentsfälscher mit dem gänzlichen Verluste jedes, auch des gesetzlichen Erbrechts als Privatstrafe belegt wissen wollen. Auch darauf kann die Entscheidung nicht abgestellt werden, ob die Beklagte das Einverständnis ihres verstorbenen Mannes damit hätte voraussetzen dürfen, daß sein letzter Wille gerade durch verbrecherische Mittel verwirklicht werde. Der Berufungsrichter durfte vielmehr ihrer Handlungsweise den Charakter einer Verfehlung gegen den Erblasser schon dann absprechen, wenn sie damit, wie er feststellt, einen seinem wahren Willen entsprechenden Erfolg herbeizuführen suchte. Endlich ist zwar richtig, daß das Gesetz eine wegen Formmangels oder aus einem andern Grunde nichtige Willenserklärung als nicht vorhanden in dem Sinne behandelt, daß es die damit beabsichtigten Rechtsfolgen nicht entstehen läßt. Immerhin ist das nichtige Rechtsgeschäft ein Vorgang, der auch rechtliche Folgen (Konditionsansprüche u. dgl.) erzeugen kann. Jedenfalls aber kann es dazu verwertet werden, um daraus, wie im Streitfalle, für die subjektive Willensmeinung des Handelnden Folgerungen abzuleiten. Hat aber der Berufungsrichter der von der Beklagten begangenen Fälschung ohne Rechtsirrtum die Natur einer Verfehlung gegen den Erblasser abgesprochen, so hat er das Gesetz nicht verletzt, wenn er sie nicht als erbunwürdig im Sinne von § 2339 Nr. 4 BGB. erklären will." ...

---

50. Unterliegt ein Vertrag, in welchem eine Vertragspartei zugunsten der anderen ein nichtiges Testament als für sich bindend anerkennt, der Formvorschrift der §§ 2371, 2385 Abs. 1 B.G.B.?

VII. Zivilsenat. Urt. v. 23. November 1909 i. S. D. (Kl.) w. Z. (Bekl.). Rep. VII. 91/09.

I. Landgericht Erfurt.
II. Oberlandesgericht Naumburg a. S.

Die Frage wurde bejaht aus folgenden

Gründen:

... „Abweichend von dem ersten Entwurfe des Bürgerlichen Gesetzbuchs hat die zweite Kommission mit Rücksicht auf die Vorschriften der §§ 311, 312 Abs. 2, sowie wegen der Wichtigkeit der Wirkungen dieses Geschäfts für den Erbschaftskauf die gerichtliche oder notarielle Form vorgeschlagen. Darauf beruht die Bestimmung des § 2371, welche nach § 2385 Abs. 1 entsprechende Anwendung auch auf andere Verträge findet, die auf die Veräußerung einer dem Veräußerer angefallenen oder anderweit von ihm erworbenen Erbschaft gerichtet sind.

Mit Rücksicht auf die in den erwähnten Bestimmungen zum Ausdrucke gebrachte Absicht des Gesetzgebers, durch die Formvorschriften übereilte Veräußerungen von Erbschaften zu verhüten, ist auch außergerichtlichen Vergleichen der Erbprätendenten, durch welche sie ohne Rücksicht darauf, wem von ihnen die Erbschaft ganz oder teilweise nach dem Gesetze angefallen sei, diese untereinander nach Anteilen verteilen, obschon für Vergleiche an sich Formvorschriften nicht bestehen, die Wirksamkeit versagt. Es sind solche Abkommen rechtlich als obligatorische, auf Veräußerung von Bruchteilen der Erbschaft gerichtete, und deshalb unter § 2385 Abs. 1 BGB. fallende Verträge aufgefaßt.

Urteile des IV. Zivilsenats des Reichsgerichts vom 18. Juni 1902 (Deutsch. Jur.-Ztg. 1902 S. 485) und vom 19. Oktober 1905 (Jur. Wochenschr. 1905 S. 721 Nr. 12).

Das gleiche gilt von Anerkenntnisverträgen des Inhalts, wie der hier in Frage stehende ist. Wenn auch ein solcher Vertrag ein an sich nichtiges Testament nicht gültig macht, und deshalb der durch ein anderes Testament rechtswirksam Eingesetzte oder der als Intestaterbe Berufene trotzdem Erbe bleibt, so enthält der Anerkennungsvertrag dennoch eine die Anwendung der Formvorschriften erfordernde Erbschaftsveräußerung. Er hat, wie das Berufungsgericht zutreffend ausführt, die Wirkung, daß sich der Anerkennende seinem Vertragsgegner gegenüber auf die Nichtigkeit des diesen zum Erben einsetzenden Testaments nicht berufen kann. Diese Wirkung steht wirtschaftlich der Veräußerung der Erbschaft seitens des Anerkennenden gleich. Dadurch, daß der Anerkennungsvertrag den Anerkennenden verpflichtet, sein Erbrecht dem Vertragsgegner gegenüber nicht geltend zu machen, erlangt der letztere im Verhältnisse der Vertragschließenden zueinander ein Recht auf die Erbschaft; der Anerkennende entäußert sich ihrer zu seinen Gunsten. An dieser rechtlichen Beurteilung wird auch dadurch, daß zwei Erbprätendenten einen solchen Vertrag schließen, ehe feststeht, wer von ihnen wirklich Erbe ist, nichts geändert. Der Anerkennende erklärt dann, daß er auch für den Fall, daß das Erbrecht des anderen nicht besteht, diesem dennoch die Erbschaft überlasse, und damit gibt er ihm selbst an der Erbschaft etwa zustehende Rechte auf; der Vertragszweck ist, die Erbschaft als solche ganz oder zu einem Bruchteile dem anderen Teile zu übertragen.

Daß solche Anerkennungsverträge der Formvorschrift des § 2385 unterliegen, wird, soweit ersichtlich, auch in der Literatur[1] angenommen." ...

---

51. Ist im Falle der Enteignung eines Grundstücks, wenn dessen Wert unter der Annahme eines der vollen Ausnutzungsfähigkeit entsprechenden Neubaues geschätzt, und in die Baukostenrechnung der Einnahmeverlust während der Bauzeit aufgenommen wird, daneben noch der sog. Zwischenzins zu berücksichtigen?

Preuß. Enteignungsgesetz vom 11. Juni 1874 § 8.

VII. Zivilsenat. Urt. v. 23. November 1909 i. S. O. (Kl.) w. Stadtgemeinde Frankfurt a. M. (Bekl.). Rep. VII. 334/09.

I. Landgericht Frankfurt a. M.
II. Oberlandesgericht daselbst.

Das Reichsgericht hat die Frage bejaht aus folgenden

Gründen:

... „Der Berufungsrichter legt seiner Schätzung die volle Ausnutzungsfähigkeit des ganzen, für Straßenzwecke in Anspruch genommenen Geländes als Bauplatz unter der Annahme der Errichtung eines entsprechenden Neubaues zugrunde. Er folgt hierbei den vernommenen Sachverständigen und weicht nur insofern von ihnen ab, als er in die Baukostenrechnung auch die während der Bauzeit zu erwartenden Mietsausfälle mit 43500 ℳ einstellt. Die Sachver-

[1] Planck, Bürgerliches Gesetzbuch Bem. a zu § 2385; Wilke, Bürgerliches Gesetzbuch Erläuterung 2 zu § 2385; Windscheid-Kipp, Pandekten Bd. 3 S. 303; Seuffert's Archiv Bd. 60 S. 30. D. E.

ständigen glaubten davon absehen zu sollen, weil sie gemäß der in dem früheren Revisionsurteile vom 18. Juni 1907 ausgesprochenen Rechtsansicht von dem unter der Fiktion eines Neubaues ermittelten Werte des Grundstücks den sog. Zwischenzins gekürzt haben. Nach ihrer Meinung können nicht neben dem Zwischenzins noch die Mietsausfälle in Betracht gezogen werden. Den gleichen Standpunkt vertritt auch die Revision, während der Berufungsrichter beide Faktoren bei der Berechnung der Entschädigungssumme berücksichtigt.

Läßt sich schon geltend machen, daß dieser Punkt durch die Entscheidung des Reichsgerichts, dem das die Mietsausfälle in die Baukostenrechnung aufnehmende Gutachten bereits vorlag, rechtskräftig erledigt sei (§ 565 Abs. 2 ZPO., Entsch. des RG.'s in Zivils. Bd. 58 S. 286), so ergibt auch eine erneute sachliche Prüfung die Richtigkeit der Rechnungsweise des Berufungsrichters. Wird der Wert des enteigneten Grundstücks nach einem die volle Benutzungsfähigkeit erschöpfenden Bauplane bemessen, so versteht sich von selbst, daß zu den eigentlichen Kosten der Errichtung des Hauses der durch die Ertraglosigkeit des Grundstücks während der Bauzeit bedingte Einnahmeverlust hinzuzurechnen ist. Der Berufungsrichter hat ihn in Übereinstimmung mit den Sachverständigen auf 43500 ℳ geschätzt. Dagegen sind Bedenken nicht erhoben. Die Summe entspricht bei der auf 1 1/2 Jahre angenommenen Bauzeit dem bisherigen tatsächlichen Mietsertrage von 29000 ℳ. Daß dieser Verlust nicht durch den Neubau, sondern durch die Niederlegung des alten Gebäudes entstanden sei, wie die Revision meint, ist insofern unrichtig, als der Neubau den Abbruch der bisherigen Baulichkeiten erforderte und deshalb die Ursache der Ausfälle ist, die ohne ihn nicht eingetreten wären. Soll der durch den Neubau erstrebte Mehrwert erzielt werden, so muß zeitweise auf jeden Ertrag aus dem Grundstück verzichtet werden. Wie es sich verhält, wenn das Grundstück unbebaut war und also nicht genutzt wurde, braucht nicht untersucht zu werden, da dieser Fall nicht vorliegt. Nach den Umständen des gegenwärtigen Falles sind von dem durch Kapitalisierung des Reinertrages gefundenen Werte des neu bebaut gedachten Grundstücks die Ertragsverluste in Abzug zu bringen, ohne welche jener Wert nicht denkbar ist. Ihn erhält aber bei der Enteignung der Eigentümer nicht erst, wie es bei der wirklichen Ausführung des Neubaues geschehen würde, nach

Ablauf der Bauzeit mit der Vollendung des Hauses, die ja auch nur fingiert wird, sondern sofort, da die Entschädigungssumme jedenfalls vom Tage der Enteignung an zu verzinsen ist (§ 36 des Enteignungsgesetzes). Er kann also den durch diese Summe dargestellten Neubau um so viel früher nutzen, als die Bauzeit ausmacht. Deshalb ist der Abzug des Zwischenzinses gerechtfertigt. Er trägt dem Umstande Rechnung, daß der Entschädigung ein Zustand zugrunde gelegt wird, der erst nach Ablauf einer gewissen Zeit eintreten kann, aber als im Zeitpunkt der Enteignung bereits eingetreten fingiert wird. Daraus folgt, daß jener Abzug mit den zu den Baukosten im weiteren Sinne gehörenden Mietsausfällen nichts zu tun hat. Diese betreffen die Ermittelung der Entschädigungssumme, der Abzug bildet den Ausgleich für deren alsbaldige und nicht erst nach Ablauf der Bauzeit zu ziehende Nutzung. Will der Eigentümer die Enteignungssumme nach einem fingierten Neubau geschätzt wissen, so muß er sich auch die Berücksichtigung des Umstandes gefallen lassen, daß sein Grundstück schon jetzt unter Feststellung eines Wertes bezahlt wird, den es nicht hat, sondern erst nach Ablauf der Bauzeit haben wird. Es ist nicht richtig, daß die Beklagte einen Bauplatz vom Kläger erwirbt; sie erwirbt ein als bebaut gedachtes Grundstück und muß es sofort als solches bezahlen, obwohl es erst im Verlaufe von $1\frac{1}{2}$ Jahren in der gedachten Weise hätte bebaut werden können. Würde der Zwischenzins nicht gekürzt, so würde der Kläger die Entschädigungssumme, die ihm schon vom Tage der Enteignung, nicht erst vom Tage der — fingierten — Bauvollendung an verzinst wird, doppelt nutzen. Hiernach ist der Berufungsrichter nicht willkürlich, sondern mit rechtlich zutreffender Begründung von dem Gutachten der Sachverständigen abgewichen, indem er von dem gefundenen Grundstückswerte den Zwischenzins abzieht, der dem Betrage der auf der andern Seite zugesprochenen gesetzlichen Zinsen gleichkommt.“ . . .

52. Kann der Versicherer bei der Feuerversicherung, wenn der Anspruch auf die Versicherungssumme abgetreten ist, dem neuen Gläubiger gegenüber geltend machen, daß der Anspruch durch das Verhalten des Versicherungsnehmers nach der Abtretung verwirkt sei?

BGB. § 404.

VII. Zivilsenat. Urt. v. 26. November 1909 i. S. Westfälische Kalkindustrie A. W. & Co. (Kl.) w. Bayerische Versicherungsbank (Bekl.). Rep. VII. 46/09.

I. Landgericht Köln.
II. Oberlandesgericht daselbst.

Der Schreinermeister S. zu K. hatte die in seinem Hause befindlichen Maschinen, Werkzeuge, Vorräte und fertigen Möbel bei der Beklagten gegen Brandschaden versichert. Am 25. April 1905 wurde die Schreinerwerkstatt und ihr versicherter Inhalt durch Feuer beschädigt. Am 29. April 1905 trat S. der Klägerin seine Ansprüche aus dem Versicherungsvertrag ab; die Abtretungserklärung wurde der Beklagten am 5. Mai 1905 zugestellt. Bei der darauf folgenden Ermittelung des Brandschadens, die zwischen S. und der Beklagten ohne Zuziehung der Klägerin geschah, machte S. falsche Angaben über Zahl und Wert der verbrannten Gegenstände und wurde deshalb wegen Betrugsversuchs zu einer Gefängnisstrafe verurteilt. Der Brandschaden an Maschinen, Werkzeugen, Vorräten und fertigen Möbeln des S. wurde auf 8920,99 ℳ festgesetzt. Die Beklagte weigerte der Klägerin gegenüber die Zahlung der Versicherungssumme, weil nach den Bestimmungen des Versicherungsvertrages S. infolge seines Betrugsversuchs alle Ansprüche verloren habe. Die Klägerin erhob darauf Klage auf Zahlung der genannten Summe nebst Zinsen. Die Vorinstanzen wiesen die Klage ab. Auch die Revision der Klägerin hatte keinen Erfolg.

Gründe:

... „Mit Recht erachtet der Berufungsrichter den Anspruch auf die Versicherungssumme gemäß § 10 der allgemeinen Versicherungsbedingungen auch der Klägerin gegenüber dadurch für verwirkt, daß der Versicherungsnehmer S. bei der Ermittelung des Schadens sich betrügerischer Angaben schuldig gemacht hat. Unerheblich ist, daß dies erst nach der Abtretung der Versicherungsforderung geschehen ist. Durch die Abtretung wurde das zwischen der Beklagten und S. bestandene Versicherungsverhältnis nur insofern berührt, als das Recht auf die Versicherungssumme aus dem Vermögen des Versicherungsnehmers ausschied und auf die Klägerin überging. Im übrigen aber blieb S. Träger der aus der Versicherung gegen die Gesellschaft zu erfüllenden Verbindlichkeiten; er blieb es auch, dem es oblag, die Voraussetzungen zu schaffen, von denen die Bedingungen die Erhaltung des Anspruchs auf die Brandentschädigung abhängig machen. Nur mit ihm waren nach § 8 Abs. 3 der Bedingungen die Verhandlungen über den Schaden zu führen, und seine Angaben über dessen Umfang waren für die Entschließungen der Gesellschaft maßgebend. Daraus ergibt sich aber, daß das Recht auf die Versicherungssumme nicht losgelöst von den ihm durch den Vertrag gegebenen Einschränkungen und insbesondere von den ein bestimmtes Verhalten des Versicherungsnehmers bei Strafe der Verwirkung vorschreibenden Festsetzungen des Vertrages auf die Klägerin gediehen ist; es konnte nur im Rahmen dieser Festsetzungen ausgeübt werden. Dies ist die notwendige Folge des Satzes, daß durch die Abtretung eines Rechtes die Lage des Schuldners nicht zu dessen Nachteil verändert werden darf. Der Fall liegt nicht anders, als bei der Zession eines Anspruchs aus einem sonstigen gegenseitigen Vertrag oder eines auflösend bedingten Anspruchs. Daß die sich hieraus ergebenden Einwendungen durch den § 404 BGB. nicht ausgeschlossen werden, ist nach der Natur der Sache und auch nach der Entstehungsgeschichte des Gesetzes unzweifelhaft (Planck, 3. Aufl. Bem. 1 zu § 404; Motive Bd. 2 S. 129). Ob die den Bestand des abgetretenen Rechtes beeinflussenden Tatsachen vor oder nach der Zession eingetreten sind, ist unerheblich. Die Veränderungen, die das Schuldverhältnis durch Handlungen oder Unterlassungen des Zedenten in seiner Eigenschaft als Schuldner erleidet, hat, eben weil die Passivseite durch den Gläubigerwechsel nicht betroffen wird, der Zessionar zu tragen; sie wurzeln in dem ursprünglichen Vertrage und bedeuten eine unvermeidliche Schwächung der Rechtslage des neuen Gläubigers. Darum kann die Beklagte auch der Klägerin entgegensetzen, daß der Entschädigungsanspruch durch das arglistige Verhalten des Versicherungsnehmers erloschen sei.“ ...

53. 1. Kann die Nichtigkeit eines Vertrages gemäß § 138 Abs. 1 BGB. damit begründet werden, daß der eine Kontrahent den anderen durch arglistige Täuschung zum Abschlusse bestimmt habe?

2. Kann, wenn zwei Beklagte im Wechselprozesse unter Vorbehalt rechtskräftig verurteilt sind, der eine in dem von ihm allein eingeleiteten Nachverfahren den anderen als Zeugen benennen?

3. Abschluß eines Wechselbegebungsvertrages zwischen dem Gläubiger und zwei Wechselschuldnern, von denen der eine von dem Gläubiger wucherisch ausgebeutet wird. Steht auch dem anderen, nicht bewucherten Wechselschuldner die Einrede des Wuchers zu?

4. Muß sich der Blankoindossatar, welcher den Wechsel durch Blankotradition erworben hat, Einreden aus der Person des Blankotradenten gefallen lassen, wenn dieser den Wechsel in eigenem Namen, aber für Rechnung des ersteren erworben hatte?

I. Zivilsenat. Urt. v. 27. November 1909 i. S. 1. T. 2. P., 3. Mo. (Bekl.) w. Ehefr. M. (Kl.). Rep. I. 342/09.

I. Landgericht I Berlin, Kammer für Handelssachen.
II. Kammergericht daselbst.

Die Klägerin klagte aus einem von dem Beklagten P. an eigene Order auf den Beklagten T. gezogenen und von diesem akzeptierten, von den Beklagten P. und Mo. in Blanko indossierten Wechsel über 15000 *M*, fällig am 20. Oktober 1906, nebst Protest auf Zahlung der Wechselsumme nebst Zinsen und Wechselunkosten. Die Beklagten P. und Mo. wurden im Wechselprozesse als Gesamtschuldner rechtskräftig, jedoch unter Vorbehalt der Ausführung ihrer Rechte, verurteilt.

Nur der Beklagte P. machte von dem Vorbehalte Gebrauch und beantragte im ordentlichen Verfahren, unter Aufhebung des Wechselurteils die Klage abzuweisen. Seine Einreden gingen dahin:

1. Der Wechsel sei zur Prolongation eines am 19. Juli 1906 fälligen Akzeptes gegeben worden. Diesem Akzepte liege ein Darlehnsgeschäft des Ehemanns der Klägerin mit dem Beklagten T. zugrunde, welches dieser mit Recht wegen Betruges angefochten habe. Diesen Betrug könne auch er geltend machen, weil er seine Wechselunterschrift lediglich behufs Bürgschaft für T. abgegeben habe. Ebenso müsse die Klägerin sich das Verhalten ihres Ehemannes

entgegenhalten lassen, weil dieser nur als ihr Bevollmächtigter gehandelt habe.

2. Das dem Wechsel zugrunde liegende Geschäft verstoße deswegen auch gegen die guten Sitten und sei somit nach § 138 Abs. 1 BGB. nichtig.

3. Jedenfalls aber sei das Geschäft wucherisch gewesen und deshalb nichtig. Leistung und Gegenleistung hätten in einem offenbaren Mißverhältnisse zueinander gestanden, und M. hätte sich die Vermögensvorteile unter Ausbeutung der Notlage und des Leichtsinnes des T. verschafft.

4. Eventuell sei der Wechsel in Höhe von 7000 ℳ bezahlt, wofür T. als Zeuge benannt wurde.

Die Klägerin bestritt, daß ihr Ehemann bei dem Geschäfte mit T. als ihr Bevollmächtigter gehandelt habe; er habe vielmehr in eigenem Namen, wenn auch für ihre Rechnung gehandelt. P. sei auch nicht als Bürge T.'s aufgetreten; vielmehr hätten beide das Geschäft gemeinschaftlich durch den Vermittler Mo. mit M. abgeschlossen. Dieser habe sich dabei weder des Betruges, noch eines Verstoßes gegen die guten Sitten, noch des Wuchers schuldig gemacht. Die behauptete Zahlung sei nicht geleistet. Das Landgericht hob das im Wechselprozesse erlassene Urteil, soweit es den Beklagten P. betraf, auf und wies die Klage insoweit ab. Dagegen wurde in der Berufungsinstanz das im Wechselprozesse ergangene Urteil bezüglich des Beklagten P. für vorbehaltlos erklärt.

Auf Revision wurde das Berufungsurteil aufgehoben und die Sache an das Oberlandesgericht zurückverwiesen, aus folgenden

Gründen:

„Das Urteil unterliegt wegen unrichtiger Beurteilung der Einrede des Wuchers der Aufhebung; im übrigen ist allerdings ein Rechtsirrtum oder prozessualer Verstoß nicht anzuerkennen.

Die Einrede des Betruges muß ausscheiden, weil sie nach den eigenen Angaben des Beklagten in Verbindung mit den einwandfrei getroffenen Feststellungen des Berufungsgerichts der genügenden Begründung entbehrt. (Wird ausgeführt.)

Mit Recht ist sodann die Nichtigkeit des Geschäftes aus dem Gesichtspunkte des § 138 Abs. 1 BGB. unter Berufung auf das Urteil des Reichsgerichts in den Entsch. in Zivils. Bd. 64 S. 181

verneint worden. Abgesehen davon, daß die Anfechtung wegen Betruges versagt, erfordert die Anwendung des § 138 BGB., daß das Geschäft selbst gegen die guten Sitten verstößt, kann also nicht darauf gegründet werden, daß eine Vertragspartei die andere durch arglistige Täuschung zum Abschlusse des Geschäftes bestimmt hat.

Endlich ist auch die Einrede der Zahlung mit Recht . . . mangels Beweises zurückgewiesen, T. habe im gegenwärtigen Rechtsstreite, vor Erledigung des für ihn im Wechselprozeßurteile gemachten Vorbehaltes, nicht als Zeuge vernommen werden können. Dies ist nicht zu beanstanden. Ebensowenig aber trifft den Vorderrichter der Vorwurf einer Verletzung des § 139 ZPO., weil er nur auf die gegen die beantragte Vernehmung des T. als Zeugen vorliegenden Bedenken hingewiesen habe; denn dies genügte durchaus, um den durch Anwalt vertretenen Beklagten zur Benennung anderer Beweismittel zu veranlassen, wenn solche vorhanden waren.

Was aber die Einrede des Wuchers anlangt, so ist für die Revisionsinstanz in Ermangelung gegenteiliger Feststellungen davon auszugehen, daß M. bei dem der ersten Wechselbegebung zugrunde liegenden Darlehnsgeschäfte die Notlage und den Leichtsinn T.'s im Sinne des § 138 Abs. 2 BGB. ausgebeutet hat, um sich unverhältnismäßige Vermögensvorteile zu verschaffen. Ist dies aber der Fall, so ist es gleichgültig, ob der Beklagte P. seine Wechselunterschrift, wie er behauptet, zum Zwecke der Bürgschaft für T. erteilt hat, oder ob beide das Darlehnsgeschäft gemeinschaftlich mit M. abgeschlossen haben. Denn wenn auch das Geschäft nur im Verhältnisse zwischen M. und T. wucherisch ist, so ist es doch wegen seiner Einheitlichkeit im ganzen mit diesem Fehler behaftet und daher auch im Verhältnisse zum Mitkontrahenten P. nichtig.

Vgl. Entsch. des RG.'s in Zivils. Bd. 59 S. 175, Bd. 62 S. 186, Bd. 65 S. 405, Bd. 71 S. 201.

Auch er könnte daher dem M. als Wechselinhaber gegenüber einwenden, daß die Wechselbegebung der rechtmäßigen causa entbehre, und seine Verpflichtung kondizieren. Diese Einrede stände ihm aber nach Lage des Falles auch der Klägerin gegenüber zu. Es ist gleichgültig, ob M. das Geschäft in ihrem Namen, oder nur, wie die Klägerin behauptet, für ihre Rechnung abgeschlossen hat. Es kann dahingestellt bleiben, ob im letzteren Falle das Eigentum an dem

Wechsel sofort — auf Grund ihrer rückwärts wirkenden Genehmigung — auf die Klägerin überging, oder ob es hierfür erst noch einer Blankotradition ihres Ehemannes bedurfte. Auch wenn letzteres zutrifft, liegt der gegenwärtige Fall anders, als der der gewöhnlichen Blankotradition, für welche allerdings mit Recht angenommen wird, daß dem Erwerber die Einreden aus der Person des Tradenten nicht entgegengehalten werden können. Im vorliegenden Falle liegt dem Erwerbe der Klägerin nicht ein selbständiges Kausalgeschäft mit dem Blankotradenten zugrunde, sondern die Genehmigung des von ihm als Geschäftsführer für ihre Rechnung abgeschlossenen Kausalgeschäftes. Die Nichtigkeit des genehmigten Geschäftes entzieht somit auch ihrem Wechselerwerbe den Rechtsgrund und kann ihr von den Wechselschuldnern entgegengehalten werden. Der gegenwärtige Fall liegt in dieser Beziehung nicht unähnlich wie der in den Entsch. in Zivils. Bd. 68 S. 418 behandelte." ...

---

54. Ist für den Verletzten, der zur Behandlung seiner Verletzung einen Arzt zuzieht, dieser eine Person, deren er sich zur Erfüllung seiner aus § 254 BGB. folgenden Verpflichtung, den Schaden zu mindern, bedient, und deren Verschulden er nach § 278 BGB. gegenüber dem auf Schadensersatz belangten Verletzer zu vertreten hat?

VI. Zivilsenat. Urt. v. 29. November 1909 i. S. J. & F. (Bekl.) w. D. (Kl.). Rep. VI. 554/08.

I. Landgericht Kassel.
II. Oberlandesgericht daselbst.

Nach der Verletzung, für deren Folgen der Kläger von der Beklagten Entschädigung forderte, hatte er sich in die Behandlung eines staatlich geprüften Arztes begeben, der jedoch das Leiden irrig beurteilte und dem Kläger nicht das Verhalten anriet, das die Heilung beschleunigt haben würde. Über eine Einrede, die von der Beklagten aus dieser Tatsache gegen den Klaganspruch entnommen war, heißt es in den

Gründen:

... „Die Revision hat ... ausgeführt, der Kläger sei nach § 254 BGB. gegenüber der Beklagten verpflichtet gewesen, den

Schaden zu vermindern, und zur Erfüllung dieser Verbindlichkeit habe er sich des Arztes bedient; er müsse darum nach § 278 BGB. dessen Verschulden wie eigenes vertreten. Das sei vom Berufungsgerichte verkannt. Diese Ausführung beruht jedoch auf einer irrigen Beurteilung des Inhaltes der Verpflichtung, die § 254 dem Verletzten auferlegt. Der Beklagte hatte nach dieser gesetzlichen Vorschrift mit der im Verkehr erforderlichen Sorgfalt darauf hinzuwirken, daß der Schade sich minderte. Der Verkehr fordert im Falle einer nicht ganz geringfügigen Körperverletzung das Anrufen ärztlicher Hilfe, und zwar bei einem Arzte, der durch die staatliche Prüfung seine Befähigung zu diesem Berufe dargetan hat. Abgesehen von Ausnahmefällen, von denen hier keiner behauptet ist, fordert die im Verkehr erforderliche Sorgfalt von dem Verletzten nicht, daß er die Leistungen des Arztes und die Richtigkeit seiner Anordnungen nachprüfe, was dem Kläger ja nur durch Zuziehung eines zweiten Sachverständigen möglich geworden wäre. Der Kläger hatte also die Verpflichtung, die § 254 BGB. ihm gegenüber der Beklagten auferlegte, dadurch vollständig erfüllt, daß er einen approbierten Arzt zuzog und dessen Anordnungen befolgte. Diese selbst aber waren nicht mehr ein Teil der nach § 254 vom Kläger der Beklagten geschuldeten Erfüllungsleistung, und darum geht es fehl, wenn die Beklagte auf Grund von § 278 den Kläger für ein vom Arzt begangenes Versehen haftbar machen will."

55. Ist die Berufung zulässig, wenn die angefochtene Entscheidung sich darauf beschränkt, über einen unselbständigen Teil des Klagantrags zu erkennen, der nur bezweckt, zur Vorbereitung der Entscheidung über den Haupt(Leistungs)antrag ein Rechtsverhältnis festzustellen, das nur einen einzelnen Bestandteil des Leistungsanspruchs darstellt?

ZPO. §§ 303, 304.

VII. Zivilsenat. Urt. v. 30. November 1909 i. S. Fr. Transport- usw. Ges. (Bekl.) w. K. (Kl.). Rep. VII. 53/09.

I. Landgericht Düsseldorf.
II. Oberlandesgericht daselbst.

Der bei der Beklagten gegen Unfall versicherte Kläger behauptete, durch einen am 13. August 1905 erlittenen Unfall erwerbsunfähig geworden zu sein. Die Beklagte lehnte die Zahlung einer Entschädigung ab, weil ein Unfall im Sinne der Versicherungsbedingungen schon am 11. August 1905 den Kläger betroffen habe, und dadurch der Versicherungsvertrag aufgehoben sei. Auf die in einem Vorprozeß vom Kläger erhobene Klage hatte das Landgericht für Recht erkannt: „Es wird festgestellt, daß die Beklagte verpflichtet ist, den Kläger für die Folgen des am 13. August 1905 erlittenen Unfalls gemäß den Bedingungen des Versicherungsvertrages . . . zu entschädigen." Nachdem dieses Urteil rechtskräftig geworden war, wurde eine Schätzungskommission gemäß den Versicherungsbedingungen berufen. Diese tat den Ausspruch: daß die bei dem Kläger bestehende Invalidität im Sinne der Versicherungsbedingungen nicht Folge des Unfalls vom 13. August 1905 sei, und daß dieser Unfall auch keine vorübergehende Erwerbsbeschränkung beim Kläger verursacht habe. Auf Grund dieses Ausspruchs verweigerte nunmehr die Beklagte jede Entschädigung. Der Kläger erhob deshalb die jetzige Klage mit dem Antrag, festzustellen, daß die in dem Spruch der Ärztekommission abgegebene Entscheidung unwirksam sei, und die Beklagte zu verurteilen, an den Kläger außer der bereits gezahlten Kurkostenentschädigung weiterhin eine gemäß den Versicherungsbedingungen festzustellende Rente zu zahlen, eventuell aber die Beklagte zu verurteilen, zur Berufung einer Schätzungskommission gemäß den allgemeinen Versicherungsbedingungen mitzuwirken, durch die der Grad der als Folge des Unfalles vom 13. August 1905 festgestellten Invalidität des Klägers bestimmt werden solle, und die nach dem Urteil dieser Kommission unter Zugrundelegung der allgemeinen Versicherungsbedingungen sich ergebenden Beträge an den Kläger zu zahlen. Das Landgericht erklärte durch ein in den Urteilsgründen als „Zwischenurteil" bezeichnetes Urteil die Entscheidung der Ärztekommission für unwirksam. Die Berufung gegen diese Entscheidung wurde als unzulässig verworfen und die Revision zurückgewiesen, aus folgenden

Gründen:

„In der neueren Rechtsprechung, der auch hier zu folgen ist, hat das Reichsgericht daran festgehalten, daß ein Rechtsmittel zulässig ist sowohl dann, wenn das Gericht ein Urteil aus § 304 ZPO. erlassen wollte (obwohl ein solches nicht, sondern nur ein Urteil aus § 303 das. vorliegt), als auch dann, wenn bei sachlicher Prüfung der Entscheidung diese sich als ein Urteil aus § 304 darstellt, mag das Gericht auch ein Urteil aus § 303 haben erlassen wollen.

Entsch. des RG.'s in Zivils. Bd. 39 S. 389, 391; Jur. Wochenschr. 1907 S. 337 Nr. 18; vgl. Jur. Wochenschr. 1909 S. 112 Nr. 8.

Es kann nun keinem Zweifel unterliegen, daß das Landgericht ein Urteil aus § 303 hat erlassen wollen. Der Inhalt des Urteils gibt zwar hierfür keinen Anhaltspunkt. Der die Urteilsgründe abschließende Ausspruch, es erscheine angemessen, durch Zwischenurteil „gemäß § 30 ZPO." zu entscheiden, läßt es infolge des offenbar bei der Nummerbezeichnung des Paragraphen unterlaufenen Schreibfehlers zweifelhaft, ob auf § 303 oder § 304 verwiesen wird. Da aber das Landgericht bei der Verkündung des Urteils gleichzeitig von Amts wegen „zur Weiterverhandlung über den Klaganspruch" Termin angesetzt hat, während es bei einer Entscheidung aus § 304 nach Abs. 2 das. nur auf Antrag und nur über den Betrag des Anspruchs hätte Weiterverhandlung anordnen dürfen, so hat es damit zu erkennen gegeben, daß das Zwischenurteil auf Grund des § 303 erlassen werde.

Auch seinem sachlichen Inhalt nach ist das Zwischenurteil keine Vorabentscheidung über den Grund des Anspruchs im Sinne des § 304. Es spricht sich über diesen Grund weder in der Urteilsformel noch in den Gründen aus, stellt insbesondere weder die vom Kläger behauptete Erwerbsunfähigkeit noch ihren ursächlichen Zusammenhang mit dem Unfall vom 13. August fest, beschränkt sich vielmehr darauf, eine einzelne rechtliche Tatsache, die von der Beklagten gegenüber dem Kläger zur Begründung ihrer Zahlungsweigerung vor dem jetzigen Rechtsstreit vorgeschätzt worden und den Anspruch des Klägers auszuschließen geeignet war, für unwirksam zu erklären. Das Urteil entscheidet hiernach über ein einzelnes selbständiges Verteidigungsmittel der Beklagten und ist daher ein solches aus § 303. Dabei kann es keinen Unterschied machen, ob im Rechtsstreit zunächst die Beklagte dieses Verteidigungsmittel vorgebracht und hierauf der Kläger dessen rechtliche Bedeutung bestritten hat, oder ob der Kläger dieses Bestreiten vorweggenommen und schon in der Klageschrift die

Wirksamkeit des Spruchs der Kommission angegriffen hat, von dem mit Sicherheit anzunehmen war, daß ihn die Beklagte dem Klaganspruch im Rechtsstreit entgegenhalten würde, und den sie ihm dann auch entgegengehalten hat. Die Natur des Rechtsbehelfs als eines Verteidigungsmittels der Beklagten wird durch diesen Unterschied nicht berührt.

Ohne Erfolg sucht die Beklagte die Anwendung des § 303 durch den Hinweis darauf auszuschließen, daß der Kläger dem auf Leistung der Versicherungssumme gerichteten Teil des Klagantrages noch einen besonderen Antragsteil vorausgeschickt hat, der die Feststellung der Unwirksamkeit des Spruchs zum besonderen Gegenstand hat. Die Revision meint, daß der Kläger hierdurch die behauptete Unwirksamkeit „zu einem äußerlich und innerlich scharf abgegrenzten Teil des Klaganspruchs erhoben habe", daß bei dieser prozessualen Behandlung des Stoffes für ein Zwischenurteil kein Raum sei, und daß sich die Entscheidung des Landgerichts vielmehr als ein Teilurteil darstelle, das über einen Feststellungsanspruch im Sinne des § 256 ZPO. ergangen sei. Ein solches Teilurteil zu erlassen, hat das Landgericht nicht beabsichtigt; denn es hat nicht geprüft, ob die prozessualen Voraussetzungen der Feststellungsklage hier gegeben sind. Sie sind in Wirklichkeit nicht vorhanden, da der Kläger die Leistungsklage erheben durfte und erhoben hat, er also kein rechtliches Interesse daran hatte, neben dieser Klage noch die Klage auf die Feststellung eines Rechtsverhältnisses zu erheben, das nur ein einzelnes Element des Leistungsanspruches darstellt. Über dieses Rechtsverhältnis, die Wirksamkeit des Kommissionsspruchs, mußte das Prozeßgericht bei der Entscheidung über den Leistungsanspruch jedenfalls eine Entscheidung treffen, mochte die Entscheidung, wie hier, besonders beantragt sein, oder mochte es an einem solchen Antrag fehlen. Der Antrag war hiernach nicht von selbständiger Bedeutung, sondern nur ein den Leistungsantrag vorbereitender. Die Sache liegt nicht anders, als wenn dem auf Herausgabe einer Sache gerichteten Klagantrage der Antrag auf Feststellung des Eigentums des Klägers an der Sache vorausgeschickt wird. Solche vorbereitende Anträge werden zwar, wie der Berufungsrichter zutreffend hervorhebt, in der Klageschrift vielfach als selbständige Klaganträge behandelt, obschon sie nur einen einzelnen Entscheidungsgrund betreffen. Durch eine solche prozessuale Behandlung kann aber die Partei das Prozeßgericht nicht zwingen, über ein solches einzelnes Element des Leistungsurteils auf einem anderen Wege als durch Erlaß eines Zwischenurteils aus § 303 eine Entscheidung herbeizuführen.

Das Zwischenurteil kann hiernach nur gleichzeitig mit dem inzwischen über den Leistungsanspruch ergangenen erstinstanzlichen Endurteil angefochten werden."

56. Kauf von Wertpapieren mit der Verpflichtung, sie während einer gewissen Zeit nicht an der Börse zu verkaufen (Sperrverpflichtung). Ist derjenige, der die Papiere gesperrt übernommen und unter der Hand weiterverkauft hat, unbedingt zum Schadensersatz verpflichtet, wenn sie durch seinen Abkäufer oder durch einen ferneren Nachmann innerhalb der Frist an den Markt gebracht werden? oder kann er sich damit entschuldigen, daß er dem Abkäufer gleichfalls die Sperrpflicht auferlegt habe?

I. Zivilsenat. Urt. v. 1. Dezember 1909 i. S. St. (Bekl.) w. C. (Kl.) Rep. I. 311/07.

I. Landgericht Hannover.
II. Oberlandesgericht Celle.

Am 14. und 16. November 1905 verkaufte die Klägerin dem Beklagten 30 Kuxe der Gewerkschaft Hubertushall zum Preise von je 180 *M*, wobei bedungen wurde, daß die Kuxe vor dem 1. April 1906 nicht unter 300 *M* pro Stück an den Markt gebracht werden dürften. Mit der gleichen Sperrverpflichtung hatte die Klägerin die Papiere von dem Bankhause K. gekauft. Der Beklagte verkaufte sie weiter an den Bankier Sy. Durch diesen oder seinen Abnehmer gerieten sie an die Börse, wo sie von K. Ende November 1905 zum Kurse von 245 *M* aufgekauft wurden. Nachdem die Klägerin auf Verlangen K.'s die Papiere zum Preise von je 235 *M* wieder übernommen hatte, erhob sie Klage auf Ersatz. Im Laufe des Prozesses forderte sie ferner Erstattung der Zubußen, die sie im Mai, Juni und September 1906 in Höhe von 25 *M*, 20 *M* und 30 *M* auf den Kux hatte zahlen müssen. Der Schlußantrag lautete auf Verurteilung des Beklagten, Zug um Zug gegen Aushändigung der 20 Kuxe 6200 ℳ nebst Zinsen zu zahlen.

Sämtliche Instanzen gaben der Klage statt, das Revisionsgericht aus folgenden

Gründen:

„I. Eine Sperrverpflichtung wird vereinbart, um den Kurs der ungesperrten Stücke hoch zu halten. Irgend etwas Anstößiges liegt hierin nicht. Die Ansicht des Beklagten, die Geschäfte vom 14. und 16. Dezember 1905 seien nach § 138 BGB. nichtig gewesen, ist von den Vorinstanzen mit Recht abgelehnt.

II. Die Frage, ob der Beklagte seine Vertragspflicht verletzt hat, hängt wesentlich von der Auslegung der Sperrklausel ab. Das Oberlandesgericht nimmt in Übereinstimmung mit dem Sachverständigen D. an, daß wer ein Papier mit Sperrpflicht kaufe unbedingt dafür aufkommen müsse, wenn es durch seinen Abkäufer oder durch einen ferneren Nachmann an den offenen Markt gebracht werde. Es genüge nicht, daß der Käufer beim Weiterverkaufe die Sperrklausel stipuliere, vielmehr geschehe der Weiterverkauf auf seine Gefahr. Deshalb könne dahingestellt bleiben, ob der Beklagte dem Sy. die Sperrpflicht auferlegt habe. Nicht minder sei gleichgültig, ob er am 14. November 1905 der Klägerin erklärt habe, er wünsche die Kuxe für einen Kunden. Die Revision hat diese Ausführungen angegriffen. Sie meint, die Behauptungen des Beklagten, über die das Oberlandesgericht hinweggehe, dürften nicht als unerheblich behandelt werden. Habe ein Käufer gesperrter Papiere sich das Recht des Weiterverkaufs ausbedungen, so sei seine Verpflichtung erfüllt, wenn er den Weiterverkauf unter der Hand vollzogen und dem Abnehmer die Sperrpflicht auferlegt habe. Wolle man dies nicht zugeben, so entbehre das bedungene Recht des Weiterverkaufs jeder Bedeutung. In einem derartigen Falle finde auch die von D. bezeugte Usance keine Anwendung. Einen Handelsgebrauch, der absonderlicherweise auch den sein Vertragsrecht ausübenden Käufer ohne ausdrückliches Garantieversprechen für das Verschulden eines Dritten verantwortlich mache, habe der Sachverständige nicht bekundet.

Der Angriff der Revision geht fehl. Das Gutachten D.'s spricht nur aus, was sich auch ohne Sachverständigenbeweis nach dem offensichtlichen Zwecke der Vereinbarung als gewollt ergibt. Wer mit der Sperrklausel kauft, verpflichtet sich, die Papiere während der festgesetzten Zeit von der Börse fernzuhalten. Von einem „Recht" zum Weiterverkauf kann dabei streng genommen keine Rede sein. Ob die Papiere im Eigentume des Käufers, oder eines Dritten stehen, ist für den Verkäufer ebensowenig von Interesse, wie es Interesse für ihn hat, ob der eine, oder der andere die Papiere besitzt. Nur daran liegt ihm, daß sie nicht an den Markt gelangen, und es ist die Aufgabe des Käufers, hiergegen die nötigen Vorkehrungen zu treffen. Gewiß würde der Käufer entschuldigt sein, wenn ihm die Papiere trotz sorgfältiger Verwahrung gestohlen und durch den Dieb an der Börse veräußert würden. Diesem Falle ist aber der hier vorliegende, daß ein Abkäufer des Käufers oder ein späterer Nachmann die Papiere an die Börse bringt, keineswegs gleichzustellen. Indem der Käufer weiterveräußert, sei es auch unter Stipulierung der Sperrklausel, verringert er selbst die Wahrscheinlichkeit, mit der auf die Durchführung der Sperre gerechnet werden kann. Daher hat es der Käufer zu entgelten, wenn ein Nachmann durch unterlassene Weiterstipulierung der Sperrverpflichtung oder durch eigenes Andenmarktbringen den für ihn maßgebenden Vertrag verletzt.

Von dieser Auffassung aus hat es in der Tat keine Erheblichkeit, ob der Beklagte beim Ankaufe der Papiere gesagt hat, er wünsche sie für einen Kunden. Übrigens war der Beklagte Bankier. Das Oberlandesgericht bemerkt mit Recht, die Klägerin habe ohnehin voraussetzen können, daß er die Papiere nicht in seinem Geldschranke aufbewahren wollte. In dem erstinstanzlichen Schriftsatze der Klägerin vom ... heißt es denn auch, der Beklagte habe erklärt, er kaufe die Stücke zur festen Plazierung an Privatleute, die sie bis zum Ende der Sperrzeit behalten würden. Eine ähnliche Erklärung war ... von dem Geschäftsführer der Klägerin bezeugt. Sowohl der Schriftsatz wie das Zeugenprotokoll haben mit den Akten dem Sachverständigen vorgelegen, ehe er sein Gutachten erstattete. Es ist daher unrichtig, wenn der Beklagte meint, an einen Fall der von ihm behaupteten Erklärung habe der Sachverständige nicht gedacht.

III. Was die Höhe des Schadensersatzes betrifft, so setzt sich die Klageforderung aus zwei Ansprüchen zusammen: aus den 4700 *M*, die die Klägerin deshalb fordert, weil sie die gleiche Summe gegen

Wiederempfang der Stücke an K. gezahlt hat, und aus der Ersatzforderung für die 1500 ℳ Zubußen.

1. Bei dem ersten Anspruche ist zu betonen, daß die Klägerin nur so viel vom Beklagten ersetzt verlangen kann, als sie K. zu leisten verpflichtet war. Die Bemerkung des Oberlandesgerichts, die Klägerin hätte wohl richtiger gehandelt, wenn sie, statt die Kuxe wieder zu übernehmen, eine mit K. vereinbarte Vertragsstrafe gezahlt hätte, könnte zu Mißverständnissen Anlaß geben. Wäre es der Klägerin möglich gewesen, mit einem geringeren Vermögensopfer davonzukommen, so hätte sie nach § 254 Abs. 2 BGB. dem Beklagten gegenüber die Pflicht gehabt, von der Möglichkeit Gebrauch zu machen.

Allein die Vertragsstrafe war kein Reugeld (§ 359 BGB.), und K. hatte das, was er erhielt, zu fordern. Es trifft nicht zu, wenn die Revision auszuführen sucht, dadurch, daß Sy. oder sein Abkäufer die Papiere an die Börse brachte, sei die von K. zu beanspruchende „Herstellung" im Sinne des § 251 Abs. 2 BGB. unmöglich geworden, so daß nur ein Anspruch auf das Geldinteresse übrig geblieben wäre. Nur „soweit" die Herstellung nicht möglich ist, tritt nach der angezogenen Vorschrift die Geldentschädigungsverpflichtung ein. Das Recht K.'s ging aber dahin, daß die Papiere — ausgenommen den hier nicht in Betracht kommenden Fall eines Verkaufs zu mindestens 300 ℳ — bis zum 1. April 1906 vom Markte ferngehalten wurden. Als sie im November 1905, bald nach dem Verkaufe an die Klägerin, durch ein Ereignis, das dieser zur Last fiel, dennoch an den Markt gerieten, konnte K., um weiteren Kursdruck zu verhindern, ihre sofortige Zurückziehung vom Markte verlangen. Auch dagegen, daß er sie selbst zurückzog und Ersatz der entstandenen Aufwendungen beanspruchte, walten nach Lage des Falls Bedenken nicht ob. Hätte er, um sich dem § 249 Satz 1 BGB. anzupassen, die Klägerin zum Aufkaufe der Papiere aufgefordert, so wäre darüber Zeit verstrichen, binnen deren der Schade leicht hätte wachsen können. Unter solchen Umständen entsprach es dem Interesse wie dem mutmaßlichen Willen der Klägerin, daß er ohne längeres Zuwarten selbst eingriff und die Papiere an der Börse wiederankaufte (vgl. § 683 BGB.). Die Summe aber, die er sich von der Klägerin erstatten ließ, hielt sich noch um 200 ℳ unter dem Betrage, den K. zu diesem Zwecke aufgewandt hatte und nach der Marktlage hatte aufwenden müssen.

Hat hiernach die Klägerin K. gegenüber nur ihre Schuld erfüllt, so kann sie Ersatz des Gezahlten vom Beklagten beanspruchen. Dabei ist sie keineswegs, wie die Revision meint, auch ihrerseits auf die Voraussetzungen des Geschäftsführeranspruchs angewiesen. Entscheidend ist vielmehr insoweit § 276 BGB. Im Verhältnis der Parteien zueinander bildet der marktmäßige Verkauf der Papiere unter dem Stückpreise von 300 ℳ einen Umstand, den der Beklagte zu vertreten hat. Durch diesen Umstand ist die Klägerin um 4700 ℳ geschädigt worden.

2. Die Zubußen sind erst geleistet, als der Beklagte sich schon im Zahlungsverzug befand. Der zweite Klaganspruch wird daher durch § 286 BGB. ohne weiteres gerechtfertigt."

57. Können daraus, daß der Unternehmer in dem zur Erörterung über die Einwendungen gegen die vorläufige Planfeststellung anberaumten Termine sich zur Anlegung eines Überweges über den Eisenbahnkörper den Beteiligten gegenüber verpflichtet und darauf gemäß der in dem Feststellungsbeschlusse von der Regierung getroffenen Anordnung den Weg hergestellt hat, Entschädigungsansprüche hergeleitet werden, wenn demnächst der Weg auf Anordnung der Landespolizeibehörde wieder beseitigt wird?

Preuß. Enteignungsgesetz vom 11. Juni 1874 § 14.

VII. Zivilsenat. Urt. v. 3. Dezember 1909 i. S. preuß. Fiskus (Bekl.) w. M. u. Gen. (Kl.). Rep. VII. 76/09.

I. Landgericht Koblenz.
II. Oberlandesgericht Köln.

Zu Gunsten der Rheinischen Eisenbahngesellschaft in Köln, deren Rechtsnachfolger der Beklagte geworden ist, wurde im Jahre 1877 das Enteignungsverfahren für den Bau der Andernach-Niedermendiger Eisenbahn eingeleitet. In dem Verfahren zur Feststellung des

Planes erhoben die Kläger, bzw. deren Rechtsvorgänger, deren Grundstücke teilweise enteignet und durch den geplanten Bahnbau durchschnitten wurden, mit Rücksicht auf die befürchtete Wirtschaftserschwerung Einspruch. Infolgedessen wurde der Plan durch den Beschluß der Königlichen Regierung zu Koblenz vom 12. Juni 1877 mit der Maßgabe festgestellt, daß noch Wegeübergänge anzulegen seien. In dem zur Erörterung über die Einsprüche anberaumten Termine vom 26. März 1877 hatte sich die Eisenbahngesellschaft zur Anlegung eines Übergangs bei Station 51 + 50, der allein in Frage kommt, bereit erklärt. Es erging darauf unter dem 27. Juli 1877 der Entschädigungsfeststellungsbeschluß. Die Bahn wurde gebaut, und der Niveauübergang bei der bezeichneten Station angelegt. Im Jahre 1903 fand die landespolizeiliche Prüfung des Projekts einer Erweiterung des Bahnhofs in P. statt, bei dem die Einziehung des Überweges — jetzt genannt Überweg in Station 5, 175 — vorgesehen war. Der Entwurf wurde durch Erlaß des Ministers der öffentlichen Arbeiten vom 14. Juni 1904 festgestellt, und der Überweg demnächst beseitigt. Die Verbindung der Grundstücke der Kläger bzw. ihrer Rechtsvorgänger war nunmehr nach Herstellung eines Seitenweges vom Bahnhof P. nur auf einem Umwege zu erreichen. Die Kläger erhoben Klage auf Entschädigung wegen der durch die Einziehung des Weges herbeigeführten Wirtschaftserschwernisse in näher bezifferter Höhe. Der Beklagte beantragte Abweisung der Klage. So erkannte auch das Landgericht. Das Oberlandesgericht erklärte den erhobenen Ersatzanspruch dem Grunde nach für gerechtfertigt und wies die Sache zur Verhandlung und Entscheidung über den Betrag an das Landgericht zurück. Der Revision des Beklagten wurde stattgegeben aus folgenden

Gründen.

... „Der Berufungsrichter sieht die Erklärungen der Beteiligten im Enteignungsverfahren, wie sie in dem Protokolle vom 26. März 1877 beurkundet sind, als einen privatrechtlichen, auf die Begründung eines „quasi-servitutarischen" Rechtes an dem im Jahre 1904 beseitigten Überwege gerichteten Vertrag an, dessen Erfüllung durch den vom Beklagten zu vertretenden Umstand der Beseitigung dieses Weges unmöglich geworden sei, weshalb der Beklagte als Rechtsnachfolger der Rheinischen Eisenbahngesellschaft nach § 280 BGB. für den entstandenen Schaden hafte. Hinzugefügt wird bei Erörterung der Frage der Aktivlegitimation der Kläger, daß auch die bei der Vereinbarung nicht beteiligten Eigentümer, die als Rechtsnachfolger der früheren Besitzer die Klage erhoben haben, die betreffenden Grundstücke mit dem dem jeweiligen Eigentümer zustehenden Rechte, den Übergang zu benutzen, erworben hätten und durch die Unterdrückung des Weges geschädigt seien.

Die Ausführungen des Berufungsrichters geben zunächst schon insofern zu Bedenken Anlaß, als sie auf der einen Seite die Ersatzpflicht des Beklagten aus der verschuldeten Unmöglichkeit der Erfüllung einer vertragsmäßigen Verbindlichkeit, also aus dem Rechte der Schuldverhältnisse, herleiten, andererseits aber auf den quasi-servitutarischen Charakter des angeblich den Klägern zustehenden Rechtes und auf den Erwerb dieses Rechtes durch die Rechtsnachfolger, worunter die Sonderrechtsnachfolger zu verstehen sind, hinweisen. Hat die Rheinische Eisenbahngesellschaft den damaligen Enteignungsbeteiligten durch Vertrag das Recht eingeräumt, den Eisenbahnkörper nach Maßgabe dieses Vertrages, nämlich auf dem Überwege, zu benutzen, so würde eine Servitut zu Lasten des Eisenbahngrundstücks und zum Vorteil der den Beteiligten gehörenden Grundstücke begründet worden sein, und es könnte sich nur darum handeln, ob mit der durch die polizeiliche Verfügung der Zentralinstanz (vgl. § 4 des Eisenbahngesetzes vom 3. November 1838) angeordneten Aufhebung der Servitut als aus einem Eingriff in Privatrechte eine Ersatzverbindlichkeit des Beklagten zu begründen ist (§ 4 des Gesetzes vom 11. Mai 1842; Art. 545 Code civil). Wollte oder konnte aber die Gesellschaft ein derartiges dingliches Recht nicht bestellen, so wäre immerhin denkbar, daß sie den Beteiligten gegenüber die Gewähr für die Fortdauer des durch die Anlegung des Überweges geschaffenen Zustandes in dem Sinne der Entschädigungspflicht für den Fall der Einziehung des Weges durch privatrechtlichen Vertrag übernommen hätte. In diesem Falle könnte nicht von dem Übergange der Rechte aus dem Garantievertrage durch die Veräußerung der Grundstücke die Rede sein; es würden nur rein persönliche, durch Abtretung übertragbare Ansprüche der damaligen Vertragschließenden bestehen, die der Stütze durch den — nach Art. 170 EG. zum BGB. ohnehin nicht anwendbaren — § 280 BGB. oder eine andere die Unmöglichkeit der Vertragserfüllung betreffende Rechtsnorm nicht bedürften.

Daß der Berufungsrichter sich nicht unzweideutig über die rechtliche Grundlage des erhobenen Anspruchs ausgelassen hat, würde die Aufhebung seines Urteils nicht bedingen, wenn der von ihm festgestellte Sachverhalt wirklich die Einräumung eines dinglichen Rechtes ergäbe. Es würde auch nur eine Aufhebung und Zurückverweisung in die Vorinstanz geboten sein, wenn der zweite Gesichtspunkt (des Garantievertrages) zuträfe, und ein Ersatzanspruch wenigstens der Kläger möglich wäre, die zu den Enteignungsbeteiligten gehören. Allein der festgestellte Sachverhalt rechtfertigt die Klage überhaupt nicht und das Revisionsgericht war daher in der Lage, selbst in der Sache zu entscheiden und die Berufung gegen das landgerichtliche Urteil zurückzuweisen.

Indem der Berufungsrichter aus den im Enteignungsverfahren abgegebenen Erklärungen des Unternehmers und der Enteigneten einen privatrechtlichen Vertrag herleitet, verkennt er die rechtliche Bedeutung der Verhandlungen im Enteignungsverfahren. Dieses gliedert sich in zwei Abschnitte. Der erste umfaßt die Feststellung des Planes, also des Gegenstandes der Enteignung, und schließt beim Mangel einer Einigung der Parteien (§ 16 des EntGes.) mit dem von der Bezirksregierung, jetzt dem Bezirksausschuß zu erlassenden Planfeststellungsbeschlusse. Der zweite beschäftigt sich mit der den Expropriaten zu gewährenden Entschädigung. Diese wird gleichfalls von der Verwaltungsbehörde festgesetzt. Während aber der Entschädigungsfeststellungsbeschluß im Rechtsweg angefochten werden kann (§ 30 des EntGes.), ist der erste Beschluß nur dem Rekurse (der Beschwerde) an die vorgesetzte Ministerialinstanz zugänglich (§ 22 des EntGes.); die Gerichte haben sich mit der Planfeststellung nicht zu befassen. In dem darüber ergehenden Beschluß ist auch über die Anlagen zu entscheiden, zu deren Errichtung und Unterhaltung der Unternehmer verpflichtet ist, und diese Verpflichtung bezieht sich auf solche Anlagen, die für die benachbarten Grundstücke oder im öffentlichen Interesse zur Sicherung gegen Gefahren und Nachteile erforderlich sind (§§ 21, 14 des EntGes.; vgl. § 14 des EisGes.). Lediglich die Verwaltungsbehörde trifft die Entscheidung auf Grund der vor einem Kommissar in einem Termine stattgehabten Erörterungen, die sich nicht auf die Entschädigungsfrage zu erstrecken haben (§ 20 des EntGes.).

Es ist hiernach zweifellos und in der Rechtslehre und Rechtsprechung anerkannt, daß jene Verpflichtung des Unternehmers durchaus öffentlichrechtlicher Natur ist und kein im Rechtswege verfolgbares Privatrecht für den Enteigneten begründet.

Vgl. Koffka, Kommentar zum Enteignungsgesetz Bem. 2 und § 14, Entsch. des RG.'s in Zivils. bei Gruchot Bd. 45 S. 954, ferner das zum Abdruck bestimmte Urteil des erkennenden Senats vom 26. Mai 1909, VII. 430. 08.[1]

Inwieweit Schadensersatzansprüche aus der unterlassenen oder mangelhaften Ausführung solcher dem Unternehmer auferlegten Anlagen hergeleitet werden können, ist streitig (vgl. Koffka Anm. 15 flg. a. a. O.), kommt aber hier nicht in Betracht, weil die Unternehmerin ihrer Verpflichtung genügt hat und nur darüber zu befinden ist, ob die Beseitigung der Anlage durch polizeiliche Verfügung, also durch einen Akt der Staatsgewalt, nach den allgemeinen Grundsätzen über die Entziehung von Privatrechten aus Gründen des öffentlichen Wohles zum Schadensersatz verpflichtet. Nach dem Ausgeführten ist aber durch den die Verbindlichkeit der Unternehmerin zur Herstellung des Niveauübergangs aussprechenden Beschluß der Bezirksregierung kein Privatrecht, insbesondere keine Servitut als Wegerecht an dem Bahnkörper, zu Gunsten der Eigentümer der von der Enteignung betroffenen Grundstücke geschaffen worden. Darum kann aber auch den Erklärungen der Parteien in dem den Beschluß vorbereitenden Termine nicht die Bedeutung privatrechtlicher Vereinbarungen beigelegt werden. W. und Genossen hatten gegen den vorläufigen Plan wegen drohender Wirtschaftserschwernisse Einspruch (Beschwerde) erhoben; im Termin erklärte sich die Gesellschaft zur Herstellung eines Überweges bereit und demgemäß beschloß die Regierung. Dafür liegt nichts vor, daß die Unternehmerin bei den ihre öffentlichrechtliche Verpflichtung nach § 14 des EntGes. betreffenden Verhandlungen sich auch privatrechtlich habe binden und den Interessenten ein Wegerecht habe einräumen wollen, das zu bestellen sie vielleicht gar nicht in der Lage war. Indem sie sich dem im Plan-

[1] Jetzt abgedruckt Entsch. Bd. 71 S. 203. D. E.

feststellungsverfahren ausgesprochenen Verlangen der Beschwerdeführer fügte, gab sie lediglich ihr Einverständnis damit zu erkennen, daß in dem ergehenden Beschlusse die entsprechende Verpflichtung ausgesprochen werde. Die Erörterungen bewegten sich durchweg auf öffentlichrechtlichem Boden und enthalten nichts davon, daß daneben und über das mit der Planfeststellung erstrebte Ziel hinaus bürgerlichrechtliche Vereinbarungen hätten getroffen werden sollen. Daß die Beschwerdeführer auf ihren Entschädigungsanspruch wegen Minderwertes ihrer Restgrundstücke verzichtet hätten, davon steht in dem Protokolle vom 26. März 1877 nichts, und es konnte auch bei ordnungsmäßigem Verfahren, wie oben erwähnt, nichts Derartiges in das Protokoll aufgenommen werden. Deshalb ist die Annahme des Berufungsrichters, daß die Herstellung des Überwegs als Gegenleistung des Verzichts zu denken sei, nicht haltbar.

Es findet sich aber in den dem Beschlusse der Regierung vorangegangenen Verhandlungen der Beteiligten ebensowenig ein Anhalt dafür, daß die Unternehmerin etwa sich verbindlich gemacht habe, die Expropriaten zu entschädigen, sofern sie genötigt werde, den Überweg wieder zu beseitigen. Darauf weist der erste Richter mit Recht hin. Nirgends ist der Wille, für den dauernden Fortbestand der Wegeanlage wenigstens durch Gewährung eines Ausgleichs in Geld aufzukommen, zum Ausdruck gelangt, so daß auch der Gesichtspunkt eines schuldrechtlichen Vertrages als Grundlage der erhobenen Forderungen versagt. Dies muß um so mehr gelten, als der Unternehmerin, wie ohne weiteres angenommen werden darf, die Rechtslage bekannt war und als ein etwaiger Irrtum der Expropriaten in dieser Beziehung niemals für das Zustandekommen eines Vertrages verwertbar ist. Die Rechtslage war aber die, daß die Eisenbahngesellschaft zwar die öffentlichrechtliche Verbindlichkeit übernahm, den Überweg herzustellen, daß dies jedoch unter der selbstverständlichen Voraussetzung geschah, daß hierdurch die Interessen der Eisenbahn nicht gefährdet würden, und daß deshalb die Verbindlichkeit nur so lange fortdauere, als dies mit jenen Interessen vereinbar sei. Ein Recht auf den Fortbestand der Anlage erwuchs hiernach den Expropriaten nicht. Sie hatten damit zu rechnen, daß die gemäß § 14 des EntGes. getroffene Anordnung unter veränderten Verhältnissen durch eine anderweite Verfügung der zuständigen Behörde außer Kraft gesetzt werde. Weil dies aber der Fall war, so war ihr von dem Eisenbahnkörper durchschnittener Restbesitz trotz der Wegeanlage insofern entwertet, als sie an Stelle einer dauernden Wegeverbindung nur einen Übergang im Niveau der Eisenbahn erhielten, der, sobald es das Interesse des Eisenbahnverkehrs erheischte, wieder beseitigt werden mußte. Dieser Schaden war ihnen von der Unternehmerin nach den Vorschriften des Enteignungsgesetzes zu vergüten und bei der Feststellung der Enteignungsentschädigung zu berücksichtigen. Ist dies nicht geschehen, so können die Expropriaten, wie der § 31 des EntGes. klar erkennen läßt, Schadensansprüche aus der Wertminderung ihres Restbesitzes nach rechtskräftiger Erledigung der Entschädigungsfrage im Enteignungsverfahren nicht mehr geltend machen. Sie sind mit der ihnen gewährten Entschädigung auch dafür abgefunden, daß ihnen anstatt des zusammenhängenden Wirtschaftsweges ein von der Bahn gekreuzter und in seinem Bestande von den Interessen der Bahn abhängiger Weg gewährt worden ist. Daraus folgt, daß die Klage allen Klägern gegenüber abgewiesen werden muß." ...

58. Ist über die Frage, ob und inwieweit nach Schlesischem Auenrechte der Gutsherr die Benutzung der Dorfaue durch die Gemeinde zu gemeinnützigen Zwecken dulden müsse, der Rechtsweg zulässig?

V. Zivilsenat. Urt. v. 6. Oktober 1909 i. S. Gemeinde L. (Kl.) w. Graf v. S. (Bekl.). Rep. V. 535/08.

I. Landgericht Schweidnitz.
II. Oberlandesgericht Breslau.

Die klägerische Dorfgemeinde, deren Aue nach Schlesischem Provinzialrecht im Eigentum des verklagten Gutsherrn steht, hatte gegen diesen mit dem Antrage geklagt, festzustellen, daß sie berechtigt sei, die Aue innerhalb des Gemeindebezirks zur Einlegung von Gas-, Wasser-, Kanalisations- und elektrischen Leitungen, die zum öffentlichen Gemeindewohl dienen, zu benutzen, und daß der Beklagte verpflichtet sei, eine solche Benutzung zu dulden. Beide Vorinstanzen erkannten aus sachlichen Gründen zu Ungunsten der Klägerin. Die Revision derselben wurde wegen Unzulässigkeit des Rechtswegs in der Sache zurückgewiesen.

Aus den **Gründen**:

... „Die Klägerin leitet das Recht, das sie für sich in Anspruch nimmt, aus zwei an sich verschiedenen Gesichtspunkten her. In erster Linie behauptet sie, daß der Beklagte die von ihr beabsichtigten Veranstaltungen innerhalb der Dorfaue um deswillen dulden müsse, weil sie aus Interessen des öffentlichen Verkehrs geboten seien, und ferner macht sie geltend, daß der Beklagte sie jedenfalls insoweit gestatten müsse, als dies das öffentliche Gemeindewohl erfordere. Die Klägerin geht hierbei davon aus, daß der Beklagte der Eigentümer der Aue ist, meint andererseits aber, daß der Eigentümer einer Aue nach den maßgebenden Rechtsregeln vom Auenrechte alle Einschränkungen seines Eigentums dulden müsse, die der öffentliche Verkehr und das Verkehrsinteresse nötig mache. (Es wird der zweite geltend gemachte Klagegrund — Ersitzung — erwähnt und sodann fortgefahren.)

Bei dieser Sachlage entsteht zunächst die Frage, ob überhaupt und in wieweit der **Rechtsweg** zulässig ist. Diese Frage ist, abgesehen von dem Rechtsgrunde der Ersitzung, zu verneinen. Es ist klar, daß die Klage nach ihrer ersten Begründung kein privates Vermögensrecht geltend macht und keinen Anspruch verfolgt, den die Klägerin dem Beklagten gegenüber erworben haben soll, daß sie die Duldungspflicht des Genannten vielmehr aus einem öffentlichrechtlichen Verhältnisse herleitet. Insbesondere tritt dieser Gesichtspunkt gerade aus den hier einschlägigen Ausführungen der Revision hervor, die zu dem Ergebnisse führen wollen, daß sich der Beklagte die Beschränkung seines Eigentumsrechts am Grund und Boden deshalb gefallen lassen müsse, weil die Aue als öffentlicher Weg diene, und weil sich die Vornahme der beabsichtigten Einrichtungen aus diesem Verhältnisse als berechtigt erweise. Danach steht ohne Zweifel nicht ein Handeln-Dürfen zufolge eines privaten Anspruchs, sondern ein Handeln-Können kraft öffentlichrechtlicher Befugnisse in Frage, und über ein Begehren in letzterem Sinne zu entscheiden, ist nicht Sache der bürgerlichen Gerichte.

Das Eigentum des Beklagten an der Aue stellt allerdings ein Recht im Sinne des § 903 BGB. dar. Aber nach der Klage ist nicht darüber zu entscheiden, in welcher Weise der Beklagte von seinem

Eigentum Gebrauch machen darf, sondern darüber, was er trotz der grundsätzlichen Ausschließlichkeit des Eigentumsrechtes dulden muß, und seine Duldungspflicht soll nach der ersten und hauptsächlichen Klagebegründung auf Grund von Rechtssätzen öffentlichrechtlicher Natur bestehen.

Auch der Gesichtspunkt, den der Vertreter der Klägerin in der mündlichen Verhandlung zu wahren versucht hat, als wäre die Klägerin ursprünglich die Eigentümerin des Grund und Bodens gewesen, und als hätte sie, wiewohl das Eigentum an den Eigentümer der Herrschaft Langenbielau übergegangen, jedenfalls das Recht zurückbehalten, über die Aue zu verfügen, soweit das im öffentlichen Interesse und im Interesse des öffentlichen Gemeindewohles erforderlich sei, kann nicht als stichhaltig anerkannt werden. Träfe er zu, dann ließe sich freilich erwägen, ob die Klägerin nicht ein dem Beklagten entgegenstehendes Recht privater Art geltend mache. Allein der neuerlich vertretene Standpunkt ist in Wirklichkeit unhaltbar, weil der Ursprung des Auenrechts gerade entgegengesetzter Art ist, als wie es der Vertreter der Klägerin dargestellt hat. Denn nach seiner historischen Entwicklung ist das Auenrecht darauf zurückzuführen, daß die Feldmark ursprünglich dem Gutsherrn gehört und dieser die Rustikalstellen ausgetan hat, daß ferner der Gutsherr nach wie vor der Eigentümer des Grund und Bodens geblieben und in seiner freien Verfügung über den Grund und Boden nur insoweit eingeschränkt worden ist, als dieses im öffentlichen Interesse und mit Rücksicht auf öffentliche Zwecke erforderlich ist. Aber abgesehen hiervon, nach dem ersten Klagegrunde hat die Klägerin sich tatsächlich ausschließlich auf den Gesichtspunkt des öffentlichen Verkehrsinteresses gestützt, und daher handelt es sich schließlich nicht um die Frage, ob der Klagegrund hinfällig ist, sondern allein um die Unzulässigkeit des Rechtsweges.“ . . .

59. Unter welchen Voraussetzungen kann eine Milchverwertungsgenossenschaft die statutarische Milchlieferung zu genossenschaftlicher Verwertung von ihren Genossen noch im Stadium der Liquidation verlangen? insbesondere von Genossen, die bereits ausgeschieden waren, nach § 75 des Gen.-Ges. aber als nicht ausgeschieden gelten?

I. Zivilsenat. Urt. v. 27. Oktober 1909 i. S. Centrale für Milchverwertung, eingetr. Gen. m. b. H. i. Liq. (Kl.) w. Tremmener Milchverwertungsgenossenschaft, eingetr. Gen. m. b. H. i. Liq. (Bekl.). Rep. I. 615/08.

I. Landgericht I Berlin.
II. Kammergericht daselbst.

Die Beklagte war Mitglied der klagenden Genossenschaft, jedoch infolge Kündigung am 30. September 1906 ausgeschieden. Innerhalb der Sechsmonatsfrist des § 75 GenG. war hierauf die Auflösung der Klägerin erfolgt. Durch Generalversammlungsbeschluß vom 27. Februar 1907 änderte die Klägerin den § 2 ihres Statuts dahin, daß sie „die gesamte von ihren Mitgliedern und den Mitgliedern der ihr beigetretenen Milchverwertungs- und Milchhandelsgenossenschaften produzierte, nicht zum eigenen Gebrauch benötigte Milch zur Verwertung für ihre Rechnung" erwarb. Die Art dieses Erwerbs wurde näher geregelt und zum Schlusse bestimmt, daß jeder Genosse, der erweislich seine Milch anders verwerte, auf Verlangen des Vorstandes für jeden Monat eine Vertragsstrafe von 1 *M* für je einen Liter des täglich verwerteten Milchquantums zu zahlen habe. Außer dieser Statutenänderung beschloß die Generalversammlung am gleichen Tage die Auflösung der Genossenschaft, während die statutengemäß erforderliche Wiederholung des Auflösungsbeschlusses am 30. März 1907 erfolgte.

Die Klägerin, die auf Grund dieser Auflösungsbeschlüsse in Liquidation getreten war, verlangte von der Beklagten die Zahlung der satzungsmäßigen Vertragsstrafe, weil sie dem Statute zuwider in der Zeit vom 1. April bis zum 1. Juli 1907 ihre Milch, täglich 5800 Liter, nicht an die Genossenschaft abgeliefert habe. Davon klagte sie vorläufig nur den Teilbetrag von 5000 *M* nebst Zinsen ein. Die Beklagte stützte ihren Antrag auf Klagabweisung, außer auf andere hier nicht interessierende Einwendungen, auch auf die Verteidigung, daß die Statutenänderung vom 27. Februar 1907 inhaltlich unzulässig gewesen sei, daß aber, auch wenn sie gültig gewesen, die Klägerin nach dem Beginn der Liquidation nur noch insoweit berechtigt gewesen sei, die Anlieferung der Milch von ihren Mitgliedern zu verlangen, als noch für sie selbst eine Verpflichtung bestanden habe, diese Milch an dritte Personen abzugeben, während der Abschluß neuer Milchlieferungsverträge nicht mehr zulässig gewesen sei. Seit dem 1. April 1907 aber habe eine vertragsmäßige Bindung der Klägerin nur noch insoweit bestanden, als sie verpflichtet gewesen sei, die von bestimmt bezeichneten, zu ihren Mitgliedern gehörigen Gutsbesitzern produzierte Milch an die Abnehmer zu liefern. Dem gegenüber behauptete die Klägerin zwar nicht, daß sie seit diesem Zeitpunkte noch andere fortlaufende Verpflichtungen zur Milchlieferung gehabt habe, sie erklärte dies aber für bedeutungslos und machte für die Liquidation ihres umfangreichen Unternehmens geltend, daß nur eine allmähliche, den Umständen angepaßte Auflösung eintreten dürfe, worüber allein die Genossenschaft und deren Vorstand oder die Liquidatoren und nicht das Belieben der einzelnen Genossen entscheiden könne. Daher seien diese nicht befugt gewesen, die Milchlieferung nach Maßgabe des gültig geänderten Statutes zu verweigern, um so weniger als zur ordnungsmäßigen Abwickelung der Liquidationsgeschäfte selbst der Abschluß neuer Milchverträge zulässig gewesen sei.

Die Klägerin unterlag in beiden Vorinstanzen. Ihre Revision hat keinen Erfolg gehabt. Über die Frage, ob die Klägerin von der Beklagten die Anlieferung der Milch beanspruchen konnte, führt das Revisionsurteil aus in den

Gründen:

... „Der materielle Angriff der Revision ... wendet sich gegen den ersten Entscheidungsgrund des Kammergerichts. Hier geht dasselbe davon aus, daß die Verpflichtung der Genossen zur Milchlieferung durch den Beschluß vom 27. Februar 1907 — womit zugleich der erste Liquidationsbeschluß verbunden war, während der statutarisch erforderliche Liquidationsbeschluß am 30. März 1907 gefaßt wurde — nur gültig beschlossen worden sei, wenn sie den Zweck gehabt habe, der Klägerin die Mittel zur Erfüllung schwebender Milchlieferungsverträge zu verschaffen, während der Beschluß, wenn dieser Zweck und die Möglichkeit seiner Erfüllung nicht bestanden, gesetzwidrig gewesen sei, da er in diesem Falle mit dem gesetzlichen Begriffe und Zwecke der Liquidation in Widerspruch würde getreten sein. Es stellt dann fest, daß nach dem Eintritte der Liquidation, vom 1. April 1907 ab, Milchlieferungsverträge der

Klägerin mit Dritten nicht bestanden hätten, abgesehen von solchen bereits vorher abgeschlossenen über die Lieferung der von bestimmten Genossen produzierten Milch, wofür andere Milch weder erforderlich noch zur Ersatzerfüllung dienlich gewesen, und abgesehen von neuen Verträgen, welche die Klägerin nach eingetretener Liquidation nicht mehr habe schließen dürfen. Das Kammergericht weist daher den Klaganspruch ab, weil es „ungesetzlich" gewesen sei, „den Genossen die Verpflichtung zur Lieferung von Milch zu anderen, mit der Liquidation in Widerspruch stehenden Zwecken aufzuerlegen". Ob dieser Begründung, die das entscheidende Gewicht auf die angebliche Gesetzwidrigkeit, also Nichtigkeit, des Beschlusses vom 27. Februar 1907 legt, beizutreten wäre, kann dahingestellt bleiben. Denn im Zusammenhange der Ausführungen tritt als mindestens gleich maßgebend der andere Gedanke hervor, daß der Beschluß, auch wenn er an sich nicht ungültig war, doch nicht zur Heranziehung der ausgeschiedenen Genossen zur Milchlieferung im Liquidationsstadium mißbraucht werden durfte, und in dieser Richtung ist die Begründung des Berufungsurteils im Ergebnisse nicht zu beanstanden.

Die Verpflichtung der Genossen zur Lieferung ihrer Milch an die Klägerin nach § 2 des am 27. Februar 1907 geänderten Statuts ist nur die Folge davon und das Korrelat dafür, daß die Genossenschaft die gesamte Milch zur Verwertung für eigene Rechnung erwirbt, der genossenschaftliche Betrieb also in dieser Weise ausgedehnt wird. Ihrer Natur nach ist die Verpflichtung an diesen Betrieb gebunden, wie denn auch für das ähnliche Verhältnis der Naturalleistungen bei der sog. Nebenleistungsaktiengesellschaft des § 212 HGB. anerkannt wird, daß die Pflicht zu diesen Leistungen nur so lange dauert, „als die Aktiengesellschaft besteht und ihr Unternehmen betreibt" (Entsch. des RG.'s in Zivils. Bd. 21 S. 153). Grundsätzlich nun ist das Stadium, in welchem der volle, nach Belieben auszudehnende Betrieb des Unternehmens stattfindet, das vom Gedanken des Erwerbs beherrschte produktive Stadium, mit der Auflösung der Genossenschaft abgeschlossen; die der Auflösung folgende Liquidation dient nicht mehr dem Zwecke des Erwerbs, der Spekulation, sondern hat zur Aufgabe die Abwickelung oder, wie es Wimpfheimer, Die Gesellsch. des Hand.-R. und des bürgerl. R.

im Stadium der Liquidation S. 31, nennt, den „Abbau" des genossenschaftlichen Unternehmens durch Beendigung der laufenden Geschäfte, Erfüllung der Verpflichtungen der aufgelösten Genossenschaft, Einziehung ihrer Forderungen und Umsatz ihres Vermögens in Geld (§ 88 GenG.). Daraus darf man aber nicht den Schluß ziehen, daß sofort mit dem Eintritte der Liquidation der Geschäftsbetrieb notwendig still gestellt werden müßte. Schon die Verpflichtung zur Erfüllung bestehender Verbindlichkeiten kann den Weiterbetrieb erfordern; noch allgemeiner wird die Rücksicht auf die günstigste Verwertung des Genossenschaftsvermögens den sofortigen Abbruch des Geschäftsbetriebes ausschließen. Die Aufgaben der Liquidation dürfen nicht in einer Weise eingeengt werden, die für die Genossenschaft mit einem Verluste an dem vorhandenen Vermögen verbunden wäre (Entsch. des RG. in Zivils. Bd. 44 S. 83).

Nicht zu beanstanden ist daher im allgemeinen die Ansicht der Klägerin, daß die Liquidation das Unternehmen nicht plötzlich zum Stillstande bringen durfte, vielmehr dieses so lange fortgeführt werden mußte, als die wirtschaftlichen Verhältnisse es erforderten. Und an sich ist auch der Hinweis darauf nicht abzulehnen, daß die gemeinschaftliche Verwertung der Milch in einer Menge von mehreren 1000 Litern an jedem Tage eine vorsichtige und langsame Abwickelung verlange, zumal da, wie die Klägerin geltend macht, die nicht im Verpachtungs- oder Verkaufswege abzusetzende Milch anderweitig, insbesondere zu Butter und Käse verwendet wurde. Diesem Sachverhalte gegenüber wäre es darum auch bedenklich, einfach aus dem Wortlaute des § 88 GenG. abzuleiten, daß ein Betrieb, der den Abschluß neuer Milchabgabeverträge voraussetzen würde, nach Eintritt der Liquidation nicht mehr zulässig sei. Vielmehr muß anerkannt werden, daß unter Umständen selbst dieses eine legitime Liquidationsmaßregel sein kann. Möglich ist eine solche Lage der Verhältnisse, daß auch darin nichts absolut Neues, sondern etwas zur Beendigung der schwebenden Geschäfte Gehörendes zu finden ist, bei welcher Unterscheidung Rücksichten auf die dringenden Bedürfnisse des praktischen Lebens gebieten, den Begriff des „neuen" Geschäfts möglichst eng und den des „schwebenden" Geschäfts möglichst weit zu fassen (vgl. Wimpfheimer a. a. O. S. 161).

Alles dies rechtfertigt aber nicht den allgemeinen Satz, den die

Revision im Anschluß an das Instanzvorbringen aufstellt, daß über den Zeitpunkt, bis zu welchem trotz der Auflösung die Genossen die Milch noch weiter liefern müßten, lediglich die Genossenschaft und deren Liquidatoren Entscheidung zu treffen hätten. Bei dieser Auffassung, wonach es gestattet wäre, einfach den früheren Genossenschaftsbetrieb fortzuführen und damit die ungeschmälerte produktive Tätigkeit der Genossenschaft in das Liquidationsstadium hinein zu verlängern, um dann in dieser Aktivität ruhig abzuwarten, bis der günstigste Moment für die Einstellung des Unternehmens und die Veräußerung des Genossenschaftsvermögens gekommen wäre, würde es nicht mehr möglich sein, zwischen dem vollen Betriebe der noch nicht aufgelösten Genossenschaft und dem fortgesetzten Betriebe im Liquidationsstadium noch eine Unterscheidung zu machen. Es würde dann sogar der Zweifel auftreten können, ob die Beschlüsse vom 27. Februar und 30. März 1907 wirklich eine sofort eintretende Auflösung der Genossenschaft gemeint haben, und ob danach für die Beklagte die auflösende Bedingung des § 75 überhaupt eingetreten sei. Im Gegensatze zu der Ansicht der Revision muß daran festgehalten werden, daß die Fortsetzung des Betriebes im Liquidationsstadium grundsätzlich einer Rechtfertigung bedarf.

Vorliegend ist außer Streit, daß die Beklagte bis zum Beginne der Liquidation ihre Milch nicht an die Klägerin abgeliefert hat, und nach den Feststellungen des Kammergerichts ist weiter davon auszugehen, daß die Klägerin dieser Milch nicht bedurfte und sie auch nicht verwenden konnte, um ihre bei Eintritt der Liquidation bestehenden Vertragspflichten zu erfüllen. Daraus folgt, daß die Anlieferung der Milch von seiten der Beklagten sogar zu einer Erweiterung des Genossenschaftsbetriebes würde geführt haben. Wenn nun auch unter besonderen Umständen selbst eine Betriebserweiterung im Liquidationsstadium nicht gänzlich ausgeschlossen sein mag, so tritt doch gerade bei einer solchen, an sich nicht liquidationsgemäßen Ausdehnung die Notwendigkeit der konkreten Begründung ihrer Zulässigkeit mit besonderem Gewichte hervor. An dieser Begründung hat es die Klägerin fehlen lassen; insbesondere genügt dazu nicht der Umstand, daß sie an die Fortsetzung des erweiterten Betriebes die Erwartung knüpft, nach und nach durch die aufkommenden Milchprovisionen eine Verminderung der Genossenschaftsschulden herbeiführen zu können. Da das Kammergericht auch weiter festgestellt hat, daß die Klägerin schon ohnehin die größte Mühe gehabt habe, diejenige Milch zu verwerten, welche ihr auf Grund freiwilliger Milchanlieferung nach dem früheren Statute zugekommen sei, so kann man sogar das Bedürfnis einer Betriebserweiterung als widerlegt ansehen.

Das Verlangen, ihre bisher nicht gelieferte Milch im Liquidationsstadium zu liefern, obgleich es durch Darlegung liquidationsgerechter Zwecke nicht gerechtfertigt ist, brauchen sich die Genossen, auch wenn der Beschluß am 27. Februar 1907 zu Recht besteht, nicht gefallen zu lassen, jedenfalls nicht die Genossen, die, wie die Beklagte, ausgeschieden waren und erst infolge der Bestimmung des § 75 wieder als Genossen anzusehen sind. Die Vorschrift des § 75, wonach das Ausscheiden eines Genossen als nicht erfolgt gilt, wenn die Genossenschaft binnen sechs Monaten nach demselben aufgelöst wird, hat den Zweck, den Ausgeschiedenen zur Deckung der bis zur Auflösung entstandenen Verluste heranziehen zu können — Begründung S. 99/100 — und nicht, ihn wieder zur Teilnahme an den Chancen eines weiteren Genossenschaftsbetriebes zu zwingen." ...

---

60. 1. Welchen Einfluß hat die Veräußerung des streitigen Patents auf das Verfahren wegen Erklärung der Nichtigkeit oder wegen Zurücknahme des Patents?

2. Bedeutung und Tragweite des Abkommens des Deutschen Reichs mit Nordamerika, betr. den gegenseitigen gewerblichen Rechtsschutz, vom 23. Februar 1909, insbesondere für bereits anhängige Anträge auf Zurücknahme von deutschen Patenten amerikanischer Staatsangehöriger.

I. Zivilsenat. Urt. v. 20. November 1909 i. S. National Cash Register Comp. (Bekl.) w. Sch. & S. (Kl.). Rep. I. 569/08.

I. Patentamt.

Die National Cash Register Comp., eine Gesellschaft mit beschränkter Haftung in Berlin, war Inhaberin mehrerer Patente auf Neuerungen an Registrierkassen. Auf Grund von § 11 Nr. 1 PatGes.

beantragte die Klägerin die Zurücknahme der Patente, weil sie in Deutschland nicht ausgeführt würden, die Patentinhaberin vielmehr die geschützten Kassen nur von ihrem gleichnamigen amerikanischen Stammhause beziehe.

Das Kaiserliche Patentamt gab dem Antrage durch Entscheidung vom 11. Mai 1908 statt.

Als die Sache in der Berufungsinstanz schwebte, ließ die genannte Berliner Gesellschaft die Patente auf ihr amerikanisches Stammhaus zu Dayton im Staate Ohio umschreiben. Diese Company übernahm den Prozeß in der Rolle der Beklagten, was das Reichsgericht trotz Widerspruchs der Klägerin zuließ. Auch hatte die Berufung der Beklagten auf das inzwischen in Kraft getretene Abkommen des Deutschen Reiches mit Nordamerika über den gegenseitigen gewerblichen Rechtsschutz vom 23. Februar 1909 den Erfolg, daß die Entscheidung des Patentamts abgeändert und der Antrag auf Zurücknahme der Patente abgewiesen wurde.

Gründe:

... „Es mußte zunächst entschieden werden, ob die amerikanische Gesellschaft mit Rücksicht auf ihre nunmehrige Eintragung in die Patentrolle ihrem Antrage gemäß an Stelle der deutschen Gesellschaft als Hauptpartei zugelassen werden darf, oder ob dies angesichts des Widerspruchs der Klägerin unterbleiben muß. Die Klägerin hat ihren Widerspruch auf § 265 Abs. 2 ZPO. gestützt. Nach dieser Vorschrift hat die Veräußerung der in Streit befangenen Sache (oder die Abtretung des geltend gemachten Anspruchs) auf den anhängigen Prozeß keinen Einfluß; der Rechtsnachfolger ist nicht berechtigt, ohne Zustimmung des Gegners den Prozeß als Hauptpartei an Stelle des Rechtsvorgängers zu übernehmen (oder eine Hauptintervention zu erheben). Es fragt sich, ob diese Vorschrift in dem durch die §§ 28—33 PatGes. geregelten Verfahren wegen Erklärung der Nichtigkeit oder wegen Zurücknahme von Patenten anwendbar ist. In der Literatur des Patentrechts wird dies angenommen, und auch das Patentamt hat sich in einigen älteren Rechtsfällen dafür ausgesprochen. Das Reichsgericht kann sich dieser Auffassung nicht anschließen.

Ausdrücklich erklärt das Patentgesetz (§ 30 Abs. 1 Satz 2 und 3) die Vorschriften der Zivilprozeßordnung für entsprechend anwendbar nur, wenn es sich um die Vernehmung von Zeugen und Sachverständigen handelt. Nun hat freilich das Reichsgericht kein Bedenken getragen, auch außerhalb dieses Gebietes manche Vorschriften der Zivilprozeßordnung auf das patentrechtliche Verfahren „entsprechend" anzuwenden. Dies hat indes mit Vorsicht zu geschehen, und es bleibt der einzelnen Vorschrift gegenüber stets zu prüfen, ob sie mit den gesetzlichen Grundlagen des besonderen Verfahrens im Einklange steht. Zwischen diesem Verfahren und dem gewöhnlichen Prozesse waltet der wesentliche Unterschied ob, daß dieser nur im Parteiinteresse geführt wird, und den Parteien deswegen auch die freie Verfügung über den Prozeßstoff zusteht, jenes Verfahren aber wesentlich auf der Wahrnehmung des öffentlichen Interesses beruht und daher auch von der Offizialmaxime beherrscht wird.

Bei der hier in Rede stehenden Bestimmung ist zunächst zu beachten, daß die „Veräußerung" des Patents als solche freilich nach der ausdrücklichen Vorschrift des § 19 Abs. 2 Satz 2 PatGes. auf das Verfahren ohne jeden Einfluß bleiben muß. In Betracht kommen kann immer nur eine Veräußerung, die zu einer Umschreibung des Patents in der Patentrolle geführt hat. Es handelt sich also lediglich um die Anwendbarkeit des § 265 Abs. 2 auf eine solche Umschreibung. Nun besteht die Tragweite dieser Bestimmung darin, daß die Veräußerung der in Streit befangenen Sache nicht nur für die rein prozeßrechtlichen Verhältnisse ohne Bedeutung sein soll, sondern auch für die Beurteilung des materiellen Rechtsverhältnisses. Abweichend von der sonstigen Regel hat der Richter hierbei nicht die zur Zeit des Urteils, sondern die zur Zeit der Veräußerung vorhandenen tatsächlichen und rechtlichen Voraussetzungen der Entscheidung zugrunde zu legen (vergl. Entsch. des RG.'s in Zivils. Bd. 56 S. 244). Dieser Rechtssatz kann im patentrechtlichen Verfahren keine Anwendung finden. Die Berücksichtigung des allgemeinen öffentlichen Interesses, auf der das Verfahren beruht, erfordert die Berücksichtigung aller tatsächlichen Umstände, auch einer Veräußerung des in Streit befangenen Patentes und ihrer Rechtsfolgen, und die Entscheidung ist — insbesondere auch im Rücknahmeverfahren — grundsätzlich nach der Sachlage zu treffen, die zur Zeit der Urteilsfällung vorliegt.

Aber auch in ihrer prozessualen Beschränkung hat die Regel

des § 265 Abs. 2 Satz 1 im patentrechtlichen Verfahren keine Berechtigung. Verteidiger des mit der Nichtigkeits- oder Verwirkungsklage angefochtenen Patentes ist grundsätzlich derjenige, den die Patentrolle als Inhaber des Patents aufweist (§ 19). Der Antrag richtet sich nicht gegen eine vom Kläger zu bezeichnende Person, sondern gegen das Patent als solches (§ 28). Das Patentamt erst fordert, nachdem die Einleitung des Verfahrens verfügt ist, „den Patentinhaber“ (den es aus der Rolle kennt) unter Mitteilung des Antrages auf, sich zu erklären (§ 29). Schon aus dem unmittelbaren Inhalte dieser gesetzlichen Bestimmungen ergibt sich, daß eine zwischen dem Eingange des Antrages und der Aufforderung zur Erklärung etwa vorgenommene Umschreibung des Patents jedenfalls zu beachten wäre. Es muß aber weitergehend aus dem Zusammenhange der gesetzlichen Bestimmungen gefolgert werden, daß auch eine spätere Umschreibung einen notwendigen Wechsel in der Parteirolle des Nichtigkeits- und Verwirkungsverfahrens bedingt. Soweit hiernach eine Heranziehung der Vorschriften der Zivilprozeßordnung aus dem Gesichtspunkte der Rechtsähnlichkeit überhaupt noch in Frage kommen kann, würde es zutreffender sein, auf den Ausnahmefall des § 266 Abs. 1 zu verweisen, als auf § 265.

Der Widerspruch der Klägerin gegen die Übernahme des Rechtsstreits durch die amerikanische Gesellschaft war demnach nicht zu beachten, diese Gesellschaft vielmehr, da sie nunmehr allein zur Verteidigung der Patente legitimiert ist, als Hauptpartei zur Prozeßführung zuzulassen.

Was die Sache selbst anlangt, so kann nach der Auffassung des Gerichts die Verwirkung der Patente, auch wenn sie vom Patentamte auf Grund des § 11 PatGes. mit Recht ausgesprochen worden sein sollte, nicht aufrecht erhalten werden, nachdem mit dem 1. August 1909 das Abkommen des Deutschen Reiches mit den Vereinigten Staaten von Amerika, betreffend den gegenseitigen gewerblichen Rechtsschutz, vom 23. Februar 1909 (RGBl. S. 895) in Kraft getreten ist, und die Patente auf die jetzige Beklagte umgeschrieben worden sind.

Das Abkommen, das vom Bundesrate und vom Reichstage genehmigt und im Reichs-Gesetzblatte veröffentlicht worden ist, hat nach Art. 11 Abs. 2 und Art. 4 Nr. 5 der Reichsverfassung Gesetzeskraft (vgl. Entsch. des RG.'s in Zivils. Bd. 26 S. 123). Es bestimmt in Art. I Satz 1, daß die in den Gesetzen des einen vertragschließenden Teiles enthaltenen Vorschriften, wonach im Falle der Nichtausführung eines Patentes oder anderer Schutzrechte die Zurücknahme oder eine sonstige Beschränkung des Rechtes vorgesehen ist, auf die den Angehörigen des anderen vertragschließenden Teiles gewährten Patente usw. nur in dem Umfange der von diesem Teile seinen eigenen Angehörigen auferlegten Beschränkungen Anwendung finden sollen. Die Tragweite der Bestimmung für die hier allein interessierenden Patente ergibt sich aus dem Umstande, daß das deutsche Patentgesetz durch die Vorschriften des § 11 dem Patentinhaber unter Androhung der Verwirkung die Verpflichtung auferlegt, die Erfindung im Inlande in angemessenem Umfange zur Ausführung zu bringen, daß dagegen der Gesetzgebung der Vereinigten Staaten der Ausführungszwang unbekannt ist. Wie auch die Denkschrift, womit der Reichskanzler das Abkommen dem Reichstage vorgelegt hat (12. Legisl.-Per. I. Sess. Nr. 1377), hervorhebt, folgt daher aus der Bestimmung, daß amerikanische Staatsbürger von den Vorschriften des deutschen Rechtes über den Ausführungszwang befreit sind. „Sie werden hierdurch", wie es dort weiter heißt, „den deutschen Staatsangehörigen gleichgestellt, für welche in Ansehung ihrer in den Vereinigten Staaten erteilten Schutzrechte . . . eine Ausführungspflicht nicht besteht." Sonach ergibt sich aus dem Abkommen, daß der in der deutschen Gesetzgebung vorgesehene Ausführungszwang nicht zur Anwendung gebracht werden darf, wenn das Patent einem Bürger der Vereinigten Staaten zusteht. Weil sein Heimatsstaat einen Ausführungszwang nicht kennt, soll er kraft seiner Nationalität auch in Deutschland hiervon befreit sein.

Die Frage nach der Anwendbarkeit der Bestimmung in dem gegenwärtigen, schon vor dem Abkommen eingeleiteten Verfahren soll nachher erörtert werden. Sieht man hiervon einstweilen ab, so würde sich ergeben, daß, weil die streitigen Patente nunmehr einer amerikanischen Gesellschaft zustehen, der Rücknahmeantrag einen Erfolg nicht haben kann. Die Klägerin hat dies nicht zugegeben und nach zwei Richtungen hin eine einschränkende Auslegung des Abkommens vertreten.

Sie hat zunächst darauf hingewiesen, daß in dem Abkommen nur von Patenten die Rede sei, die den Angehörigen des andern

Vertragsteiles „gewährt“ seien: das deute auf den Anmelder des Patents oder doch auf die Person, der das Patent ursprünglich erteilt worden sei, scheine aber einen späteren Erwerber, wie die jetzige Beklagte, auszuschließen. Der Zweifel ist nicht berechtigt. Er wird widerlegt durch den im Reichsgesetzblatte mit veröffentlichten englichen Text. Hier heißt es „patents ... enjoyed by the citizens of the other Contracting Party“, also Patente, deren sich die Staatsangehörigen erfreuen, die sie besitzen. Da das Abkommen in deutscher und in englischer Sprache vollzogen ist, also beide Texte gleichwertig nebeneinander stehen, muß eine Auslegung zurückgewiesen werden, die mit dem einen Texte vielleicht noch eben verträglich, mit dem andern aber völlig unvereinbar ist. Es bedarf keiner Ausführung, daß sowohl in der einen, wie in der andern Sprache ein passender Ausdruck zur Verfügung gestanden hätte, wenn die Absicht bestanden haben sollte, die Wohltaten des Abkommens bei einem abgeleiteten Erwerbe von Patenten auszuschließen.

Sodann hat die Klägerin darauf hingewiesen, daß in dem Abkommen von „Angehörigen“ der vertragschließenden Teile, „citizens“, gesprochen werde; die Staatsangehörigkeit aber sei eine Eigenschaft, die nur an der physischen Person hafte, und die die jetzige Beklagte, wenn sie auch eine im Staate Ohio domizilierende Company des amerikanischen Rechts sein möge, nicht für sich in Anspruch nehmen könne. Auch dieser Einwand erscheint nicht berechtigt. Das Reichsgericht hat sich schon bei einem früheren Anlasse gegen die Beschränkung der in Staatsverträgen gebrauchten Ausdrücke „Angehörige“, „sujets“ auf physische Personen ausgesprochen (Entsch. in Zivils. Bd. 6 S 141), und das Einf.-Ges. z. BGB. spricht in Art. 10 von Vereinen, die „einem fremden Staate angehören.“ Indes bedarf die Frage nach der grundsätzlichen Ausdehnung des Begriffs der Staatsangehörigkeit auf Körperschaften und Gesellschaften hier keiner Entscheidung. Es genügt die Feststellung, daß die aufgestellte Unterscheidung auf dem Boden des hier in Rede stehenden Abkommens jedenfalls keine Berechtigung hat. Das deutsche Recht macht für den Erwerb und die Ausübung von Patenten und andern Schutzrechten keinen Unterschied zwischen physischen und juristischen Personen, und das amerikanische Recht steht auf demselben Standpunkte, indem es den Patenterwerb auch für Korporationen und Teilhaberschaften (corporations or partnerships) zuläßt. Vgl. Walker, Patent Law, (1904) pag. 154, 239. Daß sich bei uns tatsächlich viele gewerbliche Schutzrechte in Händen von Aktiengesellschaften und andern Gesellschaften von korporativem oder nicht korporativem Charakter befinden, ist bekannt, und es liegt nichts dafür vor, daß sich dies in den Vereinigten Staaten anders verhalte. Angesichts dieser Umstände muß angenommen werden, daß die vertragschließenden Staaten es deutlich gesagt haben würden, wenn sie es auf einen derartigen Unterschied abgesehen haben sollten. Es kommt hinzu, daß das Abkommen bestimmt ist, über die Festsetzungen des allgemeinen Unionsvertrages (der Pariser Übereinkunft zum Schutze des gewerblichen Eigentums vom 20. März 1883 nebst der Brüsseler Zusatzakte vom 14. Dezember 1900) hinaus besondere Erleichterungen für den industriellen Austausch beider Länder einzuführen. Der Unionsvertrag aber, der gleichfalls nur von den „Untertanen und Bürgern der vertragschließenden Staaten“ „sujets or citoyens“ spricht, ist noch niemals dahin verstanden worden, daß er sich nur auf physische Personen erstrecke, und es würde einer solchen Auffassung auch an jeder innern Berechtigung fehlen. Es muß daher unbedenklich angenommen werden, daß eine Körperschaft oder Gesellschaft, die ihren Sitz im Gebiete eines der beiden Staaten hat und nach dessen Gesetzen rechtsfähig ist, den Angehörigen dieses Staates im Sinne des Abkommens zugezählt werden muß.

Eine dritte Einschränkung des Abkommens ist zwar von der Klägerin nicht geltend gemacht, aber in einem Aufsatze der Zeitschrift für Industrierecht (1900 S. 229) verteidigt worden. Es wird dort die Ansicht aufgestellt, der Amerikaner sei von der Ausführung seines deutschen Patentes nur befreit, wenn er zugleich ein korrespondierendes Heimatspatent besitze. Darüber, ob dies im vorliegenden Falle zutrifft, weichen die Angaben der Parteien ab, so daß, wenn dieser Ansicht beizutreten wäre, hierüber eine weitere Erörteruug stattfinden müßte. Die Ansicht kann aber nicht gebilligt werden. Sie wird gestützt auf die Auslegung, die das Reichsgericht dem Art. 5 des Übereinkommens zwischen dem Deutschen Reiche und der Schweiz, betreffend den gegenseitigen Patent-, Muster- und Markenschutz, vom 13. April 1892 (RGBl. 1894 S. 511) gegeben hat. Entsch. in Zivils. Bd. 37 S. 49 und Bd. 41 S. 81. Der Artikel bestimmt, daß die Rechtsnachteile, welche nach den Gesetzen der vertragschließenden Teile eintreten, wenn eine Erfindung nicht innerhalb einer bestimmten Frist ausgeführt wird, auch dadurch ausgeschlossen werden sollen, daß die Ausführung im Gebiete des andern Teiles erfolgt. Das Reichsgericht hat dies dahin ausgelegt, daß der Schweizer, der von der Pflicht zur Ausführung seines deutschen Patentes wegen einer von ihm in der Schweiz entfalteten Tätigkeit befreit sein wolle, darlegen müsse, daß ihm die Erfindung auch in der Schweiz durch ein Patent geschützt sei. Diesem Vertrage gegenüber mit vollem Rechte. Von einer „Ausführung" des Patents „im Gebiete des andern Teiles" kann in der Tat nur gesprochen werden, wenn der Betreffende eben auch in diesem Gebiete ein Patent hat. „Die Ausführung in der Schweiz ist Ausführung einer patentierten Erfindung überhaupt nicht, wenn in der Schweiz für diese Erfindung ein Patent nicht genommen, dieselbe vielmehr dort als Gemeingut von jedermann benutzt werden kann" (Bd. 37 S. 52). Ganz anders aber die hier vorliegende Bestimmung. Sie fußt nicht auf der Gleichstellung der Ausführung hüben und drüben, sondern setzt schlechthin fest, daß Beschränkungen wegen Nichtausführung nur im Umfange des objektiven Rechtes des Heimatsstaates Platz greifen können. Zu Gunsten der Amerikaner soll der Rechtssatz der Vereinigten Staaten, daß Patente zu einer Ausführung nicht verpflichten, auch in Deutschland gelten. Die in der Denkschrift als Folge des Abkommens bezeichnete „Gleichstellung" der Amerikaner mit den Deutschen, „für welche in Ansehung ihrer in den Vereinigten Staaten erteilten Schutzrechte . . . eine Ausführungspflicht nicht besteht", würde denn auch bei einer andern Auffassung in einem nicht unwichtigen Punkte wegfallen. Denn für den deutschen Inhaber eines amerikanischen Patents besteht die Befreiung von der Ausführungspflicht völlig unabhängig davon, ob er auch ein Inlandspatent über dieselbe Erfindung hat oder nicht.

Es bleibt die vorhin zurückgestellte Frage zu erörtern, ob das Abkommen auch auf den gegenwärtigen, bereits vor seinem Inkrafttreten anhängig gemachten Verwirkungsprozeß, der schon zu einem den Patenten nachteiligen Urteile der ersten Instanz geführt hatte, anwendbar ist.

In dieser Hinsicht ist die Annahme von vornherein auszuschließen, daß die neue für die Angehörigen der Vereinigten Staaten aufgestellte Regel etwa nur bei solchen Patenten angerufen werden könne, die erst nach dem Inkrafttreten des Abkommens angemeldet oder erteilt worden sind. Zu einer derartigen einschränkenden Auslegung bietet weder der Wortlaut, noch der Zweck des Abkommens einen Anhalt. Augenscheinlich geht vielmehr die Absicht dahin, daß die Befreiung vom Ausführungszwange mindestens von jetzt an unbeschränkt, also auch bezüglich älterer Schutzrechte, Platz greifen soll. Fraglich kann also nur sein, wie es sich mit Patenten verhält, die schon über die in § 11 PatGes. bestimmte Frist hinaus bestanden hatten und innerhalb dieser Frist nicht zur Ausführung gebracht waren, so daß sie nach dem bisherigen Rechte auf Antrag für verwirkt erklärt werden konnten, wie dies für die hier streitigen Patente zu unterstellen ist.

Bei der Beantwortung dieser Frage ist von der allgemeinen Rechtsregel auszugehen, daß neue Gesetze im Zweifel in wohlerworbene Privatrechte nicht eingreifen wollen. Wäre also anzuerkennen, daß die Klägerin mit dem Ablaufe der 3 Jahre, während deren eine schuldhafte Untätigkeit der Patentinhaberin vorgelegen hatte, ein Privatrecht auf die Zurücknahme der Patente erlangt hätte, so müßte dieses Recht auch jetzt noch geschützt werden. An dieser Voraussetzung aber fehlt es. Ein Recht auf Zurücknahme gibt es nicht. Der Antrag hat die Natur einer Popularklage, die dem einzelnen nur zur Wahrnehmung des allgemeinen, öffentlichen Interesses gegeben ist. Das Patent „kann" beim Vorliegen der gesetzlichen Voraussetzungen zurückgenommen werden (§ 11), muß es aber nicht. Die erkennende Behörde kann von der Zurücknahme absehen, wenn nach Lage des einzelnen Falles das öffentliche Interesse des Inlandes nicht geschädigt, oder der Patentinhaber aus besonderen Gründen entschuldigt erscheint. Die Entscheidung ist wesentlich auf das freie richterliche Ermessen abgestellt und grundsätzlich nach der Sachlage zu treffen, die zur Zeit der Urteilsfällung vorliegt. Für das Berufungsgericht insbesondere ist der Zeitpunkt maßgebend, in dem es über die Sache erkennt.

Die Frage, was hierbei als schutzwürdiges öffentliches Interesse anzuerkennen ist, kann an und für sich verschieden beantwortet werden. Man kann dabei den Gesichtspunkt in den Vordergrund rücken, daß das Patentwesen in erster Linie der nationalen Industrie dienen, sie fördern und durch vermehrte Arbeitsgelegenheit den heimischen Wohlstand heben soll. Man kann aber auch den Gesichtspunkt betonen, daß der freie internationale Austausch aller irgendwo erzielten technischen Fortschritte und der auf diesem Wege neu gewonnenen Erzeugnisse anzustreben sei. In dieser Hinsicht muß für die erkennenden Behörden der Standpunkt maßgebend sein, der sich aus den geltenden gesetzlichen Bestimmungen ergibt. Das Patentgesetz sanktioniert in § 11 den Schutz der nationalen Industrie: es soll niemanden gestattet sein, ein Patent bloß zur Ausschließung der andern zu benutzen; der Erfinder muß binnen angemessener Frist die Erfindung im Inlande zur Ausführung bringen. Auch die Pariser Übereinkunft zum Schutze des gewerblichen Eigentums nebst der Brüsseler Zusatzakte halten an diesem Grundsatze fest. Das Abkommen mit den Vereinigten Staaten aber beruht auf der Anerkennung des zweiten Gesichtspunktes. Indem es die amerikanische Industrie, die nach ihren heimischen Gesetzen vom Ausführungszwange befreit ist, in Deutschland gegenüber der nationalen Industrie privilegiert und dem Amerikaner gestattet, seine deutschen Patente auch zur bloßen Unterbindung des deutschen Gewerbefleißes zu benutzen, sanktioniert es im Verhältnis zu der Industrie dieses Landes zugleich andere und neue Gesichtspunkte für die Bestimmung des öffentlichen Interesses. Mit dem Inkrafttreten des Abkommens und für die Dauer seiner Geltung entfällt damit für die deutschen Behörden die Möglichkeit, gegenüber einem Angehörigen der Vereinigten Staaten den Schutz der deutschen nationalen Gütererzeugung als ein öffentliches Interesse zur Durchführung zu bringen." . . .

---

61. 1. Ist unter Schade im Sinne des § 226 BGB. nur Vermögensschade zu verstehen?
2. Kann im Falle des § 226 BGB. auf Unterlassung der schikanösen Rechtsausübung geklagt werden?

II. Zivilsenat. Urt. v. 3. Dezember 1909 i. S. Sch. (Kl.) w. Sch. (Bekl.). Rep. II. 190/09.

I. Landgericht Offenburg.
II. Oberlandesgericht Karlsruhe.

Die Ehefrau des Beklagten und Mutter des Klägers starb am 9. Oktober 1890 auf dem Schlosse zu R., das im Grundbuche auf den Namen des Beklagten eingetragen ist. Sie wurde auf der unteren Terrasse des Schloßbergs im umfriedeten Teil des Schloßguts begraben. Der Beklagte verbot dem Kläger, Schloß R. und dessen umfriedetes Gelände jemals zu betreten. Da der Kläger gleichwohl das Grab seiner Mutter weiter besuchte, so drohte ihm der Beklagte, er werde ihn bei nochmaligem Betreten seines Besitzes mit Waffengewalt vertreiben und ihn wegen Hausfriedensbruchs belangen. Der Kläger hat darauf Klage erhoben mit dem Antrage, den Beklagten zu verurteilen, einzuwilligen, daß er das im umfriedeten Eigentum des Beklagten gelegene Grab seiner Mutter nach Gutdünken besuchen dürfe. Er hat die Klage begründet mit der Behauptung, es sei nach dem Tode der Mutter stillschweigende Vereinbarung aller beteiligten Angehörigen gewesen, daß jeder derselben jederzeit das Recht haben solle, die gemeinschaftliche Grabstätte derselben zu besuchen. Er sei auch Miteigentümer des Schlosses R. Der Beklagte beantragte die Abweisung der Klage und erhob Widerklage mit dem Antrage, festzustellen, daß dem Kläger keine Befugnis zum Betreten des Schlosses R., insbesondere der dort befindlichen Grabstätte, zustehe, und demselben das Betreten des Schloßgutes unter Androhung von Strafe zu untersagen. Er trug vor, er sei alleiniger Eigentümer des Schloßgutes R., habe daher nicht die Pflicht, dem Kläger den Zutritt zu demselben zu gestatten. Bei dem feindseligen Verhältnis der Parteien zueinander, und da er schwer herzleidend sei, sei sein Verhalten begreiflich, das des Klägers aber stelle sich als Schikane dar. Durch Urteil des Oberlandesgerichts wurde der Beklagte verurteilt, einzuwilligen, daß Kläger das im umfriedeten Eigentum des Beklagten auf Gemarkung R. gelegene Grab seiner Mutter am Geburtstage und Todestage derselben sowie am Ostersonntag und am Allerheiligentage und zwar in der Zeit zwischen 11 und 12 Uhr vormittags, besuche. Die Revision gegen dieses Urteil wurde zurückgewiesen, aus folgenden

Gründen:

„Die Revision ist ohne Rücksicht auf den Wert des Beschwerdegegenstandes zulässig, weil der Rechtsstreit Ansprüche nicht vermögensrechtlicher Natur betrifft. Sie ist aber nicht gerechtfertigt. Das Berufungsgericht hat zunächst zu Gunsten des Beklagten ausgeführt, ein besonderes dingliches oder persönliches Recht des Klägers auf jederzeitigen Zutritt zur Grabstätte seiner Mutter sei nicht dargetan. Sodann aber ist erwogen: wenn auch der Kläger ein durch Vereinbarung begründetes Recht auf beliebigen Zutritt zur Grabstätte nicht besitze, so sei doch gleichwohl die gänzlich ablehnende Haltung des Beklagten nicht gerechtfertigt. Der Beklagte erkenne es selbst als seine sittliche Pflicht an, den Sohn von dem Besuche des Grabes seiner Mutter nicht völlig auszuschließen. Er sei aber hieran gemäß §§ 226 und 826 BGB. auch rechtlich gehindert. Ein selbständiges Recht des Klägers könne zwar nicht aus den §§ 226 und 826 BGB. abgeleitet werden; aber der Beklagte sei, soweit die Voraussetzungen dieser Gesetzesbestimmungen gegeben seien, nicht befugt, das ihm als Eigentümer des Schloßguts zustehende Verbietungsrecht gegen den Kläger auszuüben, und er müsse deshalb dem Kläger den Zutritt gestatten. Auf Unterlassung der schädigenden Rechtsausübung könne nicht nur im Falle des § 226, sondern auch im Falle des § 826 BGB. geklagt werden. Der Schade, von dem die §§ 226 und 826 BGB. handelten, brauche kein Vermögensschaden zu sein. Der Kläger werde aber in seinen kindlichen Gefühlen empfindlich verletzt und deshalb geschädigt, wenn es ihm unmöglich gemacht werde, das Andenken seiner Mutter der Sitte gemäß auch durch zeitweiligen Besuch ihrer Grabstätte zu pflegen. Daß der eigene Vater ohne triftigen Grund durch rücksichtslose Ausübung seines Eigentumsrechts dem Sohne jene Schädigung zufüge, verstoße zweifellos gegen die guten Sitten, und die unbedingte Rechtsausübung, die der Beklagte eintreten lassen wolle, könne auch nur den Zweck haben, dem Sohne Schaden zuzufügen. Diese Erwägungen seien indessen zutreffend nur bezüglich der völligen Ausschließung vom Besuche der Grabstätte. Dagegen müßten die vom Beklagten zur Rechtfertigung seines Verhaltens angeführten Gründe, nämlich die zwischen den Parteien bestehenden Zwistigkeiten, ihre feindselige Gesinnung gegeneinander, sowie der Umstand, daß der Beklagte als kranker Mann Aufregungen zu vermeiden suchen müsse, dazu führen, die Besuche des Klägers in der näher bestimmten Weise zu beschränken." (Dies wird näher tatsächlich dargelegt, und sodann ist weiter erwogen): „Soweit der Beklagte dennoch auch mit der fraglichen Beschränkung dem Kläger den zeitweiligen Besuch der

Grabstätte auf Grund seines Eigentumsrechts verwehren wolle, treffe ihn in der Tat der Vorwurf, daß er dadurch dem Kläger in einer gegen die guten Sitten verstoßenden Weise vorsätzlich Schaden zufüge und auch seine Eigentumsrechte nur zu dem Zwecke ausübe, um dem Kläger Schaden zuzufügen.

Die tatsächlichen Feststellungen des Berufungsgerichts rechtfertigen die Entscheidung auf Grund des § 226 BGB. Durch diese Gesetzesbestimmung ist ein Gebot der sozialen Ethik in beschränktem Umfange als Rechtsgrundsatz aufgestellt, und die Ausübung eines Rechtes für unzulässig erklärt, wenn sie nur den Zweck haben kann, einem anderen Schaden zuzufügen. Hiernach stellt sich die Ausübung eines Rechtes, ie einzig und allein die böswillige Schädigung eines anderen bezwecken kann, als ein rechtswidriger Mißbrauch des Rechtes dar. Begründet der § 226 auch nicht ein *selbständiges* Recht des Dritten, gegen den sich die Absicht der Schädigung richtet, so gewährt er doch unter der angegebenen Voraussetzung das Recht, der Schikane mit allen gesetzlichen Mitteln entgegenzutreten, und zwar nicht bloß im Wege der Einrede, sondern auch mittels Klage auf Unterlassung der schikanösen Rechtsausübung. Denn an einer Bestimmung, welche, wie die des § 1297 BGB., für einen Fall dieser Art die Klage ausdrücklich ausschließt, fehlt es; die allgemeinen Rechtsgrundsätze sprechen vielmehr für die Notwendigkeit, Rechtsschutz zu gewähren, wie zur Verfolgung eines Rechtes, so auch zur Verteidigung gegen Unrecht.

Die Anwendbarkeit des § 226 BGB. beschränkt sich nun nicht auf Vermögensschaden, sondern umfaßt auch die Verletzung idealer Werte und Interessen. Hierüber läßt die Vergleichung mit § 253 BGB. keinen Zweifel bestehen, indem dieser für die Art des Ersatzes eines Schadens, der nicht Vermögensschaden ist, besondere Bestimmung trifft.

Daher konnte das Berufungsgericht ohne Rechtsirrtum in der rücksichtslosen Ausübung des Eigentums, soweit der Beklagte damit einzig und allein den Zweck der Schikane verfolgt, eine Schädigung des Klägers durch empfindliche Verletzung seines kindlichen Gefühles erblicken und das *unbedingte* Verbot des Besuches der Grabstätte untersagen, sowie das Verbot auf das den Umständen nach rechtmäßige Maß beschränken. Eine andere Bedeutung als die einer Beschränkung des Verbotes des Beklagten hat die Verurteilung zur Einwilligung in den Besuch der Grabstätte nicht. Zu dieser Entscheidung bedurfte es nicht des Nachweises eines besonderen dinglichen oder persönlichen Rechtes des Klägers zum Besuche der Grabstätte. Dazu genügte vielmehr die durch Sitte und Pietät gebotene Pflicht des Klägers, das Andenken seiner Mutter durch zeitweiligen Besuch ihrer Grabstätte zu pflegen, und der natürliche, in den nahen Familienbeziehungen begründete Anspruch darauf, daß er an der Erfüllung dieser Pietätspflicht nicht ohne jeden Grund, aus bloßer Schikane, von dem eigenen Vater gehindert werde. Ob man das Verbot des Beklagten mit dem Kläger als eine Verletzung des allgemeinen Persönlichkeitsrechts oder wie sonst bezeichnen will, kann dahingestellt bleiben.

In tatsächlicher Beziehung hat das Berufungsgericht unter Würdigung der von dem Beklagten zur Rechtfertigung seines Verhaltens angeführten Gründe mit ausreichender Begründung festgestellt, daß der Beklagte mit dem unbedingten Verbote des Besuches der Grabstätte nur den Zweck verfolgen könne, dem Sohne Schaden zuzufügen. Ob eine Handlung überhaupt oder unter bestimmten Umständen nur den Zweck der Schädigung eines anderen haben kann, ist eine nach den konkreten Verhältnissen zu beurteilende, der Nachprüfung des Revisionsgerichts entzogene Tatfrage."

---

62. Von welchem Zeitpunkte ab ist die Frist, mit deren Ablauf das Recht auf die Versorgungsgebührnisse nach § 38 Abs. 2 des Mannschafts-Versorgungsgesetzes vom 31. Mai 1906 zu laufen beginnt, bei denjenigen Personen zu rechnen, welche bereits vor der Entlassung aus dem aktiven Heeresdienst im Zivildienst beschäftigt waren?

III. Zivilsenat. Urt. v. 3. Dezember 1909 i. S. Reichsmilitärfiskus (Bekl.) w. St. (Kl.). Rep. III. 539/08.

I. Landgericht I Berlin.
II. Kammergericht daselbst.

Der Kläger ist am 17. Dezember 1906 aus dem aktiven Heere, dem er als Sanitätsfeldwebel angehörte, entlassen und am 18. desselben Monats von der Veranlagungskommission in K., bei welcher er vom 18. Juni 1906 ab als Militäranwärter zur Probedienstleistung kommandiert gewesen war, als Steuersupernumerar übernommen. Gemäß §§ 1, 9 des Gesetzes über die Versorgung der Personen der Unterklassen des Reichsheeres, der Kaiserlichen Marine und der Kaiserlichen Schutztruppen vom 31. Mai 1906 (RGBl. S. 593 flg.) — des sog. Mannschafts-Versorgungsgesetzes — wurde ihm eine Militärrente von $^{25}/_{100}$ der Vollrente, im Betrage von monatlich 18,75 *M*, zwar zuerkannt; jedoch wurden ihm von vornherein, vom 1. Januar 1907 ab, mit welchem Tage der Bezug der Rente zu beginnen hatte, die unter $^{21}/_{100}$ der Vollrente zuerkannten Rententeile mit 15 *M* monatlich einbehalten, weil schon von diesem Zeitpunkt ab nach § 36 Abs. 1 Nr. 3a Abs. 2, § 38 Abs. 2 des Gesetzes das Ruhen des Rechtes auf diese Rententeile zu beginnen habe, und nur die überschießenden 3,75 *M* monatlich gezahlt. Der Kläger beansprucht für die ersten sechs Monate des Jahres 1907 die Zahlung der ganzen $^{25}/_{100}$ der Vollrente, weil die Frist des § 38 Abs. 2 des Gesetzes erst vom 1. Januar 1907 an als dem Tage des Beginnes des Rentenbezuges zu rechnen sei. Er hat beantragt, den Beklagten zur Zahlung von 90 *M* nebst 4% Zinsen vom Tage der Klagezustellung zu verurteilen. Seinem Klagantrage wurde im ersten Rechtszuge entsprochen, und die Berufung des Beklagten zurückgewiesen. Auch die Revision des Beklagten wurde zurückgewiesen, aus folgenden

Gründen:

„Nach § 36 Abs. 1 Nr. 3a des sog. Mannschafts-Versorgungsgesetzes vom 31. Mai 1906 ruht das Recht auf den Bezug der Militärrente und der weiteren in den §§ 24, 25 bezeichneten Versorgungs-Gebührnisse hinsichtlich der unter $^{21}/_{100}$ zuerkannten Rententeile während einer Anstellung oder Beschäftigung im Zivildienste. Was unter dem Zivildienst zu verstehen ist, sagt der zweite Absatz des Paragraphen. Nach der dort gegebenen umfassenden Begriffsbestimmung würde auch, wie der Revision zuzugeben ist, die nur probeweise Beschäftigung des noch dem aktiven Herre zugehörigen Militäranwärters als eine solche Beschäftigung im Zivildienst angesehen werden können. Gleichwohl scheidet an dieser Stelle jede der Entlassung aus dem Heeresdienste vorausgehende Beschäftigung aus; denn vor der Entlassung besteht kein Recht auf die Versorgungsgebührnisse; es kann also nicht ruhen. Ein Ruhen des Rechtes ist begrifflich erst möglich mit dem Zeitpunkt seines Entstehens. Das Recht auf die Versorgungsgebührnisse aber entsteht frühestens mit dem ersten Tage des auf die Entlassung folgenden Monats als demjenigen Tage, mit dem nach § 32 Abs. 2 des Gesetzes ihre Zahlung beginnt, sofern der Anspruch vor der Entlassung angemeldet war.

Der Begriff der „Anstellung oder Beschäftigung" aber ist, wie das Berufungsgericht mit Recht annimmt, in § 38 Abs. 2 des Gesetzes kein anderer als in § 36. Jeder Zweifel hieran wird durch die Entstehungsgeschichte dieser Bestimmungen beseitigt. Denn sie sind an die Stelle von § 102 lit. c des Gesetzes vom 27. Juni 1871, betreffend die Pensionierung und Versorgung der Militärpersonen des Reichsheeres und der Kaiserlichen Marine usw., getreten, welcher bestimmte, daß das Recht auf die Invalidenpension ruhe:

„bei allen Anstellungen und Beschäftigungen im Zivildienst mit Ablauf des sechsten Monats, welcher auf denjenigen Monat folgt, in dem die Anstellung oder Beschäftigung begonnen hat."

Der Begriff der „Anstellung oder Beschäftigung" muß hier beide Male notwendig in demselben Sinne gebraucht sein. Für den Beginn der Frist konnte also nur eine Anstellung oder Beschäftigung in Betracht kommen, während welcher ein Ruhen des Rechtes auf die Pension begrifflich möglich war, d. h. das Recht auf die Pension bereits bestand. Hiernach folgte für das frühere Recht schon aus dem Gesetze selbst, was die Ausführungsbestimmungen des Bundesrates vom 22. Februar 1875 (Zentralblatt für das Deutsche Reich 1875, S. 142) zu § 102 lit. c unter C. 9 ausdrücklich festsetzten:

„Sind Invaliden bereits vor ihrer Entlassung aus dem Militärdienste im Zivildienst beschäftigt worden, so werden die sechs Monate des Bezugsrechtes der Invalidenpension von dem Zeitpunkte ab gerechnet, mit welchem der Pensionsbezug nach Maßgabe der Invalidisierung seinen Anfang zu nehmen hat."

Diese Ausführungsbestimmung, die auf Grund des Art. 7 Nr. 2 der Reichsverfassung erlassen war und daher die gesetzlichen Bestimmungen nur erläutern und ergänzen, nicht abändern konnte, entsprach — wie auch in einem Erlaß des Preußischen Kriegsministeriums,

Departement für das Invalidenwesen, vom 11. März 1875 (abgedruckt bei Neumann, Militär-Pensionsgesetz vom 27. Juni 1871 S. 142/143) anerkannt ist — durchaus dem Geiste des Gesetzes. Es sollte dem in den Zivildienst übertretenden Soldaten durch die zeitweise Belassung der Militärpension neben dem Zivildiensteinkommen dieser Übertritt erleichtert, eine Beihilfe zur Bestreitung der durch den Berufswechsel verursachten Kosten gewährt werden. Diese Kosten aber erwachsen demjenigen, welcher bereits vor seiner Entlassung aus dem Heeresdienste probeweise im Zivildienst beschäftigt war, nicht minder als demjenigen, bei welchem dies nicht der Fall war. Es lag auch sonst kein Grund vor, jenem die Wohltat einer zeitweiligen Belassung der Pension neben dem Zivildiensteinkommen zu versagen.

Hiernach erweist sich die Meinung der Revision als unbegründet, daß der Gesetzgeber bei der Fassung des § 38 Abs. 2 des Mannschafts-Versorgungsgesetzes zur Beseitigung von Zweifeln es hätte zum Ausdruck bringen müssen, wenn er der Bestimmung die aus C. 9 der Ausführungsbestimmungen zu § 102 lit. c des Militär-Pensionsgesetzes sich ergebende Deutung hätte beilegen wollen. Vielmehr hätte es umgekehrt zum Ausdruck gebracht werden müssen, wenn entgegen dem mindestens seit 1875 bestehenden Rechtszustande und entgegen der allgemeinen auf die Verbesserung des Loses der Unteroffiziere gerichteten Tendenz des neuen Gesetzes die bereits vor ihrer Entlassung aus dem Heere im Zivildienst probeweise beschäftigt gewesenen Militäranwärter in ihren Rechten hätten verkürzt werden sollen. Dies ist aber nicht geschehen. Die Neuregelung des Begriffes des Zivildienstes durch § 36 Abs. 2 des Mannschafts-Versorgungsgesetzes gegenüber dem § 106 des Militär-Pensionsgesetzes berührt die hier streitige Frage ebensowenig, wie die Änderung des § 38 Abs. 2 des Mannschafts-Versorgungsgesetzes gegenüber dem § 102 lit. c des Militär-Pensionsgesetzes. Diese Änderung betrifft, wie das Berufungsgericht zutreffend annimmt, nur die Frist, während deren die Versorgungsgebührnisse bei einer Anstellung oder Beschäftigung im Zivildienst noch weiter zu zahlen sind. Diese Frist beginnt nunmehr schon mit dem ersten Tage des Monats der Anstellung oder Beschäftigung im Zivildienst, nicht erst, wie nach früherem Rechte, mit dem ersten Tage des nächstfolgenden Monats. Diese Änderung berührt diejenigen Fälle nicht, in denen die Anstellung im Zivildienst früher erfolgt als der Beginn der Rentenzahlung. Für diese Fälle ist entscheidend, daß der Begriff der Anstellung oder Beschäftigung in § 38 Abs. 2 und in § 36 des Mannschafts-Versorgungsgesetzes nach dem natürlichen Zusammenhange beider Paragraphen ebenso der gleiche ist, wie dieser Begriff in § 102 lit. c des Militär-Pensionsgesetzes nur als ein einheitlicher gedacht werden kann. Danach kann auch für die Anwendung des § 38 Abs. 2 des Mannschafts-Versorgungsgesetzes nur eine solche Anstellung oder Beschäftigung in Betracht kommen, während deren das Recht auf den Bezug der Versorgungsgebührnisse bereits bestand.

Auch die Begründung des Entwurfs des Mannschafts-Versorgungsgesetzes bietet keinen Anhalt für die gegenteilige Auffassung. Unerheblich ist, daß die zum Mannschafts-Versorgungsgesetz erlassenen Ausführungsbestimmungen des Bundesrates eine der oben mitgeteilten Bestimmung zu § 102 c des Militär-Pensionsgesetzes entsprechende Anordnung nicht enthalten. Der Inhalt jener Bestimmung ergibt sich, wie nach dem früheren, so auch nach dem gegenwärtigen Rechte aus dem Gesetze selbst.

Fehl geht die Ausführung der Revision, daß seit Einführung der Dienstprämien für die nach zwölfjähriger Dienstzeit ausscheidenden Unteroffiziere das Bedürfnis einer Fortzahlung der Versorgungsgebührnisse neben dem Zivildiensteinkommen fortgefallen sei. Die Einführung der Dienstprämien hätte wohl dazu führen können, für alle, welche solche erhalten, das Ruhen des Rechts auf die Versorgungsgebührnisse, wie nach den §§ 24, 25 des Gesetzes über die Pensionierung der Offiziere vom 31. Mai 1906, alsbald nach der Anstellung im Zivildienst eintreten zu lassen. Nicht aber konnte sie eine einseitige Benachteiligung der bereits vor ihrer Entlassung im Zivildienst beschäftigt gewesenen gegenüber den andern Rentenberechtigten rechtfertigen. Daß jenen während der Probedienstleistung ein Mindesteinkommen an Stelle der Löhnung gewährt wird, kann als eine genügende Entschädigung nicht angesehen werden; jedenfalls ist dies weder im Gesetze noch bei seiner Beratung zum Ausdruck gebracht.

Hiernach haben die Vorentscheidungen mit Recht angenommen, daß die Frist des § 38 Abs. 2 für den Kläger erst mit dem

1. Januar 1907, dem Tage des Beginnes des Rentenbezuges, zu laufen begann, daß ihm also die zuerkannte Rente bis zum 1. Juli 1907 in voller Höhe zu belassen war."

---

63. 1. Umfang der Verwaltungs- und Verfügungsmacht des Nachlaßverwalters. Kann der verklagte Nachlaßschuldner dem klagenden Nachlaßverwalter den Einwand entgegensetzen, daß die Einziehung der Nachlaßforderung nicht zum Zwecke der Berichtigung von Nachlaßverbindlichkeiten erfolge? Kann er dies wenigstens dann tun, wenn er Erbe ist?

2. Beendigung der Nachlaßverwaltung.

VI. Zivilsenat. Urt. v. 6. Dezember 1909 i. S. Fr. (Bekl.) w. Wr. Nachlaßverw. (Kl.). Rep. VI. 215/09.

I. Landgericht Leer.
II. Oberlandesgericht Celle.

Aus den Gründen:

„Die Revision macht ... geltend, der Kläger sei zur Einziehung der Klageforderung nicht befugt, da diese, worüber die Parteien in der Berufungsinstanz einverstanden waren, nicht zum Zwecke der Berichtigung von Nachlaßverbindlichkeiten erfolge, dem Nachlaßverwalter aber die Verwaltung des Nachlasses und die Verfügung darüber nur zu diesem Zwecke, und eine Verteilung des Nachlasses unter die Erben überhaupt nicht zustehe.

Dieser Angriff kann keinen Erfolg haben. Zwar ist es richtig, daß es nicht zu den Befugnissen und Pflichten des Nachlaßverwalters gehört, den Nachlaß unter die Erben zu verteilen; allein darum handelt es sich hier überhaupt nicht. Die Nachlaßverwaltung ist eine Nachlaßpflegschaft zum Zwecke der Befriedigung der Nachlaßgläubiger (§ 1975 BGB.). Der Nachlaß soll zu diesem Zweck als eine dem übrigen Vermögen des Erben gegenüber selbständige Vermögensmasse abgesondert werden; der Verwalter hat den Nachlaß zu verwalten und die Nachlaßverbindlichkeiten aus dem Nachlasse zu berichtigen (§ 1985 BGB.). Diese Vorschrift läßt sich nicht dahin auffassen, daß ihm die Verwaltung nur insoweit übertragen sei, als dies zur Berichtigung der Nachlaßverbindlichkeiten erforderlich sein würde; eine solche Auslegung würde schon mit dem Wortlaute nicht vereinbar sein. Es müßte aber auch zu den größten Unzuträglichkeiten führen und die Sicherheit des Verkehrs in hohem Maße beeinträchtigen, wenn für die Frage der Wirksamkeit einer Verwaltungshandlung immer geprüft werden müßte, ob die Handlung zum Zwecke der Berichtigung von Nachlaßverbindlichkeiten erforderlich war oder auch nur zu diesem Zwecke vorgenommen worden ist. Wenn es nun auch als überflüssig erscheinen könnte, daß als Aufgabe des Verwalters die Berichtigung der Nachlaßverbindlichkeiten besonders bezeichnet ist, da diese eine Verwaltungshandlung ist, so soll hierdurch doch nicht die dem Verwalter eingeräumte Befugnis eingeschränkt, sondern seine hauptsächlichste Aufgabe und der Zweck der Verwaltung hervorgehoben werden. Daß die Verwaltung und die Verfügungsmacht ohne jede Beschränkung auf den Verwalter übergeht (soweit er nicht in den im Gesetz bestimmten Fällen an die Genehmigung des Nachlaßgerichts gebunden ist), ergibt unzweideutig § 1984 BGB., wonach mit der Anordnung der Nachlaßverwaltung der Erbe die Befugnis, den Nachlaß zu verwalten und über ihn zu verfügen, verliert, und das Verwaltungs- und Verfügungsrecht durch den Nachlaßverwalter ausgeübt wird, sowie § 241 ZPO., wonach durch die Anordnung einer Nachlaßverwaltung der Erbe in bezug auf Nachlaßstreitigkeiten sowohl die Aktiv- wie die Passivlegitimation verliert. Der Nachlaßverwalter nimmt eine dem Konkursverwalter gleiche oder ähnliche Stellung ein; lediglich seiner Verwaltung und Verfügung unterliegt die Nachlaßmasse, die er gerichtlich und außergerichtlich zu vertreten hat (vgl. Entsch. des RG.'s in Zivils. Bd. 65 S. 287 flg.). Allerdings muß der Verwalter sowohl bei der Einziehung von Nachlaßforderungen, wie bei allen sonstigen Verwaltungshandlungen den Zweck vor Augen halten, den die Nachlaßverwaltung erfüllen soll, nämlich die Befriedigung der Nachlaßgläubiger aus der Nachlaßmasse. Er soll daher in der Regel nur, soweit es zur Erreichung dieses Zweckes nötig ist, den Nachlaß in Geld umsetzen, mithin auch nur zu diesem Zwecke Nachlaßforderungen einziehen. Indessen kann dies nicht ausnahmslos gelten. Da er die einzige Person ist, die den Nachlaß verwalten und über ihn verfügen darf, ihn gerichtlich und außergerichtlich vertritt, so muß es auch, wie das Berufungsgericht mit Recht annimmt, in den Rechten und Pflichten seines Amtes liegen, Nachlaßforderungen, auch wenn damit jener Zweck nicht erreicht werden soll, einzuziehen, falls Umstände vorliegen, die nach den Grundsätzen einer ordnungsmäßigen Wirtschaft die Einziehung einer Forderung geraten erscheinen lassen. Auf keinen Fall aber kann sich der von ihm verklagte Nachlaßschuldner darauf berufen, daß solche Umstände nicht vorlägen, daß insbesondere die Einziehung nicht zum Zwecke der Berichtigung von Nachlaßverbindlichkeiten erfolge; ihm gegenüber ist der Verwalter zu jeder Verwaltungshandlung durch das Gesetz, soweit dieses nicht selbst Ausnahmen aufstellt, legitimiert. Die Verpflichtung des Verwalters, den Nachlaß in der Regel nur insoweit in Geld umzusetzen, als es zur Berichtigung der Nachlaßverbindlichkeiten erforderlich ist, enthält keine Beschränkung der ihm durch das Gesetz eingeräumten Verwaltungs- und Verfügungsmacht, hat vielmehr nur die Bedeutung einer aus dem Zwecke seiner Einsetzung sich ergebenden Anleitung für seine Tätigkeit. Eine Zuwiderhandlung gegen diese Anleitung kann der verklagte Nachlaßschuldner keinesfalls geltend machen. Hiernach kann dahingestellt bleiben, ob mit dem Berufungsgericht angenommen werden kann, daß mit Rücksicht auf die Vermögensverhältnisse des Beklagten die Einziehung der Klageforderungen einer ordnungsmäßigen Verwaltung entspreche.

Die im vorstehenden entwickelten Grundsätze haben auch für den hier gegebenen Fall zu gelten, daß der verklagte Nachlaßschuldner Erbe oder Miterbe ist. Für die Beurteilung der rechtlichen Stellung des Verwalters kommen, da die Nachlaßverwaltung eine Nachlaßpflegschaft ist, die allgemeinen Vorschriften über die Pflegschaft (§§ 1909 flg.), sowie die besondere Vorschrift über die Nachlaßpflegschaft in § 1962 in Betracht, soweit nicht die §§ 1981—1987 etwas anderes bestimmen. Der Verwalter ist für die Erfüllung der ihm obliegenden Verpflichtungen nach § 1833 (vgl. auch § 1985 Abs. 2) nicht bloß den Nachlaßgläubigern, sondern auch den Erben verantwortlich; er hat bei der Verwaltung des Nachlasses, trotz der ihm vom Gesetz eingeräumten unbeschränkten Verwaltungs- und Verfügungsmacht, auch ihre Interessen wahrzunehmen, soweit sich dies mit den Interessen der Nachlaßgläubiger verträgt. Es sind daher für seine Verwaltung auch Gesichtspunkte der Zweckmäßigkeit maßgebend, wie er denn auch mit jener Beschränkung die Wünsche der Erben zu berücksichtigen hat. Denn der Erbe bleibt, obgleich ihm die Verwaltung und Verfügung entzogen ist, Träger der Rechte des Nachlasses, der ihm nach Beendigung der Verwaltung vom Verwalter in der Verfassung herauszugeben ist, wie er sich nach ordnungsmäßiger Verwaltung befinden muß. Hieraus würde sich wohl ein Recht des Erben ableiten lassen, gegen unzweckmäßige oder über den Zweck der Nachlaßverwaltung hinausgehende Handlungen des Verwalters Widerspruch zu erheben. Allein das kann in einem gegen ihn vom Verwalter angestrengten Prozesse nicht geschehen; denn wie bereits dargelegt, handelt es sich in Fällen jener Art nicht um eine Überschreitung der vom Gesetz dem Verwalter eingeräumten Verwaltungs- und Verfügungsmacht, sondern um eine ungeeignete Anwendung dieser Macht, um eine Pflichtwidrigkeit. Einwendungen nach dieser Richtung gehören nicht vor das Prozeßgericht; es würde auch zu großen Unzuträglichkeiten führen, wenn in einem Rechtsstreite die einschlagenden Verhältnisse erörtert werden müßten. Es handelt sich um eine Maßregel, die der Verwalter nach dem Gesetz zu treffen berechtigt ist; ob sie den Grundsätzen einer ordnungsmäßigen Verwaltung entspricht, ob sie zum Zwecke der Berichtigung von Nachlaßverbindlichkeiten erforderlich ist, ob sie mit dem Interesse der Erben, soweit solches berücksichtigt werden darf, vereinbar ist, darüber hat nicht das Prozeßgericht, sondern lediglich das Nachlaßgericht zu befinden, unter dessen Aufsicht die gesamte Tätigkeit des Verwalters steht (§§ 1837, 1915, 1962 BGB.). An dieses hat sich daher der Erbe zu wenden, wenn er eine Verwaltungshandlung beanstanden zu können glaubt, damit es geeignete Weisungen an den Verwalter erlasse.

Das Vorbringen des Beklagten läßt vielleicht die Auffassung zu, daß Nachlaßverbindlichkeiten überhaupt nicht mehr vorhanden seien. Diese Tatsache würde allerdings erheblich sein, wenn, mit Dernburg, Bürgerl. Recht Bd. 5 § 130 S. 366, anzunehmen wäre, daß die Nachlaßverwaltung in jenem Falle von Rechts wegen endige, auch ohne daß ein die Aufhebung anordnender Beschluß des Nachlaßgerichts ergeht. Dieser — mit der herrschenden Ansicht (vgl. Planck, BGB. 3. Aufl. zu § 1988) in Widerspruch stehenden — Auffassung kann jedoch nicht beigetreten werden; vielmehr endigt die Nachlaßverwaltung, abgesehen von dem Falle des § 1988 Abs. 1, nur infolge ihrer Aufhebung durch das Nachlaßgericht, und diese Aufhebung kann erfolgen, wenn eine den Kosten entsprechende Masse nicht vorhanden ist, und sie muß nach § 1919 verfügt werden, wenn die Aufgabe der Nachlaßverwaltung erfüllt ist, d. h. wenn die bekannten Nachlaßverbindlichkeiten berichtigt sind. Der Erbe wird daher in diesem Falle berechtigt sein, die Aufhebung der Nachlaßverwaltung durch das Nachlaßgericht zu verlangen. Solange aber weder der Nachlaßkonkurs eröffnet, noch die Verwaltung durch Beschluß des Nachlaßgerichts aufgehoben worden ist, bleiben die dem Verwalter durch das Gesetz eingeräumten Befugnisse in Kraft." . . .

64. Findet auf den Fall der Herausgabe fälliger Zinsscheine von Wertpapieren, die zur Sicherheitsleistung hinterlegt sind, die Vorschrift des § 109 ZPO. entsprechende Anwendung?

VI. Zivilsenat. Beschl. v. 6. Dezember 1909 i. S. Allianz (Kl.) w. St.. (Bekl.). Beschw.-Rep. VI. 270/09.

I. Kammergericht Berlin.

Das Reichsgericht hat die Frage bejaht aus folgenden

Gründen:

„Die Klägerin hat behufs Vornahme der Zwangsvollstreckung aus dem gegenüber dem Beklagten St. ergangenen, gegen Sicherheitsleistung für vorläufig vollstreckbar erklärten Urteile des Landgerichts II in Berlin vom 19. Februar 1909 fünf Stück 4 prozentige Deutsche Reichsanleihe im Nennbetrage von zusammen 30700 ℳ bei der Königlichen Ministerial-, Militär- und Baukommission hinterlegt. Gegen das genannte Urteil ist von dem Beklagten Berufung eingelegt. Die Klägerin hat beim Kammergericht den Antrag gestellt, anzuordnen, daß die fälligen Zinsscheine der hinterlegten Wertpapiere der Hinterlegerin zur freien Verfügung herauszugeben seien. Das Kammergericht hat den Antrag abgelehnt, da die Voraussetzung des § 109 ZPO. nicht vorliege, ebensowenig der von der Klägerin vorgetragene Sachverhalt Grund zur Erlassung einer einstweiligen

Verfügung im Sinne von §§ 935, 940 ZPO. gebe, und in Ermangelung einer passenden Prozeßvorschrift daher das Prozeßgericht nicht zuständig sei, die gewünschte Anordnung zu treffen. Die hiergegen eingelegte Beschwerde erweist sich als begründet.

Es ist zwar richtig, daß dem Wortlaute nach die Vorschrift des § 109 ZPO. auf den vorliegenden Fall nicht zutrifft: die „Veranlassung für eine Sicherheitsleistung" an sich (Entsch. des RG.'s in Zivils. Bd. 50 S. 376, Bd. 52 S. 105, Bd. 61 S. 300) ist nicht weggefallen. Immerhin aber ist nach dem hier zu unterstellenden Sachverhalte die Voraussetzung dafür weggefallen, daß diejenigen Zinsscheine, die nach § 108 Abs. 2 ZPO., § 234 Abs. 2 BGB. mit den Wertpapieren zu hinterlegen waren, inzwischen jedoch fällig geworden sind, weiterhin hinterlegt bleiben. Denn nach § 1296 Abs. 2 BGB. kann die Hinterlegerin die Herausgabe dieser Zinsscheine verlangen, sofern der Anspruch des Gegners (auf Ersatz eines ihm etwa aus der Vollstreckung des Urteils erwachsenden Schadens, § 717 ZPO.) noch nicht fällig geworden ist (§ 1228 Abs. 2 BGB.). Die Natur eines solchen — für die Regel ohne weiteres liquiden — Anspruches auf Herausgabe der fälligen Zinsscheine und das Interesse des Hinterlegers an rascher Erledigung seines Begehrens lassen es als dringendes Rechtsbedürfnis erscheinen, daß die fragliche Anordnung vom Gericht in einem einfachen Beschlußverfahren getroffen werden kann, und der Hinterleger, wenn die Einwilligung des Gegners in die Freigabe der Scheine mangelt, nicht auf den Weg einer besonderen Klage verwiesen werden muß. Einer analogen Anwendung des § 109 ZPO. auf diese Fälle stehen durchgreifende Bedenken nicht entgegen; sie rechtfertigt sich um so eher als die jener Gesetzesvorschrift zugrunde liegende Tendenz einer Vereinfachung des Verfahrens auch in anderweiten auf die prozessuale Sicherheitsleistung bezüglichen Vorschriften der Zivilprozeßordnung (§§ 707, 719, 715, 769, 943) zum Ausdrucke kommt." . . .

---

65. Inwieweit kann ein Gesellschafter einer Gesellschaft mit beschränkter Haftung, der eine erhöhte Stammeinlage übernommen hat, im Vertragswege mit der Gesellschaft diese Stammeinlage durch

Aufrechnung mit einer ihm gegen die Gesellschaft zustehenden Forderung tilgen?

Gesetz, betr. die Ges. m. b. H. vom 20. Mai 1898 § 19.

II. Zivilsenat. Urt. v. 7. Dezember 1909 i. S. D. (Bekl.) w. D. (Kl.). Rep. II. 101/09.

I. Landgericht I Berlin.
II. Kammergericht daselbst.

„Der Beklagte und der verstorbene Ingenieur W. D. waren zunächst alleinige Gesellschafter einer Gesellschaft mit beschränkter Haftung unter der Firma F. W. D. in Berlin, eines Geschäfts für gesundheitstechnische Anlagen. Am 5. September 1903 war der Kaufmann F. B. als dritter Gesellschafter in die Gesellschaft eingetreten. Geschäftsführer war W. D. Am 15. Juni 1903 hatten die damaligen zwei Gesellschafter durch einen zu notariellem Protokoll beurkundeten Beschluß das ursprüngliche Stammkapital von 30000 *M* auf 100000 *M* erhöht. In der zum Handelsregister erstatteten Anzeige über diesen Beschluß erklärte der Geschäftsführer W. D., die Stammeinlage von 70000 *M* sei von dem Mitgesellschafter D. und ihm zu gleichen Anteilen mit je 35000 *M* übernommen; er versichere, daß D. den Gesellschaftsanteil von 35000 *M* bar eingezahlt habe; diese 35000 *M* sowie die von ihm auf seinen übernommenen Geschäftsanteil von 35000 *M* gezahlten 10000 *M* befänden sich in seiner Verfügung. Daraufhin wurde am 30. Juni 1903 die Kapitalserhöhung in das Handelsregister eingetragen. Über das Vermögen der Gesellschaft wurde nach dem Tode des W. D. (ebenso wie über dessen Nachlaß) der Konkurs eröffnet. Der Verwalter des Konkurses der Gesellschaft erhob mit der Behauptung, daß der Beklagte in Wirklichkeit die 35000 *M* nicht eingezahlt habe, Klage auf Zahlung dieser 35000 *M* mit Zinsen. Das Landgericht verurteilte den Beklagten nach dem Klagantrag. Das Oberlandesgericht wies die Berufung des Beklagten zurück. Auch die Revision wurde zurückgewiesen.

Aus den Gründen:

... „Die Revision des Beklagten richtet sich gegen die Verurteilung zur Einzahlung der von ihm laut Beschluß vom 15. Juni 1903 übernommenen erhöhten Stammeinlage von 35000 *M*. Der Beklagte behauptet, diese Einlageschuld nach dem Erhöhungsbeschluß durch vertragliche Aufrechnung mit einer höheren Darlehnsforderung an die Gesellschaft getilgt zu haben. Das Oberlandesgericht hat als tatsächlich zutreffend angenommen, daß nach dem 15. Juni zwischen dem Beklagten und der Gesellschaft eine dahingehende Vereinbarung getroffen worden ist. Dasselbe führt aber, unter Hinweis auf die Entscheidungen des I. Senats d. RG.'s in Bd. 54 S. 390 und Bd. 68 S. 121, aus, durch diese vertragliche Aufrechnung habe die Einlageschuld des Beklagten nicht getilgt werden können, weil bei dem bereits damals ungünstigen Vermögensstand der Gesellschaft die Gegenforderung des Beklagten aus Vorschüssen und Darlehen an dieselbe gegenüber der Forderung der Gesellschaft auf die Einlage nicht vollwertig gewesen sei. In dieser Hinsicht wird erwogen, der Beklagte habe selbst zugegeben, daß, wenn die der Gesellschaft durch die Kapitalserhöhung zur Verfügung gestellten Summen nicht mitgerechnet würden, im Juli 1903 die Passiven der Gesellschaft deren Aktiven erheblich überstiegen hätten.

Zur Begründung der Revision wird geltend gemacht, daß bei der Frage, ob mit Rücksicht auf die Vermögenslage der Gesellschaft die vertragliche Aufrechnung von Forderungen gegen die Gesellschaft mit der erhöhten Stammeinlage zuzulassen sei, diese Erhöhungen mit in Ansatz gebracht werden müßten. Jedenfalls hätte das Vermögen der Gesellschaft zur Zeit der Aufrechnung festgestellt werden müssen, da diese doch nur insoweit als unzulässig hätte erachtet werden können, als das Gesellschaftsvermögen zur Deckung der Forderung des Beklagten nicht ausgereicht habe.

Diese Ausführungen können der Revision nicht zum Erfolge helfen. Was die Frage anlangt, welche Erfordernisse das Gesetz, betreffend die Gesellschaften mit beschränkter Haftung vom 20. Mai 1898 bezüglich der Einzahlungen der Stammeinlagen gesetzt hat, so ist zwar nicht unter allen Umständen die Zahlung baren Geldes erforderlich. Es ergibt sich das schon daraus, daß — während bei Aktiengesellschaften nach § 195 Abs. 3 HGB. (Art. 210 Abs. 3 ADHGB.) in der Anmeldung zum Handelsregister die Erklärung abzugeben ist, daß auf jede Aktie, soweit nicht andere als durch Barzahlung zu leistende Einlagen gemacht sind, der eingeforderte Betrag bar eingezahlt und im Besitze des Vorstandes sei — bei Gesellschaften mit beschränkter Haftung nach § 8 Abs. 3 des Gesetzes in der Anmeldung die Versicherung abzugeben ist, daß die im § 7 Abs. 2 bezeichneten Leistungen auf die Stammeinlagen bewirkt seien, und daß der Gegenstand der Leistungen sich in der freien Verfügung der Geschäftsführer befinde. Mit Recht ist in dem Urteil des I. Senats vom 25. Mai 1898 (Entsch. in Zivils. Bd. 41 S. 120flg.) darauf hingewiesen worden, es sei bei dem Verhältnisse der beiden Gesetze zueinander anzunehmen, daß diese Abweichung eine gewollte sei, und es wird dabei auf die Begründung zu den §§ 7 und 8 der Gesetzesvorlage verwiesen, in der gesagt wird, was bei den in Geld zu leistenden Einlagen als Einzahlung anzusehen sei, werde im Entwurf nicht näher bestimmt; Vorschriften, wie sie im Art. 210 ADHGB. über das Erfordernis der Barzahlung bei Aktiengesellschaften gegeben seien, könnten hier entbehrt werden; . . . jedenfalls müsse die Einzahlung eine derartige sein, daß der eingezahlte Betrag zur freien Verfügung der Geschäftsführer stehe.

Hieraus folgt aber andererseits der Standpunkt des Gesetzes, daß eine Leistung nur dann als Einzahlung der Stammeinlage gelten kann, wenn sie materiell den entsprechenden in Geld umzusetzenden Vermögenswert für die Gesellschaft repräsentiert. Dem entspricht es insbesondere auch, daß in § 19 Abs. 2 Erlaß, Stundung, einseitige Aufrechnung und das Zurückbehaltungsrecht ausdrücklich ausgeschlossen werden. Dieses Erfordernis trifft aber bei der vertragsmäßigen Aufrechnung mit einer Forderung gegen die Gesellschaft gegen die übernommene weitere Stammeinlage jedenfalls dann nicht zu, wenn die Gesellschaft zu der Zeit, wo die Aufrechnung erfolgt, überschuldet ist, so daß eine Befriedigung für die aufgerechnete Forderung aus dem Vermögensbestande der Gesellschaft nicht hätte erfolgen können.

Die Zuführung voller realisierbarer Vermögenswerte bei Deckung der Verpflichtung der Einzahlung der Stammeinlage, die durch die Anmeldung zum Handelsregister und die Eintragung gemäß §§ 8 und 10 für jeden Beteiligten ersichtlich zu machen ist, ist im allgemeinen Interesse, insbesondere mit Rücksicht auf die Gläubiger der Gesellschaft für notwendig erachtet worden, und es würde weder dem Geiste noch dem Zwecke des Gesetzes entsprechen, wenn man bei Beurteilung der Frage, ob mit Rücksicht auf die Vermögenslage der Gesellschaft im Einzelfalle eine vertragsmäßige Aufrechnung als Tilgung der Einzahlungsverpflichtung der Stammeinlage zu erachten sei, einen nicht strengen Maßstab anlegen wollte. Es kann auch noch auf das österreichische Gesetz, betr. die Gesellschaften mit beschränkter Haftung vom 6. März 1906 verwiesen werden, das im wesentlichen an die deutsche Gesetzgebung sich angeschlossen hat, und das aus den erörterten Gründen in § 63 Abs. 3 Satz 2 die Kompensation einer Forderung an die Gesellschaft mit der Einzahlungsverbindlichkeit überhaupt ausgeschlossen hat. Mit der Entscheidung des erkennenden Senats vom 13. Juli 1909 in der Sache D. w. D. Konkurs, Rep. II. 604/08, steht diese Entscheidung nicht in Widerspruch.

Danach ist im vorliegenden Falle die Einlageschuld des Beklagten bezüglich der von ihm übernommenen 35000 ℳ nicht durch Aufrechnung getilgt, und die Revision des Beklagten erweist sich als unbegründet."

---

66. 1. Rechtsverhältnisse bei gesonderter Zwangsversteigerung zweier demselben Eigentümer gehörigen, mit einem Gebäude überbauten Grundstücke.

2. Entsteht eine Überbaugerechtigkeit durch destination du père de famille (Artt. 690. 692 flg. Code civil), wenn der Bau vor dem Inkrafttreten des Bürgerlichen Gesetzbuchs vorgenommen worden ist, die Zwangsversteigerung aber nach diesem Zeitpunkte erfolgt?

3. Ist der redliche Besitzer eines Grundstücks für Verzug in dessen Räumung schadensersatzpflichtig?

BGB. §§ 912. 989.
Code civil Artt. 690 flg.
EinfGes. z. BGB. Art. 184.
ZwVG. §§ 37 Nr. 5. 90.

V. Zivilsenat. Urt. v. 8. Dezember 1909 i. S. H. (Kl.) w. T. (Bekl.). Rep. V. 40/09.

I. Landgericht Elberfeld.
II. Oberlandesgericht Düsseldorf.

Im Jahre 1897 hatte der Zimmermeister Z. auf zwei ihm und seiner Ehefrau gehörigen Grundstücken an der R.-Straße in E., die im Grundbuch Bd. 26 Bl. 1017 als zwei selbständige Grundstücke, Flur 8 Nr. 681/82 von 1,93 a und Flur 8 Nr. 665/83 von 2,27 a Größe, verzeichnet waren, zwei Wohnhäuser, R.-Straße Nr. 5 und 7, errichtet. Das zweite Wohnhaus (Nr. 7) bedeckte aber außer der Straßenfront von Nr. 665/83 auch einen 2 m breiten Grenzstreifen des anderen Grundstückes. Entsprechend dieser Baugrenze war auch der dahinter liegende Hofraum der beiden Gebäude durch eine Mauer geschieden worden. Zu einer kataster- und grundbuchmäßigen Änderung der Grenzlinie kam es nicht. Im Jahre 1905 wurden beide Grundstücke unter ihrer grundbuch- und katastermäßigen Bezeichnung (Flurnummer, Größe, Wohnhaus mit Nutzungswert) gesondert zwangsweise versteigert. Hierbei erwarb der Beklagte das Grundstück Nr. 7, während in einem späteren, im Jahre 1907 eingeleiteten nochmaligen Zwangsversteigerungsverfahren das Grundstück Nr. 5 von dem Kläger erstanden wurde. Letzterer nahm das Eigentum an dem von Nr. 7 überbauten Grenzstreifen, der zusammen den Raum eines Zimmers (20 qm) ausmachen sollte, an dem darüber befindlichen Gebäudeteil und an dem entsprechenden Hinterland in Anspruch und klagte mit dem Antrage: 1. festzustellen, daß er das Grundstück Flur 8 Nr. 681/82 in seinen katastermäßigen Grenzen mit Einschluß des Grenzstreifens von 43,3 qm und des Überbaus erworben habe; 2. den Beklagten zur Räumung des Grenzstreifens und des Überbaus, sowie zur Beseitigung der Gebäudekonstruktionen, mit denen das Haus des Beklagten die auf dem Grundstück des Klägers stehende Abschlußmauer belaste, zu verurteilen; 3. den Beklagten zu verurteilen, für die Entziehung des Besitzes und der Nutzungen seit dem 3. Januar 1907 Schadensersatz in Höhe von 1 *M* täglich zu leisten. Eventuell verlangte der Kläger, der Beklagte solle verurteilt werden, vom Tage seines Eigentumserwerbs ab eine jährliche Überbaurente von 365 *M* zu zahlen.

Der erste Richter wies die Klage ab. Auch die Berufung des Klägers wurde zurückgewiesen. Der Revision des Klägers wurde zum Teil stattgegeben.

Aus den Gründen:

... „Das Berufungsgericht hat ebenso wie das Landgericht angenommen, daß der Kläger durch den Zuschlag das Eigentum an dem teilweise überbauten Grenzstreifen nicht erworben habe. Zwar seien die Angaben des Katasters, solange die Bebauung nicht geschehen sei, richtig gewesen, aber durch die Bebauung habe sich dies geändert; die Grenze sei dadurch „tatsächlich" verschoben worden, und dieser tatsächlichen Änderung, die das Grundbuch und Kataster unrichtig gemacht habe, sei die rechtliche Anerkennung nicht zu versagen, weil die Grenzänderung durch den Eigentümer keine Rechtshandlung erfordere. Die Bebauungsgrenze entscheide auch über das Hinterland, selbst wenn dort keine Grenze gezogen worden sei. Auf den Schutz des guten Glaubens könne sich der Kläger nicht berufen, weil nach §§ 891 flg. BGB. die Angaben des Katasters durch den öffentlichen Glauben des Grundbuchs nicht mehr gedeckt würden.

Hieran ist so viel richtig, daß die §§ 891 flg. BGB. im vorliegenden Falle ausscheiden müssen. Sie beziehen sich nur auf den Erwerb durch Rechtsgeschäft, nicht auf den Erwerb im Wege der Zwangsversteigerung. Bei diesem Erwerb entscheidet nach der ständigen Rechtsprechung des Reichsgerichts über den Gegenstand der Zwangsversteigerung und des Zuschlags lediglich die Bekanntmachung und der Zuschlagsbeschluß, nicht aber der gute oder der böse Glaube des Erstehers.

Vgl. Entsch. d. RG.'s. in Zivils. Bd. 45 S. 285; Gruchot, Beitr. Bd. 34 S. 1103, Bd. 35 S. 705, Bd. 41 S. 1035, 1039, Bd. 44 S. 1007; Jur. Wochenschr. 1909 S. 701 Nr. 35.

Ausgeboten und zugeschlagen aber war im vorliegenden Falle nach den im Zuschlagsbeschlusse in Bezug genommenen Angaben des Katasters der streitige Grenzstreifen mit Flur 8 Nr. 681/82, die der Kläger erstanden hat. Die Flächenangaben des Katasters waren unstreitig richtig; die Verschiebung der Grenzen konnte nicht, wie der Berufungsrichter irrigerweise angenommen hat, durch eine tatsächliche Änderung, sondern schon deshalb, weil sie die Rechte aller Realberechtigten berührte, nur durch Rechtshandlung, durch Ab- und Zuschreibung im Kataster und Grundbuch, bewirkt werden. Die Überschreitung der Grenze mit Bauten änderte, wie das Reichsgericht ständig angenommen hat, an der Grundbuch- und Katastergrenze nichts. Kommt es zur Zwangsversteigerung, so entscheidet über die Grenze nicht der Bau, sondern die Grundfläche, das Flurbuch, nicht die Gebäudesteuerrolle.

Vgl. Entsch. d. RG.'s in Zivils. Bd. 18 S. 278; Gruchot, Beitr.

Bd. 35 S. 702, Bd. 41 S. 1038, Bd. 42 S. 525; Urteil vom 4. Mai 1907, Rep. V. 501/06.

Nur wenn die Grenzangaben im Kataster unrichtig sind, können die Bauten als Beweisgründe in Betracht kommen.

Vgl. Gruchot, Beitr. Bd. 42 S. 526, Bd. 53 S. 843 flg.

Es ist demnach davon auszugehen, daß der Kläger durch den Zuschlag Eigentum an dem überbauten Grenzstreifen und um soviel mehr an dem nicht überbauten und anscheinend auch nicht einmal abgeteilten Hinterlande erworben hat. Daraus aber folgt nicht ohne weiteres auch das Eigentum an dem über dem Grenzstreifen befindlichen Gebäudeteil. Der Grundsatz, daß das Eigentum der Gebäude dem Eigentümer des Grund und Bodens zufällt, und daß bei einer Zwangsversteigerung von Gebäuden, die auf zwei Grundstücken errichtet sind, vertikale Teilung eintritt,

vgl. Gruchot, Beitr. Bd. 31 S. 896; Entsch. d. RG.'s in Zivils. Bd. 65 S. 363, Bd. 70 S. 200,

kann, wie in dem Urteil Bd. 65 S. 363 anerkannt ist, Ausnahmen erleiden. Gebäude können auch einem andern, als dem Eigentümer des Grundstücks gehören (§ 95 Abs. 1 Satz 2 BGB.), und Teile von Gebäuden können sich über die Grenze hinaus auf fremde Grundstücke erstrecken.

Vgl. § 912 BGB.; Entsch. d. RG.'s in Zivils. Bd. 39 S. 207, Bd. 48 S. 267, Bd. 61 S. 193; Jur. Wochenschr. 1906 S. 417 Nr. 2.

Es war daher sehr wohl möglich, daß das Wohnhaus Nr. 7 lediglich für das Grundstück Flur 8 Nr. 665/83 errichtet wurde; und daß dies tatsächlich der Wille des Bauenden war, kann nach den Eintragungen in der Gebäudesteuerrolle und im Grundbuch, übereinstimmend mit beiden Vorderrichtern, ohne weiteres angenommen werden. Dann wäre aber der Beklagte, da ihm § 912 BGB. nach dem vorerwähnten Urteil (Bd. 65 S. 361) nicht zustatten kommt, auf Verlangen des Klägers verpflichtet, dessen Grundstück von dem Bau zu befreien, wenn ihm nicht etwa aus einem andern Grunde ein Recht, das Nachbargrundstück mit dem Bau zu belasten, zusteht.

Das Landgericht hatte als solchen Grund in zweiter Linie die Bestimmungen der Art. 692 flg. des Code civil geltend gemacht. Das Oberlandesgericht hat sich über diese auch in dem Urteil Bd. 65 S. 361 nicht erörterten Vorschriften nicht ausgelassen. Die Annahme des Landgerichts ist aber nicht von der Hand zu weisen. Der Bau erfolgte unter der Herrschaft des Code civil; eine Grundgerechtigkeit immerwährender und durch äußere Anlagen in die Augen fallender Natur, wie die hier in Frage kommende des Überbaus, konnte nach Art. 690, 692 Code civil durch die Bestimmung des Eigentümers (destination du père de famille) erworben werden. Den für den Erwerb maßgebenden Titel (Art. 690) bildet diese Bestimmung (Art. 692). Der Erwerb vollzieht sich allerdings erst in dem Augenblicke, wo die Trennung der beiden Grundstücke eintritt (Artt. 693 flg.); es handelt sich aber dabei, wie das Landgericht mit Recht hervorhebt, nur um eine den Rechtserwerb hinausschiebende Bedingung und Befristung, bei der es auf den Willen der Beteiligten nicht mehr ankommt (Art. 694). Tritt die Bedingung ein, so wird das bedingt begründete Recht wirksam; die Servitut dauert, wie Art. 694 a. a. O. sich ausdrückt, fort. War nun auch zur Zeit der Trennung der beiden Grundstücke der Code civil mit den erwähnten Vorschriften bereits außer Kraft getreten, so bestand doch ohne Zweifel eine Rechtsposition dinglichen Charakters; und solche Rechtspositionen sind nach Art. 184 EG. z. BGB. bestehen geblieben, konnten also auch durch Eintritt der Bedingung und Ablauf der Frist in ein Recht übergehen.

Vgl. Motive zu Art. 106 des 1. Entw. eines EG. S. 264 Abs. 3, S. 265 letzter Abs.; Planck, Bem. 1 Abs. 2, Anm. 4 Abs. 3 zu Art. 184; v. Staudinger, Bem. 2c.

Ob die Trennung der Grundstücke durch freiwillige Veräußerung oder durch Zwangsversteigerung erfolgte, ist, da es auf den Willen der Beteiligten gar nicht mehr ankam, gleichgültig.

Vgl. Zachariä-Crome, Franz. Zivilr. Bd. 1 § 222 Anm. 5; Rhein. Arch. Bd. 84 I 141; Entsch. d. RG.'s in Zivils. Bd. 13 S. 252, Bd. 49 S. 238.

Daß im vorliegenden Falle eine „Bestimmung des Eigentümers" im Sinne der Artt. 692 flg. Code civil noch während der Dauer ihrer Geltung getroffen worden ist, kann nach dem unstreitigen Sachverhalt nicht zweifelhaft sein. Der Einwand des Klägers, eine solche Bestimmung könne um deswillen nicht angenommen werden, weil Z. bei dem Hausbau nicht die Absicht gehabt habe, eine Grunddienstbarkeit zu begründen, vielmehr den bebauten Grenzstreifen dem Grundstück Nr. 665/83 habe zuschreiben lassen wollen, ist unbeachtlich. Denn der Wille, mit dem letzterwähnten Grundstück das Eigentum an dem Streifen zu vereinigen, schließt als der weitergehende nach der ständigen Rechtsprechung des Reichsgerichts,

vgl. Entsch. in Zivils. Bd. 4 S. 137, Bd. 7 S. 146, Bd. 12 S. 175, Bd. 16 S. 217; Gruchot, Beitr. Bd. 49 S. 1138 u. a. m.,

den Willen, eine Grunddienstbarkeit zu begründen, ein.

Hiernach gehört der Überbau zum Grundstück des Beklagten und muß, obwohl die Grundfläche dem Kläger gehört, kraft der nach Artt. 692 flg. Code civil begründeten Überbaugerechtigkeit vom Kläger geduldet werden. Festzustellen ist indessen noch, inwieweit auch das Hinterland des Überbaus durch sichtbare Anlagen (Art. 689 Code civil) vor dem Inkrafttreten des neuen Rechts dem Grundstück 665/83 dienstbar gemacht worden ist. Zu diesem Zwecke war das Berufungsurteil, soweit es die Klaganträge 1 und 2 betrifft, aufzuheben und die Sache in die Vorinstanz zurückzuverweisen.

Der Klagantrag 3 und der Eventualantrag dagegen sind nach dem Vorstehenden in vollem Umfange unbegründet, und insoweit war deshalb die Revision ohne weiteres zurückzuweisen. Was insbesondere den dritten Klagantrag anlangt, so kann der Kläger entgangene Nutzungen für den auf seinem Grundstück stehenden Gebäudeteil schon deshalb nicht verlangen, weil ihm dieser Gebäudeteil nicht gehört und er den Überbau kraft dinglicher Belastung dulden muß. Aber auch für die Entziehung des Hinterlandes kann er insoweit, als die Grunddienstbarkeit des Beklagten nicht anerkannt wird, den geforderten Schadensersatz nicht beanspruchen, weil der Beklagte nach Lage der Sache als redlicher Besitzer zu betrachten ist, und ein solcher Besitzer, selbst nach Zustellung der Klage, für den durch die Vorenthaltung der Sache (den Verzug) verursachten Schaden nicht haftet.

Vgl. BGB. §§ 989, 990 Abs. 2; Prot. Bd. 3 S. 344, 348; Urteil des RG.'s vom 24. November 1909, Rep. V 593/08." . . .

---

67. Darf, abgesehen von dem Falle des § 1179 BGB., zur Sicherung des Anspruchs aus einer Verbindlichkeit, die der Grundstückseigentümer in betreff der Verfügung über eine künftige, möglicher-

weise entstehende Eigentümergrundschuld eingegangen ist, eine Vormerkung im Grundbuch eingetragen werden?

BGB. §§ 873, 883, 1179.

GBO. § 40.

V. Zivilsenat. Beschl. v. 11. Dezember 1909 in der Grundbuchsache von Sch. Beschw.-Rep. V. 187/09.

I. Amtsgericht I München.
II. Landgericht I daselbst.

Die Witwe T., die Eigentümerin mehrerer mit Hypotheken belasteter Grundstücke war, hatte in einer notariellen Urkunde vom 4. September 1909 unter Anerkennung, daß sie dem Kaufmann M. aus Darlehen, Bürgschaften und sonstigen Rechtsgründen einen fälligen Betrag von 100000 ℳ verschulde und am 27. April 1908 sich verpflichtet habe, ihm ihr gesamtes Vermögen zu übertragen, diese Verpflichtung mit Bezug auf die Hypotheken- und Grundschuldrechte bestätigt und bei den Hypotheken der Grundstücke die Eintragung einer Vormerkung des Inhalts bewilligt, daß sie verpflichtet sei, die Rechte aus diesen Hypotheken auf M. zu übertragen, soweit sie sich mit dem Eigentum in ihrer Person vereinigt hätten oder noch vereinigen würden. Der Antrag auf Eintragung dieser Vormerkung wurde vom Grundbuchamt unter Bezugnahme auf die Entscheidung des Reichsgerichts vom 18. Oktober 1905 (Entsch. in Zivils. Bd. 61 S. 374, RJA. Bd. 6 S. 215) auf Grund des § 40 GBO. abgelehnt. Die hiergegen unter Hinweis auf § 1179 BGB. und auf die Entscheidungen des Kammergerichts vom 17./31. Mai 1906 (Johow's Jahrb. Bd. 33 A S. 280, Rechtspr. d. Oberlandesgerichte Bd. 14 S. 120) und vom 8. November 1906 (RJA. Bd. 8 S. 154) erhobene Beschwerde wies das Landgericht zurück. Auch die weitere Beschwerde der Frau T., die das Oberste Landesgericht in München gemäß § 79 Abs. 2 GBO. dem Reichsgericht vorlegte, ist von diesem zurückgewiesen worden aus folgenden

Gründen:

... „Da der Nachweis bereits entstandener Eigentümergrundschulden nicht geführt ist, so ist davon auszugehen, daß lediglich Eigentümergrundschulden, die künftig möglicherweise in der Person der

Beschwerdeführerin entstehen werden, in Frage kommen. Die Eintragung von dinglichen Verfügungen über solche Eigentümergrundschulden (Pfändungen und Übertragungen) ist ohne weiteres Eingehen auf die Frage, ob solche Verfügungen über künftige Eigentümergrundschulden zulässig sind, vom Reichsgericht in dem Beschlusse vom 18. Oktober 1905 (Entsch. des RG.'s in Zivils. Bd. 61 S. 374) bereits für unzulässig erklärt worden. Dabei ist, abgesehen von den Unzuträglichkeiten, die eine Belastung des Grundbuchs mit solchen problematischen, bei jedem Wechsel des Eigentums sich möglicherweise wiederholenden Eintragungen zur Folge haben würde, hauptsächlich auf § 40 GBO. Gewicht gelegt, der klarstellt, daß das von der einzutragenden Verfügung betroffene Recht ein gegenwärtiges und eingetragenes sein muß. Von diesem Beschlusse, der zwar durch eine abweichende Entscheidung des Kammergerichts veranlaßt wurde, sonst aber auch mit der Rechtsprechung des Kammergerichts im Einklang steht (Johow's Jahrb. Bd. 22 A 163 und 172, Bd. 26 A 145, Bd. 30 A 243, Bd. 33 A 286), wieder abzugehen, liegt kein Grund vor. Dann sind aber dieselben Grundsätze auch bei der Eintragung von Vormerkungen, die Verfügungen der vorerwähnten Art sichern sollen, anzuwenden.

Die durch die Vormerkung zu sichernde Verpflichtung zu solchen Verfügungen ist obligatorischer Natur und daher ohne Zweifel zulässig; ihre Eintragung aber unterliegt denselben Beschränkungen, wie die Eintragung der dinglichen Verfügung. Insbesondere greift, wie allgemein und auch vom Kammergericht (RJA. Bd. 5 S. 194, Bd. 6 S. 56), anerkannt ist, § 40 GBO. bei der Eintragung von Vormerkungen ebenfalls Platz. Gleichwohl ist, ausgehend von der in § 1179 BGB. zugelassenen Vormerkung für Löschungsverpflichtungen des Eigentümers in Beziehung auf künftige Eigentümerhypotheken, das Kammergericht in den von der Beschwerdeführerin angezogenen Beschlüssen vom 17./31. Mai 1906 (Johow's Jahrb. Bd. 33 A 280, Rechtspr. Bd. 14 S. 120, ähnlich schon vorher Johow's Jahrb. Bd. 25 A 166) in betreff der Zulässigkeit der Eintragung von Vormerkungen, die Verpflichtungen des Eigentümers zu Verfügungen über künftige Eigentümerhypotheken sichern sollen, allgemein zu einer abweichenden Auffassung gelangt. Es sieht in § 1179 BGB. nicht eine vom Gesetz zugelassene Ausnahme, sondern die Anerkennung eines allgemeinen Grundsatzes, dem § 40 GBO. nicht entgegenstehe. Denn infolge seiner Eintragung als Eigentümer sei der Grundeigentümer auch als eventuell eingetragener Inhaber der ihm gemäß § 1177 BGB. zufallenden Hypotheken anzusehen. Gerade dieser Auffassung, als sei durch die Eigentumseintragung auch der nach §§ 873, 883 BGB. und nach § 40 GBO. erforderlichen Rechtseintragung genügt, die allerdings in der Literatur mehrfach, insbesondere bei Oberneck, Reichsgrundbuchrecht, 4. Aufl. Bd. 2 S. 30 flg., Vertretung gefunden hat, ist indessen das Reichsgericht in dem vorerwähnten Beschlusse vom 18. Oktober 1905 und auch das Kammergericht in den damit übereinstimmenden, oben erwähnten Beschlüssen entgegengetreten.

Zuzugeben ist freilich, daß § 1179 BGB. zu Gunsten der Löschungsvormerkung die Eintragung des Eigentümers und dessen Eventualberechtigung genügen läßt; es handelt sich hier aber in der Tat nur um eine vom Gesetz bewußterweise gemachte Ausnahme, die darin ihren Grund hat, daß man solche Löschungsverpflichtungen obligatorischer Natur im Interesse anderer, insbesondere nacheingetragener Rechte erleichtern und mit dinglicher Wirkung ausstatten wollte. In den Protokollen der 2. Kommission, Bd. 3 S. 607, der diese Vorschrift ihre Entstehung verdankt, ist ausdrücklich darauf hingewiesen, daß die Eintragung einer Vormerkung auf Grund der allgemeinen Vorschrift (§ 883 BGB.) nur bei einer zum mindesten sehr zweifelhaften theoretischen Auffassung der Eigentümerhypothek möglich sei. Unter dieser Theorie kann, wie Planck, Bem. 1 zu § 1179 BGB. mit Recht hervorhebt, nur die kurz vorher (Bd. 3 S. 603) erörterte Ansicht verstanden werden, daß jede Hypothekenbestellung zugleich die Bestellung einer Eigentümerhypothek enthalte, die als solche mit der Hypothek belastet sei und bei deren Wegfall von selbst frei werde. Diese Ansicht würde allerdings, da dann ein gegenwärtiges eingetragenes Recht vorhanden wäre, der Anwendung des § 883 BGB. Raum schaffen; sie ist aber von der 2. Kommission nicht für richtig erachtet worden und hat im Gesetz keine Anerkennung gefunden. Vielmehr ist die Aufnahme einer besonderen Vorschrift beschlossen worden, die infolgedessen als Ausnahmevorschrift sich darstellt. Diese Vorschrift mag vielleicht in Fällen, die als eine teilweise Löschung aufgefaßt werden können, wie bei dem Rangrücktritt der Eigentümergrundschuld, Anwendung finden;

einer analogen Ausdehnung auf andere Verfügungen über die Eigentümergrundschuld, insbesondere auf Übertragungen, aber ist sie nicht fähig.

Vgl. Planck, Bem. 1, 6 zu § 1179, Bem. 1c zu § 883 BGB.; v. Staudinger, Bem. 5, 9 zu § 1179 BGB.; Eccius, in Gruchot's Beitr. Bd. 48 S. 438; auch Turnau u. Förster, Bem. 9 zu § 1179 BGB." ...

68. 1. Ist, soweit in einem Reichsgesetze das in den §§ 20, 21 GewO. geregelte Rekursverfahren vorgesehen ist, der Rechtsweg ausgeschlossen,[1] daher auch in den Fällen des durch das Gesetz vom 25. Mai 1903 (Art. I Nr. XVI) hinzugefügten Abs. 6 des § 45 des Krankenversicherungsgesetzes von 1892?

2. Erstreckt sich die Aufsicht der Aufsichtsbehörde für Ortskrankenkassen auch auf die gemäß §§ 46 flg. des Krankenversicherungsgesetzes von 1892 gebildeten Krankenkassenverbände? und was folgt daraus für die Frage der Zulässigkeit des Rechtsweges gegen Anordnungen der Aufsichtsbehörde?

VI. Zivilsenat. Urt. v. 13. Dezember 1909 i. S. R. u. C. (Kl.) w. hamb. Behörde für das Versicherungswesen (Bekl.). Rep. VI. 626/08.

I. Landgericht Hamburg.
II. Oberlandesgericht daselbst.

Aus den Gründen:

... „Was die Zulässigkeit des Rechtsweges betrifft, so bildet den Streitpunkt zwischen den Parteien die Frage, ob der Rechtsweg ausgeschlossen ist gegen Anordnungen, welche die Beklagte, als hamburgische Aufsichtsbehörde für die Ortskrankenkassen (§ 44 des Krankenversicherungsgesetzes vom 10. April 1892), auf Grund von § 45 Abs. 1 oder Abs. 5 des eben genannten Gesetzes in Beziehung auf den gemäß § 46 desselben Gesetzes gebildeten Verband der Ortskrankenkassen Hamburgs getroffen hat. Die Grundlage für die hier fragliche Ausschließung des Rechtsweges im allgemeinen bildet der Abs. 6

[1] Vgl. Nr. 15 S. 60 dieses Bandes. D. E.

des § 45, der durch Art. I Nr. XVI des Gesetzes, betr. weitere Abänderungen des Krankenversicherungsgesetzes, vom 25. Mai 1903 hinzugefügt worden ist. Dort ist bestimmt, daß die von der Aufsichtsbehörde auf Grund des Abs. 1 oder des Abs. 5 getroffenen Anordnungen von dem Vorstand oder der Generalversammlung der Kasse oder von dem betroffenen Vorstandsmitgliede auf dem in § 24 bezeichneten Wege, d. h. im Wege des Verwaltungsstreitverfahrens, und, wo ein solches nicht besteht, im Wege des Rekurses nach §§ 20, 21 GewO., angefochten werden können, sofern die Anfechtung darauf gestützt wird, daß die getroffene Anordnung rechtlich nicht begründet, und durch dieselbe die Kasse oder das Vorstandsmitglied in einem Rechte verletzt oder mit einer rechtlich nicht begründeten Verbindlichkeit belastet sei. Für Hamburg, wo es kein Verwaltungsstreitverfahren gibt, kommt hier das Rekursverfahren in Betracht. Es ist unzweifelhaft, daß, soweit dieses reicht, der Rechtsweg ausgeschlossen ist; wie auch die Gewerbeordnung selbst immer in diesem Sinne verstanden worden ist. Ferner ist unbedenklich anzunehmen, daß, wenn es an sich denkbare Fälle des Rechtsweges geben sollte, in denen die Anfechtung der Anordnung auf anderes als auf eine der in § 45 Abs. 6 bezeichneten Rechtsverletzungen gestützt werden könnte, doch auch für solche Fälle diese Gesetzesbestimmung den Rechtsweg ausschließen will; denn von ihrem Standpunkt aus würden sie offenbar für die gerichtliche Entscheidung noch weniger geeignet sein, als die dort genannten Fälle. Es ist also durch den Abs. 6 des § 45 den Ortskrankenkassen der Rechtsweg der Behörde gegenüber überhaupt verschlossen, und so kann es dahingestellt bleiben, ob dem VII. Zivilsenate des Reichsgerichts darin beizustimmen sein würde, daß auch schon vor dem Inkrafttreten des Gesetzes vom 25. Mai 1903 nach dem Sinne des Krankenversicherungsgesetzes der Rechtsweg in solchen Fällen unzulässig gewesen sei (Urteil vom 13. Oktober 1905 i. S. der jetzigen Beklagten w. C. und Gen., Rep. VII. 15/05).

Übrigens haben die Revisionskläger in Ansehung des bisher Besprochenen auch keine Bedenken erhoben. Ihre Angriffe richten sich allein dagegen, daß auch gegen Anordnungen der Behörde, die den **Verband** betreffen, kein Rechtsweg stattfinden soll. Aber auch diese Bedenken sind unbegründet und von den vordern Instanzen zutreffend widerlegt worden. Allerdings findet sich im Gesetze keine

Vorschrift, die ausdrücklich den in § 44 genannten Behörden die Aufsicht auch über die in den §§ 46 flg. vorgesehenen Verbände übertrüge. Daraus kann aber nicht geschlossen werden, daß ihnen diese Aufsicht nicht zusteht. Ein solcher Gesetzeswille erscheint schon von vornherein als unwahrscheinlich, weil dann die einzelnen Kassen eines Aufsichtsbezirkes, falls sie sich zusammentun, es in ihrer Hand hätten, sich durch Vereinigung zu einem Verband in sehr wichtigen Beziehungen praktisch der behördlichen Aufsicht zu entziehen. Die ganze Struktur des Gesetzes gibt aber auch, allerdings von einem Punkte abgesehen, keinerlei Anlaß, jenen Willen zu unterstellen. Die §§ 46 flg. stehen mitten im Zusammenhange des Abschnittes „C. Orts-Krankenkassen", der sich von § 16 bis § 48 a erstreckt; die Verbände sind da eben nur gedacht als eine besondere Erscheinungsform der mehreren Krankenkassen, die zu ihnen vereinigt sind. Daher versteht sich die Geltung der §§ 44 und 45 auch für sie von selbst. Dazu kommt aber noch, daß in § 46 Abs. 2 und in § 58 Abss. 3 und 4 ohne weiteres das Vorhandensein einer Aufsichtsbehörde für Verbände jener Art vorausgesetzt wird, und daß hierunter nur die in § 44 bezeichnete verstanden sein kann. Dies alles war ganz einleuchtend nach der ursprünglichen Fassung des Gesetzes von 1883, nach dessen § 46 Abs. 1 die Verbände nur aus Ortskrankenkassen bestehen sollten. Im Gesetze von 1892 ist die Sache dadurch etwas verdunkelt worden, daß dort die „Gemeinde-Krankenversicherungen" als mögliche Teilnehmerinnen der Verbände eingeschoben worden sind, deren Aufsichtsverhältnisse an sich andere sind; und dies ist eben der vorhin schon angedeutete Punkt, wo eine Schwierigkeit entsteht. Indessen kann doch diese Unstimmigkeit, die sich aus der Geschichte des Gesetzes erklärt, nicht dahin führen, die Verbände seit 1892 als der Aufsicht der in § 44 bezeichneten Behörde entzogen anzusehen; denn die Bestimmungen, die irgend eine Aufsichtsbehörde auch für die Verbände voraussetzen, stehen auch in dem Gesetze von 1892, und es bleibt dabei, daß diese Behörde, da nirgends eine andere bezeichnet ist, nur die des § 44 sein kann.

Die Kläger haben sich zur Verteidigung ihrer abweichenden Ansicht noch besonders auf die negative Analogie der §§ 33 und 35 Abs. 3 des Gesetzes über die eingeschriebenen Hilfskassen vom 7. April 1876 ... berufen, insofern auch dort die Möglichkeit von Verbänden vorgesehen, dann aber die von der Behörde zu übende Aufsicht über diese besonders festgesetzt sei. Diese Analogie versagt aber deshalb, weil die Einzelkassen der dort in § 35 Abs. 1 vorgesehenen Verbände nicht, wie die des § 46 Abs. 1 des Krankenversicherungsgesetzes, innerhalb eines Aufsichtsbezirkes zu liegen brauchen, und es daher jedenfalls in örtlicher Beziehung einer besonderen Bestimmung der Aufsichtsbehörde für den Verband in § 35 Abs. 3 des Gesetzes von 1876 bedurfte.

Die hier angenommene Ansicht ist auch die von Petersen, Krankenversicherungsgesetz (Aufl. 6), Bem. 9 d zu § 46, S. 341. Auch sind in Einzelstaaten, wie in Preußen, Bayern, Baden, Ausführungsbestimmungen über die Aufsichtsführung über die Verbände erlassen (vgl. Petersen a. a. O. Bem. 9 a, b und c), wobei es unerheblich ist, daß dort nicht überall der ganze Inhalt des § 45 ausgenutzt ist.

Da nun also das Aufsichtsrecht der Beklagten über den Verband der Ortskrankenkassen Hamburgs feststeht, so sind auch die angefochtenen Verfügungen als auf Grund des Abs. 1 des § 45 getroffene Anordnungen anzusehen. Dann aber greift auch der Ausschluß des Rechtsweges nach Abs. 6 daselbst hier Platz; denn diese Bestimmung, die nach ihrem Wortlaut allerdings eine in Ansehung einer „Kasse" getroffene Anordnung voraussetzt, ist offenbar auf die einen Verband betreffenden entsprechend anzuwenden." . . .

69. Rechtlicher Unterschied zwischen dem Werkvertrage und dem Dienstvertrage? Welches sind die Voraussetzungen des gesetzlichen Pfandrechts des Unternehmers beim Werkvertrage?

BGB. §§ 611, 631, 647, 854, 950.

VII. Zivilsenat. Urt. v. 14. Dezember 1909 i. S. Ofenfabrik A. (Bekl.) w. Ö. (Kl.). Rep. VII. 329/09.

I. Landgericht Potsdam.
II. Kammergericht Berlin.

Der Kläger hatte mit der Gesellschaft m. b. H. Ziegelei H. für die Betriebsjahre 1904 und 1905 zwei Verträge, die er als Werkverträge ansah, geschlossen, in denen er sich als Ziegelmeister verpflichtete, auf der Ziegelei der Gesellschaft für sie aus dem von ihr zu liefernden Ton Ziegelsteine herzustellen. Er machte mit der Klage auf Grund dieser Verträge ein gesetzliches Pfandrecht an Ziegelsteinen geltend, die er auf der Ziegelei hergestellt hatte und die von der Beklagten im Wege der Zwangsvollstreckung gepfändet worden waren. Beide Instanzen erkannten das gesetzliche Pfandrecht des Klägers als dem Pfändungspfandrecht der Beklagten vorgehend an. Die Revision der Beklagten wurde zurückgewiesen aus folgenden

Gründen:

„Das vom Kläger aus § 647 BGB. beanspruchte Pfandrecht besteht nur, wenn die Forderung, für die es der Kläger geltend macht, aus einem Werkvertrag, nicht aber aus einem Dienstvertrag erwachsen ist, und wenn die als Gegenstand des Pfandrechts bezeichneten, vom Kläger hergestellten Mauersteine bei der Herstellung in seinen Besitz gelangt sind. Die Revision stellt nach beiden Richtungen hin das Vorhandensein der Voraussetzungen des Pfandrechts in Abrede. Ihren Ausführungen gegenüber mußte jedoch die Entscheidung des Berufungsrichters aufrecht erhalten werden.

Das Berufungsurteil läßt es dahingestellt, aus welchem der beiden vom Kläger geschlossenen Verträge die hier geltend gemachte Forderung entstanden ist, da jeder der Verträge die Natur eines Werkvertrags habe. Daß dieses zutrifft, kann hinsichtlich des ersten, Ende 1903 geschlossenen Vertrages nicht zweifelhaft sein. Seinen unmittelbaren Gegenstand bilden nicht bloß vom Kläger zu leistende Dienste, insbesondere Arbeitsleistungen in der Ziegelei, sondern ein durch Arbeit herbeizuführender Erfolg, nämlich die Herstellung von mindestens fünf Millionen Hintermauersteinen zu einem bestimmten Preise für das Tausend Steine. Die Herstellung soll „für eigene Rechnung" des Klägers erfolgen, was nur dahin verstanden werden kann, daß der Kläger bis zur Ablieferung der Steine die Gefahr trägt. Damit stimmt auch überein, daß der Kläger verpflichtet ist, 90 v. H. erstklassige Steine und nur 10 v. H. Steine zweiter Klasse zu liefern, daß ein Mehr von Steinen zweiter Klasse sowie unbrauchbare Steine, Bruch- und krumme Klinker von der Ziegelei nicht bezahlt werden sollen, und daß der Kläger für allen aus der Verladung unbrauchbarer Steine entstandenen Schaden verantwortlich sein soll. Gerade der Umstand aber, daß der zur Herstellung Verpflichtete die

Gefahr bis zur Abnahme des Werks ohne Rücksicht auf sein etwaiges Verschulden trägt, ist ein besonderes Merkmal des Werkvertrages (§ 644 BGB.) gegenüber dem Dienstvertrage, bei dem die Gefahr den Besteller der Arbeit trifft. Ebenso spricht für die Annahme, daß ein Werkvertrag vorliegt, die Verpflichtung des Klägers, daß er, und nicht die Ziegeleigesellschaft, die zur Fabrikation der Ziegel nötigen Arbeiter zu stellen und die gesetzlichen Beiträge für die Kranken- und Invalidenkasse zur Hälfte zu tragen hat. Der Umstand, daß die Herstellung der Steine auf dem Grundstück der Ziegeleigesellschaft mit den dieser gehörigen Maschinen und sonstigen Betriebsmitteln zu erfolgen hat, ist mit der Annahme eines Werkvertrages vereinbar, da das Gesetz in diesem Punkt keine einschränkenden Bestimmungen enthält. Wenn inhalts des Vertrages der Kläger der Ziegeleigesellschaft gegenüber „die Stelle des Betriebsleiters im Sinne des Gewerbegesetzes" übernimmt, so läßt sich auch dies nicht zu Gunsten der Annahme, daß ein Dienstvertrag vorliege, verwerten. Denn der Berufungsrichter legt diese Vertragsbestimmung in nicht zu beanstandender Weise dahin aus, daß der Kläger, unbeschadet der rechtlichen Natur des Vertrages, mit Rücksicht auf § 151 GewO. die Verantwortung dafür habe übernehmen sollen, daß bei der Herstellung der Ziegel die gewerbepolizeilichen Vorschriften nicht übertreten würden.

Der zweite, im Dezember 1904 geschlossene Vertrag enthält im wesentlichen dieselben Bestimmungen über die Herstellung der Ziegel und das Entgelt dafür wie der erste Vertrag. Nur in zwei Punkten weist er Abänderungen auf, die für den Abschluß eines Dienstvertrages sprechen könnten. Im Eingang des Vertrages ist bestimmt, daß der Kläger von der Ziegeleigesellschaft „als Ziegelmeister engagiert" wird und zu bestimmten Akkordlöhnen die Herstellung der auf der Ziegelei in der nächsten Kampagne zu fabrizierenden Hintermauersteine übernimmt. Ferner ist vereinbart, daß die Gesellschaft einen streitigen Betrag von 4000 ℳ, den der Kläger für die Herstellung der Ziegel im Jahre 1904 noch verdient zu haben behauptete, ihm zahlen sollte, falls er die „Leitung der Ziegelei" im nächsten Jahr übernimmt und zu Ende führt.

Ohne Rechtsirrtum führt aber der Berufungsrichter aus, daß auch dieser Vertrag als Werkvertrag anzusehen sei. Maßgebend für die rechtliche Natur eines Vertrages ist nicht die Bezeichnung, die ihm die Vertragschließenden geben, sondern die Gesamtheit der im Vertrage eingeräumten Rechte und auferlegten Pflichten. Diese lassen hier die Annahme nicht zu, daß der Kläger als bloßer Angestellter der Gesellschaft unter deren Aufsicht ihr Arbeiten zu leisten hatte. Vielmehr hatte er auch auf Grund dieses Vertrages die Eigenschaft eines selbständigen, die Herstellung der Ziegel unter eigener Gefahr betreibenden Unternehmers. Das ist um so mehr anzunehmen, als nach der Beweisaufnahme die nicht auf oder bei der Ziegelei, sondern in Brandenburg wohnenden Geschäftsführer der Gesellschaft sich nicht oft auf der Ziegelei haben blicken lassen, und als die Revisionsbegründung selbst hervorhebt, daß den Geschäftsführern die für die Herstellung der Ziegel nötige technische Erfahrung abging. Daß der Kläger für das Jahr 1905 die „Leitung der Ziegelei" übernehmen sollte, erklärt der Berufungsrichter auch hier durch die Absicht der Vertragschließenden, die Verantwortung für Verstöße gegen die gewerbepolizeilichen Vorschriften ausschließlich dem Kläger zuzuweisen. Auch die Fassung, daß der Kläger von der Gesellschaft „als Ziegelmeister engagiert" werde, ist mit der Annahme eines Werkvertrages nicht unvereinbar. Es ist nicht sprachwidrig, wenn ein sachverständiger, selbständiger Unternehmer, der sich regelmäßig nur mit der Fabrikation von Ziegeln zu befassen pflegt, in einem Vertrage als Ziegelmeister bezeichnet wird, in dem er sich zur Herstellung von Ziegeln auf einer der anderen Vertragspartei gehörigen Ziegelei verpflichtet. Die Absicht der als Zeugen gehörten beiden Geschäftsführer der Gesellschaft ist zwar, wie sie bekunden, beim Abschluß des zweiten Vertrages dahin gegangen, durch die Fassung des Vertrages dem Kläger die rechtliche Möglichkeit zu nehmen, auch im Betriebsjahr 1905 wiederum wie im Jahre vorher ein Pfandrecht an den von ihm hergestellten Ziegeln geltend zu machen. Diese Absicht ist aber dem Kläger gegenüber, der noch unmittelbar vor dem Abschluß des zweiten Vertrages ein Pfandrecht an den bereits hergestellten Ziegeln für sich beansprucht hatte und nach der Feststellung des Berufungsrichters wenig geschäftskundig ist, nicht zum Ausdruck gelangt. Die Geschäftsführer selbst haben bezeugt, daß eine ausdrückliche Besprechung mit dem Kläger darüber, daß sich seine Stellung durch den zweiten Vertrag ändern sollte, nicht stattgefunden habe.

Die Frage, ob der Kläger Besitz an den gepfändeten Ziegeln bei ihrer Herstellung erlangt hat, bejaht der Berufungsrichter. Er führt zur Begründung aus, dem Kläger sei das Ziegeleigrundstück zur Herstellung der Ziegel überlassen und der Ton zum Zweck der Verarbeitung übergeben worden; die bei der Herstellung beschäftigten Arbeiter, die der Kläger für sich angenommen hätte, seien bei den für die Herstellung erforderlichen Arbeiten für den Kläger tätig gewesen. Auch zu der Zeit, als die Ziegel auf dem Ziegeleigrundstück lagerten, habe sie der Kläger in seiner Verfügungsgewalt gehabt. Ein Rechtsirrtum, insbesondere ein Verstoß gegen § 854 BGB. ist in dieser Begründung nicht zu erkennen. Die Steine stellten gegenüber dem zu ihrer Herstellung gelieferten Ton neue bewegliche Sachen dar (§ 950 BGB.). Daß an ihnen bei der Herstellung eine andere Person als der Hersteller Besitz erlangt hätte, ist nicht ersichtlich. Ob der Kläger hinterher etwa den Besitz ohne seinen Willen wieder verloren hat, ist bei dem klaren Wortlaut des § 647 BGB. und mit Rücksicht auf § 805 ZPO. ohne Bedeutung. Die Annahme, daß der Kläger die tatsächliche Gewalt über die Ziegel nur für die Ziegeleigesellschaft in deren Erwerbsgeschäft ausgeübt habe, also nur als Besitzdiener im Sinne des § 855 BGB. anzusehen sei, erscheint ausgeschlossen, da der Kläger hinsichtlich der Steine bis zur Abnahme die Gefahr trug, also ein eigenes Interesse daran hatte, die tatsächliche Gewalt über die Steine auszuüben."

70. Hat der Widerspruch von Konkursgläubigern, von Bürgen solcher Gläubiger, von Gesellschaftern oder von der Liquidationskommission einer in Liquidation befindlichen Gesellschaft mit beschränkter Haftung Einfluß auf die Verpflichtung der Liquidatoren, im Falle der Überschuldung den Antrag auf Konkurseröffnung zu stellen?

Ges., betr. die Ges. mit beschr. Haftung §§ 64, 71.

II. Zivilsenat. Urt. v. 14. Dezember 1909 i. S. G.'s Mühlenwerke (Kl.) w. H. u. K. (Bekl.). Rep. II. 528/09.

I. Landgericht Offenburg.
II. Oberlandesgericht Karlsruhe.

Am 29. April 1900 starb der Kunstmühlenbesitzer G. in B. Seine Erben gründeten am 21. Dezember 1901 eine Gesellschaft m. b. H. unter der Firma G.'s Mühlenwerke. Gegenstand des Unternehmens war der Betrieb der Müllerei und die Herstellung und der Handel mit Mehl und ähnlichen Produkten. Das Stammkapital wurde auf 300000 *M* festgesetzt. Die Einlagen waren in der Weise zu leisten, daß die Erben und Gesellschafter die im Erbgang erworbenen Mühlenwerke mit Aktiven und Passiven nach dem Stand der Bilanz vom 31. Mai 1901 einbrachten. Nach dieser Bilanz war ein Reinvermögen von 311340,90 *M* vorhanden, welches sonach um den Betrag von 300000 *M* in die neu gegründete Gesellschaft eingebracht wurde. Die Gesellschaft wurde am 29. März 1902 in das Handelsregister eingetragen.

Am 11. Dezember 1904 trat die Gesellschaft in Liquidation. Zu Liquidatoren wurden durch Beschluß der Gesellschafter von demselben Tag der im Laufe des Prozesses (25. August 1909) verstorbene Erstbeklagte und der Zweitbeklagte ernannt. Die Liquidatoren zogen am 17. Dezember 1904 eine Liquidationsbilanz mit dem Ergebnis, daß gegenüber dem Stammkapital von 300000 *M* ein Verlust von 155728,75 *M* vorhanden war. Auf den 23. Februar 1905 wurden im Auftrag der Liquidatoren von dem Prokuristen B. und dem Buchhalter Z. zwei Bilanzen aufgestellt und der damaligen Gesellschafterversammlung vorgelegt. Die Bilanz von B. wies eine Überschuldung von 101087 *M*, diejenige von Z. eine Überschuldung von 129000 *M* auf. Am 8. Juni 1905 wurde entsprechend dem Antrag der Liquidatoren von demselben Tage vom Amtsgericht B. das Konkursverfahren über das Vermögen der Gesellschaft wegen Überschuldung gemäß § 208 KO., § 63 Ges., betr. die G. m. b. H. eröffnet.

Der Konkursverwalter erhob gegen die beiden Liquidatoren als Gesamtschuldner Klage auf Zahlung von 60000 *M* nebst Zinsen. Diese Klage wurde mit der Behauptung begründet, daß die Gesellschaft jedenfalls schon zur Zeit des Liquidationsbeschlusses (11. Dezember 1904) zahlungsunfähig und überschuldet gewesen sei, wie die Liquidatoren hätten erkennen müssen. Gemäß §§ 64, 71 des Ges., betr. die G. m. b. H. würden die Liquidatoren daher für Ersatz der seit dem 11. Dezember 1904 geleisteten Zahlungen vom Konkursverwalter in Anspruch genommen. Der Betrag dieser Zahlungen sollte sich nach den Klagebehauptungen auf 237464,39 *M* belaufen.

Das Landgericht wies die Klage ab. Die Berufung des Konkursverwalters wurde zurückgewiesen. Auf Revision des Konkursverwalters wurde das Berufungsurteil aufgehoben und die Sache zur anderweiten Verhandlung und Entscheidung zurückverwiesen.

Aus den Gründen:

„Nach den §§ 64, 71 des Ges., betr. die G. m. H., waren die verklagten Liquidatoren verpflichtet, die Eröffnung des Konkursverfahrens zu beantragen, sobald die Zahlungsunfähigkeit der Gesellschaft eintrat oder aus einer Bilanz sich die Überschuldung ergab. Für alle nach diesem Zeitpunkt geleisteten Zahlungen sind sie der Gesellschaft, die nun der Konkursverwalter vertritt, und an deren Stelle die Konkursmasse zu setzen ist, ersatzpflichtig.

Nach dem Klagevortrag soll die Gesellschaft jedenfalls am 11. Dezember 1904, als sie in Liquidation trat, zahlungsunfähig und überschuldet gewesen sein; die Liquidatoren hätten aber trotzdem Beträge, welche die Klagesumme weit übersteigen, ausbezahlt. Dafür werden sie in Höhe der Klagesumme verantwortlich gemacht. Der Berufungsrichter verneint, daß die Gesellschaft vor Eröffnung des Konkurses zahlungsunfähig war; denn es habe sich bis dahin nur um Zahlungsstockungen vorübergehender Art gehandelt. Dagegen stellt er eine Überschuldung auf den 23. Februar 1905 fest. An jenem Tage hatten die Liquidatoren der Gesellschafterversammlung zwei Bilanzen vorgelegt, wonach die Überschuldung mindestens 101087 *M* betrug. Über das Vorhandensein einer bedeutenden Überschuldung war bei den Liquidatoren keinerlei Zweifel vorhanden. Obgleich die Liquidatoren diese Sachlage erkannten, beantragten sie die Eröffnung des Konkursverfahrens nicht, sondern leisteten bis zur Konkurseröffnung vom 8. Juni 1905 noch Zahlungen von „beiläufig“ 24000 *M*. Dies alles legt der Berufungsrichter eingehend dar. Die Verantwortlichkeit der Liquidatoren für diese Zahlungsleistungen lehnt der Berufungsrichter ab, weil ihnen die Unterlassung der Konkursanmeldung nicht zum Verschulden anzurechnen sei.

Die Art, wie diese Verneinung des Verschuldens begründet ist, enthält mehrere rechtliche Verstöße. Der Berufungsrichter führt zunächst aus, daß die bevorrechtigten Gläubiger des § 61 KO. durch die Masse gedeckt seien, und daß wegen der Forderungen von 10 Konkursgläubigern mit 415,61 *M* wegen ihrer Geringfügigkeit und des geringen Anteils, der auf sie von der Klagesumme entfalle, die Klage nicht erhoben worden wäre. Diese Begründung setzt sich in Widerspruch mit der Tatsache, daß die Liquidatoren wegen dieser Beträge in Anspruch genommen sind, und daß eine Entscheidung im Sinne der Haftbarmachung verlangt ist; der Berufungsrichter irrt auch in der Annahme, daß es in dem Belieben des Konkursverwalters stehe, einen Anspruch, den er für begründet hält, nicht zu verfolgen. Das Gegenteil ergibt sich aus den §§ 6 und 82 KO. Außer diesen kleinen Konkursgläubigern sind nach den Feststellungen zur Konkurstabelle als Konkursgläubiger die Bank für Handel und Industrie mit 89511 *M*, der Vorschußverein B. mit 130699 *M* und die Bezirkssparkasse St. für ihren Ausfall, den sie für ihre durch erste Hypothek gesicherte Forderung von 160805 *M* erleiden mag, vorhanden. Diese letztere Forderung will der Berufungsrichter nicht als Konkursforderung gelten lassen, weil sie nach seiner Ansicht durch die Hypothek gedeckt sei. Allein die Bezirkssparkasse St. ist für ihren Ausfall nach §§ 145, 153, 64 KO. rechtskräftig als Konkursgläubigerin anerkannt.

Der Berufungsrichter meint im übrigen, die Liquidatoren hätten dem Drängen der Bürgen der soeben genannten drei großen Konkursgläubiger nachgeben und die Anmeldung der Konkurseröffnung unterlassen dürfen; denn materiell seien die Bürgen Konkursgläubiger, weil sie diese unter allen Umständen schadlos halten müßten; diese Bürgen seien außerdem auch noch selbst Konkursgläubiger; also hätten die Bürgen die Gesamtheit der Konkursgläubiger dargestellt; diese Bürgen, nämlich Albert G., Adolf E. Witwe, Maria Anna G. und Rudolf B. Eheleute, hätten sich nicht allein persönlich der Konkursanmeldung widersetzt, sondern auch in der Liquidationskommission ihren Einfluß teils unmittelbar, teils mittelbar in diesem Sinne mit Erfolg geltend gemacht. Die §§ 64, 71 setzten ein Verschulden der auf Ersatz in Anspruch genommenen Liquidatoren voraus; unter den geschilderten Umständen sei aber die Nachgiebigkeit der Liquidatoren keine schuldhafte.

Diesen Erwägungen kann nicht beigetreten werden. Die Verantwortlichkeit aus §§ 64, 71 setzt allerdings ein Verschulden voraus; denn wenn die Liquidatoren die Zahlungsunfähigkeit oder die Überschuldung nicht erkannten und auch nicht erkennen konnten, so lag für sie keine Veranlassung zur Stellung des Konkursantrags vor. Haben die Liquidatoren aber, wie dies hier festgestellt ist, die Überschuldung gekannt, so gibt es keine weitere Überlegung mehr; der Antrag muß gestellt werden; denn die §§ 64, 71 enthalten, gleichwie die §§ 240, 315 Nr. 2 HGB., eine im öffentlichen und allgemeinen Interesse den Liquidatoren auferlegte Pflicht. Auf Verletzung dieser Pflicht steht deshalb Strafe nach § 84 des Gesetzes. In der Regierungsbegründung zu den §§ 79—81 des Entwurfs wird betont, daß diese Bestimmungen sich durch die gemeine Gefahr rechtfertigen, welche ein Zuwiderhandeln gegen die Anmeldepflicht für das mit der Gesellschaft in Geschäfts- und Kreditverkehr stehende Publikum mit sich bringt. Deshalb wird in den Entsch. des RG.'s in Straff. Bd. 37 S. 26 und 325 dem Ermessen der Liquidatoren darüber, was sie zu tun haben, angesichts des bestimmten Wortlauts des Gesetzes jeder Spielraum versagt. Daher ist es nicht richtig, wenn der Berufungsrichter seine Ansicht damit zu stützen versucht, daß er unter den geschilderten Umständen die Liquidation und das Erfordernis eines Konkursantrags als eine innere Angelegenheit zwischen Liquidatoren und Konkursgläubigern bezeichnet, in deren Interesse die Vorschrift der §§ 64, 71 a. a. O. gegeben sei; denn nur den Konkursgläubigern könnten sie verantwortlich sein. Dieser Ansicht steht der Gesetzgeber fern; er erklärt die säumigen Liquidatoren für haftbar gegenüber der Gesellschaft, nicht gegenüber den Gesellschaftsgläubigern oder den Gesellschaftern. Ein Beschluß der Gesellschaftsgläubiger oder der Gesellschafter darf die Liquidatoren von Beobachtung der ihnen in §§ 64, 71 a. a. O. auferlegten Pflicht nicht abhalten. Ob die Liquidatoren unter Umständen als entschuldigt gelten können, wenn sämtliche Gesellschafter und sämtliche Gläubiger einer Verschiebung der Konkursanmeldung zustimmen, ist hier nicht zu erörtern; denn dieser Fall ist nicht gegeben. Konkursgläubiger sind hier diejenigen Gläubiger, welche ihre Forderungen zur Feststellung nach § 145 KO. gebracht haben, wie dies bei den zehn kleinen Gläubigern und den drei großen Gläubigern zutrifft, die oben namentlich aufgeführt sind. Von diesen Gläubigern hat keiner zugestimmt, daß der Konkursantrag aufgeschoben werden könne. Damit erledigt sich die Unterstellung des Berufungsrichters, als ob die Gesamtheit der Konkursgläubiger oder der Gläubiger überhaupt mit dem Verhalten der Liquidatoren einverstanden gewesen sei.

Der Berufungsrichter will zwar die Bürgen von Konkursgläubigern materiell als Konkursgläubiger behandeln, so daß es auf die Entschließung der Konkursgläubiger selbst nicht ankomme. Dem gegenüber genügt es darauf hinzuweisen, daß die Forderungen der Konkursgläubiger angemeldet und festgestellt sind. Die Bürgen sind im Konkursverfahren gar nicht aufgetreten, wie aus den Ausführungen des Berufungsrichters zu entnehmen ist. Nach der Rechtsprechung können die Bürgen im Konkurse des Hauptschuldners mit dem Gläubiger überdies nicht konkurrieren. Hiermit erweist sich der erste Grund, welcher den Berufungsrichter zur Abweisung der Klage veranlaßte, nicht haltbar.

Der Berufungsrichter erachtet in zweiter Linie die Einrede der Arglist für gerechtfertigt. Er führt aus, die oben benannten Bürgen, die auch Gesellschafter und Konkursgläubiger waren, hätten deshalb arglistig gehandelt, weil sie sich der Stellung des Konkursantrags widersetzt hatten und nun durch den Konkursverwalter die Liquidatoren haftbar dafür machen wollten, daß diese ihrem Widerstand nachgegeben hätten; es sei unverkennbar, daß der Konkursverwalter den Prozeß auf Betreiben und unter lebhafter Teilnahme der Bürgen führe. Hiergegen ist zu erinnern, daß der Konkursverwalter nur eine Arglist des Gemeinschuldners, also der gesetzlichen Vertreter der Gesellschaft m. b. H., zu vertreten hätte. Hier handelt es sich aber nicht um eine vom Gemeinschuldner verübte Arglist, sondern um eine Arglist einzelner Gesellschaftsgläubiger und von Gesellschaftern, die darin bestehen soll, daß sie einen gesetzlich nicht zu beachtenden Widerspruch eingelegt hatten, als die Liquidatoren ihrer Pflicht genügen wollten. Es fehlt hier an allen Erfordernissen einer Einrede der Arglist. Von wem der Konkursverwalter den Antrieb zur Prozeßführung erhalten haben mag, ist angesichts des § 6 KO. gleichgültig. Der Konkursverwalter hat seiner Pflicht gemäß selbständig zu handeln; § 136 KO.

Aus diesen Gründen war das angegriffene Urteil aufzuheben und zugleich die Zurückverweisung auszusprechen."

---

71. 1. Wird die für die Übertragung von Namensaktien statutarisch vorgeschriebene Zustimmung des Aufsichtsrats im Konkurse der Aktiengesellschaft durch die Zustimmung des Konkursverwalters ersetzt?

2. Kann der Käufer einer nicht vollgezahlten Namensaktie, der über den Rest der einzuzahlenden Summe Wechsel gegeben hat oder im Aktienbuche eingetragen ist, der auf den Rest klagenden Aktiengesellschaft entgegenhalten, daß er durch Betrug zum Erwerbe der Aktien bestimmt sei?

HGB. §§ 213, 222 Abs. 2, 223.

KO. § 6.

I. Zivilsenat. Urt. v. 15. Dezember 1909 i. S. des Verwalters im Konkurse der Germania Transportversicherungs-Aktiengesellschaft in Liq. (Kl.) w. F. (Bekl.). Rep. I. 252/09.

I. Landgericht I Berlin.
II. Kammergericht daselbst.

Unterm 9. Juli 1907 stellte der Beklagte an Order der Germania Transportversicherungs-Aktiengesellschaft in Berlin 90 Solawechsel über je 250 *M* aus. Die Veranlassung hierzu lag darin, daß der frühere Direktor der Germania, Sch., im eigenen Namen 30 ihm selbst gehörige Namensaktien der Gesellschaft im Nennwerte von je 1000 *M*, worauf angeblich nur noch 75% eingezahlt zu werden brauchten, dem Beklagten verkauft und übergeben hatte. Der Kaufpreis von 9000 *M* war bar gezahlt; mit den Solawechseln sollten die 75% sichergestellt werden. Nachdem die Wechsel, die auf vier Wochen nach Vorzeigung lauteten, im Auftrage des legitimierten Inhabers präsentiert und mangels Sichtbescheinigung protestiert waren, wurden sie von der Remittentin im Wechselprozesse eingeklagt.

Der Beklagte beantragte die Abweisung der Klage mit der Behauptung, der Abtretung der Aktien an ihn habe die nach dem Statut erforderliche Zustimmung des Aufsichtsrats gefehlt. Vor allem aber berief er sich darauf, daß die Abtretung wegen Betruges nichtig sei. Sch. habe ihn durch arglistige Täuschung über die Lage der Gesellschaft zum Erwerbe der Aktien bestimmt; er, der Beklagte, habe das Geschäft aus diesem Grunde angefochten.

Das Landgericht gab der Klage statt, indem es dem Beklagten die Ausführung seiner Rechte vorbehielt. Vor Verkündung des Urteils, aber nach der Schlußverhandlung, wurde über das Vermögen der Germania der Konkurs eröffnet. Der zum Verwalter ernannte Kläger nahm das Verfahren auf. Die Berufung des Beklagten hatte den Erfolg, daß das Kammergericht die Klage als in der gewählten Prozeßart unstatthaft abwies. Die Revision des Klägers führte zur Wiederherstellung des ersten Urteils aus folgenden

Gründen:

„I. Zu der Einrede mangelnder Zustimmung des Aufsichtsrats zur Abretung erwägt das Kammergericht, der Kläger habe ein Aktienbuch vorgelegt, das bei der Umschreibung der Aktien auf den Namen des Beklagten zugleich den Genehmigungsvermerk erkennen lasse. Sei das Buch echt, so erbringe es einen Prima-facie-Beweis in dem Sinne, daß es auf die Eideszuschiebung des Beklagten darüber ankomme, daß der Aufsichtsrat dennoch seine Zustimmung nicht erteilt habe. So sehr nun auch angesichts der Form und des Inhalts des vorgelegten Buchs die Wahrscheinlichkeit dagegen spreche, daß das Buch nicht das Aktienbuch der Gemeinschuldnerin, sondern ein für die Prozeßzwecke angefertigtes Falsifikat sei, so habe doch der Beklagte die Echtheit bestritten. Mit den im Wechselprozesse zulässigen Beweismitteln lasse sie sich nicht dartun. Daher müsse die Klage als in der gewählten Prozeßart unstatthaft abgewiesen werden.

Diese Erwägungen beruhen in mehrfacher Beziehung auf Rechtsirrtum. Die Vorschrift des § 440 Abs. 1 ZPO., wonach die Echtheit einer nicht anerkannten Privaturkunde zu beweisen ist, enthält nichts darüber, in welcher Art der Beweis geführt werden muß. Maßgebend ist der § 286 ZPO.; die Prozeßart macht insoweit keinen Unterschied. Steht ein Handelsbuch in Frage, das sich nach Form und Inhalt als korrekt darstellt, so kann der Beweis der Echtheit ohne weiteres als erbracht angesehen werden. Das wird sich um so eher rechtfertigen, wenn, wie hier, das Buch von dem nicht interessierten Konkursverwalter vorgelegt wird, und der Gegner keinerlei Substantiierung der Echtheitsbestreitung auch nur versucht. Bei der weiteren Prüfung, welche materielle Beweiskraft dem für echt zu erachtenden Buche zukommt, hat sich der Richter gleichfalls ohne Rücksicht auf die Art des Prozesses von dem freien Ermessen des § 286 ZPO. leiten zu lassen. . . .

Das Kammergericht wäre hiernach sehr wohl in der Lage gewesen, die Eideszuschiebung, daß der Aufsichtsrat der Abtretung der Aktien an den Beklagten nicht zugestimmt habe, nach § 446 ZPO. als unzulässig zu behandeln. Die in dieser Hinsicht vorzunehmende

Prüfung, die der Berufungsrichter verabsäumt hat, kann freilich vom Revisionsgericht nicht nachgeholt werden. Allein die Einrede des Beklagten erweist sich auch ohnedies als hinfällig. Hat wirklich der Aufsichtsrat der Abtretung nicht zugestimmt, so müßte doch eine Genehmigung des Konkursverwalters darin gefunden werden, daß er als Kläger in den Prozeß eingetreten ist und ihn fortführt. Die Legitimation des Konkursverwalters zur Erteilung der Genehmigung ergibt sich aus § 6 KO., wenn man erwägt, daß die von der Abtretung abhängige Einlageforderung gegen den Beklagten einen Bestandteil des Vermögens der Gemeinschuldnerin bedeutet. Zu den Rechtshandlungen, die ihrer Natur nach ausschließlich dem Aufsichtsrate zugewiesen sind, gehört die Genehmigung der Übertragung von Namensaktien nicht; es ist sehr wohl möglich, daß ein Statut den Vorstand damit betraut. Aus dem Fortbestehen des Aufsichtsrats im Konkurse darf daher nicht gefolgert werden, daß eine Genehmigung des Verwalters unwirksam sei.

Vgl. Entsch. des RG.'s in Zivils. Bd. 14 S. 418.

Nach § 183 Abs. 1 BGB. wirkt die Genehmigung auf den Zeitpunkt der Abtretung zurück. Daß der Aufsichtsrat vor dem Konkurse seine Zustimmung geradezu verweigert hätte, ist nicht behauptet, so daß unerörtert bleiben kann, ob die Verweigerung unwiderruflich wäre und einer späteren Genehmigung die Kraft entzöge.

II. Die Einrede des Betruges läßt das Kammergericht nicht gelten. Nach seinen Feststellungen hat Sch., der ständige Vertreter der Gemeinschuldnerin, den Beklagten durch arglistige Täuschung über die Prosperität der Gesellschaft und über die gemachten Einzahlungen, die sich in Wirklichkeit gar nicht einmal auf die gesetzlichen 25% beliefen, zu dem nachträglich angefochtenen Erwerbe der Aktien bewogen. Doch meint das Kammergericht, daß sich der Beklagte der Gesellschaft gegenüber nach den Grundsätzen des Aktienrechts auf den Betrug nicht berufen dürfe. Diese Ansicht ist in der Revisionsinstanz vom Vertreter des Beklagten bekämpft. Sie muß indes für zutreffend erachtet werden.

Entscheidend ist schon, daß die Klagwechsel zur Deckung der restlichen 75% Einlage auf die Aktien bestimmt waren. Die Vorschrift des § 213 HGB., wonach ein Aktionär seine Einlage nicht zurückfordern kann, will die Rückforderung gerade da ausschließen, wo sie nach den allgemeinen Regeln des bürgerlichen Rechts zulässig ist, und zwar im Interesse der Gesellschaftsgläubiger, denen das Grundkapital als Garantiefonds dient, und die deshalb unter allen Umständen auf seine Zusammenbringung müssen rechnen können. Im Sinne des § 213 liegt es daher, wenn man auch einen Betrug nicht hinreichen läßt, um die Rückforderung der Kapitaleinlage zu begründen. Wenn es nun auch richtig ist, daß die rückständige Einlage durch die Wechsel des Beklagten nicht geleistet wurde (vgl. Entsch. des RG.'s in Zivils. Bd. 49 S. 26), so wurde sie doch dadurch versprochen, und es versteht sich von selbst, daß die gesetzliche Vorschrift sich sowohl gegen die Rückforderung des Einlageversprechens wie gegen die Rückforderung der geleisteten Einlage kehrt.

Um diese Folgerung aus dem Begriffe der Einlage zu vermeiden, hat der Beklagte auszuführen versucht, daß die über insgesamt 22500 *M* lautenden Wechsel den Rest des mit Sch. vereinbarten Kaufpreises von 31500 *M* hätten sichern sollen. Dieser Versuch geht fehl. Kaufpreis waren nur die an Sch. bar gezahlten 9000 *M*; die Wechsel bezweckten die Sicherung des Einlagerückstandes. Natürlich hätte ein Kaufvertrag zwischen dem Beklagten und Sch. über die teilweise eingezahlten Aktien auch so geschlossen werden können, daß die gesamten 31500 *M*, mit denen sich der Beklagte belastete, den rechtlichen Charakter des Kaufpreises empfingen. Dazu hätte es aber einer Vereinbarung des Inhalts bedurft, daß Sch. selbst die fehlenden 75% an die Gesellschaft entrichten sollte. Hier, wo der Beklagte die Wechsel an Order der Gesellschaft ausgestellt hat, ist seiner Rechtsauffassung der Boden entzogen.

Noch aus einem andern Grunde greift die Anfechtung wegen Betruges im vorliegenden Falle nicht durch. Wie aus den Feststellungen des Kammergerichts hervorgeht und vom Beklagten kaum bestritten wird, ist er mit seiner Einwilligung im Aktienbuche eingetragen worden. Auch dieser Umstand genügt, um trotz der Kenntnis der Gemeinschuldnerin von dem Betruge die Anfechtung zurückzuweisen. Nach § 223 Abs. 3 HGB. gilt im Verhältnis zur Gesellschaft nur derjenige als Aktionär, welcher als solcher im Aktienbuche eingetragen ist. Die aufgerufenen Einlagebeträge sind gemäß §§ 218 flg. (vgl. § 220 Abss. 1 und 2) in erster Linie von dem im Aktienbuche Verzeichneten zu zahlen; jeder Rechtsvorgänger haftet, wenn er überhaupt haftet, nur subsidiär. Könnte der Eingetragene sich damit verteidigen, daß er von seinem Vormanne betrogen sei, so wäre die Einlage vielfach, weil der Vormann nicht mehr eingetragen ist, tatsächlich uneinziehbar. Der Einwand Jacobi's (Wertpapiere S. 88), daß die Gesellschaft in einem solchem Falle von dem Vormanne die Zustimmung zu seiner Wiedereintragung fordern dürfe, erscheint nicht ausreichend, zumal das Urteil, das auf die Klage des Eingetragenen gegen den Vormann ergeht, im Verhältnis zwischen diesem und der Gesellschaft keine Rechtskraft wirkt. Die Interessen der Gesellschaftsgläubiger, die maßgebend sein müssen, verlangen gebieterisch den Ausschluß der Anfechtung. Dem entspricht es, wenn das RG. Entsch. in Zivils. Bd. 3 S. 163 und Bd. 41 S. 17 angenommen hat, daß der Eingetragene die besonderen Einreden seines Vormannes nicht verwerten, die Mängel des Übertragungsaktes nicht für sich geltend machen könne.

Vgl. auch Lehmann, Recht der Aktiengesellschaften Bd. 2 S. 35, 36.

Wenn hiernach die Betrugseinrede verworfen wird, so bedeutet das doch nicht, wie der Beklagte geltend gemacht hat, eine sachliche Abweichung von dem am 28. April 1909 gefällten Urteile des Senats (Entsch. in Zivils. Bd. 71 S. 97). Dort handelte es sich um vollbezahlte Aktien, während hier nur teilweise gezahlte in Frage stehen. Ausdrücklich ist in jenem Urteile der Entscheidung des II. Zivilsenats zugestimmt, die die Beitrittserklärung des Gründers einer Gesellschaft mit beschränkter Haftung in Gegensatz stellt nicht zu dem Kaufe eines bestehenden Geschäftsanteils schlechthin, sondern zum Kaufe eines voll eingezahlten Geschäftsanteils. Der Sach- und Streitstand, mit dem sich der Senat in dem früheren Falle zu beschäftigen hatte, war überhaupt von dem jetzt abzuurteilenden durchaus verschieden. Ob eine Schadensersatzklage des Aktionärs gegen die Gesellschaft, gestützt auf die Behauptung, Kläger sei durch ihren unwahren Prospekt zum Erwerbe der vollständig eingezahlten Aktie bestimmt, um deswillen abgewiesen werden darf, weil der Schadensersatz, ohne Rückzahlung der Einlage zu sein, im wirtschaftlichen Erfolge der Rückzahlung gleichkommen würde, und ob nicht das Börsengesetz eine so begründete Klage zuläßt, das sind Fragen selbständiger Natur, zu denen hier nach der Beschaffenheit des Tatbestandes keine Stellung genommen werden kann." ...

72. Erstreckt sich die Vorschrift des § 528 Abs. 1 Satz 2 ZPO. auch auf die sachliche Zuständigkeit?

I. Zivilsenat. Urt. v. 6. November 1909 i. S. Z. (Kl.) w. K. (Bekl.). Rep. I. 438/08.

I. Landgericht II Berlin.
II. Kammergericht daselbst.

Die Parteien schlossen am 11. April 1907 einen schriftlichen Vertrag, nach welchem der Kläger am 15. desselben Monats „in das Bau-, Grundstücks- und Kommissions-Hypothekengeschäft" des Beklagten „eintreten" sollte, wie der Kläger behauptete als Kassenbote, wie der Beklagte behauptete, als Gesellschafter. „Als Sicherheitseinlage" zahlte der Kläger einen Betrag von 1200 ℳ ein, welcher beim Austritte aus dem Geschäfte zurückgezahlt werden sollte. Der Kläger trat jedoch die Stellung bei dem Beklagten nicht an. Er behauptete, im Einverständnisse mit diesem vom Vertrage zurückgetreten zu sein. Die Klage war auf Zahlung von 1200 ℳ nebst Zinsen gerichtet.

Das Landgericht verurteilte den Beklagten gemäß dem Antrage des Klägers. Gegen dieses Urteil legte der Beklagte Berufung ein. In der Verhandlung vor dem Berufungsgerichte erhob er den Einwand der sachlichen Unzuständigkeit der ordentlichen Gerichte unter Hinweis darauf, daß in Berlin sowohl ein Gewerbegericht als ein Kaufmannsgericht errichtet sei. Das Berufungsgericht wies die Klage wegen Unzuständigkeit des Gerichts ab. Die Revision wurde zurückgewiesen, aus folgenden

Gründen:

... „Aus der ... von der Revision nicht erschütterten Feststellung, der Kläger habe bei dem Beklagten — einem Gewerbetreibenden — gemäß dem erwähnten Vertrage die Stelle eines Kassenboten übernommen, hat das Berufungsgericht die Folgerung gezogen, das Gewerbegericht sei gemäß § 4 Nr. 3 und 1 des Gewerbegerichtsgesetzes zuständig; die in der Berufungsinstanz vom Beklagten erhobene Einrede der sachlichen Unzuständigkeit des Gerichts (§ 274 Nr. 1 ZPO.) sei begründet und die Klage aus diesem Grunde abzuweisen. Die Vorschrift des § 528 Abs. 1 Satz 2 ZPO., nach der unter bestimmten — hier gegebenen — Voraussetzungen die Einrede der Unzuständigkeit des Gerichts, selbst „wenn bei vermögensrechtlichen Ansprüchen für die Klage ein ausschließlicher Gerichtsstand begründet ist,“ in der Berufungsinstanz nicht mehr geltend gemacht werden kann, wird vom Berufungsgerichte für unanwendbar gehalten, indem es die Ansicht vertritt, daß diese Vorschrift sich nur auf die örtliche, nicht zugleich auf die sachliche Zuständigkeit beziehe. Dagegen behauptet die Revision, jene Vorschrift umfasse auch die sachliche Zuständigkeit.

Es handelt sich um eine Streitfrage, über die bisher weder in der Rechtslehre noch in der Rechtsprechung eine Einigkeit erzielt worden ist. Der erkennende Senat hält in Übereinstimmung mit dem Urteile des III. Zivilsenats des Reichsgerichts vom 10. Juli 1903 (Jur. Wochenschr. 1903 S. 321) die vom Vorderrichter vertretene Ansicht für zutreffend. Schon in der Entscheidung des III. Senats wird darauf hingewiesen, daß bei der Beratung der Abänderung der Zivilprozeßordnung von 1898 in der Reichstagskommission ausdrücklich hervorgehoben sei, das Gesetz wolle nur die Einrede der örtlichen Zuständigkeit treffen (vgl. Kommissionsbericht zu § 40 S. 30; Hahn, Materialien Bd. 8 S. 285). Von den Anhängern der Ansicht, § 528 erstrecke sich auch auf die sachliche Zuständigkeit, wird es abgelehnt, auf die Äußerungen der Kommission, die deren Rechtsauffassung klarstellten, Wert zu legen. Der Umstand, daß „ein Abgeordneter bei der Beratung das Gegenteil geäußert“ habe, soll „nicht ins Gewicht fallen, da dies eine ganz unmaßgebliche Privatmeinung sei.“ Es kann aber nicht anerkannt werden, daß dadurch der Vorgang in der Reichstagskommission ausreichend gewürdigt wird.

Die streitige Vorschrift beruht auf einem Antrage, der in dieser Kommission gestellt wurde. Nach dem Kommissionsberichte a. a. O. „wandte ein Vertreter der verbündeten Regierungen gegen den Antrag ein, er durchbreche ohne ausreichenden Grund das Prinzip der Zivilprozeßordnung, wonach in den Fällen des ausschließlichen Gerichtsstandes die Unzuständigkeit ohne Rücksicht auf eine entgegenstehende Vereinbarung der Parteien in jedem Prozeßstadium von Amts wegen zu berücksichtigen sei, und ließe sich mit dem Zwecke, den das Gesetz mit der Bestimmung ausschließlicher Gerichtsstände verfolge, nicht vereinigen.“ Darauf wurde „von verschiedenen Mitgliedern der Kommission erwidert, wenn die strikte Durchführung der grundlegenden Prinzipien der Zivilprozeßordnung in der Praxis zu erheblichen Unzuträglichkeiten führe, wie dies hier zutreffe, so dürfe man vor einer Durchbrechung der Prinzipien nicht zurückschrecken. Da der Antrag sich nur auf den örtlichen Gerichtsstand, nicht auch auf die Fälle der ausschließlichen sachlichen Zuständigkeit beziehe, seien begründete Bedenken dagegen nicht zu erheben." Demnächst wurde der Antrag, nach welchem die neue Bestimmung als Abs. 3 des § 40 ZPO. eingestellt werden sollte, von der Kommission in erster Lesung angenommen. In der zweiten Lesung beschloß die Kommission auf Vorschlag der Redaktionskommission, die Vorschrift dem § 490 Abs. 1 (jetzt § 528 Abs. 1) einzufügen. Das Ergebnis ist auch bei den späteren Beschlußfassungen im Reichstage selbst festgehalten worden. Im Hinblicke auf diesen Hergang darf nicht von einer „ganz unmaßgeblichen Privatmeinung" gesprochen werden. Die Reichstagskommission ist es gewesen, welche die erörterte Gesetzesvorschrift geschaffen hat. Die in der Kommission über die Tragweite der Vorschrift ohne Widerspruch abgegebenen Erklärungen haben daher eine Bedeutung, die dem Werte der einem Gesetzentwurfe beigegebenen Begründung im wesentlichen gleich zu achten ist. Jene Erklärungen betrafen ein in der Entstehung begriffenes Gesetz, sie waren „Zeugnis über Geschehendes", nicht belanglose „Reflexionen über Geschehenes" (vgl. Wach, Handbuch des deutschen Zivilprozeßrechts, § 22 Nr. IV 3, 4, S. 283/4); sie verdienen aus diesem Grunde für die Ermittelung des Gesetzeswillens gebührende Beachtung.

Wenn der Einwand erhoben worden ist, der auf die örtliche Zuständigkeit sich beschränkende Gesetzeswille habe in der „allgemeinen Fassung des Gesetzes" keinen Ausdruck gefunden, so kann dem nicht beigepflichtet werden. Mit Recht wird u. a. von Seuffert (Komm. z. ZPO., Anm. 3 zu § 528) betont, daß das Wort „Gerichtsstand" auf die örtliche Zuständigkeit hinweist. Ganz unhaltbar wäre es, aus dem Umstande, daß die neue Vorschrift nach der ursprünglichen Absicht der Kommission dem § 40 ZPO., in welchem der Ausdruck „Gerichtsstand" ausnahmsweise auch die sachliche Zuständigkeit begreift, angefügt werden sollte, einen Grund für den weiteren Sinn des § 528 Abs. 1 Satz 2 herleiten zu wollen. Es geht nicht an, auf unsichere Schlußfolgerungen aus dieser von der Kommission selbst in der zweiten Lesung aufgegebenen Absicht mehr Gewicht zu legen als auf die allem Mißverständnisse entzogenen ausdrücklichen Erklärungen der Kommission. Finden sich hiernach Wille und Ausdruck des Gesetzes und Gesetzesurhebers im Einklange, so stellt sich § 528 Abs. 1 Satz 2 ZPO. als eine Rechtsnorm dar, welche nur die vom Berufungsgerichte seiner Entscheidung zugrunde gelegte Auslegung zuläßt.

Im Hinblicke auf das gewonnene zweifelsfreie Ergebnis bedarf es keiner Erörterung darüber, ob nicht auch die öffentlichrechtliche Bedeutung der ausschließlichen sachlichen Zuständigkeit, namentlich in Ansehung der besonderen Gerichte, dafür angerufen werden könnte, daß das Gesetz sich nur auf die örtliche Zuständigkeit erstrecke." . . .

73. Wie erfolgt beim Tausche die Minderung des Tauschpreises? BGB. § 473.

II. Zivilsenat. Urt. v. 3. Dezember 1909 i. S. B. (Kl.) w. L. (Bekl.). Rep. II. 112/09.

I. Landgericht Karlsruhe.
II. Oberlandesgericht daselbst.

Der Kläger vertauschte im Jahre 1905 sein Wohnhaus gegen ein den Eheleuten G. gehöriges Gasthaus. Beide Teile übernahmen auf den eingetauschten Grundstücken lastende Hypotheken. Unter den vom Kläger übernommenen Hypotheken befand sich eine solche der Eheleute Sch. für eine ratenweise abzutragende Kaufpreisschuld von 15000 *M*. Der Ehemann G. starb im Jahre 1906; über seinen Nachlaß wurde eine Nachlaßverwaltung angeordnet. Das vom Kläger eingetauschte Gasthaus wurde im Jahre 1907 im Zwangswege versteigert. Die Hypothek der Eheleute Sch. fiel dabei aus und wurde gelöscht. Der Kläger erhob mit der Behauptung, die zu dem eingetauschten Gasthause gehörigen Gebäude seien mit Schwamm und Trockenfäule behaftet, gegen die Witwe G. und den Nachlaßverwalter Minderungsklage auf Zahlung von 10000 *M* nebst Zinsen. Die Beklagten machten neben anderen Einwendungen geltend, sie seien zur Verweigerung der mit der Klage verlangten Leistung berechtigt, bis der Kläger sie von der an die Eheleute Sch. abzutragenden Kaufpreisschuld befreit habe. Das Landgericht erklärte die Beklagten für schuldig, den verlangten Betrag zu zahlen, jedoch Zug um Zug gegen ihre Befreiung von jener Kaufpreisschuld. Die Berufung des Klägers wurde zurückgewiesen. Auf die Revision des Klägers wurde das Berufungsurteil, soweit angefochten, aufgehoben und die Sache an das Berufungsgericht zurückverwiesen.

Aus den Gründen:

„Das Berufungsgericht führt zunächst aus, daß der in der zweiten Instanz geltend gemachte weitere Minderungsanspruch nicht begründet sei. Hiergegen ist eine Revisionsrüge nicht erhoben. Der Revisionskläger greift vielmehr das Urteil nur insoweit an, als dem schon in erster Instanz gestellten, auf Zahlung von 10000 *M* gerichteten Klagantrage für einen Teilbetrag von 7500 *M* nur mit der Beschränkung entsprochen ist, daß die Zahlung nur zu erfolgen hat Zug um Zug gegen Befreiung der Beklagten von deren Schuld an die Eheleute Sch. Der Berufungsrichter ist der Ansicht, daß das von ihm in der Hauptsache aufrecht erhaltene Urteil des Landgerichts für den bezeichneten Teilbetrag nicht gerechtfertigt sei. Als beschwert sieht er aber nicht den Kläger, sondern die Beklagten an und die entsprechende Abänderung hat er nur mangels eines Antrags der Beklagten unterlassen. Er geht davon aus, daß der Kläger bei dem Tausch eine Barzahlung von 2500 *M* zu entrichten gehabt habe, und daß im übrigen seine Gegenleistung in der Übernahme von Schulden bestanden habe, für welche die Haftung der Beklagten bestehen geblieben sei. Danach erachtet er bezüglich des bar entrichteten Betrags von 2500 *M* zwar den Zahlungsanspruch des Klägers für begründet, aber auch ein Zurückbehaltungsrecht der Beklagten für gegeben, letzteres Recht deshalb, weil von der Forderung der Eheleute Sch. 3000 *M* fällig und auf Grund des Tauschvertrags vom Kläger an die Gläubiger zu zahlen seien. Im übrigen ist er der Meinung, daß der Ausgleich, welchen der minderungsberechtigte Kläger zu beanspruchen habe, nur in der Befreiung von einem entsprechenden Teile der neben der Barzahlung von 2500 *M* übernommenen Schulden, also überhaupt nicht in einer Geldzahlung der Beklagten bestehen könne, so daß die Klage für den Betrag von 7500 *M* abzuweisen gewesen wäre.

Diese Ausführungen können nicht als zutreffend anerkannt werden.

Sie verletzen die nach § 515 BGB. auf den Tausch entsprechend anzuwendenden Vorschriften über den Minderungsanspruch des Käufers. Bei Prüfung der Frage, worin die Gegenleistungen des Klägers bestanden haben, und wie danach die Minderung stattzufinden hat, hat das Berufungsgericht die Hauptleistung des Klägers, die Hingabe des Wohnhauses, ganz außer Betracht gelassen und nur die Übernahme von Schulden und die Barzahlung von 2500 ℳ berücksichtigt. Hätte der Kläger als einzige Gegenleistung sein Haus hingegeben, so wäre bei der Unteilbarkeit dieser einzigen Leistung ohne weiteres klar, daß die Minderung anders als im Wege einer Geldzahlung nicht erfolgen könnte. Denn nur so wäre der Zweck der Minderung, unter Aufrechterhaltung des Geschäfts eine ungerechtfertigte Bereicherung des einen Teiles zu verhüten, erreichbar. Schon daraus ergibt sich, daß der von dem Berufungsgerichte zur Rechtfertigung seiner Auffassung angegebene Grund, die Minderungsklage könne nicht dazu führen, daß der Verkäufer außer der Kaufsache noch mehr zu leisten, sondern nur dazu, daß er an Kaufpreis weniger zu bekommen habe, in seiner allgemeinen Anwendung auf den vorliegenden Tausch nicht zu billigen ist. Jene Erwägung des Berufungsgerichts ist aber auch sonst nicht zutreffend. In § 473 BGB. ist bestimmt, wie beim Kaufe die Minderung zu erfolgen hat, wenn neben dem in Geld vereinbarten Kaufpreise Leistungen bedungen sind, die nicht vertretbare Sachen zum Gegenstand haben. Solche Leistungen sind in Geld zu veranschlagen, und die Herabsetzung erfolgt dann in der Weise, daß in erster Reihe der in Geld festgesetzte Preis wegfällt, und daß der etwaige Überschuß von dem Verkäufer in Geld zu vergüten ist. Der Ausgleich findet also in der Form einer Ermäßigung der Leistungen des Käufers nur solange statt, als Geld oder vertretbare Sachen Leistungsgegenstand sind. Im übrigen tritt an die Stelle der Minderleistung des Käufers eine Geldzahlung des Verkäufers. Diese Regeln auch beim Tausch anzuwenden, unterliegt, wie auch in der Literatur anerkannt ist, keinem Bedenken.

Vgl. Planck, 3. Aufl. Nr. 3; v. Staudinger, 3./4. Aufl. Nr. 7, Örtmann, 2. Aufl. Nr. 5 zu § 473; Crome, System II[1] S. 500/1 Anm. 5; Kisch, Die Wirkungen der nachträglich eintretenden Unmöglichkeit, S. 177.

Sie sind vielmehr gerade beim Tausche, wo die Vereinbarung einer

Geldzahlung nur als Nebenleistung vorkommen kann, von besonderer Bedeutung, und die aus ihnen folgende Beschränkung der Aufhebung des Geschäfts entspricht auch hier durchaus dem Zwecke, den das Gesetz mit der Minderung im Gegensatze zu der den Vollzug des Vertrages beseitigenden Wandelung überhaupt verfolgt. Im vorliegenden Falle sind auch nicht etwa besondere Umstände festgestellt, welche die Annahme rechtfertigen würden, daß nach dem Parteiwillen beim Vertragsabschlusse eine von der gesetzlichen Regel abweichende Art der Minderung platzzugreifen habe.

Das Berufungsgericht hat danach mit Unrecht angenommen, daß der Kläger — abgesehen von der Rückerstattung der erwähnten Barzahlung — nur Befreiung von einem entsprechenden Teile der übernommenen Schulden verlangen könne. Das Verlangen der Geldzahlung ist vielmehr im Hinblick auf den Inhalt der Gegenleistungen des Klägers durchweg gerechtfertigt.

Wenn der Revisionskläger dieses Ergebnis schon daraus ableiten will, daß er durch die Übernahme der Schulden das Recht der Beklagten auf Vergütung des Wertes des Gasthauses zur Erlöschung gebracht und die entsprechende Forderung der Beklagten getilgt habe, so kann dem nicht beigetreten werden. Die Verpflichtung des Klägers erschöpfte sich nicht in der Übernahme der Schulden, sondern geht, da die Haftung der Eheleute G. bestehen blieb, vor allem auch auf deren Zahlung. Die Forderung der Beklagten ist daher vom Kläger erst getilgt, wenn dieser bezahlt oder sonst die Befreiung der Beklagten herbeigeführt hat. . . .

Das angefochtene Urteil ist hiernach, so wie begründet, nicht haltbar und kann auch nicht etwa in Anwendung der Vorschrift des § 563 ZPO. aufrechterhalten werden. Die Frage, ob die zur Geldzahlung verpflichteten Beklagten, soweit der Kläger die Sch.'sche Schuld zur Abtragung übernommen hat, wegen dieser dem Kläger obliegenden Verpflichtung ein aus den §§ 320, 273 BGB. abzuleitendes Zurückbehaltungsrecht haben, und wieweit ein solches Recht, falls es besteht, reicht, ist vom Berufungsgericht absichtlich nicht geprüft worden und brauchte auch von dem eingenommenen rechtlichen Standpunkt aus nicht geprüft zu werden. Die Entscheidung dieser Frage erfordert aber noch weitere Erörterungen tatsächlicher Art." . . .

74. 1. Finden die §§ 905—909 BGB. auch auf das Bergwerkseigentum Anwendung?
2. Unter welchen Voraussetzungen haftet der Bergwerkseigentümer für den einem benachbarten Bergwerke zugefügten Schaden?

BGB. § 823.
Preuß. Allg. Berggeſ. § 148.

V. Zivilſenat. Urt. v. 16. Dezember 1909 i. S. Vereinigte G. u. Gen. (Bekl.) w. M. (Kl.). Rep. V. 527/08.

I. Landgericht Bochum.
II. Oberlandesgericht Hamm.

Die Beklagte zu 2 erwarb, um eine höhere Beteiligungsziffer beim Kohlenſyndikate zu erlangen, die Grube M. A. und St. und legte ſie ſtill. Die Beklagte zu 1 befürchtete von der Stillegung für ihre Grube Waſſergefahr und errichtete deshalb Dämme, und zwar mit Genehmigung der Beklagten zu 2 im Grubenfelde der ſtillgelegten Zeche. Auf Grund der Behauptung, daß die abgedämmten Waſſer ſich in großer Menge in das Grubenfeld der Klägerin ergoſſen hätten, und infolgedeſſen der weſtliche Teil des Grubenfeldes völlig habe preisgegeben werden müſſen, verlangte die Klägerin Schadensersatz. Sie wurde mit ihrer auf Zahlung eines Teilbetrags von 53885 ℳ gerichteten Klage vom erſten Richter abgewieſen. Dagegen erklärte der zweite Richter den Anſpruch dem Grunde nach für gerechtfertigt. Auf die Reviſion der Beklagten wurde das erſte Urteil wiederhergeſtellt, aus folgenden

Gründen:

„Nach den Feſtſtellungen des Berufungsgerichts ſind infolge der Abdämmungen gewaltige Waſſermaſſen in das Bergwerk der Klägerin eingedrungen, die ſonſt in annähernd gleicher Menge nicht dorthin gelangt ſein würden. Die Beklagten haben die der Klägerin drohende Gefahr mit ziemlicher Wahrſcheinlichkeit vorausſehen können, und ſie ſind auch, bevor noch der erſte Damm geſchloſſen wurde, auf die drohende Gefahr aufmerkſam gemacht worden. Die Abdämmungen haben den Zweck gehabt, die Waſſerzuflüſſe von der Grube der Beklagten zu 1 fern zu halten. Zur Erreichung dieſes Zweckes boten ſich noch andere Mittel, die aber ſehr koſtſpielig waren.

Auf Grund dieses festgestellten Sachverhaltes hat das Berufungsgericht angenommen, daß den Beklagten ein Verstoß gegen die Vorschrift des § 823 BGB. zur Last falle, indem sie fahrlässig in das Bergwerkseigentum der Klägerin eingegriffen hätten. Das Berufungsgericht führt aus, daß die Beklagten ohne Recht gehandelt hätten, daß sie insbesondere nicht befugt gewesen seien, die Zeche E. dadurch zu schützen, daß sie die gefahrdrohenden Wasser künstlich der Grube der Klägerin zuleiteten. Nicht festgestellt ist, ob diese „zugeleiteten" Wasser zu denen gehört haben, die sich infolge der Abdämmungen im Felde von M. A. und St. aufgestaut hatten, oder ob sie, wie die Revision im Anschluß an das Gutachten des Sachverständigen für möglich hält, im eigenen Felde der Klägerin insitzend gewesen sind, vordem aber durch die Baue von M. A. und St. abgezogen waren. Allein auch wenn zugunsten der Klägerin ersteres als richtig unterstellt wird, ist die Entscheidung nicht gerechtfertigt.

Zutreffend nimmt das Berufungsgericht an, daß auf den vorliegenden Fall die Vorschrift des § 102 I. 8 ALR., die durch § 65 EG. und § 89 preuß. AG. z. BGB. aufrecht erhalten ist, keine Anwendung findet. Zu dem außerhalb der ordentlichen Kanäle und Gräben „wildablaufenden" Wasser gehören,

vgl. Koch, Komm. Anm. 30; Entsch. des RG.'s in Zivils. Bd. 24 S. 212,

die atmosphärischen Niederschläge, die Tagewasser; aber es gehören zu ihm nicht die unterirdischen Bergwasser. Weiter sind, wie auch das Berufungsgericht annimmt, unanwendbar die Vorschriften der §§ 905 flg. (907) BGB. Nach Art. 37 des preußischen AG. hat der § 50 Allg. Bergges. in Abs. 2 und Abs. 3 folgende Fassung erhalten:

Abs. 2. Für das Bergwerkseigentum gelten die sich auf Grundstücke beziehenden Vorschriften des Bürgerlichen Gesetzbuchs, soweit nicht aus diesem Gesetze sich ein Anderes ergibt;

Abs. 3. Mit der gleichen Beschränkung finden die für den Erwerb des Eigentums und die Ansprüche aus dem Eigentume an Grundstücken geltenden Vorschriften auf das Bergwerkseigentum entsprechende Anwendung.

Das Bürgerliche Gesetzbuch enthält die Vorschriften über den Erwerb des Eigentums in Titel 2, die Vorschriften über die

Ansprüche aus dem Eigentume in Titel 4; außerdem aber gibt es in Titel 1 (§§ 907—924) die Vorschriften über den Inhalt des Eigentums. Da § 50 Allg. Berggeſ. in seiner jetzigen Fassung diese letzteren Vorschriften nicht erwähnt, muß angenommen werden, daß sie im Gegensatz zu den Vorschriften in Titel 2 und Titel 4 für das Bergwerkseigentum nicht gelten sollen. Dies wird auch ausdrücklich bestätigt in der Begründung zu Art. 37 AG., in der es S. 56 heißt: unter „den sich auf Grundstücke beziehenden Vorschriften" sei hier dasselbe zu verstehen, wie im § 1017 Abs. 1 BGB. (Erbbaurecht). Nicht hierher gehörten die auf das Eigentum an Grundstücken bezüglichen Vorschriften, wie sich daraus ergäbe, daß die Übertragung der letzteren Bestimmungen unvereinbar mit dem Eigentumsbegriffe des Bürgerlichen Gesetzbuches sein würde, und daß nach dem neuen § 50 Abs. 3 Allg. Berggeſ. wie nach § 1017 Abs. 2 BGB. nur die für den Erwerb und für die Ansprüche aus dem Eigentum an Grundstücken geltenden Vorschriften entsprechende Anwendung finden sollen. Unanwendbar seien insbesondere die Vorschriften über den Inhalt des Eigentums, namentlich die §§ 905—918 BGB.

Darin, daß die letzteren Vorschriften auf das Bergwerkseigentum entsprechende Anwendung nicht finden sollen, stimmen demnach der Wortlaut des Gesetzes und die Begründung überein. Eine andere Auslegung des Gesetzes müßte auch auf dem Gebiete des Bergbaues zu wenig befriedigenden Ergebnissen führen, da die Art des unterirdischen Betriebes nachbarliche Einwirkungen in weitem Umfange unvermeidlich macht. In dieser Beziehung mag darauf hingewiesen werden, daß in gewissen Gegenden observanzmäßig — vgl. Gesetzesrevision Pensum XI Bd. 19 S. 237 — Flözverleihungen nur bis zur Sohle des Stollens sich erstreckten, so daß bei späteren Verleihungen auf den tieferen Sohlen der Betrieb des einen sich unter dem des anderen vollzog; verliehene Geviertfelder überdeckten ein früher verliehenes und im Abbau stehendes gestrecktes Feld. Nicht minder konnten Flözverschiebungen die verschiedenen Baue zueinander in unmittelbare Berührung setzen, und die Bergbehörde selbst fand es — Gesetzesrevision Pensum XI Bd. 20 S. 532 flg. — zweckmäßig, daß für die verschiedenen Revierzechen mit Tiefbaubetrieb gemeinsame Wetter- und Wassersohlen mit gleichzeitigen Durchschlägen aus dem einen Grubenbaue in den andern hergerichtet würden. Solche oder ähnliche Verhältnisse bestehen bei dem oberirdischen Eigentum nicht. Der Grundstückseigentümer vermag trotz der Beschränkungen aus § 905 flg. BGB. das Eigentum in einer den berechtigten Interessen entsprechenden Weise wirtschaftlich auszunutzen. Der Bergwerkseigentümer würde meist hierzu dann nicht in der Lage sein, wenn dem Besitzer einer Nachbargrube gegen jede erhebliche oder nicht gewöhnliche Einwirkung ein im Rechtswege verfolgbares Untersagungsrecht zustehen würde. Es kann dahingestellt bleiben, ob es, wie Wittmaack (Erbbaurecht S. 116) aus Gründen wirtschaftlicher Art annimmt, möglich ist, trotz des Wortlauts des § 1017 Abs. 2 den § 907 auf das Erbbaurecht anzuwenden. Beim Bergbau liegen jedenfalls die Betriebs- und Gefahrenverhältnisse wesentlich anders, und diese besonderen Verhältnisse hat auch der Gesetzgeber nicht verkannt. Er hat das Recht des Bergwerkseigentümers möglichst umfassend gestaltet und es sogar über die Grenzen des eigenen Feldes hinaus insofern erweitert, als nach § 60 Allg. Bergges. im freien wie im fremden Felde Hilfsbaue gestattet sind zur Wetter- und Wasserlösung, aber auch allein schon zum Zwecke eines „vorteilhafteren" Betriebes.

Nicht anwendbar sind ferner auch die §§ 54 und 148 Allg. Bergges. Die erstere Vorschrift gewährt dem Bergwerkseigentümer die Befugnis zur Aufsuchung und Gewinnung der Mineralien als ein ausschließlich ihm zustehendes Recht; die letztere Vorschrift bezieht sich, wie der Wortlaut ergibt und auch in der Rechtslehre und in der Rechtsprechung allgemein anerkannt ist, nur auf den Ersatz des Schadens, der durch den Bergbau dem Grundeigentume zugeführt wird. Im vorliegenden Falle handelt es sich um einen Schaden am Bergwerkseigentum, und zwar durch Wasserzufluß aus einem andern Bergwerke. Der im Jahre 1846 aufgestellte Entwurf eines „gemeinen preußischen Bergrechts" — Gesetzesrevision Pensum XI Bd. 20a S. 230 — enthielt die Vorschrift, daß Schadensersatz zu leisten sei, wenn durch den Betrieb eines Bergwerkes einem andern Bergwerke Wasser zugeführt werden. Die Vorschrift fand damals auch, obgleich ihr als einer angeblich unzulässigen Ausnahme von den allgemeinen Rechtsgrundsätzen widersprochen wurde, die Billigung der Mehrheit der Kommission. Allein das Allg. Bergges., dessen Motive sich zur Frage nicht äußern, enthält eine entsprechende Vorschrift nicht. Tatsächlich wird die erforderliche Fürsorge regelmäßig durch bergpolizeiliche Verordnungen oder Instruktionen getroffen, insbesondere dadurch, daß, als Schutzmittel das Stehenbleiben von Sicherheitspfeilern an den Grenzen verlangt wird.

Vgl. Zeitschr. f. Bergr. Bd. 11 S. 31flg.; Entsch. d. Obertrib. Bd. 67 S. 213; Instruktion f. Westfalen vom 18. November 1869.

Ein Verstoß gegen solche bergpolizeiliche Vorschriften, die im Sinne des § 823 Abs. 2 BGB. als Schutzgesetze gelten können, liegt unbestritten hier nicht vor.

Auch daraus kann eine Haftung nicht hergeleitet werden, daß die Beklagte zu 2, und zwar zu dem Zwecke, um für ihre sonstigen Gruben eine größere Beteiligung beim Kohlensyndikate zu erlangen, den Betrieb auf M. A. und St. eingestellt hat. Dadurch mochte unmittelbar eine drohende Gefahr für die Grube der Klägerin geschaffen werden.

Vgl. Drucks. Nr. 585 d. preuß. Abgeordnetenhauses Sess. 1904/5 Bd. 6 S. 3747.

Allein die landrechtlichen Vorschriften in den §§ 188—192 II. 16, die die Fortführung des einmal begonnenen Betriebes verlangten, sind in das Allg. Bergges. nicht übergegangen. Dies gestattet die Einstellung des Betriebes (§ 71) ausdrücklich. Die Vorschrift des § 65, die, falls überwiegende Gründe des öffentlichen Interesses der Einstellung des Betriebes entgegenstehen, die Möglichkeit der Entziehung des Bergwerkseigentums vorsieht, kommt hier nicht in Betracht.

Das Berufungsgericht erachtet die Beklagten für haftpflichtig aus § 823 Abs. 1 BGB.; allein auch an den Voraussetzungen für die Anwendbarkeit dieser Vorschrift fehlt es. Darüber besteht nach den getroffenen Feststellungen kein Zweifel, daß es der Zweck der Abdämmungen war, den Zufluß der Wasser nach dem Grubenfelde der Zeche E. zu verhindern, nicht die Wasser in das Feld der Klägerin zu leiten. Die Wasser sollten im Felde M. A. und St. festgehalten und aufgestaut werden; aber es wurde dadurch für die Grube der Klägerin die Gefahr eines Wasserdurchbruchs geschaffen, und diese mit ziemlicher Wahrscheinlichkeit vorauszusehende Gefahr ist dann auch eingetreten. Allein bloß die Tatsache, daß die Gefahr vorausgesehen werden konnte oder mußte, und daß dennoch die gefährdende Handlung vorgenommen ist, macht die Handlung noch nicht zu einer widerrechtlichen. Die Abdämmungen waren im Betriebsplane vorgesehen und stellten daher unbedenklich bergbauliche Anlagen dar. Gefahren sind mit solchen Anlagen, entsprechend der Natur des Bergbaubetriebes, regelmäßig verbunden. Meist wird von der Gefahr das Oberflächeneigentum betroffen werden, indem Risse und Sprünge oder auch Tagesbrüche entstehen. Das Gesetz gibt hiergegen nur den Anspruch auf Entschädigung aus § 148 Allg. Berggef., aber nicht einen negatorischen Anspruch auf Unterlassung weiterer Beschädigungen oder auf Einstellung des Betriebes. Dies ist — vgl. Daubenspeck, Haftpflicht S. 52 und Entsch. des Obertrib. Bd. 61 S. 306 — in der Rechtsprechung stets angenommen worden. Das Obertribunal führt a. a. O. mit Recht aus, daß das Gesetz den Bergbautreibenden in der Befugnis zur Förderung der Mineralien nicht der Beschränkung unterworfen habe, daß er innezuhalten verpflichtet sei, wenn er gefahrdrohende Ereignisse voraussehe.

Die Lage des Bergwerkseigentümers, dem Gefahr droht, ist insofern eine andere, als die des Hauseigentümers, als er für den seiner Grube zugefügten Schaden Ersatz nur nach Maßgabe der allgemeinen zivilrechtlichen Bestimmungen,

vgl. das Urteil des erkennenden Senats vom 28. Januar 1882 bei Daubenspeck, Bergrechtl. Entsch. S. 209,

beanspruchen kann. Für ihn besteht eine dem § 148 entsprechende Vorschrift nicht. Allein Art und Inhalt des bergbaulichen Rechts sind nicht je nach dem Rechtsgute, dem durch die Ausübung des Rechts Gefahr droht, verschieden. Einer Beschränkung unterwirft das Gesetz den Bergwerkseigentümer hinsichtlich gewisser öffentlichrechtlicher Unternehmungen. Diese darf er, wofür das Obertribunal a. a. O. mit Recht eine Bestätigung in der Vorschrift des § 153 Allg. Berggef. gefunden hat, nicht gefährden. Private und darunter bergbauliche Unternehmungen genießen den gleichen Schutz nicht; bei ihnen ist der Unternehmer beschränkt auf die tatsächliche Abwehr — vgl. wegen der Wassersgefahr im Bergbau nach englischem Rechte Achenbach, in der Zeitschr. f. Bergr. Bd. 11 S. 91 — und auf den Schutz, den die mit polizeilichen Befugnissen ausgestattete Bergbehörde ihm gewähren kann, und jedenfalls dann, wenn mit den privaten zugleich auch öffentliche Interessen in Gefahr stehen, gewähren muß. Die bergpolizeiliche Aufsicht erstreckt sich nach § 196 Allg. Berggef.

auf die Sicherheit der Baue, und wenn für diese Gefahr zu besorgen ist, hat nach § 198 ebenda das Oberbergamt die erforderlichen Anordnungen zu treffen. Ohne daß eine Verletzung solcher Anordnungen stattgefunden hat, waren die innerhalb der bergbaulichen Befugnisse vorgenommenen Abdämmungen nicht rechtswidrig.

Mit Unrecht legt die Klägerin endlich darauf Gewicht, daß die Zeche E. die Dämme angelegt hat, und zwar nicht in ihrem, sondern in fremdem Felde. Der Beklagten zu 2 wäre es nach §§ 51, 161 Allg. Berggeſ. unbenommen gewesen, auf den Feldesteil, in dem die Dämme angelegt sind, zu verzichten, oder ihn an die Beklagte zu 1 abzutreten und diese dadurch zur Herrichtung der Dämme aus eignem Rechte in den Stand zu setzen. Daß der Bergwerkseigentümer anderen auch die Ermächtigung zu Anlagen in seinem Felde erteilen kann, ist hiernach nicht zu bezweifeln, folgt aber auch unmittelbar aus den Vorschriften der §§ 60 flg. Allg. Berggeſ. Wie das Berufungsgericht festgestellt hat, war die Ermächtigung von der Beklagten zu 2 tatsächlich erteilt worden. Indem die Beklagte zu 2 die Ermächtigung zu der einem bergbaulichen Zwecke dienenden Anlage gab, machte sie von dem ihr als Bergwerkseigentümerin aus § 54 Allg. Berggeſ. zustehenden Rechte Gebrauch, und dem stand (§ 903 BGB.) keine gesetzliche Vorschrift entgegen, und auch nicht ein Recht der Klägerin, wenngleich deren Eigentum durch die Ausübung der eingeräumten Befugnis Gefahren ausgesetzt wurde. Die Erkenntnis der Gefahr machte die Erteilung der Ermächtigung und demnächst die Ausführung der Anlage nicht zu einer rechtswidrigen Handlung. Daß die Beklagte zu 2 ohne eigenes Interesse und nur aus Entgegenkommen gegen die Beklagte zu 1 gehandelt hat, ist unerheblich. Eine unlautere Absicht, die die an sich erlaubte Handlung zu einer rechtswidrigen hätte gestalten können, ist nach dem festgestellten Tatbestande ausgeschlossen, auch von der Klägerin selbst nicht behauptet worden. Ein Anspruch auf Schadensersatz steht hiernach der Klägerin nicht zu."

---

75. Ist, wenn Holz auf dem Stamme unter Vorbehalt des Eigentums bis zur Bezahlung des Kaufpreises, aber unter Gestattung des Abhiebs, verkauft wird, der Verkäufer berechtigt, falls der Kaufpreis nicht gezahlt wird, die Abfuhr zu verhindern?

VII. Zivilsenat. Urt. v. 17. Dezember 1909 i. S. A. (Kl.) w. K. (Bekl.). Rep. VII. 132/09.

I. Landgericht II München.
II. Oberlandesgericht daselbst.

Durch Vertrag vom 28. Dezember 1906 verkaufte der Beklagte an den Holzhändler M. das stehende Holz einer ihm und einem gewissen H. gemeinsam gehörigen Waldabteilung für 8000 *M*. M. verkaufte durch Vertrag vom 17. Januar 1907 sämtliches in dieser Waldabteilung anfallendes Fichten-, Tannen-Langholz und das zu Gruben- und Schwellenholz auszuformende Föhrenholz an die Klägerin. Anfangs April 1907 wurde dieses Holz der Klägerin von M. zugemessen und von ihr mit dem Hammer der Firma angeschlagen. Nachdem sodann die Klägerin 100 cbm Nutzholz hatte abfahren lassen, verbot der Beklagte anfangs Mai 1907 jede weitere Abfuhr und erwirkte gegen den Fuhrmann der Klägerin eine einstweilige Verfügung, durch die diesem die Abfuhr bei Strafe untersagt wurde. Die Klägerin erblickte in diesem Vorgehen des Beklagten einen Eingriff in ihr Eigentumsrecht an dem Holze und verlangte klagend Herausgabe des ihr verkauften, in dem betreffenden Waldabteil liegenden und mit ihrem Hammer angeschlagenen Holzes, sowie Gestattung der Abfuhr. Der Beklagte bestritt das Eigentum der Klägerin an dem fraglichen Holz und machte geltend, daß nach dem von ihm mit M. abgeschlossenen Vertrage sowohl der Übergang des Eigentums wie der des Besitzes an dem verkauften Holz bis zur Zahlung des Kaufpreises ausgeschlossen gewesen sei. Die Klägerin wies dem gegenüber darauf hin, daß die Vertragsurkunde einen solchen Vorbehalt nicht enthalte, vielmehr ausdrücklich dem Käufer M. der jederzeitige Abhieb gestattet sei; jedenfalls habe sie gutgläubig von M. das Holz zu Eigentum erworben. Unbestritten hat M. den Kaufpreis nicht gezahlt. Die erste und zweite Instanz wiesen die Klage ab. Die Revision der Klägerin wurde zurückgewiesen.

Aus den Gründen:

„Der Berufungsrichter sieht mit dem Landgericht als erwiesen an, daß der Beklagte und M. bei Abschluß des Kaufvertrages vom 28. Dezember 1908 darüber einig waren, daß vor Bezahlung des Kaufpreises M. zwar die Befugnis haben sollte, das Holz fällen und aufbereiten zu lassen, daß dies aber nur zur **Vorbereitung** der demnächst erst **nach** Zahlung des Preises in Aussicht genommenen Übergabe erfolgen, daß M. auch an dem gefällten und aufbereiteten Holz irgend welche Besitz- oder gar Eigentumsrechte auf Grund der Gestattung nicht erwerben sollte. Diese auf tatsächlichem Gebiet liegende Feststellung des Vertragswillens ist unter Hinweis auf den Inhalt der Vertragsurkunde und die Ergebnisse der Beweisaufnahme eingehend begründet. Sie ist von der Revision nach keiner Richtung angefochten und auch von Amts wegen nicht zu beanstanden. Denn die Gestattung des Abhiebs des auf dem Stamm verkauften Holzes kann im einzelnen Fall sehr wohl nach dem Willen der Vertragschließenden nur die Bedeutung haben, daß das gestattete Schlagen der Bäume nicht zum Zwecke der Erlangung des Besitzes und zur Übertragung des Eigentums an dem geschlagenen Holze, sondern **nur** zur Vorbereitung der demnächstigen Besitz- und Eigentumsübertragung erfolgen soll, daß also durch das Abholzen seitens des Käufers an den Besitz- und Eigentumsverhältnissen irgend welche Änderung nicht eintreten, Eigentum und Besitz vielmehr erst mit der **nach** Bezahlung des Kaufpreises gestatteten Abfuhr übergehen soll. Auf Grund dieser Feststellung des vom Beklagten und M. betätigten Vertragswillens hat der Berufungsrichter sodann zutreffend angenommen, daß durch das in Gemäßheit des Vertrages erfolgte Abholzen und Aufbereiten weder der bisherige Besitz des Beklagten noch dessen Eigentum auf M. übergegangen ist.

Die Revision wirft hier dem Berufungsrichter Übersehen der Bestimmung des § 956 BGB. vor. Allein zu Unrecht. Zum Eigentumserwerb in Gemäßheit des § 956 fehlt es vor allem an der wesentlichsten Voraussetzung, nämlich daran, daß der Beklagte dem M. die **Aneignung** des Holzes **gestattet** hätte; er hatte im Gegenteil ausdrücklich die Aneignungsbefugnis von der **vorherigen** Bezahlung des Preises abhängig gemacht. Ebensowenig liegt das weitere Erfordernis vor, daß der Beklagte dem M. den Besitz der Sache, um deren Erzeugnisse es sich handelt, überlassen hätte, und schließlich hat der Berufungsrichter auch in dem Vollzug des Abhiebs mit Recht eine Besitzergreifung seitens des M. nicht gefunden, da bei dem festgestellten Inhalt des Vertrages ohne Hinzutreten weiterer für die Aneignung der tatsächlichen Gewalt durch M. sprechender Umstände in dem bloßen Abholzen des auf den Waldgrundstücken belassenen Holzes eine Entziehung des Holzes aus dem Besitz des Grundstückseigentümers nicht zu finden ist.

Auch soweit die Revision rügt, daß der Berufungsrichter rechtsirrig von der Möglichkeit eines Eigentumsvorbehalts an dem noch nicht gefällten Holz ausgehe, ist die Rüge unbeachtlich. Vorliegend handelt es sich um den Verkauf von Holz auf dem Stamm, von Sachbestandteilen, die erst zukünftig durch Trennung vom Grund und Boden selbständige Sachen werden sollten. Solange diese Trennung noch nicht erfolgt, das Holz also noch Bestandteil des Grundstücks ist, ist für einen Eigentumsvorbehalt im eigentlichen Sinn allerdings kein Raum; die festgestellte Abrede hat aber dem Vertragswillen der Beteiligten entsprechend die ihr vom Berufungsrichter beigelegte Bedeutung, daß auch durch die vom Käufer bewirkte Trennung vom Grund und Boden ein Eigentumserwerb nach der Bestimmung des § 956 BGB. nicht eintreten kann. Hiernach läßt das Berufungsurteil, soweit es einen Eigentums- und Besitzerwerb seitens des M. verneint, einen Rechtsirrtum nicht erkennen.

Aber auch die vom Berufungsrichter weiter gezogene Folgerung, daß auch die Klägerin ihrerseits das mit der Klage geltend gemachte Eigentum nicht erworben habe, ist aus Rechtsgründen nicht zu beanstanden. Einen Eigentumserwerb in Gemäßheit des § 932 BGB. hat der Berufungsrichter mit Recht schon deshalb verneint, weil dieser Erwerb vor allem einen zur Zeit der Einigung noch vorhandenen oder schon früher auf den Käufer übertragenen Besitz des veräußernden Nichteigentümers voraussetzt, nach den aufrecht zu haltenden Feststellungen des Berufungsrichters aber M. die fraglichen Hölzer niemals im Besitz gehabt hat, diese vielmehr in der tatsächlichen Gewalt des Beklagten geblieben sind."

---

76. 1. Wird der Vorschrift des § 148 Abs. 1 Satz 1 des Unfallversicherungsgesetzes für Land- und Forstwirtschaft vom 30. Juni/5. Juli 1900 in Preußen durch eine Mitteilung genügt, die der Landesdirektor oder dessen Vertreter bezüglich der Geltendmachung des Ersatzanspruches der Berufsgenossenschaft dem Ersatzpflichtigen zugehen läßt, ohne daß ein Beschluß des Genossenschaftsvorstandes (des Provinzialausschusses) ergangen ist?

2. Ist die Anrufung der Beschlußfassung der Genossenschaftsversammlung (§ 148 Abs. 1 Satz 2 des Ges.) an eine bestimmte Ausdrucksform gebunden?

VI. Zivilsenat. Urt. v. 20. Dezember 1909 i. S. Rhein. landw. Berufsgenossenschaft (Kl.) w. L. (Bekl.). Rep. VI. 21/09.

I. Landgericht Hechingen.
II. Oberlandesgericht Frankfurt a. M.

Die Dienstmagd des Beklagten hatte in dem landwirtschaftlichen Betriebe desselben einen Unfall erlitten, infolgedessen die klagende Berufsgenossenschaft Heilungskosten zu vergüten und eine Unfallrente zu zahlen hatte Sie nahm den Beklagten gemäß § 147 des landw. UnfVersGes. auf Erstattung ihrer Aufwendungen in Anspruch. Das Landgericht erkannte nach dem Klagantrage; das Berufungsgericht dagegen wies die Klage ab. Die Revision der Klägerin wurde zurückgewiesen aus folgenden

Gründen:

„Die Klage ist vom Berufungsgerichte aus dem Grunde abgewiesen, weil die für die Klage aus § 147 Abs. 1 Satz 3 des Unfallversicherungsgesetzes für Land- und Forstwirtschaft vom 30. Juni/5. Juli 1900 in § 148 aufgestellten Voraussetzungen nicht erfüllt seien. Dem Beklagten ist von seiten der Berufsgenossenschaft ein Schreiben vom 12. Februar 1907, unterzeichnet von dem Assessor B. „in Vertretung des Vorstands," zugestellt worden, worin dem Beklagten unter Hinweis auf das gegen ihn wegen fahrlässiger Körperverletzung ergangene Strafurteil eröffnet wird, daß er gemäß § 147 des landw. UnfVersGes. für die Aufwendungen der Berufsgenossenschaft aus Anlaß des Unfalls der L. H. hafte, und er ersucht wird, binnen vier Wochen eine Erklärung darüber abzugeben, ob er seine Ersatzpflicht anerkenne, widrigenfalls die Klage angestrengt würde. Der Beklagte hat unter dem 23. Februar 1907 erwidert, er erkenne eine Erstattungspflicht vorläufig nicht an, überlasse die Entscheidung hierüber „schiedsrichterlichem Ermessen".

Vorstand der Rheinischen landwirtschaftlichen Berufsgenossenschaft (in die auch die Hohenzollernschen Lande eingeschlossen sind) ist nach § 12 des Genossenschaftsstatutes in Verbindung mit Art. I

Abs. 2, Art. IV des preußischen Gesetzes, betr. die Abgrenzung und Gestaltung der Berufsgenossenschaften usw., vom 16. Juni 1902 (GS. S. 261 flg.) der Provinzialausschuß. Nach § 12 Abs. 2 des Statutes führt der Landeshauptmann unter Aufsicht des Provinzialausschusses die laufenden Geschäfte des Genossenschaftsvorstandes, wobei hinsichtlich der Grenzen seiner Befugnis und der Stellvertretung die Vorschriften der Provinzialordnung für die Rheinprovinz vom 1. Juni 1887 (GS. S. 252 flg.) entsprechende Anwendung finden sollen. In § 13 Abs. 2 des Statutes ist auf den Vorstand die Befugnis übertragen, von der Verfolgung des Ersatzanspruches aus § 147 Abs. 1 Satz 3 des Reichsgesetzes abzusehen. Nach Art. VI Nr. 7 des Gesetzes vom 16. Juni 1902 entscheidet über „Beschwerden eines Ersatzpflichtigen gegen den schriftlichen Bescheid des Genossenschaftsvorstandes, betr. die Geltendmachung eines Ersatzanspruches (§ 148 des Reichsgesetzes)“, der Provinziallandtag.

Der vorerwähnte Bescheid vom 12. Februar 1907 ist unstreitig ohne Mitwirkung des Provinzialausschusses erfolgt. Der Beklagte macht geltend, dieses Schreiben stelle sich schon äußerlich nicht als Beschluß dar. Wolle man aber einen Beschluß darin sehen, so sei er nicht von dem zuständigen Organe, dem Provinzialausschusse, gefaßt; selbst wenn man den Landeshauptmann hierzu für befugt halten wollte, so fehle doch jedenfalls dem Assessor B. die Befugnis, diesen Beschluß zu fassen und die Ausfertigung zu unterschreiben. Weiter aber sei in dem Schreiben des Beklagten vom 23. Februar 1907 die Anrufung einer Beschlußfassung der Genossenschaftsversammlung zu sehen.

Das Berufungsgericht führt aus: das Gesetz vom 16. Juni 1902 habe in Art. IV an Stelle des Genossenschaftsvorstandes den Provinzialausschuß gesetzt und in Art. VII dem Genossenschaftsstatut überlassen, für bestimmte Angelegenheiten, insbesondere für die Feststellung der Entschädigung, ein anderes Organ anstatt des Vorstandes zu bestimmen. Es sei aber nicht nachgelassen, auch die Entscheidung nach § 148 des Reichsgesetzes statt des Genossenschaftsvorstandes einem anderen Organe, etwa dem Landesdirektor, zu übertragen. Im Gegenteil ergebe sich aus Art. VI Nr. 7 des Gesetzes vom 16. Juni 1902, daß die Entscheidung über die Erhebung des Ersatzanspruchs durch den Genossenschaftsvorstand, nicht aber durch ein anderes Organ zu treffen sei. Die

Tätigkeit des Landesdirektors beschränke sich nach § 90 der Provinzialordnung für die Rheinprovinz darauf, Beschlüsse des Vorstandes vorzubereiten und für ihre Ausführung Sorge zu tragen. Dem entsprechend enthalte auch das Statut der Klägerin keine Vorschrift, die dem Landesdirektor die Entscheidung nach § 148 des Reichsgesetzes übertrüge. Das Gegenteil sei sogar aus § 33 in Verbindung mit § 12 Abs. 3 des Statutes zu entnehmen. Es entspreche auch nicht der Bedeutung der in Frage stehenden Entscheidung, sie als ein laufendes Geschäft zu betrachten und demgemäß der Verfügung des Landesdirektors oder eines Dezernenten zu überlassen. Denn hierbei habe sich der Vorstand darüber schlüssig zu machen, ob er aus Billigkeitsgründen von der Verfolgung des Anspruches absehen wolle. Werde die Entscheidung aber durch Verfügung jenes einzelnen Beamten getroffen, so erhalte der Provinzialausschuß keine Kenntnis von dem Falle und somit keine Gelegenheit, von seiner Befugnis aus § 147 Satz 3 UVG. Gebrauch zu machen. Der Bescheid vom 12. Februar 1907 sei daher kein rechtsgültiger Beschluß gemäß § 148 des Reichsgesetzes. Da die Voraussetzung des § 148 nach dieser Gesetzesvorschrift vor Erhebung der Klage gegeben sein müsse, so sei der jetzt nachträglich am 8./9. September 1908 gefaßte Beschluß des Provinzialausschusses, wodurch die Entscheidung vom 12. Februar 1907 „mit rückwirkender Kraft" genehmigt werden solle, ohne rechtliche Bedeutung. Ob der Beamte der Landesdirektion, der den Bescheid vom 12. Februar 1907 gezeichnet hat, hierzu befugt war, wird dahingestellt gelassen. Jedoch wird schließlich noch festgestellt, daß, auch wenn man in dem Schreiben vom 12. Februar 1907 eine rechtsgültige Entscheidung gemäß § 147 sehen wollte, die Klage gleichwohl abgewiesen werden müßte, da in dem Schreiben des Beklagten vom 26. Februar 1907 eine rechtzeitige Anrufung der Entscheidung des Provinziallandtages zu finden sei.

Die Revision rügt Verletzung der §§ 147 flg. des land- und forstwirtschaftlichen Unfallversicherungsgesetzes, der Artikel VI und VIII des preußischen Gesetzes vom 16. Juni 1902 und des § 286 ZPO. Sie beruft sich auf die entgegengesetzte Auffassung des Reichsversicherungsamtes über die Befugnisse des Landesdirektors, wie sie namentlich in dem von der Klägerin vorgelegten Bescheid an den Vorstand der Westpreußischen landwirtschaftlichen Berufsgenossenschaft vom 12. März 1908 dargelegt ist. Dem von der Klägerin vertretenen Standpunkte stehe das Gesetz vom 16. Juni 1902 nicht entgegen. In § 141 des Reichsgesetzes seien die §§ 147, 148 nicht angeführt. Man werde nicht sagen können, daß jene Auffassung mit dem Sinne des Reichsgesetzes unvereinbar sei. Die Verhältnisse bei den landwirtschaftlichen Berufsgenossenschaften seien ganz besondere. Der im Gesetze „Beschluß" genannten Willenserklärung des Vorstandes nach § 148 a. a. O. komme nicht eine solche Bedeutung zu, daß es nötig erscheine, hierwegen jedesmal den ganzen Provinzialausschuß einzuberufen. Die gesetzliche Regel sei die Inanspruchnahme des Ersatzpflichtigen. Die Entschließung des Vorstandes habe im Falle der Haftung aus Fahrlässigkeit nur die Bedeutung, eine Prozeßvoraussetzung dahin festzustellen, daß der Vorstand auf den Anspruch nicht verzichten wolle. Dann aber liege, zumal hier, wo die Genossenschaft eine Provinz von mehr als vier Millionen Einwohnern umfasse, keine Veranlassung vor, die zahlreichen Inanspruchnahmen von dem Kreise der „laufenden Geschäfte" auszuschließen. Dieser Ausdruck sei nicht streng wörtlich auszulegen; es handle sich um eine rein praktische Frage. Der Nachprüfung will die Revision noch unterstellen, ob die vom Berufungsgerichte dem Schreiben des Beklagten vom 23. Februar 1907 beigelegte Bedeutung zutreffe.

Der Revision mußte der Erfolg versagt werden.

In den reichsgesetzlichen Vorschriften findet die Auffassung der Klägerin bezüglich der in Frage stehenden Entschließung keine Stütze; diese Vorschriften würden vielmehr, an sich betrachtet, für die gegenteilige Ansicht sprechen. Nach § 148 LUVG. (§ 137 GewUVG., § 47 BauUVG.) hat der Vorstand dem Ersatzpflichtigen den „Beschluß", demzufolge der Ersatzanspruch gegen ihn geltend gemacht werden soll, mitzuteilen, wobei also eine vorangegangene Beschlußfassung des Vorstandes vorausgesetzt wird. Schon die Ausdrucksweise scheint auf die Entschließung oder Verfügung einer Einzelperson nicht zu passen. Die sachliche Bedeutung der nach § 147 Abs. 1 Satz 3 LUVG. (§ 136 Abs. 1 Satz 3 GewUVG.) von der Genossenschaftsversammlung, oder bei Übertragung der Befugnis auf den Vorstand gemäß Satz 4 das. von diesem zu treffenden Entscheidung ist aber eine erheblich größere, als die ihr von der Revision beigemessene. Mit der Neuregelung des Gesetzes durch die angeführten Vorschriften im Zusammenhang mit der des zweiten Satzes von § 147 (§ 136) war namentlich bezweckt, den Berufsgenossenschaften hinsichtlich der Verfolgung von Ersatzansprüchen gegen die Betriebsunternehmer usw. freiere Hand zu gewähren. Es sollten die Berufsgenossenschaften der Notwendigkeit, behufs Geltendmachung des Ersatzanspruches zuvor die strafgerichtliche Verurteilung des Genossenschaftsmitgliedes herbeizuführen, enthoben, und der Genossenschaft ein gütliches Abkommen mit dem Ersatzpflichtigen erleichtert werden.

Vgl. über die Entstehungsgeschichte der Gesetzesbestimmungen die Urteile des erkennenden Senats vom 29. Januar 1906, Entsch. in Zivils. Bd. 62 S. 340, 344 flg., und vom 20. Dezember 1906, Rep. VI. 211/06, i. S. Rheinisch.-Westfäl. Bauberufsg. w. Kn.

Der § 148 [137] enthält andererseits Vorschriften, die in Verbindung mit dem § 147 [§ 136] Abs. 1 S. 3, 4 dem Betriebsunternehmer usw. in dem hierbei allein in Betracht kommenden (tatsächlich auch die Regel bildenden) Falle der Haftung aus bloßer Fahrlässigkeit Schutz gegen eine etwaige unbillige oder nicht im Sinne der Berufsgenossen liegende Inanspruchnahme gewähren sollen. Daß der von der Genossenschaftsversammlung zu fassende Beschluß eine für den Unternehmer rechtlich und wirtschaftlich sehr bedeutsame Entscheidung darstellt, liegt auf der Hand (vgl. Entsch. des RG.'s in Zivils. Bd. 71 S. 226 flg.). Aber auch schon die Entschließung des **Vorstandes**, wenn diesem die fragliche Befugnis übertragen ist, enthält einen Akt, dem sowohl dann, wenn der Vorstand sich für ein Absehen von der Verfolgung des Anspruchs, als wenn er sich für dessen Geltendmachung entschließt, obwohl die endgültige Entscheidung diesfalls der Genossenschaftsversammlung, sofern sie angerufen wird, zufällt, immerhin eine für den einen und den andern Teil gewichtige Bedeutung innewohnt. Es handelt sich dabei nicht lediglich um die dem Ersatzpflichtigen kundzugebende Absicht oder Willensmeinung, sondern um eine **Entscheidung**, die auf Grund vorgängiger **Prüfung** des konkreten Falles, unter Berücksichtigung der Interessen der Genossenschaft und des betreffenden Mitgliedes, auch wohl in sachkundiger Abwägung mit den Rücksichten der Billigkeit zu treffen ist.

Nun sind für die vorliegende Frage allerdings die besonderen Verhältnisse der **landwirtschaftlichen** Berufsgenossenschaften, wie sie sich infolge der Reichs- und Landesgesetzgebung gestaltet haben, in Betracht zu ziehen. Diesen Genossenschaften ist in dem Reichsgesetze (§ 38 Abs. 1, Abs. 2 Nr. 2, § 42 Abss. 1, 3, § 44 Abss. 1, 4) hinsichtlich der Organisation und Verwaltung ein weiter Spielraum für die Selbstbestimmung eingeräumt. Und auch bei der Regelung, wie sie in Anwendung des § 141 des Gesetzes nach Übertragung der den Vorständen zustehenden Funktionen auf die landesgesetzlich bestimmten Organe der Selbstverwaltung — für Preußen durch das Gesetz vom 20. Mai 1887, bzw. vom 16. Juni 1902 — getroffen ist, bleibt der Berufsgenossenschaft im Rahmen dieser Gesetzesvorschriften noch immer ein gewisses Maß der Freiheit autonomer Regelung ihrer Verwaltungseinrichtungen, namentlich bezüglich der Abgrenzung des Geschäftskreises einzelner Genossenschaftsorgane (vgl. z. B. Art. VI Nr. 1, 5, Art. VII des Gesetzes von 1902). Es ist daher zuzugeben, daß eine landwirtschaftliche Berufsgenossenschaft befugt sein mag, durch Statut die Beschlußfassung nach § 147 Abs. 1 Satz 3, § 148 des Gesetzes dem Landesdirektor allein zu übertragen, so daß eine kollegiale Beschlußfassung des Provinzialausschusses hierzu nicht erforderlich ist.

In dem von der Klägerin beigebrachten Bescheide vom 12. März 1908 und in mehrfachen anderen Verfügungen hat das Reichsversicherungsamt sich dahin ausgesprochen, in der kommunalen Provinzialverwaltung würden die laufenden Geschäfte von dem Landesdirektor (Landeshauptmann) wahrgenommen. Unter den „laufenden" Geschäften seien nach der in der preußischen Selbstverwaltung herrschenden Übung im Zweifel alle Geschäfte zu verstehen, soweit sie nicht durch Gesetz oder Provinzialstatut, oder durch besonderen Beschluß des Provinzialausschusses ausdrücklich der kollegialen Beschlußfassung des Provinzialausschusses vorbehalten und somit der alleinigen Erledigung durch den Landesdirektor entzogen seien. Aus Zweckmäßigkeitserwägungen sei dieser Grundsatz auf die berufsgenossenschaftliche Verwaltung im allgemeinen entsprechend zu übertragen, wenn das Statut ohne nähere Bestimmung schlechthin die Erledigung der laufenden Geschäfte dem Landesdirektor zuweise. Danach soll auch die Frage zu beantworten sein, ob die in § 148 Abs. 1 des Gesetzes dem Vorstand eingeräumte Entschließung in Preußen allein vom Landesdirektor (Landeshauptmann) ausgeübt werden kann (vgl. Handb. der Unfallversicherung 3. Aufl. Bd. 2 zu § 42 Bem. 1 Aa S. 123, zu § 148 S. 215). Indes, wenn auch im allgemeinen die entsprechende Anwendung jenes Grundsatzes der Verwaltungspraxis als unbedenklich erschiene, so ist doch nicht anzuerkennen, daß im Zweifel und mangels einer ausdrücklichen Bestimmung des Statuts die hier in Frage stehende Entscheidung unter die dem Landesdirektor zur alleinigen Erledigung überwiesenen „laufenden" Geschäfte zu rechnen sei. Für die umgekehrte Vermutung hiergegen würden eher sprechen einmal der gewöhnliche Sprachgebrauch, wonach unter laufenden Geschäften die im regelmäßigen Geschäftsgange vorkommenden Geschäfte von minder einschneidender Bedeutung verstanden werden, dann die Wichtigkeit der Entscheidungen nach § 147 Abs. 1 Satz 3 und § 148 des Gesetzes (vgl. über die berufungsfähigen Bescheide Handb. a. a. O. Bem. 1 Aa und b S. 123flg.), vielleicht auch die Fassung des Art. VI Nr. 7 des Gesetzes vom 16. Juni 1902, wonach „über Beschwerden" eines Ersatzpflichtigen gegen den schriftlichen Bescheid „des Genossenschaftsvorstandes" nach § 148 des Reichsgesetzes die Provinziallandtage entscheiden.

Im vorliegenden Falle hat aber das Berufungsgericht positiv festgestellt, daß auch nach den statutarischen Bestimmungen dem Landeshauptmann die selbständige alleinige Entscheidung nicht zukomme, und diese Auffassung ist keinesfalls für rechtsirrig zu erachten. Ob die Provinzialordnung für die Rheinprovinz, auf die in § 12 Abs. 2 Satz 2 des Genossenschaftsstatutes verwiesen ist, in ihrer Anwendung auf den Bezirk der klagenden Berufsgenossenschaft (der nach § 2 des Statuts sich über die Rheinprovinz, die Hohenzollernschen Lande und des Fürstentum Birkenfeld erstreckt) im Hinblick auf § 1 der Kaiserlichen Verordnung vom 28. September 1879, betr. die Begründung der Revision, — wie der Revisionsbeklagte geltend macht — als irrevisible Rechtsnorm anzusehen sei, kann dahingestellt bleiben. Die angefochtene Entscheidung beruht nicht sowohl auf der Anwendung des § 90 der Provinzialordnung, als vielmehr auf der Auslegung des Genossenschaftsstatuts. Diese Auslegung unterliegt allerdings der Nachprüfung des Revisionsgerichtes; sie erweist sich aber als gerechtfertigt. Hier kommt insbesondere in Betracht, daß zu § 13 Abs. 2 des Statuts, wodurch die Befugnis von der Verfolgung des Ersatzanspruches aus § 147 Abs. 1 Satz 3 des Reichsgesetzes abzusehen, auf den Vorstand übertragen wird, nichts von einer Obliegenheit oder Befugnis des Landesdirektors, die hier fraglichen Entscheidungen selbständig zu treffen, gesagt ist (vgl. § 13 Abs. 1). Ferner sind vom Berufungsgericht nicht mit Unrecht die Bestimmungen des § 33 des Statuts verwertet. Danach erfolgt die Beschlußfassung über die Feststellung der Entschädigungen gemäß §§ 75 flg. des Reichsgesetzes in den Fällen Nr. 1 a—e durch den Sektionsvorstand, in allen übrigen Fällen durch den Landeshauptmann oder den von ihm beauftragten oberen Provinzialbeamten und ein Mitglied des Provinzialausschusses, vorbehaltlich der Bestimmung des § 12 Abs. 3, welche zuläßt, daß die Feststellung der Entschädigungen durch Beschluß des Provinzialausschusses den laufenden Geschäften gleichgestellt werden kann. Diese Vorschriften sprechen gegen die Annahme, daß die Beschlußfassung über Verfolgung eines Regreßanspruches im Sinne des Statuts ohne weiteres den in § 12 Abs. 2 genannten laufenden Geschäften beizurechnen sei. Zum mindesten findet diese Annahme in dem Statute keine Bestätigung.[1]

Die Erwägung des Berufungsgerichts, daß der Mangel eines vor der Klagerhebung mitgeteilten gesetzmäßigen Bescheides nach § 148 LandwUVG. nicht durch die nachträgliche Genehmigung von seiten des Provinzialausschusses, die der Entscheidung vom 12. Februar 1907 „rückwirkende Kraft" verleihen sollte, geheilt werden kann, ist bei der jener Mitteilung zukommenden Bedeutung als gesetzlicher Voraussetzung für die Zulässigkeit der Klage (Entsch. des RG.'s in Zivils. Bd. 62 S. 430) zweifellos zutreffend.

Aber auch aus dem zweiten vom Berufungsgericht angeführten Grunde rechtfertigt sich die Abweisung der Klage. Wenn der Beklagte in seinen Schreiben vom 23. Februar 1907 erklärt, daß er eine Ersatzpflicht vorläufig nicht anerkenne und die Entscheidung hierüber schiedsrichterlichem Ermessen überlasse, so ruft er damit, wie der Vorderrichter mit Recht bemerkt, gegen den ihm zugegangenen Bescheid die Entscheidung eines anderen, von ihm nicht namhaft gemachten Organes an. Daß er damit von dem im gegebenen Falle

[1] Im gleichen Sinne hat der erkennende Senat an demselben Tage in der Sache Rhein. landw. B.G. w. B., Rep. VI. 20/09, entschieden. D. E.

durch das Gesetz verstatteten Rechtsbehelfe Gebrauch machen wollte, kam in einer für den Genossenschaftsvorstand genügend erkennbaren Weise zum Ausdruck. Eine bestimmte Form für die Anrufung der Beschlußfassung der Genossenschaftsversammlung, oder des Provinziallandtages ist im Gesetze nicht vorgeschrieben. Der auf anderen Gebieten des öffentlichen und des bürgerlichen Rechtes namentlich zu Gunsten rechtsunkundiger Parteien geltende Grundsatz, daß es auf die richtige Bezeichnung eines Rechtsmittels nicht notwendig ankommt (vgl. z. B. StPO. § 342; Entsch. des RG.'s in Zivils. Bd. 43 S. 416flg., Bd. 54 S. 431), verdient gewiß auch hinsichtlich der Rechtsmittel oder Rechtsbefehle der Beteiligten im Gebiete der Arbeiterversicherung beachtet zu werden." . . .

---

77. 1. Können die Voraussetzungen einer Scheidung wegen böslicher Verlassung sich dadurch erfüllen, daß die in § 1567 Abs. 2 Nr. 1 BGB. vorgeschriebene einjährige Frist während der Anhängigkeit des Scheidungsprozesses abläuft?

2. Verliert ein auf Herstellung der häuslichen Gemeinschaft lautendes Urteil dadurch seine Verwendbarkeit zur Begründung einer auf § 1567 Abs. 2 Nr. 1 BGB. gestützten Scheidungsklage, daß dem verklagten Ehegatten sein bisheriges ehewidriges Verhalten verziehen wird?

IV. Zivilsenat. Urt. v. 20. Dezember 1909 i. S. K. (Kl.) w. K. Ehefr. (Bekl.). Rep. IV. 142/09.

I. Landgericht Gießen.
II. Oberlandesgericht Darmstadt.

In einem Vorprozesse wurde die von ihrem Manne getrennt lebende verklagte Ehefrau durch Urteil vom 30. Oktober 1905 verurteilt, die häusliche Gemeinschaft mit dem Kläger herzustellen. Das Urteil wurde am 16. Dezember 1905 rechtskräftig. Die Beklagte leistete dem Urteile nicht Folge. Unter der Behauptung, dies sei in böslicher Absicht und gegen seinen Willen geschehen, klagte der Ehemann im Februar 1907 auf Scheidung. Das Oberlandesgericht erkannte auf Klagabweisung. Die Revision hatte keinen Erfolg.

Aus den Gründen:

„Der Berufungsrichter nimmt an, daß das Recht des Klägers, die Scheidung der Ehe aus § 1567 Nr. 1 BGB. zu verlangen, durch Verzeihung erloschen sei. Er stellt fest, daß die Parteien nicht nur in der Zeit, als im Vorprozesse das Urteil auf Herstellung der häuslichen Gemeinschaft erging, wiederholt geschlechtlich miteinander verkehrt hätten, und daß die Geburt des zweiten Kindes der Parteien eine Folge dieses Geschlechtsverkehrs gewesen sei, sondern daß auch nach dem Eintritt der Rechtskraft dieses Urteils und ebenso nach dem Ablauf des für die Anwendung des § 1567 Nr. 1 maßgebenden Jahres der eheliche Verkehr fortgesetzt worden sei. . . . Eine Verletzung des § 1570 BGB. liegt nicht vor. Der Berufungsrichter konnte sehr wohl die Handlungsweise des Klägers tatsächlich dahin würdigen, daß derselbe in jedem der beiden (näher festgestellten) Fälle der Beklagten die Wiederherstellung seiner ehelichen Gesinnung und den Willen, die eheliche Lebensgemeinschaft mit ihr wiederherzustellen, ungeachtet ihres bisherigen ehewidrigen Verhaltens zu erkennen gab, und dies genügt rechtlich zur Annahme der Verzeihung. . . .

Durch die gewährte Verzeihung wird aber auch die Berufung des Revisionsklägers darauf hinfällig, daß von dem letzten Verzeihungsakte ab bis zur letzten mündlichen Verhandlung vor dem Berufungsgericht wiederum mehr als ein volles Jahr verlaufen sei. Allerdings hat der Senat den in seinem Urteil vom 2. März 1905 (Entsch. des RG.'s Bd. 60 S. 194) angenommenen Grundsatz, wonach die Voraussetzungen des § 1567 Nr. 1 BGB. sich bis zur Erhebung der Scheidungsklage in ihrem vollen Umfange erfüllt haben müßten, und daß es nicht genüge, wenn sich die dort vorgesehene Jahresfrist erst im Laufe des bereits anhängig gewordenen Desertionsprozesses vollende, in der späteren Rechtsprechung nicht mehr uneingeschränkt aufrechterhalten (vgl. das Urteil in Sachen St. w. St., Rep. IV. 447/08, vom 22. März 1909). Der dafür geltend gemachte Grund, daß der klagende Ehegatte mit der Erhebung der Scheidungsklage aus § 1567 Nr. 1 den Willen kundgebe, die eheliche und die häusliche Gemeinschaft für immer aufzugeben, und daß deshalb ein unentbehrliches Tatbestandserfordernis des Gesetzes das einjährige Fernbleiben gegen den Willen des klagenden Ehegatten, im Laufe des anhängigen Prozesses sich überhaupt nicht mehr verwirklichen oder vervollständigen könne, trifft für solche Fälle nicht zu, in denen der klagende Ehegatte in der Erhebung der Scheidungsklage nur das äußerste Mittel erblickt, die ihm immer noch in erster Linie erwünschte Wiederherstellung des ehelichen Verhältnisses durchzusetzen, und in denen er, womöglich sogar nach der Verkündung eines auf Scheidung lautenden Urteils, es zur Auflösung der Ehe nur dann kommen lassen will, wenn der abtrünnige andere Teil in seinem ehewidrigen Verhalten immer noch beharrt.

Vgl. Entsch. des RG.'s in Zivils. Bd. 27 S. 371, Bd. 36 S. 351; Gruchot's Beiträge Bd. 41 S. 171.

Erlangt der andere Teil sogar die Verzeihung des klageberechtigten Ehegatten, so spricht dies um so mehr dafür, daß es diesem Ehegatten um die Wiederherstellung normaler äußerer Verhältnisse in der Ehe zu tun ist, er also mit der Fernhaltung des anderen Teils von der häuslichen Gemeinschaft auch dann nicht einverstanden ist, wenn er bis zu dessen Rückkehr die einmal erhobene Scheidungsklage aufrecht erhält. Gleichwohl hat der Revision nicht stattgegeben werden können. Der Kläger hat seine Scheidungsklage in zweiter Instanz nicht nur auf § 1567 Nr. 1, sondern auch auf § 1568 BGB. gestützt. Unter diesen Umständen fehlte es für die Annahme, daß, nachdem er der Beklagten zum zweiten Male ihr früheres Verhalten verziehen hatte, er auch jetzt noch nicht unbedingt auf die Ehescheidung ausgegangen, sondern immer weiter bereit gewesen sei, die Ehe fortzusetzen, und daß die Beklagte daher gegen seinen Willen von ihm getrennt gelebt habe, an jedem Anhalt.

Es kommt hinzu, daß die Verzeihung nach § 1570 BGB. auch in den Fällen des § 1567 das Recht auf Scheidung vollständig zum Erlöschen bringt. Der Scheidungsgrund des § 1567 Nr. 1 besteht dabei nicht nur in dem dort näher gekennzeichneten ehewidrigen Verhalten während des einen entscheidenden Jahres, sondern er hat zugleich ein früheres, die Erhebung der Herstellungsklage rechtfertigendes Zuwiderhandeln gegen die durch die Ehe begründeten Pflichten zur Voraussetzung. Diese frühere Verfehlung wird von der Verzeihung mitumfaßt, und das erlassene Herstellungsurteil verliert deshalb durch sie seine innere Berechtigung. Daraus folgt, daß der verzeihende Ehegatte sich auf ein solches, nur noch formell zu Recht bestehendes

Urteil hinterher nicht mehr berufen kann, um daraufhin die Scheidung zu beantragen, daß er vielmehr, wenn er ein auf § 1567 Nr. 1 gestütztes Scheidungsurteil erlangen will, vorher die Klage auf Herstellung der häuslichen Gemeinschaft von neuem erheben muß.

Somit hätte der Kläger nur durchdringen können, wenn sein Scheidungsverlangen unter dem Gesichtspunkt des § 1568 BGB. begründet gewesen wäre. Der Berufungsrichter hat jedoch die Anwendbarkeit dieser Vorschrift ohne Gesetzesverletzung für den gegebenen Fall verneint, und es ist hiergegen auch von der Revision nichts vorgebracht worden." . . .

78. 1. Unter welchen Voraussetzungen begründet die in der Unterlassung einer Grundbucheintragung liegende Amtspflichtverletzung des Grundbuchbeamten eine Schadensersatzverbindlichkeit des Staates nach § 12 GBO.?

2. Welche Personen gehören zu den Beteiligten im Sinne des § 12 GBO.?

3. Verhältnis des § 12 GBO. zu § 839 BGB.

V. Zivilsenat. Urt. v. 22. Dezember 1909 i. S. K. (Kl.) w. preuß. Justizfiskus (Bekl.). Rep. V. 22/09.

I. Landgericht Essen
II. Oberlandesgericht Hamm.

Der Bauunternehmer R. war Eigentümer der in W. nebeneinander gelegenen Grundstücke Flur 1 Nr. 4256/886 und 4254/886, von denen das erstere mit einem Vorderhause (Nr. 33), einem Backhause und einem Stallgebäude bebaut und seit dem Jahre 1900 an den Kläger vermietet war. Im Jahre 1902 bebaute R. auch das andere Grundstück, das dem Kläger bis dahin als Zugang zum Backhause und zum Stallgebäude gedient hatte, mit einem Wohnhause (Nr. 35), in dem er zur gemeinsamen Benutzung für beide Grundstücke eine Torfahrt anlegte. Am 21. September 1903 verkaufte er dieses Grundstück an die Bergmannsfrau M. Im § 4 des notariellen Kaufvertrages heißt es: „Dem Verkäufer und dem jeweiligen Eigentümer seines Grundstücks Flur 1 Nr. 4256/886 wird das dingliche Recht bestellt, die über das Kaufgut führende Toreinfahrt zum Fahren und Schieben mitzubenutzen, auch von den übrigen Bewohnern des Grundstücks Flur 1 Nr. 4256/886 mitbenutzen zu lassen. Der Eigentümer des dienenden Grundstücks und der der Parzelle Nr. 4256/886 sind verpflichtet, diese Toreinfahrt in gutem Zustande zu erhalten und die Unterhaltskosten je zur Hälfte zu tragen. Es wird beantragt, auf das verkaufte Grundstück diese Grunddienstbarkeit im Grundbuche einzutragen." Der Vertrag wurde bei der Auflassung am 27. Oktober 1903 überreicht und demnächst Frau M. als Eigentümerin eingetragen. Die Eintragung der Grunddienstbarkeit dagegen unterblieb. Später erwarb das Grundstück Nr. 4256/886 der Kläger durch Auflassung, während das M.'sche Grundstück zur Zwangsversteigerung kam und von der Ersteherin, der Gemeindesparkasse in B., weiter an den Schreiner B. veräußert wurde.

Der Kläger, dem die Benutzung der Torfahrt verwehrt wurde, klagte zunächst gegen R. auf Verschaffung der Grunddienstbarkeit, wurde mit dieser Klage aber rechtskräftig abgewiesen. Daraufhin nahm er auf Grund des § 12 GBO. den Beklagten auf Schadensersatz in Höhe von 3000 ℳ in Anspruch, indem er behauptete, das Durchfahrtrecht sei ihm durch Verschulden des Grundbuchrichters verloren gegangen, der das Recht auf Grund des bei der Auflassung vom 27. Oktober 1903 überreichten Kaufvertrages hätte eintragen müssen. Der erste Richter erklärte durch Zwischenurteil den Anspruch dem Grunde nach für gerechtfertigt. Der zweite Richter wies die Klage ab. Auf die Revision des Klägers wurde das Berufungsurteil aufgehoben, aus folgenden

Gründen:

„Nicht ohne Grund wirft die Revision dem Berufungsgericht Verletzung des § 12 GBO. durch Verkennung des Begriffs der „Beteiligten" im Sinne dieses Paragraphen vor, und diese Gesetzesverletzung führt zur Aufhebung des angefochtenen Urteils, weil dieses auf ihr beruht (§§ 549, 564 ZPO.).

Zu der vom Landgericht bejahten Frage, ob der Grundbuchrichter dadurch, daß er die Eintragung des Durchfahrtrechts auf Grund des § 4 des ihm überreichten notariellen Kaufvertrages vom

21. September 1903 unterließ, die ihm obliegende Amtspflicht schuldhaft verletzt hat, hat das Berufungsgericht nicht Stellung genommen. Sie läßt sich ohne eine dem Revisionsgericht verschlossene tatsächliche Würdigung des zum Teil überdies streitigen Sachverhalts nicht beantworten. Bei der rechtlichen Beurteilung des weiteren, für die Hauptfrage nach der Anwendbarkeit des § 12 GBO. in Betracht kommenden Sachverhalts aber war zu unterstellen, daß sie zu bejahen ist. Als den ihm aus der Nichteintragung entstandenen Schaden bezeichnet der Kläger den Verlust des Durchfahrtrechts. Dies ist bei Lage der Sache nicht dahin zu verstehen, daß er das Recht gehabt und durch die Nichteintragung verloren habe, sondern nur dahin, daß ihm das Recht, dessen Erwerb von ihm nach den getroffenen Vorkehrungen, nämlich mit Rücksicht auf die ihm durch R. angezeigte Einreichung jenes Kaufvertrages beim Grundbuchamte, mit Wahrscheinlichkeit erwartet werden konnte (vgl. § 252 BGB.), entgangen sei. Ein dem Kläger entstandener Schade, und zwar ein wirklicher Schade im Gegensatz zum entgangenen Gewinn, läßt sich aber auch dann darin erkennen, daß der vom Kläger für das von R. erworbene Grundstück bewilligte Preis, wie nach dem unstreitigen Sachverhalt ohne weiteres angenommen werden kann, unter Zugrundelegung der Annahme bemessen worden ist, das Grundstück werde mit jenem Durchfahrtrecht ausgestattet sein.

Der Schade des Klägers in der einen wie in der anderen Gestalt ist auch auf die Nichteintragung des Durchfahrtrechts als seine Ursache zurückzuführen. Ohne weiteres ist klar, daß er dem Kläger nicht erwachsen sein würde, wenn die Eintragung, von der die Entstehung des Rechts als Grunddienstbarkeit und damit sein Erwerb durch den Kläger abhängig war, erfolgt wäre. Der ursächliche Zusammenhang zwischen dem Schaden und der Nichteintragung ist aber auch dann gegeben, wenn man der Lehre von der sog. adäquaten Verursachung, wie es in der neueren Rechtsprechung namentlich auch des Reichsgerichts geschieht, dahin Raum gibt, daß ein ursächlicher Zusammenhang im Rechtssinne dann nicht angenommen werden kann, wenn der Schade eine jenseits aller Erfahrung und Berechnung liegende (im Sinne des § 4 Teil I Tit. 6 Preuß. ALR. nur zufällige) Folge der Pflichtverletzung, der Zusammenhang zwischen beiden nur durch eine Verkettung mit anderen, von der Pflichtverletzung unabhängigen, in keiner Weise erkennbaren oder berechenbaren Umständen begründet oder sonst ein so entfernter ist, daß er nach der Auffassung des Lebens vernünftigerweise als solcher nicht mehr in Betracht gezogen werden kann.

Vgl. die Urteile des Reichsgerichts in Gruchot's Beitr. Bd. 50 S. 974, 975, Bd. 52 S. 1047, 1048, Bd. 53 S. 1165, 1166; auch Entsch. d. R.G.'s in Zivils. Bd. 69 S. 58. 59.

Allerdings würde der Kläger seinen Schaden auch dann nicht erlitten haben, wenn er sich, bevor er sein Grundstück kaufte, etwa durch Einsehen des Grundbuchs über die Eintragung des Durchfahrtrechts im Grundbuche des M.'schen Grundstücks vergewissert oder wenn er vor der Zwangsversteigerung dieses Grundstücks auf die Nachholung der Eintragung hingewirkt hätte. Allein der ursächliche Zusammenhang im Rechtssinne erfordert keinesfalls, daß die Pflichtverletzung die einzige Ursache des Schadens sei, und er wird dadurch, daß der Schade auch noch jene zweite Ursache hat, um so weniger beseitigt oder unterbrochen, als hierdurch der Schade nicht selbständig und unabhängig von der Nichteintragung herbeigeführt, sondern lediglich seine Entstehung infolge der Nichteintragung nicht verhütet worden ist,

Vgl. Entsch. d. R.G.'s in Zivils. Bd. 69 S. 58 unten.

Dabei handelt es sich bei der in Rede stehenden zweiten Ursache um Unterlassungen eines Rechtsunkundigen, mit denen ebenso, wie mit dem Verkaufe des Grundstücks, für das das Durchfahrtrecht eingeräumt war, von vornherein gerechnet werden mußte. Inwiefern darin ein nach § 254 BGB. zu berücksichtigendes mitwirkendes Verschulden des Klägers zu finden, ist hier nicht weiter zu untersuchen.

Im übrigen hängt der Schadensersatzanspruch des Klägers nach § 12 GBO. und dem darin in Bezug genommenen § 839 BGB. nur noch davon ab, ob der Kläger im Sinne des ersteren Paragraphen ein „Beteiligter" ist. Das Berufungsgericht will unter „Beteiligten" im Anschluß an das Urteil des erkennenden Senats vom 1. Mai 1907 (Entsch. in Zivils. Bd. 66 Nr. 27) diejenigen Personen verstehen, in deren Rechtskreis durch die Pflichtverletzung des Grundbuchbeamten unmittelbar eingegriffen wird. Seine Stellungnahme zu jener Frage aber begründet es im wesentlichen damit, daß der Kläger nur mittelbar und erst mit dem Erwerbe des wegen unterbliebener Eintragung nicht mit dem Durchfahrtrecht ausgestatteten Grundstücks geschädigt worden sei. Dabei legt es den Satz zugrunde: jemand, der erst nach dem Versehen des Grundbuchbeamten ein Recht am Grundstücke erwirbt, könne nur unter besonderen Umständen als Beteiligter angesehen werden, und das Vorliegen solcher Umstände verneint es deshalb, weil der Kläger seinen Schaden nicht dadurch erlitten habe, daß er auf die Richtigkeit des Grundbuchs vertraute. Weshalb gerade nur das Vertrauen auf die Richtigkeit des Grundbuchs als Schadensursache eine Ausnahme von der in jenem Satze ausgesprochenen Regel begründen soll, ist nicht gesagt, auch nicht abzusehen. Der Satz ist aber auch nicht richtig. Ohne erkennbaren inneren Grund würde er Personen, die durch pflichtwidrige Unterlassung von Eintragungen an einem Rechtserwerb verhindert worden sind, aus dem Kreise der nach § 12 GBO. Entschädigungsberechtigten ausschließen. Er steht überdies im Widerspruch mit dem vom Senat in seinem erwähnten Urteil eingenommenen Standpunkt. Und das, was von ihm, abgesehen von der Begründung des Berufungsurteils, übrig bleibt, hat eigentlich nur Bedeutung für die — hier schon beantwortete — Frage, ob der Kläger durch die Nichteintragung einen Schaden erlitten hat. Insofern sich die dabei zwischen mittelbarer und unmittelbarer Schädigung gemachte Unterscheidung auf den ursächlichen Zusammenhang zwischen Pflichtverletzung und Schaden bezieht, ist ihre Bedeutungslosigkeit für die Entscheidung der in Rede stehenden Frage bereits in dem angezogenen Urteile des Senats dargelegt.

In anderer Richtung ist sie in ihm allerdings aufrecht erhalten. Nicht nur ist in seinem inhaltlich wiedergegebenen Satze auf die Unmittelbarkeit des Eingriffs der Pflichtverletzung in den Rechtskreis der betroffenen Personen Gewicht gelegt, sondern es ist darin schließlich auch — unter Heranziehung des der Denkschrift zur Regierungsvorlage entnommenen Grundes für die Übertragung der Haftung aus Versehen der Grundbuchbeamten auf den Staat — als Beteiligter im Sinne des § 12 GBO. jeder bezeichnet, der durch eine vom Grundbuchbeamten verschuldete Täuschung in dem Vertrauen auf die richtige Handhabung der Grundbucheinrichtung unmittelbar einen Schaden erleidet. Die Unterscheidung geht auf den Satz der Denkschrift zurück, daß die Haftung des Staates auf Grund des — dem § 12 entsprechenden — § 11 Entw. nicht von demjenigen geltend gemacht werden könne, „der, ohne beteiligt zu sein, durch die Verletzung der Amtspflicht nur mittelbar einen Schaden erleidet." In der Rechtslehre hat dieser Satz zu der Unterscheidung zwischen unmittelbar und nur mittelbar Beteiligten geführt. Dabei gehen aber die Ansichten darüber, wer unmittelbar beteiligt und damit Beteiligter im Sinne des § 12 GBO. ist, durchaus auseinander. Das Gesetz selbst ergibt für die Unterscheidung zwischen „mittelbar" und „unmittelbar" keinen Anhalt, läßt aber schon durch seine Bezugnahme auf § 839 BGB. und die Art dieser Bezugnahme erkennen, worauf es hier ankommt.

In seinem entscheidenden Teile überträgt § 12 GBO. „die im § 839 BGB. bestimmte Verantwortlichkeit", insoweit Amtspflichtverletzungen eines Grundbuchbeamten (als solchen) in Frage kommen, von dem Beamten auf den Staat. Darin liegt auch nach den Vorarbeiten des Gesetzes seine ganze Bedeutung. In bezug auf die Voraussetzungen und den Inhalt der Haftung, insbesondere auch in bezug auf die Person des Berechtigten, bestimmt er nichts vom § 839 BGB. Abweichendes. In seinem Eingange vermeidet er es allerdings, im Anschluß an diesen Paragraphen, von einer Verletzung der dem Grundbuchbeamten „einem Dritten gegenüber" obliegenden Amtspflicht zu sprechen. Durch die allgemeinere Fassung sollte aber — nach der Denkschrift — nur klargestellt werden, daß im Sinne des § 839 sämtliche Amtspflichten des Grundbuchbeamten Pflichten sind, die ihm einem Dritten gegenüber obliegen. Diese Abweichung brachte es mit sich, daß man die im Nachsatze des § 839 stehenden, auf den „Dritten" in seinem Vordersatze verweisenden Worte „dem Dritten" nicht beibehalten konnte und durch den „Beteiligten" ersetzte. Für die Annahme aber, daß hierdurch der Kreis der Entschädigungsberechtigten sachlich anders bestimmt werden sollte, als im § 839 fehlt jeder Anhalt. Ein solcher ergibt sich namentlich nicht aus jenem für die abweichende Fassung des Vordersatzes maßgebend gewesenen Grunde. „Beteiligter" im Sinne des § 12 GBO. ist vielmehr, entsprechend dem § 839, der Dritte, dem gegenüber dem Grundbuchbeamten die verletzte Amtspflicht obliegt.

Die gemäß § 839 zu stellende Frage, wem gegenüber dem Beamten eine Amtspflicht obliegt, läßt sich der Natur der Sache nach nur im Hinblick auf die besondere Art der dem Beamten zur Amtspflicht gemachten Tätigkeit, unter Berücksichtigung des Zweckes und der Interessen, denen sie dienen soll, beantworten. Auf diesem Standpunkte steht augenscheinlich auch das Urteil des VI. Zivilsenats, vom 20. Juni 1904 (Entsch. in Zivils. Bd. 58 S. 298. 299). Es stellt von ihm aus im besonderen fest, daß dem zur Mitwirkung bei der Errichtung einer letztwilligen Verfügung berufenen Beamten die Pflicht, alle Sorgfalt auf die Beobachtung der einschlagenden gesetzlichen Formvorschriften zu verwenden, nicht nur dem letztwillig Verfügenden, sondern auch allen denen gegenüber obliegt, die durch die Verfügung bedacht werden sollen, und es führt im Anschluß daran verallgemeinernd aus, daß die Pflicht, bei einem Geschäft alle Sorgfalt anzuwenden, einem Beamten nicht bloß dem gegenüber obliegt, auf dessen Antrag er das Geschäft vornimmt, sondern allen denen gegenüber, deren Interessen nach der besonderen eigenen Natur dieses Geschäfts durch dasselbe berührt werden.

Die dem Grundbuchbeamten durch die Grundbuchordnung zugewiesene Tätigkeit dient, wie die ganze Grundbucheinrichtung, dem rechtsgeschäftlichen Verkehr auf dem Gebiete des Liegenschaftsrechts. Von ihrer pflichtmäßigen Ausübung hängt die Sicherheit dieses Verkehrs ab. Die Amtspflicht, die gehörige Sorgfalt auf sie zu verwenden, liegt dem Grundbuchbeamten demgemäß auch nicht nur demjenigen gegenüber ob, auf dessen Antrag er tätig geworden ist oder tätig werden soll, sondern allen denjenigen gegenüber, die in betreff der Gestaltung ihrer Rechtsverhältnisse auf jenem Gebiet auf die pflichtmäßige, insbesondere pünktliche Ausübung der Tätigkeit angewiesen sind. Zu diesen Personen aber gehörte im vorliegenden Falle der Kläger. Es kommt in Betracht, daß durch die Eintragung das Durchfahrtrecht als Grunddienstbarkeit zur Entstehung kommen sollte und als solche nur so zur Entstehung kommen konnte (§§ 1018, 873 BGB.). Zu den Personen, in deren Interesse die Eintragung vorgenommen werden sollte und mußte, gehörte nach der besonderen Natur des dadurch zur Entstehung zu bringenden Rechts nicht nur R., sondern der jeweilige Eigentümer des von R. dem Kläger verkauften Grundstücks, und R. nur, weil und solange er der Eigentümer war; zu ihnen gehörte namentlich auch der Kläger. Es kommt in dieser Beziehung gar nicht darauf an, daß der Kläger, wie bemerkt, durch R. vor oder bei dem Ankauf des Grundstücks auf die Einreichung des notariellen Kaufvertrages vom 21. September 1903 beim Grundbuchamt hingewiesen war. Dies hat vielmehr allein Bedeutung für die oben behandelte Frage, ob der Kläger durch die Nichteintragung einen Schaden erlitten hat.

Der Besorgnis, die hier vertretene Auffassung könne zu einer zeitlich unbegrenzten Verantwortlichkeit des Staats (oder der im § 12 GBO. neben ihm bezeichneten Körperschaft) führen, begegnet § 852 BGB. mit der in ihm vorgesehenen dreißigjährigen Verjährung.

Bestätigt aber wird die obige Auffassung noch durch den bereits berührten, für die Übertragung der Verantwortlichkeit für schuldhafte Amtspflichtverletzungen der Grundbuchbeamten auf den Staat (in § 12 GBO.) maßgebend gewesenen gesetzgeberischen Grund. Danach soll diese Übernahme ein Ausgleich sein für die sich aus der Regelung des Liegenschaftsrechts durch das Bürgerliche Gesetzbuch ergebenden Gefahren. Zu den hierbei in Betracht zu ziehenden Vorschriften des Bürgerlichen Gesetzbuches aber gehören nicht nur die in der Denkschrift hervorgehobenen und in dem mehrerwähnten Urteile des Senats gemäß der Lage des darin behandelten Streitfalles ins Auge gefaßten Vorschriften über den öffentlichen Glauben des Grundbuchs, sondern nicht minder auch die §§ 873 flg. BGB., die die Entstehung, Änderung und Belastung dinglicher Rechte an Grundstücken von der Eintragung im Grundbuch abhängig machen. Und ein Opfer dieser Bestimmungen ist der Kläger geworden. Denn wäre die Entstehung einer Grunddienstbarkeit durch sie nicht von ihrer Eintragung im Grundbuche des damit zu belastenden Grundstücks abhängig gemacht, sondern genügte zu ihrer Begründung auch mit Rechtswirksamkeit gegenüber Dritten, wie das nach dem in W. vor dem Inkrafttreten des Bürgerlichen Gesetzbuchs in Geltung gewesenen preußischen Recht der Fall war, ihre Bestellung durch schriftlichen Vertrag, so hätte der Kläger offenbar keinen Schaden erlitten." . . .

79. 1. Gehören zu den Kosten der die Befriedigung aus dem Grundstücke bezweckenden Rechtsverfolgung im Sinne des § 1118 BGB. auch Kosten, die durch eine auf Grund des § 1134 Abs. 2 BGB. gegen den Eigentümer des Grundstücks angeordnete Maßregel entstanden sind?

V. Zivilsenat. Urt. v. 22. Dezember 1909 i. S. der M.'schen Nachlaßmasse (Kl.) w. H. (Bekl.). Rep. V. 18/09.

I. Landgericht Altona.
II. Oberlandesgericht Kiel.

Das Reichsgericht hat die obige Frage verneint aus folgenden

Gründen:

... „Sieht man zunächst auf den Wortlaut und Zusammenhang der in Betracht kommenden Gesetzesbestimmungen, so kann es keinem Zweifel unterliegen, daß in den §§ 1133, 1134 BGB. die beiden Fälle einer durch das gefährdende Verhalten des Grundstückseigentümers veranlaßten Rechtsverfolgung, mit der das eine Mal die vorzeitige Befriedigung des Gläubigers wegen seines hypothekarischen Anspruchs, das andere Mal die Erhaltung des belasteten Grundstücks auf der bisherigen, die Sicherheit der Hypothek garantierenden Werthöhe erreicht werden soll, deutlich und klar voneinander unterschieden werden. Mittelbar bezweckt freilich auch das letztere Vorgehen des Gläubigers dessen spätere Befriedigung aus dem Grundstück; aber diese soll hier nur für die Zukunft gesichert, nicht für die Gegenwart unmittelbar herbeigeführt werden. Hätte der Gesetzgeber die Absicht gehabt, den Begriff der Befriedigung, wie er dem § 1118 BGB. zugrunde liegt, so weit zu fassen, daß darunter auch die in § 1134 Abs. 2 BGB. bezeichneten Maßnahmen fallen, so würde er dies bei der bekannten Schärfe, mit der die Technik der Gesetzessprache im Bürgerlichen Gesetzbuch und in dessen Nebengesetzen gehandhabt wird, in unzweideutiger Weise zum Ausdruck gebracht haben. Das ist indessen nicht geschehen. Vielmehr deuten andere Gesetzesstellen, an denen ebenfalls von der Befriedigung des Hypothekengläubigers die Rede ist, darauf hin, daß das Wort nur in dem auch der Auffassung des Verkehrslebens entsprechenden engeren Sinne der Berichtigung der

Hypothekenschuld gemeint ist. Dahin gehört § 1147 BGB., wonach die Befriedigung des Hypothekengläubigers im Wege der Zwangsvollstreckung erfolgt; und hiermit übereinstimmend werden in § 10 Abs. 1 Nr. 1 ZVG. die Kosten der Grundstückserhaltung, zu denen gegebenenfalls auch die auf Grund des § 1134 Abs. 2 BGB. aufgewendeten Kosten gehören, gesondert behandelt von den Befriedigungskosten, von denen in dem wörtlich dem § 1118 BGB. nachgebildeten § 10 Abs. 2 ZVG. die Rede ist. Charakteristisch ist auch die Vorschrift des § 7 Abs. 3 ZVG. insofern, als hier in einem Falle, in dem die Behandlung aufgewendeter Kosten als Befriedigungskosten zweifelhaft sein konnte, der Gesetzgeber es für geboten erachtet hat, die Zugehörigkeit der Kosten zu den Kosten der die Befriedigung aus dem Grundstücke bezweckenden Rechtsverfolgung ausdrücklich auszusprechen.

Unterstützt wird das im vorstehenden mittels Auslegung des Gesetzeswortes gewonnene Ergebnis durch eine fernere Erwägung allgemeinerer Natur. Nach dem die Grundbucheinrichtung beherrschenden sog. Spezialitätsprinzip sollen grundsätzlich nur solche Ansprüche dinglichen Rechtsschutz genießen, deren ziffermäßige Höhe sich aus dem Grundbuch ergibt. Demgemäß verlangt einerseits § 1115 Abs. 1 BGB. die Eintragung des **Geldbetrages** der durch die Hypothek zu sichernden Forderung, und weist andererseits das Wort „auch" in § 1118 BGB. darauf hin, daß es sich bei der hier angeordneten Erstreckung der dinglichen Grundstückshaftung auf nicht ziffermäßig feststehende Ansprüche um **Ausnahmen** von dem erwähnten Prinzip handelt. Der Gesetzgeber war dabei bestrebt, die Grenzen solcher Ausnahmefälle möglichst eng zu ziehen. Von diesem Standpunkt aus hat er es sogar in Abweichung von dem sonst vorbildlich gewesenen preußischen Grundbuchrecht abgelehnt, für die ihrem Betrage nach regelmäßig nicht bedeutenden **Kosten der Eintragung** eine Ausnahme zuzulassen.

Vgl. Motive zum 1. Entw. d. BGB. Bd. 3 S. 649.

Um so weniger läßt sich hiernach annehmen, daß es in seiner Absicht gelegen haben sollte, Sicherungskosten, die, wie der vorliegende Fall zeigt, unter Umständen eine recht beträchtliche Höhe erreichen können, in Ansehung der dinglichen Grundstückshaftung den Befriedigungskosten gleichzustellen. Dabei kann es, da der gegenwärtige Rechtsstreit eine Entscheidung hierüber nicht erfordert, dahingestellt bleiben, ob für den Fall, daß der Gläubiger den Antrag auf Erlaß einer Maßregel der in § 1134 Abs. 2 BGB. bezeichneten Art nicht selbständig stellt, sondern ihn mit einer Klagerhebung auf vorzeitige Befriedigung aus dem Grundstück verbindet, die Kosten jener Maßregel abweichend zu behandeln und mit Rücksicht auf die Besonderheit einer solchen Sachlage unmittelbar den Befriedigungskosten hinzuzurechnen sind.

Schließlich mag noch darauf hingewiesen werden, daß der in der Literatur für die gegenteilige Rechtsauffassung geltend gemachte Billigkeitsgrund, wonach eine aus § 1134 Abs. 2 BGB. erwirkte Maßregel zugleich allen übrigen Realbeteiligten zugute komme, nur insoweit zutrifft, als es sich um Hypothekengläubiger oder sonstige dinglich Berechtigte handelt, deren Recht zur Zeit der Erwirkung der Maßregel bereits bestand. Gegenüber Personen, die das Eigentum oder ein Recht am Grundstück erst nach erfolgter Aufhebung der Maßregel ohne Kenntnis der bezüglichen Vorgänge erworben haben, würde es, wie der Vertreter des Revisionsbeklagten bei der mündlichen Verhandlung zutreffend hervorgehoben hat, eine durch nichts gerechtfertigte Härte enthalten, wenn sie sich die Haftung des Grundstücks für Kosten gefallen lassen müßten, deren Entstandensein ihnen nicht erkennbar geworden war." ...

80. In welcher Frist verjähren Ersatzansprüche eines Armenverbandes wegen des einem Hilfsbedürftigen gewährten Unterhalts gegen den Unterstützten und dritte Unterhaltspflichtige?

IV. Zivilsenat. Urt. v. 23. Dezember 1909 i. S. M. (Bekl.) w. Orts- und Landarmenverband B. (Kl.). Rep. IV. 44/09.

I. Landgericht I Berlin.
II. Kammergericht daselbst.

Der klagende Armenverband machte im gegenwärtigen Rechtsstreit einen Ersatzanspruch wegen eines noch ungedeckten Restes von 17344,70 *M* Kosten für die der geisteskranken Beklagten seit dem

18. Januar 1883 und ihrem geisteskranken Bruder Oskar M. in den Jahren 1883 bis 1887 und vom Jahre 1893 bis zu seinem am 12. Oktober 1903 erfolgten Tode geleistete Irrenpflege geltend. Der Vater der beiden geisteskranken Geschwister hatte bis zu seinem am 18. Juni 1893 erfolgten Tode regelmäßig Abschlagszahlungen auf die durch die Irrenpflege seiner Kinder entstandenen Kosten geleistet. Seine Witwe, die Mutter der beiden geisteskranken Geschwister, erklärte, daß Vermögen nicht hinterlassen sei. Sie leistete keine Abschlagszahlungen mehr. Bei ihrem am 24. April 1900 erfolgten Tode ergab sich jedoch, daß ein Vermögen im Werte von 22000 ℳ vorhanden war. Ihre alleinigen Erben waren die Beklagte und ihr geisteskranker Bruder. Letzterer wurde von der Beklagten allein beerbt. Die eingeklagten 17344,70 ℳ stellten den Rest derjenigen Kosten dar, die der klagende Armenverband für die Beklagte bis zum 31. Dezember 1903 und für ihren Bruder bis zu seinem Tode (12. Oktober 1903) aufgewendet hatte. Hierbei waren auch bereits die vom Vormunde der Beklagten geleisteten Zahlungen aus den Jahren 1904 und 1905 von zusammen 3233,30 ℳ in Abzug gebracht worden. Unter den Parteien herrschte kein Streit mehr darüber, daß der Vater und seit dessen Ableben die Mutter imstande gewesen sind, der Beklagten und deren Bruder Unterhalt in Höhe der vom Kläger aufgewendeten Beträge zu gewähren.

Die Beklagte wendete Verjährung ein.

Das Landgericht I in Berlin verurteilte die Beklagte nach dem Klagantrage, und das Kammergericht in Berlin wies die Berufung der Beklagten zurück. Beide Gerichte erachteten den Einwand der Verjährung für unbegründet. Auf die Revision der Beklagten wurde das Berufungsurteil aufgehoben, aus folgenden

Gründen:

„Soweit es sich um Kosten handelt, die die Eltern der Beklagten hätten zahlen können und müssen — also für die Zeit vom Jahre 1883 bis zum 24. April 1900, dem Tode des Letztlebenden — fällt der eingeklagte Ersatzanspruch unter die in § 62 des Unterstützungswohnsitzgesetzes vom 6. Juni 1870 (neue Fassung vom 30. Mai 1908) berührten Ansprüche eines Armenverbandes gegen Dritte. Hieran wird dadurch nichts geändert, daß die Schuld der Eltern im Erbgang auf die Beklagte übergegangen ist. Soweit es sich dagegen um Kosten handelt, die der klagende Armenverband nach dem Ableben der Eltern für die Beklagte und deren Bruder aufgewendet hat — also für die Zeit vom 24. April 1900 bis zum 31. Dezember 1903 —, stellt der eingeklagte Anspruch einen Ersatzanspruch gegen den Unterstützten selbst dar. Hieran wird dadurch nichts geändert, daß die Schuld des Bruders der Beklagten im Erbgang auf die Beklagte übergegangen ist.

Was nun zunächst den Ersatzanspruch gegen den Unterstützten selbst betrifft, so wäre dieser aus dem Grunde der ungerechtfertigten Bereicherung (§§ 812 flg. BGB.) ersatzpflichtig, wenn der Armenverband in der irrigen Annahme, der Unterstützte sei hilfsbedürftig, die Unterstützungen gewährt hätte, während der Unterstützte nicht hilfsbedürftig war, sondern zur Zeit der Unterstützung ausreichende Mittel zur Bestreitung des Unterhalts besaß. Der Unterstützte würde dann durch die Leistungen des Armenverbandes auf dessen Kosten etwas ohne rechtlichen Grund erlangt haben und zur Herausgabe des Erlangten verpflichtet sein. Dieser Bereicherungsanspruch unterliegt der ordentlichen Verjährung von 30 Jahren (§ 195 BGB.). Die in § 30a des Unterstützungswohnsitzgesetzes vorgeschriebene zweijährige Verjährung kann für Ersatzansprüche des Armenverbandes gegen Unterstützte nicht in Frage kommen; denn auf Ansprüche dieser Art bezieht sich das Unterstützungswohnsitzgesetz überhaupt nicht. Preußischrechtliche Bestimmungen kommen nicht in Betracht, da der Ersatzanspruch gegen den Unterstützten erst nach dem Inkrafttreten des Bürgerlichen Gesetzbuchs entstanden ist.

Einer anderen Beurteilung unterliegt der Klaganspruch, soweit er sich als eine Ersatzforderung gegen dritte, im Verhältnis zu dem Unterstützten unterhaltungspflichtige Personen (also hier die Eltern der Beklagten, oder deren Erbin) richtet.

Das Gesetz über den Unterstützungswohnsitz vom 6. Juni 1870 (neue Fassung vom 30. Mai 1908) erhielt durch das Gesetz vom 12. März 1894 eine Ergänzung dahin, daß in das Gesetz als neuer § 30a folgende Bestimmung aufgenommen wurde:

> „Erstattungs- und Ersatzansprüche, welche auf Grund dieses Gesetzes erhoben werden, verjähren in zwei Jahren vom Ablaufe desjenigen Jahres ab, in welchem der Anspruch entstanden ist“.

Diese mit dem 1. April 1894 in Kraft getretene Bestimmung findet auf den streitigen Anspruch keine Anwendung.

Wie § 61 Abs. 1 des Unterstützungswohnsitzgesetzes hervorhebt, werden nämlich durch die Bestimmungen dieses Gesetzes Rechte und Verbindlichkeiten nur zwischen den zur Gewährung öffentlicher Unterstützung nach Vorschrift dieses Gesetzes verpflichteten Verbänden (Orts-, Landarmenverbände, Bundesstaaten) begründet. Daher werden, wie § 61 Abs. 2 hervorhebt, die auf anderen Titeln (Familien- und Dienstverhältnis, Genossenschaft, Stiftung usw.) beruhenden Verpflichtungen, einen Hilfsbedürftigen zu unterstützen, von den Bestimmungen dieses Gesetzes nicht betroffen. Das Gesetz macht also selbst einen Unterschied zwischen den Verbindlichkeiten eines Armenverbandes gegen einen anderen Armenverband und den Verbindlichkeiten Dritter, die aus Titeln des allgemeinen bürgerlichen Rechts verpflichtet sind, einen Hilfsbedürftigen zu unterstützen. Diese Verbindlichkeit Dritter begründet zunächst für den Hilfsbedürftigen selbst einen Anspruch auf Gewährung der Unterstützung, unter Umständen auf Entschädigung. Aber auch der unterstützende Armenverband hat ein Klagerecht darauf, daß der Dritte dem Hilfsbedürftigen für die Zukunft die nötige Unterstützung gewähre, und in § 62 wird dem Armenverband die Befugnis eingeräumt, Ersatz der gewährten Unterstützungen von dem Dritten zu fordern.

Die Verbindlichkeiten des Dritten werden von dem Gesetz als ihm nicht unterstehend ausgeschieden. Für sie bleiben nach wie vor die Bestimmungen des allgemeinen bürgerlichen Rechts maßgebend. Für sie ist auch — soweit Preußen in Betracht kommt — durch § 68 des preußischen Ausführungsgesetzes vom 8. März 1871 vorgeschrieben, daß ein Armenverband die Erstattung bereits verausgabter Unterstützungskosten von dem anderweit Verpflichteten nur im gerichtlichen Verfahren verfolgen darf, während die Streitigkeiten der Armenverbände untereinander im Verwaltungswege (Bezirksausschuß, Bundesamt für das Heimatwesen) ausgetragen werden.

Wenn nun im Jahre 1894 durch Einschaltung des § 30a eine zweijährige Verjährung für alle auf Grund des Unterstützungswohnsitzgesetzes erhobenen Erstattungs- und Ersatzansprüche eingeführt wurde, so bezieht sich diese Verjährung angesichts der oben dargelegten Unterscheidung nur auf die Ansprüche der Armenverbände gegeneinander, nicht aber auf die Ersatzansprüche eines Armenverbandes gegen anderweit Verpflichtete. Wollte man die Ansprüche der letzteren Art als von der zweijährigen Verjährung des § 30a mit betroffen ansehen, so würde dies den Bestimmungen des § 61 zuwiderlaufen. Mit dieser Auffassung steht auch die Entstehungsgeschichte des § 30a im Einklange, aus der sich ergibt, daß sowohl der Regierungsentwurf (Nr. 57 der Drucksachen S. 470) in seiner Begründung als auch der Regierungsvertreter bei den Beratungen in der Reichstagskommission (Nr. 227 der Drucks. S. 1183 flg.) immer nur die Ersatzansprüche der Armenverbände gegeneinander als von der zweijährigen Verjährung betroffen hinstellten.

Dafür spricht aber auch folgende Erwägung: nach § 62 ist jeder Armenverband, der nach Vorschrift dieses Gesetzes einen Hilfsbedürftigen unterstützt hat, befugt, Ersatz derjenigen Leistungen, zu deren Gewährung ein Dritter aus anderen als den durch dieses Gesetz begründeten Titeln verpflichtet ist, von dem Verpflichteten in demselben Maße und unter denselben Voraussetzungen zu fordern, als dem Unterstützten auf jene Leistungen ein Recht zusteht. Der § 62 spricht also von dem Rechte des Unterstützten gegen einen anderweit Verpflichteten, mithin von Verbindlichkeiten und Rechten, die nach ausdrücklicher Vorschrift des § 61 von den Bestimmungen des Unterstützungswohnsitzgesetzes gerade nicht betroffen werden. Diese Rechte sollen unter gewissen Voraussetzungen und Beschränkungen auf den Armenverband, der den Hilfsbedürftigen unterstützt hat, übergehen. Ohne eine solche Vorschrift würde der Armenverband den Einwand, er habe nur seine eigene Verpflichtung erfüllt und sei daher nicht ersatzberechtigt, zu gewärtigen haben. Dieser durch Gesetz vorgeschriebene Übergang (cessio legis) ändert aber nichts an dem Verpflichtungsgrunde des Dritten. Der Dritte wird dem Armenverbande nur in demselben Maße und unter denselben Voraussetzungen verpflichtet, wie er es dem Hilfsbedürftigen gegenüber war, und diese Frage ist nach bürgerlichem Rechte zu entscheiden. Mit Rücksicht hierauf erscheint die Annahme zutreffend, daß auch der Ersatzanspruch eines Armenverbandes gegen einen Dritten dem bürgerlichen Rechte entstammt und nicht zu denjenigen

Ansprüchen gehört, die auf Grund des Unterstützungswohnsitzgesetzes erhoben werden und durch § 30a der zweijährigen Verjährung unterworfen sind. Der § 62 vermittelt nur den Übergang eines Rechtes, schafft aber nicht die Grundlage für das Recht selbst. Darin unterscheidet sich der fragliche Ersatzanspruch von den Erstattungs- und Ersatzansprüchen der Armenverbände gegeneinander, denen gerade das gemeinsam ist, daß sie durch die Vorschriften des Unterstützungswohnsitzgesetzes begründet werden.

Die hier vertretene Ansicht wird in der Rechtslehre namentlich von Schäfer bei Gruchot, Bd. 41 S. 231, 239 geteilt. Die entgegengesetzte Ansicht von Eger, Unterstützungswohnsitzgesetz, 6. Aufl., § 30a Bem. 110a, b, daß der zweijährigen Verjährung auch die Ersatzansprüche der Armenverbände gegen Dritte, aus Titeln des bürgerlichen Rechts Verpflichtete, unterworfen seien, kann nicht gebilligt werden.

Hiernach unterliegt der Klageanspruch, soweit er unter die im § 62 des Unterstützungswohnsitzgesetzes berührten Ansprüche eines Armenverbandes gegen Dritte fällt, der zweijährigen Verjährung des § 30a nicht.

Daß die zweijährige Verjährung aus § 1 Nr. 3 des preußischen Gesetzes vom 31. März 1838 und aus § 196 Nr. 11 BGB. nicht Platz greift, ist von den Vorderrichtern aus zutreffenden Gründen angenommen worden. Der Kläger hat lediglich als Armenverband in Erfüllung seiner öffentlichrechtlichen Verpflichtung für den Unterhalt der geisteskranken Geschwister Frieda und Oskar M. gesorgt, und er macht nur in seiner Eigenschaft als Armenverband Ersatzansprüche geltend. Für die rechtliche Natur dieser Ansprüche ist es ohne Belang, ob er den Unterhalt in eigenen oder fremden Anstalten besorgt hat. Immer handelt es sich um Ersatzansprüche eines Armenverbandes, auch wenn die Anstalt, in der der Unterhalt besorgt wurde, ihm gehörte.

Weiter fragt es sich, ob und inwieweit die vierjährige Verjährung aus § 2 Nr. 5 des preußischen Gesetzes vom 31. März 1838 Platz greift. Nach dieser Bestimmung verjähren mit dem Ablaufe von 4 Jahren die Forderungen wegen der Rückstände an Alimenten. Daß hier unter „Rückständen“ nur solche Alimente zu verstehen waren, die „in quali et quanto“ feststanden und bei ihrer Fälligkeit unberichtigt blieben, wurde in der preußischen Rechtsprechung und Rechtslehre fast allgemein angenommen.

Vgl. Präjudiz des Preußischen Obertribunals vom 10. August 1848 Nr. 2039 (Präj.-Sammlung S. 410); Erkenntnis desselben Gerichtshofes vom 26. Oktober 1860 in den Entscheidungen Bd. 44 S. 65; Urteil des Reichsgerichts vom 22. Januar 1880 bei Gruchot Bd. 24 S. 1037 Nr. 160; Dernburg, Preußisches Privatrecht 5. Aufl. § 170 Anm. 10; Förster-Eccius, Preußisches Privatrecht 7. Aufl. § 228 a. E., § 239 Anm. 43; Rehbein, Bürgerliches Gesetzbuch §§ 194—225 Bem. 6b.

Demzufolge wurde die kurze, vierjährige Verjährung in Preußen nur auf Unterhaltsbeiträge, die durch Abrede oder Urteil festgestellt und bei ihrer Fälligkeit nicht entrichtet worden waren, bezogen, nicht aber auf Fälle, in denen ein anderer an Stelle des Unterhaltspflichtigen den Unterhalt gewährt und daraufhin einen Anspruch auf Entschädigung für geleisteten Unterhalt geltend gemacht hatte. Für einen derartigen Entschädigungsanspruch verblieb es vielmehr bei der ordentlichen, dreißigjährigen Verjährung. Von diesen Grundsätzen des preußischen Rechts abzugehen, liegt, soweit preußisches Recht in Frage kommt, keine Veranlassung vor. Da es sich auch im vorliegenden Falle nicht um rechtsgeschäftlich oder richterlich festgestellte Unterhaltsbeiträge, sondern um den Ersatzanspruch eines Armenverbandes gegen Dritte für geleisteten Unterhalt handelt, so kann die vierjährige Verjährung aus § 2 Nr. 5 des genannten Gesetzes nicht durchgreifen.

Endlich fragt es sich, ob der von der Beklagten erhobene Verjährungseinwand nach § 197 BGB. begründet ist. Diese Frage hat der Senat bejaht. Nach § 197 verjähren in vier Jahren die Ansprüche auf Rückstände von Unterhaltsbeiträgen. In der Rechtslehre herrscht Streit darüber, was unter „Rückständen" von Unterhaltsbeiträgen zu verstehen sei. Dernburg, Bürgerliches Recht 3. Aufl. § 177 Anm. 26, nimmt an, daß Unterhaltsbeiträge, solange sie der Höhe nach noch nicht festgestellt seien, noch nicht rückständig seien. Er führt dafür unter anderem die (oben erwähnte) Rechtsprechung des Preußischen Obertribunals an. Rehbein, Bürgerliches Gesetzbuch §§ 194—225 Bem. 6b, ist der Ansicht, daß, wie nach preußischem Rechte, auch nach dem Rechte des Bürgerlichen Gesetzbuchs von Rückständen nur die Rede sein könne, wenn die Verpflichtung zur Entrichtung von Unterhaltsbeiträgen in quali et quanto feststehe. Ebenso hat sich Ebel im Recht 1905 S. 561 geäußert. Vgl. auch Josef in Gruchot's Beiträgen Bd. 42 S. 4flg., Bd. 50 S. 215flg. Dagegen ist von anderen Schriftstellern die Ansicht, daß die kurze Verjährung des § 197 erst beginnen könne, wenn der Unterhaltsbeitrag in quali et quanto festgestellt sei, bekämpft worden; so von Mantey in Gruchots Beiträgen Bd. 42 S. 545, 555flg.; Oertmann, Bürgerliches Gesetzbuch 2. Aufl. § 197 Bem. 1; Goldmann und Lilienthal, Bürgerliches Gesetzbuch, 2. Aufl. § 197 Anm. 5; v. Staudinger, Bürgerliches Gesetzbuch, 3.—4. Aufl. § 196 Bem. 6 und Wolff in der Juristischen Wochenschr. 1907 S. 67 (betr. Unterhalt unehelicher Kinder).

Die Motive zum ersten Entwurfe berühren die Frage nach der Verjährung des Unterhaltsanspruchs Bd. 1 S. 294, 295, 306, Bd. 2 S. 864, Bd. 4 S. 711, 904, 905. An keiner dieser Stellen findet sich auch nur eine Andeutung, daß der Beginn der kurzen Verjährung rückständiger Unterhaltsbeiträge deren (rechtsgeschäftliche oder richterliche) Feststellung voraussetze. In den Motiven Bd. 4 S. 711 heißt es im Gegenteil: „Andererseits kann es keinem Zweifel unterliegen, daß der dem Berechtigten auf Grund des § 1492 (jetzt § 1613 BGB.) zustehende Anspruch auf Nachzahlung oder Entschädigung für die Vergangenheit der kurzen Verjährung nach § 157 (jetzt § 197 BGB.) unterliegt." Der Standpunkt der Motive ist hiernach ganz klar. Soweit Unterhalt für die Vergangenheit überhaupt beansprucht werden kann (§ 1613), nämlich von der Zeit an, zu welcher der Verpflichtete in Verzug gekommen, oder der Unterhaltsanspruch rechtshängig geworden ist, unterliegt der Anspruch des Unterhaltsberechtigten der vierjährigen Verjährung ohne Rücksicht darauf, ob der Anspruch zuvor nach Art (Geldrente oder Naturalverpflegung) und Höhe rechtsgeschäftlich oder richterlich festgestellt worden war. Hiergegen lassen sich aus der sprachlichen Bedeutung des Wortes „Rückstände" Bedenken nicht ableiten. Wird die Unterhaltspflicht nicht erfüllt, so sind die zur Erfüllung dieser Pflicht erforderlichen einzelnen Leistungen (in Geld oder Natur) als rückständig anzusehen, sobald der Zeitpunkt eingetreten ist, zu welchem sie hätten gewährt werden sollen, aber nicht gewährt worden sind. In diesem Sinne rückständig sind sowohl die nach Art und Betrag feststehenden Unterhaltsbeiträge als auch die nach diesen Richtungen hin noch nicht festgestellten, aber zur Zeit der Fälligkeit ausgebliebenen Leistungen des Unterhaltspflichtigen. Hinsichtlich der Bedeutung „Rückstände" sind die Verfasser des Bürgerlichen Gesetzbuchs, wenngleich ihnen das preußische Gesetz vom 31. März 1838 zum Vorbilde gedient haben mag, der preußischen Rechtsprechung und Rechtslehre offenbar nicht gefolgt.

Unterliegt hiernach der Unterhaltsanspruch des Unterhaltsberechtigten selbst der vierjährigen Verjährung nach § 197 BGB., so muß sich auch der Armenverband, der den Unterhalt besorgt hat, den Einwand der vierjährigen Verjährung gefallen lassen, denn ihm ist ein Ersatzanspruch gegen den Unterhaltspflichtigen nach § 62 nur unter denselben Voraussetzungen eingeräumt, als dem Unterstützten auf die Unterhaltsleistungen ein Recht zusteht.

Wollte man aber auch annehmen, daß es sich im Falle des § 62 nicht um einen durch Gesetz vermittelten Übergang des dem Unterstützten zustehenden Unterhaltsanspruchs in unveränderter Gestalt (wie z. B. im Falle des § 1607 Abs. 2 BGB.) auf den Armenverband handele, sondern um einen dem Armenverbande eingeräumten, mit Rücksicht auf seine öffentlichrechtliche Verpflichtung zur Unterhaltsgewährung eigentümlich gestalteten, selbständigen Ersatzanspruch gegen Dritte nach Maßgabe des Unterhaltungsanspruchs des Unterstützten, so würde dieser Ersatzanspruch, da er lediglich auf Entrichtung rückständiger Unterhaltsbeiträge gerichtet ist, doch auch der vierjährigen Verjährung aus § 197 unterliegen.

Da das Berufungsgericht durch Nichtanwendung des § 197 BGB. das Gesetz verletzt hat, mußte das Berufungsurteil aufgehoben werden." ...

81. Inwiefern liegt ein Verstoß wider Treu und Glauben im Sinne des § 815 BGB. vor, wenn derjenige, der einen wegen Nichtbeobachtung der gesetzlich vorgeschriebenen Form nichtigen Vertrag abgeschlossen hat, sich demnächst weigert, der Formvorschrift Genüge zu leisten, und dadurch das wirksame Zustandekommen des Vertrages verhindert?

II. Zivilsenat. Urt. v. 7. Januar 1910 i. S. R. (Kl.) w. Wwe. N. u. Gen. (Bekl.). Rep. II. 191/09.

I. Landgericht Kiel.
II. Oberlandesgericht daselbst.

Aus den Gründen:

... „Der Beklagte hatte gegenüber der Nichtigkeit des Vertrages geltend gemacht, die Kläger hätten in fraudulöser Weise den formgültigen Abschluß des Vertrages verhindert, und er hat sich in dieser Hinsicht auf § 815 BGB. bezogen. Das Oberlandesgericht erachtet indessen diese Bestimmung im vorliegenden Falle nicht für anwendbar, und dem ist beizupflichten. Es ist davon auszugehen, daß derjenige, der einen formwidrigen und daher nach den Bestimmungen des Bürgerlichen Gesetzbuchs nichtigen Vertrag abschließt, sich die Geltendmachung dieser Nichtigkeit seitens des Vertragsgegners gefallen lassen muß. Das entspricht der rechtlichen Sachlage, in die er sich mit Wissen und Willen hineinbegeben hat. Der Vertragsgegner, der sich auf die Nichtigkeit beruft, macht lediglich von seinem Rechte Gebrauch; wenn er das tut, verstößt er nicht gegen Treu und Glauben. Ob er die Rechtslage durch Abschluß des formgerechten Vertrages ändern will, ist lediglich Sache seiner Erwägung und Entscheidung. Danach kann gegenüber der formellen Nichtigkeit eines Aktes mit Erfolg nicht geltend gemacht werden, es verstoße gegen Treu und Glauben, eine Nichtigkeit geltend zu machen, welche durch seine Mitwirkung bei der Aufnahme eines formell gültigen Aktes gehoben werden könnte.

Vgl. Entsch. des RG.'s in Zivils. Bd. 52 S. 5.

Dadurch wird nicht ausgeschlossen, daß, wenn die Voraussetzungen des § 826 BGB. gegeben sind, eine andere Beurteilung eintreten kann. Das Oberlandesgericht hat das aber im vorliegenden Falle bedenkenfrei verneint. Es liegt weiter nichts vor, als daß die Kläger unter Geltendmachung der Nichtigkeit sich von dem Vertrage, der nicht von ihnen, sondern von ihrem Erblasser abgeschlossen war, losgesagt haben. Inwieweit hierin ein Verstoß gegen § 826 liegen könnte, ist nicht abzusehen. Der Beklagte kann sich daher auf diesen Paragraphen mit Erfolg nicht berufen." ...

82. Unter welchen Voraussetzungen darf der Ersteher eines Grundstückes seine Forderung aus der Pfändung und Überweisung einer zur Hebung gelangten Eigentümergrundschuld des früheren Grundstückseigentümers gegen die Forderung aufrechnen, mit der dieser auf Grund seines Grundschuldrechts im Kaufgelderverteilungstermin die Bezahlung des Baargebots oder nach Ausführung des Teilungsplans die Herausgabe der Bereicherung vom Ersteher verlangt?

ZwVG. §§ 115, 118.

V. Zivilsenat. Urt. v. 8. Januar 1910 i. S. A. (Kl.) w. Pf. (Bekl.). Rep. V. 87/09.

I. Landgericht Frankfurt a. M.
II. Oberlandesgericht daselbst.

Auf dem den Eheleuten B. gehörigen Grundstück Fr. Bd. 18 Bl. 688 haftete hinter der Hypothek eines Hermann Z. von 10000 ℳ für den Beklagten eine Hypothek von 5000 ℳ. Bei der Zwangsversteigerung erwarb der Beklagte das Grundstück, fiel jedoch mit dem größten Teile seiner Hypothek aus. Nunmehr erwirkte er auf Grund seines inzwischen vollstreckbar gewordenen Hypothekenanspruchs die Pfändung und Überweisung der H.'schen Hypothek, die in Höhe von 3373,50 ℳ Eigentümergrundschuld der Eheleute B. geworden und zur Hebung gelangt war, und rechnete damit gegen seine Schuld aus dem Meistgebot in dem Kaufgelderverteilungstermin auf. Der Vollstreckungsrichter ließ, als Widerspruch nicht erhoben wurde, die Aufrechnung zu. Später ließ ein persönlicher Gläubiger der Eheleute B., der Schreinermeister M., mit der Behauptung, die Aufrechnung sei zu Unrecht erfolgt, die danach den Eheleuten B. angeblich noch jetzt gegen den Beklagten zustehende Forderung wegen seines vollstreckbaren Anspruchs pfänden und sich zur Einziehung überweisen. Als sein Zessionar klagte der Kläger die überwiesenen Beträge gegen den Beklagten ein. Er wurde indessen mit der Klage in beiden Instanzen abgewiesen. Auch seine Revision blieb ohne Erfolg.

Gründe:

„Beide Vorderrichter gehen, übereinstimmend mit dem Urteil des Reichsgerichts vom 22. November 1906 (Entsch. in Zivils. Bd. 64 S. 308), davon aus, daß der Ersteher seine Schuld aus dem

Meistgebot mit Ansprüchen an die zur Hebung gelangenden Gläubiger so lange nicht aufrechnen kann, als den Gläubigern nicht die Forderung auf den rückständigen Erlös nach Maßgabe des § 118 ZwVG. übertragen ist. Begründet wird dies damit, daß es vor diesem Zeitpunkt an einer obligatorischen Beziehung zwischen dem Gläubiger und dem Ersteher fehle; bei dem grundschuldberechtigten Eigentümer, dem allerdings — als Eigentümer des Erlöses und Forderungsberechtigten gegenüber dem Ersteher — jene Beziehung nicht abzusprechen ist,

vgl. Entsch. d. RG.'s in Zivils. Bd. 40 S. 395, Bd. 43 S. 427,

damit, daß ihm vor jenem Zeitpunkt ein Verfügungsrecht über die Forderung nicht zustehe. Das Landgericht hatte nun eine Übertragung im Sinne des § 118 ZwVG., wenngleich sie nicht ausdrücklich im Verteilungstermin ausgesprochen worden war, in der Zulassung der Aufrechnung als mitenthalten angesehen, und da es der weitergehenden Ansicht Jaeckels (Bem. 1 zu § 115 ZwVG.), der auch die Aufrechnung mit der übertragenen Forderung für unzulässig erachtet, nicht beitrat, die Klage schon aus diesem Grunde für unbegründet erklärt. Das Berufungsgericht vermißt indessen das Vorhandensein einer die Übertragung aussprechenden Anordnung; gleichwohl erachtet es das Verteilungsverfahren mangels eines gegen die Zulassung der Aufrechnung erhobenen Widerspruchs für endgültig abgeschlossen und nur einen Bereicherungsanspruch des grundschuldberechtigten Eigentümers für gegeben. Dieser Anspruch sei zwar durch Pfändung, Überweisung und Abtretung auf den Kläger übergegangen, ihm gegenüber aber die Aufrechnung des Beklagten unbedenklich zulässig und durchgreifend, so daß es auf die vom Beklagten ausgebrachte Pfändung und Überweisung nicht weiter ankomme.

An sich hätte es näher gelegen, sich zunächst mit dieser Pfändung und Überweisung des Beklagten zu beschäftigen, da diese den Akten, aus denen der Kläger seine Legitimation ableitet, zeitlich voranging. Der Einwand, den der Kläger erhob, daß nämlich der Beklagte den Besitz des Hypothekenbriefes nicht erlangt habe, war nicht stichhaltig, da die Pfändung und Überweisung erst nach dem Zuschlag erfolgt war.

Vgl. Entsch. d. RG.'s in Zivils. Bd. 63 S. 214, Bd. 64 S. 216.

Auch war die Annahme des Landgerichts, daß die Zulassung der

Aufrechnung im Verteilungstermin die Zuteilung des auf die Eigentümergrundschuld entfallenen, rückständig gebliebenen Teiles des Erlöses mit enthalte, nicht ohne weiteres von der Hand zu weisen. Um eine eigentliche Übertragung der Forderung gegen den Ersteher handelte es sich dabei gar nicht, da der Eigentümer des versteigerten Grundstücks bereits Gläubiger war, sondern nur um eine Zuweisung zur freien Verfügung oder, wie Fischer-Schäfer (Bem. 1 zu § 118 a. a. O.) sich ausdrücken, um eine Freigabe.

Indessen sind auch gegen die Ausführungen des Berufungsrichters schließlich Bedenken nicht zu erheben. Das Verteilungsverfahren war durch Zulassung der Aufrechnung abgeschlossen, und wenn eine Übertragung oder Zuweisung des rückständig gebliebenen Erlöses im Sinne des § 118 ZwVG. nicht vorlag, eine Person, die diesen Teil des Erlöses vom Ersteher hätte einfordern können, nicht vorhanden. Der frühere Eigentümer und seine Rechtsnachfolger konnten höchstens Bereicherungsansprüche geltend machen, woran sie der Umstand, daß sie im Verteilungstermin keinen Widerspruch erhoben hatten, nach der Rechtsprechung des Reichsgerichts nicht hinderte.

Vgl. Entsch. d. RG.'s in Zivils. Bd. 58 S. 156, Bd. 64 S. 194.

Dem Bereicherungsanspruch gegenüber aber konnte der Beklagte zweifellos aufrechnen. Zwar bestreitet dies die Revision mit der Behauptung, daß dies ebenso unzulässig sei, wie die Aufrechnung mit der Hebung im Verteilungstermin vor der Übertragung und (nach Jaeckel) nach der Übertragung, da die Gründe Jaeckels auch für den Bereicherungsanspruch zuträfen. Der Ersteher könne, wie Jaeckel annehme, seine Lage dadurch, daß er mit dem Erlöse im Rückstande bleibe, nicht verbessern; dies gelte auch für den Bereicherungsanspruch, und dem Beklagten falle, wenn er Aufrechnung verlange, ein Verstoß gegen die guten Sitten zur Last. Davon kann indessen keine Rede sein. Die Versagung der Aufrechnung im Verteilungstermin vor der Forderungsübertragung nach § 118 ZwVG. hat ihren Grund in rechtlichen Hindernissen; mit der guten Sitte hat sie nicht das mindeste zu tun. Fallen die Hindernisse weg, so ist nicht abzusehen, warum die Aufrechnung noch weiter unzulässig sein soll. Am allerwenigsten aber kann die Unzulässigkeit dann behauptet werden, wenn überhaupt nicht mehr die Forderung aus dem Meistgebot, sondern ein ganz anderer Anspruch in Frage steht." ...

83. Haftet der Reichsfiskus für den Schaden, der durch einen von dem Kommandanten eines Kriegsschiffes schuldhaft verursachten Zusammenstoß mit einem Kauffahrteischiffe diesem Schiffe und dessen Ladung zugefügt worden ist?

EinfGes. z. HGB. Art. 7.

I. Zivilsenat. Urt. v. 5. Januar 1910 i. S. Reichsfiskus (Bekl.) w. S. & B. (Kl.). Rep. I. 49/09.

I. Landgericht Kiel.
II. Oberlandesgericht daselbst.

Am 9. April 1907 fand in der Kieler Föhrde ein Zusammenstoß zwischen dem der Klägerin gehörigen Frachtdampfer „Wilhelm" und dem deutschen Kriegsschiffe „Zähringen" statt. Durch den Zusammenstoß wurden der Schiffskörper und die Ladung des „Wilhelm" beschädigt. Der Schade wurde im ganzen auf 12470,20 ℳ angegeben. Die Klägerin forderte — bezüglich der Ladung aus übertragenem Rechte — vom Reichsfiskus Ersatz dieses Betrages nebst 5 % Zinsen seit dem 8. Juni 1907, indem sie behauptete, der Zusammenstoß sei durch ein Verschulden des Kommandanten des „Zähringen" verursacht. Der Reichsfiskus bestritt seine Haftung für den Unfall und stellte ein Verschulden des Kommandanten des „Zähringen" in Abrede; die Schuld an dem Zusammenstoße treffe lediglich den Führer des „Wilhelm".

Das Landgericht erklärte den Klaganspruch dem Grunde nach mit der Maßgabe für gerechtfertigt, daß der Beklagte den noch festzustellenden Schadensbetrag an die Klägerin zu zahlen habe, falls er nicht vorziehe, das Linienschiff „Zähringen" zum Zwecke der Befriedigung der Klägerin wegen des fraglichen Betrages im Wege der Zwangsvollstreckung herauszugeben. Das Oberlandesgericht wies die Berufung des Beklagten gegen dieses Urteil mit der Maßgabe zurück, daß der Beklagte den Schadensbetrag an die Klägerin nur zu zahlen habe, sofern beim Beginne der Zwangsvollstreckung das Linienschiff „Zähringen" noch vorhanden sei. Auf die Revision des Fiskus hob das Reichsgericht das Berufungsurteil auf und erkannte auf Abweisung der Klage.

Gründe:

„In Übereinstimmmung mit dem Vorbringen der Klage nimmt das Oberlandesgericht an, daß der Schiffszusammenstoß von dem Kommandanten des Kriegsschiffes schuldhaft verursacht worden sei. Die Schuld findet es darin, daß der Kommandant das in § 7 Nr. 2 der Seepolizeiverordnung für das Reichskriegshafengebiet von Kiel vorgesehene Signal, mittels dessen Kriegsschiffe Fahrzeuge, die ihnen begegnen, gegen die Regeln der Seestraßenordnung zum Ausweichen verpflichten können, nicht wie vorgeschrieben mit der Sirene, sondern mit der Dampfpfeife gegeben habe. Dadurch sei der Führer des Frachtdampfers irre geführt und zur Beibehaltung seines Kurses veranlaßt worden. Sodann wird dargelegt, daß der vom Beklagten erhobene Vorwurf einer Mitschuld des Frachtdampfers unbegründet sei.

Die Angriffe der Revision gegen diese Annahmen können auf sich beruhen bleiben, weil der Klaganspruch rechtlich unbegründet ist, auch wenn diese Feststellungen zugrunde gelegt werden.

Beide Instanzen nehmen an, daß der Reichsfiskus für den Schaden, der durch einen von der Besatzung eines Kriegsschiffes schuldhaft verursachten Schiffszusammenstoß herbeigeführt sei, nach Art. 7 EinfGes. zum HGB. ebenso hafte, wie nach §§ 734 flg. HGB. der Reeder eines Kauffahrteischiffes. Daß der Kommandant des „Zähringen", der sich auf einer Übungsfahrt befand, hierbei in Ausübung eines Staatshoheitsrechtes gehandelt habe, stehe der Haftung nicht entgegen. Freilich sei ein Kriegsschiff dem Verkehre entzogen, und eine Zwangsvollstreckung in das Schiff könne nicht stattfinden. Da Art. 7 aber das Reich nun einmal für haftbar erkläre, so müsse es auch ein Mittel geben, die Haftung durchzuführen. Dieses Mittel könne nur darin bestehen, daß der Fiskus bis zum Werte des Kriegsschiffes persönlich für haftbar erklärt werde.

Ob diese Ansicht, wenn sie für richtig zu erachten wäre, die Form, in der das Landgericht die Verurteilung des Fiskus ausgesprochen hat, und die eigentümliche, schlecht damit in Einklang zu bringende „Maßgabe", die das Oberlandesgericht der Verurteilung hinzugefügt hat, rechtfertigen kann, braucht nicht untersucht zu werden. Denn die Rechtsansicht der Instanzen kann nicht gebilligt werden.

Um die Frage der Haftung des Reichs für Zusammenstöße, die von Kriegsschiffen verursacht sind, zu prüfen, ist es erforderlich, zunächst von der Bestimmung des Art. 7 EinfGes. zum HGB. abzusehen.

Nach § 89 Abs. 1 BGB. findet auf den Fiskus die für rechtsfähige Vereine geltende Vorschrift des § 31 entsprechende Anwendung, wonach der Verein für einen Schaden verantwortlich ist, den der Vorstand, ein Mitglied des Vorstandes oder ein anderer verfassungsmäßig berufener Vertreter durch eine in Ausübung der ihm zustehenden Verrichtungen begangene, zum Schadensersatze verpflichtende Handlung einem Dritten zufügt. Nach Art. 77 EinfGes. zum BGB. sollen indes die landesgesetzlichen Vorschriften über die Haftung des Staates für den von seinen Beamten in Ausübung der diesen anvertrauten öffentlichen Gewalt zugefügten Schaden unberührt bleiben. Für die Schadenshaftung des Staates aus Versehen der Beamten muß hiernach grundsätzlich unterschieden werden zwischen fiskalischen Rechten und Hoheitsrechten des Staates. Wo er in Ausübung fiskalischer Rechte handelt, wo er als juristische Person an dem Geschäftsverkehre teilnimmt oder auf Grund von Befugnissen handelt, die im bürgerlichen Rechte wurzeln, da ist der Staat nach Reichsrecht für Schadenszufügungen seiner Beamten im Umfange des § 31 BGB. verantwortlich. Wo der Staat aber in Ausübung seiner Hoheitsrechte, insbesondere in Ausübung seiner obrigkeitlichen Gewalt handelt, da ist wegen der Schadensersatzpflicht (von gewissen hier nicht eingreifenden Ausnahmen abgesehen) auf das Landesrecht zurückzugehen. Vgl. wegen dieses Unterschiedes Entsch. des RG.'s in Zivils. Bd. 71 S. 46, wo auch die älteren Urteile zusammengestellt sind.

Daß es sich bei den Übungsfahrten der Kriegsschiffe nicht um die Ausübung fiskalischer Rechte, sondern um die Ausübung von Hoheitsrechten handelt, kann einem Zweifel nicht unterliegen und wird auch vom Berufungsgerichte angenommen (vgl. Entsch. des RG.'s in Zivils. Bd. 55 S. 174). Im Sinne der angeführten Vorschriften aber fällt unter den Begriff des Staates auch das Deutsche Reich, das in Ansehung der Haftung denselben Gesetzen unterworfen ist, wie der Bundesstaat, in dessen Gebiete sich der Tatbestand verwirklicht hat, der die Haftung begründet (Entsch. des RG.'s in Zivils. Bd. 54 S. 198).

Soweit es sich um die Ausübung der öffentlichen Gewalt handelt, bestand bislang in Preußen eine Haftung des Staates nur im Gebiete des rheinischen Rechts (vgl. Art. 89 Nr. 2 AusfGes. zum BGB. und Entsch. des RG.'s in Zivils. Bd. 54 S. 19). Im Geltungsbereiche des Allgemeinen Landrechts und in den früher gemeinrechtlichen Gebietsteilen aber war eine derartige Haftung nicht anerkannt (Entsch. des RG.'s in Zivils. Bd. 71 S. 46 mit Anführung der älteren Entscheidungen). Anders ist dies jetzt nach dem am 1. Oktober 1909 in Kraft getretenen Gesetze vom 1. August 1909 über die Haftung des Staates und anderer Verbände für Amtspflichtverletzungen von Beamten bei Ausübung der öffentlichen Gewalt (Pr. GS. S. 691). Dieses Gesetz bestimmt nunmehr in § 1 Abs. 1:

„Verletzt ein unmittelbarer Staatsbeamter in Ausübung der ihm anvertrauten öffentlichen Gewalt vorsätzlich oder fahrlässig die ihm einem Dritten gegenüber obliegende Amtspflicht, so trifft die in § 839 BGB. bestimmte Verantwortlichkeit an Stelle des Beamten den Staat."

Sonach würde sich der Rechtszustand ergeben, daß nach preußischem Rechte der Reichsfiskus für Schäden, die beim Zusammenstoße mit Kriegsschiffen entstehen und von diesen vorsätzlich oder fahrlässig verursacht sind, jetzt „persönlich" und ohne Beschränkung haften würde. Denn daß das Seestraßenrecht oder die für ein bestimmtes Revier bestehenden polizeilichen Vorschriften dem Kommandanten eines Kriegsschiffes eine „Amtspflicht" auferlegen, „die ihm einem Dritten gegenüber obliegt," kann einem Zweifel nicht unterliegen, da diese Vorschriften in erster Linie zum Schutze der allgemeinen Schiffahrt und zur Verhütung von Zusammenstößen erlassen sind. Diese Haftung aber besteht erst seit dem 1. Oktober 1909. Vorher, insbesondere am 9. April 1907, als sich der hier in Rede stehende Unfall ereignete, bestand eine Haftung des Fiskus nach den erwähnten Bestimmungen nicht.

Muß sie gleichwohl aus Art. 7 EinfGes. zum HGB. abgeleitet werden?

Es ist zuzugeben, daß die Bejahung der Frage möglich erscheint, wenn man lediglich den Wortlaut ins Auge faßt. Die Vorschriften des 4. Buches des HGB. selbst beziehen sich auf den Seehandel und nach § 474 nur auf Schiffe, die zum Erwerbe durch die Seeschiffahrt bestimmt sind. Demnach erstrecken sich auch die

Vorschriften der §§ 485 und 486 Abs. 1 Nr. 3 über die Haftung des Reeders für Verschulden einer Person der Schiffsbesatzung, sowie die Vorschriften der §§ 734—739 über die Haftung im Falle des Zusammenstoßes von Schiffen an sich nur auf Erwerbsschiffe. Nach Art. 7 aber sollen diese Vorschriften auch Anwendung finden, „wenn die Verwendung eines Schiffes zur Seefahrt nicht des Erwerbes wegen erfolgt". Zweifellos erfolgt die Verwendung der Kriegsschiffe zur Seefahrt nicht des Erwerbes wegen. Die Denkschrift zu dem Entwurfe des Handelsgesetzbuchs (S. 290) nennt als Beispiele von Schiffen, die nicht des Erwerbes wegen zur Seefahrt verwendet werden „Zollkutter und Lustjachten" denkt also auch an Schiffe, die, wie Zollkutter, im Staatseigentume stehen und den Zwecken des öffentlichen Dienstes gewidmet sind.

Indes ist die Denkschrift nicht maßgebend und das Gesetz aus sich selbst zu erklären.

Es müßte von vornherein auffallen, wenn die Regelung der Haftung des Staates für Pflichtversäumnisse der Beamten bei Ausübung der öffentlichen Gewalt, die wegen ihres Zusammenhanges mit dem öffentlichen Rechte von der reichsrechtlichen Kodifikation des Bürgerlichen Rechts ausgeschlossen bleiben sollte (Art. 77 EinfGes. zum BGB.), bei der Regelung des Handelsrechts, mit dem sie schlechterdings nichts zu tun hat, auf einem Spezialgebiete nebenbei getroffen wäre. Ein innerer Grund, die Haftung des Staates bei Kriegsschiffen anders zu normieren, als im allgemeinen, dürfte schwer aufzufinden sein. Da das Handelsgesetzbuch gleichzeitig mit dem Bürgerlichen Gesetzbuche in Kraft getreten ist, muß im Gegenteil aus der Einheitlichkeit der ganzen Kodifikation der Vorbehalt des Art. 77 EinfGes. zum BGB. — für dessen Umfang auf Art. 3 zu verweisen ist — auch für das Handelsgesetzbuch gelten und also auch für Art. 7 EinfGes. zum HGB. Dafür spricht auch die allgemeine Regel des Art. 2 dieses EinfGes., wonach dem Handelsgesetzbuche und dem Einführungsgesetze dazu nur in Handelssachen der Vorrang vor dem Bürgerlichen Gesetzbuche eingeräumt wird, im übrigen aber die Vorschriften der Reichsgesetze durch das Handelsgesetzbuch nicht berührt werden.

Dazu kommt, daß die Anwendung der §§ 485 und 486 Abs. 1 Nr. 3 HGB. auf Kriegsschiffe zu unhaltbaren Ergebnissen führen würde. Nach § 734 HGB. ist der Reeder nur nach Maßgabe dieser Paragraphen verpflichtet, den durch Zusammenstoß verursachten Schaden zu ersetzen, d. h. er haftet nicht persönlich, sondern nur mit Schiff und Fracht. Ein Anspruch auf Zahlung einer Geldsumme kann nicht geltend gemacht, vielmehr nur der Antrag gestellt werden, daß der Reeder verurteilt werde, die Zwangsvollstreckung in das Schiff und seine Fracht zu dulden (Entsch. des RG.'s in Zivils. Bd. 67 S. 354). Die Zwangsvollstreckung in das Schiff erfolgt nach § 864 ZPO. bei den in das Schiffsregister eingetragenen Schiffen nach den Regeln über die Zwangsvollstreckung in das unbewegliche Vermögen (vgl. ZwVG. §§ 162—171). Nach dem Gesetze, betr. das Flaggenrecht der Kauffahrteischiffe, vom 22. Juni 1899 (RGBl. S. 319) werden in das Schiffsregister eingetragen alle zum Erwerbe durch die Seefahrt bestimmten Schiffe einschließlich der Lotsen-, Hochseefischerei-, Bergungs- und Schleppfahrzeuge, die mehr als 50 cbm Raumgehalt haben, ferner seegehende Lustjachten und unter Umständen für ausländische Rechnung gebaute Schiffe. Bei den nicht in das Schiffsregister eingetragenen Schiffen dagegen erfolgt die Zwangsvollstreckung nach den Regeln über die Zwangsvollstreckung in das bewegliche Vermögen, also nach § 803 ZPO. durch Pfändung. Der Gerichtsvollzieher hat das Schiff in Besitz zu nehmen (§ 808) und es öffentlich zu versteigern (§ 814).

Kriegsschiffe werden nicht in das Schiffsregister eingetragen. Die Zwangsvollstreckung hätte also in der erwähnten Weise durch den Gerichtsvollzieher zu erfolgen und wäre daher nicht mit den Garantien umkleidet, die der Gesetzgeber bei allen übrigen Schiffen, von den kleinsten Fahrzeugen abgesehen, für erforderlich gehalten hat.

Die Form der Zwangsvollstreckung aber ist nicht einmal das Entscheidende. Auch abgesehen von der sich hierbei ergebenden Unstimmigkeit muß davon ausgegangen werden, daß die Zwangsvollstreckung in ein Kriegsschiff schlechthin ausgeschlossen ist, wie dies auch das Oberlandesgericht annimmt. Die Kriegsschiffe dürfen im Staatsinteresse ihrer Aufgabe, der Verteidigung des Reiches und dem Schutze seiner Seeinteressen zu dienen, nicht entzogen werden. Daß die gesetzgebenden Faktoren bei Schaffung des Art. 7 diesen Gesichtspunkt zu Gunsten etwaiger Kollisionsgläubiger hätten außer Augen setzen wollen, kann unmöglich angenommen werden. Sollte eine

Verantwortung des Fiskus für schuldhaft verursachte Zusammenstöße von Kriegsschiffen festgesetzt werden, so wäre die Normierung dieser Haftung nach den handelsrechtlichen Regeln über die beschränkte Haftung des Reeders und über das Pfandrecht der Schiffsgläubiger ein ganz unpassendes Mittel gewesen. Bei Kriegsschiffen konnte die Haftung des Reiches, wenn sie stattfinden sollte, vernünftigerweise nur so geregelt werden, daß die eigenartige, auf Schiff und Fracht beschränkte Reederhaftung beiseite gesetzt und entweder eine unbeschränkte Haftung des Fiskus statuiert, oder der Haftung mindestens die Natur einer persönlichen Verpflichtung auf Bezahlung beigelegt wurde. Eine persönliche Verpflichtung zur Bezahlung einer Schuld wird nun aber einmal durch die in Art. 7 für „anwendbar" — nicht etwa bloß für „entsprechend anwendbar" — erklärten Vorschriften der §§ 485, 486 und 734 flg. HGB. nicht festgesetzt. Daher ist auch aus diesem Grunde eine einschränkende Auslegung des Art. 7 geboten.

Die Vorinstanzen nehmen an, daß eine Zwangsvollstreckung gegen den Willen des Reichsfiskus zwar nicht durchgeführt werden könne, halten sich aber gleichwohl für berechtigt, ihn zur Zahlung zu verurteilen, falls er nicht vorziehe, das Schiff zum Zwecke der Befriedigung der Klägerin im Wege der Zwangsvollstreckung herauszugeben. Diese Verurteilung kann auf die §§ 485, 486 nicht gegründet werden. Ansprüche gegen den Reeder aus dem Verschulden einer Person der Schiffsbesatzung gewähren nach § 754 Nr. 9 die Rechte eines Schiffsgläubigers, also nach § 755 ein Pfandrecht an dem Schiffe, das nach § 761 durch Zwangsvollstreckung verwirklicht wird. Primär besteht keine persönliche Verbindlichkeit des Reeders zur Bezahlung. Nur im Falle besonderer, nach der Entstehung der Schiffsschuld eingetretener Umstände kann, wie im Falle des § 774, eine persönliche Verpflichtung zu der dinglichen Haftung des Schiffes hinzutreten. Der gesetzliche Anspruch, mit dem die dingliche Haftung geltend gemacht wird, aber geht lediglich auf Duldung der Zwangsvollstreckung, nicht — wie die Vorinstanzen anzunehmen scheinen — alternativ auf Zahlung oder auf Duldung der Zwangsvollstreckung. Freilich kann der Reeder den Schiffsgläubiger durch eine Zahlung aus seinem sonstigen Vermögen befriedigen und damit die Zwangsvollstreckung in das Schiff gegenstandslos machen; das ist aber eine bloße Fakultas, auf die der Gläubiger kein Recht hat. Wollte man diese Fakultas in der Urteilsformel zum Ausdrucke bringen, so würde gesagt werden müssen, der Beklagte habe die Zwangsvollstreckung zu dulden, falls er nicht vorziehe, zu bezahlen: es würde also das Widerspiel der Formel herauskommen, die hier beliebt worden ist. Eine gesetzliche Unterlage für einen solchen Ausspruch gibt es nicht.

Aus diesen Gründen rechtfertigt sich die Abweisung der Klage.

Zu bemerken bleibt nur noch, daß das vom Oberlandesgerichte angeführte Urteil des erkennenden Senats vom 29. September 1897 (Entsch. Bd. 39 S. 183) hier nicht einschlägt. Es handelte sich damals um den Zusammenstoß eines dem Reichsfiskus gehörigen Lotsendampfers, der zur Beförderung der Lotsen, also als Transportschiff, benutzt wurde. Eine Ausübung von Hoheitsrechten kam dabei nicht in Frage. Auch liegen Fall und Urteil vor dem Inkrafttreten des Bürgerlichen Gesetzbuchs. Demnach kann unentschieden bleiben, ob der Senat die Rechtsansicht, die jenem Urteile zugrunde liegt, auf dem Boden des früheren Rechts gegenwärtig noch aufrecht erhalten könnte (vgl. Entsch. des RG.'s in Zivils. Bd. 47 S. 243)."

84. 1. Inwieweit wird durch die Verwendung eines Grundstücks zum Kleinbahnbetriebe die Zulässigkeit einer Zwangsversteigerung desselben ausgeschlossen?

2. Hat im Falle der Zwangsversteigerung von Grundstücken, die ohne vollständige Durchführung des Enteignungsverfahrens zum Kleinbahnbetriebe verwendet sind, der Ersteher einen unmittelbar im Rechtswege verfolgbaren Anspruch auf Entschädigung? Muß er die an seinen Rechtsvorgänger (Schuldner) geleistete Zahlung der Enteignungsentschädigung gegen sich gelten lassen?

3. Enthält der Übergang von dem Verlangen, daß der Beklagte zur Stellung des Antrages auf Einleitung des Enteignungsverfahrens verurteilt werde, zu dem Antrage, den Beklagten unmittelbar zur Zahlung einer bestimmten Entschädigungssumme zu verurteilen, eine unzulässige Klageänderung?

Preuß. Gesetz über die Bahneinheiten (GS. 1902 S. 238) §§ 5, 6.
Preuß. EnteignGes. vom 11. Juni 1874 §§ 25, 45, 46.
ZPO. § 268.

V. Zivilsenat. Urt. v. 8. Januar 1910 i. S. D. (Kl.) w. Kleinbahn G. (Bekl.). Rep. V. 71/09.

I. Landgericht Stendal.
II. Oberlandesgericht Naumburg a. S.

Zum Bau einer durch die Gemeinde F. gehenden Kleinbahn hatte die dort ansässige Frau D. eine Fläche von 39 ar 73 qm hergegeben. Die ihr hierfür zu gewährende Entschädigung war durch eine zu Protokoll des Enteignungskommissars erklärte Vereinbarung vom 1. September 1902 auf 2690 *M* festgesetzt und an sie gezahlt worden, ohne daß die Auflassung stattgefunden hatte oder die Enteignung vollzogen worden war. Später kam die Besitzung der Frau D. samt der zur Bahn verbauten Fläche zur Zwangsversteigerung. Der Kläger, der den Zuschlag erhielt, klagte nunmehr mit dem Antrage, die Beklagte zu verurteilen, wegen der 39 ar 73 qm das Enteignungsverfahren einzuleiten. Eventuell verlangte er in der Berufungsinstanz, daß die Beklagte zur Zahlung von 2700 *M* nebst Zinsen verurteilt werde. Beide Vorinstanzen erkannten zu seinen Ungunsten. Auf seine Revision wurde das Berufungsurteil aufgehoben, aus folgenden

Gründen:

„Das Gesetz über die Bahneinheiten vom 19. August 1898/11. Juni 1902 unterscheidet zwischen dem Eigentum am Kleinbahnunternehmen und dem Eigentum an den einzelnen dem Unternehmen gewidmeten Vermögenswerten. Letztere und insbesondere Einzelgrundstücke behalten die Eigenschaft als selbständige Sachen und können daher Gegenstand besonderer Rechte sein. Die Zugehörigkeit zu dem einheitlichen Unternehmen schließt in Ansehung von Einzelgrundstücken Verfügungen des Eigentümers, sei dies der Unternehmer, oder ein anderer, nicht ohne weiteres aus. Das Gesetz hat die Wirksamkeit solcher Verfügungen besonders geregelt. Die volle Wirksamkeit ist für den Fall anerkannt, daß durch eine von der Bahnaufsichtsbehörde auszustellende Bescheinigung nachgewiesen wird, daß die Verfügung die Betriebsfähigkeit des Unternehmens nicht beeinträchtigt. Wird dagegen diese Bescheinigung versagt, so finden die beschränkenden Vorschriften der §§ 5 und 6 des Ges. Anwendung. Dann sind nach § 5 „Verfügungen und Belastungen ungültig," und es findet nach

§ 6 „eine Verfolgung von dinglichen Rechten nicht statt"; vielmehr kann der Berechtigte, und zwar gegen Aufgabe seines Rechts, nur Entschädigung beanspruchen.

Im vorliegenden Falle war das streitige Grundstück zunächst Eigentum der Frau D.; es wurde aber dann zur Zwangsversteigerung gezogen und dem jetzigen Kläger zugeschlagen. Das Berufungsgericht erachtet den Zuschlag für nichtig, indem es den § 5 für anwendbar erklärt und in dieser Vorschrift ein gesetzliches Veräußerungsverbot findet. Allein für den Gesetzgeber konnte kaum Anlaß bestehen, die Veräußerung eines zum Bahnunternehmen verwendeten, aber nicht dem Unternehmer gehörigen Grundstücks schlechthin zu verbieten. Ein bloßer Wechsel in der Person des Grundstückseigentümers berührt die Betriebsfähigkeit des Unternehmens nicht. Der Gesetzgeber konnte eine solche Verbotsvorschrift auch nicht treffen, ohne mit den sonst für das preußische Recht geltenden Grundsätzen in Widerspruch zu treten. Wie der erkennende Senat bereits in dem Urteile Entsch. Bd. 31 S. 217 dargelegt hat, schließt die öffentlichrechtliche Zweckbestimmung eines Grundstücks nicht aus, daß dieses einen Gegenstand des Privateigentums bildet und unbeschadet der Zweckbestimmung veräußert werden kann. Die Vorschriften des Gesetzes über die Bahneinheiten stehen hiermit im Einklang. Der § 6 beläßt es bei den bestehenden dinglichen Rechten an Einzelgrundstücken und entzieht dem Berechtigten nicht die Verfügungsbefugnis; der Berechtigte soll nur für die Dauer des Unternehmens das dingliche Recht nicht „verfolgen" können. Da sich diese Verfolgung gegen den Bahnunternehmer richten müßte, so ist damit das Verhältnis der §§ 5 und 6 zueinander klargestellt. Nach § 5 sind Verfügungen und Belastungen von Einzelgrundstücken, die der Bahnunternehmer vornimmt, ungültig nach § 6 können dinglich Berechtigte gegen den Bahnunternehmer ihre Rechte, solange das Unternehmen besteht, nur in der Form des Entschädigungsanspruchs verfolgen. Daß zu den dinglichen Rechten im Sinne dieser Vorschrift auch das Eigentum gehört, sprechen ausdrücklich

vgl. Eger, Bahneinheit Bem. 23 zu § 6

die Motive aus, und es unterliegt das auch keinem Bedenken. Das Gesetz macht keine Einschränkung, und gerade die Verfolgung des

Eigentums, die Geltendmachung des Herausgabeanspruchs, würde die Einheitlichkeit und Betriebsfähigkeit des Unternehmens am meisten gefährden.

Hiernach kann dahingestellt bleiben, ob auch nur der § 5 des Gesetzes ein gesetzliches Veräußerungsverbot, und nicht vielmehr nur eine Verfügungsbeschränkung enthält. Jedenfalls findet auf den vorliegenden Fall nicht diese Vorschrift, sondern die des § 6 Anwendung, auf dessen Abs. 2 der Kläger den Entschädigungsanspruch stützt.

Dem Berufungsgerichte kann auch in den Ausführungen, die sich auf die Anwendung der Vorschriften des Enteignungsgesetzes beziehen, nicht beigepflichtet werden.

Die Beklagte ist, da das Grundstück nicht aufgelassen, und da auch aus § 32 des angeführten Gesetzes ein Beschluß über die Vollziehung der Enteignung nicht ergangen, nicht Eigentümerin des Grundstücks geworden. Nur die Entschädigung ist festgestellt und dann durch die Gemeinde F. für die Beklagte gezahlt worden, und zwar noch vor Erlaß des im Versteigerungsverfahren ergangenen Zuschlagsurteils. Das Berufungsgericht ist der Ansicht, daß das Enteignungsverfahren noch anhängig sei, und es hält die Einleitung eines zweiten Verfahrens neben dem noch anhängigen nicht für zulässig. Es ist ferner der Ansicht, daß der Kläger an der Durchführung des anhängigen oder auch an der Einleitung eines neuen Verfahrens kein Interesse habe, da gemäß der §§ 25, 45, 46 EnteignGes. die vereinbarte Entschädigungssumme an die Stelle des Grundstücks getreten sei; der Kläger müsse die Zahlung der Entschädigung gegen sich gelten lassen und könne seinerseits sich nur an die Zahlungsempfänger halten. Allein nach §§ 45, 46 wird das Grundstück zwar auch in dem Falle frei von allen auf ihm lastenden Verbindlichkeiten, wenn es durch eine dem § 26 entsprechende Vereinbarung über die Entschädigungssumme abgetreten wird. Aber die — freiwillige — Abtretung erfordert die Auflassung, und solange diese noch aussteht, ist der Fall des § 46 nicht gegeben. Erst mit der Abtretung wird das Grundstück frei von den auf ihm lastenden Hypotheken und sonstigen Realansprüchen; vorher kann auch die Entschädigungssumme nicht an die Stelle des Grundstücks treten. Voraussetzung für die Anwendbarkeit des § 46 ist aber weiter auch,

vgl. Koffka, Enteign. Bem. 6 (S. 236),

daß gemäß § 32 EnteignGes. die vereinbarte Entschädigung rechtsgültig gezahlt oder hinterlegt ist. Geboten war die Hinterlegung, die Zahlung an andere als die Realberechtigten nicht rechtsgültig.

Sodann aber bestimmt weiter der Satz 2 des § 46, daß Hypothekengläubiger und Realberechtigte, soweit sie aus der vereinbarten Entschädigungssumme nicht befriedigt werden, anderweite Festsetzung im Rechtswege gegen den Unternehmer fordern können. Erst infolge der Zwangsversteigerung trat in dieser Rechtslage eine Änderung ein. Das streitige Grundstück wurde mit versteigert; die Hypotheken gingen auf das auch für dieses Grundstück mitgezahlte Kaufgeld über. So wenig die Beklagte früher berechtigt war, die Vereinbarung der Entschädigung und die nach dem Gesetze rechtsunwirksame Zahlung den nicht befriedigten Hypothekengläubigern entgegenzuhalten, ebensowenig ist sie gegenwärtig hierzu dem Kläger gegenüber befugt. Dieser hat kraft des Zuschlagsurteils das Eigentum am Grundstück und damit auch den Entschädigungsanspruch aus § 6 Abs. 2 des Gesetzes über die Bahneinheiten erlangt. Ob der Kläger die Verhältnisse so, wie sie lagen, beim Erwerbe des Grundstücks gekannt hat, ist schon deshalb unerheblich, weil gegenüber dem Ersteher,

vgl. Jaeckel, Zwangsverst. 2. Aufl. Bem. 3 zu § 55 (S. 209),

der Einwand des mangelnden guten Glaubens nicht geltend gemacht werden kann.

Nach der Vorschrift des Bahneinheitsgesetzes bestimmt sich die Entschädigung aus § 6 ebenda „nach den Vorschriften über die Entschädigung für den Fall der Enteignung". Schon dieser Wortlaut des Gesetzes läßt erkennen, daß die Entschädigung nicht in dem besonders geregelten Enteignungsverfahren erfolgen soll; vielmehr sollen, ebenso wie in § 46 Abs. 2 EnteignGes., lediglich die materiellrechtlichen Enteignungsvorschriften Anwendung finden. Hierauf weisen

vgl. Eger, Bahneinheit Bem. 24 zu § 6 (S. 43)

die Motive hin, und dies findet eine unmittelbare Bestätigung auch im Gesetze selbst, da nach § 26 Abs. 1 Satz 2 der Entschädigungsanspruch aus § 6 erlischt, wenn er nicht innerhalb eines Jahres gerichtlich geltend gemacht wird. Dem Gesetze entsprechend ist hiernach der in der Berufungsinstanz gestellte Hilfsantrag, mit dem

Zahlung einer ziffermäßig bestimmten Entschädigung begehrt wird, und nicht, wie in der Klage, die Verurteilung zur Einleitung des Enteignungsverfahrens. Die nachträgliche Änderung des Antrags war zulässig, da nicht nur der Grund, sondern auch der Gegenstand der Klage der gleiche geblieben ist. Auch der Antrag der Klage zielte sachlich auf nichts anderes ab, als auf Leistung einer nach den Vorschriften des Enteignungsgesetzes zu bemessenden Entschädigung."...

---

85. Schließt eine den Gegenstand der Abtretung und die Entschädigung umfassende Einigung nach § 16 des Enteignungsgesetzes vom 11. Juni 1874 Nachforderungen aus, die auf eine Änderung des ursprünglichen, nicht ausgeführten Planes gestützt werden? Können solche Nachforderungen sofort im Rechtswege geltend gemacht werden?

Preuß. Enteignungsgesetz vom 11. Juni 1874 §§ 16, 31.

VII. Zivilsenat. Urt. v. 18. Januar 1910 i. S. preuß. Eisenbahnfiskus (Bekl.) w. W. (Kl.). Rep. VII. 203/09.

I. Landgericht Dortmund.
II. Oberlandesgericht Hamm.

Zum Zwecke des Grunderwerbs für die Eisenbahn Hamm-Osterfeld schlossen die Parteien in Ausführung des nach § 15 des Enteignungsgesetzes vom 11. Juni 1874 vorläufig festgestellten Planes unter dem 9./13. August 1902 einen Vertrag, nach welchem der Kläger Teile seines von der Bahn durchschnittenen Grundbesitzes zu einem näher festgesetzten Preise an den Beklagten verkaufte. In § 8 des Vertrages erklärte sich der Verkäufer mit Zahlung des Preises und der sonst noch ausbedungenen Vergütungen wegen aller Ansprüche an den Käufer, insbesondere wegen aller durch die Bahnanlage und den Betrieb für die Restgrundstücke entstehenden Wirtschaftserschwernisse, für abgefunden. Nach § 9 behielt sich der Käufer die Durchführung des Enteignungsverfahrens zwecks Regelung der Rechte Dritter vor. In § 12 wurden dem Kläger für Umwege und Durchschneidungsnachteile noch 4400 ℳ bewilligt. Die Bahnanlage war zur Zeit des Vertragsschlusses so geplant, daß die an der Besitzung des Klägers vorbeiführende Chaussee Hamm-Werne im Niveau gekreuzt werden sollte. Sie erfolgte aber schließlich derart, daß an die Stelle der Niveaukreuzung eine Unterführung angelegt wurde. Hierdurch wollte der Kläger geschädigt sein. Er forderte über die vertragsmäßige Vergütung hinaus eine Entschädigung von schließlich 2929,04 ℳ nebst Zinsen. Der Beklagte bestritt den erhobenen Anspruch. Das Landgericht verurteilte ihn indessen zur Zahlung von 1211,40 ℳ nebst Zinsen und wies die Mehrforderung ab. Das Oberlandesgericht gab dem Verlangen des Klägers in vollem Umfange statt; auch die Revision des Beklagten hatte keinen Erfolg.

Aus den Gründen:

... „Nach der zutreffenden Annahme des Berufungsrichters ist der zwischen den Parteien geschlossene Vertrag vom 9./13. August 1902 eine den Gegenstand der Abtretung und die Entschädigung umfassende Einigung im Sinne des § 16 EnteignGes. Der Kläger überließ dem Fiskus freiwillig die Grundstücke, deren zwangsweise Hergabe dieser auf Grund des ihm verliehenen Enteignungsrechts und nach Maßgabe der vorläufigen Planfeststellung fordern konnte. Die Durchführung des Enteignungsverfahrens war nur zwecks Regelung der Rechte Dritter vorbehalten; eine Folge ist, soweit ersichtlich, dem Vorbehalt nicht gegeben. Es erübrigten sich hiernach sowohl der Enteignungsbeschluß wie der Entschädigungsfeststellungsbeschluß. Der Vertrag stellt sich als ein Kaufvertrag dar, aber mit der enteignungsrechtlichen Besonderheit, daß die Veräußerung behufs Durchführung eines Unternehmens geschah, dem durch die vorläufige Planfeststellung eine bestimmte Gestalt gegeben war, und daß der Kaufpreis im Hinblick auf dieses Unternehmen festgesetzt wurde, und die durch dieses Unternehmen, *wie es geplant war*, drohenden Nachteile, insbesondere bezüglich des Restbesitzes, ausgleichen sollte. Deshalb kann auch dem in § 8 des Vertrages ausgesprochenem Verzichte des Verkäufers auf alle Ansprüche an den Käufer, namentlich auch wegen der durch die Bahnanlage entstehenden Wirtschaftserschwernisse, nicht die Bedeutung beigemessen werden, daß er auch die durch eine Änderung des ursprünglichen Planes hervorgerufenen besonderen Schäden umfaßt habe. Diese waren nicht Gegenstand der Einigung; in dem Kaufpreis, einschließlich der in § 12 vereinbarten Vergütung, fand der Kläger nur Deckung für die Anlage, wie sie in der vorläufigen Planfeststellung, deren Ausführung der Vertrag diente, vorgesehen war. Mit Recht sagt der Berufungsrichter, daß mangels einer entgegenstehenden Vereinbarung dem Kläger die jetzt geltend gemachten Ansprüche erhalten geblieben seien. Freilich trifft die Analogie des § 31 EnteignGes. insofern nicht zu, als es sich nicht um später erkennbar gewordene Folgen der Enteignung handelt; es war vielmehr sofort nach Ausführung des Bahnbaues ersichtlich, daß er, da der ursprüngliche Plan nicht innegehalten wurde, sondern an Stelle des beabsichtigten Niveauüberganges die Unterführung unter teilweiser Totlegung der Chaussee trat, dem Kläger Nachteile bringe, die nicht im Rahmen des Vertrages lagen. Aber der § 31 läßt doch erkennen, daß der Entschädigungsfeststellungsbeschluß nicht unter allen Umständen endgültig über den Umfang der vom Unternehmer zu zahlenden Schadenssumme entscheidet und Nachforderungen, die in dem zur kommissarischen Verhandlung über die Entschädigung anberaumten Termine nicht vorausgesehen werden konnten, nicht ausschließt. Ebensowenig ist eine jenen Beschluß ersetzende Einigung mit Ansprüchen unvereinbar, die auf einer Änderung des Unternehmens beruhen und nach dem ersten Projekt, wie es der Einigung zugrunde gelegt wurde, gar nicht erhoben werden konnten.

Die Annahme, daß es einer besonderen Vereinbarung bedürfe, wenn auch solche Ansprüche durch den Vertrag beseitigt werden sollten, ist sonach nicht zu beanstanden. Daraus folgt, daß, wo es an ihr fehlt, eine Ergänzung des Vertrages im Punkte der Schadensbemessung verlangt werden kann. Dabei ist nicht an den Ausfall einer stillschweigenden Bedingung, nämlich der Bedingung, daß der Plan nicht geändert werde, zu denken, der die Hinfälligkeit des ganzen Abkommens nach sich zöge. Vielmehr haben die Parteien dieses Abkommen, soweit es die Entschädigung betrifft, auf den Fall beschränkt, daß der Plan, wie vorgesehen, ausgeführt werde, und die Frage, ob und in welcher Höhe eine Entschädigung im anderen Falle zu gewähren sei, nachträglicher Regelung vorbehalten. Kann diese im Wege der weiteren Vereinbarung nicht herbeigeführt werden, so ist sie im Rechtswege zu verfolgen.

Dafür, daß nicht etwa die Verwaltungsbehörde behufs des

Erlasses eines nachträglichen Feststellungsbeschlusses anzurufen, und dann erst der Rechtsweg eröffnet ist, spricht der § 31 EnteignGes., dessen entsprechende Anwendung insoweit unbedenklich ist. Wenn Nachforderungen nach dem Erlasse des Beschlusses durch den Bezirksausschuß sofort im Rechtswege geltend zu machen sind, so muß das gleiche gelten, wenn der Beschluß durch eine Einigung nach § 16 EnteignGes. ersetzt ist. Hier noch ein Verwaltungsverfahren zu eröffnen, mangelt es an jedem Grunde. Entsteht über den Umfang der Einigung und das Maß der über sie hinaus zu leistenden Entschädigung Streit, so ist er vor den ordentlichen Gerichten auszutragen. Demgemäß durfte der Kläger im Rechtswege den Minderwert ersetzt verlangen, den sein Restbesitz durch die Bahn, wie sie wirklich gebaut ist, erlitten hat. Daß dafür die Grundsätze des Enteignungsrechts maßgebend sind, versteht sich nach dem Ausgeführten von selbst. Wenn der Berufungsrichter zur Rechtfertigung seiner Entscheidung noch den § 325 BGB. heranzieht, so ist dies freilich nicht zu billigen; von einer privatrechtlichen Verbindlichkeit des Beklagten, den Niveauübergang nach dem vorläufigen Plan auszuführen, und von einer Ersatzpflicht wegen Nichterfüllung einer solchen Verbindlichkeit kann keine Rede sein. Die Ersatzpflicht wegen anderweiter Ausgestaltung des Unternehmens ist nur aus dem Enteignungsrechte herzuleiten. Da sie nach diesem besteht, so kommt es auf den ferneren, auf § 325 BGB. beruhenden Grund des Berufungsrichters nicht an." ...

86. Ist zur Eintragung einer vom Gläubiger bewilligten Herabsetzung des Zinssatzes einer Hypothek die Zustimmung des Grundstückseigentümers erforderlich?

GBO. § 27.
BGB. §§ 875, 1183.

V. Zivilsenat. Beschl. v. 19. Januar 1910 in Grundbuchsachen M. & Co. in H. Beschw.-Rep. V. 208/09.

I. Amtsgericht Hamburg.
II. Landgericht daselbst.

Die obige Frage war von dem Kammergericht wiederholt in bejahendem Sinne entschieden worden (Samml. d. Entsch. in Angel. d. freiw. Gerichtsb. Bd. 4 S. 168, KG. Jahrb. Bd. 27 S. 48, OLGRspr. Bd. 10 S. 89). Demzufolge legte das Oberlandesgericht in Hamburg, das die gegenteilige Rechtsauffassung vertrat, die in der vorliegenden Sache erhobene weitere Beschwerde gemäß § 79 Abs. 2 GBO. dem Reichsgericht vor. Dieses trat dem Kammergericht bei aus folgenden

Gründen:

... „Nach § 27 Abs. 1 GBO. darf eine Hypothek, eine Grundschuld oder eine Rentenschuld nur mit Zustimmung des Grundstückseigentümers gelöscht werden. Das Oberlandesgericht verneint die Anwendbarkeit dieser Vorschrift auf den gegebenen Fall deshalb, weil das Zinsrecht einer Hypothek nicht selbst eine „Hypothek" sei, und weil ferner eine Herabsetzung des Zinssatzes nicht als „teilweise Aufhebung" der Hypothek angesehen werden könne. In dieser Hinsicht ist zu bemerken, daß vorliegend an sich nicht darüber zu entscheiden ist, ob bereits durch die einseitige Erklärung der Beschwerdeführerin in der Urkunde vom ..., daß sie den Zinssatz von 5 auf $4\,^1/_2\,\%$ ermäßige, das Zinsrecht der fraglichen Hypothekenforderung in Höhe von $^1/_2\,\%$ nach den Vorschriften des Bürgerlichen Gesetzbuches rechtswirksam aufgehoben ist. Vielmehr fragt es sich, ob der Grundbuchrichter nach den für ihn bei Vornahme von Eintragungen in erster Linie maßgebenden formellrechtlichen Vorschriften der Grundbuchordnung zur Eintragung der Zinsherabsetzung mit Recht erfordert hat, daß die Zustimmung des Grundstückseigentümers beigebracht werde, und also ob die Eintragung einer Zinsherabsetzung im Sinne des § 27 Abs. 1 GBO. eine „Löschung" ist, und zwar eine solche, die eine „Hypothek" betrifft. Da jedoch die Löschung begrifflich eine Eintragung ist, welche die Aufhebung eines eingetragenen Rechtes oder eine Veränderung des Rechtes zum Gegenstande hat, so können und müssen allerdings im Zweifelsfalle bei Beurteilung der Frage, ob eine zu bewirkende Eintragung eine Löschung ist, die materiellrechtlichen Vorschriften des Bürgerlichen Gesetzbuches über Aufhebung eingetragener Rechte oder ihre Veränderung herangezogen werden. Ferner ist die Begriffsbestimmung hinsichtlich einer Hypothek aus den Vorschriften des Bürgerlichen Gesetzbuches zu entnehmen, da sich die

Bezeichnung der dinglichen Rechte in der Grundbuchordnung auf die in dem Bürgerlichen Gesetzbuche gegebenen Begriffsbestimmungen gründet.

Von diesen Ausgangspunkten aus muß die Eintragung einer Zinsherabsetzung als Löschung einer Hypothek erachtet werden.

Einzelne Teilbeträge einer Hypothek sind im Rechtssinne ebenfalls Hypotheken, da die Rechtsverhältnisse der ganzen Hypothek auch für ihre einzelnen Teile gelten. Daher findet auf die Löschung eines Teilbetrages einer Hypothek § 27 Abs. 1 GBO. ebenso wie auf die Löschung einer ganzen Hypothek Anwendung. Das mit einer Hypothek verbundene Zinsrecht aber ist ein Teil des Hypothekenrechtes. Dies ist vom Reichsgericht bereits für das frühere preußische Recht,

vgl. Entsch. des RG.'s in Zivils. Bd. 39 S. 210,

anerkannt worden, und auch nach dem jetzt geltenden Rechte kann ein begründeter Zweifel darüber nicht bestehen. Die Zinsen sind Nebenleistungen der Hypothekenforderung, die an allen Rechten dieser teilnehmen und die hypothekarische Belastung des Grundstückes erhöhen. Damit die Erhöhung und demgemäß der Umfang der Belastung aus dem Grundbuche ersichtlich ist, schreibt § 1115 BGB. vor, daß die Verzinslichkeit und der Zinssatz in den Eintragungsvermerk aufzunehmen sind (Motive Bd. 3 S. 642). Nach § 1119 BGB. ferner wird die Hypothek erweitert, wenn die Verzinslichkeit eingeführt oder der Zinssatz erhöht wird. § 1145 BGB., der die Behandlung des Hypothekenbriefes im Falle einer teilweisen Befriedigung des Gläubigers durch den Eigentümer betrifft, geht davon aus, daß Tilgung von Zinsen teilweise Befriedigung des Hypothekenrechtes sei, und gibt nur eine Sonderbestimmung hinsichtlich gewisser Zinsen und anderer Nebenleistungen. Aus den §§ 1154, 1158, 1159 BGB. sodann folgt, daß Hypothekenzinsen, soweit nicht bezüglich ihrer in den §§ 1158, 1159 besondere Vorschriften gegeben sind, in der nämlichen Form wie das Hypothekenkapital übertragen werden. Weiter wird in § 1178 BGB., der eine Ausnahme von den Grundsätzen über die Entstehung von Eigentümerhypotheken enthält, „die Hypothek für Rückstände von Zinsen" behandelt; diese Hypothek soll erlöschen, wenn sie sich mit dem Eigentum in einer Person vereinigt.

Aus diesen Gesetzesvorschriften erhellt deutlich, daß die Hypothek für die Zinsen den gleichen Regeln folgt wie die Hypothek für das Hypothekenkapital, soweit nicht das Gesetz etwas anderes bestimmt hat.

Vgl. Samml. d. Entsch. in Angel. d. freiw. Gerichtsb. Bd. 7 S. 129. Daher ist, wenn die Verzinslichkeit einer Hypothek beseitigt und also die Hypothek für die Zinsen aufgehoben werden soll, zur Rechtswirksamkeit der Aufhebung zunächst gemäß der, wie für alle Rechte an Grundstücken, so auch für Hypotheken geltenden Vorschrift des § 875 BGB. die Erklärung des Gläubigers, daß er die Hypothek für die Zinsen aufgebe, und die Löschung des Zinsrechtes im Grundbuche erforderlich. Ferner aber bedarf es nach der für Hypotheken gegebenen Sondervorschrift des § 1183 BGB. der Zustimmung des Eigentümers zur Aufhebung der Zinshypothek. Gleiches hat zu gelten, wenn der Zinssatz herabgesetzt werden soll. Denn diese Herabsetzung enthält die Aufhebung eines Teiles der Hypothek für die Zinsen, die wiederum ein Teil des ganzen Hypothekenrechts ist.

Der gesetzgeberische Grund für die Bestimmung, daß nicht, wie bei anderen Rechten am Grundstücke, die einseitige Aufgabeerklärung des Berechtigten zur Aufhebung eines Hypothekenrechtes genügen, sondern es noch der Zustimmung des Eigentümers bedürfen soll, ist allerdings, daß dem Eigentümer die Möglichkeit offen bleiben soll, die Hypothek zu erwerben (Mot. Bd. 3 S. 719). Dies kommt aber hinsichtlich der Aufhebung des Zinsrechtes oder der Herabsetzung des Zinssatzes ebensowohl in Betracht. Denn auch die Hypothek für die Zinsen oder für einen Teil davon kann der Eigentümer im Falle ihrer Vereinigung mit dem Eigentum in einer Person gemäß § 1177 BGB. für sich erwerben, sofern nicht die Ausnahmevorschrift des § 1178 Platz greift.

Vgl. Samml. d. Entsch. in Angel. d. freiw. Gerichtsb. Bd. 7 S. 129. Nach § 397 Abs. 1 BGB. ist, wie auch das Oberlandesgericht anerkennt, zur Herabsetzung des Zinssatzes der einer Hypothek zugrunde liegenden persönlichen Forderung ein Vertrag zwischen dem Gläubiger und dem persönlichen Schuldner erforderlich. Umsoweniger kann es bedenklich sein, zur Ermäßigung des Zinsrechtes des dinglichen Hypothekenrechtes die Zustimmung des Eigentümers des belasteten Grundstückes, der gewöhnlich zugleich auch der persönliche Schuldner sein wird, für notwendig zu erachten.

Das Oberlandesgericht will auch nicht in Abrede stellen, daß

§ 1183 BGB. dann zur Anwendung zu bringen sein könnte, wenn ein mehr als 5% betragender Zinssatz ermäßigt werden solle. Es meint aber, jedenfalls dürfe zur Herabsetzung eines nur 5% oder noch weniger betragenden Zinssatzes die Zustimmung des Eigentümers nicht erfordert werden, weil er in einem solchen Falle nach Eintragung der Zinsherabsetzung gemäß § 1119 BGB. den Zinssatz ohne Zustimmung der gleich- und nachstehenden Berechtigten wieder bis auf 5% erhöhen dürfe, und er daher durch die Eintragung der Zinsherabsetzung nie betroffen werde. Die Vorschrift des § 1119 BGB. hat aber für die Frage, ob Herabsetzung des Zinssatzes Aufhebung einer Hypothek ist, keine Bedeutung, und es kann daraufhin nicht ein Unterschied zwischen einem 5% übersteigenden und einem niedrigeren Zinssatze gemacht werden. Auf Herabsetzung des Zinssatzes und deren Erfordernisse bezieht sich diese Vorschrift überhaupt nicht. Sie bestimmt bezüglich der Zinsen nur, daß es zur Erweiterung des Hypothekenrechtes durch nachträgliche Eintragung der Verzinsung oder der Erhöhung des Zinssatzes bis zu 5% der Zustimmung der im Range gleich- oder nachstehenden Berechtigten, wiewohl die Rangverhältnisse dieser durch die Erweiterung betroffen werden, ausnahmsweise nicht bedürfen soll. Wenn man aus dieser Vorschrift etwa folgern wollte, es könne der Hypothekengläubiger nach rechtswirksamer Ermäßigung der Zinsen auf einen weniger als 5% betragenden Zinssatz ohne Einwilligung des Eigentümers den Zinssatz wieder bis zu 5% erhöhen, so wäre dies unzutreffend. Zu der Wiedererhöhung wäre vielmehr, da sie eine Änderung des Inhaltes des Hypothekenrechtes enthielte, nach §§ 877, 873 BGB. eine Einigung zwischen dem Gläubiger und dem Eigentümer erforderlich. Daher ist auch nicht etwa mit Rücksicht auf eine jederzeit mögliche Wiedererhöhung aus § 1119 der Schluß zu rechtfertigen, daß es sich bei Herabsetzung des Zinssatzes von 5% auf einen niedrigeren Prozentsatz nicht um eine „Aufhebung" eines hypothekarischen Rechtes handle, und es deshalb für diesen Fall der Zustimmung des Eigentümers nicht bedürfe. Ist das Zinsrecht einer Hypothek, wie dargetan, selbst eine Hypothek, so kann die Herabsetzung des Zinssatzes nichts anderes sein als teilweise Aufhebung einer solchen Hypothek im Sinne der §§ 875, 1183 BGB., gleichviel ob der Zinssatz 5% übersteigt, oder ob er niedriger ist.

Wenn dies aber anzunehmen ist, so folgt daraus von selbst, daß die Eintragung einer Zinsherabsetzung Löschung einer Hypothek im Sinne des § 27 Abs. 1 GBO. ist. Denn die Eintragung hat danach die teilweise Aufhebung eines eingetragenen Rechtes zum Gegenstande, und durch sie wird, gleichviel an welcher Stelle und in welcher Weise sie nach den näheren Anordnungen der Landesjustizverwaltungen zu bewirken ist, ein Teil des eingetragenen Rechtes aus dem Grundbuche beseitigt; sie ist also eine Löschung. Und diese Löschung betrifft eine Hypothek, da eben das Zinsrecht einer Hypothek wiederum selbst eine Hypothek ist.

Wenn das Oberlandesgericht wiederholt betont, dem Eigentümer gereiche die Zinsherabsetzung nur zum Vorteil, und es sei nicht einzusehen, weshalb dazu noch seine Zustimmung erforderlich sein solle, so ist zunächst zu bemerken, daß es überhaupt bedenklich ist, bei Beurteilung der Anwendbarkeit gesetzlicher Vorschriften, namentlich aber solcher auf dem Gebiete des formellen Rechtes, aus vermeintlicher Unzweckmäßigkeit entscheidende Schlüsse zu ziehen. Der Erlaß beispielsweise gereicht dem Schuldner auch nur zum Vorteil, und doch erfordert das Gesetz zu seiner Wirksamkeit einen Vertrag des Gläubigers mit dem Schuldner. Es ist aber auch nicht zutreffend, daß der Eigentümer kein Interesse daran hat, bei der Löschung eines Teiles des Zinsrechtes mitzuwirken. Wie bereits bemerkt, trifft der gesetzgeberische Grund, aus dem in § 1183 BGB. zur Aufhebung einer Hypothek die Zustimmung des Eigentümers erfordert wird, nicht nur auf die Hypothek im ganzen, sondern auch auf die einzelnen Teile des Zinsrechtes zu. Überdies ist, was insbesondere § 27 Abs. 1 GBO. anlangt, hierzu ganz allgemein die Zustimmung des Eigentümers erfordert. Es wird nicht unterschieden, ob die Entstehung einer Eigentümerhypothek in Frage kommen kann oder nicht (KG. Jahrb. Bd. 24 A. 137, Bd. 25 A. 318). Nach der Denkschrift zu § 27 GBO. (§ 26 Entw.) bedarf es der Zustimmung des Eigentümers selbst dann, wenn es sich nicht um Aufhebung der Hypothek durch Rechtsgeschäft (§ 1183 BGB.), sondern um Berichtigung des Grundbuches handelt, beispielsweise die Hypothekeintragung nichtig ist, und für die Unrichtigkeit des Grundbuches der sonst ausreichende Nachweis gemäß § 22 GBO. erbracht werden könnte. Dies ergibt sich auch aus § 27 Abs. 2 wonach besonders vorgeschrieben ist, daß für die Löschung eines mit einer Hypothek usw. belasteten Rechtes, die zur Berichtigung des Grundbuches erfolgen soll, die Zustimmung der Inhaber der belastenden Rechte nicht erforderlich ist, wenn die Unrichtigkeit nachgewiesen wird. Übrigens mag auch noch darauf hingewiesen werden, daß der Eigentümer auch insofern ein Interesse an der Mitwirkung bei Löschung eines Teiles des Zinsrechtes hat, als ihm, wenn er demnächst die Hypothek erwirbt und sie dann mit einem höheren Zinssatze auf einen anderen übertragen will, zufolge der Löschung und darauf der Wiedererhöhung größere Kosten als im Falle des Unterbleibens der Löschung entstehen können.

Demnach bedarf es zur Eintragung einer Zinsherabsetzung der Zustimmung des Eigentümers. Hierüber herrscht auch in der Rechtslehre Einmütigkeit. Eine abweichende Meinung ist dort, soviel bekannt ist, bisher nicht hervorgetreten.

Mit Recht haben sonach vorliegend die Grundbuchrichter und das Landgericht die Eintragung der Zinsherabsetzung von Beibringung der Zustimmung des Grundstückseigentümers abhängig gemacht." . . .

87. Welches sind die Voraussetzungen für das Ruhen und das Wiederaufleben des Bezugs der Militärrente nach §§ 36, 38 des Reichsgesetzes vom 31. Mai 1906 über die Versorgung der Personen der Unterklassen des Reichsheeres usw., falls der im Zivildienst angestellte Rentenberechtigte während zeitweiser Beurlaubung kein Zivildiensteinkommen bezieht und nach Beendigung der Beurlaubung wieder das Zivildiensteinkommen erhält?

III. Zivilsenat. Urt. v. 25. Januar 1910 i. S. Reichsmilitärfiskus (Bekl.) w. St. (Kl.). Rep. III. 84/09.

I. Landgericht I Berlin.
II. Kammergericht daselbst.

Der Kläger war am 1. Januar 1907 aus dem Heere ausgeschieden, und es wurden ihm auf Grund des Reichsgesetzes vom 31. Mai 1906 über die Versorgung der Personen der Unterklassen des Reichsheeres usw. fünfzig Hundertteile der Vollrente von jährlich 900 M mit monatlich 37,50 M zugebilligt. Er war seit dem 18. Februar 1907 als Kanzleigehilfe gegen bogenweisen Schreiblohn bei dem Amtsgericht Berlin-Mitte beschäftigt, und es wurde ihm in dieser Stellung mit Wirkung vom 1. April 1907 Beamteneigenschaft verliehen, ein Mindesteinkommen aber nicht zugesichert. Daraufhin wurde gemäß § 36 Abs. 1 Nr. 3 lit. a und § 38 Abs. 2 des Gesetzes vom 31. Mai 1906 das Ruhen von zwanzig Hundertteilen der Vollrente im Betrage von monatlich 15 M und die Herabsetzung der Rente auf 22,50 M monatlich mit Wirkung vom 1. Oktober 1907 an verfügt. Der Kläger wurde für die Zeit vom 1. August bis Mitte September 1907 beurlaubt und bezog in dieser Zeit durch seinen Dienst kein Einkommen; Mitte September 1907 trat er wieder unter Bezug seines Einkommens in seinen Dienst ein. Der Kläger ist der Meinung, daß durch diesen Wegfall des Diensteinkommens nach § 36 Abs. 2 und § 38 Abs. 3 des Gesetzes vom 31. Mai 1906 das Recht auf den Bezug seiner vollen Versorgungsgebührnisse wieder aufgelebt sei und durch den Mitte September 1907 erfolgten Wiederbezug des Zivildiensteinkommens bis Ende Februar 1908 nach § 38 Abs. 2 des Gesetzes vom 31. Mai 1906 fortgedauert habe. Der Beklagte bestritt dieses Recht und der Kläger erhob daraufhin unter Beachtung des § 42 Abs. 1 Nr. 2 des Gesetzes vom 31. Mai 1906 Klage auf Zahlung der ihm für die Monate Oktober 1907 bis Februar 1908 einschließlich einbehaltenen Rententeile von je 15 M nebst Verzugszinsen. Diese Klage wurde zugesprochen und die Berufung des Beklagten zurückgewiesen. Die Revision der Beklagten wurde nach § 547 Nr. 2 ZPO. und § 42 Abs. 2 des Gesetzes vom 31. Mai 1906 für zulässig, aber materiell als unbegründet erachtet.

Aus den Gründen:

... „Nach § 36 Abs. 2 des Gesetzes vom 31. Mai 1906 gilt als Zivildienst jede Anstellung oder Beschäftigung als Beamter oder in der Eigenschaft eines Beamten im Reichs-, Staats- oder Kommunaldienste usw., wenn und solange der Angestellte oder Beschäftigte durch diesen Dienst ein Einkommen bezieht. Mit dem Wegfall dieses Einkommens, mag dieser Wegfall dauernd oder zeitweise stattfinden, lebt daher das Recht auf den Bezug der vollen Versorgungsgebührnisse wieder auf. Danach kann es keinem Zweifel unterliegen, daß an sich mit dem 1. August 1907 die Zahlung der vollen Versorgungsgebührnisse wieder zu beginnen hatte. Da der Kläger Mitte September 1907 wieder in den Dienst eintrat und Einkommen aus diesem bezog, so hatte er nach § 36 Abs. 1 Nr. 3 lit. a und § 38 Abs. 2 des Gesetzes vom 31. Mai 1906 diese vollen Gebührnisse nur noch für 6 Monate, gerechnet vom 1. September 1907, also bis Ende Februar 1908, weiter zu beziehen. Diese Bestimmungen sind in ihrem Wortlaut und Zusammenhang so klar und lassen ihren Zweck, dem Berechtigten die volle Rente bei Entziehnng des Zivileinkommens und zwar noch 6 Monate nach dessen Wiederbezug vom Beginn des Monats, in dem der Wiederbezug beginnt, zu gewähren, so deutlich erkennen, daß an der Begründetheit des Klaganspruchs nicht der mindeste Zweifel sein kann.

Auch die geschichtliche Entwickelung des Militärpensionswesens bestätigt dieses Ergebnis. Nach dem Reichsgesetz vom 27. Juni 1871, betr. die Pensionierung und Versorgung der Militärpersonen usw., § 102 lit. c ruhte ebenfalls das Recht auf den Bezug der Invalidenpension ausschließlich bestimmter Zulagen bei allen Anstellungen und Beschäftigungen im Zivildienst nach Ablauf des sechsten Monats nach dem Anstellungsmonat. In § 106 war dann in Abs. 1 die Begriffsbestimmung des Zivildienstes gegeben und in Abs. 2 bestimmt, daß Dienstverrichtungen, in welchen dem Pensionär die Eigenschaft eines Beamten nicht beigelegt ist, gegen stückweise Bezahlung, gegen Boten-, Tage- oder Wochenlohn oder bloßen Kopialienverdienst nicht hierher gehören. § 104 enthielt ferner die Bestimmung, daß bei wechselnden Anstellungen oder Beschäftigungen eines Pensionärs im Zivildienst im Laufe eines Kalenderjahres die nach § 102 lit. c zulässige Gewährung von Pension und Dienstzulage neben dem Zivileinkommen den Gesamtbetrag für sechs Monate nicht übersteigen darf. Die auf Grund der Vorschrift in Art. 7 Nr. 2 der Reichsverfassung erlassenen Ausführungsbestimmungen des Bundesrats vom 22. Februar 1875 (Zentralblatt für das Deutsche Reich 1875 S. 142 flg.) lauteten unter Nr. IV zu § 104 des Gesetzes in Nr. 2: „bei Dienstverrichtungen gegen stückweise Bezahlung, gegen Boten-, Tage- oder Wochenlohn oder bloßen Kopialienverdienst, sofern diese Beschäftigungen überhaupt unter den Begriff «Zivildienst» im Sinne des § 106 Abs. 1 ...

fallen, ist jede mit einem Wegfall des bezüglichen Einkommens verbundene Unterbrechung einer Entlassung und jeder demnächstige Neubeginn einer derartigen Beschäftigung einer Wiederanstellung im Sinne des § 104 gleich zu achten." Ferner war in jenen Ausführungsbestimmungen des Bundesrats unter Nr. VI zu § 106 in Nr. 2 Abs. 1 Satz 2 bestimmt: „Pensionäre, welche gewisse Arten niederer Dienstverrichtungen versehen (Lohnschreiber, Wärter, Wächter, Boten, Hausdiener u. dgl. mehr), sind jedoch nur dann als Beamte anzusehen, wenn ihre Annahme nicht bloß aushilfsweise und vorübergehend, sondern zur Befriedigung eines dauernden Bedürfnisses und mit der Aussicht auf dauernde Beschäftigung erfolgt." Endlich war durch Art. 11 des Reichsgesetzes vom 22. Mai 1893, betr. einige Abänderungen und Ergänzungen der Militärpensionsgesetze usw., der § 106 Abs. 2 des Gesetzes vom 27. Juni 1871 dahin geändert worden, daß Dienstverrichtungen gegen stückweise Bezahlung, gegen Boten-, Tage- oder Wochenlohn, auch wenn die Verwendung des Pensionärs zur Befriedigung eines dauernden Bedürfnisses und mit Aussicht auf dauernde Beschäftigung erfolgt, nicht zum Zivildienst gehören. Wenn hierbei der in dem Entwurf zu dem Gesetze vom 22. Mai 1893 ebenfalls befindliche Ausdruck „oder bloßen Kopialienverdienst" fehlt, so sind diese Worte ausweislich der Reichstagskommissionsverhandlungen — Sammlung der Drucksachen des Reichstags 8. Legislaturperiode II. Session 1892/93 3. Bd. Nr. 228 S. 10 — lediglich aus redaktionellen Gründen weggelassen worden, wie ja der Ausdruck „stückweise Bezahlung" den Begriff „bloßen Kopialienverdienst" mitumfaßt.

Nach diesen Bestimmungen wäre also der Kläger seit dem 1. April 1893 einem Ruhen der Militärpension überhaupt nicht unterworfen gewesen. Dies ist allerdings jetzt beseitigt durch das Gesetz vom 31. Mai 1906, da der Kläger als Beamter angestellt und nicht durch Privatdienstvertrag beschäftigt ist. Vorher nach dem Gesetz vom 27. Juni 1871 wäre jenes Ruhen der Militärpension allerdings eingetreten. Allein der Wegfall des Einkommens aus dem Zivildienst würde bewirkt haben, daß die Militärpension wieder auflebte, und jener Wegfall laut den Ausführungsbestimmungen einer Entlassung gleichstand, während der Neubeginn des Zivildiensteinkommens einer Wiederanstellung gleich zu achten war, daher die

Fortzahlung der wiederaufgelebten Militärpension auf weitere sechs Monate statt hatte mit der in § 104 des Gesetzes vom 27. Juni 1871 enthaltenen Beschränkung. Diese Beschränkung ist aber in das Gesetz vom 31. Mai 1906 nicht übernommen worden, und es ergibt sich daher, daß die Auslegung des Gesetzes vom 31. Mai 1906 im übrigen bereits nach dem Gesetze vom 27. Juni 1871 geltendes Recht war. Da nun die neueren Gesetze im allgemeinen die finanzielle Lage der Militärpensionäre zu verbessern bezwecken, ergibt sich auch hieraus, daß das durch die Auslegung des Gesetzes vom 31. Mai 1906 gewonnene Ergebnis sachlich richtig ist.

Der Umstand, daß der Kläger in den Monaten August und September 1907 seine Militärrente infolge seiner Beamtenanstellung vom 1. April 1907 noch voll zu beziehen hatte, ist für die Frage, ob er nicht von neuem infolge in diesen Zeiträumen eingetretener Ereignisse seine volle Militärrente für eine spätere Zeit zu beziehen hatte, gleichgültig. Denn dies bewirkte nur, daß dem Kläger für den Bezug seiner vollen Militärrente in jenen Monaten mehrere Rechtsgründe zur Seite standen: nämlich für die Monate August und September die Beamtenanstellung vom 1. April 1907 an und der am 1. August 1907 erfolgte Wegfall des Zivildiensteinkommens, für den Monat September 1907 neben diesen beiden Rechtsgründen der Mitte September 1907 erfolgte Wiederbezug des Zivildiensteinkommens, welch letzterer Grund dann weiter den ungeschmälerten Bezug der Militärrente bis Ende Februar 1908 zur Folge hatte. Es ist daher auch nicht richtig, wenn die Revision von einem dem Gesetz nicht entsprechenden Fortbezug der Militärrente auf elf (statt auf sechs) Monate spricht. Vielmehr hat Kläger zweimal Anspruch auf den ungeschmälerten Bezug der Militärrente für je sechs Monate, nämlich für die Zeit vom 1. April bis 1. Oktober 1907 und vom 1. September 1907 bis 1. März 1908. Da aber die Militärrente für jeden Zeitraum nur einmal (und nicht doppelt) bezahlt wird, so verkürzen sich die zweiten sechs Monate um den Monat September, der auch in die ersten sechs Monate fällt, auf fünf Monate." . . .

88. Wird die Erhebung des allgemeinen Vertragsstempels nach Tarifst. 71 Nr. 2 zum preußischen Stempelsteuergesetz vom 31. Juli 1895 dadurch ausgeschlossen, daß in dem zwischen zwei Personen geschlossenen und beurkundeten Vertrage der mündliche oder stillschweigende Beitritt eines Dritten mit gewissen Rechten und Pflichten als Bedingung gesetzt ist?

VII. Zivilsenat. Urt. v. 25. Januar 1910 i. S. Verband deutscher Preßhefefabrikanten, e. V. (Kl.) w. preuß. Fiskus (Bekl.). Rep. VII. 127/09.

I. Landgericht I Berlin.
II. Kammergericht daselbst.

Zwischen den dem klagenden Verband angehörenden Hefefabrikanten wurde „zum Zwecke der Gesundung des Hefemarktes unter Kontrolle des Verbandes deutscher Preßhefefabrikanten" unter dem 1. Februar 1906 ein Syndikatsvertrag geschlossen, nach welchem das Produktionsrecht der einzelnen Kontrahenten in näher angegebener Weise festgelegt, und von ihnen die Verpflichtung übernommen wurde, gewisse Mindestpreise beim Vertriebe der erzeugten Hefe innezuhalten. Sie unterwarfen sich bezüglich der Durchführung des Vertrages der Kontrolle des Verbandes in dem aus § 13 des Vertrages sich ergebenden Umfange. Der Vertrag lief bis zum 30. September 1906 und wurde dann durch einen neuen Vertrag, an dessen Schließung auch der Kläger teilnahm, ersetzt.

Während der Dauer des ersten Vertrages, nämlich in den Monaten Februar bis April 1906, wurde eine Reihe sogenannter Händlerverträge nach einem Formular geschlossen, dessen Eingang dahin lautet: „da einerseits die dem Verbande deutscher Preßhefefabrikanten in Berlin angegliederten Preßhefefabrikanten durchaus bestrebt sind, die Prosperität der bestehenden Händlerfirmen zu schützen, andererseits aber verlangen müssen, daß die bestehenden Händlerfirmen die Geschäfte des Verbandes in Ausführung des zwischen den Preßhefefabrikanten am 1. Februar 1906 geschlossenen Vertrages fördern und unterstützen, so ist zwischen dem Verbande bzw. der ihm angegliederten Firma ... (im Vertrage der Verband bzw. die Firma genannt) und der Hefehändlerfirma ... (im

Vertrage der Händler genannt) oder dessen Rechtsnachfolgern nachstehende Vereinbarung abgeschlossen und unterzeichnet..." Nun folgen die einzelnen Bestimmungen. Zunächst verpflichtet sich die Firma zur Lieferung der bisher bezogenen Hefe an den Händler (§ 1). Dieser verpflichtet sich zur Innehaltung der vom Verbande vorgeschriebenen Mindestpreise (§ 2), worüber weitere Festsetzungen getroffen sind, insbesondere auch dahin, daß die Geschäftsstelle des Verbandes bzw. die Firma jede bezügliche Auskunft zu erteilen habe (§§ 3, 4). In § 7 verpflichtet sich der Verband, angeschlossenen Händlern und Preßhefefabrikanten, die gegen den Händlervertrag bzw. den deutschen Vertrag verstoßen, die Hefelieferung sofort zu entziehen bzw. von Verbands wegen zu untersagen. Nach § 8 kann der Händler mit Zustimmung der Geschäftsführung des Verbandes auch von dem Verbande nicht angeschlossenen Betrieben Hefe beziehen, hat dies jedoch auf Verlangen des Verbandes wieder zu unterlassen, wogegen ihm vom Verbande ein Ersatzquantum zugewiesen wird. In § 10 verpflichtet sich der Verband, bei Betriebsstörungen oder mangelnder Qualität der von der Firma zu liefernden Hefe, dem Händler Hefe in guter Qualität auf Anrufen der Geschäftsführung nachzuweisen; über die Frage der Qualität sollen vom Händler und vom Verbande zu benennende Sachverständige entscheiden. § 11 überweist die Entscheidung aller Streitigkeiten aus dem Vertrage dem Verbandsausschuß, und in § 12 unterwerfen sich die den Vertrag Schließenden bezüglich seiner Durchführung der Kontrolle der Verbands-Geschäftsführung bzw. des Verbandsausschusses. Nach § 14 endlich ist die Dauer des Vertrages von der Dauer des Vertrages der Fabrikanten vom 1. Februar 1906 abhängig gemacht.

Diese Händlerverträge wurden von der betreffenden Firma und dem Händler, nicht von den Vertretern des Verbandes, unterzeichnet und nicht verstempelt. Bei einer durch die Steuerbehörde vorgenommenen Revision fanden sich 200 solcher Verträge, zum größten Teil in mehreren Ausfertigungen, im Besitze des Klägers, von welcher jene Behörde auf Grund der Tarifst. 16, 71 Nr. 2 zum preußischen Stempelsteuergesetze vom 31. Juli 1895 die nachträgliche Entrichtung eines Stempels von insgesamt 877,50 ℳ forderte. Der Kläger war der Meinung, daß beim Mangel ihrer Unterschrift unter den Verträgen stempelpflichtige Urkunden nicht vorlägen, und erhob Klage mit dem Antrage, festzustellen, daß er zur Nachbringung des geforderten Stempels nicht verpflichtet sei. Der Beklagte beantragte Abweisung der Klage. In diesem Sinne erkannte auch das Kammergericht in Abänderung des Urteils des Landgerichts, das der Klage stattgegeben hatte. Die Revision des Klägers wurde zurückgewiesen aus folgenden

Gründen:

„Der Revision konnte keine Folge gegeben werden, da die Auslegung, die der Berufungsrichter den sog. Händlerverträgen zuteil werden läßt, rechtlich nicht zu beanstanden ist. Die Erwägungen des Berufungsrichters gehen im wesentlichen dahin, daß in den Urkunden jedenfalls rechtswirksame Verträge zwischen den Fabrikanten und Händlern enthalten seien, wie man auch die Stellung des klagenden Verbandes zu diesen Verträgen auffassen möge. Der Verband habe den Abschluß der Verträge angeregt und die Druckformulare zur Verfügung gestellt. Es habe sich um die Ausführung des zwischen den Fabrikanten zustande gekommenen Kartellvertrages gehandelt, und die Erwähnung des Verbandes im Eingange der Händlerverträge deshalb nur die Bedeutung gehabt, die Zugehörigkeit des Fabrikanten zum Verbande zum Ausdruck zu bringen und den Händler darauf hinzuweisen, daß der ihm als Gegenkontrahent gegenübertretende Fabrikant auch in seiner Eigenschaft als Verbandsmitglied und in Erfüllung der ihm dem Verbande gegenüber obliegenden Verpflichtungen abschließe. Soweit die Bestimmungen der Verträge den Verband beträfen, bezweckten sie — auch da, wo dieser scheinbar Verpflichtungen übernehme, — die Unterwerfung der Händler unter die Anordnungen des Verbandes; diese Unterwerfung sei von den Fabrikanten als Bedingung für die Weiterlieferung der Hefe gesetzt, und auch wenn der Verband als mitwirkend bei der Erfüllung der Verträge gedacht wäre, sei dies nur im Sinne einer Bedingung zu verstehen.

Nach diesen Ausführungen, die sich mit dem für die Stempelpflicht maßgebenden Inhalt der Verträge nicht in Widerspruch setzen und daher für das Revisionsgericht bindend sind, sollte nicht ein (dreiseitiger) Vertrag zwischen dem Verbande, dem Fabrikanten und dem Händler beurkundet, vielmehr sollten nur die vertraglichen Beziehungen zwischen den beiden letzteren schriftlich festgelegt werden.

Lediglich darauf kam es den Beteiligten an; den den Verband betreffenden Bestimmungen war — nach der nicht zu mißbilligenden Meinung des Berufungsrichters — nicht die Bedeutung von Bestandteilen eines auch mit ihm geschlossenen Vertrages, sondern nur die Bedeutung von — für die Stempelpflicht nach § 3 Abs. 2 des Stempelsteuergesetzes unerheblichen — Bedingungen beizumessen. Es läßt sich auch nicht sagen, daß diese Auffassung rechtlich unmöglich sei. In einem zwischen zwei Personen geschlossenen Vertrage kann sehr wohl der Beitritt eines Dritten mit gewissen Rechten und Pflichten, insbesondere auch in Gestalt einer mündlichen oder stillschweigenden Willenserklärung, als Bedingung gesetzt sein. Hierdurch wird die Rechtswirkung des Vertrages beschränkt, aber nicht die Stempelpflichtigkeit der über ihn als zulässiges und gültiges Rechtsgeschäft errichteten Urkunde beseitigt.

Dem gegenüber müssen die Angriffe der Revision versagen. Es mag sein, daß mit dem wirtschaftlichen, auf den Ausschluß der Konkurrenz gerichteten Zwecke der Beteiligten die Eingehung eines dreiseitigen Vertrages nicht unvereinbar ist. Aber dieser Zweck erfordert nicht notwendig einen solchen Vertrag, und daß ihn der sog. Händlervertrag nicht enthalte, wird vom Berufungsrichter anderweit selbständig begründet. Unerheblich ist auch, daß, wie der Revision zuzugeben ist, der Verband nach dem Formular wirkliche Verpflichtungen übernommen hat, indem er nicht bloß Auskunft zu erteilen und gegen vertragswidriges Verhalten der Fabrikanten und Händler einzuschreiten, sondern vor allem auch bei qualitativ mangelhaften Lieferungen für Ersatz zu sorgen hat. Denn dadurch braucht er nach dem Erörterten nicht unmittelbar Partei bei dem zwischen Händler und Fabrikanten geschlossenen Vertrage zu werden; die Übernahme der Verpflichtungen kann als Bedingung dieses Vertrages gedacht sein und war nach der bindenden Auslegung des Berufungsrichters als solche gedacht, da seine Gründe nicht in der Beschränkung auf den Fall zu verstehen sind, daß dem Verbande nur Rechte eingeräumt seien. Erfolg könnte die Revision nur haben, wenn die Feststellung dessen, was mit der Abfassung der schriftlichen Verträge gewollt war, mit deren Inhalt unverträglich, und allein die Annahme eines einheitlichen, den Verband als Kontrahenten umfassenden Vertrages denkbar wäre. Dies trifft indessen nicht zu." . . .

89. Ist die Wirksamkeit eines Aufrechnungsvertrages dadurch bedingt, daß die Voraussetzungen für eine einseitige Aufrechnung vorliegen, insbesondere die verrechneten Forderungen den Vertragsteilen gegeneinander zustehen?

V. Zivilsenat. Urt. v. 22. Januar 1910 i. S. D. Witwe (Bekl.) w. S. (Kl.). Rep. V. 142/09.

I. Landgericht Beuthen O./S.
II. Oberlandesgericht Breslau.

Der Kläger, der am 2. Mai 1906 von seiner Schwägerin, einer Frau S., eine ursprünglich auf 7450 *M* lautende, aber demnächst zufolge Teilbefriedigung zum Betrage von 2950 *M* in eine Eigentümergrundschuld umgewandelte Hypothek in Höhe des Restbetrages von 4500 *M* durch Abtretung erworben hatte, klagte gegen die Beklagte als Grundstückseigentümerin, da diese noch eine weitere Tilgung der Hypothek in Höhe von 3000 *M* behauptete, auf Feststellung, daß ihr von der Hypothek nur der erwähnte Teil von 2950 *M* zustehe. Die Beklagte machte zur Begründung ihrer gegenteiligen Behauptung geltend, Frau S. und deren Ehemann hätten auf einen von ihnen ausgestellten (eigenen) Wechsel vom 6. Oktober 1905 und gegen Verpfändung der Hypothek von der Volksbank in B. ein Darlehn von 3000 *M* erhalten; Frau S. habe die Eingehung der Wechselverpflichtung und die Verpfändung der Hypothek nach erlangter Volljährigkeit genehmigt, und auf ihr Ersuchen habe am 3. April 1906 ihr, der Beklagten, inzwischen verstorbener Ehemann den von ihm als Bürgen mitunterschriebenen Wechsel bei der Bank eingelöst.

Beide Vorinstanzen erkannten zu Gunsten des Klägers. Das Berufungsgericht nahm dabei an, daß nicht Frau S., sondern allein deren Ehemann das Darlehn von der Bank erhalten habe, daß die von Frau S. vorgenommene Verpfändung der Hypothek für die Schuld ihres Mannes wegen ihrer damaligen Minderjährigkeit unwirksam gewesen, von ihr auch nicht nachträglich genehmigt worden sei, und daß daher der Ehemann der Beklagten durch die Befriedigung der Bank keine Rechte an der Hypothek erlangt habe. Eine fernere Behauptung der Beklagten, wonach Frau S. nach Bezahlung der 3000 *M* an die Bank diese Zahlung „als für sich verbindlich" anerkannt und sich mit ihrer Verrechnung auf die Hypothekenforderung einverstanden erklärt haben sollte, wies das Berufungsgericht zurück, weil eine solche Erklärung jedenfalls wegen Mangels eines materiellen Rechtsgrundes und als kumulative Schuldübernahme oder abstraktes Schuldanerkenntnis aufgefaßt, wegen Mangels der Schriftform unwirksam gewesen sein würde. Auf die Revision der Beklagten wurde das Berufungsurteil aufgehoben worden.

Aus den Gründen:

(Zunächst wird die Entscheidung des Berufungsgerichts in betreff der rechtlichen Unwirksamkeit des letzterwähnten angeblichen Anerkenntnisses der Frau S., soweit der Gesichtspunkt der materiellen oder abstrakten Schuld in Frage kommt, im Endergebnis gebilligt; sodann wird fortgefahren:)

... „Der streitigen Erklärung wird am meisten folgende Auffassung gerecht. Ihr erster Teil hat nicht den Sinn, daß Frau S. für die Schuld ihres Mannes als eine künftig zu erfüllende einstehen wollte. Ohne eigene rechtsgeschäftliche Bedeutung wird das weiter Erklärte vielmehr dahin ergänzt: die Erklärende sei damit einverstanden, daß die 3000 ℳ als von ihr geschuldet behandelt und demgemäß auf ihre Hypothek verrechnet würden. So aufgefaßt, stellt sie und ihre Annahme von seiten des Erblassers der Beklagten aber einen Aufrechnungsvertrag dar. Die Wirksamkeit eines solchen Vertrages ist nicht dadurch bedingt, daß die Voraussetzungen für eine einseitige Aufrechnung im Sinne der §§ 387 flg. BGB. gegeben sind. Sie wird hier insbesondere nicht dadurch ausgeschlossen, daß die dem Erblasser der Beklagten aus der Befriedigung der Volksbank erwachsene Forderung eine Forderung an den Ehemann der Frau S. und nicht an diese selbst war, daß die verrechneten Forderungen also keine gegenseitigen waren. Es folgt dies schon aus dem Grundsatze der Vertragsfreiheit und aus der Verfügungsmacht des Gläubigers über seine Forderung. Ob man in dem Vertrage, dessen Wirksamkeit auch nicht von der Beobachtung einer besonderen Form abhängt, einen beiderseitigen Erlaß zu erblicken hat, ist lediglich Konstruktionsfrage und für den gegenwärtigen Fall ohne sachliche Bedeutung. Der Leistungsinhalt der beiderseitigen Forderungsrechte stand ihrer Tilgung durch einen anderen als den Schuldner nicht entgegen (vgl. § 267 BGB.). Im Falle des § 268 erkennt das Bürgerliche Gesetzbuch auch die Möglichkeit einer solchen Tilgung mittels Aufrechnung mit einer dem anderen gegen den Gläubiger zustehenden Forderung ausdrücklich an. Dabei handelt es sich in diesem Falle um eine einseitige, auch ohne und gegen den Willen des Gläubigers vorzunehmende Aufrechnung. Und das in anderen Fällen der Aufrechnung nicht gegenseitiger Forderungen entgegenstehende rechtliche Hindernis beseitigt die im Aufrechnungsvertrage erklärte Willenseinigung der beiderseitigen Gläubiger.

Die Tilgung der dem Kläger nach dem in Rede stehenden Vorgange abgetretenen Hypothekenforderung würde diesem, da sie weder aus dem Grundbuche noch aus dem Hypothekenbriefe hervorging, trotz des § 404 BGB. nach den §§ 1138, 892, 1140 BGB. in Ansehung der Hypothek allerdings nicht entgegengesetzt werden können, wenn er davon bei der Abtretung vom 2. Mai 1906 keine Kenntnis hatte, und durch diese die Hypothekenforderung wirklich auf ihn übertragen werden sollte. Handelte es sich dabei aber, wie behauptet, lediglich um eine Abtretung zur Einziehung oder Einklagung, so macht der Kläger in der Sache nur Rechte der Frau S. geltend, und er muß sich von der Beklagten alle diese Rechte berührenden Einreden entgegensetzen lassen." ...

90. 1. Finden, wenn zu dem Nachlasse des zur Hinterlassung des Pflichtteils verpflichteten Erblassers ein Erbteil an einem anderen Nachlasse gehört, die §§ 2313, 2314 BGB. auch hinsichtlich dieses anderen Nachlasses Anwendung?

2. Fällt die Verbindlichkeit zur Zahlung einer Leibrente unter § 2313 BGB.?

3. Bis wann kann der Anspruch auf amtliche Aufnahme und Schätzung des Nachlasses erhoben werden?

IV. Zivilsenat. Urt. v. 10. Januar 1910 i. S. Geschw. R. (Kl.) w. M. u. Gen. (Bekl.). Rep. IV. 81/09.

I. Landgericht III Berlin.
II. Kammergericht daselbst.

Aus den Gründen:

... „Behufs Entscheidung der zwischen den Parteien bestehenden Streitfragen bedarf es des Eingehens darauf, welche Rechte die

Klägerinnen als Pflichtteilsberechtigte am Nachlaß des R. R. hinsichtlich des Nachlasses des J. R. haben. Da dieser bereits am 6. September 1903 vor seinem am 20. Dezember 1903 verstorbenen Sohne R. R. verstorben ist, so gehört zu dem Nachlaß des R. R. der diesem bereits bei Lebzeiten angefallene und nunmehr auf die Beklagten zu 1 und 2 als Erbeserben übergegangene Anteil an dem Nachlaß des J. R. Die genannten Beklagten bilden mithin eine Erbengemeinschaft bezüglich des R. R.'schen Nachlasses, nehmen aber als Erbeserben auch an der Erbengemeinschaft teil, die zwischen den J. R.'schen Erben besteht, und müssen deshalb zur Verwirklichung ihres Miterbrechts sowohl untereinander, als mit den Miterben des J. R. sich auseinandersetzen.

Anders ist die Stellung der Klägerinnen als Pflichtteilsberechtigter. Sie brauchen grundsätzlich — wenngleich im einzelnen Falle dies zweckmäßig sein kann — die Auseinandersetzung, wodurch ihre Rechte nicht berührt werden, nicht abzuwarten, haben vielmehr nach §§ 2303, 2311 BGB. einen Anspruch darauf, daß die zum Nachlaß des R. R. gehörigen Gegenstände nach ihrem Werte zur Zeit des Erbfalls, das ist des Todes des R. R., geschätzt werden, und der danach zu berechnende Pflichtteil ihnen ausgezahlt wird. Das gleiche Recht haben sie, da der Nachlaß des R. R. dessen Anteil an der zwischen den Erben des J. R. bestehenden Erbengemeinschaft als einem Bestandteil des Nachlasses mitumfaßt, auch hinsichtlich der zum Nachlaß des J. R. gehörigen Gegenstände. Unrichtig ist daher der Standpunkt, den anscheinend die Beklagten einnehmen, und der zum Teil auch in der Revisionsbegründung vertreten wird, daß die Klägerinnen, was den Erbanspruch des R. R. an den Nachlaß des J. R. betrifft, den Pflichtteil nur von den Beträgen beanspruchen können, die bei der Erbauseinandersetzung über den Nachlaß des J. R. von dessen Testamentsvollstreckern dem Nachlaß des R. R. zugewiesen werden.

Allerdings können die für das Pflichtteilsrecht der Klägerinnen geltenden Grundsätze nicht ohne jede Änderung auf den Anteil des R. R. am Nachlaß seines Vaters übertragen werden. Die Klägerinnen stehen als Pflichtteilsberechtigte am Nachlaß des R. R. nicht in einem unmittelbaren Rechtsverhältnis zu den Erben des J. R. Sie können deshalb nicht unmittelbar von diesen Erben oder den den Nachlaß des J. R. vertretenden Testamentsvollstreckern verlangen, daß das

Verzeichnis des Nachlasses gemäß § 2314 BGB. durch die zuständige Behörde aufgenommen werde, und daß sie bei der Aufnahme des Verzeichnisses zugezogen werden; sie sind vielmehr darauf angewiesen, daß die Erben des R. R. in ihrem, der Klägerinnen, Interesse die zur Feststellung des J. R.'schen Nachlasses erforderlichen Schritte tun und die zur Schätzung erforderlichen Nachrichten, insbesondere das Verzeichnis des Nachlasses, ihnen mitteilen. Die Klägerinnen sind ferner bei Ausübung dieser Rechte an die Anordnungen des J. R. gebunden. Durch das Pflichtteilsrecht der Klägerinnen, das nur gegenüber R. R., nicht gegenüber J. R. besteht, ist dieser nicht gehindert, seinen Erben (soweit deren Pflichtteilsrechte nicht verletzt werden) Beschränkungen aufzuerlegen und ihnen die Aufnahme eines amtlichen Verzeichnisses zu verbieten. Abgesehen von diesen Unterschieden gilt aber für die Ermittelung des Pflichtteils das gleiche, ob nun der Nachlaß des R. R. oder der des J. R. in Frage steht. Für die Klägerinnen als Pflichtteilsberechtigte handelt es sich dabei wesentlich um einen Anspruch auf Schätzung.

Ein Anspruch darauf, daß zur Erleichterung der Schätzung die Erbteilung und die zu diesem Zwecke erforderliche Verwertung des Nachlasses vorgenommen werde, kann von den Klägerinnen nicht erhoben werden, wobei für den vorliegenden Fall unerörtert bleiben kann, ob ein solcher Anspruch dann begründet sein würde, wenn nach der besonderen Sachlage ohne Erbteilung und Verwertung des Nachlasses eine Schätzung nicht wohl möglich ist. Was dagegen die Verzeichnung und Schätzung anlangt, so sind die hierüber in den §§ 2313 und 2314 BGB. gegebenen Vorschriften, insbesondere die Grundsätze des § 2313 über die Feststellung des Wertes bei Rechten oder Verbindlichkeiten, die von einer aufschiebenden oder auflösenden Bedingung abhängen, desgleichen bei ungewissen oder unsichern Rechten und bei zweifelhaften Verbindlichkeiten, auch auf den Nachlaß des J. R. anzuwenden.

Es fragt sich aber, ob diese Grundsätze, nach denen eine spätere Ausgleichung zu erfolgen hat, auch Anwendung finden können auf den vorliegenden Fall, in dem der Nachlaß des J. R. zu Gunsten seiner Witwe mit einer auf ihre Lebenszeit zu gewährenden Rente belastet ist. Diese Frage kann übrigens, wie nebenbei bemerkt sein mag, nur vorkommen bei der Berechnung des Anteils des R. R. an dem Nachlaß seines Vaters, da hinsichtlich des Nachlasses des R. R. der

Pflichtteil unter Zugrundelegung der gesetzlichen Erbfolge zu berechnen ist (vgl. § 2316 BGB.). Für die Entscheidung der Frage kommt wesentlich in Betracht, daß bei einer derartigen Belastung die Ungewißheit nur die Dauer des Rentenbezugs, nicht das Recht des Rentenbezugs betrifft. Die Ungewißheit ist somit nur eine tatsächliche, die dadurch gehoben werden kann, daß der Wert der Rente nach versicherungstechnischen Grundsätzen durch Schätzung ermittelt wird (vgl. Motive Bd. 5 S. 408). Eine solche Schätzung entspricht dem allgemeinen Grundsatz des Pflichtteilrechts, daß der Wert des Nachlasses zur Zeit des Erbfalles entscheidend ist, ohne daß der Pflichtteilsberechtigte an der späteren Vermehrung oder Minderung des Nachlasses teilnimmt (§ 2303 BGB.). Die Klägerinnen brauchen sich nicht gefallen zu lassen, daß zur Deckung der an die Witwe des J. R. zu entrichtenden Rente beliebige Kapitalien zurückbehalten werden. Es ist ihnen auch nicht zuzumuten, daß sie mit dem von diesen Kapitalien ihnen gebührenden Pflichtteilsbetrage erst zur Hebung kommen, nachdem sich durch den Tod des Rentenberechtigten oder in sonstiger Weise das Rentenrecht erledigt hat. Der Wert der Rente ist vielmehr nach der vermutlichen Lebenszeit des Berechtigten zu berechnen, wobei die Lebensdauer individuell (nach den zur Zeit der Schätzung bekannten Gesundheits- und Lebensverhältnissen des Rentenberechtigten) zu schätzen ist, und nur aushilfsweise, wenn die besondere Lage des Falles keine andere Schätzung erfordert, dürfen die in §§ 18, 19 des Erbschaftssteuergesetzes vom 3. Juni 1906 enthaltenen allgemeinen Schätzungsvorschriften herangezogen werden. Die Beklagten können hierbei ein jedes Risiko vermeiden, wenn der Wert so hoch berechnet wird, daß der Betrag zur Versicherung der von den Beklagten zu zahlenden Leibrente ausreicht. Der hiernach ermittelte Wert ist zur Berechnung des Pflichtteils von dem Betrage der zurückbehaltenen Kapitalien in Abzug zu bringen.

Gegen diesen Grundsatz hat der Berufungsrichter verstoßen, wenn er die zurückbehaltenen Kapitalien deshalb außer Ansatz läßt, weil von den Klägerinnen keine Aufklärung darüber gegeben sei, ob der Anspruch, den sie dieserhalb erheben, als ein aufschiebend bedingter, oder als ein aufschiebend befristeter anzusehen sei. Die Revision der Klägerinnen erscheint hiernach insofern begründet, als nicht ohne weiteres die aus dem Nachlaß des J. R. zurückbehaltenen Kapitalien unberücksichtigt bleiben durften. Die Klägerinnen können nicht darauf verwiesen werden, daß bei der amtlichen Aufnahme des Nachlaßverzeichnisses zugleich eine Schätzung stattfindet. Sie sind berechtigt, die Feststellung bereits in dem gegenwärtigen Prozesse zu verlangen; und es hat der Berufungsrichter, soweit die Parteianführungen einer Ergänzung durch nähere Angaben oder durch Beweisantritt bedürfen, durch Ausübung des Fragerechts hierauf hinzuwirken.

Desgleichen beschweren sich die Beklagten darüber mit Recht, daß statt einer endgültigen Entscheidung nur eine Abweisung zur Zeit ausgesprochen ist. Im einzelnen bestehen die zurückbehaltenen Kapitalien nach den Anführungen der Beklagten in vier Posten. Zur Deckung der an die Witwe des J. R. zu zahlenden Rente von 18000 ℳ jährlich ist als der auf R. R. entfallende dritte Teil der Betrag von 160977 ℳ zurückbehalten. Die übrigen Posten bestehen in 60233,33 ℳ, als dem dritten Teil einer Grundschuld von 180700 ℳ, die inzwischen infolge Subhastation der verpfändeten Ziegelei vollständig ausgefallen sein soll, sowie in 526,67 ℳ und 10000 ℳ, die durch notwendige Nachlaßausgaben verbraucht sein sollen. Es ist nicht verständlich, wie bezüglich dieser drei letzten Posten der Entscheidungsgrund des Vorderrichters, es sei nicht aufgeklärt, ob es sich um einen aufschiebend befristeten oder um einen aufschiebend bedingten Anspruch handle, zutreffen soll. Ist es richtig, daß die Grundschuld ausgefallen ist und schon zur Zeit des Todes des R. R. wertlos war, so kann diese Post bei Berechnung des Pflichtteils der Klägerinnen nicht mit in Ansatz kommen. Im anderen Falle ist der Betrag des Pflichtteils (falls nicht sonstige Gründe entgegenstehen) entsprechend zu erhöhen. Was die beiden anderen Posten von 526,67 ℳ und 10000 ℳ anlangt, so können hierauf nur Nachlaßschulden, die schon beim Tode des Erblassers vorhanden waren oder später entstanden sind (vgl. Urteil des Reichsgerichts vom 21. Dezember 1905 in der Juristischen Wochenschrift für 1906 S. 114 Nr. 13), nicht andere Ausgaben verrechnet werden....

Mit Recht hat das Berufungsgericht die Auffassung der Beklagten abgelehnt, daß die Klägerinnen jetzt nach so langer Zeit die amtliche Aufnahme und Schätzung des Nachlasses gemäß § 2314 BGB. nicht mehr verlangen könnten. Der Pflichtteilsberechtigte ist nicht, sobald ihm ein privates Verzeichnis des Nachlasses von den Erben mitgeteilt ist, verpflichtet, sich darüber zu erklären, ob er die amtliche Aufnahme verlangt, und aus seinem Stillschweigen kann nicht ohne weiteres gefolgert werden, daß er mit dem Privatverzeichnis sich begnügen und auf die weiteren nach § 2314 BGB. ihm zustehenden Rechte verzichten wolle. Das Recht auf amtliche Aufnahme und Schätzung des Nachlasses bildet die wichtigste Grundlage für die Berechnung des Pflichtteils und bleibt für den Pflichtteilsberechtigten auch dann noch von größtem Werte, wenn seit dem Erbfall bereits längere Zeit verstrichen ist, und erhebliche Veränderungen in dem Bestande des Nachlasses vorgekommen sind. Ist auch für die Berechnung des Pflichtteils der Wert des Nachlasses zur Zeit des Erbfalls maßgebend, so ist doch auch eine spätere Verzeichnung und Schätzung immer noch von Bedeutung, da hieraus rückwärts auf den Zustand des Nachlasses zur Zeit des Erbfalls mit mehr oder weniger Sicherheit geschlossen werden kann.

Der Verzeichnung und Schätzung unterliegen alle diejenigen Gegenstände, die noch im Nachlaß vorhanden sind, auch die an Stelle der veräußerten Sachen zum Nachlaß gekommenen Sachen und Rechte. Der Umstand, daß der größte Teil des Nachlasses veräußert oder bereits unter die Erben verteilt ist, kann zur Folge haben, daß der Pflichtteilsberechtigte nur noch ein sehr geringes Interesse an der amtlichen Aufnahme des Nachlasses hat. Das berechtigt aber nicht, den Anspruch darauf ihm zu entziehen. Darüber, ob die amtliche Aufnahme in seinem Interesse ist, hat der Pflichtteilsberechtigte allein zu befinden. Nur unter ganz besonderen Umständen würde die Geltendmachung des Anspruchs ihm als Schikane ausgelegt werden können, und danach die Ausübung des Rechts gemäß § 226 BGB. unzulässig sein. Die gleichen Grundsätze greifen Platz für die Verzeichnung und Schätzung der zum Nachlaß des J. R. gehörigen Gegenstände. Wie bereits bei Erörterung des Zahlungsanspruchs ausgeführt ist, erstreckt sich das Recht des Pflichtteilsberechtigten, wenn der Nachlaß des zur Hinterlassung des Pflichtteils verpflichteten Erblassers den Erbteil dieses Erblassers an einem anderen Nachlaß in sich aufgenommen hat, auf die sämtlichen zu dem anderen Nachlaß gehörigen Gegenstände, wenn auch der Pflichtteilsberechtigte dieses Recht nur dadurch durchsetzen kann, daß er sich an die an dem anderen Nachlaß als Erbeserben beteiligten Personen hält, die kraft der in dieser Eigenschaft ihnen zustehenden Befugnisse (vgl. § 2215 Abs. 4 BGB.) die Verzeichnung und Schätzung herbeizuführen haben.“...

91. Bedarf ein Vertrag, durch den ein persönliches Vorkaufsrecht in Ansehung eines Grundstücks eingeräumt wird, um rechtswirksam zu sein, der gerichtlichen oder notariellen Beurkundung?

Vereinigte Zivilsenate. Beschl. v. 24. Januar 1910 i. S. R. (Kl.) w. Nachlaß C. (Bekl.). Rep. V. 324/08.

I. Landgericht Hirschberg.
II. Oberlandesgericht Breslau.

Die vorstehende zwischen dem II. und V. Zivilsenate streitig gewordene Frage wurde von den vereinigten Zivilsenaten bejaht.

Gründe:

„Nach § 504 BGB. kann, wer in Ansehung eines Gegenstandes zum Vorkaufe berechtigt ist, das Recht ausüben, sobald der Verpflichtete mit einem Dritten einen Kaufvertrag abgeschlossen hat. Das Vorkaufsrecht steht daher unter einer doppelten Bedingung: der Verpflichtete muß einen Kaufvertrag mit einem Dritten abschließen, und dann muß der Berechtigte das Recht ausüben.

Daß ein Vertrag unter einer Bedingung geschlossen werden kann, die in dem „bloßen Wollen" des Berechtigten besteht, unterliegt keinem Bedenken. Es ist dies bereits in dem Urteil des I. Zivilsenats vom 7. Oktober 1907 — I. 637/07 — ausgesprochen worden, und einen klaren Beleg hierfür bietet die den Kauf auf Probe betreffende Vorschrift des § 496 BGB. Dagegen ist es rechtlich nicht möglich, das bloße Wollen des Verpflichteten zur Vertragsbedingung zu machen. Wer sich verpflichtet, falls er künftig wolle, gibt gegenwärtig eine verpflichtende Erklärung noch nicht ab. Anders aber liegt der Fall, wenn die Verpflichtung abhängig gemacht wird nicht von dem künftigen Wollen des Verpflichteten, sondern von einem, wenn auch in seinem Belieben stehenden Tun. Dann liegt keine rein potestative, sondern eine in ihrer Wirkung der kasuellen gleichstehende, sog. „gemischte" Bedingung vor. Eine freie Handlung des Schuldners als Bedingung zu setzen, war nach gemeinem Rechte — Windscheid, Pandektenr. § 93 S. 43 — zulässig, und ebenso auch — Preuß. Allgemeines Landrecht Tl. I Tit. 4 § 108 flg., Code civil Art. 1174, Sächs. Bürgerliches Gesetzbuch § 876 — nach den

Gesetzgebungen der Einzelstaaten. In der Begründung zum Bürgerlichen Gesetzbuch — Mugdan, Bd. 1 S. 500 — heißt es:

gegenwärtig werde wohl allgemein angenommen, daß einem Rechtsgeschäft eine Bedingung beigefügt werden könne, die auf eine von der Willkür des Verpflichteten abhängige Handlung gestellt sei.

In diesem Sinne fand sich im I. Entwurf in § 138 die Bestimmung:

die Bedingung kann in einer Handlung bestehen, deren Vornahme von der Willkür des Verpflichteten abhängt.

Die Bestimmung ist in das Gesetz nicht übergegangen, weil die II. Kommission sie für zu doktrinär — a. a. O. S. 764 — erachtete. Sachliche Bedenken wurden von keiner Seite erhoben und konnten nach den für die Lehre von den Bedingungen anerkannten Grundsätzen auch kaum erhoben werden. In Ansehung des Vorkaufs handelt es sich beim Berechtigten um eine potestative, beim Verpflichteten um eine sog. gemischte Bedingung. Hiergegen ist in der Rechtslehre — vgl. u. a. Oberneck, Grundbuchordnung 4. Aufl. Bd. 1 S. 712 — geltend gemacht worden, beim Vorkaufe fehle es vor dem Abschluß eines Vertrags mit einem Dritten überhaupt noch an einer Bindung; der Vertragsabschluß hange lediglich vom Willen des Verpflichteten ab. In gleichem Sinne haben sich der V. Zivilsenat des Reichsgerichts in dem Urteile Entsch. in Zivils. Bd. 60 S. 225 und der II. Zivilsenat in dem Urteile vom 10. Mai 1907, II. 19/07, ausgesprochen, mit der Ausführung, der Vorverkäufer habe vor Abschluß eines Vertrags mit einem Dritten noch freie Hand, ob er verkaufen wolle oder nicht. Allein im Rechtssinne hängt die Verpflichtung des Vorverkäufers von seinem freien Willen nicht ab. Er hat seinen Willen endgültig erklärt und sich für den Fall der Vornahme des Verkaufs gebunden. Dies ist die sogen. gemischte und nicht die potestative Bedingung.

Den beiden Urteilen des V. und des II. Zivilsenats kann auch insofern nicht beigetreten werden, als der Mangel einer Bindung auf seiten des Vorverkäufers aus den Vorschriften der §§ 1098 und 505 Abs. 2 BGB. gefolgert ist. Der § 1098, der sich unter den das dingliche Vorkaufsrecht regelnden Vorschriften befindet, ergibt, daß der Anspruch auf Übertragung des Eigentums erst durch die Ausübung des Rechts „entsteht“. Allein dies entspricht dem § 158, wonach allgemein die Wirkung des bedingten Geschäfts erst mit der Erfüllung der Bedingung eintritt. Die Bedingung hat nach dem Bürgerlichen Gesetzbuch keine rückwirkende Kraft, und deshalb — Planck, Bem. 2 zu § 158, Motive a. a. O. S. 494 — ist es folgerichtig, daß das Gesetz den Anspruch aus bedingten Geschäften nicht schon mit dem Abschluß des Geschäfts „entstehen" läßt. Der § 505 Abs. 2 BGB. bestimmt im Einklang mit der für das Wiederkaufsrecht geltenden Vorschrift des § 497, daß „der Kauf mit der Ausübung des Rechts zustande kommt". Daß vorher überhaupt noch kein bindender Vertrag besteht, sagt das Gesetz nicht. So lange, als auch nur eine der beiden Bedingungen, unter denen der Vorkauf steht, noch nicht erfüllt ist, stehen sich die beiden Vertragsteile noch nicht als Käufer und Verkäufer gegenüber. Daß vor Eintritt der beiden Bedingungen ein Kauf mit den kaufrechtlichen Wirkungen, insbesondere mit der Pflicht zur Gewährleistung, noch nicht vorliegt, dies klar zu stellen, ist der Zweck der Vorschrift, nicht aber den Zeitpunkt zu bestimmen, mit dem für den einen oder andern Teil die vertragliche Bindung eintritt. Der Verpflichtete muß jedenfalls schon vor der Ausübung des Rechts gebunden sein. Er hat nach Eintritt des Vorkaufsfalls auf das bloße Verlangen des andern Teils zu leisten, und er darf auch schon vorher nach § 160 BGB. das Recht des Vorkäufers nicht beeinträchtigen oder vereiteln. Die Erklärung im Vorkaufsvertrage schafft die Bindung und damit das Schuldverhältnis nach § 505. Nur der die Erklärung enthaltende Vertrag kann das Kausalgeschäft sein, auf Grund dessen es schließlich zur Übertragung des Eigentums kommt.

In einem andern Vertragsverhältnisse, als es durch den Vorkaufsvertrag begründet ist, steht der Vorverkäufer zum Vorkäufer nicht. Ohne Grund wird mehrfach als der maßgebende Vertrag der Kaufvertrag mit dem Dritten angesehen, in den angeblich der Vorkäufer eintreten soll. Der Kaufvertrag mit dem Dritten ist nicht vom Vorkäufer mit abgeschlossen, und er kann deshalb die Grundlage der Berechtigung nicht sein. Beide Verträge brauchen sich auch in ihrem Inhalte nicht zu decken. Allerdings hat das Reichsgericht in dem Urteil Entsch. in Zivils. Bd. 16 S. 155 ausgesprochen, daß der Vorverkäufer die Sache unter denselben Bedingungen, zu denen er sie dem Dritten verkaufen wolle, dem Vorkäufer anbieten müsse. Ob dieses Urteil für das gemeine Recht, für das es ergangen, als zutreffend anzuerkennen ist, muß dahingestellt bleiben. Nach § 568 ALR. I. 20 konnte der Verkäufer die vom Eigentümer an den Dritten verkaufte Sache unter den Bedingungen des geschlossenen Kaufs oder unter gewissen im voraus verabredeten Bedingungen übernehmen. Nach dem Bürgerlichem Gesetzbuch sind besondere Vertragsverabredungen beim dinglichen Vorkaufsrechte ausgeschlossen. Das persönliche Vorkaufsrecht hat aber gerade deshalb Aufnahme in das Gesetzbuch gefunden, weil man eine freiere Gestaltung des Rechtsverhältnisses ermöglichen und damit den mannigfachen und wechselnden Bedürfnissen des Verkehrs Rechnung tragen wollte. Nach dem Wortlaute des § 505 Abs. 2 soll freilich der Kauf unter den Bestimmungen zustande kommen, die der Verpflichtete mit dem Dritten vereinbart hat. Allein damit ist die Zulässigkeit von besonderen Vereinbarungen nicht ausgeschlossen. Dies wird in den Materialien des Gesetzes — a. a. O. Bd. 2 S. 192/193, Bd. 3 S. 252 — ausdrücklich hervorgehoben, und es ergibt sich auch daraus, daß die §§ 504 flg., als dem Rechte der Schuldverhältnisse angehörend, dispositives Recht sind. Das entspricht auch — Planck, v. Staudinger, Oertmann zu § 505 — der in der Rechtslehre überwiegend herrschenden Ansicht und ebenso der Rechtsprechung des Reichsgerichts.

In dem Urteile vom 10. Mai 1907 hat der II. und in dem Urteile vom 9. November 1907 übereinstimmend der V. Zivilsenat ausgesprochen, daß die Vereinbarung besonderer Bestimmungen zulässig ist, und daß insbesondere im voraus der vom Vorkäufer zu zahlende Preis fest bestimmt werden kann. Wird aber durch solche besonderen Abreden das Wesen des Vorkaufsvertrags nicht berührt, so tritt damit die bindende Kraft des Vertrags und dessen Selbständigkeit gegenüber dem Kaufvertrage mit dem Dritten noch schärfer hervor. Damit erweist sich gleichzeitig auch die vielfach vertretene Theorie von dem Eintritt des Vorkäufers in den mit dem Dritten geschlossenen Kaufvertrag als unhaltbar.

Im übrigen braucht auf diese und die sonst über das Wesen und den Inhalt des Vorkaufs aufgestellten Theorien nicht näher eingegangen zu werden. Sie sind in dem Aufsatze in Gruchot's Beitr. Bd. 53 S. 565 ausführlich und vollständig wiedergegeben und, soweit erforderlich,' in dem Urteile des V. Zivilsenats Entsch. in Zivils.

Bd. 67 S. 225, bereits gewürdigt worden. Die Schwierigkeit der rechtlichen Konstruktion ist unverkennbar, und ihrer ist sich auch der Gesetzgeber vollauf bewußt gewesen. In den Materialien ist die Theorie des bedingten Kaufgeschäfts, des künftig anzunehmenden Angebots und des pactum de contrahendo erwähnt, ohne daß jedoch zu dieser oder jener Ansicht Stellung genommen ist. Die Konstruktionsfrage kann auch für die gegenwärtige Entscheidung offen bleiben. Mag man die Auffassung vertreten, daß die Verpflichtung, die der Vorverkäufer übernimmt, darin besteht, unter den gleichen oder unter besonderen Bedingungen den Vorkäufer in den Kaufvertrag mit dem Dritten eintreten zu lassen, oder darin, demnächst mit dem Vorkäufer den Kaufvertrag abzuschließen, ihm künftig die Sache zum Kaufe anzubieten; immer handelt es sich um Maßnahmen, die der Vorverkäufer vornimmt und kraft der bestehenden Verpflichtung vornehmen muß, um dem Vorkäufer das Eigentum der Sache zu verschaffen und damit das durch den Vorkauf geschaffene Recht zur Verwirklichung zu bringen.

Wollte man ferner im Sinne neuerer Theorien aus dem Vorkaufsrechte für den Vorkäufer eine gesetzliche oder eine rechtsgeschäftliche Ermächtigung herleiten, durch einseitige Erklärung einen Kaufvertrag zwischen sich und dem Vorverkäufer zustande zu bringen, so würde die Ermächtigung des Vorkäufers, ihn selbst zum Eigentümer zu machen, auf seiten des Vorverkäufers die Übernahme der Verpflichtung, auf Verlangen das Eigentum zu übertragen, einschließen. Es gibt kein obligatorisches Recht ohne entsprechende obligatorische Verpflichtung, und deshalb ist auch das Recht auf Übertragung des Eigentums von der Verpflichtung zur Übertragung nicht zu trennen. Unzutreffend ist die Ansicht, der Vorverkäufer verpflichte sich nicht dazu, an den Vorkäufer zu verkaufen, sondern nur dazu, ihm den Vorzug vor einem andern Käufer zu geben. Die Tatsache, daß es zum Abschluß eines Kaufvertrages mit einem Dritten kommt, hat für das Rechtsverhältnis unter den Parteien des Vorkaufsvertrags keine andere Bedeutung, als die der Erfüllung der Vertragsbedingung. Ist die Bedingung eingetreten, so hat der Vorkäufer nur den einen Anspruch auf Übertragung des Eigentums. Nur auf diese Leistung kann geklagt werden, und sie muß daher auch den Gegenstand der Verpflichtung bilden. Damit ist aus § 313 BGB.

das Erfordernis der gerichtlichen oder notariellen Beurkundung gegeben. Das Gesetz unterscheidet nicht zwischen bedingten und unbedingten Geschäften; jeder Vertrag ist dem Formzwange unterstellt, durch den sich der eine Teil zur Übertragung des Eigentums an einem Grundstücke verpflichtet.

Als formfrei erachtet die herrschende Lehre den obligatorischen Vertrag (Vorvertrag) über die Einräumung eines dinglichen Vorkaufsrechts. Hierfür wird geltend gemacht, daß das dingliche Vorkaufsrecht im Bürgerlichen Gesetzbuch den Rechten am Grundstücke zugezählt werde, und daß deshalb der ihm zugrunde liegende Vorvertrag ebenso formfrei sein müsse, wie der Vorvertrag bei dinglichen Rechten überhaupt. Das Bürgerliche Gesetzbuch behandelt das dingliche Vorkaufsrecht im Sachenrechte, und zwar nach den Dienstbarkeiten und vor den Reallasten, und die II. Kommission hat das unterscheidende Merkmal vom Vorkaufe gerade in der Dinglichkeit des Rechts gefunden. Allein andererseits hat die II. Kommission in das Gesetz den § 1098 eingefügt, wonach Dritten gegenüber das Vorkaufsrecht die Wirkung einer Vormerkung hat zur Sicherung des Anspruchs auf Übertragung des Eigentums. Es ist zuzugeben, daß — vgl. Immerwahr, Vork. S. 283 — die II. Kommission die Belastungstheorie nicht hat aufgeben, sondern im Gegenteil an ihr hat festhalten wollen; aber diese Absicht steht angesichts der Vorschrift des § 1098 mit der Wirklichkeit in Widerspruch. Das dingliche Recht, das nur nach Art der Vormerkung einen persönlichen Anspruch sichert, ist im Sinne des Bürgerlichen Gesetzbuchs kein eigentlich dingliches Recht. Insofern ist in Ansehung der Formfrage bei Eingehung der Verpflichtung zur Einräumung eines dinglichen Vorkaufsrechts und der Verpflichtung zur Einräumung eines sonstigen dinglichen Rechts die Rechtslage keine völlig gleiche. Die II. Kommission hat die Formfreiheit damit begründet, daß das dingliche Recht durch die Eintragung bereits „formalisiert" sei, und daß es einer weiteren Formalisierung nicht bedürfe. Diese Erwägung läßt sich auch für das dingliche Vorkaufsrecht geltend machen, aber sie trifft andererseits nicht minder zu für das durch Vormerkung gesicherte persönliche Vorkaufsrecht, und dazu hat es gerade mit letzterem die völlig gleiche Rechtswirkung. Dies legt die Erwägung nahe, ob die Entscheidung der Frage, welcher Form der Vertrag über die Einräumung des dinglichen Vorkaufsrechts bedarf, überhaupt aus der angeblichen „Dinglichkeit" des Rechts entnommen werden kann. Jedenfalls ist der Vertrag über das persönliche Vorkaufsrecht auch dann nicht formfrei, wenn es der Vertrag über das dingliche Vorkaufsrecht sein sollte.

Das dingliche Vorkaufsrecht ist wirtschaftlich von untergeordneter Bedeutung; dem Gesetzgeber selbst erschien das Bedürfnis nach dessen Einführung nicht zweifelsfrei. Man entschloß sich zur Einführung, weil man — Mugdan a. a. O., Bd. 3 S. 250 — den auf die Seßhaftmachung der ländlichen und industriellen Arbeiter gerichteten Bestrebungen die Wege ebnen wollte; in dem dinglichen Vorkaufsrechte wollte man dem Berechtigten weniger ein Mittel zur Verschaffung des Eigentums bieten, als zur Verhütung eines unerwünschten Eigentumswechsels. Das persönliche Vorkaufsrecht dagegen ist auf der Grundlage des freien Vertragsrechts aufgebaut; es hat wirtschaftlich die zugleich größere Bedeutung und in erster Linie die Bestimmung, den Zwecken, die mit der Einräumung von Vorkaufsrechten erstrebt werden, zu genügen. Deshalb kann der Vertrag über das persönliche Vorkaufsrecht, wie hinsichtlich des Inhalts, so auch hinsichtlich der Formvorschrift keinenfalls in Abhängigkeit gesetzt werden von den Bestimmungen über das dingliche Vorkaufsrecht. Dazu kommt noch, daß in Ansehung der Form des Vertrages beim persönlichen Vorkaufsrechte auch der Wille des Gesetzgebers klar zutage liegt. In der II. Kommission war zu § 351 (§ 313) der Antrag gestellt, der Form die Annahmeerklärung des Berechtigten zu unterwerfen. Das wurde abgelehnt, aber die Begründung beigefügt, daß Verträge, durch die ein Vorkaufsrecht an einem Grundstück eingeräumt werde, bereits nach § 351 (§ 313) gerichtlich oder notariell beurkundet werden müßten. Danach hat ersichtlich über das letztere Erfordernis in der II. Kommission ein Zweifel nicht bestanden. Ein Zweifel ist auch, soweit die Materialien erkennen lassen, in der I. Kommission nicht hervorgetreten. Dort wurde es abgelehnt, die Vorschrift des § 351 (§ 313) auf Kauf- und Tauschverträge zu beschränken; von der Formvorschrift sollten alle das Hauseigentum betreffenden Veräußerungsverträge betroffen werden, weil es als ein Bedürfnis anerkannt wurde, geschäftsunkundige und unerfahrene Personen vor Übereilung zu schützen. Ausnahmen für besondere Fälle sind nicht einmal in Vorschlag gebracht worden.

Gegenüber dem Willen des Gesetzgebers, wie er aus dem Gesetze selbst und auch aus dessen Entstehungsgeschichte zu entnehmen ist, erscheint es an sich ohne Bedeutung, ob der Gesetzgeber für den Vorkauf eine Ausnahme von der Formvorschrift hätte zulassen sollen. Indessen treffen auch beim Vorkaufe die Erwägungen zu, die den Gesetzgeber zu der Vorschrift des § 313 bestimmt haben. Auch die Einräumung eines Vorkaufsrechts ist, wie der V. Zivilsenat a. a. O. näher dargelegt hat, unter Umständen von tief einschneidender wirtschaftlicher Bedeutung, und sie ist dies insbesondere dann, wenn im voraus der Preis fest bestimmt ist. Wollte man aus einem solchen Vertrage, auch wenn er nur mündlich geschlossen, einen klagbaren Anspruch zulassen, so würde dies der Absicht, die der Gesetzgeber mit der Vorschrift des § 313 verbunden hat, widersprechen. In Einzelfällen, namentlich da, wo die Einräumung des Vorkaufsrechts im Anschluß an einen Mietvertrag erfolgt, mögen sich aus Gründen der Zweckmäßigkeit gegen das Formerfordernis aus § 313 vielleicht Bedenken erheben lassen. Wird ein Kaufvertrag über ein Grundstück von ganz unerheblichem Werte geschlossen, so mag ebenfalls die Beobachtung der Formvorschrift als lästige und unnötige Fessel empfunden werden; allein das Gesetz hat den Grundsatz des Formzwanges streng zur Durchführung gebracht und Ausnahmen für besondere Fälle nicht zugelassen. Für den Vorkauf, den das Bürgerliche Gesetzbuch unter den „besonderen Arten des Kaufs" behandelt, könnte der Formzwang nur von dem Gesichtspunkte aus, daß es noch an einer vertraglichen Bindung fehle, verneint werden. Dann aber würde sich für den Verkehr ein anderes gewichtiges Bedenken ergeben. Das persönliche Vorkaufsrecht kann nach dem Bürgerlichen Gesetzbuch mit Wirkung gegen Dritte nur durch Vormerkung geschützt werden, und die Eintragung einer Vormerkung ist nur möglich, wenn der Eigentümer sich bereits mit dem Abschluß des Vorkaufsvertrags bedingt — § 883 BGB. — zur Übertragung des Eigentums verpflichtet hat. Hierüber besteht kein Streit, und die Schriftsteller, die das Bestehen der bedingten Verpflichtung leugnen, erklären denn auch, und zwar von ihrem Standpunkte aus folgerichtig, daß — Turnau und Förster Bd. 1 S. 636, Oberneck S. 724, Kretschmar Bd. 2 S. 352 — beim Vorkaufe die Eintragung einer Vormerkung unzulässig sei. Damit wäre der Wert des persönlichen

Vorkaufsrechts erheblich herabgesetzt. Das dingliche Vorkaufsrecht ist vermöge seiner festen gesetzlichen Begrenzung für die Bedürfnisse des wirtschaftlichen Lebens unzureichend. Der Verkehr bedarf des durch Vormerkung gesicherten persönlichen Vorkaufsrechts. Hiernach war die Konfliktsfrage zu bejahen und damit der neueren Rechtsprechung des V. Zivilsenats und dem älteren Urteile des III. Zivilsenats, Entsch. Bd. 59 S. 132, beizutreten. Die gleiche Rechtsauffassung wird von der weit überwiegenden Mehrzahl der Rechtslehrer vertreten."[1]

92. Steht dem Prinzipal gegen den Handlungsgehilfen, der den übernommenen Dienst nicht antritt oder vor Ablauf der Dienstzeit verläßt, kraft Gesetzes ein klagbarer Rechtsanspruch dahin zu, daß er in der Zeit, während welcher er sich vom Dienste fernhält, nicht irgend einem anderen Prinzipale Dienste leiste?

Vereinigte Zivilsenat. Beschl. v. 24. Januar 1910 i. S. Wi. (Bekl.) w. Wü. (Kl.). Rep. I. 188/08.

I. Landgericht Hannover, Kammer für Handelssachen.
II. Oberlandesgericht Celle.

Die in der Überschrift angegebene Rechtsfrage, die zwischen dem I. und dem III. Zivilsenate streitig geworden war (vgl. Bd. 67 dieser Sammlung S. 3), ist von den Vereinigten Zivilsenaten verneint worden.

Gründe:

„Wenn der Handlungsgehilfe vertragswidrig den übernommenen Dienst nicht antritt oder vor Ablauf der Dienstzeit verläßt, so ist der Prinzipal kraft des Schuldverhältnisses berechtigt, von ihm die Leistung seiner Dienstpflichten zu fordern (§ 241 BGB.). Er hat dem entsprechend die Klage auf Vertragserfüllung. Er hat, wenn die Erfüllung der Dienstpflichten infolge eines Umstandes unmöglich

[1] Vgl. Dernburg Bd. 2 § 196; Planck, Vorb. zu § 504; Rehbein Bd. 2 S. 161 Nr. 14; Fuchs zu § 1094; Goldmann-Lilienthal Bd. 1 S. 122; v. Staudinger Bem. 2f zu § 313; Windscheid-Kipp Bd. 2 S. 697; Oertmann S. 138 Anm. 2c.j zu § 313; Immerwahr in Jhering's Jahrbüchern Bd. 40 S. 195 und Wolff in der D. J.-Z. 1908 S. 1124. D. E.

wird, den der Handlungsgehilfe zu vertreten hat (vgl. § 325 BGB.), oder wenn sich der Handlungsgehilfe mit der Erfüllung seiner Dienste im Verzuge befindet (§ 326 BGB.), die sich aus diesen Gesetzesbestimmungen oder aus § 70 HGB. ergebenden Rechte (Anspruch auf Schadensersatz, Recht zur Kündigung ohne Einhaltung einer Kündigungsfrist).

Dagegen steht dem Prinzipal gegen den Handlungsgehilfen, der in der angegebenen Weise während der Vertragszeit seine Vertragspflichten vollständig unerfüllt läßt, kein klagbarer Anspruch darauf zu, daß er in dieser Zeit nicht irgend einem anderen Prinzipale Dienste leiste. Die dem Handlungsgehilfen obliegenden Vertragspflichten bestehen in einem positiven Tun, nicht in einem Unterlassen. Er hat Dienste zu leisten, die in sehr vielen Fällen nach der Vertrauensstellung, die er einnimmt, nicht von einem Dritten geleistet werden können. Nun trägt zwar jede Verpflichtung zu einem positiven Tun die selbstverständliche Verbindlichkeit in sich, alles mit diesem positiven Tun Unvereinbare zu unterlassen. Aber diese negative Seite der Verpflichtung zum positiven Tun ist nicht der Inhalt der Leistung i. S. des § 241 BGB. Man hat bestritten, daß sie überhaupt eine rechtlich faßbare Verbindlichkeit sei. Von anderer Seite sind solche Unterlassungspflichten als unselbständige oder sekundäre Vertragspflichten aufgefaßt worden. Jedenfalls kennt unser Recht bei den auf ein Tun gerichteten Schuldverbindlichkeiten keinen klagbaren und nach § 890 ZPO. vollstreckbaren Anspruch auf ein Unterlassen des mit der Verpflichtung zum Tun Unvereinbaren. Der Prinzipal kann daher mit der Vertragserfüllungsklage die (nach § 888 ZPO. allerdings nicht vollstreckbare) Verurteilung des Handlungsgehilfen zur Leistung der von ihm vertraglich übernommenen Dienstpflichten herbeiführen. Dagegen hat der Prinzipal keinen klagbaren Anspruch darauf, daß der Handlungsgehilfe seine Arbeitskraft brach liegen lasse, daß er es also während der Vertragsdauer unterlasse, irgend einem anderen Prinzipale die Dienste eines Handlungsgehilfen zu leisten.

Nach der Sachlage in den Prozessen, welche zur Anrufung der Entscheidung der Vereinigten Zivilsenate Anlaß geben, kommt nur in Frage, ob sich der oben formulierte Anspruch des Prinzipals aus dem Gesetze ergibt. Durch die Verneinung der Konfliktsfrage wird nicht der Entscheidung tatsächlich anders gelagerter Fälle vorgegriffen, in denen auf Grund ausdrücklicher oder aus den Umständen zu entnehmender stillschweigender Vereinbarung ein Anspruch des Prinzipals hergeleitet wird, dem Handlungsgehilfen die Dienstleistung bei einem bestimmten anderen Prinzipale oder in bestimmten Arten von Geschäften zu verbieten." [1]

93. Sind zu den Umsatzsteuern, die nach den Bedingungen einer öffentlichen Versteigerung der Käufer zu tragen hat, im Zweifel auch die Wertzuwachssteuern zu rechnen?

II. Zivilsenat. Urt. v. 28. Januar 1910 i. S. preuß. Domänenfiskus (Kl.) w. H. M. A.-G. (Bekl.). Rep. II. 212/09.

I. Landgericht Hannover.
II. Oberlandesgericht Celle.

Der Kläger, der preußische Domänenfiskus, vertreten durch die Kgl. Regierung in H., hat ein in der Stadt Linden belegenes, ihm gehöriges Grundstück in dem Termine vom 17. März 1908 unter Bekanntgabe der Verkaufsbedingungen öffentlich versteigern lassen. Die Beklagte blieb unter Annahme der Versteigerungsbedingungen Meistbietende; sie erhielt den Zuschlag, und es wurde ihr das Grundstück aufgelassen. Der Magistrat der Stadt Linden erhob darauf auf Grund der „Ordnung betreffend die Erhebung einer Umsatz- und Wertzuwachssteuer im Bezirke der Stadt Linden" vom

[1] Vgl. hierzu: Sächsisches Archiv Bd. 13 S. 377 (OLG. Dresden), Gewerbe- u. Kaufmannsgericht Bd. 13 S. 213 (LG. Elberfeld); Staub 8. Aufl. § 70 Anm. 15; Düringer-Hachenburg 2. Aufl. Bd. 1 S. 396; v. Staudinger, Kommentar zum BGB. 3./4. Aufl Bd. II, 2 S. 879; Danziger in der Leipziger Zeitschrift für Handelsrecht usw. 1908 S. 205; Fuchs (Berlin), Juristische Wochenschr. 1908 S. 700; Böhm ebenda 1909 S. 9; Holländer ebenda 1909 S. 93; Brückmann im Tag vom 17. Juni 1909; ferner hinsichtlich der Unterlassungsklage überhaupt Wendt, Archiv f. d. zivilistische Praxis Bd. 92 S. 1 flg.; Siben, Der Rechtszwang im Schuldverhältnis, Leipzig 1903; Eltzbacher, Die Unterlassungsklage, Berlin 1906; Lehmann, Die Unterlassungspflicht im bürgerlichen Recht, München 1906; Stephan, Die Unterlassungsklage, München 1908; v. Staudinger, Kommentar zum BGB. 3./4. Aufl. Bd. II, 1 S. 12, 5/6. Aufl. Bd. II, 1 S. 15 flg; Oertmann, Recht der Schuldverhältnisse 2. Aufl. S. 11.

12./17. April 1907 vom Kläger eine Wertzuwachssteuer von 9013,23 M. Der Kläger hat die Steuer bezahlt. Mit der Behauptung, daß ihm gegenüber nach den Versteigerungsbedingungen die Beklagte die fragliche Steuer zu tragen habe, beantragte er, die Beklagte zur Zahlung von 9013,23 M (nebst Zinsen) zu verurteilen. Die Beklagte bestritt die klägerische Behauptung. Ihrem Antrage gemäß wurde die Klage in beiden Instanzen abgewiesen. Die Revision des Klägers wurde zurückgewiesen aus folgenden

Gründen:

„Zwischen den Parteien ist allein streitig, ob die seitens der Stadt Linden vom Kläger erhobene Wertzuwachssteuer, für welche Schuldner der Stadt Linden gegenüber unstreitig nur der Kläger (als der Veräußerer) ist, im Verhältnis der Parteien zueinander, nach den Versteigerungsbedingungen vom 17. März 1908 von den Beklagten zu tragen ist. Es kommen für die Frage nach den übereinstimmenden Erklärungen der Parteien von jenen Bedingungen nur die Ziffern 3 und 8 in Betracht. Nr. 3 bestimmt, daß „mit dem Zeitpunkte der Auflassung die Nutzungen und die Lasten auf den Käufer“ übergehen, „welcher auch an Abgaben alles zu tragen hat, was nach dem gedachten Zeitpunkte fällig wird“. Nr. 8 besagt: „der Fiskus (d. i. der Kläger) trägt die ihm durch Anberaumung und Abhaltung der Versteigerung, sowie die bis dahin entstandenen Kosten. Die übrigen Kosten, namentlich die durch die Beurkundung der Versteigerung bzw. des Gebotes und des Zuschlages in Haupt- und Nebenausfertigung entstehenden Stempelkosten, die Kosten der erforderlichen Steuerbuchs- bzw. Mutterrollen-Auszüge, die Umsatzsteuern, sowie die Kosten der grundbuchmäßigen Eintragungen trägt der Käufer“ (d. i. die Beklagte). Beide Vorderrichter verneinen, daß danach die Wertzuwachssteuer von der Beklagten zu tragen sei. Sie führen zu der Nr. 3 aus, daß mit ihr nur die aus dem Grundstück zu leistenden Abgaben und die auf dem Grundstück ruhenden Lasten hätten getroffen werden sollen, daß aber zu diesen Abgaben und Lasten die Wertzuwachssteuer der Stadt Linden nicht gehöre. In betreff der Nr. 8 hebt der Berufungsrichter hervor, daß der Wortlaut, äußerlich genommen, für den Kläger spreche und die von diesem zu tragenden Kosten fest zu umgrenzen scheine, so daß also alles übrige die Beklagte treffen würde. Der Berufungsrichter legt sodann aber eingehend dar, daß und warum dennoch die Wertzuwachssteuer nicht zu den Kosten im Sinne der Nr. 8 zu rechnen sei. Er führt insbesondere aus, daß man bei der Bestimmung an die von der Umsatzsteuer wesentlich verschiedene Wertzuwachssteuer nicht gedacht habe, daß der Gebrauch der Mehrheitsform — „die Umsatzsteuern" — ohne Nebenabsicht, ohne damit eine Mehrheit von Steuern zu meinen, gewählt sei; daß im Sinne der Kontrahenten die Wertzuwachssteuer zu den Kosten nicht gehört habe, die Kontrahenten die Wertzuwachssteuer zu den Kosten des Verkaufs nicht gerechnet hätten. Der Berufungsrichter fügt dem hinzu: wenn man aber auch letzteres nicht für unzweifelhaft halten wolle, so sei doch dem Landgericht beizupflichten, daß der Sinn der im Vertrage gebrauchten Worte es zweifelhaft lasse, ob die Wertzuwachssteuer zu den Kosten des Verkaufs zu rechnen sei, und dieser Zweifel wirke zum Nachteil des Klägers. Das Landgericht hatte in dieser Beziehung dargelegt, daß unter den obwaltenden Umständen eine Absicht des Klägers, durch die (von ihm festgesetzten) Versteigerungsbedingungen der Beklagten die Wertzuwachssteuer zur Last zu legen, keinen genügend deutlichen Ausdruck gefunden habe.

Die Ausführungen des Berufungsrichters sind frei von Rechtsirrtum und tragen die Entscheidung. Der Revisionskläger stellt ihnen gegenüber zunächst zur Nachprüfung, ob der Klaganspruch allein auf Nr. 3 der Verkaufsbedingungen gestützt werden könne. Diese Nachprüfung kann ein dem Kläger günstiges Ergebnis nicht haben. Soweit die Darlegungen zu dieser Nr. dahin gehen, daß in ihr nur eine Bestimmung über den Übergang der dinglichen Lasten und Abgaben habe getroffen werden sollen, handelt es sich um reine Willensauslegung und tatsächliche Feststellungen. Die weitere Annahme aber, daß die Wertzuwachssteuer der Stadt Linden, die diese auf Grund ihrer, auf den §§ 13, 18 des Kommunalabgabengesetzes vom 14. Juli 1893 beruhenden Steuerordnung vom 12./17. April 1907 erhebt, nicht auf dem veräußerten Grundstücke ruht, ist rechtlich zutreffend. Das Grundstück haftet für sie nicht; sie wird von der Stadt Linden von dem früheren Eigentümer des veräußerten Grundstücks — rein persönlich — erhoben.

In zweiter Linie rügt der Kläger Verletzung des § 133 BGB. bei der Auslegung der Verkaufsbedingungen mit der Ausführung, der Berufungsrichter habe die Nrn. 3 und 8 lediglich einzeln geprüft und sei dadurch zu einem unrichtigen Ergebnis gelangt. Aus dem Zusammenhalt der beiden Nrn. ergebe sich, daß der Kläger die Lasten und Abgaben des Grundstücks nur bis zum Zeitpunkt der Auflassung und von den Kosten lediglich die bis zur Versteigerung entstandenen tragen solle, alles übrige die Beklagte übernommen habe; damit sei eine völlig klare, verständliche Norm für die Scheidung der Lasten, Abgaben und Kosten anläßlich des Eigentumswechsels gegeben, und auf die Wortbedeutung einzelner Ausdrücke komme es deshalb gar nicht an. Die Rüge ist nicht begründet. Beide Vorderrichter, insbesondere auch der Berufungsrichter haben erwogen, was nach den beiden Nrn. 3 und 8 von der Beklagten zu tragen sei. Sie haben dabei festgestellt, daß die Nr. 3 überhaupt nur die Übernahme von dinglichen Lasten betroffen habe, wie denn in Kaufverträgen regelmäßig oder doch außerordentlich häufig vorweg erörtert wird, was der Käufer an solchen Lasten — oder an hypothekarisch versicherten Schulden — zu übernehmen habe. Bei der Erörterung des Sinnes der danach allein noch verbliebenen Nr. 8, der über die Tragung der Kosten des Eigentumswechsels, und darunter insbesondere der Umsatzsteuern, handelt, hat der Berufungsrichter hervorgehoben, daß der Wortlaut für den Kläger zu sprechen scheine. Er hat aber gemäß § 133 BGB. den wirklichen Willen zu erforschen gesucht. Bei dieser Erforschung ist er zu dem, dem Standpunkt des Klägers entgegengesetzten Ergebnis gelangt: im Sinne und im Willen der Vertragskontrahenten habe die Wertzuwachssteuer nicht unter die Kosten des Verkaufs, wie insbesondere auch nicht unter die „Umsatzsteuern" mitbegriffen werden sollen. Beide Vorderrichter haben dabei übrigens erwogen, daß die Auslegung der in den Nrn. 3 und 8 getroffenen Bestimmungen, was die Willensabsicht wenigstens des Klägers in betreff ihrer anbelangt, immerhin zweifelhaft sei; beide Vorderrichter nehmen aber an, daß diese Zweifel zum Nachteile des Klägers, der die Bedingungen unstreitig allein ausgearbeitet und festgesetzt hat, wirken müßten.

Der Kläger Revisionskläger macht nun zwar noch geltend: der Berufungsrichter habe bei der Auslegung der betreffenden Bestimmungen mit seiner Annahme, daß die Wertzuwachssteuer einen Gegensatz zur Umsatzsteuer bilde und von dieser wesentlich verschieden sei, die rechtliche Natur der Wertzuwachssteuer verkannt;

die indirekte (hier in Frage stehende) Wertzuwachssteuer sei gerade eine echte Umsatzsteuer, und es sei daher in den Verkaufsbedingungen ebenso sachgemäß wie deutlich „Umsatzsteuern" (in der Mehrheit) gesagt. Aber auch diese Rüge ist nicht begründet. Daß die Wertzuwachssteuer der Stadt Linden, die aus Anlaß eines Eigentumswechsels zur Erhebung gelangt, eine indirekte Steuer ist, ist auch von den Instanzgerichten angenommen. Ob eine solche Steuer zu den „echten Umsatzsteuern" zu zählen sei, ist umstritten (vgl. Brunhuber, Die Wertzuwachssteuer, auf den sich die Revision beruft, und der sie S. 75 — mit Rücksicht auf den Anlaß ihrer Erhebung — als indirekte Wertzuwachs-Umsatzsteuer" klassifizieren will, aber auf S. 100 ausdrücklich sagt: es unterliege keinem Zweifel, daß sie keine Umsatzsteuer, sondern eine Besteuerung des Gewinnes sei). Der Ausdruck „Umsatzsteuern" ist aber überhaupt kein einheitlicher, ein für alle Mal feststehender; er wird vielmehr in verschiedenem Sinne, insbesondere auch in weiterer und in engerer Bedeutung gebraucht.

Vgl. Nöll-Freund, Das Kommunalabgabengesetz usw. 6. Aufl. 1907 S. 50, 51 unter b, 7. Aufl. 1910 S. 60 unter b, S. 76 Anm. 4.

Wenn nun auch unter dem Ausdruck „Umsatzsteuern" im weiteren Sinne die Wertzuwachssteuer vielfach mitbegriffen wird, insbesondere weil als der Zeitpunkt ihrer Erhebung in den meisten der betreffenden Steuerordnungen der Zeitpunkt des Eigentumswechsels festgesetzt ist, so sind dennoch die Umsatzsteuer im engeren Sinne, diejenige Steuer, die bei dem Eigentumswechsel, genau wie der Auflassungsstempel, nach dem Verkaufspreis oder nach dem Maßstabe des gemeinen Werts erhoben wird, und die „Wertzuwachssteuer", die lediglich von dem Konjunkturgewinn, von der seit der Erwerbung stattgehabten Wertsteigerung zu entrichten ist, wesentlich voneinander verschieden. Die erstere beruht auf finanziellen Maßnahmen, mit der letzteren werden vielfach soziale Zwecke verfolgt; mit der ersteren wird der Umsatz, mit der letzteren ein von dem Veräußernden etwa gemachter Gewinn besteuert; die Umsatzsteuer trifft den ganzen Wert des veräußerten Grundstücks, die Wertzuwachssteuer nur einen bestimmten Teil des jetzigen Werts, wobei davon ausgegangen wird, daß wer einen Gewinn gemacht hat — vielleicht nicht durch eigene Arbeit und Kraft, sondern unverdient und infolge der von der Allgemeinheit getroffenen Einrichtungen und hervorgerufenen Umstände — gezwungen werden soll, von dem so erlangten Gewinn einen Teil an die Allgemeinheit herauszugeben. Es mag dabei noch darauf hingewiesen werden, daß gerade auch die hier in Betracht kommende Steuerordnung der Stadt Linden zwischen „Umsatzsteuer“, als der Steuer, die bei jedem Eigentumsübergange erhoben wird, und „Wertzuwachssteuer“, als der Steuer, die nur von der seit dem letzten Eigentumsübergang stattgehabten Wertsteigerung, nach Abzug der gemachten Aufwendungen, erhoben wird, scharf unterscheidet.

Ohne Rechtsirrtum nehmen nach alledem die Vorderrichter an, daß die beiden Steuern, insbesondere in der Bedeutung, wie das Wort „Umsatzsteuer“ von der Steuerordnung der Stadt Linden und auch sonst vielfach im täglichen Leben und Verkehr gebraucht wird, etwas wesentlich Verschiedenes und Gegensätzliches seien. Demgegenüber erscheint es unerheblich, wenn unter dem Ausdruck „Umsatzsteuer“ andrerseits auch sowohl die Umsatzsteuer (im engeren Sinne) wie die Wertzuwachssteuer verstanden wird und verstanden werden kann, und zwar auch dann, wenn der Kläger bei der Feststellung der Versteigerungsbedingungen bei dem Gebrauch des Wortes „Umsatzsteuer“, trotz der Steuerordnung von Linden, an den weiteren Sinn dieses Wortes gedacht haben sollte. In dieser Hinsicht ist auch noch von Bedeutung, daß der Verkäufer eines Grundstücks unschwer den Betrag der Wertzuwachssteuer, die er bei der Veräußerung des Grundstücks zu zahlen haben wird, wenigstens ungefähr wird bemessen, der Käufer aber regelmäßig nicht wird wissen können, welchen Preis das Grundstück bei dem letzten Erwerb gehabt hat und welche Aufwendungen der Besitzer seither auf dasselbe gemacht hat. Der Käufer ist daher regelmäßig nicht in der Lage zu übersehen, ob das Grundstück überhaupt eine Wertsteigerung erfahren hat und eventuell in welcher Höhe eine solche und damit eine (etwaige) Wertzuwachssteuer in Betracht zu ziehen sein möchte. Ihn geht auch nach der Steuerordnung der Stadt Linden die Wertzuwachssteuer an sich nichts an, da sie — entsprechend einer Besteuerung des Gewinnes bei dem, der diesen Gewinn gemacht hat — nur von dem Veräußerer erhoben wird.

Bei der nach alledem hier gegebenen Sachlage ist aber den Vorderrichtern darin beizutreten, daß der Veräußerer, der beabsichtigt, die in Frage stehende Steuer vertraglich von sich auf den Erwerber abzuwälzen, dieses in klarer Weise ersichtlich machen muß. Hat er das nicht getan, ist eine solche Willensrichtung aus den von ihm selbst aufgestellten Bedingungen nicht deutlich zu entnehmen gewesen, so kann er von dem Vertragsgegner auch nicht die Tragung der betreffenden Steuern verlangen."

---

94. Inwieweit haftet derjenige, der vor Eintragung einer Gesellsch. m. beschr. Haftung in das Handelsregister im Namen der Gesellschaft gehandelt hat? Ist eine Haftbarkeit gegen ihn auch aus und für Handlungen begründet, die nach Genehmigung des Geschäfts durch die inzwischen eingetragene Gesellschaft von dem anderen Vertragsteil lediglich der Gesellschaft gegenüber oder von der Gesellschaft dem anderen Vertragsteil gegenüber vorgenommen worden sind?

Gesetz betr. die Gesellsch. m. b. H. § 11 Abs. 2.
BGB. §§ 421, 425.

II. Zivilsenat. Urt. v. 1. Februar 1910 i. S. W. (Bekl.) w. M. B. & Co. (Kl.). Rep. II. 232/09.

I. Landgericht I Berlin.
II. Kammergericht daselbst.

Der Beklagte E. W. hatte gemeinschaftlich mit Dr. H. im Namen der „Berliner Beleuchtungswerke Gesellschaft m. b. H." am 12. Januar 1905 — zu einer Zeit als diese Gesellschaft noch nicht in das Handelsregister eingetragen war — mit der Klägerin einen Vertrag über Lieferung von Apparaten zur Treppenbeleuchtung abgeschlossen. Die Gesellschaft sollte verpflichtet sein, in der Zeit vom 1. März 1905 bis Ende 1906 monatlich ca. 100 Apparate abzurufen und den Preis von 18,40 ℳ für jeden Apparat in bestimmter Frist zu bezahlen. Wurden die Apparate von der Gesellschaft nicht zu den festgesetzten Fristen übernommen oder, mit mehr als zehntägiger Verspätung nach Fälligkeit, nicht bezahlt, so hatte die Klägerin das Recht, unbeschadet ihrer sonstigen Rechte, einseitig den Vertrag mit vierwöchiger Frist zu kündigen. Als bis zum 26. Juni 1905 nur 30 Apparate bezogen und von diesen nur 20 bezahlt waren, richtete die Klägerin an die Gesellschaft ein Schreiben mit der Erklärung, sie kündige den Vertrag (mit vierwöchiger Frist) mit der Maßgabe, daß sie die Kündigung als nicht ausgesprochen ansehen wolle, wenn die Gesellschaft bis zum Ablauf der vierwöchigen Frist die rückständigen sowie weitere 100 Apparate abnehme und bezahle; falls die Gesellschaft dem nicht nachkomme, werde die Klägerin von ihr Bezahlung der hergestellten oder noch fertigzustellenden Apparate verlangen und die Gesellschaft für den ihr erwachsenen sehr erheblichen Schaden verantwortlich machen. Weitere Apparate sind nicht abgenommen worden.

Die Klägerin klagte darauf gegen 1. die Berliner Beleuchtungswerke Gesellschaft m. b. H., 2. den Kaufmann W., 3. den Dr. H. auf Verurteilung zur Zahlung von 184 ℳ Kaufpreis, sowie von Schadensersatz und zwar gegen E. W. und Dr. H. (zu 2 und 3) auf Grund des § 11 Abs. 2 des Gesetzes, betr. die Gesellschaften m. b. H. Die Berliner Beleuchtungswerke, (Beklagte zu 1), wurden durch Versäumnisurteil rechtskräftig nach dem Klagantrag verurteilt. Dem Beklagten Dr. H. gegenüber wurde der Anspruch der Klägerin rechtskräftig dem Grunde nach für gerechtfertigt erklärt. Ihm gegenüber hat dann die Klägerin zufolge eines Vergleichs die Klage zurückgenommen.

Der Beklagte W. machte geltend, der Klägerin sei bei Abschluß des Vertrages vom 12. Januar 1905 bekannt gewesen, daß die Berliner Beleuchtungswerke noch nicht im Handelsregister eingetragen waren. Er sei aber auch vor, bei und nach dem Vertragsabschluß mit der Klägerin übereingekommen, daß nach der Eintragung der in den Vertrag eingetretenen Gesellschaft nur diese, nicht er persönlich hafte. Endlich habe die Klägerin überhaupt keinen Anspruch, weil sie ihrer Vorleistungspflicht aus dem Vertrage nicht nachgekommen sei, die gelieferten Apparate den Vertragsbedingungen nicht entsprochen hätten, und die Klägerin bei deren Lieferung betrügerisch verfahren sei. Danach sei die Klägerin schadensersatzpflichtig. Die verklagte Gesellschaft sei berechtigt gewesen, wegen arglistig verschwiegener Mängel Wandelung zu begehren, und dies habe sie im August 1905 auch getan. Endlich hafte der Beklagte W. nicht auf Schadensersatz wegen Nichterfüllung aus Handlungen der mitverklagten Gesellschaft.

Das Landgericht erkannte auf einen richterlichen Eid für den persönlich haftenden Gesellschafter der Klägerin M. B. dahin: er habe weder vor noch bei oder nach Unterzeichnung des Vertrages vom 12. Januar 1905 dem Beklagten W. erklärt, daß nach Eintragung der Gesellschaft nur diese, nicht aber der Beklagte W. persönlich hafte, er habe auch nicht eine derartige Erklärung des Dr. H. oder des W. gehört und unwidersprochen gelassen. Für den Fall der Leistung des Eides wurde der Anspruch der Klägerin gegen den Beklagten W. dem Grunde nach für gerechtfertigt erklärt, für den Fall der Nichtleistung die Klage gegen den Beklagten W. abgewiesen. Die von W. eingelegte Berufung wurde zurückgewiesen. Seine Revision hatte Erfolg aus folgenden

Gründen:

„1. Die Klägerin hat den Beklagten W. auf Grund des § 11 Abs. 2 des Gesetzes, betreffend die Gesellschaften m. b. H., in Anspruch genommen, weil er vor der Eintragung der Mitbeklagten „Berliner Beleuchtungswerke Gesellschaft m. b. H." in das Handelsregister im Namen der Gesellschaft — durch Abschluß des Vertrages vom 12. Januar 1905 mit der Klägerin — gehandelt habe. Demgegenüber hat der Beklagte W. zunächst geltend gemacht: a) der Klägerin sei bei Abschluß des Vertrages bekannt gewesen, daß die Eintragung der Gesellschaft in das Handelsregister noch nicht erfolgt war, b) er sei — ausdrücklich oder doch stillschweigend — vor, bei und nach dem Vertragsabschluß mit der Klägerin übereingekommen, daß jedenfalls nach Eintragung der Gesellschaft in das Handelsregister, und nach ihrem Eintritt in den Vertrag, nur die Gesellschaft, aber nicht mehr er persönlich hafte. In betreff der hieraus ersichtlichen Einwendungen hat sich der auch jetzt erkennende Senat des Reichsgerichts in dem, in dieser Sache (auf die Klage der Klägerin gegen den Mitverklagten Dr. H.) erlassenen Urteil II. 206/06 vom 4. Dezember 1906 bereits dahin ausgesprochen: nach dem Grund und Zweck der Vorschrift des § 11 Abs. 2, die verhüten solle, daß vor der Eintragung der Gesellschaft namens derselben gehandelt werde, sei die Haftpflicht des Handelnden unabhängig davon, ob dem anderen Vertragsteile die Nichteintragung der Gesellschaft bekannt war oder nicht. Durch Vereinbarung könne die Haftpflicht des Handelnden ausgeschlossen werden. Auch sei eine Entlassung aus der Haftung nach § 397 BGB., oder eine Befreiung durch Schuldübernahme gemäß § 414 BGB. zulässig, und zwar auch durch eine, aus den Umständen des Falles mit Sicherheit zu entnehmende, stillschweigende Vereinbarung. Aber weder die Kenntnis des anderen Vertragsteils von der Nichteintragung der Gesellschaft noch die bloße Tatsache einer Genehmigung des Geschäfts seitens der Gesellschaft reiche ohne weiteres hin, um die gesetzliche Haftung des Handelnden auszuschließen oder zu beendigen; eine Entlassung aus seiner Haftung sei daraus nicht zu entnehmen.

Der Berufungsrichter hat sich in dem jetzt mit der Revision angefochtenen Urteil diesen Ausführungen angeschlossen und den Einwand über die Kenntnis der Klägerin von der Nichteintragung der Gesellschaft zur Zeit des Vertragsabschlusses als rechtlich unerheblich verworfen, den Einwand über den vertraglichen Ausschluß der Haftbarkeit des Beklagten W. und über die spätere Entlassung desselben aus der Haftbarkeit für zulässig, aber bislang nicht für erwiesen erachtet und in diesen Beziehungen noch den von dem ersten Richter dem Inhaber der klägerischen Handlung auferlegten richterlichen Eid für erforderlich erachtet. Der Revisionskläger bekämpft die aus dem obigen ersichtliche Auslegung des § 11 Abs. 2 durch das Reichsgericht und den Berufungsrichter mit der Ausführung, eine Haftung der vorzeitig handelnden Gesellschafter neben der Gesellschaft sei im Gesetz (§ 11 Abs. 2) nicht vorgesehen, und es bestehe für eine solche auch kein Bedürfnis. In dem Moment, wo die Gesellschaft ordnungsgemäß gegründet und in den Vertrag eingetreten sei, werde man eine von Anfang an gewollte und stillschweigend eingetretene Schuldübernahme (§ 414 BGB.) annehmen dürfen.

In diesen Ausführungen vermag der Senat keinen Anlaß zu finden, von seiner grundsätzlichen, in dem inhaltlich mitgeteilten Urteil vom 4. Dezember 1906 niedergelegten Rechtsauffassung abzugehen.

Vgl. Entsch. des RG.'s in Zivils. Bd. 47 S. 1 flg., Bd. 70 S. 296 flg.; Deutsche Jurist.-Ztg. Bd. 7 S. 295; Jurist. Wochenschr. 1902 S. 317 Nr. 33.

Insbesondere kann lediglich daraus, daß die Gesellschaft m. b. H. nach ihrer Eintragung den Vertrag genehmigt und in ihn eintritt, noch nicht ohne weiteres entnommen werden, daß nun der andere Vertragsteil seinen bisherigen Schuldner — denjenigen, der im Namen der Gesellschaft gehandelt hatte — aus dessen Schuldverbindlichkeit entläßt und an seiner Stelle einen anderen als Schuldner annehmen will. Eine prozessuale Rüge aber dahin, daß der Berufungsrichter bei der, nur für den Fall der Eidesleistung, verneinten Tatsache der Befreiung des Beklagten von seiner Haftverbindlichkeit unter Verletzung des Gesetzes irgend welche Tatsachen übergangen oder die vorgebrachten Tatsachen nicht ausreichend gewürdigt und infolgedessen eine Haftentlassung des Beklagten, sei es nach § 397 BGB., sei es durch Annahme der Gesellschaft m. b. H. an Stelle des Beklagten W., verneint habe, ist von dem Revisionskläger nicht erhoben worden.

2. Im übrigen hat der Berufungsrichter die Klage gegen den Beklagten W. auf Zahlung eines Restkaufpreises und auf Schadensersatz dem Grunde nach mit folgenden Erwägungen für gerechtfertigt erachtet: das Vertragsverhältnis hinsichtlich der Lieferpflicht der Klägerin sei durch die zum 28. Juli 1905 wirksame Kündigung vom 26. Juni 1905 beendet. Die bis dahin gelieferten Apparate seien von der mitverklagten Gesellschaft m. b. H. vorbehaltlos angenommen; auch sei diese rechtskräftig nach dem Klagantrag verurteilt. Danach habe die Klägerin, soweit sie vorleistungspflichtig gewesen sei, vorgeleistet. Mängel der Apparate seien erst nach dem 28. Juli 1905 ermittelt; eine Wandelung wegen dieser Mängel habe die verklagte Gesellschaft im Prozeß nicht eingewendet, deshalb müsse, selbst wenn sie vorher (im August 1905) Wandelung begehrt haben sollte, angenommen werden, daß sie die eingelieferten Apparate habe behalten wollen. Das müsse auch der Beklagte W. gelten lassen; seine Verteidigung, die er aus schlechter Beschaffenheit der Apparate und aus Arglist der Klägerin herleiten wolle, könne sich nur dahin richten, daß er den aus der mangelhaften Lieferung erwachsenen Schaden berechne und der Klageforderung entgegenstelle, was er nicht getan habe. Auch sonst beständen keine Bedenken hinsichtlich des Grundes des geltend gemachten Anspruchs auf 184 ℳ Restpreis und 12412,52 ℳ Schaden. Der Schade der Klägerin beruhe auf dem vertragswidrigen Verhalten der verklagten Gesellschaft m. b. H., für welches der Beklagte W. einzustehen habe. Überdies habe die Klägerin auch, insoweit sie Schadensersatz wegen Nichterfüllung für die Zeit nach dem 28. Juli 1905 fordere, der Voraussetzung des § 326 BGB. genügt; sie habe bei der Kündigung des Vertragsverhältnisses mit dem Schreiben an

die verklagte Gesellschaft vom 26. Juni 1905 dieser eine vierwöchige Frist zur Bewirkung der rückständigen Leistungen gesetzt.

Diese Ausführungen werden vom Revisionskläger mit Recht als auf Rechtsirrtum beruhend angegriffen. Wer vor der Eintragung der Gesellschaft m. b. H. in das Handelsregister im Namen der Gesellschaft handelt, haftet aus dieser seiner Handlung nach § 11 Abs. 2 des Gesetzes persönlich. Er hat daher insbesondere auch auf Erfordern des anderen Vertragsteiles das Geschäft selbst zu erfüllen. Aber es ist ihm vom Gesetz, abgesehen von dem Eintritt der Gesellschaft in den Vertrag, für die Gesellschaft und für deren Handlungen keine Garantie auferlegt; er ist von dem Gesetz nicht zum Bürgen der Gesellschaft gemacht, und er ist auch rechtlich in keiner Weise dem Gesellschafter einer offenen Handelsgesellschaft gleichzustellen. Tritt die Gesellschaft m. b. H., nachdem sie ordnungsmäßig durch Eintragung in das Handelsregister entstanden ist, nicht in das betreffende Geschäft ein, so kommt freilich, worüber kein Streit besteht, der Handelnde für die Erfüllung des Geschäfts oder Schadensersatz auf. Tritt aber die Gesellschaft in das Geschäft, dieses genehmigend, ein, so erlangt der Gegenkontrahent — wenn er den Handelnden aus dessen Schuldverbindlichkeit nicht entläßt und die Gesellschaft, durch Vertrag mit dieser, nicht an Stelle des ursprünglich Handelnden annimmt (§ 414) — neben seinem früheren Schuldner noch einen zweiten. Es entsteht damit ein Gesamtschuldverhältnis; derjenige, der im Namen der Gesellschaft vor deren Eintragung handelte, und die Gesellschaft m. b. H. sind jeder die ganze Leistung zu bewirken verpflichtet, die der Gläubiger nur einmal zu fordern berechtigt ist (§ 421 BGB.). Beide Schuldner des Gläubigers stehen dabei aber — und zwar um so mehr als ihre Verpflichtungen dem Gläubiger gegenüber auf verschiedenen Rechtsgründen beruhen — völlig selbständig nebeneinander; jeder hat nur für sich, nicht auch für den anderen einzustehen. Es wirken daher nach der Regel des § 425 BGB. andere als die in den §§ 422—424 bezeichneten, hier nicht in Frage kommenden, Tatsachen nur für und gegen den Schuldner, in dessen Person sie eintreten, und das gilt gemäß § 425 Abs. 2 insbesondere von der Kündigung, dem Verzuge, dem Verschulden und dem rechtskräftigen Urteil. Das hat der Berufungsrichter verkannt, der ohne weiteres einerseits den Beklagten W. für die Handlungen der Gesellschaft m. b. H. einstehen lassen will, andererseits die von der Klägerin lediglich der verklagten Gesellschaft m. b. H. gegenüber vorgenommenen Rechtshandlungen auch dem Beklagten W. gegenüber für vorgenommen erachtet. Nun gilt die Regel des § 425 zwar nur, soweit sich nicht aus dem Schuldverhältnis ein anderes ergibt. Letzteres ist aber hier um so weniger der Fall, als die Verpflichtung der beiden Schuldner des Gläubigers, wie bemerkt, auf verschiedenen Rechtsgründen beruht; der Beklagte W. ist der Klägerin aus dem Gesetz, die verklagte Gesellschaft m. b. H. aus dem in ihrem Namen geschlossenen und von ihr genehmigten Vertrag verpflichtet. Die Klägerin konnte von jedem von ihnen Erfüllung verlangen und jeden von ihnen in Verzug setzen. Verlangte sie aber nur von dem einen der Schuldner Erfüllung, und setzte sie sodann nur diesen einen in Verzug, so kann sie Schadensersatz wegen Nichterfüllung auch nur von dem fordern, von dem sie die Erfüllung begehrt hatte. Dem Beklagten W. hat die Klägerin nach den von ihr in den Instanzen aufgestellten Behauptungen einmal, abgesehen von der in der Klage enthaltenen Aufforderung zur Zahlung eines Restkaufpreises von 184 *M*, nicht zur Erfüllung des Vertrages aufgefordert, sodann aber insbesondere hat sie auch ihm gegenüber eine Inverzugsetzung nicht bewirkt. Ob die Inverzugsetzung ihm gegenüber von Erfolg gewesen wäre, und ob er bei einer solchen die Erfüllung des Vertrages zu bewirken, oder durchzusetzen vermocht hätte, steht dahin; jedenfalls aber liegen die gesetzlichen Voraussetzungen für den von der Klägerin dem Beklagten W. gegenüber erhobenen Schadensersatzanspruch nicht vor.

Hiernach war das angefochtene Urteil aufzuheben und zugleich in betreff des gegen den Beklagten W. geltend gemachten Schadensersatzanspruchs (von 12412,52 *M*) unter teilweiser Abänderung des landgerichtlichen Urteils die Klage abzuweisen. Im übrigen, d. i. in betreff des danach noch im Streit verbleibenden, nur dem Grunde nach für gerechtfertigt erklärten Erfüllungsanspruchs auf Zahlung von 184 *M* rückständigen Kaufpreises, sowie in betreff der Kosten, war die Sache zur anderweiten Verhandlung und Entscheidung an das Berufungsgericht zurückzuverweisen."

95. Steht den Arbeitern der in § 1 Nr. 7 GewUVG. bezeichneten Betriebe gegen den Betriebsunternehmer, welcher fahrlässigerweise unterlassen hat, seine Firma zur Eintragung in das Handelsregister anzumelden, ein Schadensersatzanspruch zu, wenn sie infolge dieser Unterlassung der durch die Unfallversicherung gewährten Rechte verlustig gehen?

BGB. § 823 Abs. 1 u. 2.
HGB. § 29.
GewUVG. § 1 Nr. 7.

III. Zivilsenat. Urt. v. 4. Februar 1910 i. S. Br. (Kl.) w. L. (Bekl.). Rep. III. 146/09.

I. Landgericht Magdeburg.
II. Oberlandesgericht Naumburg a. S.

Die Frage wurde, in Übereinstimmung mit dem Berufungsgericht, verneint.

Aus den Gründen:

„Nach § 1 Nr. 7 GewUVG. sind die Arbeiter und Betriebsbeamten der der Lagerung, Holzfällung, oder der Beförderung von Personen oder Gütern dienenden Betriebe, sofern nicht einer der unter Nr. 4 und 5 aufgeführten, schlechthin versicherungspflichtigen Betriebe vorliegt, gegen die Folgen von Betriebsunfällen nur dann versichert, wenn die Betriebe verbunden sind mit einem Handelsgewerbe, dessen Inhaber im Handelsregister eingetragen ist. Daß der Gewerbetreibende im Handelsregister eingetragen ist, bildet hiernach eine Voraussetzung der Versicherungspflicht des Betriebes. Darüber, unter welchen Voraussetzungen der Gewerbetreibende verpflichtet ist, seine Eintragung in das Handelsregister herbeizuführen, sagt das Gesetz nichts; es läßt es in dieser Beziehung bei dem bestehenden Rechte bewenden. Es stellt also insbesondere auch keine Verpflichtung für den Kaufmann auf, seine Eintragung in das Handelsregister zu dem Zweck herbeizuführen, damit die in seinem Betriebe beschäftigten Personen der Vorteile der Unfallversicherung teilhaftig würden.

Bei der Beratung des Gesetzes in der Reichstagskommission ist allerdings gegenüber einem demnächst abgelehnten Antrag, das Erfordernis der Eintragung in das Handelsregister als Voraussetzung der Versicherungspflicht der betreffenden Betriebe zu beseitigen, unter Zustimmung der Vertreter der verbündeten Regierungen folgendes ausgeführt worden: „da die Großbetriebe bezüglich der Eintragung gerichtlichem Zwange unterliegen, so würde der Fall, daß ein Verletzter infolge Nichteintragung des Geschäfts um seine Rente käme, kaum vorkommen. Zudem würde in einem solchen Falle der Geschäftsinhaber, der die Eintragung seines Betriebes in das Handelsregister in nicht entschuldbarer Weise unterlassen habe, dem Verletzten, der hierdurch nicht zu seiner Rente gelangen könne, nach den Grundsätzen des Bürgerlichen Gesetzbuchs schadensersatzpflichtig sein."

Vgl. Drucksachen des Reichstages 10. Legislaturperiode I. Session 1898/1900 Nr. 703a S. 6.

Auch hierin ist nicht der Wille kundgegeben, durch das zur Beratung stehende Gesetz eine neue Verpflichtung oder auch nur einen neuen Verpflichtungsgrund für den Kaufmann zur Anmeldung seiner Firma zum Handelsregister zu schaffen, sondern lediglich die Rechtsauffassung, daß mit dem Erlasse des Gewerbeunfallversicherungsgesetzes die bereits bestehende Verpflichtung zur Anmeldung die Bedeutung gewinne, daß ein Arbeiter, der infolge der schuldhaften, d. h. fahrlässigen, Nichterfüllung dieser Verpflichtung des Rentenanspruchs verlustig gehe, nach dem Bürgerlichen Gesetzbuch einen Schadensersatzanspruch gegen den Dienstherrn erlange.

Diese Rechtsauffassung kann jedoch nicht für zutreffend erachtet werden. Von den Bestimmungen des Bürgerlichen Gesetzbuchs, aus welchen ein solcher Schadensersatzanspruch hergeleitet werden könnte, können nur die über den Dienstvertrag sowie der § 823 Abs. 1 und 2 in Frage kommen. Keine dieser Bestimmungen kann indes den Anspruch rechtfertigen.

Die Verpflichtung des Vollkaufmanns, seine Firma zur Eintragung in das Handelsregister anzumelden, ist, wie auch die Begründung zu § 1 Nr. 7 GewUVG. — Drucksachen des Reichstages a. a. O. Nr. 523 S. 41 — anerkennt, eine öffentlichrechtliche. Sie besteht ohne Rücksicht darauf, ob der Kaufmann in seinem Handelsgewerbe Angestellte hat, denen durch die Nichteintragung der Firma ein Schade entstehen könnte. Daß die Nichterfüllung der Verpflichtung schädliche Folgen für die im Gewerbebetrieb Beschäftigten haben kann, ist daher nicht geeignet, den rechtlichen Charakter der Verpflichtung zu ändern. In erhöhtem Maße gilt hier, was das Reichsgericht in ständiger Rechtsprechung bezüglich der im Invalidenversicherungsgesetz geordneten Verpflichtungen des Arbeitgebers angenommen hat, daß aus diesen öffentlichrechtlichen Verpflichtungen keine Erweiterung der aus dem Arbeitsvertrag entspringenden Leistungspflicht des Arbeitgebers herzuleiten sind (vgl. Entsch. in Zivilf. Bd. 58 S. 102, Bd. 63 S. 55).

Fehl geht auch der Versuch der Revision, die Verpflichtung des Kaufmanns, seine Eintragung in das Handelsregister herbeizuführen, damit als eine vertragliche, dem Arbeiter gegenüber obliegende zu begründen, daß sie die Unfallversicherung als eine übliche, und damit nach § 612 BGB. auch vertragliche Vergütung der Dienstleistung hinstellt. Diese Auffassung ist nicht einmal vom rein wirtschaftlichen Standpunkt aus gerechtfertigt; denn die Versicherung bildet nicht einen Entgelt für die geleistete Arbeit, sondern eine Entschädigung für die aus den Gefahren des Betriebes dem Arbeiter erwachsenden nachteiligen Folgen. Rechtlich ist sie vollends unbegründet. Weder die vom Arbeitgeber aufzubringenden, an die Berufsgenossenschaft abzuführenden Beiträge, noch die von der Berufsgenossenschaft dem verletzten Arbeiter zu zahlende Entschädigung bildet eine aus dem Arbeitsvertrage geschuldete Vergütung. Ein privatrechtlicher Anspruch darauf ist nicht gegeben; jede vertragsmäßige Beschränkung der Rechte des Versicherten, jede Anrechnung der Versicherungsbeiträge auf den Lohn ist bei Strafe verboten (§ 141 GewUVG.). Das Gewerbeunfallversicherungsgesetz beruht, wie die Arbeiterversicherungsgesetzgebung überhaupt, auf öffentlichem Rechte; die darin dem Arbeitgeber auferlegten Verpflichtungen sind öffentlichrechtliche, nicht aus dem das Arbeitsverhältnis begründenden Vertrage herzuleiten.

Vgl. Entsch. des RG.'s in Zivilf. Bd. 61 S. 373.

Die Schadensersatzpflicht des Arbeitgebers kann auch nicht auf § 823 Abs. 1 BGB. gegründet werden. Denn bevor nicht die Eintragung des Betriebsunternehmers in das Handelsregister erfolgt ist, besteht für den in den hier in Betracht kommenden Betrieben beschäftigten Arbeiter nicht einmal ein bedingtes Forderungsrecht auf die Unfallrente, sondern lediglich ein rechtliches Interesse, durch die Eintragung einen solchen bedingten Anspruch zu erlangen. Dies genügt aber nach der Rechtsprechung und Rechtslehre keinesfalls, um ein „Recht" im Sinne des § 823 Abs. 1 BGB. zu begründen.

Endlich versagt auch die Begründung des Schadensersatzanspruchs auf § 823 Abs. 2 BGB. Die Bestimmungen des Handelsgesetzbuchs, welche den Kaufmann zur Anmeldung seiner Firma zur Eintragung in das Handelsregister verpflichten und dem Registergericht die Befugnis geben, ihn durch Ordnungsstrafen zur Erfüllung dieser Verpflichtung anzuhalten, sind überhaupt nicht Schutzgesetze im Sinne des § 823 Abs. 2 BGB. Die Umgrenzung dieses Begriffes des Schutzgesetzes bereitet der Rechtsprechung erhebliche Schwierigkeiten. Der in der Kommission für die 2. Lesung des Entwurfs des Bürgerlichen Gesetzbuchs — Guttentagsche Ausgabe Bd. 2 S. 568 — ausgesprochene Leitgedanke, daß „nur solche Gebote und Verbote in Betracht kommen, welche darauf abzielen, die Interessen des einen vor der Beeinträchtigung durch den anderen zu bewahren, nicht dagegen die im Interesse der Gesamtheit auferlegten gesetzlichen Pflichten, welche, weil sie den Interessen aller förderlich seien, auch jedem irgendwie Beteiligten zugutekommen", wird zwar nicht als schlechthin maßgebend anerkannt. Aber aus diesem Grundsatz ist doch zu entnehmen, daß bloße im allgemeinen Interesse erlassene Ordnungsvorschriften nicht zu den Schutzgesetzen im angegebenen Sinne zu rechnen sind.

Um eine solche Ordnungsvorschrift aber handelt es sich bei der Verpflichtung zur Firmeneintragung. Diese Verpflichtung ist teils im eigenen Interesse des Kaufmanns gegeben, der durch die Eintragung bestimmte, von dieser abhängige Rechte erlangt — vgl. z. B. § 30 HGB., § 104 Abs. 1 § 113 GVG. — teils im „Interesse an der Kenntnis der Firmen", weil sie da, wo sie schon vor Erlaß des Allg. Deutschen Handelsgesetzbuchs bestand, sich „im hohem Grade als taugliches Mittel zur Beförderung der Sicherheit und des Kredites bewährt" habe (vgl. Protokolle der Nürnberger Kommission zur Beratung eines Allg. Deutschen Handelsgesetzbuchs S. 32/33, bei von Hahn § 1 zu Art. 19 ADHGB.). Die Folgen der Erfüllung oder Nichterfüllung dieser Verpflichtung sind auch im Handelsgesetzbuch, sowie in den sonstigen gesetzlichen Bestimmungen, welche an die Eintragung im Handelsregister eine bestimmte Wirkung knüpfen, erschöpfend geregelt. Der Gedanke, daß die schuldhafte Nichterfüllung dieser Verpflichtung einen allgemeinen Schadensersatzanspruch begründen könnte, ist nicht nur dem Allg. Deutschen Handelsgesetzbuch von 1861, sondern auch dem geltenden Handelsgesetzbuch völlig fremd.

Wollte man aber auch die Auffassung des § 29 HGB. als eines Schutzgesetzes im Sinne des § 823 Abs. 2 BGB. nicht völlig ablehnen, so könnte damit doch nur der Schutz derjenigen bezweckt worden sein, welche im geschäftlichen Verkehr auf die Richtigkeit und Vollständigkeit des Handelsregisters vertrauen. Dieser Zweck des Gesetzes läßt eine Erweiterung des geschützten Personenkreises auf die im Betriebe des Handelsgewerbes beschäftigten Personen, deren Unfallversicherung von der Tatsache der Eintragung des Betriebsunternehmers selbst abhängt, ohne Rücksicht darauf, ob sie von dieser Kenntnis haben oder nicht, ohne weiteres nicht zu. Hierzu hätte es eines Ausspruches im Gesetze bedurft. Übrigens würde der Zwang zur Firmeneintragung auch durchaus kein wirksames Schutzgesetz für die Arbeiter dieser Betriebe bilden. Denn die Eintragung in das Handelsregister erfolgt vielfach, ohne daß den Kaufmann irgend welches Verschulden trifft, erst einige Zeit nach der Eröffnung des Betriebes. Vollzieht sich gar der Übergang von dem Klein- zum Großbetrieb, wie im vorliegenden Falle, allmählich, so wird regelmäßig während einer längeren Übergangszeit die Unterlassung der Anmeldung zum Handelsregister des Verschuldens entbehren.

Daß im Falle vorsätzlicher Nichterfüllung der Anmeldungspflicht ein Schadensersatzanspruch des Arbeiters, der des Rentenanspruchs verlustig gegangen ist, nach § 826 BGB. begründet sein kann, ist selbstverständlich."

96. 1. Wer hat nach der preuß. Städte-Ordnung vom 30. Mai 1853 in Verbindung mit Art. 142 EinfGes. zum BGB. und Art. 12 § 2 preuß. AusfGes. zum BGB. den Beamten zur Beurkundung von Immobiliarverträgen, woran die Stadt beteiligt ist, zu ernennen?

2. Muß eine Vollmacht, auf die als Protokollanlage zum Zwecke der notwendigen oder doch gewollten sachlichen Ergänzung der Haupturkunde in dieser Bezug genommen ist, gemäß §§ 176, 177 FrGG. vorgelesen werden?

3. Ist es notwendig, daß die nachträgliche Bewilligung einer Sicherungshypothek, die zur Sicherung eines formgerecht beurkundeten

Grundabtretungsangebots dienen soll, ebenfalls nach Vorschrift des § 313 BGB. beurkundet wird?

V. Zivilsenat. Urt. v. 5. Februar 1910 i. S. B. (Bekl.) w. Stadtgem. B. (Kl.). Rep. V. 349/09.

I. Landgericht II Berlin.
II. Kammergericht daselbst.

Der Beklagte stand seit dem Jahre 1898 mit der Klägerin in Unterhandlungen über die Verwendbarkeit uud Bebaubarkeit seines zwischen der jetzigen neuen W.'straße und der Spree gelegenen Geländes und über dessen teilweise Übereignung an die Stadt. Am 22. Juni 1905 ließ er zu Protokoll des vom Oberbürgermeister als Urkundsperson bestellten Magistratsassessors Dr. F. das Angebot beurkunden, daß er zwei Teilstücke dieses Geländes von zusammen 17 480 qm an die Stadtgemeinde kostenfrei unter gewissen Bedingungen abtreten wolle und sich an dieses Angebot bis zum 1. November 1905 dergestalt gebunden halte, „daß das Angebot angenommen ist, wenn die Annahmeerklärung bis zu diesem Zeitpunkt in urkundlicher Form abgegeben ist." Auf Grund eines vom Magistrat gebilligten Stadtverordnetenbeschlusses vom Juni 1905 wurde vom Beklagten in dieser Sache hypothekarische Sicherheitsleistung in Höhe von 600000 M verlangt, welcher Anforderung er auch entsprochen hat.

Am 10. Oktober 1905 erschien vor dem obengenannten Beurkundungsbeamten Dr. F. der Magistratssekretär K. und erklärte zu Protokoll „unter Überreichung anliegender Vollmacht vom 7. Oktober 1905" folgendes wörtlich:

„Das in der überreichten Vollmacht näher bezeichnete Angebot des Rentiers B. B. nehme ich hiedurch an."

An diese Erklärung schließen sich unmittelbar die Schlußworte des Protokolls an:

„Die Verhandlung wurde dem Erschienenen vorgelesen, von ihm genehmigt und wie folgt unterschrieben."

gez. K.
gez. F.

Die diesem Protokoll beigeheftete Vollmacht für K. vom 7. Oktober 1905 ist für den Magistrat vom Bürgermeister R. und vom Magistratsrat F. unterzeichnet und enthält die Ermächtigung, B.'s Angebot zu F.'schem Protokoll vom 22. Juni 1905, betreffend Fluchtlinienfestsetzung auf dem Gelände zwischen der W.'straße und dem Fluß anzunehmen und die hierzu erforderliche Erklärung abzugeben.

Nach vergeblichen Verhandlungen über Auflassung einerseits und Löschung der Sicherheitshypothek zu 600000 ℳ gegen neue Sicherheitsleistung des Beklagten für seine verbleibenden Verpflichtungen andererseits, und nach Setzung einer Nachfrist des Beklagten für die Straßenherstellung vom 7. Januar 1907 trat der Beklagte am 2. Mai 1907 vom Vertrage zurück. Demnächst klagte die Stadtgemeinde B. auf Verschaffung des Eigentums an den abgetretenen Flächen. Sie erlangte in beiden Vorinstanzen ein obsiegliches Urteil. Auf Revision des Beklagten wurde jedoch die Klage abgewiesen, aus folgenden

Gründen:

... „1. Der Berufungsrichter erachtet den Magistratsassessor Dr. F. für ordnungsmäßig zum beurkundenden Beamten bestellt; der Revisionskläger hält die Unterschrift eines zweiten Magistratsmitgliedes unter der Ernennungsurkunde für notwendig und rügt Verletzung der §§ 56 Nr. 8, 57, 58, 62 der preuß. Städte-Ordnung vom 30. Mai 1853 und des Art. 12 § 2 preuß. AusfGes. zum BGB., allein mit Unrecht. Der Art. 142 EinfGes. zum BGB. überläßt es den Landesgesetzen, die Beurkundung von Verträgen über unbewegliche Sachen außer den Gerichten und Notaren auch anderen Behörden und Beamten zu übertragen. Für solche Verträge der bezeichneten Art, wobei einer der Vertragschließenden durch eine öffentliche Behörde vertreten wird, gestattet auf Grund vorbezeichneter Vorschrift der Art. 12 § 2 preuß. AusfGes. zum BGB., daß von dem Vorstande der zur Vertretung berufenen Behörde oder von der vorgesetzten Behörde der Beurkundungsbeamte bestimmt wird. Der Magistratsassessor Dr. F. ist durch eine vom Oberbürgermeister zu B. allein unterschriebene Verfügung vom 7. April 1905 zum Beurkundungsbeamten für die in Rede stehenden Verträge bestimmt worden. Die Mitunterschrift des zweiten Bürgermeisters oder eines anderen Magistratsmitglieds unter jener Verfügung war nicht nötig. Denn die Stadtgemeinde B. wird zwar vom Magistrat gemäß § 56 Nr. 8 Städte-Ordnung nach außen vertreten, aber nach Art. 12 § 2 ernennt nicht die Behörde — hier der Magistrat — selbst den Beurkundungsbeamten, sondern der Vorstand der Behörde. Vorstand des Magistrats von B. ist aber unzweifelhaft nach §§ 29 Abs. 1, 58 Städte-Ordnung allein der Bürgermeister K. Auf den Ehrentitel „Oberbürgermeister" hat es zwar hierbei nicht anzukommen, aber der angezogene § 29 Abs. 1 bezeichnet den Beigeordneten oder zweiten Bürgermeister nur als Stellvertreter des Bürgermeisters. Als Stellvertreter kommt er nur in Verhinderungsfällen in Betracht, kann aber nicht als Vorstand mit und neben dem (ersten) Bürgermeister erachtet werden.

Vgl. Entsch. des RG.'s in Zivils. Bd. 53 S. 150.

2. Dagegen bestreitet die Revision mit Recht die formgerechte Beurkundung der Annahmeerklärung des Magistratssekretärs K. vom 10. Oktober 1905 deswegen, weil, entgegen den §§ 176, 177 RFrGG., die Vollmacht als Anlage des Protokolls nicht mit vorgelesen worden ist. Zwar soll — was auch nicht ganz unbestreitbar — die Bestätigung der Verlesung des Protokolls im Zweifel zugleich die Verlesung der Anlage dartun (vgl. Jurist. Wochenschr. 1909 509/42)[1]; aber im gegebenen Falle bestehen solche Zweifel nicht, da die Klägerin nie bestritten hat, daß eine Verlesung jener Protokollanlage weder beurkundet noch erfolgt ist. Der Vorderrichter hält trotz der strengen Rechtsprechung in dieser Richtung (vgl. Entsch. des RG.'s in Zivils. Bd. 54 S. 195, Bd. 61 S. 145) eine Verlesung der Anlage im gegebenen Falle deswegen für nicht nötig, weil es sich nur um eine Vollmacht handle, und nicht um eine Willenserklärung eines Vertragsteils, und weil auch ohne Hinweis des Protokolls auf die nähere Bezeichnung des angenommenen Angebots in der Vollmacht deutlich genug gewesen sein würde, daß nur das einzige vorhandene Angebot gemeint sei. Dem kann aber nicht beigepflichtet werden.

Es mag dahingestellt bleiben, ob einfache Vollmachten als Protokollanlagen dem Verlesungszwang nicht unterworfen sind, wie das Kammergericht in seinen Jahrbüchern 22 A 209 angenommen hat; aber im vorliegenden Falle handelt es sich nicht um eine solche einfache Vollmacht, sondern um eine nach des die Annahme erklärenden K. und nach des Beurkundungsbeamten Willen zur Ergänzung des Protokolls selbst dienliche Urkunde. Der Revisionskläger weist darauf hin, daß im Laufe der Jahre von ihm im ganzen ungefähr sechs ver-

---

[1] Vgl. Bd. 71 dieser Sammlung S. 318.

schiedene Angebote der Stadt gemacht worden seien, und daß schon deshalb die in Rede stehende Annahmeerklärung für sich unvollständig, und ihre Ergänzung durch die Anlage notwendig gewesen sei. Diese Frage kann aber auf sich beruhen, weil unzweifelhaft der Magistratssekretär K. ebenso wie der Magistratsassessor Dr. F. als Urkundsbeamter gewollt haben, daß die Anlage zur Ergänzung des Protokolles dienen solle, und weil sich im gegebenen Falle der Beurkundungszwang nicht bloß auf die unbedingt notwendigen, sondern auch auf die von dem Erklärenden gewollten Bestandteile der Erklärung erstreckt hat.

Hiernach und gemäß den Mußvorschriften in den §§ 176, 177 FrGG., 313, 128, 125 BGB. ist die Annahmeerklärung vom 10. Oktober 1905 und zwar nicht bloß hinsichtlich ihrer Verweisung auf die Anlage, vielmehr in ganzem Umfange nichtig; und da die im Angebot vom 22. Juni 1905 gesetzte Annahmefrist — der 1. November 1905 — längst verstrichen ist, fehlt es gemäß § 148 BGB. jetzt an der Möglichkeit des Zustandekommens eines Vertrages auf jener Grundlage. Vergeblich beruft sich die Revisionsgegnerin auf die vom Reichsgericht wiederholt (z. B. in den Entsch. des RG.'s in Zivils. Bd. 60 S. 338) über falsche Grundstücksbezeichnung im Vertrage ausgesprochenen Grundsätze und will sie diese hier entsprechend angewendet wissen. Jene Entscheidungen nahmen einen unzweifelhaften Irrtum beider Vertragsteile an; von einem Irrtum des Magistratssekretärs K., der die in Rede stehende Ergänzung des Annahmeprotokolls durch die Anlage als notwendig oder doch zweckmäßig gewollt hat, kann aber im gegebenen Falle keine Rede sein.

3. In dem zwischen Angebot und Annahmeerklärung durch Schreiben der städtischen Tiefbaudeputation vom 22. Juli 1905 gestellten Verlangen einer Sicherheitsleistung von 600000 ℳ findet der Beklagte auch in seiner Revision wieder a) eine sein Angebot nach den §§ 150 Abs. 2, 146 BGB. ablehnende und daher vernichtende Erklärung, und wenn man dies nicht annehmen wolle, b) das Verlangen einer wesentlichen Vertragsleistung, die abermals formgerecht nach § 313 BGB, Art. 12 § 2 preuß. AusfGes. zum BGB. hätte angeboten werden müssen. Das Kammergericht verwirft diese Ausführungen mit der Begründung, daß man klägerischerseits dem Beklagten nur eine für den eigentlichen Vertragsinhalt unerhebliche

„Zwischenauflage" gemacht habe, bevor die Klägerin sich überhaupt über Annahme oder Nichtannahme seines Angebots schlüssig machen wollte. Diese Begründung ist nicht stichhaltig. Es kann zu a) dahingestellt bleiben, ob wirklich in dem Verlangen vom 22. Juli 1905 eine Angebotsablehnung im Sinne der angezogenen §§ 150 Abs. 2, 146 zu erblicken ist, und ob hierzu nicht eine beiderseits vorausgesetzte formgerechte Erklärung des Stadtmagistrats erforderlich gewesen wäre. Jedenfalls ist das von der Stadt gestellte und vom Beklagten erfüllte Sicherheitsverlangen als wesentlicher Bestandteil des abzuschließenden Immobiliarvertrages und zunächst des dafür grundlegenden Angebotes des Beklagten aufzufassen, und es mußte daher gemäß § 313 BGB. in dieses Angebot nachträglich formgerecht aufgenommen werden. Es kann zugegeben werden, daß ausnahmsweise die den Abschluß einer Grundstücksveräußerung sichernden oder eine besondere Vergütung für dessen Abschluß versprechenden Bestimmungen gerichtlicher oder notarieller oder gleichwertiger Beurkundung nicht bedürfen, weil sie als selbständige, den Hauptvertrag nicht berührende Abmachungen zu gelten haben. In diesem Sinne hat sich auch der erkennende Senat schon bisweilen ausgesprochen.

Als solche selbständige, den Hauptvertrag an sich nicht berührende Sicherungsmaßregel könnte die in Rede stehende Abmachung etwa dann erscheinen, wenn bei und mit formgerechter Annahme des Angebots die Sicherheitsleistung zu 600000 ℳ sofort hätte erloschen und löschungsreif sein sollen. So liegt aber die Sache nicht. Schon das Schreiben der Tiefbaudeputation vom 22. Juli 1905 verlangt Sicherstellung der „Verpflichtungen" aus dem Angebot durch die Kaution von 600000 ℳ. Zu diesen Verpflichtungen ist vor allem die zur kosten-, schulden- und, mit einer Ausnahme, lastenfreien Auflassung zu rechnen; und daß die Sicherheitsleistung bis zu dieser — mit der Angebotsannahme zeitlich nicht zusammenfallenden — Auflassung fortgelten sollte, steht nach dem Inhalt der zu Protokoll des Magistratssekretärs P. vom 2. September 1905 erklärten Sicherheitsbewilligung außer Zweifel. Somit ist die Sicherheitsleistungspflicht des Beklagten als wesentlicher und notwendiger Bestandteil des Grundstücksüberlassungsvertrags und schon des Angebots dazu aufzufassen, und sie unterlag daher dem Beurkundungszwang des § 313 BGB. Daß diesem die Beurkundung vor dem

Magistratssekretär P. nicht entsprochen hat, ist außer Streit, und daß die Bewilligung der Eintragung der Sicherheitsleistung im Grundbuch und die tatsächlich erfolgte Eintragung nicht ähnlich heilende Wirkung wie Auflassung und Eigentumseintragung üben konnte, versteht sich von selbst. Auch aus diesen Gründen ist also der Grundstücksüberlassungsvertrag nichtig und unklagbar." . . .

97. Sind auch die Urkunden über Versicherung von Transportmitteln, insbesondere von Automobilen, während der Fahrt und für den Ruhezustand stempelfrei?

Preuß. Stempelsteuergesetz vom 31. Juli 1895 Tarifst. 70 Abs. 5.

VII. Zivilsenat. Urt. v. 8. Februar 1910 i. S. Aktiengesellschaft „Agrippina", See-, Fluß- u. Landtransport-Vers.-Ges. (Kl.) w. preuß. Fiskus (Bekl.). Rep. VII. 145/09.

I. Landgericht I Berlin.
II. Kammergericht daselbst.

Die Klägerin versicherte in Verbindung mit einer anderen Versicherungsgesellschaft mittels Police vom 20. Februar 1906 dem Fabrikbesitzer Sp. für die Zeit vom 24. Februar 1906 bis zum 24. Februar 1907 gegen eine Prämie von 475 ℳ ein näher bezeichnetes, auf 19000 ℳ bewertetes Automobil unter Ausschluß des Feuer-, Explosions- und Kurzschlußrisikos. Von den allgemeinen Bedingungen, unter denen die Versicherung geschlossen wurde, kommen folgende in Betracht.

Nach § 1 umfaßt die Versicherung den Schaden, der infolge eines der in § 2 bezeichneten Unfälle an dem versicherten Automobil selbst innerhalb der Grenzen des Deutschen Reiches entsteht, während das Automobil durch elektrische, Dampf- oder Gaskraft betrieben in Benutzung oder nicht in Benutzung ist, bzw. ob es steht, oder in Fahrt ist. Als Unfall gilt nach § 2 das durch äußere gewaltsame Einwirkung, bzw. eine außerhalb des versicherten Wagens liegende Ursache eingetretene Ereignis, sofern nicht etwas anderes als vereinbart gilt. Beispielsweise sind Schäden erwähnt, die entstehen durch Umschlagen oder Absturz des Automobils, Bruch der Räder oder Achsen infolge Zusammenstoßes mit irgend welchen Fuhrwerken oder Kollision mit irgend welchen festen oder in Bewegung befindlichen Gegenständen, durch Erdfall, Brücken- oder Straßeneinsturz oder Überschwemmung, gleichviel an welchem Aufenthaltsort das Automobil sich innerhalb des Deutschen Reiches befindet. Ist das Feuer-, Explosions- und Kurzschlußrisiko in die Versicherung eingeschlossen, so ist das Automobil gegen alle derartige Schäden gedeckt, gleichviel wo es sich in der Heimat oder auf der Reise befindet, und einerlei ob es steht oder läuft, jedoch mit der Maßgabe, daß das Risiko aufhört, sobald das Automobil sich auf Ausstellungen oder zwecks Reparatur außerhalb seines gewöhnlichen Standortes befindet, oder sobald es in der Heimat gegen Entgelt in einer nicht dem Besitzer gehörigen Garage untergestellt ist. Eingeschlossen in die Versicherung ist das Diebstahlsrisiko, sofern es sich nicht um das Abhandenkommen einzelner Teile des Automobils handelt. Offengehalten ist gegen Zuschlagsprämie die Versicherung auch für Fahrten und für Aufenthalt nach und in außerdeutschen Staaten (§ 2 Abs. 6). Nicht gehaftet wird nach § 3 für entgangenen Gewinn, für Kriegs- und andere ähnliche Schäden, auch nicht für Schäden, die auf innerem Zerfall oder mangelhafter Beschaffenheit des Automobils beruhen. Schäden an Pneumatiks, Gummireifen, Glasscheiben, Laternen, Scheinwerfern und Kotflügeln werden nur dann vergütet, wenn sie die erwiesene Folge einer Kollision mit auf der Erde in Bewegung befindlichen Gegenständen sind. Für den Fall der Benutzung des Automobils zu Preis-, Kunst- und Wettfahrten sowie zum Transport feuer- oder explosionsgefährlicher Stoffe ruht die Versicherung. Der Schade wird bis zur Höhe der vereinbarten Versicherungssumme vergütet und nach gewissen, in § 10 näher angegebenen Grundsätzen ermittelt.

Die Klägerin und die andere Gesellschaft versicherten ferner durch Police vom 11. Juni 1906 der Firma Gebrüder J. auf die Zeit vom 6. Juni 1906 bis zum 6. Juni 1907 zwei Wagen mit Pferdebetrieb (einen Selbstfahrer und einen sog. Whisky) im Werte von 3200 ℳ unter wesentlich gleichen Bedingungen, wie das Automobil des Fabrikbesitzers Sp., gegen Unfälle während und außerhalb des Fahrbetriebs.

Beide Policen erachtete die Steuerbehörde nach Maßgabe der Tarifst. 70c zum preußischen Stempelsteuergesetze vom 31. Juli 1895 für stempelpflichtig, während die Klägerin sie als Urkunden über Transportversicherungen nach Abs. 5 der Tarifstelle für steuerfrei ansah und Klage auf Erstattung der entrichteten Steuer erhob. Das Landgericht erkannte nach dem Klagantrage. Das Kammergericht wies die Klage ab. Die Klägerin legte Revision ein, der stattgegeben wurde.

Gründe:

„Nach dem letzten Absatz der Tarifst. 70 zum Stempelsteuergesetze vom 31. Juli 1895 sind vom Stempel befreit Verträge über Rückversicherungen und Transportversicherungen. Der Berufungsrichter wendet die Befreiungsvorschrift, — die hier nur in ihrer Beziehung auf die Transportversicherung in Betracht kommt, — lediglich deshalb nicht an, weil die versicherten Fahrzeuge (Automobil und Wagen mit Pferdebetrieb) auch gegen Gefahren außerhalb des Transports, die mit der Reise oder Fahrt in keiner Verbindung stehen, gedeckt seien, und insofern eine gewöhnliche Schadensversicherung vorliege. Diese Anschauung beruht auf einer zu engen Auslegung des Begriffs der Transportversicherung. Daß er vom Stempelgesetz in einer besonderen, vom bürgerlichen Recht abweichenden Bedeutung verstanden worden sei, erhellt weder aus dem Wortlaut der Vorschrift noch aus deren Entstehungsgeschichte. Man wollte nach der Begründung Transportversicherungsurkunden vom Stempel befreien, weil sie meist nur auf kurze Zeit lauteten, und die Feststellung der Prämien, — die nach dem Entwurf auch bei der Sachversicherung den Maßstab für die Besteuerung bildeten, — vielfach mit unverhältnismäßigen Schwierigkeiten verknüpft sei. Für das Gesetz selbst ist nur der erste Grund von Erheblichkeit. Er ergibt nichts für die Auslegung des Berufungsrichters und für eine stempelrechtliche Beschränkung des Begriffs der Transportversicherung. Daß unter ihn die See- und Binnenschiffahrtsversicherung und ebenso die Landtransportversicherung fällt, und daß die entsprechenden Policen, namentlich auch die Seeversicherungspolicen, stempelfrei sind, auch wenn sie, entgegen der von der Begründung angenommenen Regel, eine längere Zeit umfassen sollten, ist unbestritten. Die Seeversicherung gewährt aber Ersatz für den Schaden, auch soweit er nicht auf einen Unfall während der eigentlichen Reise zurückzuführen ist; vielmehr beginnt die Versicherung mit dem Zeitpunkte der Einnahme der Ladung und erstreckt sich auf den Aufenthalt des Schiffes in Not- oder Zwischenhäfen (§§ 823, 827 HGB.).

Vgl. Entsch. des RG.'s in Zivils. Bd. 11 S. 105 flg.

Entsprechendes gilt für die Versicherung von Transporten auf Binnengewässern (vgl. § 8 der allgemeinen Bedingungen eines Versicherungsscheins auf Kasko für die Schiffahrt auf dem östlichen deutschen Stromgebiet, § 13 der allgemeinen Bedingungen bei Versicherungen für den Transport von Gütern auf Flüssen und Binnengewässern, abgedruckt in dem Kommentar zum Gesetz über den Versicherungsvertrag von Gerhard und Genossen S. 553, 570). Durch diese Ausdehnung des Risikos auf Unfälle, die sich nicht bei der Beförderung selbst zutragen, wird die Einheitlichkeit des Versicherungsvertrages als einer Transportversicherung nicht in Frage gestellt. Ebenso verhält es sich bei der Landtransportversicherung. Schon zur Zeit des Erlasses des Stempelgesetzes war es, wie der Fall in den Entsch. des RG.'s Bd. 39 S. 195 flg. beweist, nichts Ungewöhnliches, daß der Versicherer eines Landtransportes (es handelte sich um den Transport von Gütern auf der Eisenbahn) auch die Haftung für die Zeit der Lagerung der Ware auf bestimmten Plätzen vor ihrer Einlieferung zum Zwecke der Verladung auf der Absendungsstation übernahm. Das Reichsgericht erblickte darin nicht die Übernahme eines Lager- oder Standrisikos neben einem sich anschließenden Transportrisiko, erachtete vielmehr eine einheitliche Transportversicherung unter Erweiterung des Umfangs der regelmäßig zu übernehmenden Gefahr für vorliegend. Grundsätzlich läßt sich hiernach keinesfalls sagen, daß eine Transportversicherung deshalb nicht gegeben sei, weil die Versicherung auch auf den Ruhezustand sich beziehe. Es kommt vielmehr darauf an, ob im übrigen die Merkmale der Transportversicherung zutreffen, und ob die Ausdehnung der Haftung auf Gefahren außerhalb des eigentlichen Transports dem Vertrage die Eigenschaft einer Transportversicherung zu nehmen geeignet ist.

Von diesem rechtlichen Gesichtspunkt aus hat der Berufungsrichter die Sache nicht geprüft. Sein Urteil mußte daher, da auch im übrigen die Feststellungen, die getroffen sind, die Entscheidung nicht zu tragen vermögen, aufgehoben werden. Einer Zurückverweisung bedurfte es nicht, da der Sachverhalt feststeht und danach der Rechtsstreit zur Entscheidung reif ist (§ 565 Abs. 1 Nr. 1 ZPO.).

Versichert sind gemäß den nach ihrem wesentlichen Inhalt mitgeteilten Urkunden ein Automobil und Wagen, die nicht gewerblichen Zwecken der Besitzer dienen, sondern, soweit ersichtlich, Luxusfahrzeuge sind. Es fragt sich zunächst, ob diese Fahrzeuge, weil Transportmittel, Gegenstand der Transportversicherung sein können. Die Frage ist zu bejahen. Schon der älteste Zweig dieser Versicherung, die Seeversicherung, galt nicht bloß den Gütern als den zur Beförderung bestimmten Dingen, sondern ebenso auch dem Schiff, das sie beförderte. Auch dieses war den mit einer Fortbewegung von Ort zu Ort, mit einer Reise verknüpften Gefahren nicht minder ausgesetzt, als die Ware, die es mit sich führte. Die Kaskoversicherung übertrug sich auf die Binnenschiffahrt. Transportversicherung war auch die Versicherung des Schiffes gegen die Gefahren der Binnenschiffahrt. Dabei kam es nicht darauf an, ob das Schiff zum Erwerbe durch die Schiffahrt bestimmt war. Wesentlich war nur der Zweck der Fortbewegung auf dem Wässer, der auch dem Vergnügungsdampfer oder der Lustjacht inne wohnt. Darum ist auch in § 129 Abs. 2 des Gesetzes über den Versicherungsvertrag vom 30. Mai 1908, der kein neues Recht schafft, schlechthin von Schiffen als von Gegenständen der Transportversicherung die Rede (vgl. Gerhard und Genossen, Kommentar Anm. 4, 2 zu § 129 des Versicherungsgesetzes). Läßt man aber die Fahrzeuge sowohl des Meeres wie der Binnengewässer als solche Gegenstände gelten, so ist kein Grund ersichtlich, die Landtransportmittel von jenem Versicherungszweige auszuschließen und für sie, trotz sonstiger Gleichartigkeit des Risikos, — worauf noch zurückzukommen ist, — eine besondere Versicherungsart einzuführen. Unbedenklich hat man deshalb Möbel- und Eisenbahnwagen als der Transportversicherung zugänglich angesehen; und wenn schon diese Erwerbszwecken dienen, so fehlt es doch auch hier an einem durchschlagenden Grunde, die Versicherung anderer Fahrzeuge, z. B. einer Equipage oder eines im Privateigentum stehenden Salonwagens, gegen die Gefahren, die ihnen bei der Fortbewegung drohen, nicht als Transportversicherung zu kennzeichnen. Daß die Versicherung der Landtransportmittel vielleicht an Bedeutung hinter der

der Schiffsgefäße zurückgestanden hat und noch zurücksteht, ist ohne Belang.

Muß man demgemäß auch jene Beförderungsmittel für der Transportversicherung fähig halten, so versteht sich dies auch für das Automobil, dessen Erfindung und Ausbreitung für alle Zwecke des Verkehrs, des gewerblichen wie des nicht gewerblichen, erst der neueren und neuesten Zeit angehört, um so mehr von selbst, als es bei der Versicherung auf die Beschaffenheit des Transportmittels und auf die bewegenden Kräfte nicht ankommt. Nach dem Ausgeführten kann es auch keinen Unterschied machen, ob es sich um ein gewerbliches oder um ein Luxusautomobil handelt. Wesentlich ist nur, ob die Merkmale einer wirklichen Transportversicherung gegeben sind. Diese sind — worüber kein Streit besteht — darin zu finden, daß die Versicherung einmal einen unbestimmten, mehr oder weniger großen Kreis von Gefahren (alle, wenn nicht besondere ausgenommen sind) umfaßt, und daß die Gefahren gerade durch die Beförderung drohen. Gegen die Zufälligkeiten aller Art, denen der Transport (im Sinne von Beförderungsmittel und befördertem Gut) ausgesetzt ist, soll die Versicherung Deckung gewähren. Daß nun im vorliegenden Falle die Versicherung des Automobils wie der Wagen die Unfälle während der Fahrt, beim Automobil mit Ausschluß der Feuer-, Explosions- und Kurzschlußgefahr, bei den Wagen einschließlich der Feuersgefahr, trifft, ergeben die Policen. Mithin läßt sich von einer Transportversicherung sprechen; es handelt sich um reinen Sachschaden an den versicherten Transportmitteln ohne Beschränkung auf eine bestimmte Ursache und mit besonderem Hinweis auf die Gefahren der Fahrt.

Es ist nunmehr weiter zu prüfen, ob etwa die sonstigen, auf eine Ausdehnung der Haftung gerichteten Bestimmungen der Policen mit dem Begriffe der Transportversicherung unverträglich sind. Ist man zur Vereinfachung des Versicherungsverhältnisses bei der Landtransportversicherung dahin gelangt, die Haftung des Versicherers auch für die Zeit auszubedingen, während welcher die Güter nicht unterwegs sind, sondern sich — vor oder nach der Reise — in Lagerhäusern, Schuppen oder auf Kais befinden und dort aufbewahrt werden, so ist eine Erstreckung der Versicherung von Transportmitteln auf den Ruhezustand nicht befremdlich. An sich wäre es möglich zwei Versicherungsverträge, den einen für den Zustand der Fortbewegung, den anderen für den der Ruhe, zu schließen. Es wäre aber nicht praktisch. Der Versicherungsnehmer versichert sich mittels einer Police nicht nur gegen die Gefahren des eigentlichen Transports, sondern auch gegen die Gefahren der Zwischenzeit. Dadurch verliert die Versicherung nicht den Charakter der Transportversicherung, der sich immer noch in der grundsätzlichen Unbegrenztheit des Risikos auch für jene Zwischenzeit kundgibt. Das Wesentliche ist namentlich beim Transportmittel, dessen Bestimmung es ist, fortbewegt zu werden oder sich selbst fortzubewegen, die Versicherung für diese Bewegungsperiode. Die Ruhe, die Zeit des Stillstandes in der Remise, im Schuppen oder in der Garage kommt nur als etwas Nebensächliches in Betracht, das zur völligen Deckung des Versicherungsnehmers und zur Vermeidung leicht möglicher Streitigkeiten über den Umfang der Versicherung in diese als in die einheitliche Transportversicherung mit eingeschlossen wird, aber weder als eine selbständige Versicherung noch als mit der Transportversicherung nicht vereinbar anzusehen ist.

Walten hiernach im allgemeinen keine versicherungsrechtlichen Zweifel daran ob, daß die Policen, deren Besteuerung vom Beklagten gefordert wird, Transportversicherungsurkunden sind, so kann auch insbesondere aus der Regelung, die die Transportversicherung im Gesetz über den Versicherungsvertrag erfahren hat (§§ 129 flg.), kein Bedenken dagegen entnommen werden. Es ist richtig, daß das Gesetz nur Vorschriften über die Versicherung von Gütern und Schiffen auf Binnengewässern gibt, und daß es in vielen Beziehungen nur dem bestehenden Rechtszustand eine feste Form verliehen hat. Aber dafür fehlt jeder Anhalt, daß das Gesetz von dem Gedanken ausgegangen sei, die Versicherung anderer Transportmittel als der Schiffe sei nicht als Transportversicherung anzusehen. Diese Versicherung überläßt es der Regelung durch die Parteien. Sie ist noch nach Maßgabe des früheren Rechtes im vorliegenden Falle inhaltlich der beiden Policen in einer Weise erfolgt, daß das Bestehen einer Transportversicherung nicht wohl zu beanstanden ist. Ob die Frage des Aufsichtsrechts nach § 116 des Gesetzes über die privaten Versicherungsunternehmungen vom 12. Mai 1901 rücksichtlich der Automobilversicherung anders zu beantworten, und etwa diese Versicherung vom Standpunkte des öffentlichen Rechtes aus nicht als Transportversicherung anzusprechen ist, bedarf hier, wo es sich um die Besteuerung der privatrechtlichen Versicherungsurkunde handelt, keiner Entscheidung.

Zu Gunsten des Beklagten könnte nur dann erkannt werden, wenn sich sagen ließe, daß das Stempelgesetz die Transportmittel von dem Begriffe der Transportversicherung ausgeschlossen habe. Davon kann aber angesichts der Tatsache, daß jedenfalls die Versicherung von Schiffen und wohl auch von Möbeltransportwagen zur Zeit der Abfassung des Gesetzes bekannt war, und daß unzweifelhaft die Seeversicherungspolicen vom Stempel haben befreit werden sollen, keine Rede sein. Unerheblich ist, daß zu jener Zeit das Automobil noch kein Verkehrsmittel bildete. Was Transportversicherung ist, muß, da das Stempelgesetz Sondervorschriften nicht enthält, nach dem jeweiligen bürgerlichen Rechte beurteilt werden. Schließlich kann auch der gesetzgeberische Grund, daß Transportversicherungen „meist" auf kurze Zeit geschlossen würden, nicht gegen die Unterordnung der vorliegenden Versicherungen unter den Begriff der Transportversicherung verwertet werden. Einmal sind sie nur auf die Dauer eines Jahres, freilich mit der Abrede stillschweigender Verlängerung für den Fall nicht rechtzeitiger Kündigung, geschlossen, und sodann beschränkt das Gesetz selbst die Befreiung nicht auf kurzfristige Policen. Auch Schiffe wurden und werden auf Zeit versichert (vgl. § 139 des Versicherungsvertragsgesetzes; § 8 der oben erwähnten allgemeinen Bedingungen). Hätte das Stempelgesetz nach dieser Richtung eine Grenze ziehen wollen, so hätte dies unzweideutig geschehen müssen. Wenn der Beklagte darauf hinweist, daß nach der hier und in der Literatur durchweg vertretenen Ansicht auch Vieh als Transportmittel einen Gegenstand der Transportversicherung bilden müsse, so trifft dies nicht zu. Für Verluste an Vieh hat sich der besondere Zweig der Viehversicherung entwickelt (vgl. §§ 116 flg. des Versicherungsvertragsgesetzes), und die Urkunden über solche Versicherungen können selbstverständlich nicht als Urkunden über Transportversicherungen behandelt werden.

Aus vorstehenden Gründen war das landgerichtliche Urteil, das mit Recht die Befreiungsvorschrift des Abs. 5 der Tarifstelle 70 anwendet, durch Zurückweisung der vom Beklagten erhobenen Berufung wieder herzustellen."

98. Mitteilung des von dem Vorstande einer Berufsgenossenschaft gefaßten Beschlusses, wegen der ihr durch einen Betriebsunfall erwachsenden Aufwendungen von dem betreffenden Genossenschaftsmitgliede Ersatz zu verlangen. Ist für die Erhebung der Ersatzklage die Einhaltung der Frist von einem Monat nach der Zustellung des Beschlusses auch dann erforderlich, wenn das Mitglied bestimmt erklärt hat, daß es die ihm angesonnene Ersatzleistung verweigere?

GewUVG. vom 30. Juni 1900 §§ 136, 137, 155 Abs. 1.

VI. Zivilsenat. Urt. v. 13. Dezember 1909 i. S. Papiermacher-Berufsgenossenschaft (Kl.) w. C. F. W. (Bekl.). Rep. VI. 637/08.

I. Landgericht Mainz.
II. Oberlandesgericht Darmstadt.

Der Arbeiter P. hatte im Januar 1901 im Fabrikbetriebe der offenen Handelsgesellschaft C. F. W. einen Unfall erlitten und erhielt infolgedessen von der klagenden Berufsgenossenschaft, bei der er versichert war, Entschädigung. Der Vorstand der Genossenschaft war der Meinung, daß der Unfall von den damaligen Teilhabern der Gesellschaft fahrlässig und durch Außerachtlassung der ihnen durch ihren Beruf obliegenden Aufmerksamkeit verursacht worden sei, und erhob gegen sie Ersatzklage nach § 136 GewUVG. Das Berufungsgericht wies die Klage ab, weil die Genossenschaft den Vorschriften in § 137 des angezogenen Gesetzes nicht genügt habe. Das Urteil wurde vom Reichsgericht aufgehoben, und die Sache in die Berufungsinstanz zurückverwiesen. Der weitere Sachstand ergibt sich aus den folgenden

Gründen:

. . . „In der Vorstandssitzung vom 20. Juni 1902 wurde beschlossen, gegen die Firma C. F. W. . . . wegen Ersatzes der für die Genossenschaft durch den Unfall vom 30. Januar 1901 entstandenen und noch erwachsenden Aufwendungen das gerichtliche Regreßverfahren einzuleiten. In Verfolg dieses Beschlusses richtete der Vorstand der Genossenschaft unterm 29. Juli 1902 eine Zuschrift an die . . . Handelsgesellschaft C. F. W.; darin ist zunächst erwähnt, daß die Genossenschaft nach einer Entscheidung des Reichsversicherungsamts . . . dem P. wegen des von ihm erlittenen Unfalls Entschädigung leisten müsse, und es sind dann die von ihr bereits gemachten Aufwendungen und die künftig zu zahlende Rente beziffert. In Verbindung hiermit ist in der Zuschrift bemerkt:

„Da der erwähnte Unfall durch ein Verschulden Ihrer Firma aus Fahrlässigkeit mit Außerachtlassung der nötigen Aufmerksamkeit herbeigeführt worden ist, erscheinen Sie in Gemäßheit des § 136 Abs. 1 GewUVG. unserer Genossenschaft haftbar für alle Aufwendungen, welche infolge des Unfalls auf Grund dieses Gesetzes gemacht worden sind. Wir fragen ergebenst an, ob Sie bereit sind, uns diese und die weiterhin noch entstehenden Aufwendungen zu ersetzen."

Diese Anfrage wurde durch Brief vom 6. August 1902 von der Handelsgesellschaft C. F. W. ablehnend beantwortet, indem sie bestritt, daß ihr eine Fahrlässigkeit zur Last falle. Der Genossenschaftsvorstand sah sich indes veranlaßt, in einem Schreiben vom 27. August seine Anfrage zu wiederholen, und bemerkte dabei, die Genossenschaft würde, wenn die Handelsgesellschaft bei ihrer früheren Erklärung verharre, gegen sie klagbar werden. Diese antwortete darauf unterm 28. August, sie bleibe bei ihrer Erklärung stehen und müsse der Genossenschaft das Weitere überlassen. Die erwähnten Mitteilungen des Genossenschaftsvorstandes sind an die Gesellschaft C. F. W. in gewöhnlichen, nicht eingeschriebenen Briefen versendet worden.

Das Berufungsgericht nimmt an, daß dieser Umstand der Klage nicht entgegenstehe, da durch die Antwortschreiben der Gesellschaft ausreichend dargetan sei, daß und wann sie die Briefe erhalten habe. Allein die Zuschrift vom 27. August 1902, in der mit Klaganstellung gedroht sei, müsse außer Betracht bleiben, weil nach dieser Mitteilung bis zur Klagerhebung nicht die Frist von einem Monat verstrichen sei. In der Zuschrift vom 29. Juli 1902 aber sei nicht in zureichender Weise zum Ausdrucke gelangt, daß der Vorstand der Genossenschaft beschlossen habe, einen Entschädigungsanspruch im Sinne von §§ 136, 137 GewUVG. gegen die Firma zu erheben; deren Teilhaber hätten vielmehr die Mitteilung dahin verstehen können, es handle sich nur um eine Auskunft, die der Vorsitzende des Vorstands zum Zwecke der Vorbereitung der Entschließung des Vorstands einholen wolle. Das genüge aber dem nicht, was § 137 Abs. 1 verlange.

Die hieraus sich ergebende Folgerung, daß die Klage als unzulässig abzuweisen sei, könne auch nicht durch den Umstand beseitigt werden, daß von der verklagten Partei ein Einwand gegen die verfrühte Klaganstellung zunächst nicht erhoben worden sei, sie vielmehr erst, nachdem die Frage in dem früheren Revisionsurteil angeregt worden, dieses Bedenken geltend gemacht habe. Denn ein Verzicht auf die Wahrung der in § 137 GewUVG. bestimmten Frist sei weder vor dem Beginn des Prozesses noch während desselben mit rechtlicher Wirkung möglich gewesen; aber selbst wenn man die Möglichkeit eines solchen Verzichts annehmen könnte, würde er nicht als erfolgt anzusehen sein, weil offenbar beide Parteien daran, daß bei der Klagerhebung gegen die Vorschrift des § 137 Abs. 2 verstoßen worden sei, nicht gedacht hätten.

Dem hat nicht beigetreten werden können.

Das Reichsgericht erachtet es für unbedenklich, mit der Vorinstanz im Anschluß an die Auffassung des Reichsversicherungsamtes anzunehmen, daß die beiden Mitteilungen, die der Vorstand der Genossenschaft unterm 29. Juli und 27. August 1902 den Teilhabern der Handelsgesellschaft C. F. W. gemacht hat, obwohl sie nicht in eingeschriebenen Briefen erfolgten (§ 155 Abs. 1 GewUVG.), als rechtswirksam zugestellt anzusehen sind, da sie, wie feststeht, der Gesellschaft tatsächlich zugegangen sind. Die weitere Frage, ob in dem Briefe vom 29. Juli 1902 eine ausreichende Mitteilung des von dem Genossenschaftsvorstand am 20. Juni 1902 gefaßten Beschlusses zu finden sei, kann zweifelhaft erscheinen. Es ist darin bestimmt ausgesprochen, daß die Handelsgesellschaft den Unfall, den P. erlitten, durch Außerachtlassung der ihr obliegenden Sorgfalt schuldhaft verursacht habe und deshalb nach § 136 Abs. 1 GewUVG. der Genossenschaft zum Schadensersatz verpflichtet sei. Es liegt nahe, anzunehmen, es sei hiermit genügend zum Ausdrucke gebracht worden, daß der Vorstand beschlossen habe, die Gesellschaft oder ihre Teilhaber wegen der Erfüllung dieser ihr angesonnenen Verpflichtung in Anspruch zu nehmen, und die an jene Mitteilung geknüpfte Anfrage sei nur dahin auszulegen, daß die Gesellschaft sich darüber erklären solle, ob sie sich zur Erfüllung ihrer Verpflichtung, ohne es auf den sonst gegen sie anzustrengenden Prozeß ankommen zu lassen, verstehen wolle. Es bedarf indes keiner Entscheidung darüber, ob schon durch den Brief vom 29. Juli 1902 der Bestimmung in § 137 Abs. 1 genügt worden ist; denn jedenfalls ist dies, wie auch wohl die Vorinstanz nicht in Zweifel zieht, durch den Brief vom 27. August geschehen, der eine Ergänzung des früheren darstellt, so daß der Gesamtinhalt beider Zuschriften in Betracht zu ziehen ist. In ihm ist der Wille des Vorstandes, den nach seiner Meinung der Genossenschaft zustehenden Schadensersatzanspruch gerichtlich zu verfolgen, ausdrücklich ausgesprochen.

In Frage kommt also nur noch, ob wegen des Umstandes, daß die Klage zu einer Zeit, wo nach der letzten Mitteilung noch zwei Tage am Ablauf der in § 137 Abs. 2 bestimmten Frist fehlten, erhoben worden ist, die Klagerhebung als unzulässig anzusehen ist. Das ist zu verneinen. Durch die angezogene Vorschrift soll, wie nach ihrem Inhalt nicht zweifelhaft erscheint, auch nach dem Bericht der Reichstagskommission (Session 1898/1900, S. 144 flg. des Berichts), auf deren Vorschlag die Bestimmung in das Gesetz gekommen ist, angenommen werden muß, dem Unternehmer, an den der Genossenschaftsvorstand mit Ersatzansprüchen der in § 136 bestimmten Art herantritt, eine angemessene Frist zur Überlegung, ob er die Entschließung der Hauptversammlung anrufen solle, und falls er sich dafür entscheidet, zur Ausführung seines Entschlusses gewährt werden. Es liegt kein Grund für die Annahme vor, daß diese Frist von der Genossenschaft unbedingt auch dann bei Beschreitung des Rechtswegs eingehalten werden müsse, wenn der Unternehmer schon vorher sich dahin schlüssig macht, es auf den Prozeß ankommen zu lassen, und dies der Genossenschaft erklärt; es kann sehr wohl auch in seinem Interesse liegen, daß die Sache möglichst bald ausgetragen, und deshalb mit der Anstellung der Klage nicht bis zum Ablauf der Frist gewartet werde; und ein öffentliches Interesse daran, daß diese entgegen dem beiderseitigen Wunsche der Beteiligten gewahrt werden müsse, ist nicht erkennbar.

Im vorliegenden Falle hatten nun die damaligen Teilhaber der Gesellschaft C. F. W. schon durch den Brief vom 29. Juli 1902 Kenntnis davon erlangt, daß der Genossenschaftsvorstand sie als zum Ersatz der durch den Unfall vom 30. Januar 1901 der Genossenschaft erwachsenen und künftig entstehenden Aufwendungen verpflichtet ansehe, und in dem Briefe vom 27. August 1902 war ihnen unzweideutig die Klagerhebung angedroht. Wenn sie hierauf in ihrer Zuschrift vom 28. August erklärt haben, sie beharrten bei der Ablehnung ihrer Ersatzpflicht und wollten das weitere dem Genossenschaftsvorstand überlassen, so kann dies nur dahin verstanden werden, daß sie weitere Schritte bei der Genossenschaft nicht tun wollten, vielmehr der Ausführung der ihnen in Aussicht gestellten Maßnahme entgegensähen; sie haben ja auch nachher niemals die Entscheidung der Genossenschaftsversammlung angerufen.

Nach alledem stehen formale Bedenken der Zulässigkeit der von der Genossenschaft erhobenen Klage nicht entgegen, und es muß daher darüber, ob der geltend gemachte Anspruch sachlich begründet ist, oder nicht, entschieden werden." . . .

99. Welchen Einfluß hat die Weigerung des entschädigungsberechtigten Verletzten, sich einer ärztlichen Untersuchung zu unterwerfen, und die deshalb erfolgte Entziehung der zugebilligten Rente seitens der Berufsgenossenschaft auf das Rechtsverhältnis zwischen dem Verletzten und dem haftpflichtigen Dritten?

VI. Zivilsenat. Urt. v. 10. Januar 1910 i. S. Große Kasseler Straßenbahn (Bekl.) w. Sch. (Kl.). Rep. VI. 231/09.

I. Landgericht Kassel.
II. Oberlandesgericht daselbst.

Der Kläger war im Jahre 1898, während er im Dienst eines Maurermeisters an einem Kanalbau arbeitete, durch einen an der Arbeitsstelle vorüberfahrenden Wagen der von der Beklagten betriebenen Straßenbahn schwer verletzt worden. Die Baugewerks-Berufsgenossenschaft, bei der er versichert war, hatte ihm wegen dauernder Minderung seiner Erwerbsfähigkeit eine Rente von 34,90 *M* monatlich zugebilligt. Außerdem hatte ihm die Beklagte zufolge rechtskräftiger Verurteilung wegen seines über diesen Betrag hinausgehenden Schadens eine Rente von monatlich 40,10 *M* zu zahlen; sie hatte auch der Berufsgenossenschaft die Rentenbeiträge, welche diese an den Kläger zu zahlen hatte, bis zum 31. Dezember 1907 erstattet.

Im Jahre 1907 verlangte die Genossenschaft von dem Kläger, daß er sich zur Feststellung seines Gesundheitszustandes durch einen von ihr bestimmten Arzt untersuchen lasse und sich einem ihm bezeichneten Heilverfahren unterziehe. Da der Kläger beides verweigerte, erwirkte die Genossenschaft eine Entscheidung des zuständigen Schiedsgerichts, daß sie ihm die Rente vom 1. Januar 1908 ab nicht mehr zu zahlen habe. Das Schiedsgericht führte zur Begründung der Entscheidung aus, die Berufsgenossenschaft habe das Recht, den Verletzten durch einen von ihr zu bestimmenden Arzt untersuchen zu lassen, und sei, wenn der Verletzte der deswegen an ihn gerichteten Aufforderung nicht nachkomme, berechtigt, den für den Verletzten ungünstigsten Schluß bezüglich des Eintritts einer Besserung in den Unfallsfolgen zu ziehen, natürlich nur innerhalb der Grenzen, welche die Verhältnisse des Falles zuließen. Die Berufsgenossenschaft sei daher in ihrem Rechte, wenn sie im gegebenen Falle angenommen habe, daß eine völlige Erwerbsfähigkeit des Klägers eingetreten sei, obwohl es nach den bei den Akten befindlichen ärztlichen Gutachten zweifelhaft erscheine, ob eine solche Besserung habe eintreten können.

Der Kläger verlangte deshalb von der Beklagten, daß sie ihm neben der Rente, zu deren Gewährung sie verurteilt worden sei, vom 1. Januar 1908 an die Rente bezahle, die ihm von diesem Zeitpunkte an von der Berufsgenossenschaft nicht mehr gewährt werde.

Die Beklagte wurde diesem Antrage gemäß in erster und zweiter Instanz verurteilt; ihre Revision wurde zurückgewiesen aus den folgenden

Gründen:

„Die Beklagte hat, wie im Vorprozesse, so auch jetzt nicht bestritten, daß sie an sich dem Kläger für die Folgen des Unfalls vom 28. Juli 1898 nach Maßgabe des Haftpflichtgesetzes vom 7. Juni 1871 zum Schadensersatz verpflichtet sei. Unstreitig ist ferner, daß die Nachteile, die dem Kläger bezüglich seiner Erwerbsfähigkeit durch den Unfall erwachsen sind, noch in dem vollen im Vorprozesse festgestellten Umfange fortbestehen; auch gegen die Höhe des Schadens, den der Kläger dadurch nach seiner Angabe erleidet, erhebt die Beklagte keine Einwendungen. Endlich hat das Berufungsgericht für erwiesen erachtet, daß die dem Kläger von der Berufsgenossenschaft angesonnene Kur, selbst wenn sie alsbald nach der Aufforderung begonnen worden wäre, erfolglos geblieben sein würde; gegen diese

Feststellung sind von der Beklagten Revisionsangriffe nicht erhoben worden.

Zur Begründung ihrer Meinung, daß dem Kläger gleichwohl der jetzt streitige Anspruch nicht zustehe, ist von der Beklagten in den Vorinstanzen geltend gemacht worden, der Anspruch sei verjährt; jedenfalls sei aber der Kläger zu dessen Geltendmachung nicht berechtigt, da der Anspruch auf die Berufsgenossenschaft übergegangen sei.

Das Berufungsgericht hat angenommen, dieser Anspruch sei zunächst allerdings nach § 98 des UnfVG. vom 6. Juli 1884 in Verbindung mit § 49 Abs. 2 des BauUVG. vom 11. Juli 1887 auf die Berufsgenossenschaft übergegangen, bei welcher der Kläger versichert gewesen sei; dieser Übergang sei aber für die Zeit, für welche die Genossenschaft nach der schiedsgerichtlichen Entscheidung . . . dem Kläger die Unfallrente nicht mehr zu gewähren habe, mit der Wirkung in Wegfall gekommen, daß für diese Zeit der Kläger zur Geltendmachung des Anspruchs gegen die Beklagte wiederum berechtigt sei. Verjährt sei der Anspruch nicht, weil die Verjährung nach § 208 BGB. durch die von der Beklagten an die Genossenschaft geleisteten Zahlungen unterbrochen worden sei.

Die Revision macht hiergegen geltend, in dem Vorprozeß habe der Kläger alle Ansprüche, die ihm selbst gegen die Beklagte zugestanden hätten, eingeklagt und ausdrücklich anerkannt, daß die übrigen Ansprüche auf die Genossenschaft übergegangen seien; dadurch, daß die Beklagte infolge dieses Überganges der Genossenschaft die Rente, die diese dem Kläger habe zahlen müssen, erstattet habe, sei die Verjährung der Ansprüche des Klägers gegen die Beklagte nicht unterbrochen worden. Unrichtig sei auch die Annahme der Vorinstanz, daß infolge der von ihr bezeichneten Vorgänge der auf die Genossenschaft übergegangene Anspruch wieder auf den Kläger übergegangen sei. Habe dieser seine Ansprüche gegen die Genossenschaft verloren, so könne er dadurch nicht weitere Ansprüche gegen die Beklagte erworben haben. Der Verlust der Rechte, den er wegen Unterlassung von Vorschriften der Versicherungsgesetze gegenüber der Genossenschaft erlitten habe, wirke auch gegenüber der Beklagten.

Diese Angriffe sind unbegründet.

Wie der Wortlaut der Vorschriften in § 98 des UnfVG. vom 6. Juli 1884, die nach § 49 des BauUVG. vom 11. Juli 1887 hier

Anwendung zu finden haben, ergibt, geht in den dort behandelten Fällen der zunächst in der Person des Verletzten entstandene Entschädigungsanspruch auf die Genossenschaft insoweit über, als deren Verpflichtung zur Entschädigung durch das Gesetz vom 11. Juli 1887 begründet ist; nicht aber erlangt diese — wie in den Fällen des § 95 des Gesetzes vom 6. Juli 1884 — einen unmittelbar in ihrer Person erwachsenen Anspruch gegen den schadensersatzpflichtigen Dritten. Die Verjährung dieses dem Kläger entstandenen Anspruchs war deshalb, soweit er vermöge der sog. Legalzession auf die Genossenschaft übergegangen war, ausgeschlossen, solange sie gegenüber der Forderungsinhaberin gehemmt war, oder vermöge Unterbrechung der Ablauf der Verjährungsfrist gehindert wurde. Darüber, daß der Anspruch gegenüber der Genossenschaft, auf die er übergegangen war, nicht verjährt ist, eine Verjährung auch nach der Zeit, zu welcher die schiedsgerichtliche Entscheidung . . . in Wirksamkeit getreten war, gegenüber dem Kläger nicht eingetreten ist, hat zwischen den Parteien kein Streit bestanden; es ist das auch nach dem, was zwischen diesen unstreitig ist, unzweifelhaft (EG. zum BGB. Art. 169 Abs. 1 Satz 2 und BGB. § 208).

Mit Recht hat aber die Vorinstanz weiter angenommen, daß der Kläger berechtigt sei, den Teil des ihm gegen die Beklagte erwachsenen Schadensersatzanspruchs, der zunächst auf die Berufsgenossenschaft übergegangen war, für die Zeit vom 1. Januar 1908 an wieder selbst gegen die Beklagte geltend zu machen.

Durch die oben erwähnten älteren Bestimmungen und durch die entsprechenden Vorschriften der inzwischen in Kraft getretenen Gesetze vom 30. Juni/5. Juli 1900 soll ausgeschlossen werden, daß der Verletzte bei Unfällen, für deren Folgen er durch die Berufsgenossenschaft entschädigt wird, bei denen aber auch ein Dritter nach den Vorschriften des bürgerlichen Rechtes zum Schadensersatz verpflichtet ist, für dieselben wirtschaftlichen Nachteile von zwei Seiten Entschädigung erhält; er soll im Umfange der durch die Versicherungsgesetze begründeten Entschädigungspflicht der Berufsgenossenschaft allein von dieser entschädigt werden. Zugleich soll der Genossenschaft für die Aufwendungen, die sie hierzu machen muß, Ersatz in der Weise verschafft werden, daß sie in deren Höhe an Stelle des Verletzten Gläubigerin des schadensersatzpflichtigen Dritten wird. Nach dem diesen Vorschriften somit zu Grunde liegenden Rechtsgedanken sind die den Übergang der Rechte des Verletzten auf die Berufsgenossenschaft betreffenden Bestimmungen dahin auszulegen: die Genossenschaft soll an Stelle des Verletzten Gläubigerin des Dritten bloß in der Höhe ihrer eigenen Entschädigungspflicht, und auch nur solange sein, als diese Pflicht besteht. Daraus folgt, daß, wenn diese Entschädigungspflicht zufolge eines lediglich die rechtlichen Beziehungen des Verletzten zur Genossenschaft berührenden Umstandes dauernd oder zeitweilig beseitigt wird, damit auch für diese Zeit der Übergang der Rechte des Verletzten auf die Genossenschaft in Wegfall kommt, dergestalt daß, wie beim Eintritt einer auflösenden Bedingung, der Verletzte wieder in diejenigen Rechte gegen den schadensersatzpflichtigen Dritten eintritt, welche zufolge Legalzession während des Bestehens der Entschädigungspflicht der Genossenschaft dieser zugestanden hatten, ohne daß es einer besonderen Rückübertragung dieser Rechte durch die Genossenschaft bedarf.

Für die Meinung der Revision, dadurch, daß der Kläger seinen Entschädigungsanspruch gegen die Berufsgenossenschaft verloren habe, sei auch sein auf diese übergegangener Schadensersatzanspruch gegen die Beklagte untergegangen, bieten die Vorschriften der Versicherungsgesetze keinen Anhalt; und ebensowenig ist abzusehen, wiefern nach allgemeinen Rechtsgrundsätzen die Beklagte lediglich deshalb, weil der Kläger die ihm gegenüber der Berufsgenossenschaft obliegende Pflicht, sich ärztlich untersuchen zu lassen (BauUVG vom 11. Juli 1887 § 38 Abs. 2, UnfVG. vom 6. Juli 1884 § 65, BauUVG. vom 30. Juni/5. Juli 1900 § 37, GewUVG. vom 30. Juni/5. Juli 1900 § 88) unerfüllt gelassen hat, von ihrer Schadensersatzpflicht, an deren Voraussetzungen sich, wie feststeht, an sich gar nichts geändert hat, zu dem in Frage stehenden Teile hätte befreit werden sollen." . . .

---

100. Ist der Ankäufer eines Geschäfts, dem gegenüber sich der Verkäufer bei Vertragsstrafe einem Konkurrenzverbot unterworfen hat, nachdem er das Geschäft einer Handelsgesellschaft, deren Teilhaber er ist, übertragen hat, berechtigt, die Rechte aus dem Konkurrenz-

verbot und der Vereinbarung über die Vertragsstrafe noch für seine Person geltend zu machen?

II. Zivilsenat. Urt. v. 14. Januar 1910 i. S. R. (Bekl.) w. W. (Kl.). Rep. II. 227/09.

I. Landgericht Halle a. S.
II. Oberlandesgericht Naumburg a. S.

Der Kläger kaufte durch Vertrag vom 1. Oktober 1903 vom Beklagten dessen in Halle betriebenes Geschäft für Gas-, Wasser- und Dampfanlagen zum Preise von 12500 ℳ. In § 7 des Vertrages wurde bestimmt, daß der Beklagte sich weder in Halle noch in einem Umkreis von 120 km an einem dem verkauften gleichenden Geschäftsbetriebe beteiligen oder einen solchen unterstützen und auch nicht selbst gründen dürfe, bei Vermeidung einer Vertragsstrafe von 3000 ℳ für jeden Zuwiderhandlungsfall.

Der Kläger erhob mit der Behauptung, daß der Beklagte diese Konkurrenzklausel durch den Vertrieb von Ölsobrennern verletzt habe, Klage auf die Vertragsstrafe und Unterlassung.

Das Landgericht verurteilte durch Teilurteil vom 19. November 1907 den Beklagten, 1. an den Kläger 3000 ℳ nebst Zinsen zu zahlen, 2. den Vertrieb von Ölsobrennern bei Vermeidung einer an den Kläger zu zahlenden Vertragsstrafe von 3000 ℳ für jeden Zuwiderhandlungsfall zu unterlassen. Das Oberlandesgericht wies durch das mit der Revision angefochtene Urteil die Berufung hiergegen zurück. Auf die Revision des Beklagten wurde das Urteil aufgehoben, und die Sache an das Berufungsgericht zurückverwiesen.

Aus den Gründen:

... „Zur Begründung der Revision ist die Entscheidung des Oberlandesgerichts bezüglich der in der Berufungsinstanz bestrittenen Aktivlegitimation des Klägers angefochten worden, und diesem Angriff konnte der Erfolg nicht versagt werden. Die Bestreitung der Aktivlegitimation beruht darauf, daß der Kläger nicht mehr Alleininhaber des von dem Beklagten gekauften Geschäftes sei, indem er am 26. September 1904 mit dem Ingenieur Karl Sch. eine offene Handelsgesellschaft gegründet habe, die nunmehr Inhaberin des Geschäftes sei; auf diese seien auch die Ansprüche aus der Konkurrenzklausel und auf die Vertragsstrafe aus dem Vertrage vom 1. Oktober 1903 übergegangen.

Bezüglich der auf die Aussage des Zeugen S. gegründeten Zurückweisung der Behauptung, daß auf Grund einer Übereinkunft bei Gründung der Gesellschaft die streitigen Ansprüche auf diese übergegangen seien, ist vom Beklagten ein Angriff nicht erhoben, bestehen auch keine rechtlichen Bedenken.

Dagegen greift die Revision mit Recht die Annahme des Oberlandesgerichts an, daß auch auf Grund des § 28 HGB. die Ansprüche nicht kraft Gesetzes auf die Gesellschaft übergegangen seien. Nach dieser Bestimmung gelten, wenn jemand als persönlich haftender Gesellschafter in das Geschäft eines Einzelkaufmanns eintritt, die in dem Betriebe begründeten Forderungen den Schuldnern gegenüber als auf die Gesellschaft übergegangen, und eine abweichende Vereinbarung ist einem Dritten gegenüber nur wirksam, wenn sie in das Handelsregister eingetragen und bekannt gemacht, oder von einem der Gesellschafter dem Dritten mitgeteilt ist. Eine solche abweichende Vereinbarung ist im vorliegenden Falle nicht getroffen worden. Das Oberlandesgericht nimmt an, daß der streitige Anspruch auf die Gesellschaft nicht übergegangen sei, weil die zum Gegenstand der Klage gemachte Forderung bei Errichtung der Gesellschaft im Jahr 1904 überhaupt noch nicht bestanden habe, und die bloße Möglichkeit für den Kläger, durch vertragswidriges Verhalten einen Anspruch auf die Vertragsstrafe zu erwerben, nicht als eine im Betriebe des Geschäfts begründete Forderung im Sinne des § 28 angesehen werden könne.

Mit diesen Erwägungen verkennt das Oberlandesgericht den Begriff der „im Betriebe des Geschäfts" begründeten Forderungen. Dieser Begriff deckt sich mit der Bestimmung in § 343 Abs. 1 HGB., wonach alle Geschäfte eines Kaufmannes, die zum Betriebe seines Handelsgewerbes gehören, Handelsgeschäfte sind. Danach beschränken sich dieselben nicht auf die einzelnen Abschlüsse im Betriebe, sondern sie erstrecken sich auf alle geschäftlichen Beziehungen, die mit dem Betriebe in einem solchen Zusammenhang stehen, daß sie sich als Folge des betreffenden Gewerbebetriebes erweisen.

Vgl. u. a. Staub 8. Aufl. Anm. 11 zu § 28, Anm. 29 zu § 22, Anm. 14 zu § 343.

Ein solches Verhältnis liegt hier vor. Die Konkurrenzklausel und die Vertragsstrafe im Falle der Zuwiderhandlung hat der Kläger sich bei dem Ankauf des von ihm allein erworbenen und bis zur Begründung der offenen Handelsgesellschaft mit dem Zeugen Sch. von ihm allein betriebenen Geschäfts ausbedungen, weil die etwaige Konkurrenz des Beklagten in demselben Geschäftszweig seinem Geschäfte schaden mußte. Die Vertragsstrafe hatte den Zweck, einmal dieser Konkurrenz entgegenzuwirken, und sodann im Falle der Zuwiderhandlung einen Ersatz für den dem Geschäfte zugefügten Schaden zu bilden. Damit ist aber jener innere Zusammenhang gegeben. Daß die Forderung auf die Vertragsstrafe erst nach der Gründung der offenen Handelsgesellschaft durch die Verletzung des Konkurrenzverbots seitens des Beklagten entstanden ist, wäre selbst dann unerheblich, wenn es sich lediglich um diese und nicht auch um den Unterlassungsanspruch handelte, da auch eine bedingte Forderung nach § 28 Abs. 1, wenn sie sich aus dem Betriebe des Geschäfts ergibt, auf die Gesellschaft übergeht.

Danach ist der Einwand der mangelnden Aktivlegitimation des Klägers begründet und das auf der gegenteiligen Annahme beruhende Urteil des Oberlandesgerichts kann nicht aufrecht erhalten werden. Zur Sache mußte aber die Zurückverweisung an das Berufungsgericht erfolgen, da der Kläger, der an der offenen Handelsgesellschaft F. A. R. unbestritten als Gesellschafter beteiligt ist, in der Berufungsinstanz den eventuellen Antrag gestellt hatte, die Berufung mit der Maßgabe zurückzuweisen, daß der Beklagte verurteilt werde, an die genannte Gesellschaft zu zahlen, und über diesen Antrag nunmehr zu entscheiden sein wird."

101. Inwieweit muß sich die nach § 3 Abs. 2 des Haftpflichtgesetzes, bzw. nach § 844 Abs. 2 BGB. schadensersatzberechtigte Witwe des Getöteten auf ihren Ersatzanspruch die Einkünfte aus den durch Vererbung von dem Ehemann auf sie übergegangenen Vermögenswerten, insbesondere aus einem jetzt von ihr fortgeführten Handelsgeschäft, anrechnen lassen?

VI. Zivilsenat. Urt. v. 10. Februar 1910 i. S. M. Wwe. (Kl.) w. preuß. Eisenbahnfiskus (Bekl.). Rep. VI. 77/09.

I. Landgericht Flensburg.
II. Oberlandesgericht Kiel.

Der Kaufmann M. war am 18. Mai 1905 von einem Eisenbahnzuge überfahren und getötet worden. Die Witwe und vier minderjährige Kinder nahmen den Eisenbahnfiskus auf Schadensersatz in Anspruch und forderten, außer Ersatz für Beerdigungskosten und Sachschaden, bestimmte Beträge wegen des ihnen durch die Tötung des Ehemannes und Vaters entzogenen Rechtes auf Unterhalt, zunächst für das erste Jahr nach dem Unfall. Der verstorbene Ehemann hatte mit seiner Frau in Gütertrennung gelebt. Zu seinem Vermögen gehörte ein Handelsgeschäft, das auf die Witwe als Erbin überging. Das Berufungsgericht wies die Witwe mit ihrer Klage auf Ersatz des Unterhalts völlig ab (während den Kindern zusammen 2400 ℳ zugesprochen wurden), indem es verneinte, daß der Witwe insoweit überhaupt ein Schade erwachsen sei; sie bekomme seit dem Tode ihres Ehemannes aus dem auf sie übergegangenen Geschäfte, aus dem jener den Unterhalt für sich und seine Familie bestritten habe, monatlich 500 ℳ zum Unterhalte ausbezahlt. Die Revision der klagenden Witwe wurde zurückgewiesen.

Aus den Gründen:

... „Die Auffassung des Berufungsgerichts bezüglich der Anrechnung von ererbtem, fortdauernd zum Unterhalte der Witwe des Getöteten verwendbarem Vermögen auf den Schadensersatzanspruch aus § 3 Abs. 2 des Haftpflichtgesetzes und § 844 BGB. ist rechtsgrundsätzlich zutreffend und steht im Einklange mit der neueren Rechtsprechung des Reichsgerichts. Der Grundsatz, daß die Witwe von dem Haftpflichtigen insoweit keinen Ersatz beanspruchen kann, als ihr in den Einkünften des zufolge des Todes ihres Ehemannes auf sie übergegangenen Vermögens die Mittel zur Bestreitung ihres Unterhaltes geblieben sind, hat sich vornehmlich für den Fall der gütergemeinschaftlichen Ehe als gerechtfertigt erwiesen (vgl. Entsch. des RG.'s in Zivils. Bd. 64 S. 355 flg., Bd. 69 S. 293 flg.). Aber er ist auch bei anderem ehelichen Güterstande entsprechend auf das durch Erbfolge der Witwe zugefallene Vermögen in Anwendung zu bringen (vgl. Urteil v. 17. Dezember 1906, Rep. VI. 178/06; Jur. Wochenschr. 1907 S. 130 Nr. 10; Urteil v. 20. Januar 1910, Rep. VI. 29/09). Das ist an sich auch der Standpunkt der Revision. Ihr ist zuzugeben, daß es nicht maßgebend sein würde, welchen Betrag die Klägerin aus dem auf sie übergegangenen Geschäfte seit dem Tode des Ehemannes tatsächlich zu ihrem Unterhalte bekommen, richtiger gesagt, entnommen hat, vielmehr war zu fragen, ob das Geschäft auch seither soviel eingebracht hat, daß unbeschadet des ordnungsmäßigen wirtschaftlichen Geschäftsbetriebes aus dem Reingewinn der Unterhalt der Witwe bestritten werden konnte. Allein in diesem letzteren Sinne ist zweifellos die Feststellung des Berufungsurteils zu verstehen. Sie gründet sich auf die Bekundung des Zeugen M., der über die Erträgnisse des Geschäfts in der Zeit vor und nach dem Tode des M. Auskunft gegeben hat, und will, wie aus dem Zusammenhange der Gründe erhellt, offenbar besagen, daß es wirkliche Reinerträgnisse des Geschäftes sind, aus denen die Witwe auch jetzt noch die fraglichen Beträge zum Unterhalt der Familie bezieht und beziehen kann.... Das Berufungsgericht sieht als erwiesen an, daß unter allen Umständen von den Erträgnissen des Geschäftes so viel erübrigt wurde, um den im Sinne von § 1360 BGB. standesgemäßen Unterhalt der Witwe, selbst wenn dessen Kosten zu dem von der Klägerin angegebenen Betrage von 4500 *M* berechnet würden, voll zu decken.

Die Ansicht der Revision aber, daß der Klägerin überhaupt nicht die Geschäftserträgnisse als solche, sondern nur die Nutzung aus dem in dem Geschäfte angelegten Kapitale (zum Zinsfuße von 4 oder 5 %) auf ihren Schadensersatzanspruch in Anrechnung gebracht werden dürfte, kann bei den Umständen des gegenwärtigen Falles nicht als berechtigt anerkannt werden. Allerdings wäre der Witwe eine Einkommensquelle, die sie sich nach dem Tode des Mannes durch ihre eigene selbständige Erwerbstätigkeit, wenn auch unter Zuhilfenahme von ererbtem Vermögen, geschaffen hätte, insofern nicht auf ihren Schadensersatzanspruch anzurechnen, als sie die hieraus erfließenden Einnahmen persönlich verdient, ihrer Arbeitskraft, und nicht den von dem verstorbenen Ehemann ihr hinterlassenen Vermögenswerten verdankt. Und wenn das durch den Tod des Ehemanns auf die Witwe übergegangene Geschäft dieser nur die in dem Betriebskapital bestehenden Mittel gewährte, um damit den Betrieb selbständig fortzusetzen oder ein neues Geschäft zu beginnen, dann möchte die Revision mit ihren Ausführungen Recht haben. Aber so liegt die Sache hier keineswegs. Es handelt sich, wie aus den Verhandlungen der Vorinstanzen zu entnehmen ist, um ein größeres, gutgehendes kaufmännisches und Fabrikgeschäft, in dem in den letzten vier Jahren vor dem Tode des M. ein durchschnittlicher Gewinn von etwa 9000 ℳ jährlich erzielt worden war. Ein derartiges, wohl fundiertes Handelsgeschäft stellt nicht nur einen realen, in dem Komplexe der gesamten Betriebsmittel verkörperten Vermögenswert dar, sondern bildet auch — bei Fortbestehen der Firma und der sog. Chancen des Geschäftes, namentlich eines solchen von altem Rufe und mit verlässiger Kundschaft — eine dauernde Einnahmequelle für die Hinterbliebenen, selbst wenn diese sich nicht persönlich an dem Fortbetriebe des Geschäftes beteiligen. Von einer bloßen Gewinnchance oder Erwerbsmöglichkeit kann man hier nicht sprechen. Im vorliegenden Falle lag nun für das Berufungsgericht durchaus kein Anlaß vor, die Geschäftserträgnisse des Geschäftes auch nur zu irgend einem Teile auf Rechnung eigener Erwerbstätigkeit der Witwe zu setzen. Es ist von der Klägerin auch nicht behauptet worden, daß und wieweit sie sich persönlich bei dem Betriebe des Geschäfts tätig beteilige. Vielmehr hat sie unstreitig einen „Geschäftsleiter" angestellt. Wenn allerdings die Klägerin das Risiko bei dem auf ihren Namen fortgeführten Geschäfte zu tragen hat, so kann daraus allein (zumal solange, als sich die Gefahr eines Verlustes noch gar nicht verwirklicht hat) nicht gefolgert werden, daß der Geschäftsgewinn als ein durch ihre Erwerbstätigkeit erzielter zu gelten habe.

Eine andere Frage wäre freilich, ob die in dem Handelsgeschäfte beruhende Unterhaltsquelle eine derart sichere ist, daß dadurch für absehbare Zeit die Deckung des Unterhaltes der Witwe gewährleistet wird. Auch für ein gut situiertes Geschäft können einmal schlechtere Zeiten kommen, Rückgang in den Einnahmen oder Verluste eintreten. Es kann sich insbesondere im Laufe der Zeit der Wegfall der persönlichen Arbeit und Leitung des bisherigen Geschäftsinhabers mehr und mehr zu Ungunsten der Ertragsfähigkeit des Geschäftes fühlbar machen. Indes sind solche Möglichkeiten — die übrigens in ähnlicher Weise auch wohl bei einem in Grundstücksbesitz bestehenden Vermögen vorkommen — für den jetzigen Fall ohne

Belang. Es handelt sich im gegenwärtigen Rechtsstreit bei dem für die Entscheidung allein noch in Frage stehenden Anspruch der Klägerin auf Zahlung von 3000 *M* nur um den Schadensersatz für das erste Jahr nach dem Unfall des Ehemannes. Während dieses Zeitraumes ist nach den Feststellungen des Berufungsgerichts eine Veränderung in der Rentabilität des Geschäfts nicht, zum mindesten nicht in einer den Unterhalt der Witwe beeinträchtigenden Weise eingetreten; offenbar ist zunächst der Geschäftsgang, von den Personalverhältnissen abgesehen, im alten Gleise geblieben. Versiegt ist durch den Tod des M. die aus der persönlichen Tätigkeit des Verstorbenen entsprungene Einnahme; das kann jedoch von der unterhaltsberechtigten Witwe zur Begründung des Schadensersatzanspruches nicht verwertet werden, solange durch die andere, von dem Getöteten auf sie übergegangene Einnahmequelle ihr gesetzlicher Unterhaltsanspruch volle Befriedigung findet (vgl. das angeführte Urteil des erkennenden Senats vom 20. Januar 1910)." . . .

Register.

Die beigesetzten Zahlen beziehen sich auf die Seiten.

A. Sachregister.

A

F

G

H

T

U

B. Gesetzesregister.

1. Reichsgesetze.

b. Einführungsgesetz zum Bürgerlichen Gesetzbuche.

c. Allgemeines Deutsches Handelsgesetzbuch.

d. Handelsgesetzbuch von 1897.

e. Einführungsgesetz zum Handelsgesetzbuch.

f. Wechselordnung.

g. Zivilprozeßordnung.

h. Gerichtsverfassungsgesetz.

i. Konkursordnung.

k. Gewerbeordnung.

l. Grundbuchordnung.

2. Landesrecht.

Preußen.

a. Allgemeines Landrecht.

b. Rheinisches Recht.

Code civil.

c. Einzelne Gesetze und Verordnungen.

Sachsen.

C. Zusammenstellung der Entscheidungen nach der Zeitfolge.

Zusammenstellung

der

im zweiundsiebzigsten Bande, der neuen Folge zweiundzwanzigsten Bande,

mitgeteilten Entscheidungen

nach

Oberlandesgerichtsbezirken.

Berlin . . . . . 5. 6. 7. 12. 19. 20. 21. 27. 38. 48. 53. 59. 62. 64. 65. 69. 71. 72. 80. 87. 88. 90. 94. 96. 97.
Breslau . . . . 17. 37. 46. 47. 58. 89. 91.
Celle . . . . 18. 43. 56. 63. 92. 93.
Darmstadt . . . 77. 98.
Dresden . . . . 25. 42.
Düsseldorf . . . 4. 16. 30. 40. 55. 66.
Frankfurt a. M. 1. 23. 45. 51. 76. 82.
Hamburg . . . . 8. 15. 22 39. 49. 68.
Hamm . . . . . . 11. 24. 74. 78. 85.
Karlsruhe . . . 3. 61. 70. 73.
Kassel . . . . . . 34. 54. 99.
Kiel . . . . 28. 79. 81. 83. 101.
Köln . . . . . . 26. 41. 52. 57.
Königsberg . . 29. 44.
Marienwerder 13. 35.
München . . . . 75.
Naumburg a. S. 2. 10. 31. 50. 84. 95. 100.
Nürnberg . . . . 36.
Stettin . . . . . 14.
Stuttgart . . . . 32. 33.

Landgericht Dresden . . . . 9.
Landgericht München . . . . 67.
Landgericht Hamburg . . . . 86.
Patentamt . . . . 60.

Berichtigungen.

Siebzigster Band.

S. 29 Z. 14 v. o. statt „§ 198" lies „§ 202".

Einundsiebzigster Band.

S. 27 Z. 29 v. o. statt „S. 68" lies „S. 69".
„ 86 „ 13 v. o. statt „S. 171" lies „S. 271".

Zweiundsiebzigster Band.

S. 119 Z. 13 v. u. statt „u. Gen." lies „u. Konkurs Kommanditgesellschaft Qu".
„ 177 „ 13 v. u. statt „537/08" lies „532/08".
„ 265 „ 13/14 v. o. statt „1296 Abs. 2" lies „1296 Satz 2".
„ 293 „ 18 v. o. statt „§ 183 Abs. 1" lies „§ 184 Abs. 1".

Kolibri 360 GmbH
Ferdinand-Jühlke-Straße 7
99095 Erfurt, Deutschland
produktsicherheit@kolibri360.de